여러분의 합격을 응원하는
해커스경찰의 특별 혜택!

JN366935

FREE 경찰 형사법 특강

해커스경찰(police.Hackers.com) 접속 후 로그인 ▶ 상단의 [무료강좌 → 경찰 무료강의] 클릭하여 이용

해커스경찰 온라인 단과강의 20% 할인쿠폰

985D99F5794A3FM9

해커스경찰(police.Hackers.com) 접속 후 로그인 ▶ 상단의 [내강의실] 클릭 ▶
[쿠폰/포인트] 클릭 ▶ 쿠폰번호 입력 후 이용

* 등록 후 7일간 사용 가능(ID당 1회에 한해 등록 가능)

경찰 합격예측 온라인 모의고사 응시권 + 해설강의 수강권

C74CB5AF25E4F338

해커스경찰(police.Hackers.com) 접속 후 로그인 ▶ 상단의 [내강의실] 클릭 ▶
[쿠폰/포인트] 클릭 ▶ 쿠폰번호 입력 후 이용

* ID당 1회에 한해 등록 가능

쿠폰 이용 관련 문의 **1588-4055**

단기 합격을 위한 해커스경찰 커리큘럼

입문
탄탄한 기본기와 핵심 개념 완성!

누구나 이해하기 쉬운 개념 설명과 풍부한 예시로 부담없이 쌩기초 다지기

TIP 베이스가 있다면 **기본 단계**부터!

▼

기본+심화
필수 개념 학습으로 이론 완성!

반드시 알아야 할 기본 개념과 문제풀이 전략을 학습하고
심화 개념 학습으로 고득점을 위한 응용력 다지기

▼

기출+예상 문제풀이
문제풀이로 집중 학습하고 실력 업그레이드!

기출문제의 유형과 출제 의도를 이해하고 최신 출제 경향을 반영한
예상문제를 풀어보며 본인의 취약영역을 파악 및 보완하기

▼

동형문제풀이
동형모의고사로 실전력 강화!

실제 시험과 같은 형태의 실전모의고사를 풀어보며 실전감각 극대화

▼

최종 마무리
시험 직전 실전 시뮬레이션!

각 과목별 시험에 출제되는 내용들을 최종 점검하며 실전 완성

PASS

* 커리큘럼 및 세부 일정은 상이할 수 있으며, 자세한 사항은 해커스경찰 사이트에서 확인하세요.

단계별 교재 확인 및 수강신청은 여기서!

police.Hackers.com

해커스경찰
갓대환
형사법

2차 시험 대비

진도별 문제풀이 1000제

해커스

김대환

약력

현 | 해커스 경찰학원 형사법·형법·형사소송법 강의

전 | 경찰공제회 경찰 채용 형법·형사소송법 강의
김대환 경찰학원 형법·형사소송법 강의
아모르이그잼경찰 / 메가CST 형사소송법 대표교수
경찰대학교 행정학과 졸업(16기)
용인대학교 경찰행정학과 석사 수료
사법시험 최종합격(제46회, 2004)
사법연수원 수료(제36기)

저서

갓대환 형사법 기본서 1권 형법, 해커스경찰
갓대환 형사법 기본서 2권 형사소송법(수사와 증거), 해커스경찰
갓대환 형사법 기본서 3권 형사소송법(공판), 해커스경찰
갓대환 형사법 기출총정리, 해커스경찰
갓대환 형법 기출 1200제, 해커스경찰
갓대환 형사소송법 기출 1000제, 해커스경찰
갓대환 형법 기적의 특강, 해커스경찰
갓대환 형사소송법 기적의 특강, 해커스경찰
갓대환 형사법 핵심요약집 형법, 해커스경찰
갓대환 형사법 핵심요약집 형사소송법(수사와 증거), 해커스경찰
갓대환 형사법 핵심요약집 형사소송법(공판), 해커스경찰
갓대환 형사법 진도별 문제풀이 1000제 1차 시험 대비, 해커스경찰
갓대환 형사법 진도별 문제풀이 1000제 2차 시험 대비, 해커스경찰
갓대환 형사법 심화문제집, 해커스경찰
갓대환 형사법 전범위 모의고사, 해커스경찰
갓대환 형법/형사소송법 진도별 문제풀이 500제, 해커스경찰
갓대환 형법/형사소송법 기본서, 해커스경찰
갓대환 핵심 요약집 형법/형사소송법, 해커스경찰
갓대환 형법 기출 1200제, 멘토링
갓대환 형법 기적의 특강 with 5개년 최신판례, 멘토링
갓대환 형법, 형사소송법 승진 삼삼 모의고사, 멘토링
갓대환 형법, 형사소송법 경찰 오오 모의고사, 멘토링
갓대환 형법 적중 모의고사: 시즌1, 시즌2
갓대환 형법/형사소송법 단원별 문제풀이

서문

진도별 문제집은 기존 기출총정리 문제집의 상위 버전으로 생각하면 됩니다. 기존 기출총정리보다 조금 더 어려운 문제 위주로 구성하였으며, 실제 경찰시험에 적합하도록 난이도를 조정하였습니다.

가능한 한 지문이 중복되지 않으면서 어려운 쟁점까지 담았습니다. 2022년~2025년 최신판례와 경찰채용, 경찰승진, 경찰간부(경위공채), 국가직 9급, 국가직 7급, 법원직, 법원행시 등을 반영하였고, 범위는 형법 총론, 형법 각론, 형사소송법 중 수사와 증거로 구성되어 있어 경찰채용과 경찰간부(경위 공채) 시험범위와 일치합니다.

이 문제집의 주요 대상학생은 기본강의 이후 어느 정도 실력이 있는 학생들을 대상으로 하였습니다.
2025년 2차 시험까지 실제 시험에 가깝도록 준비된 교재이므로 반복학습을 하는 것이 빠른 합격으로 가는 길입니다.

더불어 경찰공무원 시험 전문 **해커스경찰(police.Hackers.com)**에서 학원강의나 인터넷동영상강의를 함께 이용하여 꾸준히 수강한다면 학습효과를 극대화할 수 있을 것입니다.

이 책이 출간되도록 도와주신 출판사 모든 분들께 고마움을 전합니다.

2025년 6월
김대환

목차

문제

제1편 형법 총론 — 8

제2편 형법 각론 — 186

제3편 형사소송법 수사 — 365

제4편 형사소송법 증거 — 471

정답

제1편 형법 총론 — 554

제2편 형법 각론 — 558

제3편 형사소송법 수사 — 562

제4편 형사소송법 증거 — 564

해커스경찰
police.Hackers.com

• 이 교재에는 공무원 시험 기출문제가 일부 포함되어 있음.

2025 해커스경찰
갓대환 형사법
진도별 문제풀이 1000제
2차 시험 대비

문제 | 형사법

제1편 | 형법 총론

001 죄형법정주의에 관한 설명 중 옳은 것은? (다툼이 있으면 판례에 의함)

① 법률의 시행령이 형사처벌에 관한 사항을 명확히 규정하고 있다면 법률의 명시적인 위임 범위를 벗어나 처벌의 대상을 확장하더라도 죄형법정주의에 어긋나는 것은 아니다.
② 처벌법규의 구성요건이 서술적 개념으로 규정되어 있지 않다면 이는 죄형법정주의에서 파생되는 명확성의 원칙에 어긋난다.
③ 형사소송법 제33조(국선변호인)에 규정된 법원이 직권으로 변호인을 선정하여야 할 사유 중 하나인 '피고인이 구속된 때'의 의미에 피고인이 해당 형사사건이 아닌 별개의 사건, 즉 별건으로 구속되어 있거나 다른 형사사건에서 유죄로 확정되어 수형 중인 경우도 포함된다고 보는 것은 문언해석의 한계를 벗어나지 않는다.
④ 형면제 사유에 관하여 범위를 제한적으로 유추적용하는 것은 죄형법정주의에 어긋나지 않는다.

002 다음의 설명 중 옳은 것을 모두 고른 것은? (다툼이 있는 경우 판례에 의함)

> ㉠ 행위자가 상대방의 의사에 반하여 정당한 이유 없이 전화를 걸어 피해자의 휴대전화에 벨소리가 울리게 하거나 부재중 전화 문구 등이 표시되도록 하여 피해자에게 불안감이나 공포심을 일으키는 행위는 '스토킹범죄의 처벌 등에 관한 법률' 제2조 제1호 다목에 정한 스토킹행위에 해당한다.
> ㉡ '농수산물의 원산지 표시에 관한 법률' 제14조 제2항에서 정한 '제1항의 죄로 형을 선고받고 그 형이 확정'된 경우는 공판절차 등에서 벌금형을 선고받아 확정된 경우 외에 법원으로부터 벌금형의 약식명령을 고지받아 확정된 경우까지 포함된다.
> ㉢ 진정한 양심에 따른 예비군훈련거부도 '예비군법' 제15조 제9항 제1호('훈련을 정당한 사유 없이 받지 아니한 사람이나 훈련받을 사람을 대신하여 훈련받은 사람')에서 정한 '정당한 사유'에 해당한다.
> ㉣ 어린이 보호구역에서 주의의무위반으로 '교통사고처리 특례법' 제3조 제1항의 죄를 범하여 어린이를 사망에 이르게 한 운전자를 무기 또는 3년 이상의 징역으로 가중처벌하는 '특정범죄 가중처벌 등에 관한 법률' 제5조의 13은 법정형의 하한을 과도하게 높게 정하여 운전자의 과실 및 피해의 정도 등에 상응한 형을 넘어 지나치게 무거운 형벌로 운전자를 처벌함으로써 과잉금지원칙에 위반된다.

① ㉠, ㉡
② ㉡, ㉢
③ ㉢, ㉣
④ ㉠, ㉡, ㉢

003 죄형법정주의에 관한 설명으로 옳은 것을 모두 고른 것은? (다툼이 있으면 판례에 의함)

㉠ '블로그', '미니 홈페이지', '카페' 등 사적(私的) 인터넷 게시공간의 운영자가 게시공간에 게시된 타인의 글을 삭제할 권한이 있는데도 삭제하지 아니하고 그대로 둔 경우를 국가보안법 제7조 제5항의 '소지'행위로 보는 것은 죄형법정주의에 위배되지 않는다.

㉡ 의사가 환자와 대면하지 아니하고 전화나 화상 등을 이용하여 환자의 용태를 스스로 듣고 판단하여 처방전 등을 발급한 행위를 구「의료법」(2009.1.30. 법률 제9386호로 개정되기 전의 것) 제17조 제1항의 '진찰한 의사'가 아닌 자가 처방전 등을 발급한 경우에 해당한다고 해석하는 것은 죄형법정주의에 위배된다.

㉢ 甲이 약 20일 동안 6회에 걸쳐 피해자 A의 성적 수치심 등을 일으키는 내용의 편지를 작성하여 옆집에 사는 A의 주거지 출입문에 끼워 넣어 A에게 전달한 행위는 「성폭력범죄의 처벌 등에 관한 특례법」상 통신매체이용음란죄에 해당하지 않는다.

㉣ 도로가 아닌 곳에서 운전면허 없이 운전한 행위를 「도로교통법」상 무면허운전으로 처벌하는 것은 유추해석금지의 원칙에 반하지 않는다.

① ㉠, ㉡   ② ㉠, ㉣
③ ㉡, ㉢   ④ ㉢, ㉣

004 죄형법주의에 관한 설명 중 옳지 않은 것은? (다툼이 있는 경우 판례에 의함)

① 입법자의 상세한 규율이 불가능하거나 상황의 변화에 탄력적으로 대응할 필요성이 강하게 요구되는 경우에는 위임법률이 구성요건의 점에서는 처벌대상인 행위가 어떠한 것인지 이를 예측할 수 있을 정도로 구체적으로 정하고, 형벌의 점에서는 형벌의 종류 및 그 상한과 폭을 명확히 규정하는 것을 전제로 위임입법이 허용된다.

② 구'특정 범죄자에 대한 위치추적 전자장치 부착 등에 관한 법률'에 의한 전자감시제도는, 성폭력범죄자의 재범방지와 성행교정을 통한 재사회화를 위하여 그의 행적을 추적하여 위치를 확인할 수 있는 전자장치를 신체에 부착하게 하는 부가적인 조치를 취함으로써 성폭력범죄로부터 국민을 보호함을 목적으로 하는 보안처분으로서 형벌에 관한 소급입법금지의 원칙이 적용된다.

③ A 항공사 부사장인 甲이 외국 공항에서 국내로 출발 예정인 자사 여객기에 탑승하였다가, 담당 승무원의 객실서비스 방식에 화가 나 폭언하면서 승무원을 비행기에서 내리도록 하기 위해 기장으로 하여금 계류장의 탑승교에서 분리되어 푸시백 중이던 비행기를 다시 탑승구 쪽으로 돌아가게 한 경우를, '보안항공법' 제42조에 규정된 위력으로써 '운항 중'인 항공기의 항로를 변경하게 하였다고 보는 것은 문언의 가능한 의미를 벗어난다.

④ 비의료인이 의료기관의 개설·운영 등에 필요한 자금 전부 또는 대부분을 의료법인에 출연하거나 의료법인 임원의 지위에서 의료기관의 개설·운영에 주도적으로 관여하는 것은 의료법인의 본질적 특성에 기초한 것으로서 의료법인의 의료기관 개설·운영을 허용한 의료법에 근거하여 비의료인에게 허용된 행위이므로, 비의료인의 주도적 자금 출연 내지 주도적 관여 사정만을 근거로 비의료인이 실질적으로 의료기관을 개설·운영하였다고 판단할 경우, 허용되는 행위와 허용되지 않는 행위의 구별이 불명확해져 죄형법주의 원칙에 반할 수 있다.

005 죄형법정주의에 관한 설명 중 가장 적절하지 않은 것은? (다툼이 있으면 판례에 의함)

① 성폭력처벌법 제14조 제1항이 촬영의 대상을 '사람의 신체'로 규정하고 있으므로 사람의 신체 그 자체를 직접 촬영하는 행위만이 위 조항에서 규정하고 있는 '사람의 신체를 촬영한 행위'에 해당하고 사람의 신체 이미지가 담긴 영상을 촬영한 행위는 이에 해당하지 않는다.

② 피고인 甲이 '최고이자율(30%)을 초과하여 이자를 받은 자는 1년 이하의 징역 또는 1천만 원 이하의 벌금에 처한다'라는 이자제한법 제8조 제1항이 시행되기 전에 A와 금전소비대차약정을 체결하였더라도 그 시행일 이후에 제한이자율 초과이자를 수령하였다면 위 처벌규정에 따라 처벌된다.

③ 특별한 사정이 없는 이상 자기가 지배하지 않는 서버 등에 저장된 게임물을 인터넷을 통해 접근하여 이용할 수 있는 상태에 두고 이러한 상태를 유지하는 것만으로는 게임산업법 제32조 제1항 제1호에 규정된 '게임물을 보관하는 행위'로 평가할 수 없다.

④ 자동차 운전면허 취소처분을 받은 사람이 자동차를 운전하였다면 운전면허 취소처분의 원인이 된 교통사고 또는 법규 위반에 대하여 범죄사실의 증명이 없는 때에 해당한다는 이유로 무죄판결이 확정된 경우라도 그 취소처분이 취소되지 않은 상태였다면 도로교통법에 규정된 무면허운전의 죄로 처벌할 수 있다.

006 형벌법규의 해석에 관한 다음 설명 중 옳지 않은 것은? (다툼이 있으면 판례에 의함)

① 진로변경을 금지하는 안전표지인 백색실선은 교통사고처리 특례법 제3조 제2항 단서 제1호에서 정하고 있는 '통행금지를 내용으로 하는 안전표지'에 해당하지 않으므로 이를 침범하여 교통사고를 일으킨 운전자에 대하여는 처벌특례가 적용된다.

② 국민건강보험법 제115조 제2항 제5호에서 정한 '보험급여'는 건강보험 가입자 등 환자의 질병, 부상, 출산 등에 대하여 제공되는 치료행위 등 각종 의료서비스를 의미하는 것일 뿐, 의료기관 등이 보험급여를 실시한 대가에 대하여 국민건강보험공단이 지급하는 비용, 즉, '보험급여비용'까지 포괄하는 의미로 해석할 수는 없다.

③ 어린이집 대표자를 변경하고도 변경인가를 받지 않은 채 어린이집을 운영한 행위에 대하여 설치인가를 받지 않고 사실상 어린이집의 형태로 운영한 행위 등을 처벌하는 규정인 영유아보육법 제54조 제4항 제1호를 적용하거나 유추적용할 수 없다.

④ 영유아보육법 제54조 제3항은 "제15조의5 제3항에 따른 안전성 확보에 필요한 조치를 하지 아니하여 영상정보를 분실·도난·유출·변조 또는 훼손당한 자는 2년 이하의 징역 또는 2천만원 이하의 벌금에 처한다."라고 정하고 있으므로 영상정보를 삭제·은닉 등의 방법으로 직접 훼손하는 행위를 한 자도 위 규정에 의한 처벌대상이 된다.

007 죄형법정주의에 대한 설명으로 옳은 것은? (다툼이 있으면 판례에 의함)

① 도로교통법상 도로가 아닌 곳에서 운전면허 없이 운전한 행위를 무면허운전으로 처벌하는 것은 유추해석금지원칙에 반하지 않는다.
② 개정 형법의 시행 이전에 죄를 범한 자에 대하여 개정 형법에 따라 보호관찰을 명할 경우 형벌불소급원칙 또는 죄형법정주의에 위배된다.
③ 종전보다 가벼운 형으로 형벌법규를 개정하면서 개정된 법의 시행 전의 범죄에 대해서 종전의 형벌법규를 적용하도록 그 부칙에 규정하는 것은 형벌불소급원칙에 반한다.
④ 보안처분은 형벌과는 달리 행위자의 장래 재범위험성에 근거하는 것으로서, 행위시가 아닌 재판시의 재범위험성 여부에 대한 판단에 따라 보안처분 선고를 결정하므로 원칙적으로 재판 당시 현행법을 소급적용할 수 있다고 보는 것이 타당하고 합리적이다.

008 형벌법규의 해석에 대한 설명으로 옳지 않은 것은? (다툼이 있으면 판례에 의함)

① 노역장유치는 그 실질이 신체의 자유를 박탈하는 것으로서 징역형과 유사한 형벌적 성격을 가지고 있으므로 형벌불소급의 원칙의 적용대상이 된다.
② 범죄집단의 '조직'은 특정 다수인이 의사 연락을 통하여 계속적으로 결합된 집합체를 형성함을 의미하고 일정한 형식을 필요로 하지 않는다. 또한 '가입'이란 이미 조직된 집단의 취지에 동조하여 구성원으로 참가하는 것을 말하고 그 방법이나 형식에 특별한 제한이 있는 것은 아니다.
③ 피고인이 전화를 걸어 피해자의 휴대전화에 벨소리가 울리게 하거나 부재중 전화 문구 등이 표시되도록 하여 상대방에게 불안감이나 공포심을 일으키는 행위는 실제 전화통화가 이루어졌는지 여부와 상관없이 스토킹처벌법 제2조 제1호 다목이 정한 스토킹행위에 해당한다고 볼 수 있다.
④ 혼인외 출생자가 벌금 이상의 형에 해당하는 죄를 범한 자신의 생부(生父)를 도피하게 한 경우 생부가 혼인외 출생자를 인지하지 않은 경우에는 생부와 혼인외 출생자 사이에 법률상 친자관계가 발생하지 않으므로 혼인외 출생자의 행위에 대하여 형법 제151조 제2항(친족간의 특례)을 적용할 수는 없지만 법률의 흠결이 있는 것에 해당하므로 형법 제151조 제2항을 유추적용할 수는 있다.

009 형벌법규의 해석에 관한 다음 중 설명 중 옳지 않은 것은? (다툼이 있으면 판례에 의함)

① 의료법인 명의로 개설된 의료기관을 실질적으로 비의료인이 개설·운영하였다고 판단하려면 비의료인이 의료법인 명의 의료기관의 개설·운영에 주도적으로 관여하였다는 점을 기본으로 하여, 비의료인이 외형상 형태만을 갖추고 있는 의료법인을 탈법적인 수단으로 악용하여 적법한 의료기관 개설·운영으로 가장하였다는 사정이 인정되어야 한다.

② 구 약사법 제35조 제1항 소정의 '판매'는 국내에서 불특정 또는 다수인에게 의약품을 유상으로 양도하는 행위를 말하고, 여기에 의약품을 다른 나라로 수출하는 행위는 포함되지 아니한다.

③ 구 약사법 제5조 제3항에서 면허증의 대여를 금지한 취지는 약사자격이 없는 자가 타인의 면허증을 빌려 영업을 하게 될 경우 국민의 건강에 위험이 초래된다는데 있다 할 것이므로 약사자격이 있는 자에게 빌려주는 행위까지 금지되는 것으로 보는 것은 유추해석에 해당한다.

④ 약사가 약국에서 원격지의 의뢰인과 전화로 의약품에 관하여 상담한 다음 택배로 의뢰인에게 의약품을 보낸 경우 의약품의 판매를 이루는 주요 부분이 약국이라는 장소적 제한을 벗어난 곳에서 행하여진 것이므로 '약국 이외의 장소에서 의약품을 판매'한 행위에 해당한다.

010 다음 설명 중 옳은 것을 모두 고른 것은? (다툼이 있는 경우 판례에 의함)

㉠ 외국인이 대한민국 영역 외에서 대한민국 국민에 대하여 범죄를 저지른 경우 '형법' 제6조 본문에 의하여 우리 형법이 적용되지만, 같은 조 단서에 의하여 행위지 법률에 의하여 범죄를 구성하지 아니하거나 소추 또는 형의 집행을 면제할 경우에는 우리 형법을 적용하여 처벌할 수 없고, 이 경우 행위지 법률에 의하여 범죄를 구성하는지는 엄격한 증명에 의하여 검사가 이를 증명하여야 한다.

㉡ 형사사건으로 외국 법원에 기소되었다가 무죄판결을 받는 사람은, 설령 그가 무죄판결을 받기까지 상당 기간 미결구금되었더라도 이를 유죄판결에 의하여 형이 실제로 집행된 것으로 볼 수는 없으므로, '형법' 제7조의 '외국에서 형의 전부 또는 일부가 집행된 사람'에 해당한다고 볼 수 없다.

㉢ '개정 법률조항'에 대한 위헌결정이 있는 경우, 만약 그 법률조항의 개정이 자구만 형식적으로 변경된 것에 불과하여 개정 전후 법률조항들 사이에 실질적 동일성이 인정된다면, '개정 법률조항'에 대한 위헌결정의 효력이 '개정 전 법률조항'에까지 그대로 미친다.

㉣ 종전 합헌결정일 이전의 범죄행위에 대하여 재심개시결정이 확정되었는데 그 범죄행위에 적용될 법률 또는 법률의 조항이 위헌결정으로 '헌법재판소법' 제47조 제3항 단서에 의하여 종전 합헌결정일의 다음 날로 소급하여 효력을 상실하였다면, 범죄행위 당시 유효한 법률 또는 법률의 조항이 그 이후 폐지된 경우와 마찬가지이므로 법원은 면소판결을 선고하여야 한다.

① ㉠, ㉡
② ㉡, ㉢
③ ㉢, ㉣
④ ㉠, ㉡, ㉣

011 유추해석(적용)금지의 원칙에 관한 설명 중 가장 적절하지 않은 것은? (다툼이 있으면 판례에 의함)

① 타인의 사무를 처리하는 자의 지위를 취득하기 전에 부정한 청탁을 받은 행위를 처벌하는 별도의 구성요건이 존재하지 않는 이상, 타인의 사무처리자의 지위를 취득하기 전에 부정한 청탁을 받은 경우에 배임수재죄로는 처벌할 수 없다.
② 대통령기록물법 제30조 제2항 제1호, 제14조에 의해 유출이 금지되는 대통령기록물에 원본 문서나 전자파일 이외에 그 사본이나 추가 출력물까지 포함된다고 해석하는 것은 죄형법정주의에 위반되지 않는다.
③ 피고인이 차량을 운전하려는 의도로 제동장치를 조작하여 차량이 뒤로 진행하게 되었다고 해도 시동이 켜지지 않은 상태였던 이상 자동차를 본래의 사용방법에 따라 사용했다고 보기 어렵다(운전하였다고 보기 어렵다).
④ 공직선거법 제262조의 '자수'를 통상 관용적으로 사용되는 용례에서 갖는 개념 외에 '범행 발각 전'이라는 또 다른 개념을 추가하는 것은 형 면제 사유에 대한 제한적 유추를 통해 처벌범위를 실정법 이상으로 확대하게 되어 유추해석 금지의 원칙에 반한다.

012 죄형법정주의에 대한 설명으로 가장 적절하지 않은 것은? (다툼이 있으면 판례에 의함)

① 형법 제243조(음화반포등)는 음란한 문서, 도화, 필름 기타 물건을 반포, 판매 또는 임대하거나 공연히 전시 또는 상영한 자에 대한 처벌규정으로서 컴퓨터 프로그램파일은 위 규정에서 규정하고 있는 문서, 도화, 필름 기타 물건에 해당한다고 할 수 없다.
② 자동차관리법 제80조 제7호의2는 '자동차 이력 및 판매자정보를 허위로 제공한 자'만을 처벌하고 있는데, 여기서 '허위 제공'의 의미에 '단순 누락'의 경우도 포함하는 것으로 해석하더라도 죄형법정주의 원칙에 어긋나지 아니한다.
③ '담배의 제조'는 담배가공을 위한 일정한 작업의 수행을 전제하므로 그러한 작업을 수행하지 않은 자의 행위를 무허가 담배제조로 인한 담배사업법 제27조 제1항 제1호, 제11조 위반죄로 의율하는 것은 특별한 사정이 없는 한 죄형법정주의의 내용인 확장해석금지 원칙에 어긋난다.
④ 개인정보 보호법은 제2조 제5호, 제6호에서 공공기관 중 법인격이 없는 '중앙행정기관 및 그 소속 기관' 등을 개인정보처리자 중 하나로 규정하고 있으면서도 양벌규정에 의하여 처벌되는 개인정보처리자로는 같은 법 제74조 제2항에서 '법인 또는 개인'만을 규정하고 있을 뿐이고, 법인격 없는 공공기관에 대하여도 위 양벌규정을 적용할 것인지 여부에 대하여는 명문의 규정을 두고 있지 않으므로 죄형법정주의의 원칙상 '법인격 없는 공공기관'을 위 양벌규정에 의하여 처벌할 수 없고 그 경우 행위자 역시 위 양벌규정으로 처벌할 수 없다.

013 죄형법정주의에 대한 설명 중 가장 적절하지 않은 것은? (다툼이 있으면 판례에 의함)

① 원인불명으로 재산상 이익인 가상자산을 이체받은 자가 가상자산을 사용·처분한 경우 이를 형사처벌하는 명문의 규정이 없는 현재의 상황에서 착오송금 시 횡령죄 성립을 긍정한 판례를 유추하여 신의칙을 근거로 배임죄로 처벌하는 것은 죄형법정주의에 반한다.

② 피고인 甲이 乙에게 폐기물의 운반에 관한 업무를 위탁하여 乙이 폐기물 운반차량 3대로 폐기물을 운반한 것이라고 볼 경우 이는 위탁자인 甲이 폐기물처리업의 변경허가를 받아야 하는 중요사항인 '운반차량의 증차'에 해당한다고 단정하기 어렵다.

③ 유기징역형에 대한 법률상 감경을 하면서 형법 제55조 제1항 제3호에서 정한 것과 같이 장기와 단기를 모두 2분의 1로 감경하는 것이 아닌 장기 또는 단기 중 어느 하나만을 2분의 1로 감경하는 방식이나 2분의 1보다 넓은 범위의 감경을 하는 방식 등은 죄형법정주의 원칙상 허용될 수 없다.

④ 포괄일죄에 관한 기존 처벌법규에 대하여 그 표현이나 형량과 관련한 개정을 하는 경우가 아니라 애초에 죄가 되지 않던 행위를 구성요건의 신설로 포괄일죄의 처벌대상으로 삼는 경우에는 신설된 포괄일죄 처벌법규가 시행되기 이전의 행위에 대하여는 신설된 법규를 적용하여 처벌할 수 없지만, 신설된 처벌법규가 상습범을 처벌하는 구성요건인 경우에는 그러하지 아니하다.

014 죄형법정주의 등에 관한 설명으로 옳지 않은 것은? (다툼이 있으면 판례에 의함)

① 구 의료법 제87조 제1항 제2호, 제27조 제1항은 대한민국영역 외에서 의료행위를 하려는 사람에게까지 보건복지부장관의 면허를 받을 의무를 부과하고 나아가 이를 위반한 자를 처벌하는 규정이라고 보기 어려우므로 내국인이 대한민국 영역 외에서 의료행위를 하는 경우에는 구 의료법 제87조 제1항 제2호, 제27조 제1항의 구성요건해당성이 없다.

② 사전자기록등 위작죄에서 정한 '위작'의 포섭 범위에 권한 있는 사람이 그 권한을 남용하여 허위의 정보를 입력함으로써 시스템 설치·운영 주체의 의사에 반하는 전자기록을 생성하는 행위를 포함하는 것으로 보더라도 이러한 해석이 '위작'이란 낱말이 가지는 문언의 가능한 의미를 벗어났다거나 피고인에게 불리한 유추해석 또는 확장해석을 한 것이라고 볼 수 없다.

③ 한국환경공단법 등이 한국환경공단 임직원을 형법 제129조(수뢰·사전수뢰) 내지 제132조(알선수뢰)의 적용에 있어 공무원으로 본다고 규정하고 있으므로 그들 또는 그들이 직무를 행하는 한국환경공단을 형법 제227조의2(공전자기록위작·변작)에 정한 공무원 또는 공무소에 해당한다고 보는 것은 죄형법정주의의 원칙에 반하지 않는다.

④ 의료법 제41조가 "환자의 진료 등에 필요한 당직의료인을 두어야 한다."라고 규정하고 있을 뿐인데도, 관련 시행령 조항은 그 당직의료인의 수와 자격 등 배치기준을 규정하고 이를 위반하면 의료법 제90조에 의한 처벌의 대상이 되도록 함으로써 법률의 명시적인 위임 범위를 벗어나 처벌의 대상을 확장했으므로 죄형법정주의의 원칙에 어긋난다.

015 죄형법정주의에 대한 설명으로 옳은 것은? (다툼이 있으면 판례에 의함)

① 헌법재판소의 헌법재판은 법정이 아닌 심판정에서 이루어지므로 법정소동죄 등을 규정한 형법 제138조에서의 '법원의 재판'에 헌법재판소의 심판이 포함된다고 해석하는 것은 피고인에게 불리한 확장해석임과 동시에 유추해석이다.
② 의료기관을 개설할 자격이 있는 의료인이 비영리법인 등 의료법에 따라 의료기관을 개설할 자격이 있는 자로부터 명의를 빌려 그 명의로 의료기관을 개설한 행위도 의료법 제33조 제2항(의사 등이 아닌 자의 의료기관 개설금지)에 위배된다.
③ 친고죄에 관한 고소의 주관적 불가분원칙을 규정하고 있는 형사소송법 제233조가 공정거래위원회의 고발에도 유추적용된다고 해석하더라도 죄형법정주의에 위배되지 않는다.
④ 외국에서 통용하지 아니하는 즉, 강제통용력을 가지지 아니하는 지폐는 그것이 비록 일반인의 관점에서 통용할 것이라고 오인할 가능성이 있다고 하더라도 형법 제207조 제3항에서 정한 외국에서 '통용하는' 외국의 지폐에 해당한다고 할 수 없다.

016 죄형법정주의에 대한 설명으로 옳지 않은 것은? (다툼이 있으면 판례에 의함)

① 항공보안법 제42조(항공기 항로변경죄)의 '항로'에 항공기가 지상에서 이동하는 경로도 포함된다고 해석하는 것은 죄형법정주의에 반한다.
② 업무상 군사기밀을 취급하는 사람이 그 취급 과정에서 단순히 보호조치 의무를 이행하지 않은 경우 또는 이미 알고 있거나 점유하고 있는 군사기밀의 보관 장소를 이동하는 등 보관 상태를 변경한 경우는 군사기밀 보호법 제11조에 규정된 '군사기밀을 적법한 절차에 의하지 아니한 방법으로 탐지하거나 수집한' 것에 해당한다고 보기 어렵다.
③ "시효는 공소의 제기로 진행이 정지되고, 공범의 1인에 대한 시효정지는 다른 공범자에 대하여 효력이 미치고 당해 사건의 재판이 확정된 때로부터 진행한다."라는 형사소송법 제253조 제1항은 공소제기 효력의 인적 범위를 확장하는 예외를 마련하여 놓은 것이므로 원칙적으로 엄격하게 해석하여야 하고 피고인에게 불리한 방향으로 확장하여 해석해서는 아니 된다.
④ 형법 제258조의2 특수상해죄가 신설되었으므로 형법 제262조, 제261조의 특수폭행치상죄에 대하여 그 문언에 따라 특수상해죄의 예에 의하여 처벌하더라도 죄형법정주의원칙에 반하지 않는다.

017 죄형법정주의에 대한 설명 중 가장 적절한 것은? (다툼이 있으면 판례에 의함)

① 대법원 양형위원회가 설정한 양형기준이 발효하기 전에 공소가 제기된 범죄에 대하여 위 양형기준을 참고하여 형을 양정한 경우 피고인에게 불리한 법률을 소급하여 적용하였으므로 소급효금지의 원칙에 반한다.
② 피고인이 2018.12.경부터 2021.10.30.경까지 일주일에 1회가량 지속적 또는 반복적으로 피해자 운영 미용실에 찾아가는 등의 스토킹행위를 하였는바, 그 중 스토킹처벌법 시행 전인 2018.12.경부터 2021.10.20.까지의 행위는 신설된 법규인 스토킹처벌법 위반죄로 처벌할 수 없다.
③ 피부착명령청구자가 소년법에 의한 보호처분을 받은 전력이 있는 경우, 이는 유죄의 확정판결을 받은 경우에 해당하므로 피부착명령청구자가 2회 이상 성폭력범죄를 범하였는지를 판단함에 있어 그 소년보호처분을 받은 전력도 고려의 대상이 된다.
④ 헌법재판소가 형벌조항에 대해 헌법불합치결정을 선고하면서 개정시한을 정하여 입법개선을 촉구하였는데도 위 시한까지 법률 개정이 이루어지지 않은 경우 공소가 제기된 피고사건에 대하여 형사소송법 제326조 제4호에 따라 면소를 선고하여야 한다.

018 형벌법규의 해석에 대한 설명으로 옳지 않은 것은? (다툼이 있으면 판례에 의함)

① 상관모욕죄(군형법 제64조 제1항)에서 '상관'에는 명령복종 관계가 없는 상위 계급자와 상위 서열자는 포함되지 않으며, 상관은 직무수행 중일 것을 요한다.
② 정보통신망에 의하여 처리·보관 또는 전송되는 타인의 정보를 훼손하거나 타인의 비밀을 침해·도용 또는 누설하는 행위를 처벌하는 정보통신망 이용촉진 및 정보보호 등에 관한 법률 제71조 제1항 제11호의 '타인'에는 이미 사망한 자도 포함된다.
③ 근로계약이 유효하게 존속하여 사용자의 퇴직금지급의무나 금품청산의무가 발생하지 않은 경우에는 근로자퇴직급여 보장법 제44조 제1호, 제9조 위반죄(퇴직금 미지급의 죄)나 근로기준법 제109조 제1항, 제36조 위반죄(임금 등 미지급의 죄)는 성립하지 않는다.
④ 행위주체가 공무원과 공무소가 아닌 경우에는 형법 또는 특별법에 의하여 공무원 등으로 의제되는 경우를 제외하고는 계약 등에 의하여 공무와 관련되는 업무를 일부 대행하는 경우가 있더라도 공무원 또는 공무소가 될 수 없다.

019 죄형법정주의에 대한 설명으로 옳은 것은? (다툼이 있으면 판례에 의함)

① 정당의 후보자 선출을 위한 당내경선은 국가공무원법 제65조 제2항에서 금지하는 '선거'의 범위에 포함되지 않는다.
② '의료인은 의료·조산 또는 간호를 하면서 알게 된 다른 사람의 비밀을 누설하거나 발표하지 못한다'라는 의료법 제19조에서 '다른 사람'에는 생존하는 개인만 포함될 뿐 이미 사망한 사람은 포함되지 않는다.
③ 국가보안법 제7조 제5항에서 규정하고 있는 '소지'에 블로그 등의 운영자가 그 사적(私的) 인터넷 게시공간에 게시된 타인의 글을 삭제할 권한이 있는데도 이를 삭제하지 아니하고 그대로 둔 경우를 포함하여 위 규정으로 처벌할 수 있다고 보는 것은 죄형법정주의 원칙 위반이라 할 수 없다.
④ 의료법 제17조 제1항[25년 현재 제18조 제1항]은 스스로 진찰을 하지 않고 처방전을 발급하는 행위를 금지하는 규정일 뿐 대면진찰을 하지 않았거나 충분한 진찰을 하지 않은 상태에서 처방전을 발급하는 행위 일반을 금지하는 조항이 아니다. 따라서 전화 진찰을 하였다는 사정만으로 '자신이 진찰'하거나 '직접 진찰'을 한 것이 아니라고 볼 수 없다.

020 죄형법정주의 원칙에 비추어 허용될 수 없는 해석에 해당하지 않는 것은? (다툼이 있으면 판례에 의함)

① 구 도로교통법(2019.12.24. 개정되기 전의 것) 제154조 제2호는 '원동기장치자전거를 운전할 수 있는 운전면허를 받지 아니하고 원동기장치자전거를 운전한 사람'을 처벌하였는데, '운전면허를 받았으나 그 후 면허의 효력이 정지된 경우'를 '운전면허를 받지 아니한 것'에 포함된다고 해석하는 것
② 공직선거법 제250조 제1항 허위사실공표죄에서 '경력등'이란 후보자의 '경력·학력·학위·상벌'을 말하는데(같은 법 제64조 제5항), '어떤 단체가 특정 후보자를 지지·추천하는지 여부'를 '경력'에 포함된다고 해석하는 것
③ 형법 제155조 제1항은 '타인의 형사사건 또는 징계사건에 관한 증거를 인멸, 은닉, 위조 또는 변조하거나 위조 또는 변조한 증거를 사용한 자'를 처벌하고 있는데, '증거 자체에는 아무런 허위가 없으나 그 증거가 허위 주장과 결합하여 허위 사실을 증명하게 되는 경우(돈을 송금하였다가 되돌려받는 방법으로 송금자료를 만들어 피해 변제의 증거로 제출한 경우)'를 '증거위조'에 포함된다고 해석하는 것
④ 구 약사법(2007.10.17. 개정되기 전의 것) 제44조 제1항은 "약국 개설자가 아니면 의약품을 판매하거나 또는 판매 목적으로 취득할 수 없다."고 규정하고 있는데, '국내에 있는 불특정 또는 다수인에게 무상으로 의약품을 양도하는 수여 행위'를 '판매'에 포함된다고 해석하는 것

021 형법의 시간적 적용범위에 관한 다음 설명 중 옳지 않은 것은? (다툼이 있으면 판례에 의함)

① 범죄의 성립과 처벌은 행위 시의 법률에 따른다.
② 범죄 후 법률이 변경되어 그 행위가 범죄를 구성하지 아니하게 되거나 형이 구법보다 가벼워진 경우에는 신법에 따른다.
③ 재판이 확정된 후 법률이 변경되어 그 행위가 범죄를 구성하지 아니하게 되거나 형이 구법보다 가벼워진 경우에는 형의 집행을 면제한다.
④ 범죄 후 법률의 변경이 있더라도 형이 중하게 변경되는 경우나 형의 변경이 없는 경우에는 형법 제1조 제1항에 따라 행위시법을 적용하여야 한다.

022 '형법'의 시간적 적용범위에 관한 설명 중 옳지 않은 것은? (다툼이 있으면 판례에 의함)

① '형법' 제1조 제1항의 행위시법주의에서 '행위시'란 범죄행위의 '종료시'를 의미한다.
② 수개의 행위로 이루어진 포괄일죄에서는 최종 행위가 종료하는 시점을 행위시로 본다.
③ 범죄 후 법률의 변경에 따라 범죄를 구성하지 아니하게 되거나 형이 가벼워진 경우, 반성적 고려에 따라 법률이 변경된 것인지 여부를 따지지 않고 변경된 법률을 적용하여야 한다.
④ 판결 확정 전 법률이 변경되어 형이 가벼워진 경우, 신법의 부칙에 경과규정을 두어 신법 시행 전의 행위에 대하여 구법을 적용하도록 하는 것은 '형법' 제1조 제2항의 신법우선주의에 위반한다.

023 형법의 적용 범위에 대한 설명으로 옳은 것은? (다툼이 있으면 판례에 의함)

① 형벌의 근거가 되는 법률조항이 헌법불합치결정 이후 개선입법 시한 만료로 효력이 상실되었다면 이는 '범죄 후 법령 개폐로 형이 폐지되었을 때'에 해당하여 법원은 형사소송법 제326조 제4호에 의하여 면소판결을 하여야 한다.
② 스스로 유효기간을 구체적인 일자나 기간으로 특정하여 효력의 상실을 예정하고 있던 법령이 그 유효기간을 경과함으로써 더 이상 효력을 갖지 않게 된 경우는 형법 제1조 제2항에서 말하는 '법령의 변경'에 해당하지 아니한다.
③ 외국에서 미결구금되었다가 무죄판결을 받은 피고인에 대하여 다시 같은 행위로 국내에서 형을 선고할 경우에는 형법 제7조에 따라 그 미결구금일수의 전부 또는 일부를 형에 산입하여야 한다.
④ 형법 제6조에서 '대한민국 또는 대한민국 국민에 대한 죄'라 함은 대한민국 또는 대한민국 국민의 법익이 간접적으로 침해되는 결과를 야기하는 죄를 범한 경우도 포함한다.

024 형법의 적용범위에 대한 설명으로 옳은 것은? (다툼이 있으면 판례에 의함)

① 재판이 확정된 후 법률이 변경되어 형이 구법보다 가벼워진 경우에는 형을 감경하여 집행한다.
② 미성년자약취죄는 대한민국 영역 밖에서 죄를 범한 외국인에게도 적용된다.
③ 외국인이 대한민국 영역 외에서 대한민국 국민 명의의 사문서를 위조한 때에는 대한민국 형법을 적용한다.
④ 죄를 지어 외국에서 형의 전부 또는 일부가 집행된 사람에 대하여는 그 집행된 형의 전부 또는 일부를 선고하는 형에 산입할 수 있다.

025 형법의 적용범위에 관한 설명으로 가장 적절하지 않은 것은? (다툼이 있으면 판례에 의함)

① 법무사 등록증 대여를 처벌하는 법무사법 제72조 제1항에 더하여 2017.12.12. 동법 제72조 제2항의 몰수·추징 조항이 뒤늦게 신설되었다면, 2014.1.경부터 2018.4.9.경까지 법무사 등록증 대여 금지를 위반하여 취득한 이익 전부를 추징하더라도 형벌법규의 소급효 금지 원칙에 반하지 않는다.
② 유사수신약정 체결 및 출자금 수수 행위가 대한민국 영역 내에서 이루어진 이상 비록 인터넷 홈페이지를 개설한 장소나 출자금을 최종적으로 수령한 장소가 대한민국 영역 외라 하더라도 성명·국적 불상의 회사 운영자들에게 형법 제2조(국내범), 제8조(총칙의 적용)에 따라 대한민국의 형벌법규인 유사수신행위법이 적용된다.
③ 미합중국 군대의 군속 중 통상적으로 대한민국에 거주하고 있는 자는 SOFA 협정이 적용되는 군속의 개념에서 배제되므로 10년 넘게 대한민국에 머물면서 한국인 아내와 결혼하여 가정을 마련하고 직장생활을 하는 등 생활근거지를 대한민국에 두고 있었던 미합중국 국적의 甲이 저지른 범죄에 대해 대한민국의 형사재판권을 행사할 수 있다.
④ 대한민국 영역 밖에서 형법 제287조의 미성년자 약취·유인죄를 범한 외국인에게도 대한민국 형법이 적용된다.

026 형벌규정의 적용에 대한 설명으로 옳지 않은 것은? (다툼이 있으면 판례에 의함)

① 범죄의 성립과 처벌은 행위시의 법률에 의한다고 할 때의 '행위시'라 함은 '범죄행위의 종료시'를 의미한다.
② 범죄 후 법률의 변경으로 형이 구법보다 경하게 된 때에는 신법에 의하여야 하지만, 신법에 경과규정을 두어 신법의 적용을 배제하는 것도 허용된다.
③ 포괄일죄로 되는 개개의 범죄행위가 법률 개정의 전후에 걸쳐서 행하여진 때는 범죄실행 종료 시의 법인 신법을 적용하여 포괄일죄로 처단하여야 한다.
④ 범죄 후 법률의 개정으로 법정형이 가벼워진 경우에도 개정 전 구법의 법정형이 공소시효 기간의 기준이 된다.

027 형법의 적용범위에 대한 설명으로 옳지 않은 것은? (다툼이 있으면 판례에 의함)

① '3년 이하의 징역에 처한다'에서 '5년 이하의 징역 또는 1천만원 이하의 벌금에 처한다'라고 개정된 것은 형이 중하게 변경된 것이다.
② 사문서위조 및 동행사죄에 관하여 구 형법의 법정형이 '5년 이하의 징역'이었던 것이 개정 형법상 '5년 이하의 징역 또는 1천만원 이하의 벌금'이 되어 벌금형이 추가되었으므로 형이 경하게 변경된 것이다.
③ 범죄 후 법률의 변경이 있더라도 형이 중하게 변경되는 경우나 형의 변경이 없는 경우에는 형법 제1조 제1항에 따라 행위시법을 적용하여야 한다.
④ 범죄행위시와 재판시 사이에 여러 차례 법령이 개정되어 형의 변경이 있는 경우에는 형법 제1조 제2항에 의하여 신법을 적용한다.

028 형법의 시간적 적용범위에 관한 다음 설명 중 옳지 않은 것은? (다툼이 있으면 판례에 의함)

① 범죄 후 재판확정 전 법률의 변경에 의하여 형이 구법보다 경하게 된 경우라도 그 법률변경의 동기가 구법에서 정한 과형이 과중하였다는 반성적 고려에 따라 이루어진 경우에 한하여 형법 제1조 제2항이 적용된다.
② 범죄행위시와 재판시 사이에 여러 차례 법령이 개정되어 형의 변경이 있는 경우에는 형법 제1조 제2항에 의하여 그 전부의 법령을 비교하여 그 중 가장 형이 가벼운 법령을 적용하여야 한다.
③ 형법 제1조 제2항 및 제8조에 의하면, 범죄 후 법률의 변경에 의하여 그 행위가 범죄를 구성하지 아니하는 경우 신법에 의한다고 규정하고 있으나, 신법에 경과규정을 두어 이러한 재판시법주의의 적용을 배제하는 것도 허용된다.
④ 형벌법규의 형을 종전보다 가볍게 개정하면서 그 부칙에서 개정된 법의 시행 전의 범죄에 대하여는 종전의 형벌법규를 적용하도록 규정한다 하여 형벌불소급의 원칙이나 신법우선의 원칙에 반한다고 할 수 없다.

029 형법 제1조 제2항 및 형사소송법 제326조 제4호의 해석에 관한 다음 설명 중 옳지 않은 것은? (다툼이 있으면 판례에 의함)

① 범죄의 성립과 처벌에 관하여 규정한 형벌법규 자체 또는 그로부터 수권 내지 위임을 받은 법령의 변경에 따라 범죄를 구성하지 아니하게 되거나 형이 가벼워진 경우에는 종전 법령이 범죄로 정하여 처벌한 것이 부당하였다거나 과형이 과중하였다는 반성적 고려에 따라 변경된 것인지 여부를 따지지 않고 원칙적으로 형법 제1조 제2항과 형사소송법 제326조 제4호가 적용된다.

② 형벌법규가 대통령령, 총리령, 부령과 같은 법규명령이 아닌 고시 등 행정규칙·행정명령, 조례 등(이하 '고시 등 규정'이라고 한다)에 구성요건의 일부를 수권 내지 위임한 경우에도 이러한 고시 등 규정이 위임입법의 한계를 벗어나지 않는 한 형벌법규와 결합하여 법령을 보충하는 기능을 하는 것이므로 그 변경에 따라 범죄를 구성하지 아니하게 되거나 형이 가벼워졌다면 마찬가지로 형법 제1조 제2항과 형사소송법 제326조 제4호가 적용된다.

③ 해당 형벌법규 자체 또는 그로부터 수권 내지 위임을 받은 법령이 아닌 다른 법령이 변경된 경우 형법 제1조 제2항과 형사소송법 제326조 제4호를 적용하려면 해당 형벌법규에 따른 범죄의 성립 및 처벌과 직접적으로 관련된 형사법적 관점의 변화를 주된 근거로 하는 법령의 변경에 해당하여야 하므로 이와 관련이 없는 법령의 변경으로 인하여 해당 형벌법규의 가벌성에 영향을 미치게 되는 경우에는 형법 제1조 제2항과 형사소송법 제326조 제4호가 적용되지 않는다.

④ 형법 제1조 제2항과 형사소송법 제326조 제4호에서 말하는 '법령의 변경'이 범죄의 가벌성과 직접적으로 관련된 형사법적 관점의 변화를 전제로 하는 것이라면 법령의 유효기간이 경과된 경우에도 추급효에 관한 경과규정을 두지 않은 이상 원칙적으로 피고인에게 유리한 재판시법이 적용되어야 한다.

030 형법 제1조 제2항 및 형사소송법 제326조 제4호의 해석에 관한 다음 설명 중 옳지 않은 것은? (다툼이 있으면 판례에 의함)

① 범죄의 성립과 처벌에 관하여 규정한 형벌법규 자체 또는 그로부터 수권 내지 위임을 받은 법령의 변경에 따라 범죄를 구성하지 아니하게 되거나 형이 가벼워진 경우에는 종전 법령이 범죄로 정하여 처벌한 것이 부당하였다거나 과형이 과중하였다는 반성적 고려에 따라 변경된 것인지 여부를 따지지 않고 원칙적으로 형법 제1조 제2항과 형사소송법 제326조 제4호가 적용된다.

② 해당 형벌법규 자체 또는 그로부터 수권 내지 위임을 받은 법령이 아닌 다른 법령이 변경된 경우 형법 제1조 제2항과 형사소송법 제326조 제4호를 적용하려면 해당 형벌법규에 따른 범죄의 성립 및 처벌과 직접적으로 관련된 형사법적 관점의 변화를 주된 근거로 하는 법령의 변경에 해당하여야 하므로 이와 관련이 없는 법령의 변경으로 인하여 해당 형벌법규의 가벌성에 영향을 미치게 되는 경우에는 형법 제1조 제2항과 형사소송법 제326조 제4호가 적용되지 않는다.

③ 2020.2.4. 법률 제16911호 개정으로 개인의 파산사건 및 개인회생사건 신청의 대리를 법무사의 업무로 규정한 제6호의 내용이 추가된 법무사법 제2조는 공소사실의 해당 형벌법규인 변호사법 제109조 제1호 또는 그로부터 수권 내지 위임을 받은 법령이므로 형법 제1조 제2항과 형사소송법 제326조 제4호의 적용 대상인 형사법적 관점의 변화에 근거한 법령의 변경에 해당한다.

④ 특정범죄 가중처벌 등에 관한 법률(2022.12.27. 법률 제19104호로 개정되기 전의 것) 제5조의11에서의 '원동기장치자전거'에는 전동킥보드와 같은 개인형 이동장치도 포함된다고 판단되고, 비록 개정 도로교통법이 전동킥보드와 같은 개인형 이동장치에 관한 규정을 신설하면서 이를 '자동차 등'이 아닌 '자전거 등'으로 분류하였다고 하여 이를 형법 제1조 제2항의 범죄 후 법률이 변경되어 그 행위가 범죄를 구성하지 아니하게 된 경우라고 볼 수는 없다.

031 형법의 시간적 적용범위에 관한 다음 설명 중 옳지 않은 것은? (다툼이 있으면 판례에 의함)

① 범죄의 성립과 처벌은 행위시의 법률에 의한다. 범죄 후 법률이 변경되어 그 행위가 범죄를 구성하지 아니하게 되거나 형이 구법(舊法)보다 가벼워진 경우에는 신법(新法)에 따른다.

② 범죄의 성립과 처벌에 관하여 규정한 형벌법규 자체 또는 그로부터 수권 내지 위임을 받은 법령의 변경에 따라 범죄를 구성하지 아니하게 되거나 형이 가벼워진 경우에는 종전 법령이 범죄로 정하여 처벌한 것이 부당하였다거나 과형이 과중하였다는 반성적 고려에 따라 변경된 것인지 여부를 따지지 않고 원칙적으로 형법 제1조 제2항과 형사소송법 제326조 제4호가 적용된다.

③ 포괄일죄로 되는 개개의 범죄행위가 법 개정의 전후에 걸쳐서 행하여진 경우 신·구법의 법정형에 대한 경중을 비교하여 볼 필요도 없이 범죄실행 종료 시의 법이라고 할 수 있는 신법을 적용하여 포괄일죄로 처단하여야 한다.

④ 아동·청소년의 성보호에 관한 법률위반(성착취물소지)죄는 아동·청소년성착취물임을 알면서 소지를 개시한 때부터 지배관계가 종료한 때까지 하나의 죄로 평가되는 이른바 즉시범으로 원칙적으로 기수에 이른 시점의 법률이 적용된다.

032 형법의 시간적 적용범위와 관련하여 ( ) 안에 들어갈 알맞은 말은? (다툼이 있으면 판례에 의함)

> 범죄 후 법령의 개폐로 형이 폐지된 때에는 (㉠)사유가 될 것이지만, 이 경우에도 개정 법률의 부칙 등에서 '개정 법률의 시행 전의 행위에 대한 벌칙의 적용에 있어서는 종전의 규정에 의한다'는 내용의 경과규정을 두고 있는 때에는 구법 당시의 행위에 대하여 (㉡)을 적용하여야 하므로 법률의 개정으로 범죄를 구성하지 않게 되거나 형이 폐지되었다고 할 수 없어 (㉠)사유에 해당하지 않는다.

① ㉠ 면소 ㉡ 신법
② ㉠ 면소 ㉡ 구법
③ ㉠ 무죄 ㉡ 신법
④ ㉠ 무죄 ㉡ 구법

033 형법의 적용범위에 대한 설명으로 가장 적절하지 않은 것은? (다툼이 있으면 판례에 의함)

① 한국인이 외국에서 죄를 지어 현지 법률에 따라 형의 전부 또는 일부의 집행을 받은 때에는 대한민국 법원은 그 집행된 형의 전부 또는 일부를 선고하는 형에 반드시 산입하여야 한다.
② 범죄행위시와 재판시 사이에 여러 차례 법령이 개정되어 형의 변경이 있는 경우에는 그 전부의 법령을 비교하여 그 중 가장 형이 가벼운 법령을 적용하여야 한다.
③ 범죄행위는 범죄의사가 외부적으로 표현된 상태로서 주관적·내부적인 의사와 객관적·외부적인 표현(동작)을 그 요소로 하는 것이므로 공모공동정범의 공모지는 형법 제2조(국내범)가 적용되는 범죄지로 볼 수 없다.
④ 형법 총칙은 다른 법령에 정한 죄에 적용되지만, 그 법령에 특별한 규정이 있는 때에는 예외로 한다.

034 형법의 적용에 대한 설명으로 옳지 않은 것은? (다툼이 있으면 판례에 의함)

① 도박죄를 처벌하지 않는 외국의 카지노에서 우리나라 국민이 도박을 한 경우 우리나라 형법이 적용된다.
② 외국인이 외국에 소재한 우리나라 영사관 내에서 외국인 명의의 사문서를 위조한 경우 우리나라 형법이 적용되지 않는다.
③ 외국인이 우리나라 공무원에게 알선한다는 명목으로 금품을 수수한 행위의 장소가 우리나라라면 금품수수의 명목이 된 알선행위의 장소가 외국인 경우에도 우리나라 형법이 적용된다.
④ 외국의 영공을 지나고 있는 우리나라 국적기 안에서 외국인이 다른 외국인을 상해한 경우 우리나라 형법이 적용되지 않는다.

035 형법의 적용범위에 대한 설명으로 옳지 않은 것은? (다툼이 있으면 판례에 의함)

① 당해 형벌조항에 대하여 헌법불합치결정을 선고하면서 개정시한을 정하여 입법개선을 촉구하였는데도 개정시한까지 법률개정이 이루어지지 않은 경우 당해 형벌조항은 소급하여 효력을 상실한 경우에 해당되어 법원은 무죄판결을 하여야 한다.
② 유사수신행위의 일부인 유사수신약정 체결 및 위 약정에 따른 출자금을 수수하는 행위가 대한민국 영역 내에서 이루어진 이상 비록 인터넷 홈페이지를 개설한 장소나 출자금을 최종적으로 수령한 장소가 대한민국 영역 외라 하더라도 그 행위자들에 대하여도 대한민국의 형벌법규인 유사수신행위법 제3조, 제2조 제1호가 적용된다.
③ 대한민국 내에 있는 미국문화원이 치외법권지역이고 그 곳을 미국영토의 연장으로 본다 하더라도 그곳에서 죄를 범한 대한민국 국민에 대하여 우리 법원에 먼저 공소가 제기되고 미국이 자국의 재판권을 주장하지 않고 있는 이상 속인주의를 함께 채택하고 있는 우리나라의 재판권은 당연히 미친다.
④ 외국인이 중국 북경시에 소재한 대한민국 영사관 내에서 그곳에 비치된 여권발급 신청서를 위조한 경우 대한민국에 재판관할권이 있다.

036 형법의 적용범위에 대한 설명으로 가장 적절하지 않은 것은? (다툼이 있으면 판례에 의함)

① 외국인이 대한민국 공무원에게 알선한다는 명목으로 금품을 수수하는 행위가 대한민국 영역 내에서 이루어진 이상, 비록 금품수수의 명목이 된 알선행위를 하는 장소가 대한민국 영역 외라 하더라도 대한민국 영역 내에서 죄를 범한 것이라고 하여야 한다.
② 대한민국 영역 외에서 외국인이 우리나라의 공문서를 위조한 경우 그 행위가 행위지의 법률에 의하여 범죄를 구성하지 않는다면 우리나라 형법을 적용할 수 없다.
③ 내국 법인의 대표자인 외국인이 내국 법인이 외국에 설립한 특수목적법인에 위탁해 둔 자금을 정해진 목적과 용도 외에 임의로 사용하여 횡령한 경우 그 행위가 외국에서 이루어졌다고 하더라도 행위지의 법률에 의하여 범죄를 구성하지 아니하거나 소추 또는 형의 집행을 면제할 경우가 아니라면 그 외국인에 대해서도 우리나라 형법이 적용된다.
④ 형사사건으로 외국 법원에 기소되었다가 무죄판결을 받은 사람은, 설령 그가 무죄판결을 받기까지 상당 기간 미결구금되었더라도 이를 유죄판결에 의하여 형이 실제로 집행된 것으로 볼 수는 없으므로 '외국에서 형의 전부 또는 일부가 집행된 사람'에 해당한다고 볼 수 없고, 그 미결구금 기간은 형법 제7조에 의한 산입의 대상이 될 수 없다.

037 형법의 적용범위에 대한 설명으로 옳은 것은? (다툼이 있으면 판례에 의함)

① 형사사건으로 외국 법원에 기소되었다가 무죄판결을 받은 사람이 무죄판결을 받기까지 일정 기간 미결구금되었던 경우 그 미결구금기간에 대하여는 외국에서 집행된 형의 산입 규정인 형법 제7조가 적용되어야 한다.

② 대한민국 영역 외에서 형법상 공문서에 관한 죄를 범한 외국인에게는 대한민국 형법을 적용한다. 다만, 행위지의 법률에 의하여 범죄를 구성하지 아니하거나 소추 또는 형의 집행을 면제할 경우에는 예외로 한다.

③ 청소년성보호법 위반(성착취물소지)죄는 아동·청소년성착취물임을 알면서 소지를 개시한 때부터 지배관계가 종료한 때까지 하나의 죄로 평가되는 이른바 계속범이므로 원칙적으로 계속범에 대해서는 실행행위가 종료되는 시점의 법률이 적용된다.

④ 형벌에 관한 법률조항에 대하여 헌법불합치결정이 선고된 경우 당해 조항을 적용하여 공소가 제기된 피고사건에 대하여 법원은 공소기각판결을 선고하여야 한다.

038 다음 중 甲에게 대한민국 형법을 적용할 수 없는 경우는? (다툼이 있으면 판례에 의함)

① 캐나다인 甲이 캐나다에서 한국인 乙에게 위조사문서행사를 하고, 이 행위가 캐나다 법률에 의해서 범죄를 구성하는 경우

② 대한민국 법인의 대표자인 프랑스인 甲이 이 법인이 영국에 설립한 특수목적법인에 위탁해 둔 자금을 영국에서 횡령하였는데, 영국 법률에 의하여 그 행위가 범죄를 구성하는 경우

③ 일본인 甲과 한국인 乙이 서울에서 만나 홍콩에서 마약을 매수하기로 공모한 후 乙이 홍콩에서 마약매수 범행을 실행하였는데, 甲에게 乙의 범행에 대한 공모공동정범이 성립되는 경우

④ 미국인 甲이 한국인 乙로부터 청탁을 받고 대한민국 공무원에게 알선한다는 명목으로 금품을 수수하는 행위(변호사법 위반)가 서울에서 이루어졌는데, 금품수수의 명목이 된 알선행위 장소는 미국인 경우

039 형법 제7조(외국에서 집행된 형의 산입) 등에 관한 다음 설명 중 옳지 않은 것은? (다툼이 있으면 판례에 의함)

① 피고인이 동일한 행위에 관하여 외국에서 형사처벌을 과하는 확정판결을 받았다 하더라도 이런 외국판결은 우리나라에서는 기판력이 없으므로 여기에 일사부재리의 원칙이 적용될 수 없다.
② 죄를 지어 외국에서 형의 전부 또는 일부가 집행된 사람에 대해서는 그 집행된 형의 전부 또는 일부를 선고하는 형에 산입한다.
③ 형법 제7조의 취지는 피고인이 동일한 행위에 관하여 우리나라 형벌법규에 따라 다시 처벌받는 경우에 생길 수 있는 실질적인 불이익을 완화하려는 것으로 '외국에서 형의 전부 또는 일부가 집행된 사람'이란 문언과 취지에 비추어 '외국 법원의 유죄판결에 의하여 자유형이나 벌금형 등 형의 전부 또는 일부가 실제로 집행된 사람'을 말한다.
④ 형사사건으로 외국 법원에 기소되었다가 무죄판결을 받은 사람이 무죄판결을 받기까지 상당 기간 미결구금되었다면 실질적으로 유죄판결에 의하여 형이 실제로 집행된 것으로 볼 수 있으므로 인권보호 차원에서 형법 제7조를 유추적용하여 그가 국내에서 같은 행위로 인하여 선고받는 형에 그 미결구금일수를 산입하여야 한다.

040 친고죄에 대한 설명으로 옳지 않은 것은? (다툼이 있으면 판례에 의함)

① 고소가 없으면 검사는 공소제기를 할 수 없다.
② 사자명예훼손죄는 친고죄이지만 출판물에 의한 명예훼손죄는 친고죄가 아니다.
③ 친고죄의 경우에 있어서도 행위자의 범죄에 대한 고소가 있으면 족하고 나아가 양벌규정에 의하여 처벌받는 자에 대하여 별도의 고소를 요한다고 할 수는 없다.
④ 타인으로 하여금 형사처분을 받게 할 목적으로 공무소에 대하여 허위의 사실을 신고하였다면 비록 그 사실이 친고죄로서 그에 대한 고소기간이 경과하여 공소를 제기할 수 없음이 신고내용 자체에 의하여 분명한 경우라도 무고죄가 성립한다.

041 형법상 범죄와 그 범죄의 유형을 바르게 연결한 것은? (다툼이 있으면 판례에 의함)

① 배임죄 – 침해범
② 범인도피죄 – 즉시범
③ 공문서부정행사죄 – 추상적 위험범
④ 일반교통방해죄 – 구체적 위험범

042 범죄는 침해범과 위험범(위태범)으로 구분할 수 있다. 이에 대한 설명 중 옳지 않은 것은? (다툼이 있으면 판례에 의함)

① 경매방해죄는 위계 또는 위력 기타의 방법으로 경매의 공정을 해하는 경우에 성립하는 추상적 위험범으로서 결과의 불공정이 현실적으로 나타나는 것을 요하지 아니한다.
② 강제집행면탈죄는 강제집행을 실시하려는 자에 대하여 재산의 발견을 불능 또는 곤란케 하는 은닉 등의 행위를 통하여 채권자를 해한 상태에 이를 때 성립하는 침해범이다.
③ 공무집행방해죄에서 '폭행'은 사람에 대한 유형력의 행사로 족하고 반드시 그 신체에 대한 것임을 요하지 아니하며 또한 추상적 위험범으로서 구체적으로 직무집행의 방해라는 결과발생을 요하지도 아니한다.
④ 범인도피죄는 위험범으로서 현실적으로 형사사법의 작용을 방해하는 결과가 초래될 것이 요구되지 아니한다.

043 범죄의 종류에 대한 설명 중 가장 적절한 것은? (다툼이 있으면 판례에 의함)

① 협박죄는 사람의 의사결정의 자유를 침해하는 침해범으로서 해악의 고지가 상대방에게 도달하여 상대방이 그 의미를 인식하고 나아가 현실적으로 공포심을 일으켰을 때에 비로소 기수가 된다.
② 배임죄의 '손해를 가한 때'란 그 문언상 '손해를 현실적으로 발생하게 한 때'만을 의미하고 실해발생의 위험은 이에 해당하지 않으므로 침해범으로 보아야 한다.
③ 횡령죄는 다른 사람의 재물에 관한 소유권 등 본권을 그 보호법익으로 하므로 그 법익침해의 위험이 발생한 것만으로는 족하지 않고 그 침해의 결과가 실제로 발생하여야 범죄의 기수에 이른다.
④ 스토킹행위를 전제로 하는 스토킹범죄는 행위자의 어떠한 행위를 매개로 이를 인식한 상대방에게 불안감 또는 공포심을 일으킴으로써 그의 자유로운 의사결정의 자유 및 생활형성의 자유와 평온이 침해되는 것을 막고 이를 보호법익으로 하는 위험범이라고 볼 수 있다.

044 범죄는 즉시범(상태범)과 계속범으로 구분할 수 있다. 이에 대한 설명 중 옳지 않은 것은? (다툼이 있으면 판례에 의함)

① 체포죄는 계속범으로서 체포의 행위에 확실히 사람의 신체의 자유를 구속한다고 인정할 수 있을 정도의 시간적 계속이 있어야 한다.
② 직무유기죄는 직무를 수행하여야 하는 작위의무를 수행하지 아니함으로써 구성요건에 해당하는 사실이 있었고 그 후에도 계속하여 그 작위의무를 수행하지 아니하는 위법한 부작위상태가 계속되는 한 가벌적 위법상태는 계속 존재하고 있다고 할 것이며 형법 제122조 후단은 이를 전체적으로 보아 일죄로 처벌하는 취지로 해석되므로 이를 즉시범이라고 할 수 없다.
③ 일반교통방해죄에서 교통방해 행위는 계속범의 성질을 가지는 것이어서 교통방해의 상태가 계속되는 한 위법상태는 계속 존재한다.
④ 도주죄는 계속범으로서 범인이 도주행위를 하여 기수에 이른 이후에 범인의 도피를 도와주는 행위는 범인도피죄가 아니라 도주원조죄에 해당한다.

045 범죄유형에 대한 설명으로 옳지 않은 것은? (다툼이 있으면 판례에 의함)

① 허가 또는 신고 없이 건축물을 다른 용도로 계속 사용하는 한 가벌적 위법상태는 계속 존재하고 있다고 할 것이므로 그러한 용도변경행위에 대하여는 공소시효가 진행하지 아니한다.
② 지정문화재 등을 은닉하는 경우 그러한 은닉범행이 계속되는 한 발견을 곤란케 하는 등의 상태는 계속되는 것이어서 공소시효는 진행하지 아니한다.
③ 직무유기죄는 직무를 수행하지 아니하는 위법한 부작위상태가 계속되는 한 가벌적 위법상태가 계속 존재한다고 할 것이므로 즉시범이라고 할 수 없다.
④ 군형법 제79조에 규정된 무단이탈죄는 허가 없이 근무장소 또는 지정장소를 일시 이탈한 기간 동안 행위가 지속된다는 점에서 계속범에 해당한다.

046 범죄의 종류에 대한 설명 중 가장 적절한 것은? (다툼이 있으면 판례에 의함)

① 명예훼손죄의 구성요건이 결과발생을 요구하는 침해범의 형태로 규정되어 있기 때문에 적시된 사실로 인하여 특정인의 사회적 평가를 침해할 위험만으로는 부족하고 침해의 결과 발생이 필요하다.
② 일반교통방해죄는 구체적 위험범이므로 교통방해의 결과가 현실적으로 발생하여야 하며, 교통방해행위로 인하여 교통이 현저히 곤란한 상태가 발생하면 미수가 된다.
③ 유사기관 설립·설치로 인한 공직선거법위반죄는 공직선거법에서 금지하는 유사기관을 설립·설치한 때에 성립함과 동시에 완성되는 즉시범이므로 설립·설치 이후에 관여한 행위는 유사기관 설립·설치로 인한 공직선거법위반죄의 공동정범으로 처벌할 수 없다.
④ 체포죄는 즉시범으로서 반드시 체포의 행위에 확실히 사람의 신체의 자유를 구속한다고 인정할 수 있을 정도의 시간적 계속성이 있을 필요는 없다.

047 법인의 형사책임에 대한 설명으로 옳지 않은 것은? (다툼이 있으면 판례에 의함)

① 법인은 사법상의 권리의무의 주체가 될 수 있음은 별론으로 하더라도 법률에 명문의 규정이 없는 한 그 범죄능력은 없고 그 법인의 업무는 법인을 대표하는 자연인인 대표기관의 의사결정에 따른 대표행위에 의하여 실현될 수밖에 없다.
② 양벌규정에 의한 영업주의 처벌은 금지위반 행위자인 종업원의 처벌에 종속하는 것이 아니므로 종업원의 범죄성립이나 처벌이 영업주 처벌의 전제조건이 될 필요는 없다.
③ 친고죄에 대하여 양벌규정이 적용되는 경우 행위자의 범죄에 대한 고소가 있으면 족하고 나아가 양벌규정에 의하여 처벌받는 법인에 대하여 별도의 고소를 요하는 것은 아니다.
④ 법인 직원의 위반행위로 인해 법인이 처벌받는 경우 그 위반 행위를 한 직원이 자수하였다면 법인의 이사 기타 대표자가 자수하지 않았다 하더라도 해당 법인에게 자수감경에 관한 형법 제52조 제1항의 규정을 적용할 수 있다.

048 양벌규정에 대한 설명으로 옳지 않은 것은? (다툼이 있으면 판례에 의함)

① 법인이 설립되기 이전의 행위에 대하여는 법인에게 어떠한 선임·감독상의 과실이 있다고 할 수 없으므로 특별한 근거규정이 없는 한 법인이 설립되기 이전에 자연인이 한 행위에 대하여 양벌규정을 적용하여 법인을 처벌할 수는 없다.
② 지방자치단체가 그 고유의 자치사무를 처리하는 경우 지방자치단체는 국가기관의 일부가 아니라 국가기관과는 별도의 독립한 공법인으로서 양벌규정에 의한 처벌대상이 되는 법인에 해당한다.
③ 합병으로 소멸한 법인이 종업원 등의 위법행위에 대하여 양벌규정에 따라 부담하던 형사책임은 합병으로 존속하는 법인에 승계된다.
④ 양벌규정에 의하여 사용자인 법인을 처벌하는 것은 형벌의 자기책임원칙에 비추어 위반행위가 발생한 그 업무와 관련하여 사용자인 법인이 상당한 주의 또는 관리·감독 의무를 게을리한 선임감독상의 과실을 이유로 하는 것이다.

049 법인의 처벌에 대한 설명 중 가장 적절한 것은? (다툼이 있으면 판례에 의함)

① 법인의 사용인 등이 영업비밀을 부정사용하려다가 미수에 그친 경우라도 그 법인을 부정경쟁방지법상 양벌규정으로 처벌할 수 있다.
② 형벌의 자기책임원칙에 비추어 볼 때 양벌규정은 법인이 사용인 등에 의하여 위반행위가 발생한 그 업무와 관련하여 상당한 주의 또는 관리·감독 의무를 게을리한 때에 한하여 적용된다.
③ 양벌규정은 법인의 대표자 등 행위자가 법규위반행위를 저지른 경우 일정 요건하에 행위자가 아닌 법인이 직접 법규위반행위를 저지른 것으로 평가하여 행위자와 같이 처벌하도록 규정한 것으로 이때의 법인의 처벌은 행위자의 처벌에 종속되는 것이다.
④ 지방자치단체의 장이 국가사무의 일부를 위임받아 사무를 처리하는 기관위임사무뿐만 아니라 지방자치단체 고유의 자치사무를 처리하는 경우에도 지방자치단체는 국가기관과는 별도의 독립한 공법인이므로 양벌규정에 따라 처벌대상이 되는 법인에 해당한다.

050 법인의 범죄능력과 양벌규정에 관한 설명으로 가장 적절한 것은? (다툼이 있으면 판례에 의함)

① 형법 제8조 본문은 "본법 총칙은 타법령에 정한 죄에 적용한다"고 규정하고 있으므로 형법에 법인에 대한 별도의 처벌규정이 없는 한 개별 법령의 양벌규정을 근거로 법인을 처벌할 수는 없다.
② 지방자치단체 소속 공무원이 지방자치단체 고유의 자치사무를 수행하던 중 범죄를 저지르고 해당 범죄에 대하여 그 행위자를 벌하는 외에 법인을 처벌하는 양벌규정이 있는 경우 지방자치단체는 양벌규정의 적용대상이 되는 법인에 해당한다.
③ 회사합병이 있는 경우 피합병회사의 권리의무는 사법상의 관계나 공법상의 관계를 불문하고 모두 합병으로 인하여 존속하는 회사에 승계되는 것이 원칙이므로, 합병으로 인하여 소멸한 법인이 그 종업원 등의 위법행위에 대해 양벌규정에 따라 부담하던 형사책임은 합병으로 인하여 존속하는 법인에 승계된다.
④ 배임죄에 있어서 타인의 사무를 처리할 의무의 주체가 법인이 되는 경우 법인은 배임죄의 주체가 될 수 있다.

051 법인의 범죄능력과 양벌규정에 대한 설명 중 가장 적절한 것은? (다툼이 있으면 판례에 의함)

① 지방자치단체는 국가 위임사무는 물론 고유자치사무를 처리하는 경우에도 국가기관의 일부이므로 양벌규정에 따라 처벌대상이 되는 법인에 해당하지 아니한다.
② 양벌규정에 의해서 법인 또는 영업주를 처벌하는 경우 그 처벌은 직접 법률을 위반한 행위자에 대한 처벌에 종속하므로 행위자에 대한 처벌은 법인 또는 개인에 대한 처벌의 전제조건이 된다.
③ 회사 대표자의 위반행위에 대하여 징역형의 형량을 작량감경하고 병과하는 벌금형에 대하여 선고유예를 하였다면 양벌규정에 따라 그 회사를 처단함에 있어서도 같은 조치를 취하여야 한다.
④ 대표자의 고의에 의한 위반행위에 대하여는 법인 자신의 고의에 의한 책임을, 대표자의 과실에 의한 위반행위에 대하여는 법인 자신의 과실에 의한 책임을 져야 하는데 이처럼 양벌규정 중 법인의 대표자 관련 부분은 대표자의 책임을 요건으로 하여 법인을 처벌하는 것이지 그 대표자의 처벌까지 전제조건이 되는 것은 아니다.

052 양벌규정에 관한 다음 설명 중 옳지 않은 것은? (다툼이 있으면 판례에 의함)

① 지방자치단체 소속 공무원이 지정항만순찰 등의 업무를 위해 관할관청의 승인 없이 개조한 승합차를 운행함으로써 자동차관리법을 위반한 경우 항만순찰 등의 업무는 지방자치단체의 장이 국가로부터 위임받은 기관위임사무에 해당하므로 지방자치단체는 자동차관리법 제83조의 양벌규정에 따른 처벌대상이 될 수 없다.

② 약국을 실질적으로 경영하는 약사가 다른 약사를 고용하여 그 고용된 약사를 명의상의 개설약사로 등록하게 해두고 실질적인 영업약사가 종업원을 직접 고용하여 영업하던 중 종업원이 약사법 위반 행위를 하였다면 양벌규정상의 형사책임은 그 실질적 경영자가 지게 된다.

③ 양벌규정에 있어 '사용인 기타의 종업원'이라 함은 법인 또는 개인과 정식으로 고용계약을 체결하고 근무하는 자를 말하므로, 법인 또는 개인의 대리인, 사용인 등이 자기의 업무보조자로서 사용하면서 직접 또는 간접으로 법인 또는 개인의 통제·감독 아래에 있는 자까지 포함된다고 볼 수 없다.

④ 양벌규정에 있어 '법인의 업무에 관하여' 행한 것으로 보기 위해서는 객관적으로 법인의 업무를 위하여 하는 것으로 인정할 수 있는 행위가 있어야 하고, 주관적으로는 피용자 등이 법인의 업무를 위하여 한다는 의사를 가지고 행위함을 요한다.

053 법인(法人) 등의 범죄능력에 관한 다음 설명 중 옳지 않은 것은? (다툼이 있으면 판례에 의함)

① 개인정보 보호법은 제2조 제5호, 제6호에서 공공기관 중 법인격이 없는 '중앙행정기관 및 그 소속 기관' 등을 개인정보처리자 중 하나로 규정하고 있으므로 비록 양벌규정에 의하여 처벌되는 개인정보처리자로는 같은 법 제74조 제2항에서 '법인 또는 개인'만을 규정하고 있을 뿐이라도 '법인격 없는 공공기관'을 위 양벌규정에 의하여 처벌할 수 있고 그 경우 행위자 역시 위 양벌규정으로 처벌할 수 있다.

② 법인은 사법상의 권리의무의 주체가 될 수 있음은 별론으로 하더라도 법률에 명문의 규정이 없는 한 그 범죄능력은 없고 그 법인의 업무는 법인을 대표하는 자연인인 대표기관의 의사결정에 따른 대표행위에 의하여 실현될 수밖에 없다.

③ 법인격 없는 사단과 같은 단체는 사법상의 권리의무의 주체가 될 수 있음은 별론으로 하더라도 법률에 명문의 규정이 없는 한 그 범죄능력은 없다.

④ 국가가 본래 그의 사무의 일부를 지방자치단체의 장에게 위임하여 처리하게 하는 기관위임사무의 경우 지방자치단체는 국가기관의 일부로 볼 수 있고, 지방자치단체가 그 고유의 자치사무를 처리하는 경우 지방자치단체는 국가기관의 일부가 아니라 국가기관과는 별도의 독립한 공법인으로서 양벌규정에 의한 처벌대상이 되는 법인에 해당한다.

054 다음은 인과관계에 관한 설명이다. (   ) 안에 들어갈 알맞은 말은?

> 형법에서 인과관계는 행위와 결과간의 관계로서 (㉠) 구성요건요소에 해당한다. 그리고 행위가 있고 결과가 발생하였다고 해서 결과에 대한 책임을 행위자에게 모두 귀속시킬 수는 없으며 행위와 결과 사이에 인과관계가 인정되어야 한다. 만일 인과관계가 입증되지 않으면 미수범으로 처벌하여야 하는 것이 원칙이다. 그런데 인과관계에 관한 학설로는 조건설, 원인설, 판례가 지지하는 (㉡) 등이 있다. 한편 인과관계를 인정하는 문제와 형사책임의 범위를 정하는 문제를 분리하여 판단하는 입장이 있는데 이것이 (㉢)이론이다. 이 이론은 (㉣)에 의해 인과관계를 확정하고 형사책임의 귀속범위는 이 이론에 의해 결정한다.

① ㉠ 주관적 ㉡ 상당인과관계설 ㉢ 주관적 귀속 ㉣ 중요설
② ㉠ 객관적 ㉡ 상당인과관계설 ㉢ 객관적 귀속 ㉣ 합법칙적 조건설
③ ㉠ 객관적 ㉡ 중요설 ㉢ 객관적 귀속 ㉣ 합법칙적 조건설
④ ㉠ 객관적 ㉡ 중요설 ㉢ 주관적 귀속 ㉣ 합법칙적 조건설

055 인과관계에 관한 설명 중 옳은 것을 모두 고른 것은? (다툼이 있는 경우 판례에 의함)

㉠ 앞으로 몇 시간밖에 살 수 없는 환자의 고통을 완화시키기 위해 약물을 투여하여 사망하게 한 경우, "어차피 환자는 약물을 투여하지 않더라도 사망하게 되어 있다"라는 가설적으로 발생 가능한 결과는 인과관계 판단에서 고려할 필요가 없다.

㉡ 피고인이 주먹으로 피해자의 복부를 1회 강타하여 장파열로 인한 복막염으로 사망하게 하였다면, 비록 의사의 수술지연 등 과실이 피해자의 사망의 공동원인이 되었다 하더라도 피고인의 행위가 사망의 결과에 대한 유력한 원인이 된 이상 그 폭력행위와 사망의 결과 간에는 인과관계가 있다.

㉢ 각자 담배를 피우던 피고인들이 분리수거장 방향으로 담배꽁초를 던져 버리고 현장을 떠난 후 화재가 발생하여 각각 실화죄로 기소된 경우에, 피고인들 각자 본인 및 상대방이 버린 담배꽁초 불씨가 살아 있는지를 확인하고 이를 완전히 제거하는 등 화재를 미리 방지할 주의의무가 있음에도 이를 게을리한 채 만연히 현장을 떠났다면 각자의 과실이 경합하여 위 화재가 발생하였더라도, 그 화재가 피고인들 중 누구의 담배꽁초로 인하여 발생하였는지 인정할 증거가 부족하다면, 화재의 원인행위가 불명이어서 피고인들은 실화죄의 미수로 불가벌에 해당하거나 적어도 피고인들 중 일방은 실화죄가 인정될 수 없다.

㉣ '형법' 제188조에 규정된 교통방해치사상죄는 결과적가중범이므로, 교통방해 행위가 피해자의 사상이라는 결과를 발생하게 한 유일하거나 직접적인 원인이 된 경우만이 아니라, 그 행위의 결과 사이에 피해자나 제3자의 과실 등 다른 사실이 개재된 때에도 그와 같은 사실이 통상 예견될 수 있는 것이라면 상당인과관계를 인정할 수 있다.

㉤ 교사범이 성립하기 위해서는 교사범의 교사가 정범의 범행에 대한 유일한 조건일 필요는 없으나, 교사자가 피교사자에게 범죄를 교사하여 피교사자가 범행 실행을 결의한 이후 교사자가 전화로 범행을 만류하는 취지의 말을 하였으나 피교사자가 이를 명시적으로 거절하고 당초와 같은 범행을 저질렀다면, 교사의 인과성이 결여되어 교사범이 성립하지 않는다.

① ㉠, ㉡
② ㉠, ㉢
③ ㉠, ㉡, ㉣
④ ㉠, ㉢, ㉣, ㉤

056 인과관계에 관한 설명 중 옳지 않은 것은? (다툼이 있으면 판례에 의함)

① 방조범에 있어서 방조행위와 정범의 범죄 실현 사이에 인과관계가 인정되려면 방조행위가 정범의 범죄 실현과 밀접한 관련이 있고 정범으로 하여금 구체적 위험을 실현시키거나 범죄결과를 발생시킬 기회를 높이는 등으로 정범의 범죄 실현에 현실적인 기여를 하였다고 평가할 수 있어야 한다.

② 자동차의 운전자가 통상 예견되는 상황에 대비하여 결과를 회피할 수 있는 정도의 주의의무를 다하지 못한 것이 교통사고 발생의 직접적인 원인이 되었다면, 비록 자동차가 보행자를 직접 충격한 것이 아니고 보행자가 자동차의 급정거에 놀라 도로에 넘어져 상해를 입은 경우라 할지라도 업무상 주의의무 위반과 교통사고 발생 사이에 상당인과관계를 인정할 수 있다.

③ 피고인이 피해자의 뺨을 1회 때리고 오른손으로 목을 쳐 피해자로 하여금 넘어지면서 머리를 땅바닥에 부딪치게 하여 상해를 가하고, 이로 인하여 두부 손상을 입은 피해자로 하여금 병원에서 입원치료를 받다가 합병증으로 사망에 이르게 한 경우 피고인의 범행과 피해자의 사망 사이에 인과관계가 인정된다.

④ 강간죄에서 폭행·협박과 간음 사이에는 인과관계가 있어야 하고, 폭행·협박은 반드시 간음행위보다 선행되어야 한다.

057 인과관계에 관한 다음 설명 중 옳지 않은 것은? (다툼이 있으면 판례에 의함)

① 어떤 행위라도 죄의 요소되는 위험발생에 연결되지 아니한 때에는 그 결과로 인하여 벌하지 아니한다.

② 자신의 행위로 초래된 위험이 그대로 또는 그 일부가 범죄 결과로 현실화된 경우라도 그 결과 발생에 제3자의 행위가 일부 기여하였다고 한다면 원칙적으로 인과관계를 인정할 수 없어 그 결과에 대한 죄책을 지울 수 없다.

③ 살인죄와 같은 부진정부작위범에 있어서 작위의무를 이행하였다면 그 결과가 발생하지 않았을 것이라는 관계가 인정될 경우에는 그 작위를 하지 않은 부작위와 사망의 결과 사이에 인과관계가 있는 것으로 보아야 한다.

④ 형법 제15조 제2항이 규정하고 있는 이른바 결과적 가중범은 행위자가 행위시에 그 결과의 발생을 예견할 수 없을 때에는 비록 그 행위와 결과 사이에 인과관계가 있다 하더라도 중한 죄로 벌할 수 없다.

058 인과관계에 대한 설명으로 옳지 않은 것은? (다툼이 있으면 판례에 의함)

① 부작위범에 있어서 작위의무를 이행하였다면 결과가 발생하지 않았을 것이라는 관계가 인정될 경우 부작위와 그 결과 사이에 인과관계가 있다.
② 실화죄에 있어서 공동의 과실이 경합되어 화재가 발생한 경우 적어도 각 과실이 화재의 발생에 대하여 하나의 조건이 된 이상은 그 공동적 원인을 제공한 사람들은 각자 실화죄의 책임을 면할 수 없다.
③ 의사가 설명의무를 위반한 채 의료행위를 하였다가 환자에게 상해의 결과가 발생한 경우 의사에게 업무상과실로 인한 형사책임을 지우기 위해서는 의사의 잘못된 치료행위와 환자의 상해 사이에 상당인과관계가 존재하여야 한다.
④ 선행 교통사고와 후행 교통사고 중 어느 쪽이 원인이 되어 피해자가 사망에 이르게 되었는지 밝혀지지 않은 경우 후행 교통사고를 일으킨 사람의 과실과 피해자의 사망 사이에 인과관계가 인정되기 위해서는 후행 교통사고를 일으킨 사람이 주의의무를 게을리하지 않았다면 피해자가 사망에 이르지 않았을 것이라는 사실이 입증되어야 한다.

059 인과관계에 대한 설명으로 옳은 것은? (다툼이 있으면 판례에 의함)

① 甲이 자동차를 운행하던 중 과실로 A를 충격하여 반대차로에 넘어지게 했는데 그 직후 A가 반대차로를 운행하던 다른 자동차에 깔려 사망한 경우 甲의 과실행위와 A의 사망 사이에는 인과관계가 인정되지 않는다.
② 甲이 예리한 칼로 A를 찔러 부상케 한 후 1개월이 지난 후에 A가 그 찔린 상처로 인한 과다 출혈과 상처의 감염 등으로 말미암은 패혈증으로 사망한 경우 甲이 A를 찌른 행위와 A의 사망 사이에는 인과관계가 인정되지 않는다.
③ 甲의 폭행으로 장 파열을 일으켜 병원으로 옮겨진 A가 장파열로 인한 복막염이 유력한 원인이 되었지만 의사의 수술 지연이 함께 원인이 되어 사망한 경우 甲의 폭행과 A의 사망 사이에는 인과관계가 인정되지 않는다.
④ 평소 고혈압 증세가 있는 A가 甲의 폭행으로 땅바닥에 넘어질 때의 자극 때문에 뇌출혈을 일으켜서 사망한 경우 甲의 폭행과 A의 사망 사이에는 인과관계가 인정된다.

060 인과관계에 관한 다음 설명 중 옳지 않은 것은? (다툼이 있으면 판례에 의함)

① 방조범은 정범에 종속하여 성립하는 범죄이므로 방조행위와 정범의 범죄 실현 사이에는 인과관계가 필요하다.

② 살인의 실행행위가 피해자의 사망이라는 결과를 발생하게 한 유일한 원인일 필요는 없으나 직접적인 원인이어야만 하므로 살인의 실행행위와 피해자의 사망 사이에 다른 사실이 개재되어 그 사실이 치사의 직접적인 원인이 되었다면, 그와 같은 사실이 통상 예견할 수 있는지를 불문하고 살인의 실행행위와 피해자의 사망 사이에 인과관계가 있는 것으로 보아야 한다.

③ 폭행 또는 협박으로 타인의 재물을 강취하려는 행위와 이에 극도의 흥분을 느끼고 공포심에 사로잡혀 이를 피하려다 상해에 이르게 된 사실과는 상당인과관계가 있다 할 것이고 이 경우 강취 행위자가 상해의 결과의 발생을 예견할 수 있었다면 이를 강도치상죄로 다스릴 수 있다.

④ 동시범의 특례에 관한 형법 제263조를 적용하기 위하여 검사는 실제로 발생한 상해를 야기할 수 있는 구체적인 위험성을 가진 가해행위의 존재를 입증하여야 하므로 이를 통하여 상해의 결과에 대하여 아무런 책임이 없는 피고인이 형법 제263조로 처벌되는 것을 막을 수 있고, 피고인도 자신의 행위와 상해의 결과 사이에 개별 인과관계가 존재하지 않음을 입증하여 상해의 결과에 대한 책임에서 벗어날 수 있으므로 형법 제263조는 책임주의원칙에 반한다고 볼 수 없다.

061 인과관계에 관한 설명 중 옳지 않은 것은? (다툼이 있으면 판례에 의함)

① 의료사고에서 의사의 과실과 결과 발생 사이에 인과관계를 인정하기 위해서는 주의의무위반이 없었더라면 그러한 결과가 발생하지 않았을 것임이 증명되어야 한다.

② 자동차의 운전자가 통상 예견되는 상황에 대비하여 결과를 회피할 수 있는 정도의 주의의무를 다하지 못한 것이 교통사고 발생의 직접적인 원인이 되었더라도 자동차가 보행자를 직접 충격한 것이 아니고 보행자가 자동차의 급정거에 놀라 도로에 넘어져 상해를 입은 경우라면 업무상 주의의무 위반과 교통사고 발생 사이에 상당인과관계를 인정할 수 없다.

③ 「아동·청소년의 성보호에 관한 법률」 제7조 제5항 위반의 위계에 의한 간음죄에서 행위자가 간음의 목적으로 피해자에게 오인, 착각, 부지를 일으키고 피해자의 그러한 심적 상태를 이용하여 간음의 목적을 달성하였다면 위계와 간음행위 사이의 인과관계를 인정할 수 있다.

④ 피해자 법인의 대표가 기망행위자와 동일인이거나 기망행위자와 공모하는 등 기망행위임을 알고 있었던 경우에는 기망행위로 인한 착오가 있다고 볼 수 없고, 재물교부 등의 처분행위가 있었더라도 기망행위와 인과관계가 있다고 보기 어렵다.

062 다음 중 상당인과관계가 인정되기 가장 어려운 경우는? (다툼이 있으면 판례에 의함)

① 폭행 또는 협박으로 타인의 재물을 강취하려는 행위와 이에 극도의 흥분을 느끼고 공포심에 사로잡혀 이를 피하려다 상해에 이르게 된 사실 사이

② 피고인이 자신이 경영하는 속셈학원의 강사로 피해자를 채용하고 학습교재를 설명하겠다는 구실로 유인하여 호텔 객실에 감금한 후 강간하려 하자 피해자가 완강히 반항하던 중 피고인이 대실시간 연장을 위해 전화하는 사이에 객실 창문을 통해 탈출하려다가 지상에 추락하여 사망한 경우 피고인의 강간미수행위와 피해자의 사망과의 사이

③ 한의사인 피고인이 피해자에게 문진하여 과거 봉침을 맞고도 별다른 이상반응이 없었다는 답변을 듣고 알레르기 반응검사를 생략한 채 환부인 목 부위에 봉침시술을 하였는데, 피해자가 위 시술 직후 아나필락시 쇼크반응을 나타내는 등 상해를 입은 경우 알레르기 반응검사를 하지 않은 과실과 피해자의 상해 사이

④ 4일가량 물조차 제대로 마시지 못하고 잠도 자지 아니하여 거의 탈진 상태에 이른 피해자의 손과 발을 17시간 이상 묶어 두고 좁은 차량 속에서 움직이지 못하게 감금한 행위와 묶인 부위의 혈액 순환에 장애가 발생하여 혈전이 형성되고 그 혈전이 폐동맥을 막아 사망에 이르게 된 결과 사이

063 판례에 의할 때 상당인과관계가 인정되지 않는 것은?

① 승용차로 피해자를 가로막아 승차하게 한 후 피해자의 하차 요구를 무시한 채 당초 목적지가 아닌 다른 장소를 향하여 시속 약 60km 내지 70km의 속도로 진행하여 피해자를 차량에서 내리지 못하게 하자, 피해자가 차량을 빠져나오려다가 길바닥에 떨어져 상해를 입고 그 결과 사망에 이른 경우

② 야간에 비가 내려 시계까지 불량하고 노면이 젖어 있는 상태에서 선행차량에 역과되어 도로에 누워 있던 피해자를 미리 발견하지 못하고 역과하여 사망케 한 경우

③ 호텔로 유인된 강간 피해자가 피고인이 전화를 하는 사이 객실 창문을 열고 뛰어내리다가 28미터 아래 지상으로 추락하여 사망한 경우

④ 한의사인 피고인이 피해자에게 부작용에 대한 충분한 사전 설명 없이 봉침시술을 하였고 피해자가 상해를 입었는데, 제반 사정에 비추어 피고인이 봉침시술에 앞서 설명의무를 다 하였더라도 피해자가 반드시 봉침시술을 거부하였을 것이라고 볼 수 없는 경우

064 인과관계에 대한 설명으로 옳지 않은 것은? (다툼이 있으면 판례에 의함)

① 운전자 甲이 과실로 열차 건널목을 그대로 건너는 바람에 그 자동차가 열차 좌측 모서리와 충돌하여 20여 미터쯤 열차 진행방향으로 끌려가면서 튕겨 나갔고 A는 타고 가던 자전거에서 내려 자동차 왼쪽에서 열차가 지나가기를 기다리고 있다가 충돌사고로 놀라 넘어져 상처를 입었다면 비록 자동차와 A가 직접 충돌하지는 아니하였더라도 甲의 과실과 A의 상해 사이에는 인과관계가 인정된다.

② 의사인 피고인의 수술 후 복막염에 대한 진단과 처치 지연 등의 과실로 피해자가 제때 필요한 조치를 받지 못하였다면 피해자의 사망과 피고인의 과실 사이에는 인과관계가 인정되고, 비록 피해자가 피고인의 지시를 일부 따르지 않거나 퇴원한 적이 있더라도 그러한 사정만으로는 피고인의 과실과 피해자의 사망 사이에 인과관계가 단절된다고 볼 수 없다.

③ 유기행위가 피해자의 사상이라는 결과를 발생하게 한 유일하거나 직접적인 원인이 된 경우뿐만 아니라 그 행위와 결과 사이에 제3자의 행위가 일부 기여하였다고 할지라도 유기행위로 초래된 위험이 그대로 또는 그 일부가 사상이라는 결과로 현실화된 경우라면 상당인과관계를 인정할 수 있다.

④ 산부인과 의사 甲이 환자 A를 다른 병원으로 전원하는 과정에서 전원을 지체하고, 전원받는 병원 의료진에게 A가 고혈압환자이고 제왕절개수술 후 대량출혈이 있었던 사정을 설명하지 않아 A가 사망한 경우 전원받은 병원에서 의료진의 조치가 미흡하여 전원 후 약 1시간 20분이 지나 수혈이 시작된 사정이 있었다면, 甲의 과실과 A의 사망 사이에는 인과관계가 단절된다.

065 인과관계에 대한 설명으로 옳지 않은 것은? (다툼이 있으면 판례에 의함)

① 형법 제268조에서 정한 업무상과실치사죄는 업무상과실로 인하여 사람을 사망에 이르게 한 죄로서 업무상과실이 존재하여야 함은 물론 그 업무상과실과 사망 사이에 인과관계가 인정되어야 성립한다.

② 수술 후 복막염에 대한 진단과 처치 지연 등 담당의사 甲의 과실이 있어 A가 제때 필요한 조치를 받지 못한 경우 A가 甲의 지시를 일부 따르지 않거나 퇴원한 사실은 A의 사망과 甲의 과실 사이의 인과관계를 단절한다.

③ 甲이 자동차를 운전하다 횡단보도를 걷던 보행자 A를 들이 받아 그 충격으로 횡단보도 밖에서 A와 동행하던 B가 밀려 넘어져 상해를 입은 경우 구 도로교통법 제27조 제1항에 따른 주의의무를 위반하여 운전한 甲의 업무상과실과 B의 상해 사이에는 인과관계가 인정될 수 있다.

④ 강간죄에서의 폭행·협박과 간음 사이에는 인과관계가 있어야 하나, 폭행·협박이 반드시 간음행위보다 선행되어야 하는 것은 아니다.

066 구성요건적 고의에 관한 다음 설명 중 옳지 않은 것은?

① 고의란 구성요건실현에 대한 인식과 의사를 말한다.
② 주체, 객체, 행위, 결과(결과적가중범에 있어 중한 결과 포함) 등의 객관적 구성요건요소가 고의의 인식대상이다.
③ 목적, 상습성, 위법성, 책임능력, 처벌조건, 소추조건 등은 고의의 인식대상이 아니다.
④ 고의는 행위시에 존재하여야 하므로 사전고의나 사후고의는 고의로 인정할 수 없다.

067 다음 중 고의의 인식대상은 모두 몇 개인가?

> ㉠ 살인죄에서 자신에게 책임능력이 있다는 사실
> ㉡ 특수상해죄에서 위험한 물건을 휴대한다는 사실
> ㉢ 상해치사죄에서 사망의 결과
> ㉣ 명예훼손죄에서 공연성
> ㉤ 모욕죄 등 친고죄에서 피해자의 고소가 필요하다는 사실
> ㉥ 야간주거침입절도죄에서 야간이라는 사실
> ㉦ 절도죄에서 타인의 재물이라는 사실

① 2개　　　　　　　　② 3개
③ 4개　　　　　　　　④ 5개

068 고의 또는 과실에 관한 다음 설명 중 옳지 않은 것은? (다툼이 있으면 판례에 의함)

① 미필적 고의라 함은 범죄사실의 발생가능성을 불확실한 것으로 표상하고 있는 경우를 말하고, 미필적 고의가 있었다고 하려면 범죄사실의 발생가능성에 대한 인식이 있으면 족하고, 범죄사실이 발생할 위험을 용인하는 내심의 의사까지 있을 필요는 없다.
② 행정상의 단속을 주안으로 하는 법규라 하더라도 명문규정이 있거나 해석상 과실범도 벌할 뜻이 명확한 경우를 제외하고는 형법의 원칙에 따라 고의가 있어야 벌할 수 있다.
③ 과실범은 법률에 특별한 규정이 있는 경우에 한하여 처벌되며 형벌법규의 성질상 과실범을 처벌하는 특별규정은 그 명문에 의하여 명백·명료하여야 한다.
④ 인식 있는 과실에 있어서 책임이 발생함은 물론 인식 없는 과실에 있어서도 그 결과발생을 인식하지 못하였다는 데에 대한 부주의, 즉 규범적 실재로서의 과실책임이 있다.

069 ( ) 안에 기재된 범죄에 대한 미필적 고의가 인정되지 않는 것은? (다툼이 있으면 판례에 의함)

① 피고인이 이미 도산이 불가피한 상황으로 대금지급이 불가능하게 될 가능성을 충분히 인식하면서도 이러한 사정을 숨기고 피해자로부터 생산자재용 물품을 납품받았다. (사기)
② 피고인이 피해자의 머리나 가슴 등 치명적인 부위가 아닌 허벅지와 종아리 부위 등을 20여 회 힘껏 찔러 피해자가 과다실혈로 사망하였다. (살인)
③ 피고인이 청소년으로 의심되는 피해자에게 단지 나이만 묻고 신분증 등으로 정확히 연령을 확인하지 않은 채 청소년인 피해자를 성매매 알선을 위한 종업원으로 고용하여 성매매 알선행위를 업으로 하였다. (청소년성보호법 위반 – 알선영업행위등)
④ 피고인이 만 12세의 피해자를 강간할 당시 피해자가 자신을 중학교 1학년이라 14세라고 하였고, 피해자는 키와 체중이 동급생보다 큰 편이었으며, 이들이 모텔에 들어갈 때 특별한 제지도 받지 아니하였다. (성폭력처벌법 위반 – 13세미만미성년자강간등)

070 고의에 관한 설명 중 옳지 않은 것은? (다툼이 있으면 판례에 의함)

① 준강간죄에서 준강간의 고의는 피해자가 심신상실 또는 항거불능의 상태에 있다는 것과 그러한 상태를 이용하여 간음한다는 구성요건적 결과 발생의 가능성을 인식하고 그러한 위험을 용인하는 내심의 의사가 있으면 인정될 수 있다.
② 무고죄의 고의는 신고자가 허위라고 확신한 사실을 신고한 경우뿐만 아니라 진실하다는 확신 없는 사실을 신고하는 경우에도 인정할 수 있다.
③ 업무방해죄에서 업무방해의 고의는 반드시 업무방해의 목적이나 계획적인 업무방해의 의도가 있어야 인정되는 것은 아니고, 자기의 행위로 인하여 타인의 업무가 방해될 것이라는 결과를 발생시킬 만한 가능성 또는 위험이 있음을 인식하거나 예견하면 충분하다.
④ 방조범은 정범의 실행을 방조한다는 이른바 방조의 고의와 정범의 행위가 구성요건에 해당하는 행위인 점에 대한 정범의 고의가 있어야 하고, 방조범에서 요구되는 정범의 고의는 정범에 의하여 실현되는 범죄의 미필적 인식이 아니라 구체적 내용을 인식할 것을 요한다.

071 고의에 대한 설명으로 옳지 않은 것은? (다툼이 있으면 판례에 의함)

① 성폭력처벌법 제11조의 공중밀집장소추행죄가 성립하기 위해서는 주관적 구성요건으로서 추행을 한다는 인식을 전제로 적어도 미필적으로나마 이를 용인하는 내심의 의사가 있어야 하므로 피고인이 추행의 고의를 부인하는 경우에는 고의와 상당한 관련성이 있는 간접 사실을 증명하는 방법에 따를 수밖에 없다.
② 범행의 미수에 그치고자 하는 내심의 상태를 가지고 행위를 한 경우 고의가 인정될 수 있다.
③ 고의는 행위 당시에 존재해야 하므로 사후고의는 형법의 고의에 속하지 않는다.
④ 살인죄에 있어서 고의는 반드시 살해의 목적이나 계획적인 살해의 의도가 있어야만 인정되는 것은 아니고, 자기의 폭행 등 행위로 인하여 타인의 사망이라는 결과를 발생시킬 만한 가능성 또는 위험이 있음을 인식하거나 예견하였다면 족한 것이다.

072 고의에 관한 설명 중 옳지 않은 것은? (다툼이 있는 경우 판례에 의함)

① 방조행위는 정범이 범행을 한다는 정을 알면서 그 실행행위를 용이하게 하는 직접·간접의 행위를 말하므로, 방조범은 정범의 실행을 방조한다는 이른바 방조의 고의와 정범의 행위가 구성요건에 해당하는 행위인 점에 대한 정범의 고의가 있어야 하나, 방조범에서 정범의 고의는 정범에 의하여 실현되는 범죄의 구체적 내용을 인식할 것을 요하는 것이 아니고 미필적 인식 또는 예견으로 족하다.
② 무고죄에서 형사처분을 받게 할 목적은 허위신고를 하면서 다른 사람이 그로 인하여 형사처분을 받게 될 것이라는 인식이 있으면 충분하고 그 결과의 발생을 희망할 필요까지는 없으므로, 신고자가 허위 내용임을 알면서도 신고한 이상 그 목적이 필요한 조사를 해 달라는데에 있다는 등의 이유로 무고의 범의가 없다고 할 수 없다.
③ 허위공문서작성죄는 공문서에 진실에 반하는 기재를 하는 때에 성립하는 범죄이므로, 공문서를 작성하는 과정에서 법령 등을 잘못 적용하거나 적용하여야 할 법령 등을 적용하지 아니한 잘못이 있더라도 그 적용의 전제가 된 사실관계에 관하여 거짓된 기재가 없다면 허위공문서작성죄가 성립할 수 없고, 이는 그와 같은 잘못이 공무원의 고의에 기한 것이라도 달리 볼 수가 없다.
④ 피고인이 피해자가 심신상실 또는 항거불능의 상태에 있다고 인식하고 그러한 상태를 이용하여 간음할 의사로 피해자를 간음하였으나 피해자가 실제로는 심신상실 또는 항거불능 상태에 있지 않다면, 준강간죄의 고의는 있으나 객관적 구성요건이 충족된다고 볼 수 없으므로 무죄이다.

073 고의에 관한 설명으로 옳지 않은 것은 모두 몇 개인가? (다툼이 있으면 판례에 의함)

㉠ 고의의 일종인 미필적 고의는 중대한 과실과는 달리 범죄사실의 발생 가능성에 대한 인식이 있고 나아가 범죄사실이 발생할 위험을 용인하는 내심의 의사가 있어야 하므로 범죄사실의 발생 가능성에 대한 인식 자체가 없다면 미필적 고의가 인정될 수 없다.
㉡ 도로교통법위반(무면허운전)죄는 도로교통법 제43조를 위반하여 운전면허를 받지 아니하고 자동차를 운전하는 경우에 성립하는 범죄로, 유효한 운전면허가 없음을 알면서도 자동차를 운전하는 경우에만 성립하는 고의범이다.
㉢ 형법 제136조 제1항의 공무집행방해죄에 있어서의 범의는 상대방이 직무를 집행하는 공무원이라는 사실과 이에 대하여 폭행 또는 협박을 한다는 인식 그리고 그 직무집행을 방해할 의사를 내용으로 한다.
㉣ 방조범은 이중의 고의를 필요로 하므로 정범이 행하는 범죄의 일시, 장소, 객체 등을 구체적으로 인식하여야 하며, 나아가 정범이 누구인지 확정적으로 인식해야 한다.

① 0개
② 1개
③ 2개
④ 3개

074 과실에 관한 설명 중 옳은 것(○)과 옳지 않은 것(×)을 바르게 조합한 것은? (다툼이 있는 경우 판례에 의함)

> ㉠ 의료사고에서 의사의 과실 유무를 판단할 때에는 같은 업무와 직무에 종사하는 보통인의 주의 정도를 표준으로 하여야 하며, 여기에는 사고 당시의 일반적인 의학의 수준과 의료환경 및 조건, 의료행위의 특수성 등이 고려되어야 하고, 이러한 법리는 한의사의 경우에도 마찬가지이다.
> ㉡ 의사는 환자의 상황과 당시의 의료수준 그리고 자기의 지식경험에 따라 적절하다고 판단되는 진료방법을 선택할 상당한 범위의 재량을 가진다고 할 것이고, 그것이 합리적인 범위를 벗어난 것이 아닌 한 진료의 결과를 놓고 그중 어느 하나만이 정당하고 이와 다른 조치를 취한 것은 과실이 있다고 말할 수는 없다.
> ㉢ 의사가 환자에 대하여 주된 의사의 지위에서 진료하는 경우라도, 자신은 환자의 수술이나 시술에 전념하고 마취과 의사로 하여금 마취와 환자 감시 등을 담당토록 하거나, 특정 의료영역에 관한 진료 도중 환자에게 나타난 문제점이 자신이 맡은 의료영역 내지 전공과목에 관한 것이 아니라 그에 선행하거나 병행하여 이루어진 다른 의사의 의료영역 내지 전공과목에 속하는 등의 사유로 다른 의사에게 그 관련된 협의진료를 의뢰한 경우처럼 서로 대등한 지위에서 각자의 의료영역을 나누어 환자 진료의 일부를 분담하였다면, 진료를 분담받은 다른 의사의 전적인 과실로 환자에게 발생한 결과에 대하여는 책임을 인정할 수 없다.
> ㉣ 의사에게 의료행위로 인한 업무상과실치사상죄를 인정하기 위해서는, 의료행위 과정에서 업무상과실의 존재는 물론 그러한 업무상과실로 인하여 환자에게 상해·사망 등 결과가 발생한 점에 대하여도 엄격한 증거에 따라 합리적 의심의 여지가 없을 정도로 증명이 이루어져야 하지만, 의료행위와 환자에게 발생한 결과 사이에 인과관계가 인정되는 경우라면 업무상과실로 평가할 수 있는 행위의 존재 또는 그 업무상과실의 내용을 검사가 구체적으로 증명하지 못하였더라도 의사의 업무상과실을 인정할 수 있다.
> ㉤ 수술 후 회복과정에 있는 환자에게 인공호흡 준비를 갖추지 않은 상태에서는 사용할 수 없는 약제가 의사들의 과실로 인하여 잘못 처방되었고, 종합병원의 간호사인 피고인이 환자에 대한 투약 과정 및 그 이후의 경과 관찰 등의 직무 수행을 위하여 처방 약제의 기본적인 약효나 부작용 및 주사 투약에 따르는 주의사항 등을 미리 확인·숙지하였다면 과실로 처방된 것임을 알 수 있었음에도 그대로 주사하여 환자가 의식불명 상태에 이르게 된 경우, 피고인에게 업무상과실이 인정된다.

① ㉠ ○ ㉡ ○ ㉢ ○ ㉣ × ㉤ ○
② ㉠ ○ ㉡ × ㉢ ○ ㉣ × ㉤ ○
③ ㉠ ○ ㉡ ○ ㉢ ○ ㉣ ○ ㉤ ×
④ ㉠ × ㉡ ○ ㉢ × ㉣ × ㉤ ○

075 과실에 대한 설명으로 옳은 것은? (다툼이 있으면 판례에 의함)

① 행정상의 단속을 주안으로 하는 법규라 하더라도 명문규정이 있거나 해석상 과실범도 벌할 뜻이 명확한 경우를 제외하고는 형법의 원칙에 따라 고의가 있어야 벌할 수 있다.

② 법령에 의하여 도급인에게 수급인의 업무에 관하여 구체적인 관리·감독의무가 부여되거나 도급인이 공사의 시공이나 개별 작업에 관하여 구체적으로 지시·감독하였다는 등의 사정이 없더라도 도급인에게는 수급인의 업무와 관련하여 사고방지에 필요한 안전조치를 할 주의의무가 있다.

③ 개별 법령에서 일일이 그 근거나 내용이 명시되어 있지 않다면, 결과 발생에 즈음한 구체적인 상황에서 이와 관련된 제반 사정들을 종합적으로 평가하여 결과 발생에 대한 예견 및 회피 가능성을 기준으로 삼더라도 그 결과 발생을 방지하여야 할 주의의무를 인정할 수는 없다.

④ 의사가 환자에 대하여 주된 의사의 지위에서 진료하는 경우 다른 의사에게 그 관련된 협의 진료를 의뢰한 경우처럼 서로 대등한 지위에서 각자의 의료영역을 나누어 환자 진료의 일부를 분담하였더라도 진료를 분담받은 다른 의사의 전적인 과실로 환자에게 발생한 결과에 대하여 책임을 인정할 수 있다.

076 주관적 구성요건에 대한 설명 중 가장 적절한 것은? (다툼이 있으면 판례에 의함)

① 甲이 A 등 3명과 싸우다가 힘이 달리자 식칼을 가지고 이들 3명을 상대로 휘두르다가 이를 말리면서 식칼을 뺏으려던 피해자 B에게 상해를 입혔다면 甲에게는 B에 대한 과실치상죄가 성립한다.

② 내란선동죄에서 국헌문란의 목적은 고의 외에 요구되는 초과주관적 위법요소로서 엄격한 증명사항에 속하므로 미필적 인식만으로는 부족하고, 적극적 의욕이나 확정적 인식이어야 한다.

③ 방조범은 정범의 실행을 방조한다는 이른바 방조의 고의와 정범의 행위가 구성요건에 해당하는 행위인 점에 대한 정범의 고의가 있어야 하며, 정범의 고의는 범죄의 미필적 인식 또는 예견만으로는 부족하고 정범에 의하여 실현되는 범죄의 구체적 내용을 인식하여야 한다.

④ 미필적 고의에서 행위자가 범죄사실이 발생할 가능성을 용인하고 있었는지의 여부는 행위자의 진술에 의존하지 아니하고 외부에 나타난 행위의 형태와 행위의 상황 등 구체적인 사정을 기초로 하여 일반인이라면 당해 범죄사실이 발생할 가능성을 어떻게 평가할 것인가를 고려하면서 행위자의 입장에서 그 심리상태를 추인하여야 한다.

077 고의의 인식대상으로 가장 적절하지 않은 것은?

① 촉탁·승낙살인죄에 있어서 촉탁 또는 승낙이 있다는 사실
② 사전수뢰죄에 있어서 공무원 또는 중재인이 된 사실
③ 특수폭행죄에 있어서 위험한 물건을 휴대한다는 사실
④ 절도죄에 있어서 재물의 타인성

078 고의에 대한 설명으로 가장 적절하지 않은 것은? (다툼이 있으면 판례에 의함)

① 절도죄에 있어서 재물의 타인성을 오신하여 그 재물이 자기에게 취득할 것이 허용된 동일한 물건으로 오인하고 가져온 경우에는 범죄사실에 대한 인식이 있다고 할 수 없으므로 고의가 인정되지 않는다.
② 행위자가 범죄사실이 발생할 가능성을 용인하고 있었는지의 여부는 행위자의 진술에 의존하지 아니하고 외부에 나타난 행위의 형태와 행위의 상황 등 구체적인 사정을 기초로 하여 일반인이라면 당해 범죄사실이 발생할 가능성을 어떻게 평가할 것인가를 고려하면서 일반인의 입장에서 그 심리상태를 추인하여야 한다.
③ 불미스러운 소문의 진위를 확인하고자 질문을 하는 과정에서 타인의 명예를 훼손하는 발언을 한 경우에는 그 동기에 비추어 명예훼손의 고의를 인정하기 어렵다.
④ 부진정 부작위범의 고의는 반드시 구성요건적 결과발생에 대한 목적이나 계획적인 범행의도가 있어야 하는 것은 아니고 법익 침해의 결과발생을 방지할 법적 작위의무를 가지고 있는 사람이 의무를 이행함으로써 결과발생을 쉽게 방지할 수 있었음을 예견하고도 결과발생을 용인하고 이를 방관한 채 의무를 이행하지 아니한다는 인식을 하면 족하다.

079 주관적 구성요건요소에 대한 설명으로 옳지 않은 것은? (다툼이 있으면 판례에 의함)

① 의사 등이 사망진단서를 작성할 당시 기재한 사망 원인이나 사망의 종류가 허위인지 여부 또는 의사 등이 그러한 점을 인식하고 있었는지 여부는 임상의학 분야에서 실천되고 있는 의료 수준 및 사망진단서 작성현황에 비추어 사망진단서 작성 당시까지 작성자가 진찰한 환자의 구체적인 증상 및 상태 변화, 시술, 수술 등 진료 경과 등을 종합하여 판단하여야 한다.

② 명예훼손죄가 성립하기 위해서는 주관적 구성요소로서 타인의 명예를 훼손한다는 고의를 가지고 사람의 사회적 평가를 저하시키는 데 충분한 구체적 사실을 적시하는 행위를 할 것이 요구된다.

③ 전화 등 전기통신수단을 이용한 금융사기 조직범죄(이른바 '보이스피싱'이라 한다)에서 현금수거책의 공모사실이나 범의는 다른 공범과 순차적으로 또는 암묵적으로 상통함으로써 범죄에 공동가공하여 범죄를 실현하려는 의사가 결합되어 피해자의 현금을 수거한다는 사실을 인식하는 것으로 족하다.

④ 피고인이 수사기관의 마약류 수사에 협조하기로 하고 마약류의 매수인을 검거하고 마약류를 압수하기 위하여 마약류 매매행위의 알선에 착수하였는바, 그 과정에서 수사기관에 매매의 일시, 장소, 매수인 등에 관한 구체적인 보고를 하지 아니한 채 수사기관의 지시나 위임의 범위를 벗어나 마약류 매매대금을 개인적으로 취득할 의도하에 마약류 매매 행위를 하였더라도 피고인에게 마약류 매매 범행의 범의가 있었다고 할 수는 없다.

080 고의와 목적에 대한 설명으로 옳은 것은? (다툼이 있으면 판례에 의함)

① 방조범의 경우에 정범의 고의는 정범에 의하여 실현되는 범죄의 구체적 내용을 인식할 것을 요하는 것은 아니고 미필적 인식 또는 예견으로 족하다.

② 공직선거법 제93조 제1항의 '선거에 영향을 미치게 하기 위하여'는 목적범 규정으로서, 그 목적에 대하여는 미필적 인식으로는 부족하고 적극적 의욕이나 확정적 인식을 필요로 한다.

③ 형법 제305조의 미성년자의제강제추행죄의 성립에 필요한 주관적 구성요건요소는 고의만으로는 부족하며, 성욕을 자극·흥분·만족시키려는 주관적 동기 혹은 목적이 존재해야 한다.

④ 미필적 고의를 판단함에 있어 범죄사실이 발생할 가능성을 용인하고 있었는지의 여부는 외부에 나타난 행위의 형태와 행위의 상황 등 구체적인 사정을 기초로 삼아 일반인이라면 범죄사실의 발생 가능성을 어떻게 평가할 것인지를 고려하여 일반인의 입장에서 그 심리상태를 추인하여야 한다.

081 고의와 과실에 대한 설명으로 가장 적절하지 않은 것은? (다툼이 있으면 판례에 의함)

① 수수하는 금품이 공무원의 직무에 대한 대가로서의 성질을 가진다는 사정을 피고인이 미필적으로라도 인식하면서 묵인한 채 이를 수수한 것으로 볼 수 있다면 뇌물수수의 범의는 충분히 인정된다.

② 위계에 의한 공무집행방해죄에 있어서의 범의는 상대방이 직무를 집행하는 공무원이라는 사실 그리고 이에 대하여 위계를 행사한다는 사실을 인식하는 것을 그 내용으로 하고, 그 직무집행을 방해할 의사를 필요로 하지 아니하다.

③ 신용훼손죄에 있어서의 범의는 반드시 확정적인 고의를 요하는 것은 아니고, 허위사실을 유포하거나 기타 위계를 사용한다는 점과 그 결과 다른 사람의 신용을 저하시킬 염려가 있는 상태가 발생한다는 점에 대한 미필적 인식으로도 족하다.

④ 사기죄의 주관적 구성요건인 편취의 고의는 피고인이 자백하지 않는 한 범행 전후 피고인의 재력, 환경, 범행의 내용, 거래의 이행과정, 피해자와의 관계 등과 같은 객관적인 사정을 종합하여 판단하여야 한다.

082 고의와 과실에 대한 설명 중 옳은 것(○)과 옳지 않은 것(×)을 올바르게 조합한 것은? (다툼이 있으면 판례에 의함)

㉠ 고의로 법령을 잘못 적용하여 공문서를 작성하였다고 하더라도 그 법령적용의 전제가 된 사실관계에 대한 내용에 거짓이 없다면 허위공문서작성죄가 성립될 수 없다.

㉡ 살해의 의도로 피해자를 구타하였으나 이로 인하여 직접 사망한 것이 아니라 그 후 죄적을 인멸할 목적으로 행한 매장행위에 의하여 피해자가 사망하게 된 경우 살인미수죄와 과실치사죄의 경합범이 된다.

㉢ 작위의무자가 그 의무를 이행함으로써 결과발생을 쉽게 방지할 수 있었음을 예견하고도 결과발생을 용인하고 이를 방관한 채 그 의무를 이행하지 아니한다는 인식만으로는 부진정부작위범의 고의가 인정되지 않는다.

㉣ 무고죄의 범의는 신고자가 허위라고 확신한 사실을 신고한 경우에만 인정되고, 진실하다는 확신 없는 사실을 신고하는 경우에는 인정되지 않는다.

㉤ 피고인이 상해의 고의로 구타하여 상해를 입은 피해자가 정신을 잃고 빈사상태에 빠지자 사망한 것으로 오인하고, 자신의 행위를 은폐하고 피해자가 자살한 것처럼 가장하기 위하여 피해자를 베란다 밖으로 떨어뜨려 사망케 하였다면 피고인의 행위는 포괄하여 단일의 상해치사죄에 해당한다.

① ㉠ ○ ㉡ × ㉢ ○ ㉣ ○ ㉤ ×
② ㉠ × ㉡ ○ ㉢ ○ ㉣ × ㉤ ×
③ ㉠ ○ ㉡ × ㉢ × ㉣ × ㉤ ○
④ ㉠ × ㉡ × ㉢ × ㉣ ○ ㉤ ×

083 구성요건적 착오에 대한 설명으로 가장 적절한 것은?

① 甲이 친구 A를 살해하려고 독약을 놓아 두었으나 친구 B가 이를 마시게 되어 사망한 경우 구체적 부합설과 법정적 부합설 모두 B에 대한 살인죄를 인정한다.

② 甲이 친구 A를 친구 B로 착각하여 살해한 경우 구체적 부합설의 입장에서는 B에 대한 살인미수와 A에 대한 과실치사죄의 상상적 경합이 된다고 본다.

③ 甲이 친구 A를 살해하려고 하였으나 주위가 어두워 자신의 장모 B를 A로 오인하여 살해한 경우 판례는 보통살인죄의 형으로 처단하여야 한다고 본다.

④ 甲이 살인의 고의로 친구 A의 머리를 내리쳐 A가 실신하자(제1행위), 그가 죽은 것으로 오인하여 웅덩이에 파묻었는데(제2행위) 실제로는 질식사한 것으로 밝혀진 경우 판례는 제1행위에 의한 살인미수와 제2행위에 의한 과실치사죄의 실체적 경합을 인정한다.

084 사실의 착오에 대한 설명 중 가장 적절한 것은?

① 甲이 상해의 고의로 A를 향해 흉기를 휘둘렀으나 빗나가는 바람에 옆에 서 있는 B를 찔러 다치게 한 경우 법정적 부합설에 따르면 A에 대한 상해미수죄와 B에 대한 과실치상죄의 상상적 경합이 된다.

② 甲이 살해의 고의로 독약이 든 음료수를 A의 집으로 발송하였는데, 예상외로 A의 아들 B가 마시고 사망한 경우 구체적 부합설에 따르면 A에 대한 살인미수죄와 B에 대한 과실치사죄의 상상적 경합이 된다.

③ 甲이 살해의 고의로 A를 향해 총을 쏘았으나 빗나가는 바람에 A의 자동차 유리창을 깨뜨린 경우 법정적 부합설에 따르면 A에 대한 살인미수죄와 재물손괴죄의 상상적 경합이 된다.

④ 甲이 형 A를 살해하기 위하여 야간에 집 앞 골목에서 칼로 찔렀는데, 알고 보니 아버지 B를 A로 오인하고 살해한 경우 판례에 따르면 A에 대한 살인미수죄와 B에 대한 존속살해죄의 상상적 경합이 된다.

085 착오에 대한 설명으로 옳지 않은 것은? (다툼이 있으면 판례에 의함)

① 甲이 A를 살해하고자 골프채로 A의 머리를 내리쳐 A가 실신하자 사망한 것으로 오인하여 범행을 은폐하기 위해 A를 자동차에 싣고 근처 바닷가 절벽으로 가 던졌는데 실제로는 익사로 판명된 경우 甲에게는 살인기수의 죄책이 인정된다.

② 甲이 상해의 고의로 A의 머리를 벽돌로 내리쳐 A가 바닥에 쓰러진 채 실신하자 A가 사망한 것으로 오인하여 범행을 은폐하고 A가 자살한 것처럼 위장하기 위하여 A를 절벽 아래로 떨어뜨려 사망에 이르게 하였다면 甲의 상해행위는 A에 대한 살인에 흡수되어 단일의 살인죄만 인정된다.

③ 甲은 옆집 개가 평소 시끄럽게 짖어 그 개에게 손괴의 고의로 돌을 던졌으나 마침 개가 있는 쪽으로 뛰어나온 어린아이를 맞춰 전치 2주의 상해를 입힌 경우 구체적 부합설에 의하면 손괴죄의 미수범과 과실치상죄의 상상적 경합이 성립한다.

④ 甲이 乙에게 A에 대한 상해를 교사하여 乙이 이를 승낙하고 실행을 하였으나 A가 그 상해로 인해 사망한 경우 甲에게 A의 사망에 대한 예견가능성이 인정된다면 상해치사죄의 교사범이 성립한다.

086 다음 중 보기에 대한 설명으로 가장 적절한 것은?

> ㉠ 甲은 친구 A를 살해하기 위하여 집 앞에서 기다리던 중 A가 나타나자 A를 조준하여 총을 발사하였는데, 총알이 빗나가 전혀 인식하지 못했던 B에게 명중되어 B가 즉사하였다.
> ㉡ 乙은 친구 C를 살해하기 위하여 독이 든 케이크를 C의 집으로 배송하였다. C가 동생 D와 함께 살고 있었기 때문에 D가 먹고 사망할 수도 있다고 생각하였으나 그래도 할 수 없다고 생각하였고 실제로 D가 배송된 케이크를 먹고 사망하였다.
> ㉢ 丙은 친구 E를 살해하기 위하여 E의 집 창가에서 기다리다가 E의 방에 불이 켜지고 창문에 비친 사람을 E라고 생각하고 총을 발사하였는데, 실제로 총에 맞은 사람은 E의 동생 F였고 그로 인해 F는 사망하였다.

① 甲의 죄책에서 구체적 부합설과 법정적 부합설의 결론이 같다.
② 乙의 죄책에서 어느 학설에 따르더라도 D에 대한 고의를 인정한다.
③ 丙의 죄책에서 법정적 부합설은 E에 대한 살인죄의 기수범을, 구체적 부합설은 살인죄의 미수범을 인정한다.
④ 법정적 부합설은 甲, 乙, 丙 모두에 대하여 살인죄 기수범을 인정하는 것은 아니다.

087 甲의 죄책에 대한 설명으로 옳지 않은 것은?

① 甲이 친구 B를 살해할 목적으로 발사한 총탄이 이를 제지하려고 甲 앞으로 뛰어들던 B의 아들 A에게 명중되어 A가 사망한 경우 구체적 부합설에 따르면 A에 대한 살인죄의 고의가 인정되지 않는다.

② 甲이 친구 B를 살해할 의도로 B를 향하여 몽둥이를 힘껏 후려쳤는데 그 몽둥이가 B의 등에 업힌 B의 아들 A의 머리 부분을 내리치게 되어 A가 현장에서 사망한 경우 법정적 부합설에 따르면 A에 대한 살인죄의 고의가 인정된다.

③ 甲이 친구 B를 살해할 의사로 치사량의 농약을 음료수에 넣어 B가 운영하는 분식점 주방에 놓아두었는데 그 정을 알지 못한 B의 아들 A가 이를 마시고 사망한 경우 판례에 따르면 A에 대한 살인죄가 성립한다.

④ 甲이 호텔 3층 객실에서 친구 A에게 상해의 의사로 폭행을 가함으로써 A가 의식을 잃자 사망한 것으로 오인한 나머지 자살로 가장하기 위하여 A를 베란다에서 떨어뜨려 추락사에 이르게 한 경우 판례에 따르면 A에 대한 살인죄가 성립한다.

088 甲은 평소 원한이 있던 친구 A를 살해하려고 총을 쐈는 바, 실제로는 다음과 같은 결과가 발생하였다. 甲의 죄책에 대하여 '구체적 부합설'과 '법정적 부합설'이 그 결론을 달리하는 것은 모두 몇 개인가?

> ㉠ 甲은 A라고 생각하고 총을 쏴서 죽게 하였으나 사실 죽은 사람은 A가 아니라 B였다.
> ㉡ 甲은 A라고 생각하고 총을 쏴서 죽게 하였으나 사실 죽은 사람은 A가 아니라 甲의 아버지인 C였다.
> ㉢ 甲은 A를 향하여 총을 쏘았으나 빗나가 옆에 있던 B가 맞아 죽었다.
> ㉣ 甲은 사람 A라고 생각하고 총을 쏴서 죽게 하였으나 사실 죽은 것은 A가 아니라 개였다.
> ㉤ 甲은 사람 A을 향하여 총을 쏘았으나 빗나가 옆에 있던 개가 맞아 죽었다.

① 0개   ② 1개
③ 2개   ④ 3개

089 甲은 A를 살해하기 위하여 돌로 머리를 쳤다(제1행위). 이에 A가 의식을 잃고 쓰러졌다. 甲은 A가 죽은 것으로 오인하고 시체를 은닉하기 위해 개울가로 끌고 가 웅덩이를 파고 묻었다(제2행위). 그러나 실제 A는 웅덩이에서 질식하여 사망한 것으로 판명되었다. A의 사망 결과에 대한 평가 중 옳지 않은 것은?

> 가. 〈제1행위〉와 〈제2행위〉를 단일한 고의에 의한 행위로 보는 견해
> 나. 사안을 인과과정 착오의 특수한 경우로 보면서 인과과정의 불일치가 '본질적'인지 여부에 따라 고의기수범 성립 여부를 구분하는 견해
> 다. 〈제1행위〉와 〈제2행위〉를 별개의 행위로 구분하고, 〈제2행위〉시에는 〈제1행위〉의 고의가 없었다는 점을 강조하는 견해

① 〈가〉에 따르면 甲에게 1개의 살인기수죄가 성립한다.
② 〈나〉에 따르면 甲이 인식한 인과과정과 객관적으로 진행된 인과과정 사이에 '본질적' 차이가 없으므로 甲에게 살인기수죄가 성립할 수 없다.
③ 〈다〉는 고의가 항상 행위 시에 존재하여야 한다는 원칙을 강조한다.
④ 〈다〉는 〈제1행위〉의 죄책을 살인미수죄로, 〈제2행위〉의 죄책을 과실치사죄로 평가한다.

090 甲은 호텔 객실에서 A의 우측가슴 부위를 때리고 밟아서 우측심장벽좌상과 심낭내출혈 등의 상해를 가함으로써 A가 바닥에 쓰러진 채 빈사상태에 빠지자(제1행위), A가 사망한 것으로 오인하고 자살한 것처럼 가장하기 위하여 A를 베란다 밑 13m 아래의 바닥으로 떨어뜨려 결국 A가 사망하고 말았다(제2행위). 이에 대한 설명으로 옳지 않은 것은?

① 사망이라는 중한 결과는 고의의 기본범죄인 제1행위가 아니라 행위자의 추가적인 제2행위에 의하여 발생한 것으로(제1행위와 사망이라는 중한 결과 사이에 직접성을 인정할 수 없어) 甲은 상해죄와 과실치사죄의 죄책을 진다는 견해도 있다.
② 제2행위에 의해서 중한 결과가 발생한 경우에도 결과적가중범에서 요구되는 인과관계 및 객관적 귀속을 인정할 수 있어 甲은 상해치사죄의 죄책을 진다는 견해도 있다.
③ 판례에 의할 때 甲은 포괄하여 단일의 상해치사죄의 죄책을 진다.
④ 만약 甲에게 처음부터 살해의 고의가 있었고 이후 A가 사망한 것으로 오인하고 자살한 것처럼 가장하기 위하여 A를 베란다 밑 13m 아래의 바닥으로 떨어뜨려 A가 사망한 것이라면 판례에 의할 때 甲은 살인미수죄와 과실치사죄의 죄책을 진다.

091 객관적 정당화 상황이 존재함에도 주관적 정당화요소 없이 구성요건을 실현한 경우 법적 판단에 대하여 각 학설이 대립하고 있다. 다음 중 가장 적절한 것은?

① 기수범설에 대해서는 불법(위법성)판단을 오로지 결과반가치에 의해서만 결정하려고 한다는 비판이 제기된다.
② 무죄설에 대해서는 객관적 정당화 상황이 존재함에도 그것이 행위자에게 유리한 요소로 작용하지 못한다는 비판이 제기된다.
③ 불능미수범설은 불법의 본질을 결과반가치로서 법익침해와 행위의 주관적, 객관적 측면을 포섭하는 행위반가치를 모두 고려하여 판단하여야 한다는 입장을 기초로 한다.
④ 판례는 정당화 사유에 해당하기 위해서 객관적 정당화상황 이외에 주관적 정당화요소를 필요로 하지 않는다는 입장을 취하고 있다.

092 A는 어두운 골목길에서 칼로 B를 위협하며 강도행위를 하고 있는데, 甲이 그것을 모르고 A가 기분 나쁘게 쳐다 본다는 이유로 A에게 달려가 A를 발로 차 전치 3주의 상해를 가했고, 이 덕분에 그 자리를 떠난 B는 강도를 당하지 않게 되었다. 이에 대한 설명으로 옳지 않은 것은?

① 주관적 정당화요소 불요설에 의하면 위법성이 조각되어 甲은 무죄이다.
② 주관적 정당화요소 필요설 중 기수범설에 의하면 甲에게는 주관적 정당화요소가 없었으므로 위법성이 조각되지 않아 甲은 상해죄의 죄책을 진다.
③ 주관적 정당화요소 필요설 중 구성요건착오 유추적용설에 의하면 사실의 착오와 유사하므로 구성요건적 착오에 관한 규정을 유추적용하여 甲은 과실치상죄의 죄책을 진다.
④ 주관적 정당화요소 필요설 중 불능미수범설에 의하면 행위반가치는 존재하지만 결과반가치가 배제되므로 甲은 상해불능미수죄의 죄책을 진다.

093 甲은 층간소음 문제로 다툼이 있던 다세대주택 위층에 보복의 목적으로 돌을 던져 유리창을 깨뜨렸다. 그런데 위층에 살던 A는 빚 독촉에 시달려 고민 중 자살하기 위해 창문을 닫은 채 연탄불을 피워 연탄가스에 질식 중이었다. 甲이 유리창을 깨뜨린 결과 A의 목숨은 구조되었다. 이때 甲이 무죄라는 견해에 관한 설명 중 옳은 것을 모두 고른 것은?

> ㉠ 범죄성립에 있어서 행위불법만을 고려하는 입장에 상응한다.
> ㉡ 범죄성립에 있어서 결과불법만을 고려하는 입장에 상응한다.
> ㉢ 행위불법과 결과불법이 모두 상쇄되어야 위법성이 조각된다는 입장에 상응한다.
> ㉣ 이 견해에 대해서는 주관적 정당화사정이 있는 경우와 없는 경우를 똑같이 취급한다는 비판이 제기된다.
> ㉤ 이 견해에 대해서는 미수범 처벌규정이 없는 경우에는 처벌의 흠결이 발생할 수 있다는 비판이 제기된다.
> ㉥ 이 견해에 대해서는 객관적 정당화사정이 행위자에게 유리하게 작용하지 못한다는 비판이 제기된다.

① ㉠, ㉣
② ㉠, ㉥
③ ㉡, ㉣
④ ㉡, ㉥

094 정당방위에 대한 설명으로 적절하지 않은 것은? (다툼이 있으면 판례에 의함)

① 형법 제21조 제1항에서 '침해의 현재성'이란 침해행위가 형식적으로 기수에 이르렀는지에 따라 결정되는 것이 아니라 자기 또는 타인의 법익에 대한 침해상황이 종료되기 전까지를 의미한다.
② 일련의 연속되는 행위로 인해 침해상황이 중단되지 아니하거나 일시 중단되더라도 추가 침해가 곧바로 발생할 객관적인 사유가 있는 경우에는 그 중 일부 행위가 범죄의 기수에 이르렀더라도 전체적으로 침해상황이 종료되지 않은 것으로 볼 수 있다.
③ 정당방위의 방어행위에는 순수한 수비적 방어뿐만 아니라 적극적 반격을 포함하는 반격방어의 형태도 포함된다.
④ 정당방위의 상당성 판단에는 상대적 최소침해의 원칙 이외에 보충성의 원칙이 필수적으로 요구된다.

095 정당방위에 관한 다음 설명 중 가장 적절하지 않은 것은? (다툼이 있으면 판례에 의함)

① 정당방위의 성립요건으로서의 방어행위는 순수한 수비적 방어뿐 아니라 적극적 반격을 포함하는 반격방어의 형태도 포함한다.
② 정당방위에 있어서는 반드시 방위행위에 보충의 원칙은 적용되지 않으나 방위에 필요한 한도 내의 행위로서 사회윤리에 위배되지 않는 상당성이 있는 행위임을 요한다.
③ 서로 공격할 의사로 싸우다가 먼저 공격을 받고 이에 대항하여 가해하게 된 경우 그 가해행위는 정당방위가 될 여지는 없으나 과잉방위가 될 수는 있다.
④ 이혼소송 중인 남편이 찾아와 가위로 폭행하고 변태적 성행위를 강요하는 데에 격분하여 처가 칼로 남편의 복부를 찔러 사망에 이르게 한 경우는 정당방위나 과잉방위에 해당되지 않는다.

096 다음 중 정당방위에 해당하지 않는 것은? (다툼이 있으면 판례에 의함)

① 검사 A가 참고인조사를 받는 줄 알고 검찰청에 자진출석한 변호사사무실 사무장 乙을 합리적 근거 없이 긴급체포하자 그 변호사 甲이 이를 제지하는 과정에서 A에게 상해를 가한 경우
② 경찰관이 농성 진압의 과정에서 경찰장비를 위법하게 사용함으로써 그 직무수행이 적법한 범위를 벗어난 것이기 때문에 상대방이 그로 인한 생명·신체에 대한 위해를 면하기 위하여 직접적으로 대항하는 과정에서 그 경찰장비를 손상시킨 경우
③ 피고인 甲이 경찰관 A, B로부터 불심검문을 받게 되자 A에게 자신의 운전면허증을 교부하였고, 불심검문에 항의하면서 B에게 큰 소리로 욕설을 하자 B가 "모욕죄의 현행범으로 체포하겠다"고 고지한 후 甲의 오른쪽 어깨를 붙잡았고, 甲은 이에 강하게 반항하면서 B에게 상해를 가한 경우
④ 비록 피고인 甲이 위법하게 체포된 상태에 있었고 경찰관 A가 음주측정을 요구한 행위가 위법하다고 하더라도 A가 甲에게 음주측정을 요구하였을 뿐 A를 비롯한 경찰관들이 甲에게 실력을 행사하는 등의 침해행위를 하지 않았고, 甲이 위법한 체포상태를 벗어나려는 데에 대하여 A가 이를 저지하는 상황도 아니었는데, 甲이 A의 배를 때려서 상해를 가한 경우

097 다음 중 정당방위에 해당하지 않는 것은? (다툼이 있으면 판례에 의함)

① 타인이 보는 자리에서 자식으로서 인륜상 용납할 수 없는 폭언과 함께 폭행을 가하려는 피고인의 자(子)를 피고인이 1회 구타한 경우
② 절도범으로 오인받은 피고인이 군중들로부터 무차별 구타를 당하자, 피고인이 소지하고 있던 손톱깎기 칼을 휘둘러 상해를 입힌 경우
③ 피고인 甲이 그 소유의 밤나무 단지에서 A가 밤 18개를 포대에 주워 담는 것을 보고 포대를 빼앗으려다가 반항하는 A의 뺨과 팔목을 때려 상처를 입힌 경우
④ A가 피고인 甲의 차량 앞에 뛰어들어 함부로 타려고 하고 이에 항의하는 甲의 바지춤을 잡아당겨 찢고 甲을 끌고 가려다가 넘어지자, 甲이 A의 양 손목을 경찰관이 도착할 때까지 약 3분간 잡아 누른 경우

098 다음 중 정당방위에 해당하는 것은? (다툼이 있으면 판례에 의함)

① A가 먼저 피고인 甲을 구타하자 甲이 26cm의 과도로 복부와 같은 인체의 중요한 부분을 3, 4회나 찔러 A에게 상해를 입힌 경우
② 피고인 甲이 A와 말다툼을 하다가 건초더미에 있던 낫을 들고 반항하는 A로부터 낫을 빼앗아 그 낫으로 A의 가슴, 배 등을 10여 차례 찔러 A로 하여금 다발성 자상에 의한 기흉 등으로 사망하게 한 경우
③ 피고인 甲의 부(父) 乙이 양팔을 벌리고 A가 운전하는 차를 제지하였으나 A가 그대로 그 차를 앞쪽으로 전진시키자, 甲이 운전석 옆 창문을 통하여 A의 머리털을 잡아당겨 그의 흉부에 약간의 상처를 입게 한 경우
④ 피고인이 집주인인 A가 방세를 돌려 줄테니 방을 비워달라고 요구하자, 억지를 쓰며 폭언을 하므로 A의 며느리 B가 화가 나 피고인 방의 창문을 쇠스랑으로 부쉈고, 이에 격분하여 배척(빠루)을 들고 나와 마당에서 구경하던 마을주민 C, D를 배척으로 때려 상해를 가한 경우

099 다음 중 정당방위에 해당하지 않는 것은? (다툼이 있으면 판례에 의함)

① 경찰관이 농성 진압의 과정에서 경찰장비를 위법하게 사용함으로써 그 직무수행이 적법한 범위를 벗어난 것이기 때문에 상대방이 그로 인한 생명·신체에 대한 위해를 면하기 위하여 직접적으로 대항하는 과정에서 그 경찰장비를 손상시킨 경우
② 경찰관들이 체포를 위한 실력행사에 나아가기 전에 체포영장을 제시하고 미란다 원칙을 고지할 여유가 있었음에도 애초부터 미란다 원칙을 체포 후에 고지할 생각으로 먼저 체포 행위에 나서려고 하자 피고인이 이에 거세게 저항하는 과정에서 경찰관들에게 상해를 가한 경우
③ 인근에서 자전거를 이용한 날치기 사건이 발생한 직후 검문을 하던 경찰관 A, B, C가 날치기 사건의 범인과 흡사한 인상착의인 피고인 甲을 발견하고 앞을 가로막으며 진행을 제지하였는데, 甲이 경찰관들이 자신을 범인 취급한다고 느껴 A의 멱살을 잡아 밀치고 B, C에게 욕설을 하는 등 거세게 항의한 경우
④ 변호사인 甲이 쌍용자동차 공장을 점거·농성 중이던 조합원들이 불법적으로 체포되는 것을 목격하고 이에 항의하면서 전투경찰대원들의 불법 체포 행위를 제지하였으며, 전투경찰대원들은 방패로 피고인을 강하게 밀어내었는데, 이 과정에서 甲이 전투경찰대원인 A, B가 들고 있던 방패를 당기고 밀어 A, B에게 상해를 입힌 경우

100 다음 중 긴급피난이 성립하기 위한 요건이라고 하기 어려운 것은? (다툼이 있으면 판례에 의함)

① 피난행위는 위난에 처한 법익을 보호하기 위한 유일한 수단이어야 한다.
② 피해자에게 가장 경미한 손해를 주는 방법을 택하여야 하며, 피난행위에 의하여 보전되는 이익은 이로 인하여 침해되는 이익보다 우월해야 한다.
③ 피난행위는 그 자체가 사회윤리나 법질서 전체의 정신에 비추어 적합한 수단이어야 한다.
④ 피난행위는 국가질서의 존중이라는 인식을 바탕으로 한 국민일반의 건전한 도의적 감정에 반하지 않아야 한다.

101 다음 중 긴급피난에 해당하는 것은 모두 몇 개인가? (다툼이 있으면 판례에 의함)

㉠ 피고인의 모(母)가 갑자기 기절을 하여 이를 치료하기 위하여 군무를 이탈한 경우
㉡ 피고인이 강간범행의 와중에서 피해자가 피고인의 손가락을 깨물며 반항하자 물린 손가락을 비틀며 잡아 뽑다가 피해자에게 치아결손의 상해를 입힌 경우
㉢ 국회 외통위 한·미 FTA 비준 동의안 상정 과정에서 여당 위원들이 야당 위원들의 출입을 막기 위해 회의장을 봉쇄하자 피고인들(민주당과 민주노동당 보좌진들)이 회의장 출입구를 뚫을 목적으로 해머로 출입문과 집기 등을 쳐서 부수고 소방호스를 이용하여 회의장 내에 물을 분사한 경우

① 0개
② 1개
③ 2개
④ 3개

102 다음 중 긴급피난에 해당하는 것은? (다툼이 있으면 판례에 의함)

① 피해자들이 명시적 내지는 묵시적으로 무허가 주택의 철거에 동의하지 아니한 상태에서 피고인들이 법률이 정한 절차에 의하지 아니하고 피해자들의 무허가 주택을 임의로 철거한 경우
② 아파트 입주자대표회의 회장이 다수 입주민들의 민원에 따라 위성방송 수신을 방해하는 케이블TV방송의 시험방송 송출을 중단시키기 위하여 케이블TV방송의 방송안테나를 절단하도록 지시한 경우
③ 피해견(被害犬)이 피고인을 공격하지도 않았고 피해견이 평소 공격적인 성향을 가지고 있지 않았음에도 피고인이 자신의 진돗개를 보호하기 위하여 피해견을 기계톱으로 내리쳐 등 부분을 절개하여 죽게 한 경우
④ 선장이 태풍에 대비하여 선박과 선원들의 안전을 위하여 가장 적절하고 필요불가결하다고 인정되는 조치(선박의 닻줄을 5샤클에서 7샤클로 늘여 놓은 조치)를 취하여 피조개양식장에 물적 피해를 준 경우

103 다음 중 자구행위에 해당하는 것은 모두 몇 개인가? (다툼이 있으면 판례에 의함)

㉠ 주민들이 농기계 등으로 그 주변의 농경지나 임야에 통행하기 위해 이용하는 피고인 소유의 도로에 피고인이 깊이 1m 정도의 구덩이를 판 경우
㉡ 소유권의 귀속에 관한 분쟁이 있어서 민사소송이 계속 중인 건조물에 관하여 현실적으로 관리인이 있음에도 피고인이 건조물의 자물쇠를 쇠톱으로 절단하고 침입한 경우
㉢ 피고인이 A에게 16만원 상당의 석고를 납품하였으나 A가 그 대금의 지급을 지체하여 오다가 갑자기 화랑을 폐쇄하고 도주하자, 피고인이 야간에 폐쇄된 화랑의 베니아판 문을 드라이버로 뜯어내고 화랑 안에 있던 물건을 몰래 가지고 나온 경우
㉣ 피고인 등이 채무자 A가 부도를 낸 후 도피하자 자신들의 물품대금채권을 다른 채권자들보다 우선적으로 확보할 목적으로 부도를 낸 다음날 새벽에 A의 가구점의 시건장치를 쇠톱으로 절단하고 그곳에 침입하여 시가 1,600만원 상당의 가구들을 화물차에 싣고 가 다른 장소에 옮긴 경우

① 0개　　　　　　　　② 1개
③ 2개　　　　　　　　④ 3개

104 다음 중 A의 동의(양해, 승낙 등)가 있더라도 甲이 처벌되는 경우는 모두 몇 개인가?

㉠ 甲은 우울증에 걸린 A의 동의를 받고 A를 살해하였다.
㉡ 20세인 甲은 17세인 A와 합의 하에 甲의 자가용 안에서 유사성행위를 하였다.
㉢ 20세인 甲은 15세인 A와 합의 하에 甲의 원룸에서 성관계를 하였다.
㉣ 甲은 야간에 이혼한 전처 A의 허락을 받고 A의 집에 들어갔다.
㉤ 甲은 건물소유자 A의 승낙을 받고 A 소유의 상가건물을 철거하였다.
㉥ 甲은 A의 위임을 받아 A 명의의 계약서를 작성하였다.

① 2개　　　　　　　　② 3개
③ 4개　　　　　　　　④ 5개

105 피해자의 승낙에 관한 다음 설명 중 옳지 않은 것은? (다툼이 있으면 판례에 의함)

① 처분할 수 있는 자의 승낙에 의하여 그 법익을 훼손한 행위는 법률에 특별한 규정이 있는 경우에 한하여 벌하지 아니한다.
② 위법성이 조각되는 피해자의 승낙은 개인적 법익을 훼손하는 경우에 법률상 이를 처분할 수 있는 사람의 승낙이어야 할 뿐만 아니라 그 승낙이 윤리적·도덕적으로 사회상규에 반하는 것이 아니어야 한다.
③ 위법성조각사유로서의 피해자의 승낙은 언제든지 자유롭게 철회할 수 있고, 그 철회의 방법에는 아무런 제한이 없다.
④ 추정적 승낙이란 피해자의 현실적인 승낙이 없었다고 하더라도 행위 당시의 모든 객관적 사정에 비추어 볼 때 만일 피해자가 행위의 내용을 알았더라면 당연히 승낙하였을 것으로 예견되는 경우를 말한다.

106 추정적 승낙에 관한 다음 설명 중 옳지 않은 것은? (다툼이 있으면 판례에 의함)

① 승낙의 추정은 행위 시에 있어야 하며, 사후승낙은 인정되지 않는다.
② 문서명의인이 이미 사망하였는데 그가 생존하고 있음을 전제로 하는 문서를 권한 없는 자가 작성하였다면 그러한 내용의 문서에 관하여 사망한 명의자의 승낙이 추정된다는 이유로 사문서위조죄의 성립을 부정할 수는 없다.
③ 어떠한 물건을 점유자의 의사에 반하여 취거하는 행위가 결과적으로 소유자의 이익으로 된다는 사정 또는 소유자의 추정적 승낙이 있다고 볼 만한 사정이 있는 경우 불법영득의 의사가 부정된다.
④ 명의자의 명시적인 승낙이나 동의가 없다는 것을 알고 있으면서도 명의자가 문서작성 사실을 알았다면 승낙하였을 것이라고 기대하거나 예측한 것만으로는 그 승낙이 추정된다고 단정할 수 없다.

107 피해자의 승낙에 대한 설명 중 가장 적절하지 않은 것은? (다툼이 있으면 판례에 의함)

① 문서의 위조라고 하는 것은 작성권한 없는 자가 타인 명의를 모용하여 문서를 작성하는 것을 말하는 것이므로 사문서를 작성함에 있어 그 명의자의 명시적이거나 묵시적인 승낙(위임)이 있었다면 이는 사문서위조에 해당한다고 할 수 없다.

② 甲이 동거중인 피해자의 지갑에서 현금을 꺼내가는 것을 피해자가 현장에서 목격하고도 만류하지 아니하였다면 피해자가 이를 허용하는 묵시적 의사가 있었다고 볼 수 있으므로 절도죄가 성립하지 않는다.

③ 피고인들이 미성년자인 피해자를 보호·감독하고 있던 그 아버지의 감호권을 침해하여 그녀를 자신들의 사실상 지배하로 옮긴 이상 미성년자약취죄가 성립하고, 약취행위에 피해자의 동의가 있었다 하더라도 본죄의 성립에는 변함이 없다.

④ 甲이 피해자 A와 공모하여 교통사고를 가장하여 보험금을 편취할 목적으로 피해자에게 동의를 받아 상해를 가한 경우 피해자의 승낙으로 위법성이 조각된다.

108 피해자의 동의 또는 승낙에 관한 설명 중 옳지 않은 것은? (다툼이 있는 경우 판례에 의함)

① 타인 명의로 사문서를 작성함에 있어 그 명의자의 명시적이거나 묵시적인 승낙(위임)이 있었더라도 사문서위조죄는 사회적 법익에 관한 죄이므로 이는 사문서위조에 해당한다.

② 甲이 A에게 밍크 45마리에 관하여 자기에게 그 권리가 있다고 주장하면서 이를 가져간 데 대하여 A의 묵시적인 동의가 있었던 경우, 甲의 주장이후에 허위임이 밝혀졌더라도 甲의 행위는 절도죄의 절취행위에 해당하지 않는다.

③ 甲이 A와 공모하여 교통사고를 가장하여 보험금을 편취할 목적으로 A에게 상해를 가하였다면 甲의 행위는 A의 승낙이 있었다고 하더라도 그 위법성이 조각된다고 할 수 없다.

④ 예금주인 현금카드 소유자를 협박하여 그 카드를 갈취한 다음 소유자의 승낙에 의하여 현금카드를 사용할 권한을 부여받아 이를 이용하여 현금자동지급기에서 현금을 인출한 행위는 포괄하여 하나의 공갈죄를 구성한다.

109 피해자의 승낙에 대한 설명으로 옳지 않은 것은? (다툼이 있으면 판례에 의함)

① 피무고자의 승낙을 받아 허위사실을 기재한 고소장을 수사기관에 제출하였다면 무고죄로 처벌할 수 없다.
② 사문서위조죄나 공정증서원본불실기재죄가 성립한 이후, 피해자의 동의 등으로 문서에 기재된 대로 효과의 승인을 받거나 등기가 실체적 권리관계에 부합하게 되더라도 이미 성립한 범죄에 아무런 영향이 없다.
③ 미성년자의제강간·추행죄는 그 성립에 있어 위계 또는 위력이나 폭행 또는 협박의 방법에 의함을 요하지 아니하며 피해자의 동의가 있었다고 하여도 성립하는 것이다.
④ 진단상 과오가 없었으면 당연히 설명받았을 내용을 설명받지 못한 피해자로부터 수술승낙을 받았다면, 그 승낙은 부정확한 설명에 근거한 것으로서 수술의 위법성을 조각할 수 없다.

110 피해자의 승낙에 대한 설명으로 옳지 않은 것은? (다툼이 있으면 판례에 의함)

① 폭행에 의하여 사람을 사망에 이르게 하는 따위의 일에 있어서 피해자의 승낙은 범죄성립에 아무런 장애가 될 수 없는 윤리적, 도덕적으로 허용될 수 없는 즉 사회상규에 반하는 것이라고 할 것이다.
② 甲이 동거 중인 乙의 지갑에서 현금을 꺼내가는 것을 乙이 현장에서 목격하고 만류하지 아니하였더라도 乙이 甲에게 허용의 의사를 명시적으로 표현하지 않았다면 甲의 행위는 원칙적으로 절도죄에 해당한다.
③ 문서위조죄가 공공의 신용을 보호법익으로 하더라도 사문서를 작성함에 있어 그 명의자의 명시적이거나 묵시적인 승낙이 있었다면 사문서위조에는 해당한다고 할 수 없다.
④ 의사의 진단상의 과오가 없었으면 당연히 설명받았을 자궁외 임신에 관한 내용을 설명받지 못한 피해자가 수술승낙을 하였다면이 승낙은 위법성을 조각할 유효한 승낙이라고 볼 수 없다.

111 피해자의 승낙 또는 추정적 승낙에 대한 설명으로 옳지 않은 것은? (다툼이 있으면 판례에 의함)

① 회사의 임원이 임무위배행위로 재산상 이익을 취득하여 회사에 손해를 가한 경우 그 임무위배행위에 대하여 사실상 대주주의 양해를 얻었다고 하더라도 업무상배임죄가 성립한다.
② 명의자 이외의 자의 의뢰로 사문서를 작성하는 경우에 명의자의 명시적인 승낙이 없다는 것을 알았지만 명의자가 사문서 작성 사실을 알았다면 승낙하였을 것이라고 작성자가 기대하거나 예측한 것만으로도 승낙은 추정된다.
③ 피해자의 승낙은 개인적 법익을 훼손하는 경우에 법률상 이를 처분할 수 있는 사람의 승낙을 말할 뿐만 아니라 그 승낙이 윤리적, 도덕적으로 사회상규에 반하는 것이 아니어야 한다.
④ 피해자의 승낙이 객관적으로 존재하지 않음에도 불구하고 행위자는 그것이 존재한다고 오신한 때에는 위법성조각사유의 전제사실에 대한 착오의 문제가 된다.

112 피해자의 승낙에 대한 설명으로 가장 적절하지 않은 것은? (다툼이 있으면 판례에 의함)

① 甲이 동거 중인 A의 지갑에서 현금을 꺼내 가는 것을 A가 현장에서 목격하고도 만류하지 아니한 경우에는 이를 허용하는 A의 묵시적 의사가 있었다고 볼 수 있다.
② 건물의 소유자라고 주장하는 甲과 그것을 점유·관리하고 있는 A 사이에 건물의 소유권에 대한 분쟁이 계속되고 있는 상황에서 甲이 그 건물에 침입하는 경우에는 그 침입에 대한 A의 승낙이 있었다고 볼 수 없다.
③ 甲이 乙과 공모하여 교통사고를 가장하여 보험금을 편취할 목적으로 乙에게 승낙을 받고 상해를 가한 경우에는 피해자의 승낙에 의하여 위법성이 조각된다고 할 수 없다.
④ 甲은 자신의 아버지 A소유 부동산 매매에 관한 권한 일체를 위임받아 이를 매도한 후 갑자기 A가 사망하자 소유권이전에 사용할 목적으로 A가 자신에게 인감증명서 발급을 위임한다는 취지의 위임장을 작성하여, 주민센터 담당직원에게 제출한 경우에는 甲이 A가 승낙하였을 것이라고 기대하거나 예측한 것만으로도 사망한 A의 승낙이 추정된다.

113 정당행위 인정요건과 관련하여 (　　) 안에 들어갈 알맞은 말은? (다툼이 있으면 판례에 의함)

> 정당행위로 인정되려면 첫째 행위의 동기나 목적의 (㉠), 둘째 행위의 수단이나 방법의 (㉡), 셋째 보호법익과 침해법익의 (㉢), 넷째 (㉣), 다섯째 그 행위 이외의 다른 수단이나 방법이 없다는 (㉤)의 요건을 모두 갖추어야 한다.

① ㉠ 정당성　㉡ 상당성　㉢ 법익균형성　㉣ 긴급성　㉤ 보충성
② ㉠ 상당성　㉡ 정당성　㉢ 법익균형성　㉣ 긴급성　㉤ 보충성
③ ㉠ 정당성　㉡ 상당성　㉢ 법익균형성　㉣ 보충성　㉤ 긴급성
④ ㉠ 정당성　㉡ 보충성　㉢ 법익균형성　㉣ 긴급성　㉤ 상당성

114 정당행위에 관한 설명 중 옳지 않은 것은? (다툼이 있으면 판례에 의함)

① 어떠한 행위가 위법성조각사유로서 정당행위가 되는지 여부는 구체적인 경우에 따라 합목적적·합리적으로 가려야 하고, 또 행위의 적법 여부는 국가질서를 벗어나서 이를 가릴 수 없는 것이다.
② '목적의 정당성'과 '수단의 정당성' 요건은 행위의 측면에서 사회상규의 판단기준이 된다.
③ 보호이익과 침해이익 사이의 법익균형은 결과의 측면에서 사회상규에 위배되는지를 판단하기 위한 기준이다.
④ 행위의 긴급성과 보충성은 목적의 정당성을 판단할 때 고려요소의 하나로 참작하여야 하고, 이를 넘어 독립적인 요건으로 요구할 것은 아니다.

115 정당행위에 관한 설명으로 가장 적절하지 않은 것은? (다툼이 있으면 판례에 의함)

① 행위의 긴급성과 보충성은 수단의 상당성을 판단할 때 고려요소의 하나로 참작하여야 하며, 다른 실효성 있는 적법한 수단이 없는 경우를 의미하는 것이지 일체의 법률적인 적법한 수단이 존재하지 않을 것을 의미하는 것은 아니라고 보아야 한다.

② 구 군인사법에 따른 얼차려의 결정권자가 아닌 상사 계급의 甲이 경계근무 태만이나 청소 불량 등을 이유로 부대원들에게 속칭 원산폭격을 시키거나 양손을 깍지 낀 상태에서 팔굽혀펴기를 50~60회 정도 하게 하는 등 얼차려 지침상 허용되지 않는 얼차려를 지시하는 행위는 정당행위로 볼 수 없다.

③ CCTV 설치·운영에 근로자들의 동의 절차나 노사협의회의 협의를 거치지 않았다는 이유로 노동조합원 甲 등이 회사에서 설치하여 작동 중인 CCTV 카메라 51대 중 근로자들의 작업 모습이 찍히는 12대를 골라 검정색 비닐봉지를 씌워 임시적으로 촬영을 방해한 경우 정당행위의 성립요건 중 수단과 방법의 상당성을 인정할 수 없다.

④ 아파트 입주자대표회의 회장이자 회의소집권자인 甲이 자신이 소집하지 않은 입주자대표회의 소집공고문을 공휴일 야간에 발견하였고 공고문에서 정한 입주자대표회의 개최일이 다음 날이어서 시기적으로 다른 적절한 방법을 찾기 어려웠다면 위 공고문을 뜯어내 제거한 행위는 정당행위에 해당한다고 볼 수 있다.

116 위법성조각사유에 관한 설명 중 옳은 것을 모두 고른 것은? (다툼이 있는 경우 판례에 의함)

> ㉠ 정당방위에서 '침해의 현재성'은 침해행위가 형식적으로 기수에 이르기까지가 아니라 자기 또는 타인의 법익에 대한 침해상황이 종료되기 전까지를 의미한다.
> ㉡ 정당방위에서 방어행위는 적극적 반격을 포함하는 반격방어의 형태도 포함되지만, 이 형태는 자기 또는 타인의 법익침해를 방어하기 위한 행위로서 상당한 이유가 있는 것이어야 한다.
> ㉢ 긴급피난에서 피난의사는 위법성조각사유의 주관적 요건이지만, 과잉피난이 성립하기 위해서는 피난의사가 요구되지 않는다.
> ㉣ '사회상규에 의한 정당행위'가 성립하기 위한 요건 중 행위의 긴급성과 보충성은 수단의 상당성을 판단할 때 고려요소의 하나로 참작하여야 하고 이를 넘어 독립적인 요건으로 요구할 것은 아니다.

① ㉠, ㉡   ② ㉡, ㉢
③ ㉢, ㉣   ④ ㉠, ㉡, ㉣

117 정당행위에 관한 설명으로 가장 적절하지 않은 것은? (다툼이 있으면 판례에 의함)

① 정당행위에 있어 행위의 긴급성과 보충성은 수단의 상당성을 판단할 때 고려요소의 하나로 참작하여야 하고 이를 독립적인 요건으로 요구하지 않는다.

② '동물권'을 주장해 온 피고인들이 A 회사가 농장으로부터 생닭을 공급받아 도계하는 영업을 계속한다는 이유로 A 회사의 공장 정문 앞 도로에서 차량 진행을 방해하는 등 위력으로써 A 회사의 생닭 운송 및 도계 업무를 방해한 경우 그 동기나 목적의 정당성이 인정될 여지가 있지만, 수단과 방법의 상당성, 법익 균형성 등이 인정되지 아니하여 정당행위에 해당하지 않는다.

③ 사회상규에 기한 정당행위를 인정하기 위한 요건 중 하나인 "보호이익과 침해이익 사이의 법익균형"은 결과적 측면이 아니라 행위의 동기 또는 목적의 정당성 측면에서 사회상규에 위배되는지를 판단하기 위한 기준이다.

④ 행위의 긴급성과 보충성은 다른 실효성 있는 적법한 수단이 없는 경우를 의미하고 일체의 법률적인 적법한 수단이 존재하지 않을 것을 의미하는 것은 아니다.

118 정당행위에 관한 다음 설명 중 가장 옳지 않은 것은? (다툼이 있으면 판례에 의함)

① 형법 제20조에 정하여진 '사회상규에 위배되지 아니하는 행위'란 법질서 전체의 정신이나 그 배후에 놓여 있는 사회윤리 내지 사회통념에 비추어 용인될 수 있는 행위를 말하므로 어떤 행위가 그 행위의 동기나 목적의 정당성, 행위의 수단이나 방법의 상당성, 보호이익과 침해이익의 법익 균형성, 긴급성, 그 행위 이외의 다른 수단이나 방법이 없다는 보충성 등의 요건을 갖춘 경우에는 정당행위에 해당한다.

② 어떠한 행위가 위 요건들을 충족하는 정당한 행위로서 위법성이 조각되는 것인지는 구체적인 사정 아래서 합목적적, 합리적으로 고찰하여 개별적으로 판단되어야 하므로 구체적인 사안에서 정당행위로 인정되기 위한 긴급성이나 보충성의 정도는 개별 사안에 따라 다를 수 있다.

③ 어떠한 행위가 형법 제20조의 정당행위에 해당한다는 것은 그 행위가 단지 특정한 상황 하에서 범죄행위로서 처벌대상이 될 정도의 위법성을 갖추지 못하였다는 것을 의미하는 것이 아니라 그 행위가 적극적으로 용인, 권장된다는 의미이다.

④ 어떠한 글이 모욕적 표현을 포함하는 판단이나 의견을 담고 있을 경우에도 그 시대의 건전한 사회통념에 비추어 살펴보아 그 표현이 사회상규에 위배되지 않는 행위로 볼 수 있는 때에는 형법 제20조의 정당행위에 해당하여 위법성이 조각된다고 보아야 하고, 이로써 표현의 자유로 획득되는 이익 및 가치와 명예 보호에 의하여 달성되는 이익 및 가치를 적절히 조화할 수 있다.

119 정당행위에 대한 설명으로 옳지 않은 것은? (다툼이 있으면 판례에 의함)

① 상관의 적법한 직무상 명령에 따른 행위는 정당행위로서 형법 제20조에 의하여 위법성이 조각된다고 할 것이나, 상관의 위법한 명령에 따라 범죄행위를 한 경우에는 상관의 명령에 따랐다고 하여 부하가 한 범죄행위의 위법성이 조각될 수는 없다.

② 감정평가업자가 아닌 공인회계사가 타인의 의뢰에 의하여 일정한 보수를 받고 부동산공시법이 정한 토지에 대한 감정평가를 업으로 행하는 것은 부동산공시법 제43조 제2호에 의하여 처벌되는 행위에 해당하고, 특별한 사정이 없는 한 이를 형법 제20조가 정한 '법령에 의한 행위'로서 정당행위에 해당한다고 볼 수는 없다.

③ 집행관이 조합 소유 아파트에서 유치권을 주장하는 甲을 상대로 부동산인도집행을 실시하여 조합이 그 아파트를 인도받고 출입문의 잠금장치를 교체하는 등으로 그 점유가 확립된 이후에 甲이 아파트 출입문과 잠금장치를 훼손하며 강제로 개방하고 아파트에 들어간 경우 甲의 행위는 민법상 자력구제에 해당하므로 형법 제20조에 따라 위법성이 조각된다.

④ 민사소송법 제335조에 따른 법원의 감정인 지정결정 또는 같은 법 제341조 제1항에 따라 법원의 감정촉탁을 받은 사람이 감정평가업자가 아니었음에도 그 감정사항에 포함된 토지 등의 감정평가를 한 행위는 법령에 근거한 법원의 적법한 결정이나 촉탁에 따른 것으로 형법 제20조에 따라 위법성이 조각된다.

120 정당행위에 대한 설명으로 옳지 않은 것은? (다툼이 있으면 판례에 의함)

① 의료행위에 해당하는 어떠한 시술행위가 무면허로 행하여졌을 때에는 사회윤리 내지 사회통념에 비추어 용인될 수 있는 행위에 해당한다고 인정되는 경우에만 사회상규에 위배되지 아니하는 행위로서 위법성이 조각된다.

② 한 번도 차임이나 관리비를 연체한 적이 없음에도 사무실 임대차계약 종료 후 임차인이 임대료와 관리비를 인상하는 내용의 갱신계약 여부에 관한 의사표시나 명도의무를 지체하고 있다는 이유만으로, 임대인이 임대차계약 종료일로부터 16일 후에 단전조치를 한 경우 이는 정당행위에 해당하지 않는다.

③ 현행범인은 누구든지 영장 없이 체포할 수 있으므로 사인의 현행범인 체포는 법령에 의한 행위로서 위법성이 조각된다고 할 것인데, 현행범인 체포의 요건으로서는 행위의 가벌성, 범죄의 현행성·시간적 접착성, 범인·범죄의 명백성이 있으면 족하고 체포의 필요성 즉, 도망 또는 증거인멸의 염려까지 있을 것을 요하지 않는다.

④ 선거 후보자의 회계책임자가 자원봉사자인 선거 후보자의 배우자, 직계혈족 기타 친족에게 식사를 제공한 행위는 지극히 정상적인 생활형태의 하나로서 역사적으로 생성된 사회질서의 범위 안에 있는 것이어서 사회상규에 위배되지 아니한다.

121 정당행위에 대한 설명으로 옳지 않은 것은? (다툼이 있으면 판례에 의함)

① 음란물이 문학적·예술적·사상적·과학적·의학적·교육적 표현 등과 결합되어 음란 표현의 해악이 상당한 방법으로 해소되거나 다양한 의견과 사상의 경쟁메커니즘에 의해 해소될 수 있는 정도에 이르렀다면 이러한 결합표현물에 의한 표현행위는 형법 제20조에 정하여진 '사회상규에 위배되지 않는 행위'에 해당한다.

② 피고인은 피해자가 출연한 영화 개봉 기사에 "그냥 국민호텔녀"라는 댓글을 달았는바, '국민호텔녀'가 피해자가 종전에 대중에게 호소하던 청순한 이미지와 반대의 이미지를 암시하면서 피해자를 성적 대상화하는 방법으로 비하하는 것이라 하더라도 피해자가 공적인 인물인 이상 정당한 비판의 범위를 벗어난 것이 아니어서 '사회상규에 위배되지 않는 행위'에 해당한다.

③ 신문기자인 피고인이 고소인에게 2회에 걸쳐 증여세 포탈에 대한 취재를 요구하면서 이에 응하지 않으면 자신이 취재한 내용대로 보도하겠다고 협박한 것은 특별한 사정이 없는 한 사회상규에 반하지 않는 행위이다.

④ 의료인이 아닌 자가 찜질방 내에서 부항과 부항침을 놓고 일정한 금원을 받은 행위는 그 시술로 인한 위험성이 적다는 사정만으로 사회상규에 위배되지 않는 행위로 보기는 어렵다.

122 정당행위에 대한 설명 중 가장 적절하지 않은 것은? (다툼이 있으면 판례에 의함)

① 甲이 자신의 차를 손괴하고 도망하려는 피해자를 도망하지 못하게 멱살을 잡고 흔들어 피해자에게 전치 14일의 흉부찰과상을 가한 경우 정당행위에 해당한다.

② 분쟁중인 부동산 관계로 따지러 온 피해자가 甲의 가게 안에 들어와서 甲 및 그의 아버지에게 행패를 부리자 이에 甲이 피해자를 가게 밖으로 밀어 내려다가 피해자를 넘어지게 한 경우 사회통념상 용인될 만한 상당성이 있는 행위로 위법성이 없다.

③ 甲이 외국에서 침구사자격을 취득하였으나 국내에서 침술행위를 할 수 있는 면허나 자격을 취득하지 못하였음에도 불구하고 단순한 수지침 정도의 수준을 넘어 체침을 시술한 경우 이를 사회상규에 위배되지 않는 행위라고 볼 수 없다.

④ 국회의원 甲이 대기업 고위관계자와 중앙일간지 사주 간의 사적 대화를 불법녹음한 자료를 입수한 후 그 대화내용과 위 대기업으로부터 이른바 떡값 명목의 금품을 수수하였다는 검사들의 실명이 게재된 보도자료를 작성하여 자신의 인터넷 홈페이지에 게재한 경우 공익에 대한 중대한 침해가 발생할 가능성이 현저한 경우로서 비상한 공적 관심의 대상이 되고, 방법의 상당성도 갖추었으므로 정당행위에 해당한다.

123 다음 중 정당행위에 해당하지 않는 것은? (다툼이 있으면 판례에 의함)

① 신문기자인 피고인이 고소인에게 2회에 걸쳐 증여세 포탈에 대한 취재를 요구하면서 이에 응하지 않으면 자신이 취재한 내용대로 보도하겠다고 말한 경우
② 피고인들이 재건축사업으로 철거가 예정되어 있는 아파트를 법원의 가집행선고부 판결을 받아 철거한 경우
③ 집행관인 피고인들이 집행력 있는 판결정본에 기한 동산압류집행의 위임을 받아 신분증과 채무명의를 휴대한 채 채무자의 주거에 들어가려고 하였으나, 채무자의 아들이 주거에 들어오지 못하게 하고 저항하므로 이를 배제하고 채무자의 주거에 들어가기 위하여 동인을 떠민 경우
④ 집행관이 집행채권자인 조합 소유 아파트에서 유치권을 주장하는 피고인을 상대로 부동산 인도집행을 실시하였고, 조합이 집행관으로부터 아파트를 인도받은 후 출입문의 잠금 장치를 교체하는 등 그 점유가 확립된 상태에서 피고인이 이에 불만을 갖고 아파트 출입문과 잠금장치를 훼손하고 아파트에 들어간 경우

124 다음 설명 중 가장 옳지 않은 것은? (다툼이 있으면 판례에 의함)

① 사용자가 적법한 직장폐쇄 기간 중임에도 불구하고 일방적으로 업무에 복귀하겠다고 하면서 자신의 퇴거요구에 불응한 채 계속하여 사업장 내로 진입을 시도하는 해고 근로자를 폭행, 협박하였다면 이는 사업장 내의 평온과 노동조합의 업무방해행위를 방지하기 위한 정당방위 내지 정당행위에 해당한다.
② 피해자가 불특정·다수인의 통행로로 이용되어 오던 기존 통로의 일부 소유자인 피고인으로부터 사용승낙을 받지 아니한 채 통로를 활용하여 공사차량을 통행하게 함으로써 피고인의 영업에 다소 피해가 발생하자 피고인이 공사차량을 통행하지 못하도록 자신 소유의 승용차를 통로에 주차시켜 놓은 행위가 사회상규에 위배되지 않는 정당행위에 해당한다고 할 수 없다.
③ 아파트 입주자대표회의 회장이 다수 입주민들의 민원에 따라 위성방송 수신을 방해하는 케이블TV방송의 시험방송 송출을 중단시키기 위하여 위 케이블TV방송의 방송안테나를 절단하도록 지시한 행위를 긴급피난 내지는 정당행위에 해당한다고 볼 수 없다.
④ 아파트 입주자대표회의의 임원 또는 아파트관리회사의 직원들인 피고인들이 기존 관리회사의 직원들로부터 계속 업무집행을 제지받던 중 저수조 청소를 위하여 출입문에 설치된 자물쇠를 손괴하고 중앙공급실에 침입한 행위는 정당행위에 해당하지 않지만, 관리비 고지서를 빼앗거나 사무실의 집기 등을 들어낸 것에 불과한 행위는 정당행위에 해당하여 위법성이 조각된다.

125 위법성조각사유에 대한 설명으로 옳은 것은? (다툼이 있으면 판례에 의함)

① 甲이 A를 강간하던 중 A가 손가락을 깨물며 반항하자, 甲이 물린 손가락을 비틀어 잡아 뽑다가 A에게 치아결손을 가한 행위는 긴급피난에 해당한다.
② 경찰관이 현행범인으로서의 요건을 갖추지 못한 甲을 체포하려고 하자 甲이 체포를 면하려고 반항하는 과정에서 경찰관에게 상해를 가한 행위는 정당방위에 해당한다.
③ 친권자 甲이 스스로의 감정을 이기지 못하고 야구방망이로 때릴 듯이 자녀 A에게 "죽여 버린다"고 말하여 협박한 행위는 정당행위에 해당한다.
④ 정당 당직자 甲이 국회 상임위원회 회의장 앞 복도에서 출입이 봉쇄된 회의장 출입구를 뚫을 목적으로 회의장 출입문 및 그 안쪽에 쌓여 있던 집기를 손상한 행위는 정당행위에 해당한다.

126 위법성조각사유에 대한 설명 중 가장 적절하지 않은 것은? (다툼이 있으면 판례에 의함)

① 자기의 법익뿐 아니라 타인의 법익에 대한 현재의 부당한 침해를 방위하기 위한 행위도 상당한 이유가 있으면 형법 제21조의 정당방위에 해당하여 위법성이 조각된다.
② 방위행위가 그 정도를 초과한 경우에 야간이나 그 밖의 불안한 상태에서 공포를 느끼거나 경악하거나 흥분하거나 당황하였기 때문에 그 행위를 하였을 때에는 그 형을 감경하거나 면제할 수 있다.
③ 긴급피난이 성립하기 위하여는 행위자에게 피난의 의사가 있어야 할 것인데, 피고인들이 병력을 동원한 것은 위난을 피할 의사에 의한 것은 아니고 반란목적을 달성할 의도에 의한 것이라고 보이므로 피고인들에게 피난의 의사가 있었다고도 할 수 없다.
④ 소유권의 귀속에 관한 분쟁이 있어서 민사소송이 계속 중인 건조물에 관하여 현실적으로 관리인이 있음에도 피고인이 건조물의 자물쇠를 쇠톱으로 절단하고 침입한 것은 자구행위에 해당하지 아니한다.

127 위법성조각사유에 대한 설명으로 옳지 않은 것은? (다툼이 있으면 판례에 의함)

① 법률에서 정한 절차에 따라서는 청구권을 보전할 수 없는 경우에 그 청구권의 실행이 현저히 곤란해지는 상황을 피하기 위하여한 행위는 상당한 이유가 있는 때에는 벌하지 아니한다.
② 집회나 시위의 목적 달성에 필요한 합리적인 범위에서 사회통념상 용인될 수 있는 다소간의 피해를 발생시킨 경우에 불과하다면 정당행위로서 위법성이 조각될 수 있다.
③ 어떤 행위가 그 동기나 목적이 정당하고 수단이나 방법이 상당하며 보호법익과 침해법익이 균형을 이루는 등으로 당시의 상황에서 사회윤리나 사회통념상 취할 수 있는 본능적이고 소극적인 방어행위라고 평가할 수 있다면 이는 정당방위에 해당한다.
④ 추정적 승낙이란 피해자의 현실적인 승낙이 없었다고 하더라도 행위 당시의 모든 객관적 사정에 비추어 볼 때 만일 피해자가 행위의 내용을 알았더라면 당연히 승낙하였을 것으로 예견되는 경우를 말한다.

128 다음 설명 중 가장 옳지 않은 것은? (다툼이 있으면 판례에 의함)

① 노동조합이 주도한 쟁의행위 자체의 정당성과 이를 구성하거나 여기에 부수되는 개개 행위의 정당성은 구별하여야 하므로 일부 소수의 근로자가 폭력행위 등의 위법행위를 하였더라도 전체로서의 쟁의행위마저 당연히 위법하게 되는 것은 아니다.
② 주주의 권리행사와 관련된 재산상 이익의 공여라 하더라도 그것이 의례적인 것이라거나 불가피한 것이라는 등의 특별한 사정이 있는 경우에는 법질서 전체의 정신이나 그 배후에 놓여 있는 사회윤리 내지 사회통념에 비추어 용인될 수 있는 행위로서 형법 제20조에 정하여진 '사회상규에 위배되지 아니하는 행위'에 해당한다.
③ 사용자인 수급인에 대한 정당성을 갖춘 쟁의행위가 도급인의 사업장에서 이루어져 형법상 보호되는 도급인의 법익을 침해한 경우 그것이 항상 위법하다고 볼 것은 아니고, 법질서 전체의 정신이나 그 배후에 놓여있는 사회윤리 내지 사회통념에 비추어 용인될 수 있는 행위에 해당하는 경우에는 형법 제20조의 '사회상규에 위배되지 아니하는 행위'로서 위법성이 조각된다.
④ 사채업자인 피고인이 피해자에게 채무를 변제하지 않으면 피해자가 숨기고 싶어하는 과거의 행적과 사채를 쓴 사실 등을 남편과 시댁에 알리겠다는 등의 문자메시지를 발송한 경우 이는 권리행사(채권추심)에 필요한 독촉 정도에 해당하므로 사회통념에 비추어 용인할 수 있는 행위이다.

129 정당화사유에 대한 설명으로 옳은 것만을 모두 고르면? (다툼이 있으면 판례에 의함)

㉠ '사회상규에 위배되지 아니하는 행위'는 형법 제21조부터 제24조까지의 개별적 위법성조각사유가 인정되지 않고, 법령이나 업무로 인한 행위로 포섭되기 어려운 경우 적용되는 일반적 위법성조각사유이다.

㉡ 의정부출입국관리소 소속 A 등이 공장장인 乙의 동의나 승낙 없이 공장에 들어가 그 공장 내에서 일하고 있던 피고인 등을 상대로 불법체류자 단속업무를 개시하자, 피고인 甲이 A의 허벅지를 고의적으로 찔러 상해를 가한 경우 이는 위법한 공무집행에 대항하기 위한 행위이므로 특수상해죄가 성립하지 않는다.

㉢ 공직선거법상 기부행위의 구성요건에 해당하는 행위라 하더라도 그것이 지극히 정상적인 생활형태의 하나로서 역사적으로 생성된 사회질서의 범위 안에 있는 것이라고 볼 수 있는 경우에는 일종의 의례적 행위나 직무상의 행위로서 사회상규에 위배되지 아니하여 위법성이 조각되는 경우가 있을 수 있지만 그와 같은 사유로 위법성의 조각을 인정함에는 신중을 요한다.

㉣ 주민들이 농기계 등으로 그 주변의 농경지나 임야에 통행하기 위해 이용하는 자신 소유의 도로에 깊이 1m 정도의 구덩이를 판 행위는 일반교통방해죄의 구성요건에 해당하지만 자구행위로서 위법성이 조각된다.

① ㉠, ㉢
② ㉠, ㉣
③ ㉡, ㉢
④ ㉠, ㉢, ㉣

130 다음 중 위법성이 조각되는 경우는? (다툼이 있으면 판례에 의함)

① 인근 상가의 통행로로 이용되고 있는 토지의 사실상 지배권자가 그 토지에 철주와 철망을 설치하고 포장된 아스팔트를 걷어냄으로써 통행로로 이용하지 못하게 한 경우

② 집회장소 사용 승낙을 하지 않은 A대학교 측의 집회 저지 협조 요청에 따라 경찰관들이 A대학교 출입문에서 신고된 A대학교에서의 집회에 참가하려는 자의 출입을 저지하자 그 때문에 소정의 신고 없이 B대학교로 장소를 옮겨서 집회를 한 경우

③ 아파트 입주자 대표회의 회장이 다수 입주민들의 민원에 따라 위성방송수신을 방해하는 케이블 TV방송의 시험방송 송출을 중단시키기 위하여 위 케이블 방송의 방송 안테나를 절단하도록 지시한 경우

④ 선거관리위원회가 주최한 합동연설회장에서 일간지의 신문기사를 읽는 방법으로 상대 후보의 전과사실을 적시한 사안에서, 상대 후보의 평가를 저하시켜 스스로 자신이 당선되려는 사적 이익도 동기가 되었지만 유권자들에게 상대후보의 자질에 대한 자료를 제공함으로써 적절한 투표권을 행사하도록 하려는 공적 동기도 있었던 경우

131 위법성조각사유에 관한 설명 중 옳은 것은? (다툼이 있는 경우 판례에 의함)

① '형법' 제24조의 피해자의 승낙은 '상당한 이유'라는 요건이 없으므로 윤리적·도덕적으로 허용될 수 없는, 즉 사회상규에 반하는 것이라고 할지라도 피해자의 승낙이 있으면 위법성이 조각된다.
② 피고인이 자신의 A에 대한 물품대금 채권을 다른 채권자들보다 우선적으로 확보할 목적으로 A가 부도를 낸 다음날 새벽에 A의 승낙을 받지 아니한 채 A의 가구점의 시정장치를 쇠톱으로 절단하고 그곳에 침입하여 시가 1천 6백만 원 상당의 A의 가구들을 화물차에 싣고 가 다른 장소에 옮겨 놓은 경우, A의 현실적인 승낙이 없었다고 하더라도 행위 당시의 모든 객관적인 사정에 비추어 볼 때 만일 A가 행위의 내용을 알았더라면 당연히 승낙하였을 것으로 예견되는 경우에 해당하므로 위법성이 조각된다.
③ X대학교 학교법인의 전 이사장 A가 부정입학과 관련된 금품수수 등의 혐의로 구속되었다가 X대학교 총장으로 선임됨에 따라 학내 갈등을 빚던 중, 총학생회 간부인 피고인들이 A와의 면담을 요구하면서 총장실 입구에서 진입을 시도하거나 교무위원회 회의실에 들어가 A의 사퇴를 요구하면서 이를 막는 학교 교직원들과 실랑이를 벌임으로써 위력으로 업무를 방해하였다는 내용으로 기소된 경우, 피고인들이 분쟁의 중심에 있는 A를 직접 찾아가 면담하는 이외에는 다른 방도가 없다는 판단 아래 A와 면담을 추진하는 과정에서 피고인들을 막아서는 사람들과 길지 않은 시간 동안 실랑이를 벌였다고 하더라도 실효성 있는 다른 법률적인 수단을 사용하는 등 보충성 요건을 갖추지 못하였으므로 정당행위에 해당한다고 할 수 없다.
④ 근로자의 쟁의행위에 대한 정당행위 판단 기준은 쟁의행위의 목적을 알리는 등 적법한 쟁의행위에 통상 수반되는 부수적 행위가 정당행위인지에 대하여도 동일하게 적용된다.

132 책임론에 대한 설명 중 가장 옳은 것은?

① 책임은 반드시 불법을 전제로 하여 성립되는 것은 아니다. 다만, 책임이 없으면 형벌을 과할 수 없다.
② 도의적 책임론은 인간의 자유의사를 인정하는 비결정론에 근거하면서 행위자의 반사회적 성격에 대한 도의적 책임을 묻는다.
③ 사회적 책임론에서는 책임을 심리적 사실관계로 보지 않고 규범적 평가 관계로 이해하여, 책임은 행위자가 적법행위를 할 수 있었음에도 불구하고 위법행위를 한 것에 대한 규범적 비난이라고 한다.
④ 심리적 책임론에 따르면 책임의 본질은 결과에 대한 인식과 의사인 고의 또는 결과를 인식하지 못한 과실에 있다고 한다.

133 책임에 대한 설명으로 가장 옳지 않은 것은? (다툼이 있으면 판례에 의함)

① 심신장애의 유무는 그 판단에 전문감정인의 정신감정결과가 중요한 참고자료가 되지만, 법원은 반드시 그 의견에 구속되는 것이 아니라 독자적으로 심신장애의 유무를 판단하여야 한다.
② 도의적 책임론은 인간의 자유의사를 인정하여 개인의 위법한 의사형성에 대한 비난을 책임의 근거로 봄으로 형벌과 보안처분을 구분하지 않는다.
③ 원인에 있어서 자유로운 행위에 있어 행위와 책임의 동시존재 원칙을 고수하는 구성요건모델설에 의하면 원인행위시를 기준으로 실행의 착수를 인정한다.
④ 인식 없는 과실에 있어서는 결과에 대한 행위자의 심적 관계가 없기 때문에 심리적 책임개념에 의해서는 책임을 인정하기 어렵다.

134 책임능력에 관한 다음 설명 중 옳지 않은 것은 모두 몇 개인가?

> ㉠ 14세 되지 아니한 자의 행위는 벌하지 아니한다.
> ㉡ 심신장애로 인하여 사물을 변별할 능력이 없거나 의사를 결정할 능력이 없는 자의 행위는 그 형을 면제한다.
> ㉢ 심신장애로 인하여 사물을 변별할 능력이나 의사를 결정할 능력이 미약한 자의 행위는 형을 감경한다.
> ㉣ 위험의 발생을 예견하고 자의로 심신장애를 야기한 자의 행위에는 심신장애에 관한 형법 제10조 제1항과 제2항의 규정을 적용하지 아니한다.
> ㉤ 듣거나 말하는 데 모두 장애가 있는 사람의 행위에 대해서는 형을 감경할 수 있다.

① 0개
② 1개
③ 2개
④ 3개

135 책임능력에 관한 다음 설명 중 옳지 않은 것은? (다툼이 있으면 판례에 의함)

① 형법은 14세 미만이기만 하면 사물의 변별능력과 그 변별에 따른 행동통제능력이 없다고 의제하고 있고, 이는 육체적·정신적 미성숙이라는 생물학적 요소를 고려하여 책임무능력을 인정하고 있는 것이다.
② 형법 제10조에 규정된 심신장애는 생물학적 요인으로 인하여 정신병 또는 비정상적 정신상태와 같은 정신적 장애가 있는 외에, 심리학적 요인으로 인한 정신적 장애로 말미암아 사물에 대한 변별능력과 그에 따른 행위통제능력이 결여되거나 감소되었음을 요한다.
③ 정신적 장애가 있는 자라고 한다면 비록 범행 당시 정상적인 사물변별능력이나 행위통제능력이 있었더라도 심신장애로 보아야 한다.
④ 피고인이 평소 간질병 증세가 있었더라도 범행 당시에는 간질병이 발작하지 아니하였다면 심신장애 내지는 심신미약의 경우에 해당하지 아니한다.

136 형법 제10조에 대한 설명으로 옳은 것은? (다툼이 있으면 판례에 의함)

① 심신장애는 생물학적 요소로서 정신병이나 정신박약 또는 비정상적 정신상태와 같은 정신적 장애가 있는 것만으로도 인정된다.
② 심신장애의 유무 및 정도의 판단은 사실적 판단이므로 법원으로서는 전문감정인의 의견에 기속되어야 한다.
③ 무생물인 옷 등을 성적 각성과 희열의 자극제로 믿고 이를 성적 흥분을 고취시키는 데 쓰는 성주물성애증이라는 정신질환의 경우 그 증상이 매우 심각하여 정신병이 있는 사람과 동등하다고 평가할 수 있으면 심신장애를 인정할 수 있다.
④ 형법 제10조 제3항은 고의에 의한 원인에 있어서의 자유로운 행위를 포함하고 과실에 의한 원인에 있어서의 자유로운 행위는 포함하지 않는다.

137 책임능력에 대한 설명으로 옳지 않은 것은? (다툼이 있으면 판례에 의함)

① 피고인이 평소 간질병 증세가 있었더라도 범행 당시에는 간질병이 발작하지 아니하였다면 이는 책임감면사유인 심신장애 내지는 심신미약의 경우에 해당하지 아니한다.
② 정신적 장애가 있는 자라도 범행 당시 정상적인 사물변별능력이나 행위통제능력이 있었다면 심신장애로 볼 수 없다.
③ 심신장애의 유무 및 정도의 판단은 법률적 판단으로서 반드시 전문감정인의 의견에 기속되어야 하는 것은 아니므로 정신분열증의 경우에도 법원은 여러 사정을 종합하여 심신장애의 유무 및 정도를 독자적으로 판단할 수 있다.
④ 듣거나 말하는 데 모두 장애가 있는 사람이라도 행위 당시 사물을 변별하고 이에 따라 행위를 통제할 능력이 있는 경우에는 형을 감경하지 않는다.

138 책임능력에 대한 설명으로 옳은 것은? (다툼이 있으면 판례에 의함)

① 심신장애인의 행위인지 여부는 전문가의 감정, 그 행위의 전후 사정이나 기록에 나타난 제반자료를 종합하여 인정하되, 공판정에서의 피고인의 태도를 고려하여서는 안 된다.
② 사물변별능력이나 의사결정능력은 판단능력 또는 의지능력과 관련된 것으로서 사실의 인식능력이나 기억능력과는 반드시 일치하는 것이 아니다.
③ 성적 측면에서의 성격적 결함에 따른 소아기호증은 그 증상이 심각하여 원래의 의미의 정신병이 있는 사람과 동등하다고 평가할 수 있더라도 심신장애를 인정할 여지는 없다.
④ 위험의 발생을 예견할 수 있었는데도 자의로 심신장애를 야기한 경우는 원인에 있어서 자유로운 행위에 관한 형법 제10조 제3항의 적용대상이 아니다.

139 다음 설명 중 가장 옳은 것은? (다툼이 있으면 판례에 의함)

① 절도죄 범행 당시 13세였더라도 판결선고 당시 18세가 된 경우에는 징역형으로 처벌할 수 있다.
② 원칙적으로 충동조절장애와 같은 성격적 결함은 형의 감면사유인 심신장애에 해당한다.
③ 특별한 사정이 없는 한 이와 같은 성격적 결함을 가진 자에 대하여 자신의 충동을 억제하고 법을 준수하도록 요구하는 것이 기대할 수 없는 행위를 요구하는 것이라고 할 수 없다.
④ 형법 제12조(강요된 행위)의 저항할 수 없는 폭력은, 심리적인 의미에 있어서 육체적으로 어떤 행위를 절대적으로 하지 아니할 수 없게 하는 경우를 말할 뿐이고, 윤리적 의미에 있어서 강압된 경우를 말하지는 않는다.

140 책임능력에 대한 설명으로 가장 적절한 것은? (다툼이 있으면 판례에 의함)

① 형법 제10조 제3항은 고의에 의한 원인에 있어 자유로운 행위만이 아니라 과실에 의한 원인에 있어 자유로운 행위까지도 적용된다.
② 듣거나 말하는 데에 있어 어느 장애가 있는 사람의 행위에 대해서는 형을 감경한다.
③ 형법 제10조에서 말하는 사물을 판별할 능력 또는 의사를 결정할 능력은 자유의사를 전제로 한 의사결정의 능력에 관한 것으로서, '그 능력의 유무와 정도' 및 '그 능력에 관해 확정된 사실이 심신상실 또는 심신미약에 해당하는지 여부'는 모두 감정사항에 속하는 사실문제에 해당한다.
④ 법률상 감경을 규정한 소년법 제60조 제2항의 적용대상인 소년인지 여부를 판단하는 기준 시점은 사실심 판결선고시가 아니라 행위시이다.

141 책임능력에 대한 설명으로 옳은 것은? (다툼이 있으면 판례에 의함)

① 소년법 제60조 제2항의 소년인지 여부의 판단은 원칙적으로 심판시, 즉 사실심 판결 선고시를 기준으로 한다.
② 절도의 충동을 억제하지 못하는 성격적 결함은 정상인에게서 찾아볼 수 없는 일로서 원칙적으로 형의 감면사유인 심신장애에 해당한다.
③ 법원은 형법 제10조에 규정된 심신장애를 판단함에 있어 심리학적 요소 이외에 생물학적 요소를 고려하므로 생물학적인 관점에서 정신적 장애가 있다면 범행 당시 정상적인 사물변별능력이나 행위통제능력이 있었더라도 심신장애가 인정된다.
④ 원인에 있어서 자유로운 행위에 대한 형법 제10조 제3항은 고의범의 경우에만 적용되고 과실범의 경우에는 적용되지 않는다.

142 심신장애에 관한 다음 설명 중 옳지 않은 것은? (다툼이 있으면 판례에 의함)

① 위험의 발생을 예견하고 자의로 심신장애를 야기한 자의 행위에는 (책임조각 또는 책임감경에 관한) 형법 제10조 제1항·제2항을 적용하지 아니한다.
② ①과 같은 규정은 고의에 의한 원인에 있어서의 자유로운 행위에만 적용되고 과실에 의한 원인에 있어서의 자유로운 행위에는 적용되지 아니한다.
③ 피고인이 음주운전을 할 의사를 가지고 음주만취한 후 운전을 결행하여 교통사고를 일으켰다면 피고인은 음주시에 교통사고를 일으킬 위험성을 예견하였는데도 자의로 심신장애를 야기한 경우에 해당하므로 심신장애로 인한 감경 등을 할 수 없다.
④ 피고인들은 상습적으로 대마초를 흡연하는 자들로서 살인범행 당시에도 대마초를 흡연하여 그로 인하여 심신이 다소 미약한 상태에 있었음은 인정되나, 이는 피고인들이 피해자들을 살해할 의사를 가지고 범행을 공모한 후에 대마초를 흡연하고 범행에 이른 것으로 심신장애로 인한 감경 등을 할 수 없다.

143 책임능력에 대한 설명으로 옳지 않은 것은? (다툼이 있으면 판례에 의함)

① 정신적 장애를 가진 자가 사탄인 피해자를 죽여야만 자신이 천당에 갈 수 있다고 믿고 살해한 경우 범행 당시 피해자를 살해한다는 명확한 의식이 있었고 범행의 경위를 소상하게 기억하고 있었다면 심신상실 상태에 있었다고 볼 여지는 없다.

② 자신의 충동을 억제하지 못하여 범죄를 저지르게 되는 현상은 정상인에게서도 얼마든지 찾아볼 수 있는 일로서, 특단의 사정이 없는 한 원칙적으로 충동조절장애와 같은 성격적 결함은 형의 감면사유인 심신장애에 해당하지 아니한다고 봄이 타당하다.

③ 원인에 있어서 자유로운 행위에 있어 행위와 책임이 동시에 존재할 것을 강조하는 원인설정행위시설에 의하면, 책임능력에 장애를 일으킨 원인행위시에 이미 실행의 착수가 있는 것으로 본다.

④ 원인에 있어서 자유로운 행위에 있어 원인설정행위는 단순한 예비행위일 뿐이고 불법의 중점은 책임능력결함 상태에서의 실행행위에 있다고 보는 실행행위시설에 의하면, 실행의 착수시기는 장애 상태하에서의 실행행위를 기준으로 판단한다.

144 다음 사례에 대한 설명으로 옳지 않은 것은? (다툼이 있으면 판례에 의함)

> 甲은 A를 살해하고자 용기를 얻기 위해 대마초를 피운 후 A를 야산으로 끌고 가 심신미약 상태에서 칼로 A의 복부를 찔렀다. A가 살려 달라고 애원하자 甲은 살해행위를 그만 두었으나 A의 가방이 탐이 나서 가지고 왔다. 그 후 A는 행인에게 발견되어 병원으로 옮겨져 생명을 구하였다.

① 甲의 행위가 실행미수에 해당하는 경우에는 甲에게 중지미수가 성립하지 않는다.

② 甲이 A의 가방을 가져간 행위는 원인에 있어서 자유로운 행위에 해당하지 않으므로 형을 감경해야 한다.

③ 甲이 A를 살해하려고 한 행위는 심신미약 상태에서의 행위라도 형이 감경되지 않는다.

④ 甲이 A의 복부를 칼로 찔러 많은 피가 흘러나오자 겁을 먹고 그만 둔 경우에는 자의성을 인정할 수 없다.

145 甲은 음주운전을 할 의사를 가지고 음주만취한 후 운전을 결행하여 교통사고를 일으켰다. 다음 설명 중 옳지 않은 것은? (다툼이 있는 경우 판례에 의함)

① 판례는 '고의에 의한 원인에 있어 자유로운 행위'뿐만 아니라 '과실에 의한 원인에 있어 자유로운 행위'도 '형법' 제10조 제3항의 원인에 있어 자유로운 행위의 적용대상이 된다고 본다.
② 甲은 음주 시에 교통사고를 일으킬 위험성을 예견하였는데도 자의로 심신장애를 야기한 것이므로 甲의 행위는 원인에 있어 자유로운 행위에 해당한다.
③ 甲이 교통사고를 내어 피해자를 상해에 이르게 한 후 '도로교통법'상 구호조치 등을 취하지 않고 도주한 경우, 甲은 특정범죄 가중처벌 등에 관한 법률 위반(도주치상)죄의 죄책을 지지 아니한다.
④ 원인설정행위에 원인에 있어 자유로운 행위의 실행행위성을 인정하는 견해에 따르면 책임능력과 행위의 동시존재원칙을 고수한다는 장점이 있으나 실행행위의 구성요건적 행위정형성이 무시된다는 비판을 받는다.

146 형법 제16조 법률의 착오에 관한 다음 설명 중 옳지 않은 것은? (다툼이 있으면 판례에 의함)

① 형법 제16조에서 "자기가 행한 행위가 법령에 의하여 죄가 되지 아니한 것으로 오인한 행위는 그 오인에 정당한 이유가 있는 때에 한하여 벌하지 아니한다."고 규정하고 있는 것은 단순히 법률의 부지를 말하는 것이 아니다.
② 공무집행방해죄에서 공무집행의 적법성에 관한 피고인의 잘못된 법적 평가로 인하여 자신의 행위가 금지되지 않는다고 오인한 경우에는 형법 제16조에 의하여 그 오인에 정당한 이유가 있는지를 살펴보아야 한다.
③ 법률 위반 행위 중간에 판례에 따라 그 행위가 처벌대상이 되지 않는 것으로 해석되었던 적이 있었던 경우에는 자신의 행위가 처벌되지 않는 것으로 믿은 데에 정당한 이유가 있다고 할 수 있다.
④ 부동산중개업자가 부동산중개업협회의 자문을 통하여 인원수의 제한 없이 중개보조원을 채용하는 것이 허용되는 것으로 믿고서 제한인원을 초과하여 중개보조원을 채용함으로써 부동산중개업법 위반행위에 이르게 되었다고 하더라도 그러한 사정만으로 자신의 행위가 법령에 저촉되지 않는 것으로 오인함에 정당한 이유가 있는 경우에 해당한다거나 범의가 없었다고 볼 수는 없다.

147 금지의 착오에 대한 설명 중 가장 적절하지 않은 것은? (다툼이 있으면 판례에 의함)

① 행위자가 처벌되지 않는 행위를 처벌되는 행위로 오인하고 행위를 한 경우 금지착오에 해당하며 오인에 정당한 이유가 있으면 책임이 조각된다.
② 사인이 현행범인을 체포하면서 그 범인을 자기 집안에 24시간까지 감금할 수 있다고 오인하고 감금한 경우 금지착오에 해당한다.
③ 단순한 법률의 부지의 경우는 형법 제16조의 적용대상이 되지 않는다는 것이 판례의 입장이다.
④ 약 23년간 경찰공무원으로 근무해 온 형사계 강력 1반장이 검사의 수사지휘대로만 하면 모두 적법한 것이라고 믿고 허위공문서를 작성한 경우 오인에 정당한 이유가 없다.

148 위법성 인식과 법률의 착오에 대한 설명으로 옳은 것은? (다툼이 있으면 판례에 의함)

① 위법성 인식에 필요한 노력의 정도는 행위자 개인의 인식능력의 문제이므로 행위자가 속한 사회집단에 따라 달리 평가되어서는 안 된다.
② 형법 제16조의 법률의 착오는 처벌규정의 존재를 인식하지 못한 법률의 부지뿐만 아니라 일반적으로 범죄가 되는 행위이지만 자기의 특수한 경우에는 법령에 의하여 허용되는 행위로 오인한 경우를 말한다.
③ 형법 제16조에 따르면 법률의 착오에 있어서 오인에 정당한 이유가 있으면 벌하지 않으며 정당한 이유가 없는 경우에는 형을 감경할 수 있다.
④ 공무집행방해죄에서 공무집행의 적법성에 관한 피고인의 잘못된 법적 평가로 인하여 자신의 행위가 금지되지 않는다고 오인한 경우에는 형법 제16조에 따라 그 오인에 정당한 이유가 있는지를 살펴보아야 한다

149 다음 설명 중 옳지 않은 것은? (다툼이 있으면 판례에 의함)

① 피고인 자신이 직접 형사처분이나 징계처분을 받게 될 것을 두려워한 나머지 자기의 이익을 위하여 그 증거가 될 자료를 인멸하였다면 그 행위가 동시에 다른 공범자의 형사사건이나 징계사건에 관한 증거를 인멸한 결과가 된다고 하더라도 이를 증거인멸죄로 다스릴 수 없다.
② 피고인이 음주운전을 할 의사를 가지고 술에 만취한 후 운전을 결행하여 교통사고를 일으켰다면 피고인은 음주 시에 교통사고를 일으킬 위험성을 예견하였는데도 자의로 심신장애를 야기한 경우에 해당하므로 형법 제10조 제3항에 의하여 심신장애로 인한 감경 등을 할 수 없다.
③ 선서한 증인이 증언거부권을 고지받고도 증언거부권을 행사하지 않고 허위의 진술을 한 경우 적법행위의 기대가능성이 없다고 할 수 없으므로 위증죄의 처벌을 면할 수 없다.
④ 형법 제16조의 '정당한 이유' 심사는 행위자에게 자기 행위의 위법가능성에 대해 심사숙고하거나 조회할 수 있는 계기가 있어 자신의 지적능력을 다하여 이를 회피하기 위한 진지한 노력을 다하였을 것을 전제로 하고, 이때 필요한 노력의 정도는 구체적인 행위정황과 행위자 개인의 인식능력은 고려하되 행위자가 속한 사회집단에 따라 달리 평가할 것은 아니다.

150 법률의 착오에 대한 설명으로 옳지 않은 것은? (다툼이 있으면 판례에 의함)

① 범죄의 성립에 있어서 위법의 인식은 그 범죄사실이 사회정의와 조리에 어긋난다는 것을 인식하는 것으로서 족하고, 구체적인 해당 법조문까지 인식할 것을 요하는 것은 아니다.
② 행정청의 허가가 있어야 함에도 불구하고 허가를 받지 아니하여 처벌대상의 행위를 한 경우라도 허가를 담당하는 공무원이 허가를 요하지 않는 것으로 잘못 알려 주어 이를 믿었기 때문에 허가를 받지 아니한 것이라면 허가를 받지 않더라도 죄가 되지 않는 것으로 착오를 일으킨 데 대하여 정당한 이유가 있는 경우에 해당하여 처벌할 수 없다.
③ 대법원 판례에 비추어 자신의 행위가 무허가 의약품의 제조·판매행위에 해당하지 아니하는 것으로 오인하였다고 하더라도 사안을 달리하는 사건에 관한 대법원 판례의 취지를 오해하였던 것에 불과한 경우에는 그와 같은 사정만으로는 그 오인에 정당한 사유가 있다고 볼 수 없다.
④ 부동산중개업자가 중개수수료 산정에 관한 지방자치단체의 조례를 잘못 해석하여 법에서 허용하는 금액을 초과한 중개 수수료를 수수한 경우는 자신의 행위가 법령에 저촉되지 않는 것으로 오인함에 정당한 사유가 있는 경우에 해당한다.

151 법률의 착오에 대한 설명으로 옳지 않은 것은? (다툼이 있으면 판례에 의함)

① 자신의 행위가 건축법상의 허가대상인 줄을 몰랐다는 사정은 단순한 법률의 부지에 불과하고 법률의 착오에 기인한 행위라고는 할 수 없다.
② 위법성의 인식에 필요한 노력의 정도는 행위 당시의 구체적 상황하에 행위자 대신에 사회적 평균인을 두고 이 평균인의 관점에서 평가하여야 한다.
③ 변호사자격을 가진 국회의원이 의정보고서를 발간하는 과정에서 선거관리위원회에 정식으로 질의를 하여 공식적인 답변을 받지 않고 보좌관을 통하여 선거관리위원회 직원에게 문의하여 답변을 들은 것만으로 선거법규에 저촉되지 않는다고 오인한 경우 그 오인에 정당한 이유가 있다고 하기 어렵다.
④ 가처분결정으로 직무집행정지 중에 있던 종단대표자가 종단 소유의 보관금을 소송비용으로 사용함에 있어 변호사의 조언이 있었다는 것만으로 보관금 인출사용행위가 법률의 착오에 의한 것이라 할 수 없다.

152 법률의 착오에 대한 설명 중 옳고 그름의 표시(○, ×)가 바르게 된 것은? (다툼이 있으면 판례에 의함)

> ㉠ 피고인이 부동산중개업협회의 자문을 통하여 인원수의 제한 없이 중개보조원을 채용하는 것이 허용되는 것으로 믿고서 위반행위에 이르게 되었다고 하더라도 그러한 사정만으로 자신의 행위가 법령에 저촉되지 않는 것으로 오인함에 정당한 이유가 있는 경우에 해당한다거나 피고인에게 범의가 없었다고 볼 수는 없다.
> ㉡ 정기간행물의 등록을 강제하는 법률규정이 있다는 것을 몰랐고 또 간행물이 발행될 당시뿐만 아니라 그 발행이 중단되고 오랜 기간이 지난 다음에도 이에 대하여 문제가 제기된 바 없었다면, 자신의 간행물 발행행위가 죄가 되지 아니 한다고 믿는 데 정당한 이유가 있다고 할 수 있다.
> ㉢ 甲이 변리사로부터 받은 A의 상표권을 침해하지 않는다는 취지의 회답과 감정결과 통보, 특허청의 상표출원등록 등을 근거로 자신의 행위가 상표권을 침해하는 것이 아니라고 믿은 데에는 정당한 이유가 인정되지 않는다.
> ㉣ 사립학교 운영자 甲이 A학교의 교비회계에 속하는 수입을 수회에 걸쳐 B외국인학교에 대여하는 과정에서 관할청의 소속 공무원들이 참석한 A학교 학교운영위원회에서 B학교에 대한 자금대여 안건을 보고하였기 때문에 대여행위가 법률상 죄가 되지 않는 것으로 오인하였다면 그와 같은 그릇된 인식에 정당한 이유가 있다.

① ㉠ × ㉡ ○ ㉢ × ㉣ ×
② ㉠ ○ ㉡ ○ ㉢ × ㉣ ×
③ ㉠ ○ ㉡ × ㉢ ○ ㉣ ×
④ ㉠ × ㉡ × ㉢ × ㉣ ○

153 형법 제16조는 "자기의 행위가 법령에 의하여 죄가 되지 아니하는 것으로 오인한 행위는 그 오인에 정당한 이유가 있는 때에 한하여 벌하지 아니한다."고 규정하고 있다. 다음 중 판례가 오인의 정당한 이유를 인정한 것은?

① 마취전문 간호사가 의사의 구체적인 지시없이 독자적으로 마취약제와 양을 결정하고 마취액을 직접 주사하여 척수마취를 시행하는 행위를 유권해석에 따라 의료법규에 의해 허용된다고 오인한 경우
② 변호사 자격을 가진 국회의원이 선거운동의 실질을 갖추고 있는 의정보고서를 발간하면서 그 보좌관을 통하여 관할 선거관리위원회 직원에게 문의하여 이 사건 의정보고서 내용을 게재하는 것이 허용된다는 답변을 듣고 선거법규에 저촉되지 않는다고 오인한 경우
③ 피고인이 과거 당국의 면허없이 가감삼십전대보초와 한약 가지수에만 차이가 있는 십전대보초를 제조하고 그 효능에 대하여 광고, 판매한 사실에 대하여 이전에 검찰로부터 '혐의없음' 처분을 받고, 재차 당국의 면허없이 의약품인 가감삼십전대보초를 제조, 판매한 사안에서 범행당시에 검찰의 처분을 신뢰하여 자신의 행위가 죄가 되지 않는다고 오인한 경우
④ 피고인들이 변리사로부터 그들의 행위가 고소인의 상표권을 침해하지 않는다는 취지의 회답과 감정결과를 통보받았고, 피고인들의 행위에 대하여 3회에 걸쳐서 검사의 무혐의처분이 내려졌다가 최종적으로 고소인의 재항고를 받아들인 대검찰청의 재기수사명령에 따라 공소가 제기되었고 또한 판례들을 잘못 이해하고 상표권 침해행위를 한 경우

154 위법성조각사유의 전제사실에 관한 착오와 관련된 설명으로 가장 적절하지 않은 것은?

① "현재의 부당한 침해"라는 정당방위 상황이 객관적으로 존재하지 않음에도 불구하고 행위자가 그 상황이 존재하는 것으로 잘못 알고 방위행위를 한 경우 이를 법률의 착오로 보고 오인에 정당한 이유가 있으면 책임이 조각된다고 보는 견해는 엄격책임설이다.
② 甲이 자신이 운영하는 가게에 온 손님인 A를 강도로 오인하고 방어할 의사로 A를 폭행하였는데 강도로 오인한 과실이 회피 가능한 경우 법효과제한책임설에 따르면 甲은 처벌되지 아니한다.
③ 甲이 A와 B가 장난치는 것을 보고 A가 일방적으로 B를 강제추행하는 것으로 오인한 나머지 B를 돕고자 A를 때려 상해를 입힌 경우 엄격책임설은 甲의 오인에 정당한 이유가 있다면 상해죄의 구성요건에 해당하나 책임이 부정되어 상해죄는 성립하지 않는다는 입장을 취하고 있다.
④ 법효과제한책임설은 위법성조각사유의 전제사실에 관한 착오에 빠진 자를 교사하여 죄를 범하게 한 교사자를 교사범으로 처벌할 수 없다는 점에서 비판을 받는다.

155 혼잡한 놀이동산에서 남성 甲은 여성 A(21세)를 자신의 여자친구로 착각하고 놀라게 할 목적으로 양팔을 높이 들어 가까이 접근해 뒤에서 갑자기 껴안으려 하였다. 간식을 사 오다 이 광경을 목격한 A의 남자친구 乙은 甲이 A를 성추행하려 한다고 오해하여 다짜고짜 발로 甲의 복부를 1회 가격하여 甲에게 장파열상을 입게 하였다. 이 사례에 관한 설명 중 옳은 것(○)과 옳지 않은 것(×)을 올바르게 조합한 것은?

> ㉠ 甲이 A를 여자친구로 착각하고 껴안으려 한 것은 형법 제15조의 사실의 착오에 해당하여 강제추행죄의 고의가 조각된다.
> ㉡ 만약 甲에게 추행의 고의가 인정된다고 하더라도 甲의 팔이 A의 몸에 닿지 않은 경우 판례에 따르면 강제추행죄에 있어서 실행의 착수로 볼 수 없다.
> ㉢ 甲에 대한 乙의 착오를 위법성조각사유의 전제사실에 관한 착오로 보고 엄격책임설에 따라 해결하면, 乙의 행위는 위법성이 인정되고 다만 형법 제16조의 정당한 이유가 있는 경우에 한하여 책임이 조각된다.
> ㉣ 만약 乙의 착오를 이용하여 甲을 폭행하려는 악의의 丙이 있는 경우 甲에 대한 乙의 폭행행위를 위법성조각사유의 전제사실에 관한 착오로 보고 엄격책임설에 따라 정당한 이유가 없다고 본다면, 丙에게는 간접정범이 성립한다.

① ㉠ ○ ㉡ ○ ㉢ × ㉣ ○
② ㉠ ○ ㉡ × ㉢ × ㉣ ×
③ ㉠ × ㉡ × ㉢ ○ ㉣ ×
④ ㉠ × ㉡ ○ ㉢ ○ ㉣ ○

156 다음 사례와 관련하여 가장 옳은 설명은?

> 피고인 甲은 피해자 A와 B가 몸싸움하던 것을 지켜보던 중 A가 왼손을 주머니에 넣어 휴대용 녹음기를 꺼내어 움켜쥐자 '호신용 작은 칼 같은 흉기를 꺼내는 것으로 오인하여 이를 확인하기 위하여' A의 왼손을 잡아 쥐고 있는 주먹을 강제로 펴게 하는 과정에서 약 4주간의 치료가 필요한 좌 제4수지 중위지골 골절을 가하였다.

① 이른바 우연방위 사례로서 판례에 의할 때 상해죄가 성립한다.
② 이른바 우연방위 사례로서 불능미수범설에 의할 때 상해불능미수죄가 성립한다.
③ 이른바 오상방위 사례로서 착오에 정당한 이유가 있다고 가정한 경우 판례에 의할 때 위법성이 조각된다.
④ 이른바 오상방위 사례로서 착오에 정당한 이유가 있다고 가정한 경우 엄격책임설에 의할 때 책임고의와 책임과실이 모두 조각된다.

157 다음 중 위법성조각사유의 전제사실에 대한 착오에 해당하는 것(○)과 해당하지 않는 것(×)을 올바르게 조합한 것은? (다툼이 있으면 판례에 의함)

> ㉠ 피고인 甲은 피해자 A와 B가 몸싸움하던 것을 지켜보던 중 A가 왼손을 주머니에 넣어 휴대용 녹음기를 꺼내어 움켜쥐자 '호신용 작은 칼 같은 흉기를 꺼내는 것으로 오인하여 이를 확인하기 위하여' A의 왼손을 잡아 쥐고 있는 주먹을 강제로 펴게 하는 과정에서 약 4주간의 치료가 필요한 좌 제4수지 중위지골 골절을 가하였다.
> ㉡ 피고인 甲은 경찰관 A, B의 안내에도 불구하고 술에 취하여 항의를 계속하다가 갑자기 A에게 고성을 지르고 몸을 들이밀면서 다가갔다. A는 차량이 통행 중인 도로를 등지고 있었고, 남성인 甲은 여성 경찰관인 A보다 더 큰 체격을 가지고 있었으며, 극도로 흥분한 甲이 A를 실제로 도로 방향으로 미는 등 유형력을 행사할 경우 A가 크게 다칠 위험이 있었다. 이러한 상황에서 B가 甲을 급하게 밀쳐내는 방법으로 甲과 A를 분리한 조치를 취하자, 甲은 B의 행위가 위법하다고 오인하고 이에 B를 폭행하였다.

① ㉠ × ㉡ ×
② ㉠ × ㉡ ○
③ ㉠ ○ ㉡ ×
④ ㉠ ○ ㉡ ○

158 다음 중 오상방위에 대한 설명으로 옳지 않은 것은?

① 엄격고의설은 오상방위의 경우 행위자에게 위법성의 현실적 인식이 없어 고의가 조각되고, 해당 행위에 대해 과실범 규정이 있는 경우 과실범으로 처벌할 수 있을 뿐이라고 한다.
② 엄격책임설은 오상방위를 금지착오로 해석하나, 이에 대해서는 착오에 이르게 된 상황의 특수성을 무시하였다는 비판이 가해진다.
③ 소극적 구성요건요소이론은 사실의 착오 규정이 직접 적용되어 구성요건적 고의가 조각된다고 보나, 이에 대해서는 구성요건 해당성과 위법성의 차이를 인정하지 않는다는 비판이 가해진다.
④ 법효과제한적책임설은 고의의 이중적 기능을 전제로 오상방위의 경우 책임고의가 조각된다고 보나, 책임고의가 조각되면 제한적 종속형식에 의할 경우 이에 대한 공범성립이 불가능하여 처벌의 흠결이 있다는 비판이 가해진다.

159 착오와 기대가능성에 관한 설명으로 가장 적절한 것은? (다툼이 있으면 판례에 의함)

① 형법 제16조의 '정당한 이유'가 있는지 여부는 행위자에게 자기 행위의 위법의 가능성에 대해 심사숙고하거나 조회할 수 있는 계기가 있어 자신의 지적 능력을 다하여 이를 회피하기 위한 진지한 노력을 다하였더라면 스스로의 행위에 대하여 위법성을 인식할 수 있는 가능성이 있었음에도 이를 다하지 못한 결과 자기 행위의 위법성을 인식하지 못한 것인지 여부에 따라 판단하여야 하고, 이러한 위법성의 인식에 필요한 노력의 정도를 행위자 개인의 인식능력이나 행위자가 속한 사회집단에 따라 달리 평가하여서는 안 된다.

② 자신의 강도상해 범행을 일관되게 부인하였으나 유죄판결이 확정된 피고인이 별건으로 기소된 공범의 형사사건에서 유죄가 확정된 자신의 범행사실을 부인하는 증언을 한 경우 피고인에게 사실대로 진술할 기대가능성이 없으므로 위증죄는 성립하지 않는다.

③ 법률 위반행위 중간에 일시적으로 판례에 따라 그 행위가 처벌대상이 되지 않는 것으로 해석된 적이 있었다면, 자신의 행위가 처벌되지 않는 것으로 믿은 데에 정당한 이유가 있다고 할 수 있다.

④ 甲이 경찰관 A의 직무집행에 저항하기 위하여 A를 폭행한다는 사실 자체는 인식하였지만 법적 평가를 잘못하여 A의 적법한 직무집행이 위법하다고 오인한 경우 甲에게 위법성조각사유의 전제사실에 대한 착오가 있었다고 볼 수는 없다.

160 강요된 행위에 대한 설명으로 옳은 것은? (다툼이 있으면 판례에 의함)

① 자신 또는 친족의 재산에 대하여 위해를 가하겠다는 협박을 받아 자유로운 의사결정을 하지 않은 경우에는 강요된 행위에 해당한다.

② 형법 제12조가 말하는 '저항할 수 없는 폭력'은 심리적 의미에 있어서 어떤 행위를 절대적으로 하지 아니할 수 없게 하는 경우와 윤리적 의미에 있어서 강압된 경우를 말한다.

③ 상관의 명령에 절대 복종하여야 한다는 것이 불문율로 되어 있다면 중대하고 명백하게 위법인 명령에 따르는 행위라도 이는 강요된 행위로 인정되어 적법행위에 대한 기대가능성이 없는 경우에 해당한다.

④ 형법 제12조에서 말하는 강요된 행위는 어떤 사람의 성장 교육과정을 통하여 형성된 내재적인 관념 내지 확신으로 인하여 행위자 스스로의 의사결정이 사실상 강제되는 결과를 낳게 하는 경우도 포함한다.

161 강요된 행위에 관한 설명 중 가장 적절하지 않은 것은? (다툼이 있으면 판례에 의함)

① 형법 제12조의 '저항할 수 없는 폭력'은 심리적인 의미에 있어서 육체적으로 어떤 행위를 절대적으로 하지 않을 수 없게 하는 행위와 윤리적 의미에 있어서 강압된 경우를 말한다.
② 형법 제12조의 '협박'이란 자기 또는 친족의 생명, 신체에 대한 위해를 달리 막을 방법이 없는 협박을 말한다.
③ 피고인에게 적법행위를 기대할 가능성이 있는지 여부를 판단하기 위하여는 행위 당시의 구체적인 상황하에 행위자의 관점에서 기대가능성 유무를 판단하여야 한다.
④ 행위자의 강요와 피강요자의 강요된 행위 사이에는 인과관계가 요구되며, 피강요자의 강요된 행위는 적법행위의 기대가능성이 없기 때문에 책임이 조각되어 범죄가 성립하지 않는다.

162 강요된 행위에 대한 설명으로 옳지 않은 것은? (다툼이 있으면 판례에 의함)

① 강요된 자가 저항할 수 없는 폭력이나 자기 또는 친족의 생명·신체에 대한 위해를 방어할 수 있는 방법이 없는 위해 상태를 자초하였거나 예기하였다면 강요된 행위라고 할 수 없다.
② 상사의 지시에 의한 것이라 하여도 저항할 수 없는 폭력이나 자기 또는 친족의 생명·신체에 대한 위해를 방어할 방법이 없는 협박에 상당한 것이라고 인정되지 않는 이상 강요된 행위라고 할 수 없다.
③ 상명하복 관계가 비교적 엄격한 국정원의 조직특성을 고려하더라도 허위의 공문서를 작성하라는 지시는 위법한 명령에 해당할 뿐만 아니라, 위와 같은 위법한 명령을 피고인이 거부할 수 없는 특별한 상황에 있었다고 보기 어려우므로 허위의 확인서 등 작성 범행이 강요된 행위 등으로서 적법행위에 대한 기대가능성이 없는 경우에 해당한다고 볼 수 없다.
④ 휘발유 등 군용물의 불법매각이 상사인 포대장이나 인사계 상사의 지시에 의한 것이었다면 이는 특별한 사정이 없는 한 강요된 행위로서 책임이 조각된다.

163 기대가능성에 대한 설명으로 가장 적절하지 않은 것은? (다툼이 있으면 판례에 의함)

① 피고인에게 적법행위를 기대할 가능성이 있는지 여부를 판단하기 위하여는 행위 당시의 구체적인 상황하에 행위자 대신에 사회적 평균인을 두고 이 평균인의 관점에서 그 기대가능성 유무를 판단하여야 한다.

② 형법 제12조 소정의 '저항할 수 없는 폭력'은 심리적인 의미에 있어서 육체적으로 어떤 행위를 절대적으로 할 수밖에 없게 하는 경우와 윤리적 의미에서 강압된 경우를 의미한다.

③ 이미 유죄의 확정판결을 받은 피고인이라도 자신의 형사사건에서 시종일관 범행을 부인하였다면, 그 피고인이 별건으로 기소된 공범의 형사사건에서 증인으로 진술하는 경우 자기부죄거부의 권리에 입각하여 그 피고인에게 사실대로 진술할 것을 기대할 수는 없다.

④ 직장 상사의 지시로 인하여 그 부하가 범법행위에 가담한 경우 비록 직무상 지휘·복종관계가 인정된다고 하더라도 그것 때문에 범법행위에 가담하지 않을 기대가능성이 부정된다고 볼 수는 없다.

164 기대가능성에 대한 설명으로 옳지 않은 것은? (다툼이 있으면 판례에 의함)

① 영업정지처분에 대한 집행정지 신청이 잠정적으로 받아들여졌다는 사정만으로는 구 음반·비디오물 및 게임물에 관한 법률위반으로 기소된 피고인에게 적법행위의 기대가능성이 없다고 볼 수는 없다.

② 사용자가 근로자에 대한 퇴직금의 지급을 위해 최선의 노력을 다하였으나 경영부진으로 인한 자금사정으로 도저히 지급기일 내에 퇴직금을 지급할 수 없었던 경우 적법행위에 대한 기대가능성이 없다.

③ 자신의 강도상해 범행을 일관되게 부인하였으나, 유죄판결이 확정된 자가 별건으로 기소된 공범의 형사사건에서 유죄가 확정된 자신의 강도상해 범행사실을 부인하는 증언을 한 경우에는 사실대로 진술할 기대가능성이 있다.

④ 교수가 출제교수들로부터 대학원입학전형시험 문제를 제출받아 알게 된 것을 틈타서 수험생 등에게 그 시험문제를 알려주었고, 그렇게 알게 된 위 수험생이 답안쪽지를 작성한 다음 이를 답안지에 그대로 베껴 써서 그 정을 모르는 시험감독관에게 제출하였다면 기대가능성이 없는 경우에 해당한다.

165 적법행위의 기대가능성에 대한 설명으로 옳지 않은 것은? (다툼이 있으면 판례에 의함)

① 입학시험에 응시한 수험생이 스스로 부정한 방법으로 탐지한 것이 아니라 우연한 기회에 장차 출제될 시험문제를 알게 되어 그 답을 암기한 후 입학시험 답안지에 기재해서 제출한 경우 그 수험생에게 그와 같이 암기한 답을 답안지에 기재하지 않을 것을 기대하는 것은 불가능하다.
② 단체 사이의 상하관계에서 오는 구속력 때문에 이루어진 행위라는 사유만으로는 강요된 행위라 볼 수 없다.
③ 적법행위를 기대할 가능성이 있는지는 행위자 개인에 대한 비난가능성으로서의 책임 유무에 관련하는 것이므로 행위 당시 행위자의 관점에서 판단하여야 한다.
④ 甲이 자신의 형사사건에서 범행을 일관되게 부인하였지만 유죄의 확정판결을 받은 후라면 별건으로 기소된 공범 乙의 형사사건에서 증인으로 출석한 甲에게 유죄판결이 확정된 자신의 범행에 대해 사실대로 진술할 것을 기대하는 것은 가능하다.

166 범죄의 성립에 관한 설명으로 가장 적절한 것은? (다툼이 있으면 판례에 의함)

① 성장교육과정을 통하여 형성된 내재적인 관념 내지 확신으로 인하여 행위자 스스로의 의사결정이 사실상 강제된 상태에서 행한 행위도 형법 제12조에 정한 강요된 행위에 해당한다.
② 자신의 행위가 위법함을 인식하지 못한 이유가 단순한 법률의 부지로 인한 경우라 하더라도 그 오인에 정당한 이유가 있는 경우에 한하여 책임이 조각된다.
③ 음주운전을 할 의사를 가지고 음주만취한 후 운전을 결행하여 교통사고를 일으킨 경우는 음주시에 교통사고를 일으킬 위험성을 예견하였는데도 자의로 심신장애를 야기한 경우에 해당하므로 과실에 의한 원인에 있어서 자유로운 행위에 해당한다.
④ 법률의 착오와 관련하여 위법성의 인식에 필요한 노력의 정도는 행위자 개인의 인식능력이 기준이 되는 것이므로 행위자가 어떤 사회집단에 소속되어 있는가는 고려할 필요가 없다.

167 책임에 관한 설명 중 옳지 않은 것은? (다툼이 있으면 판례에 의함)

① 자신의 범행을 일관되게 부인하였으나 강도상해로 유죄판결이 확정된 甲이 위 강도상해의 공범으로 기소된 乙의 형사사건에서 자신의 범행사실을 부인하는 증언을 한 경우 행위 당시의 구체적인 상황하에 행위자 대신에 사회적 평균인을 두고 이 평균인의 관점에서 볼 때 甲에게 사실대로 진술할 기대가능성이 있다.

② 자신의 차를 운전하여 술집에 가서 음주상태에서 교통사고를 일으킬 수 있다는 위험성을 예견하고도 술을 마신 후 심신미약 상태에서 운전을 하다가 교통사고를 일으킨 경우 심신미약으로 인한 형의 감경을 할 수 없다.

③ 법률 위반 행위 중간에 일시적으로 판례에 따라 그 행위가 처벌대상이 되지 않는 것으로 해석되었던 적이 있었다고 하더라도 그것만으로 자신의 행위가 처벌되지 않는 것으로 믿은 데에 정당한 이유가 있다고 할 수 없다.

④ 직장의 상사가 범법행위를 하는 데 가담한 부하가 그 상사와 직무상 지휘·복종관계에 있는 경우 그 부하에게는 상사의 범법행위에 가담하지 않을 기대가능성이 없다.

168 책임에 대한 설명으로 가장 적절한 것은? (다툼이 있으면 판례에 의함)

① 심신장애로 인하여 사물을 변별할 능력이나 의사를 결정할 능력이 미약한 자의 행위는 형을 감경한다.

② 자신의 강도상해 범행을 일관되게 부인하였으나 유죄판결이 확정된 甲이 별건으로 기소된 공범의 형사사건에서 유죄가 확정된 자신의 범행사실을 부인하는 증언을 한 경우 甲에게 사실대로 진술할 기대가능성이 없어 위증죄가 성립하지 않는다.

③ 모든 성의와 노력을 다했어도 임금이나 퇴직금의 체불이나 미불을 방지할 수 없었다는 것이 사회통념상 긍정할 정도가 되어 사용자에게 더 이상의 적법행위를 기대할 수 없거나 불가피한 사정이었음이 인정되는 경우 그러한 사유는 근로기준법이나 근로자퇴직급여 보장법에서 정하는 임금 및 퇴직금 등의 기일 내 지급의무 위반죄의 책임조각사유가 된다.

④ 사춘기 이전의 소아들을 상대로 한 성행위를 중심으로 성적흥분을 강하게 일으키는 공상, 성적 충동, 성적 행동이 반복되어 나타나는 소아기호증과 같은 질환이 있다는 사정은 그 자체만으로 형의 감면사유인 심신장애에 해당한다.

169 실행의 착수에 관한 다음 설명 중 옳지 않은 것은? (다툼이 있으면 판례에 의함)

① 비지정문화재의 수출미수죄가 성립하기 위하여는 비지정문화재를 국외로 반출하는 행위에 근접·밀착하는 행위가 행하여진 때에 그 실행의 착수가 있는 것으로 보아야 한다.
② 아직 범죄수익 등이 생기지 않은 상태에서도 범죄수익 등의 은닉행위에 근접·밀착하는 행위가 행하여진 경우라면 '범죄수익 등의 은닉행위'의 실행에 착수한 것으로 보아야 한다.
③ 부정경쟁방지법 제18조 제2항에서 정하고 있는 영업비밀부정사용죄에 있어서는 행위자가 그 영업활동에 근접한 시기에 영업비밀을 열람하는 행위(영업비밀이 전자파일의 형태인 경우에는 저장의 단계를 넘어서 해당 전자파일을 실행하는 행위)를 하였다면 그 실행의 착수가 있다.
④ 필로폰을 매수하려는 자로부터 필로폰을 구해 달라는 부탁과 함께 금전을 지급받았다고 하더라도, 당시 피고인이 필로폰을 소지 또는 입수한 상태에 있었거나 그것이 가능하였다는 등 매매행위에 근접·밀착한 상태에서 그 대금을 지급받은 것이 아니라 단순히 필로폰을 구해 달라는 부탁과 함께 대금 명목으로 금전을 지급받은 것에 불과한 경우에는 필로폰 매매행위의 실행의 착수에 이른 것이라고 볼 수 없다.

170 실행의 착수에 대한 설명으로 옳지 않은 것은? (다툼이 있으면 판례에 의함)

① 주거침입죄의 실행의 착수는 구성요건의 일부를 실현하는 행위까지 요구하는 것은 아니고 범죄구성요건의 실현에 이르는 현실적 위험성을 포함하는 행위를 개시하는 것으로 족하다.
② 부동산 이중양도에 있어서 매도인이 제2차 매수인으로부터 계약금만을 지급받고 중도금을 수령한 바 없다면 배임죄의 실행의 착수가 있었다고 볼 수 없다.
③ 주간에 주거에 침입하여 야간에 절도를 범한 경우 주거침입을 한 때에 야간주거침입절도죄의 실행에 착수한 것으로 보는 것이 타당하다.
④ 소매치기가 피해자의 상의 호주머니로부터 금품을 훔치려고 그 호주머니에 손을 뻗쳐 그 겉을 더듬은 때에는 절도죄의 실행에 착수하였다고 봄이 상당하다.

171 다음 설명 중 가장 옳은 것은? (다툼이 있으면 판례에 의함)

① 태풍 피해복구보조금 지원절차가 행정당국에 의한 실사를 거쳐 피해자로 확인된 경우에 한하여 보조금 지원신청을 할 수 있도록 되어 있는 경우 허위의 피해신고만으로도 사기죄의 실행의 착수가 있다고 볼 수 있다.

② 절취의 목적으로 자동차 내부를 손전등으로 비추어 본 것은 절도의 실행에 착수한 것으로 볼 수 있다.

③ 마약류 관리에 관한 법률 제59조 제1항 제7호 및 제60조 제1항 제2호에서 규정하는 대마 또는 향정신성의약품의 매매행위는 매도·매수에 근접·밀착하는 행위가 행하여진 때에 그 실행의 착수가 있는 것으로 보아야 하고, 마약류에 대한 소지의 이전이 완료되면 기수에 이른다.

④ 피고인이 피해자가 심신상실 또는 항거불능의 상태에 있다고 인식하고 그러한 상태를 이용하여 간음할 의사로 피해자를 간음하였으나 피해자가 실제로는 심신상실 또는 항거불능의 상태에 있지 않은 경우 준강간죄의 불능미수가 성립하지 아니한다.

172 실행의 착수에 관한 설명 중 가장 적절하지 않은 것은? (다툼이 있으면 판례에 의함)

① 소유권이전등기청구권에 대한 압류는 강제집행절차를 위한 일련의 시작행위라고 할 수 있으므로 허위 채권에 기한 공정증서를 집행권원으로 하여 채무자의 소유권이전등기청구권에 대하여 압류신청을 한 시점에 소송사기의 실행에 착수하였다고 볼 수 있다.

② 배임죄는 임무에 위배하는 행위를 한다는 점과 이로 인하여 자기 또는 제3자가 이익을 취득하여 본인에게 손해를 가한다는 점에 대한 인식이나 의사를 가지고 임무에 위배한 행위를 개시한 때 실행에 착수하였다고 볼 수 있다.

③ 업무상배임죄에서 부작위를 실행의 착수로 볼 수 있기 위해서는 작위의무가 이행되지 않으면 사무처리의 임무를 부여한 사람이 재산권을 행사할 수 없으리라고 객관적으로 예견되는 등으로 구성요건적 결과 발생의 위험이 구체화한 상황에서 부작위가 이루어져야 하고, 행위자는 부작위 당시 자신에게 주어진 임무를 위반한다는 점과 그 부작위로 인해 손해가 발생할 위험이 있다는 점을 인식하였어야 한다.

④ 甲이 乙로부터 국제우편을 통해 향정신성의약품을 수입하는 경우 필로폰을 받을 국내 주소를 알려주었으나 乙이 필로폰이 들어 있는 우편물을 발신국의 우체국에 제출하지 않았다고 하더라도 甲의 이러한 행위는 향정신성의약품 수입행위의 실행에 착수하였다고 볼 수 있다.

173 실행의 착수시기에 대한 설명 중 가장 적절한 것은? (다툼이 있으면 판례에 의함)

① 침입 대상인 아파트에 사람이 있는지를 확인하기 위해 그 집의 초인종을 누른 경우 주거의 사실상의 평온을 침해할 객관적인 위험성이 있으므로 주거침입죄의 실행의 착수가 인정된다.
② 야간에 다세대주택 2층의 불이 꺼져있는 것을 보고 물건을 절취하기 위하여 가스배관을 타고 올라가다가, 발은 1층 방범창을 딛고 두 손은 1층과 2층 사이에 있는 가스배관을 잡고 있던 상태에서 순찰 중이던 경찰관에게 발각되자 그대로 뛰어내린 경우 야간주거침입절도죄의 실행의 착수가 인정되지 않는다.
③ 야간에 아파트에 침입하여 물건을 훔칠 의도 하에 아파트의 베란다 철제난간까지 올라가 유리창문을 열려고 시도하고 실제로 집안에 들어가지는 못한 경우 야간주거침입절도죄의 실행의 착수가 인정되지 않는다.
④ 노상에 세워 놓은 자동차 안에 있는 물건을 훔칠 생각으로 자동차의 유리창을 통하여 그 내부를 손전등으로 비추어 본 경우 유리창을 따기 위해 면장갑을 끼고 있었고 칼을 소지하고 있었다면 절도죄의 실행의 착수가 인정된다.

174 미수범의 성립에 대한 설명으로 옳은 것은? (다툼이 있으면 판례에 의함)

① 일반적으로 사람으로 하여금 공포심을 일으키게 하기에 충분한 해악을 고지하여 상대방이 그 의미를 인식하였지만 현실적으로 공포심을 일으키지 않은 경우 – 협박죄의 미수범
② 신체의 일부만 주거 안으로 들어갔지만 사실상의 주거의 평온을 해할 수 있는 정도에 이른 경우 – 주거침입죄의 미수범
③ 법원을 기망하여 유리한 판결을 얻어 내고 이에 터 잡아 상대방으로부터 재물이나 재산상 이익을 취득하려고 소송을 제기하였지만 패소판결이 확정되는 등 유리한 판결을 받지 못하고 소송이 종료된 경우 – 사기죄의 미수범
④ 피고인이 아파트 신축공사 현장 안에 있는 건축자재 등을 훔칠 생각으로 공범과 함께 공사현장 안으로 들어간 후 창문을 통하여 신축 중인 아파트의 지하실 안쪽을 살핀 경우 – 특수절도죄의 미수범

175 미수 · 기수에 대한 설명으로 옳지 않은 것은? (다툼이 있으면 판례에 의함)

① 공동정범 중 1인이 다른 공범의 범행을 중지하게 하지 아니하고 자기만의 범의를 철회, 포기한 경우 중지미수로 인정될 수 없다.

② 불능범과 구별되는 불능미수의 성립요건인 '위험성'은 행위자가 행위 당시에 인식한 사정을 놓고 일반인이 객관적으로 판단하여 결과 발생의 가능성이 있는지 여부를 따져야 한다.

③ 甲이 A에게 위조한 예금통장 사본 등을 보여주면서 외국회사에서 투자금을 받았다고 거짓말하며 자금 대여를 요청한 후 A와 함께 그 입금 여부를 확인하기 위해 은행에 가던 중 범행이 발각될 것이 두려워 은행 입구에서 그 차용을 포기하고 돌아간 경우 사기죄의 장애미수에 해당한다.

④ 甲이 타인의 명의를 빌려 예금계좌를 개설한 후 통장과 도장은 명의인에게 보관시키고 자신은 위 계좌의 현금인출카드를 소지한 채 명의인을 기망하여 위 계좌로 돈을 송금하게 하였지만 그 돈을 인출하지 않고 있던 중 명의인이 이를 인출한 경우 甲은 사기죄의 장애미수에 해당한다.

176 실행의 착수에 대한 설명으로 옳지 않은 것은? (다툼이 있으면 판례에 의함)

① 부동산 이중양도에서 제1차 매수인으로부터 계약금 및 중도금을 받은 매도인이 제2차 매수인으로부터 계약금을 받은 것만으로는 제1차 매수인에 대한 배임죄의 실행에 착수하였다고 볼 수 없다.

② 강제집행 절차를 통한 소송사기의 경우 집행절차의 개시신청을 했을 때 또는 진행 중인 집행 절차에 배당신청을 했을 때 사기죄의 실행의 착수가 인정된다.

③ 부동산경매 절차에서 허위의 공사대금채권을 근거로 유치권 신고를 한 행위만으로는 사기죄의 실행에 착수하였다고 볼 수 없다.

④ 병역법은 '병역의무를 기피하거나 감면받을 목적으로 도망가거나 행방을 감춘 경우 또는 신체를 손상하거나 속임수를 쓴' 경우를 처벌의 대상으로 하고 있는바, 입영대상자가 병역면제처분을 받을 목적으로 병원으로부터 허위의 병사용 진단서를 발급받았다면 이로써 그 죄의 실행에 착수한 것으로 볼 수 있다.

177 미수범 성립에 대한 판례의 입장으로 옳지 않은 것만을 모두 고르면?

> ㉠ 특수강간이 미수에 그쳤지만, 피해자에게 상해의 결과가 발생한 경우 특수강간치상죄의 미수범 인정
> ㉡ 체포의 고의로 피해자의 팔을 잡아당기거나 등을 미는 등의 방법으로 피해자를 끌고 갔으나 일시적인 자유 박탈에 그친 경우 체포죄의 미수범 인정
> ㉢ 주간에 절도의 목적으로 타인의 주거에 침입하였지만 아직 절취할 물건의 물색행위를 시작하기 전인 경우 절도죄의 미수범 부정
> ㉣ 민사소송법상의 소송비용액확정절차에 의하지 아니한 채 단순히 소송비용을 편취할 의사로 소송비용의 지급을 구하는 손해배상청구의 소를 제기한 경우 사기죄의 불능미수범 인정

① ㉠, ㉡
② ㉠, ㉣
③ ㉡, ㉢
④ ㉢, ㉣

178 실행의 착수시기에 관한 다음 설명 중 가장 옳은 것은? (다툼이 있으면 판례에 의함)

① 타인의 사무를 처리하는 자가 배임의 범의로, 즉 임무에 위배하는 행위를 한다는 점과 이로 인하여 자기 또는 제3자가 이익을 취득하여 본인에게 손해를 가한다는 점에 대한 인식이나 의사를 가지고 임무에 위배한 행위를 개시한 때 배임죄의 실행에 착수한 것으로 볼 수 있으나, 그 임무위배행위가 사법상 무효인 경우에는 실해 발생의 위험이 없으므로 실행의 착수가 있다고 보기 어렵다.
② 사기도박에 있어서는 사기적인 방법으로 도금을 편취하려고 하는 자가 상대방에게 도박에 참가할 것을 권유한 후 정상적인 도박행위를 한 단계에서는 실행의 착수가 있다고 보기 어렵고, 이후 사기적인 방법의 도박행위를 개시한 때에 사기죄의 실행의 착수가 있는 것으로 보아야 한다.
③ 출입문이 열려 있으면 안으로 들어가겠다는 의사 아래 출입문을 당겨보는 행위는 바로 주거의 사실상의 평온을 침해할 객관적인 위험성을 포함하는 행위를 한 것으로 볼 수 있어 그것으로 주거침입의 실행에 착수한 것으로 보아야 한다.
④ 강간죄에 있어서 폭행 또는 협박은 피해자의 항거를 불능하게 하거나 현저히 곤란하게 할 정도의 것이어야 하므로 그와 같은 폭행 또는 협박에 의하여 피해자의 항거가 불능하게 되거나 현저히 곤란하게 되는 때 실행의 착수가 있다고 볼 수 있다.

179 실행의 착수에 대한 설명으로 가장 적절한 것은? (다툼이 있으면 판례에 의함)

① 업무상배임죄에서 부작위를 실행의 착수로 볼 수 있기 위해서는 작위의무가 이행되지 않으면 사무처리의 임무를 부여한 사람이 재산권을 행사할 수 없으리라고 객관적으로 예견되는 등으로 구성요건적 결과 발생의 위험이 구체화한 상황에서 부작위가 이루어져야 한다.

② 구 외국환거래법에서 규정하는 신고를 하지 아니하거나 허위로 신고하고 지급수단 귀금속 또는 증권을 수출하는 행위는 지급수단 등을 국외로 반출하기 위한 행위에 근접 밀착하는 행위가 행하여진 때에 그 실행의 착수가 있으므로 공항 내에서 보안검색대에 나아가지 않은 채 휴대용 가방 안에 해당 물건을 가지고 탑승을 기다리던 중에 발각되었다면 이미 실행의 착수가 있는 것으로 볼 수 있다.

③ 타인의 사망을 보험사고로 하는 생명보험계약을 체결함에 있어 제3자가 피보험자인 것처럼 가장하여 체결하는 등으로 그 유효요건이 갖추어지지 못한 경우 보험사고의 우연성과 같은 보험의 본질을 해칠 정도라고 볼 수 있는 특별한 사정이 없더라도 그와 같이 하자 있는 보험계약을 체결한 행위는 보험금을 편취하려는 의사에 의한 기망행위의 실행에 착수한 것으로 볼 수 있다.

④ 정범의 실행의 착수 전에 장래의 실행행위를 예상하고 이를 용이하게 하는 행위를 하여 방조한 경우에도 정범이 그 실행 행위에 나아갔다면 종범이 성립하지만, 정범이 실행의 착수에 이르지 못한 경우 방조자는 예비죄의 종범으로 처벌된다.

180 실행의 착수에 관한 설명으로 가장 옳은 것은? (다툼이 있으면 판례에 의함)

① 예비·음모 후 실행의 착수로 나아가기를 자의로 포기한 경우 중지범 규정을 유추적용할 수 있다.

② 2인 이상이 합동하여 주간에 피해자의 아파트 출입문 시정 장치를 손괴하다가 발각되어 도주한 경우 형법 제331조 제2항 특수절도죄의 실행의 착수가 인정된다.

③ 이른바 '기습추행'의 경우 피고인의 팔이 피해자의 몸에 닿지 않았더라도 양팔을 높이 들어 갑자기 뒤에서 껴안으려고 한 경우 강제추행죄의 실행의 착수가 인정된다.

④ 「범죄수익은닉의 규제 및 처벌 등에 관한 법률」상 범죄수익 등의 은닉에 관한 죄의 경우 강도범행을 통해 강취할 돈을 송금받기 위해 계좌를 개설할 때 실행의 착수가 인정된다.

181 미수범에 대한 설명으로 옳은 것은? (다툼이 있으면 판례에 의함)

① 피고인이 피해자를 살해하려고 목 부위와 왼쪽 가슴 부위를 칼로 수회 찔렀으나 피해자의 가슴 부위에서 많은 피가 흘러나오는 것을 발견하고 겁을 먹고 그만 두는 바람에 미수에 그친 것이라면 자의로 인한 중지미수로 인정할 수 있다.
② 일반적으로 사람으로 하여금 공포심을 갖도록 하기에 충분한 내용의 해악을 고지하였고 상대방이 그 의미를 인식한 경우라도 현실적으로 공포심을 일으키지 않은 경우에는 협박죄의 미수에 해당한다.
③ 불능범의 판단기준인 위험성을 판단할 때에는 피고인이 행위 당시 인식한 사정을 놓고 구체적으로 피고인의 판단으로 볼 때 결과 발생의 가능성이 있는지를 살펴야 한다.
④ 성폭력처벌법 제4조 제1항에서 정한 특수강간의 죄를 범한 경우뿐만 아니라 특수강간의 실행에 착수하였으나 미수에 그친 경우라고 하더라도 이로 인하여 피해자가 상해를 입었으면 특수강간치상죄가 성립한다. 후자의 경우 특수강간치상죄의 기수범이 성립할 뿐 성폭력처벌법 제15조가 다시 적용되어 특수강간치상죄의 미수범이 성립하는 것은 아니다.

182 미수에 관한 설명 중 옳은 것(○)과 옳지 않은 것(×)을 바르게 조합한 것은? (다툼이 있는 경우 판례에 의함)

㉠ 필로폰을 매수하려는 자에게서 필로폰을 구해 달라는 부탁과 함께 돈을 지급받은 경우, 당시 필로폰을 소지 또는 입수한 상태에 있었거나 그것이 가능하였다는 등 매매행위에 근접·밀착한 상태에서 대금을 지급받은 것이 아니라 단순히 필로폰을 구해 달라는 부탁과 함께 대금 명목으로 돈을 지급받은 것에 불과하더라도 '마약류 관리에 관한 법률'이 금지하는 필로폰 매매행위의 실행의 착수에 이른 것이다.
㉡ 입목을 절취하기 위하여 이를 캐냈다고 하더라도, 아직 이를 운반하거나 반출하는 등의 행위가 없었다면 절도죄의 미수에 불과하다.
㉢ 강간죄를 범한 자가 그 피해자의 주거에 침입한 경우에도 '성폭력범죄의 처벌 등에 관한 특례법'에서의 주거침입강간죄는 성립하며, 이때 그 실행의 착수시기는 간음의 의사로 주거에 침입할 때이다.
㉣ 체포죄는 계속범으로서 체포의 행위에 확실히 사람의 신체적 자유를 구속한다고 인정할 수 있을 정도의 시간적 계속이 있어야 기수에 이르고, 신체의 자유에 대한 구속이 그와 같은 정도에 이르지 못하고 일시적인 것으로 그친 경우에는 체포죄의 미수범이 성립할 뿐이다.
㉤ 술에 취하여 모텔 침대에 잠들어 있는 피해자를 간음할 의사로 피고인이 피해자의 속바지를 벗기다가 피해자가 깨어나자 중단하였다면, 피고인의 행위는 간음의 의도를 가지고 간음의 수단이라고 할 수 있는 행동을 시작한 것으로서 준강간죄의 실행에 착수한 것이다.

① ㉠ ○ ㉡ ○ ㉢ ○ ㉣ × ㉤ ○
② ㉠ ○ ㉡ × ㉢ ○ ㉣ × ㉤ ○
③ ㉠ × ㉡ ○ ㉢ × ㉣ ○ ㉤ ×
④ ㉠ × ㉡ ○ ㉢ × ㉣ ○ ㉤ ○

183 미수범에 관한 설명 중 옳은 것은? (다툼이 있는 경우 판례에 의함)

① 준강도죄의 기수·미수의 구별은 구성요건적 행위인 폭행 또는 협박이 종료되었는가 하는 점에 따라 결정된다고 해석하는 것이 법규정의 문언 및 미수론의 법리에 부합한다.
② 협박행위로 상대방이 현실적으로 공포심을 일으켰다는 점이 증명된다면 협박죄의 기수에 이르렀다고 인정하고, 이에 대한 증명이 부족하거나 오히려 상대방이 현실적으로 공포심을 일으키지 않았다는 점이 증명된다면 협박죄의 미수에 그친 것으로 보아야 한다.
③ 체포죄는 체포의 행위에 확실히 사람의 신체의 자유를 구속한다고 인정할 수 있을 정도의 시간적 계속이 있어야 기수에 이르고, 신체의 자유에 대한 구속이 그와 같은 정도에 이르지 못하고 일시적인 것으로 그친 경우에는 체포죄의 미수범이 성립할 뿐이다.
④ 주식회사의 대표이사가 대표권을 남용하는 등 그 임무에 위배하여 회사 명의로 의무를 부담하는 행위를 하더라도 그 상대방이 대표권남용 사실을 알았거나 알 수 없었던 경우, 그 의무부담행위로 인하여 실제로 채무의 이행이 이루어져도 배임죄의 미수범이 성립할 뿐이다.

184 실행의 착수 내지 기수시점에 대한 설명으로 옳은 것은? (다툼이 있으면 판례에 의함)

① 종량제 쓰레기봉투에 시장 명의의 문안을 인쇄하기 위하여 문안인쇄 작업에 필요한 동판 제작을 위한 공정에 투입할 용도로 시장 명의의 문안을 필름에 그대로 복사한 경우 시장 명의의 공문서인 종량제 쓰레기봉투를 위조하는 범행의 실행의 착수에 이르렀다 할 것이다.
② 협박죄는 해악을 고지하여 그것이 현실적으로 상대방에게 도달하여야 실행의 착수가 인정되고, 도달은 하였으나 상대방이 이를 전혀 지각하지 못하였거나 고지된 해악의 의미를 인식하지 못한 때에는 미수범이 성립한다.
③ 주거침입죄의 기수가 되기 위해서는 행위자의 신체의 일부만 주거 안으로 들어가서는 아니 되고 신체의 전부가 주거 안으로 들어가야만 한다.
④ 소송에서 주장하는 권리가 존재하지 않는 사실을 알고 있으면서도 법원을 기망한다는 인식을 가지고 소를 제기하면 상대방에게 소장의 유효한 송달이 있지 아니하여도 소송사기의 실행의 착수가 인정된다.

185 실행의 착수에 관한 다음 설명 중 옳지 않은 것은? (다툼이 있으면 판례에 의함)

① 체포죄는 사람의 신체에 대하여 직접적이고 현실적인 구속을 가하여 신체활동의 자유를 박탈하는 죄로서 그 실행의 착수 시기는 체포의 고의로 타인의 신체적 활동의 자유를 현실적으로 침해하는 행위를 개시한 때이다.

② 피고인이 특정 권원에 기하여 민사소송을 진행하던 중 법원에 조작된 증거를 제출하면서 종전에 주장하던 특정 권원과 별개의 허위의 권원을 추가로 주장하는 경우에 그 당시로서는 종전의 특정 권원의 인정 여부가 확정되지 아니하였고, 만약 종전의 특정 권원이 배척될 때에는 조작된 증거에 의하여 법원을 기망하여 추가된 허위의 권원을 인정받아 승소판결을 받을 가능성이 있으므로 피고인의 이러한 행위는 특별한 사정이 없는 한 소송사기의 실행의 착수에 해당된다.

③ 강간죄는 사람을 강간하기 위하여 피해자의 항거를 불능하게 하거나 현저히 곤란하게 할 정도의 폭행 또는 협박을 개시한 때에 그 실행의 착수가 있다고 보아야 할 것이지 실제 간음행위가 시작되어야만 그 실행의 착수가 있다고 볼 것은 아니다. 유사강간죄의 경우도 이와 같다.

④ 업무상배임죄는 부작위에 의해서도 성립할 수 있는데, 이때 행위자는 부작위 당시 자신에게 주어진 임무를 위반한다는 점만 인식하면 족하고, 그 부작위로 인해 손해가 발생할 위험이 있다는 점을 인식할 필요는 없다.

186 실행의 착수 또는 기수시기에 대한 설명으로 옳은 것은? (다툼이 있으면 판례에 의함)

① 장애인단체의 지회장이 지방자치단체로부터 다음 해의 보조금을 더 많이 지원받기 위하여 지원금 지원결정의 참고자료로 이용되는 허위의 보조금 정산보고서를 제출한 경우에는 보조금 편취범행의 실행에 착수한 것으로 보기 어렵다.

② 금융기관 직원이 전산단말기를 이용하여 다른 공범들이 지정한 특정 계좌에 돈이 입금된 것처럼 허위의 정보를 입력하는 방법으로 위 계좌로 입금되도록 한 경우 그 후 그러한 입금이 취소되어 현실적으로 인출하지 못한 경우에는 컴퓨터등사용사기미수죄에 해당한다.

③ 진정한 임차권자가 아니면서 허위의 임대차계약서를 법원에 제출하여 임차권등기명령을 신청한 것만으로는 소송사기의 실행행위에 착수한 것으로 볼 수 없고, 나아가 그 임차보증금반환채권에 관하여 현실적으로 청구의 의사표시를 하여야 사기죄의 실행의 착수가 있다고 볼 것이다.

④ 법원을 기망하여 자기에게 유리한 판결을 얻고자 소송을 제기한 자가 상대방의 주소를 허위로 기재하여 소송을 제기함으로써 그 허위주소로 소송서류가 송달되어 그로 인하여 상대방 아닌 다른 사람이 그 서류를 받아 소송을 진행한 경우 소송사기죄의 실행의 착수가 인정되지 않는다.

187 미수에 관한 설명 중 옳지 않은 것은? (다툼이 있으면 판례에 의함)

① 미수범이 성립하기 위해서는 확정적으로 행위의사가 있어야 하나 행위의사가 확정적이면 그 실행이 일정한 조건의 발생에 좌우되는 때에도 고의는 인정된다.

② 甲이 A에게 위조한 주식인수계약서와 통장사본을 보여주면서 50억 원의 투자를 받았다고 거짓말하며 자금 대여를 요청한 후 A와 함께 50억 원의 입금 여부를 확인하기 위해 은행에 가던 중 범행이 발각될 것이 두려워 은행 입구에서 차용을 포기하고 돌아간 행위는 사기죄의 중지미수에 해당하지 않는다.

③ 일반적으로 공범이 자신의 행위를 중지한 것만으로는 중지미수가 성립하지 않지만, 다른 공범 또는 정범의 행위를 중단시키거나 결과발생을 저지하기 위한 진지한 노력이 있었을 경우에는 비록 결과가 발생하였다 할지라도 그 공범에게는 예외적으로 중지미수가 성립될 수 있다.

④ 중지미수에 있어서 자의성 판단기준에 관한 학설 중 Frank의 공식은 행위자가 할 수 있었음에도 불구하고 하기를 원하지 않아서 범죄행위를 중지한 경우는 중지미수에 해당하지만 행위자가 범죄행위를 하려고 하였지만 할 수가 없어서 중지한 경우는 장애미수라고 하여 양자를 구별하고 있다.

188 중지미수에 대한 설명으로 옳지 않은 것은? (다툼이 있으면 판례에 의함)

① 결과발생이 가능한 범죄의 실행행위에 착수하고 그 범죄가 완수되기 전에 자기의 자유로운 의사에 따라 범죄의 실행행위를 중지한 경우에 그 중지가 일반 사회통념상 범죄를 완수함에 장애가 되는 사정에 의한 것이 아니라면 이는 중지미수에 해당한다.

② 장롱 안에 있는 옷가지에 불을 놓아 건물을 소훼하려 하였으나 불길이 치솟는 것을 보고 겁이 나서 물을 부어 불을 끈 것이라면 이는 자의에 의한 중지미수에 해당한다.

③ 강간하려고 하였으나 잠자던 피해자의 어린 딸이 깨어 우는 바람에 도주하였거나 피해자가 시장에 간 남편이 곧 돌아온다고 하면서 임신 중이라고 말하자 도주하였다면 자의로 강간행위를 중지하였다고 볼 수는 없다.

④ 피해자를 살해하려고 칼로 수회 찔렀으나 피해자의 가슴 부위에서 많은 피가 흘러나오는 것을 발견하고 겁을 먹고 그만두는 바람에 미수에 그친 것은 일반 사회통념상 범죄를 완수함에 장애가 되는 사정에 해당한다.

189 다음 사례에서 불능미수의 학설에 관한 설명으로 가장 적절하지 않은 것은?

> 甲은 평소 맘에 들지 않던 乙이 동네 벤치에 누워있는 것을 발견하고 살해하기 위해 총을 발사하였다. 그러나 乙은 甲이 총을 발사하기 전에 이미 심장마비로 사망한 상태였다.

① 구객관설(절대적 불능·상대적 불능 구별설)에 의하면 결과발생이 어떠한 경우에도 개념적으로 불가능하여 위험성이 인정되지 않는다.
② 구체적 위험설에 의하면 일반인이 乙을 살아 있는 것으로 오인한 경우뿐만 아니라 乙을 사망한 것으로 인식한 경우에도 행위자 甲의 인식이 우선시되므로 위험성이 인정된다.
③ 추상적 위험설에 의하면 甲은 乙을 살아 있는 사람으로 인식하고 있었으므로 위험성이 인정된다.
④ 주관설에 의하면 위 사례의 경우 위험성이 인정된다.

190 형법 제27조(불능범)에 관한 설명 중 옳은 것은? (다툼이 있으면 판례에 의함)

① 간통이 형사처벌된다고 착오하고 간통행위를 한 경우는 불능범에 해당한다.
② 결과발생의 불가능은 범죄행위의 성질상 어떠한 경우에도 구성요건의 실현이 불가능하다는 것을 의미하는 것은 아니다.
③ 위험성은 행위 당시에 행위자가 인식한 사정과 일반인이 인식할 수 있었던 사정을 기초로 일반적 경험법칙에 따라 객관적·사후적으로 판단한다.
④ 甲이 살인의 고의로 乙에게 치사량의 독약을 복용시키려 하였으나 착오로 치사량에 현저히 미달하는 양의 독약을 복용시킨 다음 후회하여 乙에게 해독제를 먹인 경우 방지행위와 결과불발생 사이에 인과관계를 요하는 견해에 따르면 살인죄의 불능미수가 성립한다.

191 불능미수에 관한 다음 설명 중 옳지 않은 것은? (다툼이 있으면 판례에 의함)

① 실행의 수단 또는 대상의 착오로 인하여 결과의 발생이 불가능하더라도 위험성이 있는 때에는 처벌한다. 단, 형을 감경 또는 면제할 수 있다.
② 불능범은 범죄행위의 성질상 결과발생 또는 법익침해의 가능성이 절대로 있을 수 없는 경우를 말한다.
③ 불능범과 구별되는 불능미수의 성립요건인 '위험성'은 피고인이 행위 당시에 인식한 사정과 일반인이 인식할 수 있었던 사정을 놓고 일반인이 객관적으로 판단하여 결과 발생의 가능성이 있는지 여부를 따져야 한다.
④ 준강간죄의 불능미수는 피고인이 준강간의 고의로 실행에 착수하였다는 점, 피해자가 당시 실제 항거불능 상태에 있지 않았다는 점, 준강간의 결과 발생 위험성이 있었다는 점이 인정되면 성립하는 범죄이다.

192 불능미수에 대한 설명 중 가장 적절하지 않은 것은? (다툼이 있으면 판례에 의함)

① 불능미수는 실행의 수단이나 대상의 착오로 처음부터 구성요건이 충족될 가능성이 없는 경우로, 결과적으로 구성요건의 충족은 불가능하지만 그 행위의 위험성이 있으면 불능미수로 처벌한다.
② 불능미수는 행위자가 실제로 존재하지 않는 사실을 존재한다고 오인하였다는 측면에서 존재하는 사실을 인식하지 못한 사실의 착오와 다르다.
③ '결과 발생의 불가능'은 실행의 수단 또는 대상의 원시적 불가능성으로 인하여 범죄가 기수에 이를 수 없는 것을 의미한다고 보아야 한다.
④ 불능범과 구별되는 불능미수의 성립요건인 '위험성'은 행위 당시에 행위자가 인식한 사정과 일반인이 인식할 수 있는 사정을 기초로 일반적 경험법칙에 따라 판단해야 한다.

193 형법상 예비 · 음모 처벌규정이 있는 범죄는 모두 몇 개인가?

㉠ 살인죄(제250조 제1항)
㉡ 촉탁 · 승낙살인죄(제252조 제1항)
㉢ 자살교사 · 방조죄(제252조 제2항)
㉣ 위계 · 위력 촉탁 · 승낙살인죄(제253조 전단)
㉤ 위계 · 위력 자살교사 · 방조죄(제253조 후단)

① 2개 ② 3개
③ 4개 ④ 5개

194 범죄의 예비에 대한 설명으로 옳은 것은? (다툼이 있으면 판례에 의함)

① 형법의 규정에 따르면 범죄의 예비행위가 실행의 착수에 이르지 아니할 때에도 원칙적으로 처벌의 대상이 된다.
② 예비죄를 처벌하는 규정을 독립된 구성요건 개념에 포함시킬 수는 없다고 보는 것은 죄형법정주의의 원칙에 합치하지 않는다.
③ 살인예비죄가 성립하기 위하여는 살인죄를 범할 목적이 있어야 하지만 살인의 준비에 관한 고의까지 요하는 것은 아니다.
④ 범죄의 예비는 이를 처벌한다는 취지와 그 형을 함께 규정하고 있을 때에만 처벌할 수 있다.

195 예비죄에 대한 설명으로 옳은 것은? (다툼이 있으면 판례에 의함)

① 정범이 실행의 착수에 이르지 아니한 예비단계에서 가공한 자는 예비죄의 공동정범은 물론 예비죄의 종범으로도 처벌할 수 없다.
② 살인죄를 범할 목적이 있다면 살인의 준비에 관한 고의가 인정되지 않아도 살인예비죄는 성립할 수 있다.
③ 중지범은 범죄의 실행에 착수한 후 자의로 그 행위를 중지한 때를 말하는 것으로 실행의 착수가 있기 전인 예비·음모의 행위를 처벌하는 경우에는 중지범의 관념을 인정할 수 없다.
④ 간첩이 불특정 다수인인 경찰관으로부터의 체포 기타 방해를 배제하기 위하여 무기를 휴대하였다면 살인예비죄가 성립한다.

196 예비죄에 대한 설명으로 옳은 것은? (다툼이 있으면 판례에 의함)

① 甲이 절도 범행이 발각되었을 경우 체포를 면탈하는 데 도움이 될 수 있을 것이라는 정도의 생각에서 등산용 칼을 휴대하고 있던 중에 붙잡힌 경우 甲에게 강도예비죄가 성립한다.
② 甲은 강도를 하려고 흉기를 구하던 乙에게 자신이 가지고 있던 전자충격기를 건네주었는데 乙이 실행행위로 나아가지 않은 경우 甲에게 乙의 강도예비죄에 대한 방조범이 성립한다.
③ 甲이 자신을 배신한 A를 살해하려고 사냥용 총을 구입한 직후 스스로 후회하고 총을 폐기한 경우 甲에게 살인죄의 중지미수 규정이 준용될 수 있다.
④ 甲이 A를 살해하기 위하여 乙, 丙 등을 고용하면서 그들에게 대가의 지급을 약속한 경우 甲에게는 살인예비죄가 성립한다.

197 다음 설명 중 옳지 않은 것을 모두 고른 것은? (다툼이 있으면 판례에 의함)

> ㉠ 甲은 乙이 A를 살해할 것을 예상하고 이를 도와주기 위해 칼을 빌려주었지만, 乙이 실행의 착수에 나아가지 않은 경우 甲은 살인예비죄의 방조범이 성립한다.
> ㉡ 甲이 타인의 사망을 보험사고로 하는 생명보험계약을 체결함에 있어 제3자가 피보험자인 것처럼 가장하여 체결하는 과정에서 고의로 보험사고를 일으키려는 의도를 가지고 보험계약을 체결하는 경우 甲의 행위는 보험사기의 예비행위에 해당한다.
> ㉢ 甲이 A(23세)를 강제추행할 목적으로 범행 장소를 답사하는 등 예비행위를 한 경우 강제추행의 예비죄로 처벌된다.
> ㉣ 甲이 A를 살해하기 위하여 치사량에 필요한 독극물 100g을 모으던 중 양심의 가책을 느껴 자의로 중지한 경우 甲은 살인예비죄의 중지미수가 성립한다.

① ㉠, ㉡
② ㉠, ㉢, ㉣
③ ㉡, ㉢, ㉣
④ ㉠, ㉡, ㉢, ㉣

198 예비죄에 관한 설명 중 옳은 것은? (다툼이 있는 경우 판례에 의함)

① 강도예비죄가 성립하기 위해서는 미필적으로라도 기본범죄인 강도를 범할 목적이 필요하며 준강도의 목적이 있음에 그친 때에는 강도예비죄로 처벌할 수 있다.
② 정범의 예비행위만을 방조한 자는 정범이 실행의 착수에 나아가 범행의 기수에 이르더라도 정범의 기수범행에 대한 종범으로 처벌될 수 없다.
③ 살인예비행위는 물적인 것에 한정되지 아니하며 특별한 정형이 있는 것도 아니므로 객관적으로 보아서 살인죄의 실현에 실질적으로 기여할 수 있는 외적 행위를 필요로 하지 않는다.
④ 정범이 실행의 착수에 나아가지 못하고 예비에 그친 때에는 이를 방조한 자는 예비죄의 종범으로 처벌된다.

199 형법상 예비죄에 대한 설명 중 옳지 않은 것만을 모두 고른 것은? (다툼이 있으면 판례에 의함)

㉠ 형법각칙의 예비죄를 처단하는 규정을 바로 독립된 구성요건 개념에 포함시킬 수는 없다고 하는 것이 죄형법정주의에 부합한다.
㉡ 예비와 미수는 각각 형법 각칙에 처벌규정이 있는 경우에만 처벌할 수 있지만 구체적인 법정형까지 규정될 필요는 없다.
㉢ 예비죄를 처벌하는 범죄의 예비단계에서 자의로 중지를 하였다면, 예비죄의 중지미수가 성립한다.
㉣ 살인예비죄가 성립하기 위하여는 살인죄를 범할 목적이 있어야 할 뿐만 아니라 살인의 준비에 관한 고의도 있어야 한다.
㉤ 정범의 실행 착수 전에 장래의 실행행위를 예상하고 이를 용이하게 하는 행위를 하여 방조한 경우 정범이 실행의 착수에 이르지 못했다면 방조자는 종범이 성립되지 않지만 정범이 그 실행행위로 나아갔다면 종범이 성립한다.

① ㉠, ㉡
② ㉡, ㉢
③ ㉠, ㉢, ㉤
④ ㉢, ㉣, ㉤

200 미수범에 대한 설명으로 옳지 않은 것은? (다툼이 있으면 판례에 의함)

① 장애미수범(형법 제25조)에 해당하기 위하여는 물론이고 중지미수범(형법 제26조)에 해당하기 위하여도 실행의 착수가 있어야 한다.
② 중지미수범은 임의적 형감면사유에 해당하지만 불능미수범(형법 제27조)은 필요적 형감면사유에 해당한다.
③ 상대방을 살해할 목적으로 낫을 들고 상대방에게 다가섰지만 제3자가 이를 제지하는 사이에 상대방이 도망함으로써 그 목적을 이루지 못한 경우는 살인죄의 미수범에 해당한다.
④ 불능미수범에서 말하는 '실행의 수단 또는 대상의 착오'는 행위자가 시도한 행위방법 또는 행위객체로는 결과의 발생이 처음부터 불가능하다는 것을 의미한다.

201 다음의 설명 중 가장 적절하지 않은 것은? (다툼이 있으면 판례에 의함)

① 비지정문화재를 국외로 반출하는 행위에 근접·밀착하는 행위가 행하여진 때에 비지정문화재 수출미수죄의 실행의 착수가 있는 것으로 보아야 하므로 수출할 사람에게 판매하려다가 가격절충이 되지 않아 계약이 성사되지 못한 단계에서는 아직 국외로 반출하는 행위에 근접·밀착하는 행위가 있었다고 볼 수 없다.

② 피고인들이 수회에 걸쳐 "총을 훔쳐 전역 후 은행이나 현금수송차량을 털어 한탕 하자"는 말을 나눈 정도만으로는 강도음모를 인정하기에 부족하다.

③ 타인의 재물을 공유하는 자가 공유자의 승낙을 받지 않고 공유대지를 담보에 제공하고 가등기를 경료한 경우 횡령행위는 기수에 이르고 그 후 가등기를 말소했다고 하여 중지미수에 해당하는 것이 아니다.

④ 피고인이 A에게 위조한 주식인수계약서와 통장사본을 보여주면서 50억원의 투자를 받았다고 말하며 자금의 대여를 요청하였고, 이에 A와 함께 50억원의 입금 여부를 확인하기 위해 은행에 가던 중 은행 입구에서 차용을 포기하고 돌아간 경우 중지미수에 해당한다.

202 가담형태에 관한 설명으로 가장 적절한 것은? (다툼이 있으면 판례에 의함)

① 형법은 범죄구성요건을 실현하는 데에 어떤 형태로든 기여한 자 모두를 정범으로 인정하는 단일정범체계를 취한다.

② 가담자들이 공동의 목표를 위하여 의사방향이 일치된 형태로 범죄를 실현하도록 되어 있는 범죄구성요건인 집단범의 경우 각 가담자에 대하여는 가담 정도와 상관없이 동일한 법정형이 부과된다.

③ 필요적 공범이 성립하기 위해서는 행위를 공동으로 할 뿐만 아니라 관여자 모두의 행위가 범죄로 성립되어야 한다.

④ 대향범에 대하여 공범에 관한 형법 총칙 규정이 적용될 수 없으나, 이러한 법리가 구성요건상으로는 단독으로 실행할 수 있는 형식으로 되어 있는데 단지 구성요건이 대향범의 형태로 실행되는 경우에는 적용되지 않는다.

203 공범종속성설의 논거나 주장을 모두 고른 것은?

> ㉠ 교사·방조행위 자체가 반사회성의 징표이다.
> ㉡ 실패한 교사범(「형법」 제31조 제3항)을 처벌하고 있다.
> ㉢ 「형법」 제33조(공범과 신분)의 본문이 원칙규정이다.
> ㉣ 자살방조죄(「형법」 제252조 제2항)를 처벌하고 있다.
> ㉤ 공범의 본질은 타인의 구성요건실현에 가담하는 데 있다.

① ㉡, ㉣
② ㉢, ㉤
③ ㉠, ㉡, ㉣
④ ㉠, ㉢, ㉤

204 공범의 종속성 및 처벌근거에 관한 설명 중 옳지 않은 것은?

① 공범종속성설에 의하더라도 미수범의 공범은 있을 수 있다.
② 공범종속성설에 의하면 공범과 간접정범은 엄격히 구별해야 한다.
③ 극단적 종속형식에 의하면 공범은 정범의 행위가 구성요건에 해당하고 위법·유책한 때에 성립한다.
④ 순수야기설에 의하면 공범의 처벌근거는 공범이 정범의 범행을 야기하거나 촉진한다는 점에 있다.

205 공범에 대한 설명으로 옳은 것은? (다툼이 있으면 판례에 의함)

① 공범독립성설은 미수의 교사와 교사의 미수를 모두 인정하지만 공범종속성설은 미수의 교사는 인정하나 교사의 미수는 인정하지 않는다.
② 종속성의 정도에 관한 제한적 종속형식에 의하면 공범은 정범에 성립뿐만 아니라 처벌에 있어서도 종속한다.
③ 공범독립성설은 객관주의 범죄론의 입장에서 범죄의 실행행위를 이해하고, 공범종속성설은 범죄를 반사회적 징표라고 보는 주관주의 범죄론의 입장에서 범죄의 실행행위를 이해한다.
④ 필요적 공범인 대향범의 내부자 사이에도 형법 총칙상의 임의적 공범규정을 적용할 수 있다.

206 공범의 종속성에 관한 설명으로 가장 적절하지 않은 것은? (다툼이 있으면 판례에 의함)

① 정범의 성립은 교사범, 방조범의 구성요건의 일부를 형성하고 교사범, 방조범이 성립함에는 먼저 정범의 범죄행위가 인정되는 것이 그 전제요건이 되는 것은 공범의 종속성에 연유하는 당연한 귀결이다.

② 종범은 정범의 실행행위 중에 이를 방조하는 경우는 물론이고 실행의 착수 전에 장래의 실행행위를 예상하고 이를 용이하게 하는 행위를 하여 방조한 경우에도 정범이 그 실행행위에 나아갔다면 성립한다.

③ 공범종속성설에 따르면 형법상 효과 없는 교사(제31조 제2항)와 실패한 교사(제31조 제3항)는 공범의 미수를 처벌하는 것으로 당연규정이라 이해한다.

④ 종속의 정도에 대한 극단종속형식에 따르면, 14세 미만자를 부추겨 교회에 있는 시계를 절취해 오도록 한 자는 절도죄의 공범이 아니라 간접정범이 될 수 있을 뿐이다.

207 공범에 관한 설명 중 가장 옳지 않은 것은? (다툼이 있으면 판례에 의함)

① 공범종속성설에 따르면, 기도된 교사(제31조 제2항 효과 없는 교사와 제31조 제3항 실패한 교사)는 공범의 미수를 처벌하는 것으로서 당연규정(원칙규정)으로 본다.

② 극단적 종속형식에 따르면, 甲이 乙(만 13세)을 부추겨 교회에 있는 시계를 절취해 오도록 한 경우 甲은 절도죄의 간접정범이 된다.

③ 거래상대방의 대향적 행위의 존재를 필요로 하는 유형의 배임죄에 있어서 거래상대방이 배임행위를 교사하거나 그 배임행위의 전 과정에 관여하는 등으로 배임행위에 적극 가담함으로써 그 실행행위자와의 계약이 반사회적 법률행위에 해당하여 무효로 되는 경우라면 그 상대방은 배임죄의 교사범 또는 공동정범이 될 수 있다.

④ 형법 제127조는 공무원 또는 공무원이었던 자가 법령에 의한 직무상 비밀을 누설하는 행위만을 처벌하고 있으므로 직무상 비밀을 누설받은 자에 대하여는 공범에 관한 형법총칙 규정이 적용될 수 없다.

208 공범에 관한 설명 중 옳지 않은 것은? (다툼이 있는 경우 판례에 의함)

① 공모자들이 그 공모한 범행을 수행하거나 목적 달성을 위해 나아가는 도중에 부수적인 다른 범죄가 파생되리라고 예상하거나 충분히 예상할 수 있는데도 그러한 가능성을 외면한 채 이를 방지하기에 족한 합리적인 조치를 취하지 아니하고 공모한 범행에 나아갔다가 결국 그와 같이 예상되던 범행들이 발생하였다면, 비록 그 파생적인 범행 하나하나에 대하여 개별적인 의사의 연락이 없었다 하더라도 당초의 공모자들 사이에 그 범행 전부에 대하여 암묵적인 공모는 물론 그에 대한 기능적 행위지배가 존재한다고 보아야 한다.

② 공모공동정범에 있어서 공모관계에서의 이탈은 공모자가 공모에 의하여 담당한 기능적 행위지배를 해소하는 것이 필요하므로 공모자가 공모에 주도적으로 참여하여 다른 공모자의 실행에 영향을 미친 때에는 범행을 저지하기 위하여 적극적으로 노력하는 등 실행에 미친 영향력을 제거하지 아니하는 한 공모관계에서 이탈하였다고 할 수 없다.

③ 범인도피죄는 범인을 도피하게 함으로써 기수에 이르지만 범인도피행위가 계속되는 동안에는 범죄행위도 계속되고 행위가 끝날 때 비로소 범죄행위가 종료되고, 공범자의 범인도피행위의 도중에 그 범행을 인식하면서 그와 공동의 범의를 가지고 기왕의 범인도피상태를 이용하여 스스로 범인도피행위를 계속한 자에 대하여는 범인도피죄의 공동정범이 성립한다.

④ 포괄일죄의 범행 도중에 공동정범으로 범행에 가담한 자는 그가 그 범행에 가담할 때에 이미 이루어진 종전의 범행을 알았다면 그 가담 이전의 범행에 대해서도 공동정범으로 책임을 진다.

209 필요적 공범에 관한 다음 설명 중 옳지 않은 것은? (다툼이 있으면 판례에 의함)

① 필요적 공범은 서로 대향된 행위의 존재를 필요로 할 뿐 각자 자신의 구성요건을 실현하고 별도의 형벌규정에 따라 처벌되는 것이다.

② 필요적 공범이 성립하기 위해서는 행위의 공동을 필요로 함은 물론, 협력자 전부가 책임이 있음을 필요로 한다.

③ 2인 이상의 서로 대향된 행위의 존재를 필요로 하는 대향범에 대하여는 공범에 관한 형법총칙 규정이 적용될 수 없다.

④ 매도, 매수와 같이 2인 이상의 서로 대향된 행위의 존재를 필요로 하는 관계에 있어서는 공범이나 방조범에 관한 형법총칙 규정의 적용이 있을 수 없다.

210 필요적 공범에 대한 설명으로 옳지 않은 것은? (다툼이 있으면 판례에 의함)

① 공무상비밀누설죄에 있어서 비밀을 누설하는 행위와 그 비밀을 누설받는 행위는 대향범 관계에 있지만, 처벌받지 않는 대향자는 처벌받는 대향자의 교사범이 될 수 있다.
② 형법은 절도의 죄, 강도의 죄 및 도주의 죄에 관하여 '2인(또는 2명) 이상이 합동하여' 죄를 범하는 경우를 규정하고 있다.
③ 합동범이 성립하기 위하여는 객관적 요건으로서의 실행행위가 시간적으로나 장소적으로 협동관계에 있다고 볼 수 있는 사정이 있어야 한다.
④ 뇌물공여자와 뇌물수수자 사이에서는 각자 상대방의 범행에 대하여 형법 총칙의 공범규정이 적용되지 않는다.

211 필요적 공범에 대한 설명 중 옳지 않은 것은? (다툼이 있으면 판례에 의함)

① 2인 이상의 서로 대향된 행위의 존재를 필요로 하는 대향범에 대하여 공범에 관한 형법 총칙 규정이 적용될 수 없다. 이러한 법리는 해당 처벌규정의 구성요건 자체에서 2인 이상의 서로 대향적 행위의 존재를 필요로 하는 필요적 공범인 대향범을 전제로 한다.
② 구성요건상으로는 단독으로 실행할 수 있는 형식으로 되어 있는데 단지 구성요건이 대향범의 형태로 실행되는 경우에도 대향범에 관한 법리가 적용된다고 볼 수는 없다.
③ 공무원이 직무상 비밀을 누설한 경우 형법 제127조의 공무상비밀누설죄로 처벌이 되며, 그 대향범인 비밀누설을 받은 자는 형법총칙의 공범규정이 적용되어 공무상비밀누설죄의 공범이 된다.
④ 甲이 세무사의 사무직원으로부터 그가 직무상 보관하고 있던 임대사업자 등의 인적사항, 사업자소재지가 기재된 서면을 교부받은 경우 구 세무사법상 직무상 비밀누설죄의 공동정범에 해당하지 않는다.

212 필요적 공범에 관한 다음 설명 중 옳지 않은 것은? (다툼이 있으면 판례에 의함)

① 변호사가 변호사 아닌 자에게 고용되어 법률사무소의 개설·운영에 관여하였더라도 변호사를 처벌하는 규정이 없는 이상, 변호사 아닌 자에게 고용되어 법률사무소의 개설·운영에 관여한 변호사의 행위가 일반적인 형법 총칙상의 공모, 교사 또는 방조에 해당된다고 하더라도 변호사를 변호사 아닌 자의 공범으로서 처벌할 수 없다.

② 의료법은 직접 진찰한 의사가 아니면 처방전을 작성하여 교부하지 못한다고 규정하면서 이를 위반한 자를 처벌하고 있을 뿐, 위와 같이 작성된 처방전을 교부받은 상대방을 처벌하는 규정이 따로 없는 점에 비추어, 위와 같이 작성된 처방전을 교부받은 자에 대하여는 공범에 관한 형법총칙 규정이 적용될 수 없다.

③ 마약류 거래방지법 제7조 제1항에서 정한 '불법수익 등의 출처 또는 귀속관계를 숨기거나 가장하는 행위'는 처벌규정의 구성요건 자체에서 2인 이상의 서로 대향된 행위의 존재를 필요로 하지 않으므로 정범의 이러한 행위에 가담하는 행위에는 형법 총칙의 공범 규정이 적용된다.

④ 노동조합법 제91조, 제43조 제1항은 쟁의행위 기간 중 그 쟁의행위로 중단된 업무의 수행을 위하여 당해 사업과 관계없는 자를 채용 또는 대체한 사용자만 처벌하고 있으므로 사용자에게 채용 또는 대체되는 자에 대하여는 위 법조항을 적용하여 처벌할 수 없지만 형법 총칙상의 공범 규정을 적용하여 공동정범, 교사범 또는 방조범으로는 처벌할 수 있다.

213 합동범에 대한 설명으로 가장 적절한 것은? (다툼이 있으면 판례에 의함)

① 甲이 乙과 공모한 대로 칼을 들고 강도를 하기 위하여 A의 집에 들어가 칼을 휘둘러 A에게 상해를 가한 이상 대문 밖에서 망을 본 乙이 구체적으로 상해를 가할 것까지 공모하지 않았다 하더라도 乙은 상해의 결과에 대하여도 공범으로서의 책임을 면할 수 없다.

② 甲이 乙 및 丙과 택시강도를 하기로 모의를 하였다면 乙과 丙이 피해자에 대한 폭행에 착수하기 전에 겁을 먹고 미리 현장에서 도주해 버렸더라도 특수강도의 합동범이 성립한다.

③ 3인 이상의 범인이 절도의 범행을 공모한 후 적어도 2인 이상의 범인이 시간적, 장소적으로 협동관계를 이루어 절도의 실행행위를 분담하여 절도 범행을 한 경우 현장에서 실행행위를 직접 분담하지 않은 가담자는 합동절도의 공동정범도 될 수 없다.

④ 甲은 乙, 丙과 실행행위의 분담을 공모하고 乙과 丙의 절취행위 장소 부근에서 甲 자신이 운전하는 차량 내에 대기한 경우 甲에게는 합동절도가 성립할 수 없다.

214 합동범에 대한 설명으로 옳지 않은 것은? (다툼이 있으면 판례에 의함)

① 합동강도의 공범자 중 1인이 강도의 기회에 피해자를 살해한 경우 다른 공모자가 살인의 공모를 하지 아니하였다고 하여도 그 살인행위나 치사의 결과를 예견할 수 없었던 경우가 아니면 강도치사죄의 죄책을 면할 수 없다.
② 피고인이 다른 피고인들과 택시강도를 하기로 모의한 일이 있다고 하여도 다른 피고인들이 피해자에 대한 폭행에 착수하기 전에 겁을 먹고 미리 현장에서 도주해 버린 것이라면 피고인을 특수강도의 합동범으로 다스릴 수는 없다.
③ 합동절도에서도 공동정범과 교사범·종범의 구별기준은 일반원칙에 따라야 하고, 그 결과 범행현장에 존재하지 아니한 범인도 공동정범이 될 수 있으며, 상황에 따라서는 장소적으로 협동한 범인도 방조만 한 경우에는 종범으로 처벌될 수도 있다.
④ 합동범이 성립하기 위한 주관적 요건으로서 공모는 법률상 어떠한 정형을 요구하는 것이 아니어서 공범자 상호 간에 직접 또는 간접으로 범죄의 공동가공의사가 암묵리에 서로 상통하면 되지만 적어도 그 모의과정은 사전에 있어야 한다.

215 동시범에 관한 설명으로 옳은 것은 모두 몇 개인가? (다툼이 있으면 판례에 의함)

> ㉠ 시간적 차이가 있는 독립행위가 경합한 경우 그 결과발생의 원인된 행위가 판명되지 아니한 때에 형법 제263조가 적용되는 경우를 제외하고는 형법 제19조가 적용된다.
> ㉡ 독립행위가 경합하여 상해의 결과를 발생하게 한 경우에 있어서 원인된 행위가 판명되지 아니한 때에는 각 행위자를 미수범으로 처벌한다.
> ㉢ 형법 제263조의 동시범은 강간치상죄에는 적용할 수 없다.
> ㉣ A가 甲으로부터 폭행을 당하고 얼마 후 함께 A를 폭행하자는 甲의 연락을 받고 달려 온 乙로부터 다시 폭행을 당하고 사망하였으나 사망의 원인행위가 판명되지 않았다면 형법 제263조가 적용되어 甲과 乙은 폭행치사죄의 공동정범의 예에 의하여 처벌된다.

① 1개 ② 2개
③ 3개 ④ 4개

216 다음 중 '甲에 대하여' 성립하는 범죄의 연결이 옳은 것은? 다만, 모두 A의 상해 또는 사망의 원인이 판명되지 않았다. (다툼이 있으면 판례에 의함)

> ㉠ 甲과 乙은 의사연락 없이 순차로 A를 강간하였고 A는 이로 인하여 상처를 입었다.
> ㉡ A는 乙로부터 심하게 폭행을 당하여 상처를 입은 채 의자에 누워 있었고, 그 후 2시간이 지나서 이러한 사정을 모르는 甲이 A를 밀쳐 땅바닥에 떨어지게 함으로써 결국 A가 사망하였다.
> ㉢ 乙은 A의 어깨를 주먹으로 때리고 쇠스랑 자루로 머리를 강타하고 가슴을 밀어 땅에 넘어뜨렸고, 그 후 3시간 지나서 이런 사정을 모르는 甲도 A의 가슴을 밀어 땅에 넘어뜨린 다음 A의 얼굴을 수회 때려, 결국 A는 6일 후에 뇌출혈로 사망하였다.

① ㉠ 강간죄   ㉡ 폭행죄   ㉢ 상해죄
② ㉠ 강간죄   ㉡ 폭행죄   ㉢ 상해치사죄
③ ㉠ 강간죄   ㉡ 폭행치사죄   ㉢ 상해치사죄
④ ㉠ 강간치상죄   ㉡ 폭행치사죄   ㉢ 상해치사죄

217 공동정범에 대한 설명으로 옳지 않은 것은? (다툼이 있으면 판례에 의함)

① 2인 이상이 공동가공하여 범죄를 실현하려는 의사의 결합이 있으면 공모관계는 성립한다.
② 공동정범이 성립하기 위하여는 범죄행위 시에 행위자 상호 간에 주관적으로는 서로 범죄행위를 공동으로 한다는 공동가공의 의사가 있어야 하고, 그 의사의 연락이 묵시적이거나 간접적이거나를 불문한다.
③ 공동정범이 성립하기 위하여 반드시 범죄의 실행 전에 모의가 있어야만 하는 것은 아니다.
④ 고의는 미필적 인식으로도 족하므로 타인의 범행을 인식하면서 제지하지 않고 용인한 것만으로도 공동가공의 의사는 인정된다.

218 공동정범에 대한 설명으로 옳지 않은 것은? (다툼이 있으면 판례에 의함)

① 2인 이상이 상호 의사연락하에 과실행위를 함으로써 범죄가 되는 결과를 발생케 한 경우 과실범의 공동정범이 성립된다.
② 3인 이상의 범인이 합동절도의 범행을 공모하였지만 범행 현장에 있지 않은 자에 대해서는 합동범의 공동정범을 인정할 수 없다.
③ 결과적 가중범의 공동정범은 행위를 공동으로 할 의사가 있으면 성립하고 그 결과를 공동으로 할 의사까지는 필요 없다.
④ 공모자가 공모에 주도적으로 참여하여 다른 공모자의 실행에 영향을 미친 때에는 그 영향력을 제거하지 아니하는 한 공모관계에서 이탈하였다고 할 수 없다.

219 공범에 대한 설명으로 옳지 않은 것은? (다툼이 있으면 판례에 의함)

① 2인 이상이 공동하여 죄를 범한 때에는 각자를 그 죄의 정범으로 처벌하지만, 반드시 같은 형으로 처벌할 필요는 없다.
② 우연히 만난 자리에서 서로 협력하여 공동의 범의를 실현하려는 의사가 암묵적으로 상통하여 범행에 공동가공하더라도 공동정범은 성립된다.
③ 구성요건 행위 일부를 직접 분담하여 실행하지 않은 공모자에게 공모공동정범으로서의 죄책을 물을 수 있으려면 전체 범죄에서 그가 차지하는 지위나 역할 등에 비추어 범죄에 대한 본질적 기여를 통한 기능적 행위지배가 존재하여야 한다.
④ 의료인은 무면허의료행위의 주체가 될 수 없으므로 의료인 아닌 자의 무면허의료행위에 공모하여 가공하더라도 무면허 의료행위의 공동정범은 될 수 없고 방조범이 될 수 있을 뿐이다.

220 공동정범에 대한 설명으로 옳은 것은? (다툼이 있으면 판례에 의함)

① 다른 공모자가 실행에 착수한 이후에 그 공범관계에서 이탈한 공모자는 자신이 관여하지 않은 부분에 대하여 공동정범으로서 죄책을 부담하지 않는다.
② 공동정범은 범행에서의 역할이나 개별적 양형참작 사유에도 불구하고 각자를 정범으로서 동일한 선고형으로 벌한다.
③ 공동실행의 의사는 범죄행위 시에 존재하면 족하고 반드시 사전에 공모함을 요하지 아니한다.
④ 공동정범 가운데 1인이 공모한 내용과 질적으로 다른 내용의 결과발생을 야기한 경우 다른 공동정범은 그 범행에 대한 과실범의 책임을 진다.

221 공동정범에 대한 설명 중 가장 적절한 것은? (다툼이 있으면 판례에 의함)

① 폭력행위 등 처벌에 관한 법률 제2조 제2항 제1호의 '2명 이상이 공동하여 폭행의 죄를 범한 때'라고 함은 그 수인 사이에 공범관계가 존재하고 수인이 동일 장소에서 동일 기회에 상호 다른 자의 범행을 인식하고 이를 이용하여 폭행의 범행을 한 경우임을 요한다.

② 甲이 피해자 일행을 한 사람씩 나누어 강간하자는 일행들의 제의에 아무런 대답도 하지 않고 따라 다니다가 자신의 강간 상대방으로 남겨진 A에게 일체의 신체적 접촉도 시도하지 않은 채 다른 일행이 인근 숲 속에서 강간을 마칠 때까지 A와 함께 이야기만 나눈 경우 강간죄의 공동정범이 성립한다.

③ 회사직원이 영업비밀을 경쟁업체에 유출하거나 스스로의 이익을 위하여 이용할 목적으로 무단으로 반출한 때 업무상배임죄의 기수에 이르렀으며, 그 이후에 위 직원과 접촉하여 영업비밀을 취득하려고 한 자는 업무상배임죄의 공동정범이 된다.

④ 공범자가 공갈행위의 실행에 착수한 후 그 범행을 인식하면서 그와 공동의 범의를 가지고 그 후의 공갈행위를 계속하여 재물의 교부나 재산상 이익의 취득에 이른 경우라도 공갈죄의 공동정범은 성립하지 않는다.

222 공동정범에 대한 설명으로 가장 적절하지 않은 것은? (다툼이 있으면 판례에 의함)

① 진정부작위범인 주식 등 대량보유·변동 보고의무 위반으로 인한 자본시장법위반죄의 공동정범은 그 의무가 수인에게 공통으로 부여되어 있는데도 수인이 공모하여 전원이 그 의무를 이행하지 않았을 때 성립할 수 있다.

② 甲과 乙이 서로 살인의 공모 하에 실행행위로 나아가고 그들의 행위로 피해자가 사망하였다면 실제로 사망의 결과발생이 둘 중 누구의 행위로 인한 것인지 인과관계가 판명되지 아니한 때에도 甲과 乙 모두 살인죄의 기수로 처벌된다.

③ 형법 제30조 소정의 '2인 이상이 공동하여 죄를 범한 때'의 '죄'에는 고의범뿐만 아니라 과실범도 포함되는 것이므로 과실범의 경우에도 공동정범이 성립할 수 있으나, 의사의 연락이나 주의의무위반에 대한 공동의 인식이 없었다면 '공동하여' 죄를 범하였다고 볼 수 없으므로 과실범의 공동정범이 성립한다고 볼 수 없다.

④ 포괄일죄의 범행 도중에 공동정범으로 범행에 가담한 자가 그 범행에 가담할 때에 이미 이루어진 종전의 범행을 알았다면 포괄일죄 범행 전체에 대하여 공동정범으로 책임을 진다.

223 공모관계 이탈 및 공범관계 이탈에 대한 설명으로 옳지 않은 것은? (다툼이 있으면 판례에 의함)

① 공모자가 공모에 주도적으로 참여하여 다른 공모자의 실행에 영향을 미친 때에는 범행을 저지하기 위하여 적극적으로 노력하는 등 실행에 미친 영향력을 제거하지 아니하는 한 공모관계에서 이탈하였다고 할 수 없다.

② 단순공모자 중의 어떤 사람이 다른 공모자가 실행행위에 이르기 전에 그 공모관계에서 이탈한 때에는 그 이후의 다른 공모자의 행위에 관하여 공동정범으로서의 책임은 지지 않는다고 할 것이고, 그 이탈의 표시는 반드시 명시적임을 요하지 않는다.

③ 피고인이 공범과 함께 가출청소년에게 성매매를 하도록 한 후 피고인이 별건으로 구속된 상태에서 공범들이 그 청소년에게 계속 성매매를 하게 한 경우 구속 이후 범행에 대하여는 피고인의 실질적인 행위지배가 인정되지 않으므로 피고인에게는 공동정범의 죄책이 인정되지 않는다.

④ 피고인이 공범들과 주식시세조종의 목적으로 허위매수주문, 통정매매행위 등을 반복적으로 행하다가 회사를 퇴사하는 등의 사정으로 공범관계에서 이탈하였으나 다른 공범에 의하여 포괄일죄 관계에 있는 나머지 범행이 이루어진 경우 피고인은 자신이 관여하지 않은 부분에 대하여도 죄책을 부담한다.

224 공동정범에 관한 설명 중 옳은 것은 모두 몇 개인가? (다툼이 있으면 판례에 의함)

> ⊙ 공범자가 공갈행위의 실행에 착수한 후 그 범행을 인식하면서 그와 공동의 범의를 가지고 그 후의 공갈행위를 계속하여 재물의 교부나 재산상 이익의 취득에 이른 때에는 공갈죄의 공동정범이 성립한다.
>
> ⓒ 공모자들이 그 공모한 범행을 수행하거나 목적 달성을 위해 나아가는 도중에 부수적인 다른 범죄가 파생되리라고 예상하거나 충분히 예상할 수 있는데도 그 가능성을 외면한 채 이를 방지하기에 족한 합리적 조치를 취하지 않고 공모한 범행에 나아갔다가 결국 그와 같이 예상된 범행들이 발생한 경우 그 파생적인 범행 하나하나에 대하여 개별적 의사연락이 없었다면 그 범행 전부에 대한 기능적 행위지배가 존재한다고 볼 수 없다.
>
> ⓒ 공범관계에 있어서 공모는 법률상 어떤 정형을 요구하는 것이 아니므로 이러한 공모관계를 인정하기 위하여 엄격한 증명이 요구되지는 않는다.
>
> ⓔ 진정부작위범인 정신질환자의 보호의무자 확인서류 등 수수의무 위반으로 인한 구 정신보건법 위반죄의 공동정범은 그 의무가 수인에게 공통으로 부여되어 있는데도 수인이 공모하여 전원이 그 의무를 이행하지 않았을 때 성립할 수 있다.

① 1개　　　　　　　　　　② 2개
③ 3개　　　　　　　　　　④ 4개

225 간접정범에 관한 설명 중 가장 적절하지 않은 것은? (다툼이 있으면 판례에 의함)

① 국헌문란의 목적을 달성하기 위해 그러한 목적이 없는 대통령을 이용하여 비상계엄 전국 확대조치를 한 것은 간접정범의 방법으로 내란죄를 실행한 것이다.
② 처벌되지 아니하는 타인의 행위를 적극적으로 유발하고 이를 이용하여 자신의 범죄를 실현한 자는 간접정범의 죄책을 지게 되고, 그 과정에서 타인의 의사를 부당하게 억압하여야만 간접정범에 해당하는 것은 아니다.
③ 평소에 사이가 좋은 않은 자를 상해할 의도로 자기가 기르는 맹견으로 하여금 공격하게 하여 상처를 입힌 경우 특수상해죄의 간접정범이 성립한다.
④ 자기의 지휘·감독을 받는 자를 교사하여 범죄를 실행하게 한 때에는 정범에 정한 형의 장기 또는 다액의 2분의 1까지 가중한다.

226 간접정범에 관한 다음 설명 중 옳지 않은 것은? (다툼이 있으면 판례에 의함)

① 강제추행죄는 사람의 성적 자유 내지 성적 자기결정의 자유를 보호하기 위한 죄로서 정범자신이 직접 범죄를 실행하여야 성립하는 자수범이라고 볼 수 없으므로 처벌되지 아니하는 타인을 도구로 삼아 피해자를 강제로 추행하는 간접정범의 형태로도 범할 수 있다.
② 강제추행에 관한 간접정범의 의사를 실현하는 도구로서의 타인에는 피해자도 포함될 수 있다고 봄이 타당하므로, 피해자를 도구로 삼아 피해자의 신체를 이용하여 추행행위를 한 경우에도 강제추행죄의 간접정범에 해당할 수 있다.
③ 피고인 甲이 아동·청소년인 피해자 A를 협박하여 스스로 아청법 제2조 제4호의 어느 하나에 해당하는 행위 또는 그 밖의 성적 행위에 해당하는 아동·청소년 자신의 행위를 내용으로 하는 화상·영상 등을 생성하게 하고 이를 인터넷 사이트 운영자의 서버에 저장시켜 甲의 휴대전화기에서 재생할 수 있도록 하였다면, 간접정범의 형태로 아동·청소년이용음란물을 제작하는 행위라고 보아야 한다.
④ 피해자에 대한 사기범행을 실현하는 수단으로서 타인을 기망하여 그를 피해자로부터 편취한 재물이나 재산상 이익을 전달하는 도구로서만 이용한 경우 편취의 대상인 재물 또는 재산상 이익에 관하여 피해자에 대한 사기죄 외에 도구로 이용된 타인에 대한 사기죄도 별도로 성립한다.

227 간접정범에 대한 설명으로 가장 적절하지 않은 것은? (다툼이 있으면 판례에 의함)

① 인신구속에 관한 직무를 행하는 자 또는 이를 보조하는 자가 피해자를 구속하기 위하여 진술조서 등을 허위로 작성한 후 이를 기록에 첨부하여 구속영장을 신청하고, 진술조서 등이 허위로 작성된 정을 모르는 검사와 영장전담판사를 기망하여 구속영장을 발부받은 후 그 영장에 의하여 피해자를 구금한 경우 직권남용감금죄의 간접정범이 성립한다.

② 공문서의 작성권한이 있는 공무원의 직무를 보좌하는 사람이 그 직위를 이용하여 행사할 목적으로 허위의 내용이 기재된 문서 초안을 그 정을 모르는 상사에게 제출하여 결재하도록 하는 등의 방법으로 작성권한이 있는 공무원으로 하여금 허위의 공문서를 작성하게 한 경우 허위공문서작성죄의 간접정범이 성립한다.

③ 작성권한 있는 공무원의 직무를 보조하는 공무원이 임의로 작성권자의 직인 등을 부정 사용함으로써 공문서를 완성한 경우 허위공문서작성죄의 간접정범이 성립한다.

④ 타인을 비방할 목적으로 허위의 기사재료를 그 정을 모르는 기자에게 제공하여 신문 등에 보도하게 한 경우 출판물에 의한 명예훼손죄의 간접정범이 성립할 수 있다.

228 허위공문서작성죄 등에 관한 다음 설명 중 옳지 않은 것은? (다툼이 있으면 판례에 의함)

① 공무원 아닌 자가 허위공문서작성의 간접정범일 때에는 형법 제228조(공정증서원본등의 부실기재)의 경우를 제외하고는 이를 처벌하지 못한다.

② 공무원이 아닌 자가 공무원과 공동하여 허위공문서작성죄를 범한 때에는 공무원이 아닌 자도 형법 제33조, 제30조에 의하여 허위공문서작성죄의 공동정범이 된다.

③ 허위공문서작성의 주체는 직무상 그 문서를 작성할 권한이 있는 공무원에 한하고 작성권자를 보조하는 직무에 종사하는 공무원은 허위공문서작성죄의 주체가 되지 못한다.

④ 보조공무원이 허위공문서를 기안하여 그 정을 모르는 작성권자의 결재를 받아 공문서를 완성하거나 결재를 거치지 않고 임의로 허위내용의 공문서를 완성한 경우 모두 공문서위조죄가 성립한다.

229 허위공문서작성죄에 관한 다음 설명 중 옳지 않은 것은 모두 몇 개인가? (다툼이 있으면 판례에 의함)

⊙ 보조공무원이 허위공문서를 기안하여 그 정을 모르는 작성권자의 결재를 받아 공문서를 완성한 때에는 허위공문서작성죄의 간접정범이 되고, 이러한 결재를 거치지 않고 임의로 허위내용의 공문서를 완성한 때에는 공문서위조죄가 성립한다.

ⓒ 허위공문서작성의 주체는 그 문서를 작성할 권한이 있는 공무원에 한하고 작성권자를 보조하는 직무에 종사하는 공무원은 허위공문서작성죄의 주체가 되지 못하지만, 작성권자를 보조하는 공무원이 허위의 내용이 기재된 문서 초안을 그 정을 모르는 상사에게 제출하여 결재하도록 하는 등의 방법으로 허위의 공문서를 작성하게 한 경우에는 허위공문서작성죄의 간접정범이 성립한다.

ⓒ 공문서의 작성권한이 있는 공무원의 직무를 보좌하는 자가 허위의 내용이 기재된 문서초안을 그 정을 모르는 상사에게 제출하여 결재하도록 하는 등의 방법으로 허위의 공문서를 작성하게 한 경우에는 간접정범이 성립되고 이와 공모한 자 역시 간접정범의 공범으로서의 죄책을 면할 수 없는 것이고, 다만 여기서 말하는 공범은 공무원의 신분이 있는 자로 한정된다.

① 0개
② 1개
③ 2개
④ 3개

230 다음 중 甲에게 (   ) 범죄의 간접정범이 성립하는 경우로 볼 수 없는 것은? (다툼이 있으면 판례에 의함)

① D정당의 시당위원장인 甲은 비방의 목적으로 허위의 기사자료를 그 정을 모르는 평소에 안면이 있던 기자 E에게 제공하여 그 허위의 사실이 신문에 보도되게 한 경우(출판물에 의한 명예훼손죄)

② 甲이 아동·청소년인 피해자를 협박하여 스스로 아동·청소년의 성보호에 관한 법률 제2조 제4호의 어느 하나에 해당하는 행위 또는 그 밖의 성적 행위에 해당하는 아동·청소년 자신의 행위를 내용으로 하는 화상·영상 등을 생성하게 하고 이를 인터넷사이트 운영자의 서버에 저장시켜 甲의 휴대전화기에서 재생할 수 있도록 한 경우(아동·청소년의 성보호에 관한 법률 위반죄)

③ 사법경찰관 甲이 상해죄만으로는 구속되기 어려운 A에 대하여 허위의 진술조서를 작성하고, A의 혐의없음이 입증될 수 있는 유리한 사실의 확인결과, 참고자료 및 공용서류인 B에 대한 참고인 진술조서 등을 구속영장신청기록에 누락시키는 한편, A에게 혐의가 인정된다는 허위내용의 범죄인지보고서를 작성한 다음 구속영장을 신청하여 그 정을 모르는 담당 검사로 하여금 구속영장을 청구하게 하고, 수사서류 등이 허위작성되거나 누락된 사실을 모르는 영장전담판사로부터 구속영장을 발부받아 A가 구속·수감되게 한 경우(직권남용감금죄)

④ 전투비행단 체력단련장 관리사장인 甲이 부대복지위원회의 심의·의결 없이, 공사업체인 B와 체결한 기존의 합의서에서 시설투자비를 증액한 허위의 내용이 기재된 이 사건 수정합의서를 기안하여 작성권자인 이 사건 전투비행단장의 결재를 받지 않고 이를 모르는 단장 명의 직인 담당자 C로부터 단장의 직인을 날인받아 이 사건 수정합의서를 완성한 행위(허위공문서작성죄)

231 교사범에 관한 다음 설명 중 옳지 않은 것은? (다툼이 있으면 판례에 의함)

① 타인을 교사하여 죄를 범하게 한 자는 죄를 실행한 자와 동일한 형으로 처벌한다.
② 신분관계로 인하여 형의 경중이 있는 경우에 신분이 있는 자가 신분이 없는 자를 교사하여 죄를 범하게 한 때에는 형법 제31조 제1항에 의하여 신분이 있는 교사범은 신분이 없는 정범과 동일한 형으로 처벌한다.
③ 자기의 지휘, 감독을 받는 자를 교사하여 범죄의 결과를 발생하게 한 자는 정범에 정한 형의 장기 또는 다액에 그 2분의 1까지 가중하여 처벌한다.
④ 교사를 받은 자가 범죄의 실행을 승낙하고 실행의 착수에 이르지 아니한 때에는 교사자와 피교사자를 음모 또는 예비에 준하여 처벌하고, 교사를 받은 자가 범죄의 실행을 승낙하지 아니한 때에는 교사자를 음모 또는 예비에 준하여 처벌한다.

232 교사범에 대한 설명으로 옳지 않은 것은? (다툼이 있으면 판례에 의함)

① 피교사자가 이미 교사한 범죄와 동일한 범죄의 결의를 가지고 있을 때에는 교사범이 성립할 여지가 없다.
② 甲이 乙에게 A를 강간할 것을 교사하고 乙이 이를 승낙하고도 실행의 착수에 이르지 아니하였다면 甲은 처벌되지 아니한다.
③ 교사자의 교사행위는 정범에게 범죄의 결의를 가지게 하는 것을 말하는 것으로서 그 범죄를 결의하게 할 수 있는 것이면 그 수단에는 아무런 제한이 없고, 반드시 명시적·직접적 방법에 의할 것을 요하지도 않는다.
④ 자기의 지휘·감독을 받는 자를 교사하여 범죄행위의 결과를 발생하게 한 때에는 정범에 정한 형의 장기 또는 다액의 2분의 1까지 가중한다.

233 교사범에 대한 설명 중 가장 적절한 것은? (다툼이 있으면 판례에 의함)

① 고의에 의한 교사행위뿐만 아니라 과실에 의한 교사행위도 가능하다.
② 피교사자가 이미 범죄의 결의를 가지고 있는 경우에도 교사범이 성립할 수 있다.
③ 교사를 받은 자가 범죄의 실행을 승낙조차 하지 않은 이른바 실패한 교사의 경우 교사자와 피교사자를 음모 또는 예비에 준하여 처벌한다.
④ 교사범이 공범관계로부터 이탈하기 위해서는 피교사자가 범죄의 실행행위에 나아가기 전에 교사범에 의하여 형성된 피교사자의 범죄 실행의 결의를 해소하여야 한다.

234 교사범에 관한 다음 설명 중 옳지 않은 것은? (다툼이 있으면 판례에 의함)

① 피고인이 "피해자를 정신차릴 정도로 때려주라"고 교사하였다면 이는 상해에 대한 교사로 봄이 상당하다.
② 甲이 乙에게 "A의 다리를 부러뜨려 1～2개월간 입원케 하라"고 말하여 교사하였고 乙로부터 순차 지시를 받은 丙, 丁이 칼로 A의 우측 가슴을 찔러 약 3주간의 치료를 요하는 우측흉부자상 등을 가한 경우 甲은 중상해죄의 교사범이 성립한다.
③ 피고인 甲이 乙, 丙에게 일제 드라이버 1개를 사주면서 "丙이 구속되어 도망 다니려면 돈도 필요할 텐데 열심히 일을 하라(도둑질을 하라)"고 말하였다면 절도의 교사가 있었다고 보아야 한다.
④ 피고인 甲이, 乙이 丙에게 범죄를 저지르도록 요청한다 함을 알면서 乙의 부탁을 받고 乙의 요청을 丙에게 전달하여 丙으로 하여금 범의를 야기하게 한 경우 교사에 해당한다.

235 교사범에 대한 설명 중 가장 적절하지 않은 것은? (다툼이 있으면 판례에 의함)

① 교사범이 그 공범관계로부터 이탈하기 위해서는 피교사자가 범죄의 실행행위에 나아가기 전에 교사범에 의하여 형성된 피교사자의 범죄실행의 결의를 해소하는 것이 필요하다.
② 교사범이 성립하기 위해서는 교사자의 교사행위와 정범의 실행행위가 있어야 하는 것이므로 정범의 성립은 교사범의 구성요건의 일부를 형성하고 교사범이 성립함에는 정범의 범죄행위가 인정되는 것이 그 전제요건이 된다.
③ 교사범의 교사가 정범이 죄를 범한 유일한 조건일 필요는 없으므로 교사행위에 의하여 정범이 실행을 결의하게 된 이상 비록 정범에게 범죄의 습벽이 있어 그 습벽과 함께 교사행위가 원인이 되어 정범이 범죄를 실행한 경우에도 교사범의 성립에 영향이 없다.
④ 교사자의 교사행위에도 불구하고 피교사자가 범행을 승낙하지 아니하거나 피교사자의 범행결의가 교사자의 교사행위에 의하여 생긴 것으로 보기 어려운 경우에는 이른바 효과 없는 교사로서 형법 제31조 제2항에 의하여 교사자와 피교사자 모두 음모 또는 예비에 준하여 처벌할 수 있다.

236 교사범에 관한 다음 설명 중 가장 옳지 않은 것은? (다툼이 있으면 판례에 의함)

① 교사자의 교사행위에도 불구하고 피교사자가 범행을 승낙하지 아니한 경우에는 이른바 실패한 교사로서 형법 제31조 제3항에 의하여 교사자를 음모 또는 예비에 준하여 처벌할 수 있을 뿐이다.
② 교사자가 피교사자에 대하여 상해를 교사하였는데 피교사자가 살인을 실행한 경우 일반적으로 교사자는 상해죄에 대한 교사범이 되는 것이고, 다만 교사자에게 피해자의 사망이라는 결과에 대하여 과실 내지 예견가능성이 있는 때에는 상해치사죄의 교사범으로서의 죄책을 지울 수 있다.
③ 교사범이란 타인(정범)으로 하여금 범죄를 결의하게 하여 그 죄를 범하게 한 때에 성립하는 것이므로 피교사자가 이미 범죄의 결의를 가지고 있을 때에는 교사범이 성립할 여지가 없고, 교사범의 교사가 정범이 그 죄를 범한 유일한 조건이어야 한다.
④ 스스로 본인을 무고하는 자기무고는 형법 제156조 무고죄의 구성요건에 해당하지 아니하여 무고죄를 구성하지 않는다. 그러나 피무고자의 교사·방조 하에 제3자가 피무고자에 대한 허위의 사실을 신고한 경우에는 제3자의 행위는 무고죄의 구성요건에 해당하여 무고죄를 구성하므로 제3자를 교사·방조한 피무고자도 교사·방조범으로서의 죄책을 부담한다.

237 방조범에 관한 다음 설명 중 옳지 않은 것은? (다툼이 있으면 판례에 의함)

① 종범에 대한 선고형이 정범보다 가볍지 않다 하더라도 위법이라 할 수 없다.
② 자기의 지휘, 감독을 받는 자를 방조하여 범죄행위의 결과를 발생하게 한 자는 정범의 형으로 처벌한다.
③ 간첩방조죄는 정범인 간첩죄와 대등한 독립한 범죄로서 형법 총칙 제32조 소정의 감경대상이 되는 종범과는 그 실질이 달라 종범감경을 할 수 없다.
④ 방조를 받은 자가 범죄의 실행의 착수에 이르지 아니한 때에는 방조자와 피방조자를 음모 또는 예비에 준하여 처벌한다.

238 방조범에 관한 설명 중 옳지 않은 것은? (다툼이 있는 경우 판례에 의함)

① 링크 행위자가 정범이 공중송신권을 침해한다는 사실을 충분히 인식하지 못하였더라도 그러한 침해 게시물 등에 연결되는 링크를 인터넷 사이트에 일시적으로 게시하는 등으로 공중의 구성원이 침해 게시물에 접근할 수 있도록 하는 정도의 링크 행위를 한 경우, 침해 게시물을 공중의 이용에 제공하는 정범의 범죄를 용이하게 하였다고 볼 수 있으므로 공중송신권 침해의 방조범이 성립할 수 있다.
② 방조범이 성립하려면 방조행위가 정범의 범죄 실현과 밀접한 관련이 있고 정범으로 하여금 구체적 위험을 실현시키거나 범죄 결과를 발생시킬 기회를 높이는 등으로 정범의 범죄 실현에 현실적인 기여를 하였다고 평가할 수 있어야 한다.
③ 방조범은 정범이 실행하는 행위에 대한 미필적 고의가 있는 것으로 충분하고, 정범의 행위가 실행되는 일시, 장소, 객체 등을 구체적으로 인식할 필요가 없으며, 나아가 정범이 누구인지 확정적으로 인식할 필요도 없다.
④ 진료부는 환자의 계속적인 진료에 참고로 제공되는 진료상황부이므로 간호보조원의 무면허진료행위가 있은 후에 이를 의사가 진료부에 기재하는 행위는 정범의 실행행위종료 후의 단순한 사후행위가 아니라 무면허 의료행위의 방조에 해당한다.

239 방조범에 관한 다음 설명 중 가장 옳은 것은? (다툼이 있으면 판례에 의함)

① 방조란 정범의 구체적인 범행준비나 범행사실을 알고 그 실행행위를 가능·촉진·용이하게 하는 지원행위 또는 정범의 범죄행위가 종료하기 전에 정범에 의한 법익침해를 강화·증대시키는 행위로서 정범의 범죄 실현과 밀접한 관련이 있는 행위를 말한다.
② 방조범은 정범에 종속하여 성립하는 범죄이지만 심리적·무형적 방조도 가능하므로 방조행위와 정범의 범죄 실현 사이에는 인과관계가 필요하지 않다.
③ 종범은 정범의 실행행위 중에 이를 방조하는 경우에 성립하므로 실행 착수 전에 장래의 실행행위를 예상하고 이를 용이하게 하는 행위를 한 경우에는 방조범이 성립하지 않는다.
④ 방조범은 정범의 실행을 방조한다는 이른바 방조의 고의가 필요하고, 정범의 행위가 구성요건에 해당하는 행위인 점에 대한 정범의 고의가 있어야 하는 것은 아니다.

240 방조범에 관한 다음 설명 중 옳지 않은 것은? (다툼이 있으면 판례에 의함)

① 방조란 정범의 구체적인 범행준비나 범행사실을 알고 그 실행행위를 가능·촉진·용이하게 하는 지원행위 또는 정범의 범죄행위가 종료하기 전에 정범에 의한 법익침해를 강화·증대시키는 행위로서 정범의 범죄 실현과 밀접한 관련이 있는 행위를 말한다.
② 방조범은 정범에 종속하여 성립하는 범죄이므로 방조행위와 정범의 범죄 실현 사이에는 인과관계가 필요하다.
③ 방조범이 성립하려면 방조행위가 정범의 범죄 실현과 밀접한 관련이 있고 정범으로 하여금 구체적 위험을 실현시키거나 범죄 결과를 발생시킬 기회를 높이는 등으로 정범의 범죄 실현에 현실적인 기여를 하였다고 평가할 수 있어야 한다.
④ 링크를 하는 행위 자체는 인터넷에서 링크하고자 하는 웹페이지 등의 위치 정보나 경로를 나타낸 것에 불과하여, 인터넷 이용자가 링크 부분을 클릭함으로써 저작권자로부터 이용허락을 받지 아니한 저작물을 게시하거나 인터넷 이용자에게 그러한 저작물을 송신하는 등의 방법으로 저작권자의 복제권이나 공중송신권을 침해하는 웹페이지 등에 직접 연결된다고 하더라도 그 침해행위의 실행 자체를 용이하게 한다고 할 수는 없으므로 이러한 링크행위만으로는 저작재산권 침해행위의 방조행위에 해당한다고 볼 수 없다.

241 방조범에 대한 설명으로 옳지 않은 것은? (다툼이 있으면 판례에 의함)

① 甲이 사기 범행에 이용되리라는 사정을 알고서도 A에게 자신의 명의로 된 은행 예금계좌의 접근매체를 양도함으로써 A가 B를 속여 B로 하여금 현금을 위 계좌로 송금하게 한 경우 甲은 사기죄의 방조범이 된다.
② 은행지점장 甲이 정범인 부하직원들의 은행에 대한 배임행위를 인식하면서도 이를 방치한 경우 업무상배임죄의 방조범이 성립한다.
③ 방조죄는 정범의 범죄에 종속하여 성립하는 것으로서 방조의 대상이 되는 정범의 실행행위의 착수가 없으면 방조죄만 독립하여 성립할 수 없다.
④ 정범의 실행행위 전이나 실행행위 중에 정범을 방조하여 그 실행 행위를 용이하게 하는 것뿐만 아니라 정범의 범죄종료 후의 이른바 사후방조도 방조범으로 볼 수 있다.

242 종범에 대한 설명으로 옳지 않은 것은? (다툼이 있으면 판례에 의함)

① 작위는 물론이고 부작위에 의한 종범도 성립할 수 있지만, 정범이 작위범인 경우에는 부작위에 의한 방조자에게 보증인적 지위가 인정되지 않으면 부작위에 의한 종범이 성립하지 않는다.
② 종범이 성립하기 위해서는 방조자에게 자신이 피방조자의 범죄실행을 방조한다는 점에 대한 고의와 피방조자의 행위가 구성요건적 결과를 실현한다는 점에 대한 고의가 둘 다 있어야 한다.
③ 정범이 강도의 예비행위를 할 때 방조행위가 행해졌고 그 후에 정범이 강도의 실행에 착수하지 못했다면 방조자는 강도예비죄의 종범으로 처벌된다.
④ 간호보조원의 무면허 진료행위 후에 이를 의사가 진료부에 기재하는 행위는 무면허의료행위의 방조에 해당한다.

243 방조범에 관한 다음 설명 중 옳지 않은 것은? (다툼이 있으면 판례에 의함)

① 방조범은 정범의 실행을 방조한다는 이른바 방조의 고의와 정범의 행위가 구성요건에 해당하는 행위인 점에 대한 정범의 고의가 있어야 한다.
② 방조범의 경우에 정범의 고의는 정범에 의하여 실현되는 범죄의 구체적 내용을 인식할 것을 요하는 것은 아니고 미필적 인식 또는 예견으로 족하다.
③ 정범이 범행을 한다는 점을 알면서 그 실행행위를 용이하게 한 이상 그 행위가 간접적이거나 직접적이거나를 가리지 않으나, 이 경우 정범이 누구인지는 확실히 알아야 한다.
④ 방조자의 인식과 피방조자의 실행간에 착오가 있고 양자의 구성요건을 달리한 경우에는 원칙적으로 방조자의 고의는 조각되는 것이나, 그 구성요건이 중첩되는 부분이 있는 경우에는 그 중복되는 한도 내에서만 방조자의 죄책을 인정하여야 한다.

244 다음 중 '부작위에 의한' (　) 안 범죄의 방조범이 성립하는 것은 모두 몇 개인가? (다툼이 있으면 판례에 의함)

> ㉠ 법원 경매계에서 입찰사건에 관한 제반 업무를 하는 피고인 甲 등이 자신이 맡고 있는 입찰사건의 입찰보증금이 乙에 의하여 계속적으로 횡령되고 있는 사실을 알면서도, 이를 제지하고 즉시 상관에게 보고하는 등의 방법으로 乙의 횡령행위를 방지하지 않은 경우 (업무상횡령죄)
> ㉡ 조흥은행 중앙지점장인 피고인 甲이 부하직원인 乙 등의 배임행위(어음부정지급보증과 당좌부정결재의 방법으로 영동개발 주식회사에 대하여 자금융통의 편의를 봐주는 행위)를 발견하였으면서도 이미 발생한 손해의 보전에 필요한 조치를 취하지 아니하고 이를 방치한 경우 (업무상배임죄)
> ㉢ 인터넷 포털사이트 내 오락채널 총괄팀장과 오락채널 내 만화사업의 운영 직원인 피고인들이 콘텐츠 제공업체들에 의하여 성인만화방에 음란만화들이 지속적으로 게재되고 있다는 사실을 알면서도 이를 그대로 방치한 경우 (전기통신기본법위반죄)
> ㉣ 백화점에서 상품관리 등의 업무를 담당하는 피고인이 자신이 관리하는 특정매장의 점포에 가짜 상표가 새겨진 상품이 진열·판매되고 있는 사실을 발견하고도 점주 등에게 시정조치를 요구하거나 상급자에게 이를 보고하지 아니함으로써 점주로 하여금 가짜 상표가 새겨진 상품들을 고객들에게 계속 판매하도록 방치한 경우 (상표법위반죄 등)

① 1개　　② 2개
③ 3개　　④ 4개

245 공범과 신분에 관한 다음 설명 중 옳지 않은 것은? (다툼이 있으면 판례에 의함)

① 형법 제33조는 '신분이 있어야 성립되는 범죄에 신분 없는 사람이 가담한 경우에는 그 신분 없는 사람에게도 공동정범과 교사·방조범에 관한 규정을 적용한다. 다만, 신분 때문에 형의 경중이 달라지는 경우에 신분이 없는 사람은 무거운 형으로 벌하지 아니한다.'라고 규정하고 있다.
② 다수설은 형법 제33조 본문은 진정신분범의 성립과 과형을, 단서는 부진정신분범의 성립과 과형을 규정한 것이라고 해석하지만, 판례는 형법 제33조 본문은 진정신분범·부진정신분범의 성립을, 단서는 부진정신분범의 과형을 규정한 것이라고 해석하고 있다.
③ 형법 제33조 소정의 이른바 '신분관계'라 함은 남녀의 성별, 내외국인의 구별, 친족관계, 공무원인 자격과 같은 관계뿐만 아니라 널리 일정한 범죄행위에 관련된 범인의 인적관계인 특수한 지위 또는 상태를 지칭한다.
④ 모해위증죄에 있어 '모해할 목적'이 있었는지의 여부는 행위관련적 요소이므로 이는 형법 제33조 단서 소정의 '신분관계로 인하여 형의 경중이 있는 경우'에 해당한다고 볼 수 없다.

246 공범과 신분에 대한 설명으로 옳지 않은 것은? (다툼이 있으면 판례에 의함)

① 물건의 소유자가 아닌 사람이 소유자의 권리행사방해 범행에 가담한 경우에는 절도죄가 성립할 뿐 권리행사방해죄의 공범이 성립할 여지가 없다.

② 업무자라는 신분관계가 없는 자가 그러한 신분관계 있는 자와 공모하여 업무상배임죄를 저질렀다면, 그러한 신분관계가 없는 공범에 대하여는 단순배임죄에서 정한 형으로 처단하여야 한다.

③ 간호사가 주도적으로 실시한 무면허의료행위에 의사가 간호사와 함께 공모하여 그 공동의사에 의한 기능적 행위지배가 있었다면 의사도 무면허의료행위의 공동정범으로서의 죄책을 진다.

④ 형법 제33조 소정의 신분이라 함은 남녀의 성별, 내·외국인의 구별, 친족관계, 공무원인 자격과 같은 관계뿐만 아니라 널리 일정한 범죄행위에 관련된 범인의 인적관계인 특수한 지위 또는 상태를 지칭한다.

247 형법 제33조의 해석에 관하여 견해(1)과 견해(2)가 존재한다. 아래 사례 중 견해(1)에 합치하는 것을 모두 고른 것은?

〈견해〉
(1) 본문은 진정신분범, 단서는 부진정신분범에 대하여 적용된다.
(2) 본문은 진정신분범과 부진정신분범의 성립에 관한 규정이지만, 단서는 부진정신분범의 과형에 관한 규정이다.

〈사례〉
㉠ 공무원 아닌 乙이 공무원 甲을 교사하여 수뢰죄를 범하게 한 경우 甲은 수뢰죄, 乙은 수뢰죄의 교사범이 성립하고 각자 그 형으로 처벌된다.
㉡ 부인 乙이 그의 아들 甲과 공동하여 남편을 살해한 경우 乙과 甲은 존속살해죄가 성립하고 甲은 존속살해죄, 乙은 보통살인죄의 형으로 처벌된다.
㉢ 도박의 습벽이 없는 乙이 상습도박자 甲을 교사하여 도박하게 한 경우 甲은 상습도박죄, 乙은 단순도박죄의 교사범이 성립하고 각자 그 형으로 처벌된다.
㉣ 업무자 아닌 A의 사무처리자 乙이 업무자라는 신분을 가진 A의 사무처리자 甲을 교사하여 업무상배임죄를 범하게 한 경우 甲은 업무상배임죄, 乙은 업무상배임죄의 교사범이 성립하고 甲은 업무상배임죄, 乙은 단순배임죄의 형으로 처벌된다.

① ㉠
② ㉠, ㉢
③ ㉡, ㉣
④ ㉠, ㉢, ㉣

248 공범과 신분에 관한 설명으로 가장 적절하지 않은 것은? (다툼이 있으면 판례에 의함)

① 甲이 증인 乙을 사주하여 법정에서 위증하게 한 경우 甲은 위증죄의 교사범이 성립한다.
② 공무원 甲이 뇌물공여자로 하여금 뇌물수수죄의 공동정범 관계에 있는 생계를 같이 하는 아내 乙에게 뇌물을 공여하게 한 경우 甲은 뇌물수수죄의 공동정범이 성립한다.
③ 비신분자인 아내 甲과 신분자인 아들 乙이 공동하여 남편을 살해한 경우 아내 甲과 아들 乙에게는 존속살해죄의 공동정범이 성립하고, 아내 甲은 보통살인죄의 형으로 처벌된다.
④ 도박의 습벽이 있는 甲이 도박을 하고 또 상습성 없는 乙의 도박을 방조한 경우 甲은 도박죄로 처벌된다.

249 공범과 신분에 대한 설명으로 옳은 것은? (다툼이 있으면 판례에 의함)

① 甲이 A를 모해할 목적으로 그러한 목적이 없는 乙에게 위증을 교사한 경우 甲은 공범종속성의 원칙에 따라 단순위증죄의 교사범으로 처벌된다.
② 의료인 甲이 의료인 아닌 乙의 무면허의료행위에 공모하여 가공한 경우 의료인의 신분을 가진 甲을 乙의 의료법위반행위의 공범으로 처벌할 수 없다.
③ 신분관계 없는 甲이 신분관계 있는 乙과 공모하여 업무상 배임죄를 저질렀다면 甲에게는 형법 제33조 단서에 의하여 단순배임죄가 성립하고 이에 정한 형으로 처벌된다.
④ 변호사 甲이 변호사 아닌 乙에게 고용되어 법률사무소의 개설·운영에 관여한 경우 이를 처벌하는 규정이 없는 이상 甲을 乙의 변호사법위반행위의 공범으로 처벌할 수 없다.

250 공범과 신분에 대한 설명으로 가장 적절하지 않은 것은? (다툼이 있으면 판례에 의함)

① 비공무원이 공무원과 공동가공의 의사와 이를 기초로 한 기능적 행위지배를 통하여 공무원의 직무에 관하여 뇌물을 수수한 경우 공무원과 비공무원에게 뇌물수수죄의 공동정범이 성립한다.
② 업무상배임죄에서의 업무상의 임무라는 신분관계가 없는 자가 신분관계 있는 자와 공모한 경우 신분관계가 없는 공범에 대하여는 형법 제33조 단서에 따라 단순배임죄에서 정한 형으로 처단하여야 한다.
③ 의사가 의사 면허 없는 일반인의 무면허의료행위에 공모하여 가공하는 등 기능적 행위지배가 인정된다면, 의사도 의료법상 무면허의료행위의 공동정범으로서의 죄책을 진다.
④ 도박의 습벽이 있는 자가 타인의 도박을 방조하면 상습도박방조의 죄에 해당하는 것이며, 도박의 습벽이 있는 자가 도박을 하고 또 도박방조를 하였을 경우 상습도박죄와는 별도로 상습도박방조의 죄가 성립하고 양자는 실체적 경합관계에 있다.

251 공범과 신분에 관한 다음 설명 중 옳지 않은 것은? (다툼이 있으면 판례에 의함)

① 타인의 재물 보관자의 지위가 인정되지 않는 자라고 하더라도 보관자의 지위에 있는 신분자와 공모하여 횡령 범행을 저지른 사실이 인정되면 형법 제33조 본문에 의하여 횡령죄의 공범으로 처단할 수 있다.

② 물건의 소유자가 아닌 사람은 형법 제33조 본문에 따라 소유자의 권리행사방해 범행에 가담한 경우에 한하여 그의 공범이 될 수 있을 뿐이므로 권리행사방해죄의 공범으로 기소된 물건의 소유자에게 고의가 없는 등으로 범죄가 성립하지 않는다면 공동정범이 성립할 여지가 없다.

③ 병가중인 자는 직무유기죄의 주체로 될 수는 없으나 신분이 없는 자라 하더라도 신분이 있는 자의 행위에 가공하는 경우 직무유기죄의 공동정범이 성립하므로, 병가중인 피고인들과 나머지 피고인들 사이에 직무유기의 공범관계가 인정되면 병가중인 피고인들도 직무유기죄의 공동정범으로 처벌받아야 한다.

④ 비공무원이 공무원과 공동가공의 의사와 이를 기초로 한 기능적 행위지배를 통하여 공무원의 직무에 관하여 뇌물을 수수하는 범죄를 실행하였다면 공무원에게는 제3자뇌물수수죄가, 비공무원에게는 제3자뇌물수수방조죄가 각각 성립한다.

252 공범과 신분에 대한 설명 중 가장 적절하지 않은 것은? (다툼이 있으면 판례에 의함)

① 형법 제33조 본문의 신분관계로 인하여 성립될 범죄에는 진정신분범뿐만 아니라 부진정신분범도 포함되며, 단서는 비신분자와 신분자의 과형의 개별화에 관한 규정으로 본다.

② 비신분자인 아내와 신분자인 아들이 공동하여 아버지를 살해한 경우 비신분자인 아내는 존속살해죄가 아닌 보통살인죄로 성립·처벌된다.

③ 공무원이 뇌물공여자로 하여금 공무원과 뇌물수수죄의 공동정범 관계에 있는 비공무원에게 뇌물을 공여하게 하여 비공무원이 뇌물을 받은 경우 비공무원은 공무원과 함께 뇌물수수죄의 공동정범이 성립하고 제3자뇌물수수죄는 성립하지 않는다.

④ 지방공무원의 신분을 가지지 아니하는 사람이 구 지방공무원법에 따라 처벌되는 지방공무원의 범행에 가공한다면 형법 제33조 본문에 의해서 공범으로 처벌받을 수 있다.

253 공범과 신분에 관한 다음 설명 중 옳지 않은 것은? (다툼이 있으면 판례에 의함)

① 피고인으로부터 교사를 받은 자가 피고인이 교사한대로 의사와 공모하여 허위진단서를 작성하였다면 형법 제33조에 의하여 피고인은 허위진단서작성의 교사죄의 죄책을 면할 길이 없다.
② 부가가치세법상 세금계산서를 작성하여 교부하여야 할 자가 아닌 자라도 이를 작성하여 교부하여야 할 자의 교부의무위반행위에 공모, 가공하면 조세범처벌법위반의 공동정범으로서의 책임을 져야 한다.
③ 甲이 A를 모해할 목적으로 乙에게 위증을 교사하였더라도 정범인 乙에게 모해의 목적이 없었다고 한다면 형법 제33조 본문의 규정에 의하여 甲을 모해위증교사죄가 아닌 위증교사죄로 처단하여야 한다.
④ 도박의 습벽이 있는 자가 타인의 도박을 방조하면 상습도박방조의 죄에 해당하는 것이며, 도박의 습벽이 있는 자가 도박을 하고 또 도박방조를 하였을 경우 상습도박방조의 죄는 무거운 상습도박의 죄에 포괄시켜 1죄로서 처단하여야 한다.

254 공범과 신분에 관한 설명 중 옳은 것은 모두 몇 개인가? (다툼이 있으면 판례에 의함)

㉠ 신분관계로 인하여 형의 경중이 있는 경우에 신분이 있는 자가 신분이 없는 자를 교사하여 죄를 범하게 한 때에는 형법 제33조 단서가 형법 제31조 제1항에 우선하여 적용된다.
㉡ 은행원이 아닌 자가 은행원들과 공모하여 업무상배임죄를 저질렀다 하여도 이는 업무상 타인의 사무를 처리하는 신분관계로 인하여 형의 경중이 있는 경우이므로 그러한 신분관계가 없는 자에 대하여서는 형법 제33조 단서에 의하여 형법 제355조 제2항(단순배임죄)에 따라 처단하여야 한다.
㉢ 업무상의 임무라는 신분관계가 없는 자가 신분관계 있는 자와 공모하여 업무상배임죄를 범한 경우 신분관계가 없는 공범에 대하여는 업무상배임죄가 성립한다.
㉣ 물건의 소유자가 아닌 사람은 형법 제33조 본문에 따라 소유자의 권리행사방해죄의 범행에 가담한 경우에 한하여 그의 공범이 될 수 있을 뿐이다. 그러나 권리행사방해죄의 공범으로 기소된 물건의 소유자에게 고의가 없는 등으로 범죄가 성립하지 않는다면 공동정범이 성립할 여지가 없다.

① 1개 　　　　　　　　　② 2개
③ 3개 　　　　　　　　　④ 4개

255 공범에 대한 설명으로 옳지 않은 것은? (다툼이 있으면 판례에 의함)

① 방조범에서 요구되는 정범의 고의는 정범에 의하여 실현되는 범죄의 구체적 내용까지 인식할 것을 요하는 것은 아니다.
② 교사범이 그 공범관계로부터 이탈하기 위하여는 피교사자가 범죄의 실행행위에 나아가기 전에 교사범에 의하여 형성된 피교사자의 범죄 실행의 결의를 해소하는 것이 필요하다.
③ 신분이 있어야 성립되는 범죄에 신분 없는 사람이 가담한 경우에는 그 신분 없는 사람은 그 범죄의 공범이 될 수 없다.
④ 교사범이 성립하기 위하여 범행의 일시·장소·방법 등의 세부적인 사항까지 특정하여 교사할 필요는 없다.

256 교사범과 종범에 대한 설명으로 옳지 않은 것은? (다툼이 있으면 판례에 의함)

① 교사자의 교사행위는 정범의 범죄를 결의하게 할 수 있는 것이면 그 수단에는 제한이 없으며, 명시적이고 직접적인 방법에 의할 것을 필요로 하지 않는다.
② 교사범이 성립함에는 정범의 범죄행위가 인정되는 것이 그 전제요건이 되는데, 이는 공범의 종속성에 연유하는 것은 아니다.
③ 방조행위가 정범의 실행에 대하여 간접적인 경우에도 그 실행행위를 용이하게 하였다면 종범이 될 수 있고, 간접적으로 정범을 방조하는 경우 방조자는 정범이 범행한다는 점을 알고 있어야 하지만 정범이 누구인지를 확실히 알 필요는 없다.
④ 종범에 대한 선고형이 정범보다 가볍지 않다고 하더라도 그것만으로는 위법이라고 할 수 없다.

257 공범에 대한 설명으로 옳지 않은 것은? (다툼이 있으면 판례에 의함)

① 피교사자의 범행이 당초의 교사행위와 무관한 새로운 범죄 실행의 결의에 따른 것이라면 교사자는 예비·음모에 준하는 죄책을 부담함은 별론으로 피교사자에 대한 교사범으로서의 죄책을 부담하지는 않는다.
② 피교사자가 교사자의 교사행위 당시에는 범행을 승낙하지 아니한 것으로 보여진다 하더라도 이후 그 교사행위에 의하여 범행을 결의한 것으로 인정된다면 교사범의 성립에 영향이 없다.
③ 형법상 방조행위는 정범이 범행을 한다는 정을 알면서 그 실행행위를 용이하게 하는 직접·간접의 모든 행위를 가리키는 점에서 방조행위와 정범의 범죄 실현 사이에 반드시 인과관계를 필요로 하는 것은 아니다.
④ 정범의 실행의 착수 이전에 장래의 실행행위를 예상하고 이를 용이하게 하기 위하여 방조한 경우에도 그 후 정범이 실행행위에 나아갔다면 종범이 성립할 수 있다.

258 교사범과 방조범에 관한 설명 중 가장 적절하지 않은 것은? (다툼이 있으면 판례에 의함)

① 교사범이란 타인으로 하여금 범죄실행의 결의를 일으키게 하고, 이 결의에 의하여 범죄를 실행하게 함으로써 성립하는 범죄로서 형법 제31조 제1항에 따라 정범과 동일한 형으로 처벌한다.

② 방조범은 정범의 실행행위를 방조한다는 '방조의 고의'와 정범의 행위가 구성요건에 해당하는 행위인 점에 대한 '정범의 고의'를 갖추어야 하며, 목적범의 경우 정범의 목적에 대한 구체적 내용까지 인식할 것을 요한다.

③ 교사자의 교사행위에도 불구하고 피교사자가 범행을 승낙하지 아니하거나 피교사자의 범행결의가 교사자의 교사행위에 의하여 생긴 것으로 보기 어려운 경우에는 실패한 교사로서 형법 제31조 제3항에 따라 교사자를 예비·음모에 준하여 처벌할 수 있다.

④ 방조범이란 타인의 범죄실행을 방조함으로써 성립하는 범죄이며, 형법 제32조 제2항에 따라 방조범의 형은 정범의 형보다 감경한다.

259 공범에 관한 설명으로 가장 적절하지 않은 것은? (다툼이 있으면 판례에 의함)

① 신분관계로 인하여 형의 경중이 있는 경우에 신분이 있는 자가 신분이 없는 자를 교사하여 죄를 범하게 한 때에는 형법 제33조(공범과 신분) 단서가 형법 제31조(교사범) 제1항에 우선하여 적용된다.

② 교사범이 성립하기 위해 교사범의 교사가 정범의 범행에 대한 유일한 조건일 필요는 없다.

③ 종범은 정범의 실행행위 중에 이를 방조하는 경우는 물론이고 실행의 착수 전에 장래의 실행행위를 예상하고 이를 용이하게 하는 행위를 하여 방조한 경우에도 성립할 수 있고, 이 경우 정범이 실행에 착수하지 않았다 하더라도 종범 성립에는 영향이 없다.

④ 형법상 방조행위는 정범의 실행행위를 용이하게 하는 직접, 간접의 모든 행위를 가리키는 것으로서 작위에 의한 경우뿐만 아니라 부작위에 의하여도 성립된다.

260 공범에 대한 설명으로 옳지 않은 것은? (다툼이 있으면 판례에 의함)

① 교사를 받은 자가 범죄의 실행을 승낙하지 아니한 때에는 교사자만을 음모 또는 예비에 준하여 처벌한다.

② 필요적 공범이라는 것은 법률상 범죄의 실행이 다수인의 협력을 필요로 하는 것을 가리키는 것으로서 이러한 범죄의 성립에는 행위의 공동을 필요로 하는 것에 불과하고 반드시 협력자 전부가 책임이 있음을 필요로 하는 것은 아니다.

③ 공모공동정범에 있어서의 공모는 범죄사실을 구성하는 것으로서 이를 인정하기 위해서는 엄격한 증명이 요구된다.

④ 정범에 의한 법익침해의 위험을 증대시키면 방조범이 성립하므로 방조범에서는 인과관계가 요구되지 아니한다.

261 공범의 착오에 대한 설명으로 옳은 것은? (다툼이 있으면 판례에 의함)

① 방조자의 인식과 정범의 실행간에 착오가 있고 양자의 구성요건을 달리한 경우 그 구성요건이 중첩되는 부분뿐만 아니라 정범의 초과부분에 대해서도 방조자의 죄책을 인정하여야 한다.
② 공범종속성설에 의하면 공범의 가벌성은 교사자 자신의 행위에 의해 결정되기 때문에 교사자의 교사행위가 있는 이상 피교사자의 범죄실행이 없어도 교사한 범죄의 미수범으로 처벌받게 된다.
③ 甲과 乙이 A를 강도하기로 공모하였음에도 불구하고 乙이 공모한 내용과 전혀 다른 강도강간을 한 경우 직접 실행행위에 관여하지 않았더라도 甲은 강도강간죄의 죄책을 진다.
④ 피교사자가 교사자의 교사내용과 전혀 다른 범죄를 실현한 경우 교사범이 성립하지 않는다는 견해에 따르면, 甲이 乙에게 A에 대한 강간을 교사하였는데 乙이 강도를 한 경우 甲은 강간의 예비·음모에 준하여 처벌된다.

262 공범에 관한 설명 중 옳은 것은? (다툼이 있으면 판례에 의함)

① 정범의 성립은 방조범의 구성요건의 일부를 형성하고 방조범이 성립함에는 먼저 정범의 범죄행위가 인정되는 것이 그 전제요건이 된다.
② 모해의 목적을 가진 甲이 모해의 목적이 없는 乙에게 위증을 교사하여 乙이 위증죄를 범한 경우 공범종속성에 따라 甲에게는 모해위증교사죄가 성립할 수 없다.
③ 공문서 작성권자의 직무를 보조하는 공무원이 그 직위를 이용하여 행사할 목적으로 허위내용의 공문서의 초안을 작성한 후 문서에 기재된 내용의 허위사실을 모르는 작성권자에게 제출하여 결재하도록 하는 방법으로 작성권자로 하여금 허위의 공문서를 작성하게 한 경우 그 보조공무원에게는 허위공문서작성죄의 간접정범이 성립하지 않는다.
④ 비신분자가 업무상 타인의 사무를 처리하는 자의 배임행위를 교사한 경우 그 비신분자는 타인의 사무처리자에 해당하지 않으므로 업무상배임죄의 교사범이 성립하지 않는다.

263 공범에 대한 설명으로 옳지 않은 것은? (다툼이 있으면 판례에 의함)

① 방조는 정범의 실행행위 중에 이를 방조하는 경우뿐만 아니라 실행 착수 전에 장래의 실행행위를 예상하고 이를 용이하게 하는 행위를 하여 방조한 경우에도 성립한다.

② 방조범은 정범의 실행을 방조한다는 이른바 방조의 고의와 정범의 행위가 구성요건에 해당하는 행위인 점에 대한 정범의 고의가 있어야 하며, 정범의 고의는 정범에 의하여 실현되는 범죄의 구체적 내용을 인식할 것을 요하는 것은 아니고 미필적 인식 또는 예견으로 족하다.

③ 어느 행위로 인하여 처벌되지 아니하는 자 또는 과실범으로 처벌되는 자를 교사 또는 방조하여 범죄행위의 결과를 발생하게 한 자는 공동정범의 예에 의하여 처벌한다.

④ 강제추행죄는 정범 자신이 직접 범죄를 실행하여야 성립하는 자수범이라고 볼 수 없으므로 피해자를 도구로 삼아 피해자의 신체를 이용하여 추행행위를 한 경우에도 강제추행죄의 간접정범에 해당할 수 있다.

264 부작위범에 관한 설명으로 가장 적절하지 않은 것은? (다툼이 있으면 판례에 의함)

① 부작위범 사이의 공동정범은 다수의 부작위범에게 공통된 의무가 부여되어 있고 그 의무를 공통으로 이행할 수 있는 경우에 성립한다.

② 인터넷 포털 사이트 내 오락채널 총괄팀장 甲과 동 오락채널 내 만화사업의 운영 직원 乙에게 만화콘텐츠를 관리·감독할 권한과 능력이 있었고, 음란만화가 지속적으로 게재되는 사실을 알고 있었다면 甲과 乙은 콘텐츠제공업체들이 게재하는 음란만화의 삭제를 요구할 조리상의 의무가 있다.

③ 연구책임자가 처음부터 소속 학생연구원들에게 연구비를 개별적으로 지급할 의사 없이 공동관리계좌를 관리하면서 사실상 그 처분권을 가질 의도하에 이를 숨기고 산학협력단에 연구비를 신청하여 지급받았다면 이는 산학협력단에 대한 관계에 있어 기망에 의한 편취행위에 해당한다.

④ 아파트 전매인이 전매할 때 아파트 분양회사의 대표이사가 그 분양업무와 관련된 형사사건으로 유죄판결을 받은 사실이 있다면 그 내용이 매수인의 위 아파트 소유권취득에 영향을 미치는 사법상 효력에 관계있는 것이 아니더라도 매수인에게 고지할 의무가 있다.

265 부작위범에 관한 다음 설명 중 가장 틀린 것은? (다툼이 있으면 판례에 의함)

① 부작위범에 대한 교사·방조는 가능하다.
② 보증인지위 있는 자의 부작위에 의한 교사는 가능하다.
③ 부작위범 사이의 공동정범은 다수의 부작위범에게 공통된 의무가 부여되어 있고 그 의무를 공통으로 이행할 수 있을 때에 성립한다.
④ 진정부작위범의 미수는 불가능하나 형법상 예외적으로 처벌규정이 있으며, 부진정부작위범의 경우는 미수가 인정된다.

266 부작위범에 관한 설명 중 옳지 않은 것은? (다툼이 있는 경우 판례에 의함)

① 특정한 행위를 하지 아니하는 부작위가 형법적으로 부작위로서의 의미를 가지기 위해서는, 보호법익의 주체에게 해당 구성요건적 결과발생의 위험이 있는 상황에서 행위자가 구성요건의 실현을 회피하기 위하여 요구되는 행위를 현실적·물리적으로 행할 수 있었음에도 하지 아니하였다고 평가될 수 있어야 한다.
② 부진정부작위범의 고의는 반드시 구성요건적 결과발생에 대한 목적이나 계획적인 범행 의도가 있어야 하는 것은 아니고 법익침해의 결과발생을 방지할 법적 작위의무를 가지고 있는 사람이 의무를 이행함으로써 결과발생을 쉽게 방지할 수 있었음을 예견하고도 결과발생을 용인하고 이를 방관한 채 의무를 이행하지 아니한다는 인식을 하면 족하다.
③ 어떠한 범죄가 적극적 작위에 의하여 이루어질 수 있음은 물론 결과의 발생을 방지하지 아니하는 소극적 부작위에 의하여도 실현될 수 있는 경우에, 행위자가 자신의 신체적 활동이나 물리적·화학적 작용을 통하여 적극적으로 타인의 법익 상황을 악화시켰더라도 작위에 의하여 악화된 법익 상황을 다시 되돌리지 아니하였다면 이를 부작위범으로 보아야 한다.
④ 부작위범 사이의 공동정범은 다수의 부작위범에게 공통된 의무가 부여되어 있고 그 의무를 공통으로 이행할 수 있을 때에만 성립한다.

267 甲은 물에 빠진 아들 A(7세)를 구할 수 있었음에도 살인의 고의로 아무런 조치를 취하지 않았다. ㉠ A가 이로 인하여 사망한 경우 또는 ㉡ A가 다른 사람에 의하여 구조된 경우에 관한 설명 중 옳지 않은 것은? (다툼이 있는 경우 판례에 의함)

① ㉠에서 甲이 A를 자신의 아들이 아닌 다른 아이라 착각하여 구조의무가 없다고 생각하여 방치·사망하게 한 것이라면 보증인지위와 보증인의무를 각각 구성요건요소와 위법성요소로 파악하는 견해에 따를 때 甲의 착오는 보증인의무에 대한 착오로서 금지착오가 된다.
② ㉠에서 甲에 대한 교사범이 존재하는 경우, 교사범에게는 보증인지위가 요구되지 않는다.
③ ㉠에서 甲이 살인의 고의 없이 아들 A를 구하지 못하여 A가 사망한 것이라면 甲이 객관적 주의의무를 위반하여 위험을 방지하지 않았다는 점이 인정되는 때에는 부작위에 의한 과실치사죄가 성립할 수 있다.
④ ㉡에서 甲은 부진정부작위범의 형태로 살인미수죄를 범한 것이다.

268 부작위범에 관한 다음 설명 중 옳지 않은 것은? (다툼이 있으면 판례에 의함)

① 위험의 발생을 방지할 의무가 있거나 자기의 행위로 인하여 위험발생의 원인을 야기한 자가 그 위험발생을 방지하지 아니한 때에는 그 발생된 결과에 의하여 처벌한다.
② 형법 제18조에서 말하는 부작위는 법적 기대라는 규범적 가치판단 요소에 의하여 사회적 중요성을 가지는 사람의 행태가 되어 법적 의미에서 작위와 함께 행위의 기본 형태를 이루게 되는 것이다.
③ 특정한 행위를 하지 아니하는 부작위가 형법적으로 부작위로서의 의미를 가지기 위해서는 보호법익의 주체에게 해당 구성요건적 결과발생의 위험이 있는 상황에서 행위자가 구성요건의 실현을 회피하기 위하여 요구되는 행위를 현실적·물리적으로 행할 수 있었음에도 하지 아니하였다고 평가될 수 있어야 한다.
④ 어떠한 범죄가 작위에 의하여 이루어질 수 있음은 물론 부작위에 의하여도 실현될 수 있는 경우에, 행위자가 자신의 신체적 활동이나 물리적·화학적 작용을 통하여 적극적으로 타인의 법익 상황을 악화시킴으로써 결국 그 타인의 법익을 침해하기에 이르렀다면 이는 부작위에 의한 범죄로 봄이 원칙이다.

269 다음 〈보기〉 중 부작위범에 대한 설명으로 옳지 않은 것을 모두 고른 것은? (다툼이 있으면 판례에 의함)

> ㉠ 부진정부작위범에서의 보증인지위와 보증의무를 구별하는 입장에 의하면 보증의무가 존재하지 아니하는 것으로 착오한 경우는 법률의 착오로 취급된다.
> ㉡ 임대인이 임대차계약을 체결하면서 임차인에게 임대목적물이 경매진행 중인 사실을 알리지 않은 경우 임차인이 등기부를 확인 또는 열람하는 것이 가능하였다면 임대인에게 사기죄가 성립하지 않는다.
> ㉢ 진정부작위범과 부진정부작위범 모두 작위의무가 법적으로 인정되더라도 작위의무를 이행하는 것이 사실상 불가능한 상황이었다면 부작위범이 성립할 수 없다.
> ㉣ 부진정부작위범의 요건으로 행위태양의 동가치성을 요구하는 것은 부진정부작위범의 형사처벌을 확장하는 기능을 한다.
> ㉤ 의사가 수술 후 치료를 계속하지 않으면 환자가 사망할 수 있음을 알면서도 보호자의 강력한 요청으로 치료를 중단하고 퇴원을 허용하여 보호자의 방치로 환자가 사망한 경우 그 의사에게는 부작위에 의한 살인방조죄가 성립한다.

① ㉡, ㉢, ㉣
② ㉡, ㉢, ㉤
③ ㉡, ㉣, ㉤
④ ㉠, ㉣, ㉤

270 부작위범에 대한 설명 중 가장 적절하지 않은 것은? (다툼이 있으면 판례에 의함)

① 부작위범에 대한 교사는 가능하지만, 부작위에 의한 교사는 불가능하다.
② 부진정부작위범의 작위의무에는 신의성실의 원칙이나 사회상규 또는 조리상 작위의무가 기대되는 경우도 포함된다.
③ 부진정부작위범은 작위범에 비해 불법의 정도가 가벼우므로 형법 제18조에 의하여 형을 감경할 수 있도록 규정하고 있다.
④ 일정한 기간 내에 잘못된 상태를 바로 잡으라는 행정청의 지시를 이행하지 않았다는 것을 구성요건으로 하는 범죄는 이른바 진정부작위범으로서 그 의무이행기간의 경과에 의하여 범행이 기수에 이른다.

271 부작위범에 관한 다음 설명 중 옳지 않은 것은? (다툼이 있으면 판례에 의함)

① 작위는 물론 부작위에 의하여도 실현될 수 있는 범죄의 경우 행위자가 자신의 신체적 활동이나 물리적·화학적 작용을 통하여 적극적으로 타인의 법익 상황을 악화시킴으로써 결국 그 타인의 법익을 침해하기에 이르렀다면 이는 작위에 의한 범죄로 봄이 원칙이다.
② 부진정부작위범에서 작위의무는 법령, 법률행위, 선행행위로 인한 경우는 물론, 신의성실의 원칙이나 사회상규 혹은 조리상 작위의무가 기대되는 경우에도 인정된다.
③ 부진정부작위범에서의 고의는 자신의 부작위가 작위와 동가치하다는 점에 대한 인식을 필요로 하므로 작위의무자의 예견 또는 인식 등이 불확정적인 미필적 고의로는 부진정부작위범의 고의가 인정되지 않는다.
④ 형법상 방조는 작위에 의하여 정범의 실행을 용이하게 하는 경우는 물론, 직무상의 의무가 있는 자가 정범의 범죄행위를 인식하면서도 그것을 방지하여야 할 제반 조치를 취하지 아니하는 부작위로 인하여 정범의 실행행위를 용이하게 하는 경우에도 성립된다.

272 다음은 부작위에 의한 살인죄에 관한 설명이다. 옳지 않은 것은? (다툼이 있으면 판례에 의함)

① 살인죄가 성립하기 위하여는 보호법익의 주체가 그 법익에 대한 침해위협에 대처할 보호능력이 없고, 부작위행위자에게 그 침해위협으로부터 법익을 보호해 주어야 할 법적 작위의무가 있어야 한다.
② 법익을 보호해 주어야 할 법적 작위의무는 법령, 법률행위, 선행행위로 인한 경우는 물론, 신의성실의 원칙이나 사회상규 혹은 조리상 작위의무가 기대되는 경우에도 인정된다.
③ 살인죄가 성립하기 위하여는 부작위행위자가 보호적 지위에서 법익침해를 일으키는 사태를 지배하고 있으면 족하고, 그 작위의무의 이행으로 결과발생을 쉽게 방지할 수 있어야 할 필요까지는 없다.
④ 작위의무를 이행하였다면 그 결과가 발생하지 않았을 것이라는 관계가 인정될 경우에는 그 작위를 하지 않은 부작위와 사망의 결과 사이에 인과관계가 있는 것으로 보아야 한다.

273 부작위범에 대한 설명으로 옳지 않은 것은? (다툼이 있으면 판례에 의함)

① 선행행위로 인한 부작위범의 경우 선행행위에 대한 고의·과실 혹은 유책·위법이 없는 경우에도 작위의무는 발생할 수 있다.
② 부작위범 사이의 공동정범은 다수의 부작위범에게 공통된 의무가 부여되어 있고, 그 의무를 공통으로 이행할 수 있을 때에만 성립한다.
③ 부진정부작위범의 성립요건으로서 작위의무는 법적 작위의무이어야 하므로 사회상규 혹은 조리상 작위의무가 기대되는 경우에는 인정되지 않는다.
④ 사기죄에 있어서 부작위에 의한 기망은 법률상 고지의무 있는 자가 일정한 사실에 관하여 상대방이 착오에 빠져 있음을 알면서도 이를 고지하지 아니하는 것을 말한다.

274 부작위범에 대한 설명으로 옳지 않은 것은? (다툼이 있으면 판례에 의함)

① 형법 제18조에서 규정한 부작위는 법적 기대라는 규범적 가치판단 요소에 의해 사회적 중요성을 가지는 사람의 행태이다.

② 형법이 금지하고 있는 법익침해의 결과발생을 방지할 법적인 작위의무를 지고 있는 자가 그 의무를 이행함으로써 결과발생을 쉽게 방지할 수 있는데도 결과발생을 용인하고 방관한 채 의무를 이행하지 아니한 것이 범죄의 실행행위로 평가될 만한 것이라면 부작위범으로 처벌할 수 있다.

③ 게임산업진흥에 관한 법률 제45조 제2호(허가를 받지 아니하거나 등록을 하지 아니하고 영업을 한 자) 위반은 청소년게임제공업 등을 영위하고자 하는 자가 등록의무를 이행하지 아니하였다는 것만으로 구성요건이 실현되는 것은 아니고, 나아가 영업을 하였다는 요건까지 충족되어야 비로소 구성요건이 실현되는 것이므로 진정부작위범으로 볼 것은 아니다.

④ 피고인이 일부러 건축자재를 피해자의 토지 위에 쌓아 두어 공사 현장을 막은 것이 아니고 당초 자신의 공사를 위해 쌓아 두었던 건축자재를 공사대금을 받을 목적으로 공사 완료 후 치우지 않은 경우는 위력으로써 피해자의 추가 공사 업무를 방해하는 업무방해죄의 실행행위로서 피해자의 업무에 대한 적극적인 방해행위와 동등한 형법적 가치를 가진다.

275 부작위범에 대한 설명으로 옳지 않은 것은? (다툼이 있으면 판례에 의함)

① 작위의무가 법적으로 인정되는 부진정부작위범이라 하더라도 작위의무를 이행하는 것이 사실상 불가능한 상황이었다면 부작위범이 성립할 수 없다.

② 하나의 행위가 부작위범인 직무유기죄와 작위범인 허위공문서작성죄 및 허위작성공문서행사죄의 구성요건을 동시에 충족하는 경우 공소제기권자는 작위범인 허위공문서작성죄 및 허위작성공문서행사죄로 공소를 제기하지 아니하고 부작위범인 직무유기죄로만 공소를 제기할 수 있다.

③ 진정부작위범은 미수 성립이 불가능하여 형법에서는 미수범 처벌규정이 존재하지 않는 반면, 부진정부작위범은 미수 성립이 가능하다.

④ 부작위에 의한 살인에 있어서 작위의무를 이행하였다면 사망의 결과가 발생하지 않았을 것이라는 관계가 인정될 경우 부작위와 사망의 결과 사이에 인과관계가 인정된다.

276 부작위범에 대한 설명으로 옳지 않은 것은? (다툼이 있으면 판례에 의함)

① 업무방해죄와 같이 작위를 내용으로 하는 범죄를 부작위에 의하여 범하는 부진정부작위범이 성립하기 위해서는 부작위를 실행행위로서의 작위와 동일시할 수 있어야 한다.
② 형법 제18조 부작위범의 성립을 위한 작위의무의 발생근거와 형법 제271조 유기죄의 성립을 위한 보호의무의 발생근거는 그 범위가 동일하다.
③ 수사관이 검사로부터 범인을 검거하라는 지시를 받고서도 그 직무상의 의무에 따른 적절한 조치를 취하지 아니하고 오히려 범인에게 전화로 도피하라고 권유하여 범인을 도피케 한 경우 작위범인 범인도피죄만이 성립하고 부작위범인 직무유기죄는 따로 성립하지 아니한다.
④ 부작위에 의한 기망은 법률상 고지의무 있는 자가 일정한 사실에 관하여 상대방이 착오에 빠져 있음을 알면서도 이를 고지하지 아니하는 것으로서 거래의 경험칙상 상대방이 그 사실을 알았더라면 당해 법률행위를 하지 않았을 것이 명백한 경우에는 신의칙에 비추어 그 사실을 고지할 법률상 의무가 인정된다.

277 부작위범에 대한 설명으로 가장 적절하지 않은 것은? (다툼이 있으면 판례에 의함)

① 형법상 방조행위는 정범의 실행을 용이하게 하는 직접적 행위만을 가리키는 것으로서 작위에 의한 방조만이 가능하고 부작위에 의해서는 성립할 수 없다.
② 부작위범에 있어 작위의무는 법적인 의무이어야 하므로 단순한 도덕상 또는 종교상의 의무는 포함되지 않으나 작위의무가 법적인 의무인 한 성문법이건 불문법이건 상관이 없고 또 공법이건 사법이건 불문하므로, 법령, 법률행위, 선행행위로 인한 경우는 물론이고 기타 신의성실의 원칙이나 사회상규 혹은 조리상 작위의무가 기대되는 경우에도 법적인 작위의무는 있다.
③ 부작위범 사이의 공동정범은 다수의 부작위범에게 공통된 의무가 부여되어 있고 그 의무를 공통으로 이행할 수 있을 때에만 성립한다.
④ 하나의 행위가 부작위범인 직무유기죄와 작위범인 허위공문서작성·행사죄의 구성요건을 동시에 충족하는 경우 공소제기권자는 재량에 의하여 작위범인 허위공문서작성·행사죄로 공소를 제기하지 않고 부작위범인 직무유기죄로만 공소를 제기할 수 있다.

278 부작위범에 대한 설명으로 옳지 않은 것은? (다툼이 있으면 판례에 의함)

① 위험의 발생을 방지할 의무가 있거나 자기의 행위로 인하여 위험발생의 원인을 야기한 자가 그 위험발생을 방지하지 아니하여 발생한 범죄결과에 대해서는 그 형을 감경 또는 면제한다.

② 부진정부작위범의 경우에는 보호법익의 주체가 그 법익에 대한 침해위협에 대처할 보호능력이 없고 부작위행위자에게 그 침해위협으로부터 법익을 보호해 주어야 할 작위의무가 있어야 하는데, 이 작위의무는 법령·법률행위·선행행위로 인한 경우는 물론 신의성실의 원칙이나 사회상규 혹은 조리상 작위의무가 기대되는 경우에도 인정된다.

③ 특정한 행위를 하지 아니하는 부작위가 형법적으로 부작위로서의 의미를 가지기 위해서는 보호법익의 주체에게 해당 구성요건적 결과발생의 위험이 있는 상황에서 행위자가 구성요건 실현을 회피하기 위하여 요구되는 행위를 현실적·물리적으로 행할 수 있었음에도 하지 아니하였다고 평가될 수 있어야 한다.

④ 형법상 방조행위는 정범의 실행행위를 용이하게 하는 직·간접의 모든 행위를 가리키는 것으로서 작위에 의한 경우뿐만 아니라 부작위에 의하여도 성립한다.

279 업무상과실과 중과실에 관한 다음 설명 중 옳지 않은 것은? (다툼이 있으면 판례에 의함)

① 업무상과실치상죄에서 '업무상 과실'이라 함은 당해 업무의 내용과 성질 또는 담당자의 업무상 지위 등에 비추어 요구되는 주의의무를 게을리 함으로써 결과발생을 예견하거나 회피하지 못한 경우를 말한다.

② 업무상과실치상죄에서 '업무'란 사람의 사회생활면에서 하나의 지위로서 계속적으로 종사하는 사무를 말하고, 여기에는 수행하는 직무 자체가 위험성을 갖기 때문에 안전배려를 의무의 내용으로 하는 경우는 물론 사람의 생명·신체의 위험을 방지하는 것을 의무내용으로 하는 업무도 포함된다.

③ 건물의 소유자로서 건물을 비정기적으로 수리하거나 건물의 일부분을 임대하였다는 사정이 있는 경우 이는 안전배려 내지 안전관리 사무에 계속적으로 종사하여 사회생활면에서 하나의 지위로서의 계속성을 가진다고 볼 수 있으므로 업무상과실치상죄에 있어서의 '업무'에 해당한다.

④ 중과실은 행위자가 극히 근소한 주의를 함으로써 결과발생을 인식할 수 있음에도 불구하고 부주의로서 이를 인식하지 못한 경우를 말한다.

280 의료행위에 있어서 과실 여부에 대한 설명으로 옳은 것은? (다툼이 있으면 판례에 의함)

① 의사가 자신의 환자에 대하여 다른 의사를 지휘·감독하는 지위에 있다면 그 의료영역이 다른 의사에게 전적으로 위임된 경우라도 다른 의사의 의료행위 내용이 적절한 것인지를 확인하고 감독하여야 할 업무상 주의의무가 있다.

② 내과의사가 신경과 전문의와의 협의진료 결과를 신뢰하여 뇌혈관계통 질환의 가능성을 배제하고 피해자의 증세 호전에 따라 퇴원조치한 경우 피해자의 지주막하출혈을 발견하지 못한 데 대한 업무상과실이 인정된다.

③ 혈액원장인 피고인들이 헌혈자들로부터 혈액의 적격 여부를 확인하지 않고 채혈하였고 혈액원 소속의 검사자들이 그 채혈한 혈액의 검사를 잘못한 상태에서 부적격 혈액들을 출고하여 이를 수혈받은 피해자들로 하여금 C형 간염 등이 감염되는 상해를 입게 한 경우라도 그 인과관계를 인정할 수 없어 피고인들을 업무상과실치상죄로 처벌할 수 없다.

④ 산부인과 의사인 피고인 甲이 피해자에 대한 임신중절수술을 시행하기 위하여 마취주사를 시주함에 있어 피고인이 직접 주사하지 아니하고 만연히 간호조무사에 불과한 乙로 하여금 직접방법에 의하여 에폰톨 500mg이 함유된 마취주사를 피해자의 우측 팔에 놓게 하여 피해자에게 상해를 입혔다면 의사로서의 주의의무를 다하지 아니한 과실이 있다 할 것이다.

281 과실범에 대한 설명으로 가장 적절한 것은? (다툼이 있으면 판례에 의함)

① 의사가 설명의무를 위반한 채 의료행위를 하였다가 환자에게 사망의 결과가 발생한 경우 의사에게 업무상 과실로 인한 형사책임을 지우기 위해서는 의사의 설명의무 위반과 환자의 사망 사이에 상당인과관계가 존재할 필요는 없다.

② 의료사고에서 의사의 과실과 결과 발생 사이에 인과관계를 인정하기 위해서는 주의의무위반이 없었더라면 그러한 결과가 발생하지 않았을 것임이 증명되어야 한다.

③ 과실이 있는 경우 결과가 발생하지 않거나 과실과 결과 사이에 인과관계가 부정될 때에는 과실미수범으로 처벌된다.

④ 의사들의 주의의무 위반과 처방체계상의 문제점으로 인하여 수술 후 회복과정에 있는 환자에게 인공호흡 준비를 갖추지 않은 상태에서는 사용할 수 없는 약제가 잘못 처방되었고, 종합병원의 간호사로서 환자에 대한 투약 과정 및 그 이후의 경과 관찰 등의 직무 수행을 위하여 처방 약제의 기본적인 약효나 부작용 및 주사 투약에 따르는 주의사항 등을 미리 확인·숙지하였다면 과실로 처방된 것임을 알 수 있었음에도 그대로 주사하여 환자가 의식불명 상태에 이르게 된 사안에서, 간호사에게는 업무상과실치상의 형사책임은 인정되지 않는다.

282 의료관계자 등의 형사책임에 대한 설명으로 옳은 것은? (다툼이 있으면 판례에 의함)

① 환자가 자기결정권을 행사하여 명시적인 수혈 거부 의사를 밝힘에 따라 수혈하지 아니함을 전제로 수술하던 중 수술 과정에서 응급상태가 발생하였으나 수혈을 하지 아니하여 사망한 경우 환자의 생명을 보존하기 위해 반드시 요구되는 수혈 방법을 선택하지 아니하였다는 사정만으로도 의사의 주의의무 위반이 인정된다.

② 의료기사법에 따라 면허를 받은 작업치료사가 아동에 대한 신체적·정신적 기능장애를 회복시키기 위한 작업요법적 치료를 수행하는 과정에서 발생한 사고에서 작업치료사의 과실을 인정하기 위해서는 그가 결과발생을 예견할 수 있고 또 회피할 수도 있었음에도 이를 하지 못한 점을 인정할 수 있어야 하고, 과실 유무를 판단할 때에는 같은 업무·직무에 종사하는 일반적 평균인의 주의 정도를 표준으로 하여 사고 당시에 일반적으로 이루어지는 작업치료의 수준과 환경 및 조건, 작업치료행위의 특수성 등을 고려하여야 한다.

③ 다수의 의사가 의료행위를 분담하는 경우 환자에 대하여 주된 의사의 지위에 있는 자는 그 의료행위의 영역이 자신의 전공과목이 전적으로 아닌 때에도 다른 의사가 하는 의료행위의 내용이 적절한 것인지의 여부를 확인하고 감독하여야 할 업무상 주의의무를 부담한다.

④ 경력이 오래된 간호사는 잘 모르는 약제가 처방되었다는 등의 사유만으로도 그 처방의 적정성을 의심하여 의사에게 확인할 주의의무가 있다.

283 다음 사례 중 甲에게 업무상 과실이 인정되지 않는 것은? (다툼이 있으면 판례에 의함)

① 병원 인턴 甲은 응급실로 이송되어 온 익수환자 A를 담당의사 乙의 지시(이송 도중 A에 대한 앰부 배깅과 진정제 투여 업무만을 지시)에 따라 구급차에 태워 다른 병원으로 이송하던 중 산소통의 산소잔량을 체크하지 않아 산소 공급이 중단되어 A가 폐부종 등으로 사망한 경우

② 골프장의 경기보조원 甲은 골프 카트에 A를 태우면서 출발에 앞서 안전 손잡이를 잡도록 고지하지 않고, 이를 잡았는지 확인하지도 않은 채 출발 후 각도 70°가 넘는 우로 굽은 길에서 속도를 줄이지 않고 급하게 우회전하여 A가 골프카트에서 떨어져 상해를 입은 경우

③ 담당 의사가 췌장 종양 제거수술 직후의 환자 A에 대하여 1시간 간격으로 4회 활력징후를 측정하라고 지시하였는데, 일반병실에 근무하는 간호사 甲이 중환자실이 아닌 일반병실에서는 그러할 필요가 없다고 생각하여 2회만 측정한 채 3회차 이후 이를 측정하지 않았고, 甲과 근무를 교대한 간호사 乙 역시 자신의 근무시간 내 4회차 측정시각까지 이를 측정하지 아니하여, A는 그 시각으로부터 약 10분 후 심폐정지 상태에 빠졌다가 이후 약 3시간이 지나 과다출혈로 사망한 경우

④ 건축자재인 철판 수백 장의 운반을 의뢰한 생산자 甲이 절단면이 날카롭고 무거운 철판을 묶기에 매우 부적합한 폴리에스터 끈을 사용하여 철판 묶음 작업을 한 탓에 철판쏠림 현상이 발생하였고, 이로 인하여 철판을 차에서 내리는 과정에서 철판이 쏟아져 내려 화물차 운전자 A가 사망한 경우

284 과실범에 대한 설명으로 가장 적절한 것은? (다툼이 있으면 판례에 의함)

① 법인 대표자의 법규위반행위에 대한 법인의 책임은 법인 자신의 법규위반행위로 평가될 수 있는 행위에 대한 법인의 직접책임으로서의 성격을 가지지만, 대표자의 과실에 의한 위반행위에 대하여는 법인 자신의 과실에 의한 책임이라고 할 수 없다.

② 의사가 설명의무를 위반한 채 의료행위를 하였다가 환자에게 사망의 결과가 발생한 경우 의사에게 업무상 과실로 인한 형사 책임을 지우기 위하여 의사의 설명의무위반과 환자의 사망 사이에 상당인과관계가 존재할 필요는 없다.

③ 의료사고에서 의사의 과실을 인정하기 위해서는 의사가 결과발생을 예견할 수 있었음에도 이를 예견하지 못하였고 결과발생을 회피할 수 있었음에도 이를 회피하지 못한 과실이 검토되어야 하고, 과실의 유무를 판단할 때에는 같은 업무와 직무에 종사하는 보통인의 주의 정도를 표준으로 하여야 한다.

④ 甲이 사업당시 공사현장감독자이기는 하였으나 해당 공사의 발주자에 의하여 현장감독에 임명된 것이 아니고 구 건설업법상 요구되는 현장건설기술자의 자격도 없었다면 비록 그의 현장감독 부주의로 인하여 근로자가 다쳤다고 하더라도 甲에게 업무상 과실책임을 물을 수 없다.

285 신뢰의 원칙에 대한 설명으로 옳지 않은 것은? (다툼이 있으면 판례에 의함)

① 신뢰의 원칙은 의료행위 등과 같이 위험을 수반하는 공동작업에 종사하는 자에게도 적용되므로 의사와 보조자의 관계에서와 같이 다른 사람에 대한 지휘·감독 의무가 있는 자에게도 제한 없이 적용된다.

② 모든 차의 운전자는 횡단보도 표시구역을 통과하면서 보행자가 횡단보도 노면표시가 없는 곳에서 갑자기 건너오지 않을 것이라고 신뢰하는 것이 당연하고 그렇지 아니할 이례적인 사태의 발생까지 예상하여 그에 대한 주의의무를 다하여야 한다고는 할 수 없다.

③ 신뢰의 원칙은 상대방 교통관여자가 도로교통 관련 제반 법규를 지켜 자동차의 운행 또는 보행에 임하리라고 신뢰할 수 없는 특별한 사정이 있는 경우에는 적용이 배제된다.

④ 보행자 신호가 녹색신호에서 정지신호로 바뀔 무렵 전후에 횡단보도를 통과하는 자동차 운전자는 보행자가 교통신호를 철저히 준수할 것이라는 신뢰만으로 자동차를 운전할 것이 아니라 좌우에서 이미 횡단보도에 진입한 보행자가 있는지 여부를 살펴보고 보행자의 안전을 위해 어느 때라도 정지할 수 있는 태세를 갖추고 자동차를 운전하여야 할 업무상 주의의무가 있다.

286 과실범에 관한 다음 설명 중 옳지 않은 것은? (다툼이 있으면 판례에 의함)

① 피고인이 성냥불로 담배를 붙인 다음 그 성냥불이 꺼진 것을 확인하지 아니한 채 휴지가 들어 있는 플라스틱 휴지통에 던진 것을 중대한 과실이 있는 경우에 해당한다.

② 임차인이 자신의 비용으로 설치·사용하던 가스설비의 휴즈콕크를 아무런 조치 없이 제거하고 이사를 간 후 가스공급을 개별적으로 차단할 수 있는 주밸브가 열려져 가스가 유입되어 폭발사고가 발생한 경우 임차인의 과실과 가스폭발사고 사이의 상당인과관계가 인정된다.

③ 자동차의 운전자가 통상 예견되는 상황에 대비하여 결과를 회피할 수 있는 정도의 주의의무를 다하지 못한 것이 교통사고 발생의 직접적인 원인이 되었더라도 자동차가 보행자를 직접 충격한 것이 아니고 보행자가 자동차의 급정거에 놀라 도로에 넘어져 상해를 입은 경우라면 업무상 주의의무 위반과 교통사고 발생 사이에 상당인과관계를 인정할 수 없다.

④ 피해자가 횡단보도를 건너면서 강철빔에 부딪쳐 상해를 입은 경우 일부 도로 지점에서 기존의 횡단보도 표시선이 제대로 지워지지 않고 드러나 있었다거나 피고인이 라바콘을 3개만 설치하고 신호수 1명을 배치하는 외에 별다른 조치를 취하지 아니하였다고 하더라도 그것과 사고발생 사이에 상당인과관계에 있다고 보기 어렵다.

287 과실범에 대한 설명으로 가장 적절하지 않은 것은? (다툼이 있으면 판례에 의함)

① 골프와 같은 개인 운동경기에서 경기에 참가하는 자는 자신의 행동으로 인해 다른 사람이 다칠 수도 있으므로 경기규칙을 준수하고 주위를 살펴 상해의 결과가 발생하는 것을 미연에 방지해야 할 주의의무가 있다.

② 함께 술을 마신 후 만취된 피해자를 촛불이 켜져 있는 방안에 혼자 눕혀 놓고 촛불을 끄지 않고 나오는 바람에 화재가 발생하여 피해자가 사망한 경우 화재가 발생할 것은 예상할 수 없으므로 과실치사의 책임을 물을 수 없다.

③ 육교 밑 차도를 주행하는 자동차 운전자가 전방 보도 위에 서 있는 피해자를 발견했다 하더라도 육교를 눈앞에 둔 피해자가 특히 차도로 뛰어들 거동이나 기색을 보이지 않는 한 일반적으로 차도로 뛰어들어 오리라고 예견하기 어렵다.

④ 고령의 간경변증 환자인 피해자에게 화상 치료를 위한 가피절제술과 피부이식수술을 실시하기 전에 출혈과 혈액량 감소로 신부전이 발생하여 생명이 위험할 수 있다는 점에 대해 피해자와 피해자의 보호자에게 설명을 하지 아니한 채 수술을 실시한 과실로 인하여 환자가 사망한 경우 의사에게 업무상 과실로 인한 형사책임을 지우기 위해서는 의사의 설명의무 위반과 환자의 사망 사이에 상당인과관계가 존재하여야 한다.

288 과실범에 관한 설명 중 가장 적절하지 않은 것은? (다툼이 있으면 판례에 의함)

① 의료과오사건에서 의사의 과실을 인정하려면 결과 발생을 예견할수 있고 또 회피할 수 있었는데도 예견하거나 회피하지 못한 점을 인정할 수 있어야 하는데, 의사의 과실이 있는지는 같은 업무 또는 분야에 종사하는 평균적인 의사가 보통 갖추어야 할 통상의 주의의무를 기준으로 판단하여야 한다.

② 택시운전자인 피고인이 심야에 밀집된 주택 사이의 좁은 골목길이자 직각으로 구부러져 가파른 비탈길의 내리막에 누워 있던 피해자의 몸통 부위를 자동차 바퀴로 역과하여 사망에 이르게 하고 그 자리에서 도주한 경우 위 사고 당시 시각과 사고 당시 도로 상황 등에 비추어 자동차 운전업무에 종사하는 피고인으로서는 평소보다 더욱 속도를 줄이고 전방 좌우를 면밀히 주시하여 안전하게 운전함으로써 사고를 미연에 방지할 주의의무가 있다.

③ 야간에 고속도로에서 차량을 운전하는 자는 주간과는 달리 노면상태 및 가시거리상태 등에 따라 고속도로상의 제한 최고속도 이하의 속도로 감속 서행할 주의의무가 있으므로, 야간에 선행사고로 인하여 전방에 정차해 있던 승용차와 그 옆에 서있던 피해자를 충돌한 경우 운전자에게 제한속도 이하로 감속 운전하지 않은 과실이 있다.

④ 안전배려 내지 안전관리사무에 계속적으로 종사하지 않았더라도 건물의 소유자로서 건물을 비정기적으로 수리하거나 건물의 일부분을 임대한 자는 건물의 화재가 발생하는 것을 미리 막아야 할 업무상 주의의무를 부담한다.

289 과실에 대한 설명으로 옳지 않은 것은? (다툼이 있으면 판례에 의함)

① 간호사가 의사의 처방에 의한 정맥주사를 의사의 입회 없이 간호실습생에게 실시하도록 하여 발생한 의료사고에 대하여는 의사의 과실이 인정된다.

② 고속도로를 무단횡단하는 보행자를 충격하여 사고를 발생시킨 경우라도 운전자가 보행자의 무단횡단을 미리 예상할 수 있었고 필요한 조치를 취하였다면 보행자와의 충돌을 피할 수 있었던 경우 자동차 운전자의 과실이 인정된다.

③ 차량의 운전자로서는 횡단보도의 신호가 적색인 상태에서 반대 차선에 정지해 있는 차량의 뒤로 보행자가 건너오지 않을 것이라고 신뢰하는 것이 당연하고 그렇지 않은 사태까지 예상하여 그에 대한 주의의무를 다하여야 한다고는 할 수 없다.

④ 내과의사가 신경과 전문의와 협진 결과 신경과 영역에서 이상이 없다는 회신을 받았고, 진료 경과에 비추어 그 회신 내용에 의문을 품을 만한 사정이 있다고 보이지 않자 이를 신뢰하여 내과 영역의 진료를 계속하다 피해자의 지주막하출혈을 발견하지 못한 경우 내과의사의 업무상과실이 인정되지 않는다.

290 다음 중 의사의 주의의무에 대한 설명으로 가장 적절하지 않은 것은? (다툼이 있으면 판례에 의함)

① 의료사고에 있어 의료인의 과실을 인정하기 위하여서는 의료인이 결과 발생을 예견할 수 있음에도 불구하고 그 결과 발생을 예견하지 못하였고 그 결과 발생을 회피할 수 있었음에도 불구하고 그 결과 발생을 회피하지 못한 과실이 검토되어야 한다.
② 의사의 의료과실을 인정하는 요건과 판단기준에 관한 법리는 한의사나 치과의사와는 다르다.
③ 미용성형을 시술하는 의사로서는 고도의 전문적 지식에 입각하여 시술 여부, 시술의 시기, 방법, 범위 등을 충분히 검토한 후 그 미용성형 시술의 의뢰자에게 생리적, 기능적 장해가 남지 않도록 신중을 기하여야 할 뿐 아니라 회복이 어려운 후유증이 발생할 개연성이 높은 경우 그 미용성형 시술을 거부 내지는 중단하여야 할 의무가 있다.
④ 산부인과 의사가 산모의 태반조기박리에 대한 대응조치로서 응급 제왕절개수술을 시행하기로 결정하였다면 이러한 경우에는 적어도 제왕절개수술 시행 결정과 아울러 산모에게 수혈을 할 필요가 있을 것이라고 예상되는 특별한 사정이 있는 경우로 미리 혈액을 준비하여야 할 업무상 주의의무가 있다.

291 결과적 가중범에 관한 다음 설명 중 옳지 않은 것은? (다툼이 있으면 판례에 의함)

① 결과적 가중범은 행위자가 행위시에 그 결과의 발생을 예견할 수 없을 때에는 비록 그 행위와 결과 사이에 인과관계가 있다 하더라도 중한 죄로 벌할 수 없다.
② 결과적 가중범인 교통방해치사상죄에 있어 중한 결과에 대한 예견가능성은 행위자를 기준으로 판단되어야 한다.
③ 현주건조물방화치사상죄와 특수공무집행방해치상죄는 중한 결과에 대한 예견가능성이 있었음에도 불구하고 예견하지 못한 경우뿐만 아니라 고의가 있는 경우까지도 포함하는 부진정결과적 가중범이다.
④ 부진정결과적 가중범에 있어서, 고의로 중한 결과를 발생하게 한 행위가 별도의 구성요건에 해당하고 그 고의범에 대하여 결과적 가중범에 정한 형보다 더 무겁게 처벌하는 규정이 있는 경우에는 그 고의범과 결과적 가중범이 상상적 경합관계에 있다.

292 결과적 가중범에 대한 설명 중 가장 적절한 것은? (다툼이 있으면 판례에 의함)

① 결과적 가중범에 있어서 기본범죄는 고의·과실, 기수·미수를 불문한다.
② 진정결과적 가중범이란 고의에 의한 기본범죄에 의하여 중한 결과가 과실뿐만 아니라 고의에 의하여도 발생할 수 있는 것을 말한다.
③ 부진정결과적 가중범에서 고의로 중한 결과를 발생하게 한 행위가 별도의 구성요건에 해당하고 그 고의범에 대하여 결과적 가중범에 정한 형보다 더 무겁게 처벌하는 규정이 없는 경우에는 그 고의범과 결과적 가중범이 상상적 경합관계에 있다.
④ 여러 사람이 상해의 범의로 범행 중 한 사람이 중한 상해를 가하여 피해자가 사망에 이르게 된 경우 나머지 사람들은 사망의 결과를 예견할 수 없는 때가 아닌 한 상해치사의 죄책을 면할 수 없다.

293 결과적 가중범에 관한 설명으로 가장 적절하지 않은 것은? (다툼이 있으면 판례에 의함)

① 피해자의 재물을 강취한 후 그를 살해할 목적으로 현주건조물에 방화하여 소사(燒死)하게 한 경우 강도살인죄만 성립하고 현주건조물방화치사죄는 별도로 죄를 구성하지 아니한다.
② 형법상 해상강도치사상죄(제340조 제2항 및 제3항), 현주건조물일수치사상죄(제177조 제2항), 강도치사상죄(제337조 및 제338조), 인질치사상죄(제324조의3 및 제324조의4)는 모두 미수범을 처벌한다.
③ 甲이 A를 강제로 차에 태워 A의 하차 요구를 무시한 채 당초 목적지가 아닌 다른 장소를 향하여 시속 약 60km 내지 70km의 속도로 진행하여 차량에서 내리지 못하게 하자, A가 감금상태를 벗어날 목적으로 차량을 빠져나오다가 길바닥에 떨어져 상해를 입고 사망한 경우 감금치사죄가 성립한다.
④ 수면제와 같은 약물을 투약하여 피해자를 일시적으로 수면 또는 의식불명 상태에 이르게 한 경우에도 약물로 인하여 피해자의 건강 상태가 불량하게 변경되고 생활기능에 장애가 초래되었다면 자연적으로 의식을 회복하거나 외부적으로 드러난 상처가 없더라도 이는 강간치상죄나 강제추행치상죄에서 말하는 상해에 해당한다.

294 결과적 가중범에 관한 설명 중 옳지 않은 것은? (다툼이 있는 경우 판례에 의함)

① 진정결과적 가중범에서 기본범죄가 처벌규정이 있는 미수에 그쳤더라도 그로 인하여 중한 결과가 발생하면 진정결과적 가중범의 기수가 성립한다.
② 진정결과적 가중범에서 중한 결과의 발생은 기본범죄행위 그 자체로부터 발생하는 경우뿐만 아니라 기본범죄에 수반하는 행위에서 발생한 경우도 포함된다.
③ 진정결과적 가중범에서 기본범죄와 중한 결과 사이에 상당인과관계가 인정되더라도 중한 결과에 대한 과실이 없으면 결과적 가중범이 아닌 고의의 기본범죄 성립만이 문제된다.
④ 부진정결과적 가중범은 중한 결과에 과실뿐만 아니라 고의가 있는 경우에도 성립하고 이때 중한 결과에 대한 고의는 기본범죄의 실행행위 시점이 아닌 중한 결과가 발생한 시점에 존재하여야 한다.

295 결과적 가중범에 관한 다음 설명 중 가장 옳지 않은 것은? (다툼이 있으면 판례에 의함)

① 특수공무집행방해치상죄는 원래 결과적 가중범이기는 하지만 이는 중한 결과에 대하여 예견가능성이 있었음에도 불구하고 예견하지 못한 경우에 벌하는 진정결과적 가중범이 아니라 그 결과에 대한 예견가능성이 있었음에도 불구하고 예견하지 못한 경우뿐만 아니라 고의가 있는 경우까지도 포함하는 부진정결과적 가중범이다.
② 결과적 가중범의 공동정범은 기본행위를 공동으로 할 의사가 있으면 성립하고 결과를 공동으로 할 의사나 그 결과의 발생을 예견할 수 있었을 것을 요하지 않는다.
③ 기본범죄를 통하여 고의로 중한 결과를 발생하게 한 경우에 가중 처벌하는 부진정결과적 가중범에서 고의로 중한 결과를 발생하게 한 행위가 별도의 구성요건에 해당하고 그 고의범에 대하여 결과적 가중범에 정한 형보다 더 무겁게 처벌하는 규정이 있는 경우에는 그 고의범과 결과적 가중범은 상상적 경합관계에 있다.
④ 부진정결과적 가중범에서 고의로 중한 결과를 발생하게 한 행위가 별도의 구성요건에 해당하고 그 고의범에 대하여 더 무겁게 처벌하는 규정이 없는 경우에는 결과적 가중범이 고의범에 대하여 특별관계에 있으므로 결과적 가중범만 성립하고 이와 법조경합의 관계에 있는 고의범에 대하여는 별도로 죄를 구성하지 않는다.

296 결과적 가중범에 대한 설명으로 옳지 않은 것은? (다툼이 있으면 판례에 의함)

① 부진정결과적 가중범의 경우에 중한 결과에 대한 고의범과 결과적 가중범의 법정형이 같은 경우에는 결과적 가중범만 성립하지만, 중한 결과에 대한 고의범의 법정형이 결과적 가중범보다 중한 경우에는 결과적 가중범과 중한 결과에 대한 고의범은 상상적 경합관계에 있다.
② 사람이 현존하는 건조물을 방화하는 집단행위의 과정에서 일부 집단원만이 고의행위로 살상을 가한 경우 다른 집단원이 그 결과를 예견할 수 있었더라도 현존건조물방화치사상죄의 죄책을 인정할 수 없다.
③ 결과적 가중범에 있어서 중한 결과를 같이 발생시킬 의사가 없었더라도 행위를 공동으로 할 의사가 있고 중한 결과가 예견가능한 것이었다면 결과적 가중범의 공동정범이 성립한다.
④ 특수공무집행방해치상죄는 단체 또는 다중의 위력을 보이거나 위험한 물건을 휴대하고 직무를 집행하는 공무원에 대하여 폭행·협박을 하여 공무원을 사상에 이르게 한 경우에 성립하는 결과적 가중범으로서 행위자가 그 결과를 의도할 필요는 없고 그 결과의 발생을 예견할 수 있으면 족하다.

297 결과적 가중범에 대한 설명 중 가장 옳은 것은? (다툼이 있으면 판례에 의함)

① 결과적 가중범은 행위자가 행위시에 중한 결과의 발생을 예견할 수 없을 때에도 그 행위와 중한 결과 사이에 상당 인과관계가 인정되면 중한 죄로 벌하여야 한다.
② 부진정결과적 가중범에서 고의로 중한 결과를 발생하게 한 행위를 더 무겁게 처벌하는 규정이 없는 경우에는 결과적 가중범이 고의범에 대하여 특별관계에 있으므로 그 고의범과 결과적 가중범은 상상적 경합관계에 있다.
③ 피교사자가 교사의 범위를 초과하여 중한 결과를 실현한 경우 교사자가 그 결과를 예상할 수 있는 경우에도 교사자는 자신이 교사한 기본범죄에 대해서만 교사범으로서 책임을 진다.
④ 교통방해치사상죄에 있어서 교통방해 행위와 결과 사이에 피해자나 제3자의 과실 등 다른 사실이 개재된 때에도 그와 같은 사실이 통상 예견할 수 있는 것이라면 상당인과관계를 인정할 수 있다.

298 결과적가중범에 대한 설명 중 가장 적절하지 않은 것은? (다툼이 있으면 판례에 의함)

① 강간을 당한 피해자가 강간을 당함으로 인하여 생긴 수치심과 장래에 대한 절망감으로 자살한 경우 강간치사죄가 성립한다.
② 결과적 가중범인 상해치사죄의 공동정범은 폭행 기타의 신체침해 행위를 공동으로 할 의사가 있으면 성립되고 결과를 공동으로 할 의사는 필요 없다.
③ 상해행위로 인하여 피해자가 정신을 잃고 빈사상태에 빠지자 사망한 것으로 오인하고 이를 은폐하여 자살로 가장하기 위해 베란다 밑 바닥으로 떨어뜨려 사망케 한 경우 상해치사죄가 성립한다.
④ 4일가량 물조차 제대로 마시지 못하고 잠도 자지 아니하여 거의 탈진 상태에 이른 피해자의 손과 발을 17시간 이상 묶어두고 좁은 차량 속에서 움직이지 못하게 감금하였는데, 묶인 부위의 혈액 순환에 장애가 발생하여 혈전이 형성되고 그 혈전이 폐동맥을 막아 사망에 이르게 된 경우 감금치사죄가 성립한다.

299 결과적 가중범에 대한 설명으로 옳지 않은 것은? (다툼이 있으면 판례에 의함)

① 부진정결과적 가중범에 있어서, 고의로 중한 결과를 발생하게 한 행위가 별도의 구성요건에 해당하고 그 고의범에 대하여 결과적 가중범에 정한 형보다 더 무겁게 처벌하는 규정이 있는 경우에는 그 고의범과 결과적 가중범이 상상적 경합관계에 있다.
② 피고인들이 합동하여 피해자를 강간하기로 공모하고 숙취해소 음료에 졸피뎀을 넣은 다음 피해자에게 이를 마시게 한 뒤 항거불능의 상태가 된 피해자를 강간하려 하였으나 그 뜻을 이루지 못하고 미수에 그치고 피해자로 하여금 수면 또는 의식불명의 상태에 이르게 하는 등의 상해를 입게 한 경우 성폭력처벌법 소정의 특수강간치상죄의 미수에 해당한다.
③ 피고인이 편도 2차로의 고속도로 1차로를 진행하던 A의 차량 앞에 급하게 끼어든 후 곧바로 정차하여 A의 차량 및 이를 뒤따르던 차량 두 대는 급정차하였으나, 그 뒤를 따라오던 B의 차량은 앞의 차량들을 연쇄추돌하여 B가 사망에 이른 경우 피고인에게는 일반교통방해치사죄가 성립한다.
④ 형법 제188조에 규정된 교통방해에 의한 치사상죄는 결과적 가중범이므로 교통방해 행위와 사상의 결과 사이에 상당인과 관계가 있어야 하고, 그 행위와 결과 사이에 피해자나 제3자의 과실 등 다른 사실이 개재된 때에도 그와 같은 사실이 통상예견될 수 있는 것이라면 상당인과관계를 인정할 수 있다.

300 결과적 가중범에 대한 설명으로 옳은 것은? (다툼이 있으면 판례에 의함)

① 상해치사죄의 공동정범은 폭행 기타의 신체침해 행위를 공동으로 할 의사뿐만 아니라 결과를 공동으로 할 의사가 있어야 성립한다.
② 결과적 가중범은 과실로 인한 중한 결과가 발생하여야 성립하는 범죄이므로 형법에는 결과적 가중범의 미수를 처벌하는 규정이 존재하지 않는다.
③ 상해를 교사하였는데 피교사자가 이를 넘어 살인을 한 경우 교사자에게 사망이라는 결과에 대하여 과실 내지 예견가능성이 있는 때에는 상해치사죄의 교사범이 성립할 수 있다.
④ 피고인들이 피해자들의 재물을 강취한 후 그들을 살해할 목적으로 현주건조물에 방화하여 사망에 이르게 한 경우 피고인들의 행위는 강도살인죄와 현주건조물방화치사죄에 모두 해당하고 그 두 죄는 실체적 경합범관계에 있다.

301 죄수와 관련하여 (   ) 안에 들어갈 알맞은 말은? (다툼이 있으면 판례에 의함)

(1) (㉠)은 1개의 행위가 실질적으로 여러 개의 구성요건을 충족하는 경우를 말하고, (㉡)은 1개의 행위가 외관상 여러 개의 죄의 구성요건에 해당하는 것처럼 보이나 실질적으로 1죄만을 구성하는 경우를 말한다.
(2) 실질적으로 구성요건과 보호법익을 달리하는 수개의 죄가 법률상 1개의 행위로 평가되는 경우에는 (㉢)이 되고, 수개의 행위로 평가되는 경우에는 (㉣)이 된다.
(3) 동일 죄명에 해당하는 수 개의 행위를 단일하고 계속된 범의로 일정기간 계속하여 행하고 그 피해법익도 동일한 경우에는 이들 각 행위를 통틀어 (㉤)(으)로 처단하여야 할 것이나, 수개의 범행에서 범의의 단일성과 계속성이 인정되지 아니하거나 범행방법이 동일하지 않다면 각 범행은 (㉥)에 해당한다.

	㉠	㉡	㉢	㉣	㉤	㉥
①	상상적 경합	법조경합	상상적 경합범	실체적 경합범	포괄일죄	실체적 경합범
②	상상적 경합	법조경합	포괄일죄	실체적 경합범	포괄일죄	실체적 경합범
③	법조경합	상상적 경합	상상적 경합범	실체적 경합범	포괄일죄	실체적 경합범
④	상상적 경합	법조경합	상상적 경합범	실체적 경합범	포괄일죄	상상적 경합범

302 상습범에 관한 다음 설명 중 옳지 않은 것은? (다툼이 있으면 판례에 의함)

① 상습범이란 어느 기본적 구성요건에 해당하는 행위를 한 자가 그 범죄행위를 반복하여 저지르는 습벽, 즉 상습성이라는 행위자적 속성을 갖추었다고 인정되는 경우에 이를 가중처벌 사유로 삼고 있는 범죄유형을 말한다.
② 상습성이 있는 자가 같은 종류의 죄를 반복하여 저질렀다고 한다면 비록 상습범을 별도의 범죄유형으로 처벌하는 규정이 없더라도 그 죄들을 포괄하여 일죄로 처벌하여야 한다.
③ 동종의 수개의 행위에 상습성이 인정된다면 그 중 형이 중한 죄에 나머지 행위를 포괄시켜 처단하는 것이 상당하고 상습범으로 인정하면서도 실질적인 경합범으로 보아 경합가중함은 위법하다.
④ 상습범은 같은 유형의 범행을 반복수행하는 습벽을 말하는 것인 바, 절도와 강도는 유형을 달리하는 범행이므로 각각 상습성의 유무를 가려야 한다.

303 상습범에 관한 다음 설명 중 옳지 않은 것은? (다툼이 있으면 판례에 의함)

① 범죄에 있어서의 상습이란 범죄자의 어떤 버릇, 범죄의 경향을 의미하는 것으로서 행위의 본질을 이루는 성질이 아니고 행위자의 특성을 이루는 성질을 의미한다.
② 절도행위의 전과가 여러 번 있었다고 하여 반드시 상습성이 인정된다고 볼 수 없고 그 여러 번의 전과사실과의 관계에서 절도습성의 발현이라고 인정될 수 있는 경우에만 상습성의 인정이 가능하다.
③ 상습성을 인정하는 자료에는 아무런 제한이 없으므로 과거에 소년법에 의한 보호처분을 받은 사실도 상습성 인정의 자료로 삼을 수 있다.
④ 상해죄 및 폭행죄의 상습범에 관한 형법 제264조에서 말하는 '상습'이란 제257조, 제258조, 제258조의2, 제260조 또는 제261조에 열거된 상해 내지 폭행행위의 습벽을 말하지만, 위 규정에 열거되지 아니한 다른 유형의 범죄까지 고려하여 그 상습성의 유무를 결정할 수도 있다.

304 괄호 속에 들어갈 단어가 순서대로 올바르게 연결된 것은?

> ㉠ 행위표준설은 (A)의 입장에서 자연적 의미의 행위의 수에 의하여 죄수를 결정하는 견해이다.
> ㉡ 행위표준설에 의하면 연속범은 수죄이고 상상적 경합은 (B)가 된다.
> ㉢ 법익표준설은 (C)의 입장에서 침해되는 보호법익의 수 또는 결과의 수를 기준으로 죄수를 결정하는 견해이다.
> ㉣ 甲이 치료받은 다음 날 오전 병원 앞에서 허위사실이 기재된 현수막을 설치하고 허위사실을 기재한 유인물을 불특정 다수인에게 배포한 경우 판례는 허위사실 유포에 의한 업무방해죄와 명예훼손죄를 (D)관계로 본다.
> ㉤ 의사표준설은 (E)의 입장에서 범죄의사의 수에 따라 죄수를 결정한다.

	A	B	C	D	E
①	주관주의 범죄론	수죄	주관주의 범죄론	상상적 경합	객관주의 범죄론
②	객관주의 범죄론	수죄	객관주의 범죄론	실체적 경합	주관주의 범죄론
③	객관주의 범죄론	일죄	객관주의 범죄론	상상적 경합	주관주의 범죄론
④	객관주의 범죄론	일죄	객관주의 범죄론	실체적 경합	주관주의 범죄론

305 경합범에 관한 설명 중 옳지 않은 것은? (다툼이 있는 경우 판례에 의함)

① 아직 판결을 받지 아니한 죄를 이미 판결이 확정된 죄와 동시에 판결할 수 없었던 경우에는 '형법' 제39조 제1항에 따라 동시에 판결할 경우와 형평을 고려하여 형을 선고하거나 그 형을 감경 또는 면제할 수 없다.
② '형법' 제37조 후단의 경합범에 있어서 '판결이 확정된 죄'라 함은 수개의 독립된 죄 중의 어느 죄에 대하여 확정판결이 있었던 사실 자체를 의미하고, 일반사면으로 형의 선고의 효력이 상실되었는지는 묻지 않는다.
③ '형법' 제37조 후단의 경합범에 대하여 '형법' 제39조 제1항에 의하여 형을 감경할 때에도 법률상 감경에 관한 '형법' 제55조 제1항이 적용되므로 유기징역을 감경할 때에는 그 형기의 2분의 1 미만으로는 감경할 수 없다.
④ 무기징역에 처하는 판결이 확정된 죄와 '형법' 제37조의 후단 경합범의 관계에 있는 죄에 대하여 공소가 제기된 경우, '형법' 제38조 제1항 제1호가 '형법' 제37조의 전단 경합범 중 가장 중한 죄에 정한 처단형이 무기징역인 때에는 흡수주의를 취하고 있으므로 뒤에 공소제기된 후단 경합범에 대한 형을 필요적으로 면제하여야 한다.

306 죄수와 관련하여 ( ) 안에 들어갈 알맞은 말은? (다툼이 있으면 판례에 의함)

> 부진정결과적가중범에 있어서, 고의로 중한 결과를 발생하게 한 행위가 별도의 구성요건에 해당하고 그 고의범에 대하여 결과적가중범에 정한 형보다 더 무겁게 처벌하는 규정이 있는 경우에는 그 고의범과 결과적가중범이 (㉠)에 있지만, 고의범에 대하여 더 무겁게 처벌하는 규정이 없는 경우에는 결과적가중범이 고의범에 대하여 (㉡)에 있다고 해석되므로 결과적가중범만 성립하고 고의범에 대하여는 별도로 죄를 구성한다고 볼 수 없다.

① ㉠ 상상적 경합관계 ㉡ 특별관계
② ㉠ 실체적 경합관계 ㉡ 특별관계
③ ㉠ 상상적 경합관계 ㉡ 흡수관계
④ ㉠ 상상적 경합관계 ㉡ 포괄일죄의 관계

307 죄수에 관한 다음 설명 중 옳지 않은 것은? (다툼이 있으면 판례에 의함)

① 감금을 하기 위한 수단으로서 행사된 단순한 협박행위는 감금죄에 흡수되어 따로 협박죄를 구성하지 아니한다.
② 1개의 행위에 관하여 사기죄와 업무상배임죄의 각 구성요건이 모두 구비된 때에는 양 죄를 법조경합 관계로 볼 것이 아니라 상상적 경합관계로 보아야 한다.
③ 명예훼손죄와 공직선거법 제251조의 후보자비방죄는 보호법익과 구성요건의 내용이 서로 다른 별개의 범죄로서 상상적 경합의 관계에 있다.
④ 아동·청소년이용음란물을 제작한 자가 그 음란물을 소지하게 되는 경우 청소년성보호법 위반(음란물소지)죄와 별도로 청소년성보호법 위반(음란물제작·배포등)죄가 성립한다.

308 죄수관계에 관한 설명 중 옳지 않은 것을 모두 고른 것은? (다툼이 있으면 판례에 의함)

> ㉠ 여러 사람의 권리의 목적이 된 자기의 물건을 취거, 은닉 또는 손괴함으로써 그 여러 사람의 권리행사를 방해하였다면 권리자별로 각각 권리행사방해죄가 성립하고, 각 죄는 실체적 경합의 관계에 있다.
> ㉡ 타인의 부동산을 보관 중인 자가 불법영득의사를 가지고 그 부동산에 근저당권설정등기를 경료한 후 같은 부동산에 별개의 근저당권을 설정한 행위는 특별한 사정이 없는 한 횡령죄의 불가벌적 사후행위에 해당한다.
> ㉢ 범죄 피해 신고를 받고 출동한 두 명의 경찰관에게 같은 장소에서 욕설을 하면서 한 명의 경찰관을 먼저 폭행하고 곧이어 이를 제지하는 다른 경찰관을 폭행하여 수사 업무에 관한 정당한 직무집행을 방해한 때에는 2개의 공무집행방해죄가 성립하고, 두 공무집행방해죄는 상상적 경합의 관계에 있다.
> ㉣ 피해자에 대한 폭행행위가 동일한 피해자에 대한 업무방해죄의 수단이 된 경우 그러한 폭행행위는 불가벌적 수반행위에 해당하여 업무방해죄에 대하여 흡수관계에 있다.

① ㉠, ㉡
② ㉠, ㉢
③ ㉠, ㉡, ㉢
④ ㉠, ㉡, ㉣

309 포괄일죄에 관한 다음 설명 중 가장 옳지 않은 것은? (다툼이 있으면 판례에 의함)

① 포괄일죄로 되는 개개의 범죄행위가 법 개정의 전후에 걸쳐서 행하여진 경우 범죄 실행 종료 시의 법이라고 할 수 있는 신법을 적용한다.
② 포괄일죄의 중간에 다른 종류의 확정판결이 끼어 있는 경우에는 그 확정판결 때문에 포괄적 범죄가 둘로 나뉘는 것이고, 이를 그 확정판결 후의 범죄로서 다룰 것은 아니다.
③ 범죄단체를 구성하거나 이에 가입한 자가 더 나아가 구성원으로 활동하는 경우 이는 포괄일죄의 관계에 있다.
④ 수뢰죄에 있어서 단일하고도 계속된 범의 아래 동종의 범행을 일정기간 반복하여 행하고 그 피해법익도 동일한 것이라면, 돈을 받은 일자가 상당한 기간에 걸쳐 있고 돈을 받은 일자 사이에 상당한 기간이 끼어 있다 하더라도 각 범행을 통틀어 포괄일죄로 볼 것이다.

310 죄수에 관한 설명 중 가장 적절하지 않은 것은? (다툼이 있으면 판례에 의함)

① 공무원이 직무관련자에게 제3자와 계약을 체결하도록 요구하여 계약체결을 하게 한 행위가 제3자뇌물수수죄의 구성요건과 직권남용권리행사방해죄의 구성요건에 모두 해당하는 경우 제3자뇌물수수죄와 직권남용권리행사방해죄가 각각 성립하고 양죄는 상상적 경합관계에 있다.

② 허위공문서작성죄와 동행사죄가 수뢰후부정처사죄와 각각 상상적 경합관계에 있는 경우 허위공문서작성죄와 동행사죄 상호간은 실체적 경합범관계에 있다고 할지라도 상상적 경합범 관계에 있는 수뢰후부정처사죄와 대비하여 가장 중한 죄에 정한 형으로 처단하면 족하다.

③ 수개의 행위가 여러 개의 구성요건을 충족하는 경우에도 포괄일죄가 될 수 있으므로 횡령, 배임의 행위와 사기의 행위 사이에는 포괄일죄를 구성할 수 있다.

④ 형법 제40조가 규정하는 한 개의 행위가 여러 개의 죄에 해당하는 경우에 "가장 무거운 죄에 정한 형으로 처벌한다"란, 여러 개의 죄명 중 가장 무거운 형을 규정한 법조에 의하여 처단한다는 취지와 함께 다른 법조의 최하한의 형보다 가볍게 처단할 수 없다는 취지 즉, 각 법조의 상한과 하한을 모두 중한 형의 범위 내에서 처단한다는 것을 포함한다.

311 경합범에 관한 설명으로 가장 적절하지 않은 것은? (다툼이 있으면 판례에 의함)

① 경합범으로 처단할 시 가장 중한 죄 아닌 죄에 정한 형의 단기가 가장 중한 죄에 정한 형의 단기보다 중한 경우에는 형법 제38조 제1항 제2호 본문의 규정취지에 비추어 그 중한 단기를 하한으로 한다고 새겨야 한다.

② 형법 제37조 후단의 경합범규정의 '판결확정 전'의 의미는 판결이 상소 등 통상의 불복방법에 의하여 다툴 수 없게 된 상태가 되기 전을 말한다.

③ 유죄의 확정판결을 받은 사람이 그 후 별개의 후행범죄를 저질렀는데 유죄의 확정판결에 대하여 재심이 개시된 경우 후행범죄가 재심대상판결에 대한 재심판결 확정 전에 범하여졌다면 아직 판결을 받지 아니한 후행범죄와 재심판결이 확정된 선행범죄 사이에 형법 제37조 후단에서 정한 경합범 관계가 성립한다.

④ 동일한 피고인에 대한 수 개의 범죄사실 중 일부에 대하여 먼저 공소가 제기되고 나머지 범죄사실에 대하여 별도로 공소가 제기됨으로써 이를 심리한 각 제1심법원이 공소제기된 사건별로 별개의 형을 선고하였는데, 이 중 어느 한 사건이 항소심법원에 계속되는 동안에 금고 이상의 형에 처한 다른 사건의 판결이 별개의 절차에서 확정되었다면, 항소심법원은 이를 동시에 판결할 경우와의 형평을 고려하여 형을 선고하여야 한다.

312 다음 사례 중 포괄일죄에 해당하는 경우를 모두 고른 것은? (다툼이 있으면 판례에 의함)

㉠ 甲이 컴퓨터로 음란 동영상을 제공하는 행위를 하였다가 동영상이 저장되어 있던 서버컴퓨터 2대를 압수당한 이후 다시 장비를 갖추어 영업을 재개한 경우
㉡ 하나의 사건에 관하여 한 번 선서한 증인 甲이 같은 기일에 여러 가지 사실에 관하여 기억에 반하는 허위의 진술을 한 경우
㉢ 甲이 1개의 기망행위에 의하여 다수의 피해자로부터 각각 재산상 이익을 편취한 경우
㉣ 은행장 甲이 乙로부터 정식이사가 될 수 있도록 도와달라는 부탁을 받고 1년 동안 12회에 걸쳐 그 사례금 명목으로 합계 1억 2,000만 원을 교부받은 경우

① ㉠, ㉡
② ㉠, ㉢
③ ㉡, ㉣
④ ㉢, ㉣

313 각 사례에서 甲의 죄책으로 옳은 것만을 모두 고르면? (다툼이 있으면 판례에 의함)

㉠ 골동품상 甲이 주의의무를 게을리하여 절도품인 줄 모르고 절도범이 매각해 달라고 부탁한 고려청자를 보관하던 중 친구로부터 금원을 차용하면서 이를 담보로 제공하였다. – 업무상과실장물보관죄와 횡령죄
㉡ 甲은 피해자가 사망한 다음 날 마치 피해자가 작성한 것처럼 피해자 명의의 예금청구서 1통을 위조하고, 이를 은행에 제출하였다. – 사문서위조죄와 동행사죄(사기죄는 제외)
㉢ 甲은 피해자에 대하여 채권이 있다는 이유로 권리행사를 빙자하여 사회통념상 용인되기 어려운 정도를 넘는 협박을 수단으로 피해자를 외포케하여 채권을 변제받았다. – 협박죄와 공갈죄
㉣ 甲은 타인에게 폭행을 행사하여 그의 업무를 방해하였다. – 폭행죄와 업무방해죄

① ㉠, ㉢
② ㉡, ㉣
③ ㉠, ㉡, ㉣
④ ㉡, ㉢, ㉣

314 다음 설명 중 가장 옳지 않은 것은? (다툼이 있으면 판례에 의함)

① 공무원인 의사가 공무소의 명의로 허위진단서를 작성한 경우에는 허위공문서작성죄만이 성립하고 허위진단서작성죄는 별도로 성립하지 않는다.

② 강도가 한 개의 강도 범행을 하는 기회에 수명의 피해자에게 각 폭행을 가하여 각 상해를 입힌 경우에는 각 피해자별로 수개의 강도상해죄가 성립하고 이들은 실체적 경합범의 관계에 있다.

③ 경범죄 처벌법 제3조 제3항 제2호의 거짓신고가 '위계'의 수단·방법·태양의 하나가 된 경우에는 거짓신고로 인한 경범죄 처벌법 위반죄가 위계에 의한 공무집행방해죄에 흡수되는 법조경합 관계에 있으므로 위계에 의한 공무집행방해죄만 성립할 뿐 이와 별도로 거짓신고로 인한 경범죄 처벌법 위반죄가 성립하지는 않는다.

④ 음주로 인한 특정범죄 가중처벌 등에 관한 법률 위반(위험운전치사상)죄와 도로교통법 위반(음주운전)죄는 입법 취지와 보호법익 및 적용영역을 달리하는 별개의 범죄이므로 1개의 행위에 관하여 양 죄의 각 구성요건이 모두 구비된 때에는 서로 법조경합의 관계로 볼 것이 아니라 상상적 경합관계로 봄이 상당하다.

315 죄수관계에 대한 설명으로 옳은 것은? (다툼이 있으면 판례에 의함)

① 범죄집단활동죄와 개별 마약류관리에 관한 법률 위반(향정)죄는 그 구성요건, 보호법익 및 입법취지가 다르므로 두 죄는 상상적 경합 관계에 있다.

② 지속적 또는 반복적으로 이루어진 일련의 스토킹행위에 흉기 또는 그 밖의 위험한 물건을 휴대하거나 이용한 스토킹행위가 포함되어 있는 경우 그러한 일련의 스토킹행위는 하나의 특수스토킹범죄를 구성한다.

③ 계속적으로 무면허운전을 할 의사를 가지고 여러 날에 걸쳐 수차례 무면허운전행위를 반복하였다면, 무면허운전으로 인한 도로교통법 위반의 포괄일죄가 성립한다.

④ 甲이 종중 소유의 토지를 명의신탁받아 보관하다가 자신의 채무 변제에 사용할 돈을 차용하기 위해 위 토지에 근저당권을 설정하면 횡령죄가 성립하고, 그 후 위 토지를 제3자에게 매도한 행위는 불가벌적 사후행위에 해당한다. (이는 부동산실명법에 위반되지 않는 명의신탁에 해당한다)

316 죄수에 관한 설명 중 가장 적절하지 않은 것은? (다툼이 있으면 판례에 의함)

① 주거침입강간죄는 사람의 주거 등을 침입한 자가 피해자를 강간한 경우에 성립하는 것으로서 주거침입죄를 범한 후에 사람을 강간하여야 하는 일종의 신분범이고, 선후가 바뀌어 강간죄를 범한 자가 그 피해자의 주거에 침입한 경우에는 강간죄와 주거침입죄의 실체적 경합범이 된다.

② 강제추행죄는 특별한 사정이 없는 한 행위마다 1개의 범죄가 성립하고, 강제추행죄가 성립되기 위해서는 문제가 되는 행위마다 폭행 또는 협박 외에 추행 행위 및 그에 대한 범의가 인정되어야 한다.

③ 아동·청소년이용음란물을 제작한 자가 그 음란물을 소지하게 되는 경우 청소년성보호법 위반(음란물소지)죄는 청소년성보호법 위반(음란물제작·배포등)죄에 흡수된다고 봄이 타당하다.

④ 수 개의 등록상표에 대하여 상표법 제230조의 상표권 침해행위가 계속하여 이루어진 경우에는 등록상표마다 포괄하여 1개의 범죄가 성립하나, 하나의 유사상표 사용행위로 수 개의 등록상표를 동시에 침해하였다면 각각의 상표법 위반죄는 실체적 경합의 관계에 있다.

317 다음 설명 중 가장 옳지 않은 것은? (다툼이 있으면 판례에 의함)

① 횡령 교사를 한 후 그 횡령한 물건을 취득한 때에는 횡령교사죄와 장물취득죄의 경합범이 성립한다.

② 주식회사의 대표이사가 타인을 기망하여 신주를 인수하게 한 후 그로부터 납입받은 신주인수대금을 횡령한 것은 사기죄와는 전혀 다른 새로운 보호법익을 침해하는 행위로서 별죄를 구성한다.

③ 감금을 하기 위한 수단으로서 행사된 단순한 협박행위는 감금죄에 흡수되어 따로 협박죄를 구성하지 아니한다.

④ 타인의 부동산을 보관 중인 자가 불법영득의 의사를 가지고 그 부동산에 근저당권설정등기를 경료함으로써 일단 횡령행위가 기수에 이르렀다면, 그 후 같은 부동산에 별개의 근저당권을 설정하거나 해당 부동산을 매각하였다 하더라도 특별한 사정이 없는 한 불가벌적 사후행위에 불과하고 별도의 횡령죄를 구성하지 않는다.

318 죄수에 대한 설명으로 가장 적절한 것은? (다툼이 있으면 판례에 의함)

① 공무원인 의사가 공무소의 명의로 허위진단서를 작성한 경우 허위진단서작성죄와 허위공문서작성죄의 상상적 경합에 해당한다.

② 금융회사 등의 임직원의 직무에 속하는 사항에 관하여 알선할 의사와 능력이 없음에도 알선을 한다고 기망하고 이에 속은 피해자로부터 알선을 한다는 명목으로 금품 등을 수수한 경우 사기죄와 특정경제범죄 가중처벌 등에 관한 법률위반죄에 각 해당하고 두 죄는 실체적 경합의 관계에 있다.

③ 공무원이 동일한 사안에 관한 일련의 직무집행 과정에서 단일하고 계속된 범의로 일정 기간 계속하여 저지른 직권남용행위에 대하여는 설령 그 상대방이 여러 명이더라도 포괄일죄가 성립할 수 있다.

④ 유사수신행위의 규제에 관한 법률 제3조에서 금지하고 있는 유사수신행위가 별도로 사기죄의 구성요건도 충족하는 경우 유사수신행위의 규제에 관한 법률 위반죄와 사기죄가 각각 성립하고 양 죄는 상상적 경합관계에 있다.

319 다음 중 실체법상 일죄가 아닌 것은? (다툼이 있으면 판례에 의함)

① 하나의 사건에 관하여 한 번 선서한 증인이 같은 기일에 여러 가지 사실에 관하여 기억에 반하는 허위의 진술을 한 경우의 위증죄

② 불특정 다수의 피해자들을 상대로 동일한 방식으로 사기분양을 하여 그들로부터 분양대금을 편취한 경우의 사기죄

③ 혈중알콜농도 0.123%의 음주상태로 자동차를 운전하다가 제1차 사고를 내고 그대로 진행하여 제2차 사고를 낸 경우의 도로교통법 위반(음주운전)죄

④ 단일하고 계속된 범의 아래 동일한 뇌물공여자로부터 뇌물을 반복하여 수령하고 그 피해법익이 동일한 경우의 수뢰죄

320 죄수에 관한 다음 설명 중 옳지 않은 것은? (다툼이 있으면 판례에 의함)

① 특수강간이 미수에 그쳤다 하더라도 그로 인하여 피해자가 상해를 입었다면 「성폭력처벌법」에 의한 특수강간치상죄의 기수가 성립한다.

② 강도가 재물강취의 뜻을 재물의 부재로 이루지 못한 채 미수에 그쳤으나 그 자리에서 항거불능의 상태에 빠진 피해자를 간음할 것을 결의하고 실행에 착수했으나 역시 미수에 그쳤더라도 반항을 억압하기 위한 폭행으로 피해자에게 상해를 입힌 경우에는 강도강간미수죄와 강도치상죄의 실체적 경합범이 성립한다.

③ 재물을 강취한 후 피해자를 살해할 목적으로 현주건조물에 방화하여 사망에 이르게 한 경우 강도살인죄와 현주건조물방화치사죄에 해당하고 그 두 죄는 상상적 경합관계에 있다.

④ 수뢰후부정처사죄는 반드시 뇌물수수 등의 행위가 완료된 이후에 부정한 행위가 이루어져야 함을 의미하는 것은 아니고 결합범 또는 결과적 가중범 등에서의 기본행위와 마찬가지로 뇌물수수 등의 행위를 하는 중에 부정한 행위를 한 경우도 포함한다.

321 죄수에 관한 다음 설명 중 옳지 않은 것은? (다툼이 있으면 판례에 의함)

① 여러 사람의 권리의 목적이 된 자기의 물건을 취거, 은닉 또는 손괴함으로써 그 여러 사람의 권리행사를 방해하였다면 권리자별로 각각 권리행사방해죄가 성립하고 각 죄는 서로 상상적 경합범의 관계에 있다.

② 단일하고도 계속된 범의 아래 일정 기간 반복하여 일련의 뇌물수수 행위와 부정한 행위가 행하여졌고 그 뇌물수수 행위와 부정한 행위 사이에 인과관계가 인정되며 피해법익도 동일하다면, 최후의 부정한 행위 이후에 저질러진 뇌물수수 행위도 최후의 부정한 행위 이전의 뇌물수수 행위 및 부정한 행위와 함께 수뢰후부정처사죄의 포괄일죄로 처벌함이 타당하다.

③ 경찰관이 압수물을 범죄 혐의의 입증에 사용하도록 하는 등의 적절한 조치를 취하지 아니하고 오히려 피압수자에게 돌려주어 증거를 인멸한 경우 증거인멸죄와 직무유기죄가 성립하고 양 죄는 상상적 경합관계에 있다.

④ 배임행위에 사기행위가 수반되어 1개의 행위에 관하여 사기죄와 배임죄의 각 구성요건이 구비된 때에는 양 죄는 상상적 경합관계에 있다.

322 죄수에 대한 설명으로 옳은 것은? (다툼이 있으면 판례에 의함)

① 사문서위조 및 동행사죄가 조세범처벌법 제9조 제1항[25년 현재 제3조 제1항] 소정의 '사기 기타 부정한 행위로써 조세를 포탈'하기 위한 수단으로 행하여졌다고 한다면 이들 범죄는 조세범처벌법 제9조[25년 현재 제3조] 소정의 조세포탈죄에 흡수된다.

② 공무원 甲이 직무관련 있는 A에게 제3자와 계약을 체결하도록 요구하여 계약 체결을 하게 한 행위가 제3자뇌물수수죄의 구성요건과 직권남용권리행사방해죄의 구성요건에 모두 해당하는 경우 甲에게 제3자뇌물수수죄와 직권남용권리행사방해죄가 각각 성립하고 양죄는 실체적 경합관계이다.

③ 건물관리인 甲이 건물주로부터 월세임대차계약 체결업무를 위임받고도 임차인들을 속여 전세임대차계약을 체결하고 그 보증금을 편취한 경우 甲에게 사기죄와 별도로 업무상배임죄가 성립하고 양죄는 상상적 경합관계이다.

④ 甲에게 폭행 범행을 반복하여 저지르는 습벽이 있고 이러한 습벽에 의하여 A를 단순폭행하고, 甲의 어머니 B를 존속폭행한 경우 각 죄별로 상습성을 판단할 것이 아니라 포괄하여 甲에게 상습존속폭행죄만 성립한다.

323 죄수에 관한 설명으로 가장 적절한 것은? (다툼이 있으면 판례에 의함)

① 예금주인 현금카드 소유자를 협박하여 그 카드를 갈취한 다음 피해자의 승낙에 의하여 현금카드를 사용할 권한을 부여받아 이를 이용하여 현금자동지급기에서 현금을 인출한 행위는 공갈죄와는 별도로 절도죄를 구성한다.

② 음주로 인한 특정범죄 가중처벌 등에 관한 법률 위반(위험운전치사상)죄는 중한 형태의 도로교통법위반(음주운전)죄를 기본범죄로 하는 결과적 가중범으로 그 행위유형과 보호법익을 이미 모두 포함하고 있으므로 특정범죄 가중처벌 등에 관한 법률 위반(위험운전치사상)죄가 성립하면 도로교통법위반(음주운전)죄는 이에 흡수되어 따로 성립하지 아니한다.

③ 공무원이 직무관련자에게 제3자와 계약을 체결하도록 요구하여 계약체결을 하게 한 행위가 제3자뇌물수수죄의 구성요건과 직권남용권리행사방해죄의 구성요건에 모두 해당하는 경우에는 제3자뇌물수수죄와 직권남용권리행사방해죄가 각각 성립하고 두 죄는 상상적 경합관계에 있다.

④ 업무방해죄와 폭행죄의 관계에 있어 피해자에 대한 폭행행위가 동일한 피해자에 대한 업무방해죄의 수단이 된 경우 그러한 폭행행위는 이른바 불가벌적 수반행위에 해당하여 업무방해죄에 대하여 흡수관계에 있다.

324 사례와 죄수판단을 연결한 것으로 가장 적절한 것은? (다툼이 있으면 판례에 의함)

① 계속적으로 무면허운전을 할 의사를 가지고 여러 날에 걸쳐 무면허운전행위를 반복적으로 한 경우 - 도로교통법 위반죄의 포괄일죄

② 강도가 체포면탈의 목적으로 경찰관에게 폭행을 가한 경우 - 강도죄와 공무집행방해죄의 상상적 경합

③ 동일한 공무를 집행하는 두 명의 경찰관에 대하여 동일한 장소에서 동일한 기회에 각각 폭행을 가한 경우 - 공무집행방해죄의 포괄일죄

④ 주취상태에서 운전을 하여 사람을 사상하게 함으로써 도로교통법상의 음주운전죄와 「특정범죄 가중처벌 등에 관한 법률」상의 위험운전치사상죄를 범한 경우 - 도로교통법 위반죄와 특정범죄 가중처벌 등에 관한 법률 위반죄의 실체적 경합

325 죄수에 대한 설명으로 옳지 않은 것은? (다툼이 있으면 판례에 의함)

① 여러 사람의 피해자에 대하여 따로 기망행위를 하여 각각 재물을 편취한 경우에는 비록 범의가 단일하고 범행방법이 동일하더라도 그 전체가 포괄일죄로 되지 아니한다.

② 절도범인으로부터 장물보관의뢰를 받은 자가 그 정을 알면서 이를 인도받아 보관하고 있다가 임의 처분한 경우 장물보관죄가 성립하였다면 별도로 횡령죄가 성립하지 않는다.

③ 강취한 은행예금통장을 이용하여 은행원으로부터 예금인출금 명목의 금원을 교부받은 것은 재산죄로 취득한 장물을 단순히 사후처분한 행위로서 강도죄 외에 별도의 범죄를 구성하지 않는다.

④ 현주건조물에 방화하여 동 건조물에서 탈출하려는 사람을 막아 소사(燒死)케 한 경우 현주건조물방화죄와 살인죄의 실체적 경합관계에 있다.

326 죄수에 관한 다음 설명 중 옳지 않은 것은? (다툼이 있으면 판례에 의함)

① 강도가 시간적으로 접착된 상황에서 가족을 이루는 수인에게 폭행·협박을 가하여 집안에 있는 재물을 탈취한 경우 그 재물은 가족의 공동점유 아래 있는 것으로서 이를 탈취하는 행위는 그 소유자가 누구인지에 불구하고 단일한 강도죄의 죄책을 진다.

② 강도가 한 개의 강도범행을 하는 기회에 수명의 피해자에게 폭행을 가하여 각 상해를 입힌 경우에는 피해자별로 수개의 강도상해죄가 성립하며 이들은 상상적 경합범의 관계에 있다.

③ 절도범이 체포를 면탈할 목적으로 체포하려는 여러 명의 피해자에게 같은 기회에 폭행을 가하여 그 중 1인에게만 상해를 가하였다면 이러한 행위는 포괄하여 하나의 강도상해죄만 성립한다.

④ 절도범인이 체포를 면탈할 목적으로 경찰관에게 폭행·협박을 가한 때에는 준강도죄와 공무집행방해죄를 구성하고 양죄는 상상적 경합관계에 있으나, 강도범인이 체포를 면탈할 목적으로 경찰관에게 폭행을 가한 때에는 강도죄와 공무집행방해죄는 실체적 경합관계에 있고 상상적 경합관계에 있는 것이 아니다.

327 상상적 경합에 대한 설명으로 옳지 않은 것은? (다툼이 있으면 판례에 의함)

① 수뢰후부정처사죄에 있어서 공무원이 수뢰 후 행한 부정행위가 공도화변조 및 동행사죄의 구성요건을 충족하는 경우에는 이들 죄와 수뢰후부정처사죄는 각각 상상적 경합의 관계에 있다.

② 2인 이상의 연명으로 된 문서를 위조한 때에는 작성명의인의 수대로 수 개의 문서위조죄가 성립하고 그 수 개의 문서위조죄는 상상적 경합의 관계에 있다.

③ 감금행위가 강도상해 범행의 수단이 되는 데 그치지 아니하고 강도상해의 범행이 끝난 뒤에도 계속된 경우에는 강도상해죄뿐만 아니라 감금죄도 성립하고, 양자는 상상적 경합의 관계에 있다.

④ 공무원이 취급하는 사건에 관하여 청탁 또는 알선을 할 의사와 능력이 없음에도 청탁 또는 알선을 한다고 기망하고 금품을 교부받은 경우 사기죄와 변호사법위반죄는 상상적 경합의 관계에 있다.

328 죄수에 관한 다음 설명 중 가장 옳지 않은 것은? (다툼이 있으면 판례에 의함)

① 강도가 재물강취의 뜻을 재물의 부재로 이루지 못한 채 미수에 그쳤으나 그 자리에서 항거불능의 상태에 빠진 피해자를 간음할 것을 결의하고 실행에 착수했으나 역시 미수에 그쳤더라도 반항을 억압하기 위한 폭행으로 피해자에게 상해를 입힌 경우에는 강도강간미수죄와 강간치상죄가 성립되고 이들은 상상적 경합관계에 있다.

② 상습절도 등의 범행을 한 자가 추가로 자동차등불법사용의 범행을 한 경우에 그것이 절도습벽의 발현이라고 보이는 이상 상습절도 등의 죄만 성립하고 이와 별개로 자동차등불법사용죄는 성립하지 않는다.

③ 강도가 한 개의 강도범행을 하는 기회에 수명의 피해자에게 각 폭행을 가하여 각 상해를 입힌 경우에는 각 피해자별로 수개의 강도상해죄가 성립하며 이들은 실체적 경합범의 관계에 있다.

④ 무면허운전으로 인한 도로교통법위반죄는 운전한 날마다 무면허운전으로 인한 도로교통법위반의 1죄가 성립한다고 할 것이지만, 같은 날 무면허운전 행위를 여러 차례 반복한 경우라도 그 범의의 단일성 내지 계속성이 인정되지 않거나 범행 방법 등이 동일하지 않은 경우 각 무면허운전 범행은 실체적 경합관계에 있다고 볼 수 있다.

329 죄수에 관한 다음 설명 중 옳지 않은 것은 모두 몇 개인가? (다툼이 있으면 판례에 의함)

> ㉠ 피고인이 동일한 공무를 집행하는 여럿의 공무원에 대하여 폭행·협박 행위를 한 경우에는 공무를 집행하는 공무원의 수에 따라 여럿의 공무집행방해죄가 성립하는 것이 아니라 포괄하여 1개의 공무집행방해죄만 성립한다.
>
> ㉡ 피고인이 승용차를 운전하던 중 음주단속을 피하기 위하여 위험한 물건인 승용차로 단속 경찰관을 들이받아 경찰관의 공무집행을 방해하고 경찰관에게 상해를 입게 한 경우 특수공무집행방해치상죄와 특수상해죄가 성립하고, 이들은 상상적 경합범의 관계에 있다.
>
> ㉢ 경범죄 처벌법 제3조 제3항 제2호의 거짓신고가 '위계'의 수단·방법·태양의 하나가 된 경우에도 거짓신고로 인한 경범죄 처벌법위반죄가 위계에 의한 공무집행방해죄에 흡수되는 관계에 있다고 볼 수 없으므로 이 경우 위계에 의한 공무집행방해죄와 거짓신고로 인한 경범죄 처벌법위반죄가 모두 성립한다.

① 0개 ② 1개
③ 2개 ④ 3개

330 다음 각 사례에서 도로교통법 위반죄(무면허운전)의 죄수가 옳은 것은? 행위자들은 모두 자동차 운전면허가 없다. (다툼이 있으면 판례에 의함)

> ㉠ 甲은 2001.5.4. 00:10경 서울 영등포구 여의도동 소재 순복음교회 앞길에서부터 고양시 일산구 탄현동 1249 탄현마을아파트 앞길까지 승용차를 운전하였고(제1무면허운전), 다음 날인 2001.5.5. 11:35경 서울 구로구 가리봉동 소재 가리봉 5거리 앞 길에서부터 서울 구로구 신도림동 소재 대림아파트 앞길까지 약 5km 가량 승용차를 운전하였다(제2무면허운전).
> ㉡ 乙은 2020.9.7. 20:00경 춘천시 소재 사무실에서 인근 식당까지 3.4km 정도 승용차를 운전하였고(제1무면허운전), 이후 식당에서 식사와 술을 하고 2020.9.7. 23:20경 식당 부근에서 30m 정도 승용차를 운전하였다(제2무면허운전).

① ㉠㉡ 모두 포괄일죄
② ㉠ 실체적 경합범 ㉡ 포괄일죄
③ ㉠ 상상적 경합범 ㉡ 포괄일죄
④ ㉠㉡ 모두 실체적 경합범

331 죄수에 관한 다음 설명 중 옳지 않은 것은? (다툼이 있으면 판례에 의함)

① 보이스피싱 범죄의 범인 甲이 A를 기망하여 A의 돈을 사기이용계좌로 이체받아 인출한 경우 – 사기죄는 성립하나 이체받은 돈의 인출행위는 불가벌적 사후행위로 횡령죄 불성립
② 절도범인으로부터 장물보관의뢰를 받은 甲이 이후에 해당 장물을 임의처분한 경우 – 장물보관죄는 성립하나 장물의 임의처분행위는 불가벌적 사후행위로 횡령죄 불성립
③ 컴퓨터로 음란 동영상을 제공한 제1범죄행위로 서버컴퓨터가 압수된 이후 다시 장비를 갖추어 동종의 제2범죄행위를 한 경우 – 제1행위(음란 동영상 제공)에 대한 범죄는 성립하나 제2행위(음란 동영상 제공)는 불가벌적 사후행위로 범죄 불성립
④ 열차승차권을 절취한 甲이 그 승차권을 자기의 것인 양 속여 창구직원으로부터 환불받은 경우 – 절도죄는 성립하나 기망하여 환불받은 행위는 불가벌적 사후행위로 사기죄 불성립

332 죄수에 관한 다음 설명 중 옳지 않은 것은 모두 몇 개인가? (다툼이 있으면 판례에 의함)

> ⊙ 폭처법 제4조의 범죄단체를 구성하거나 이에 가입한 자가 더 나아가 구성원으로 활동하는 경우 범죄단체 가입의 점과 범죄단체 구성원으로서의 활동의 점은 실체적 경합범에 해당한다.
> ⓒ 피고인이 보이스피싱 사기 범죄단체에 가입한 후 사기범죄의 피해자들로부터 돈을 편취하는 등 그 구성원으로서 활동한 경우 형법 제114조의 범죄단체조직죄만 성립할 뿐 법조경합 관계에 있는 별도로 사기죄는 성립하지 아니한다.
> ⓒ 범죄단체 등에 소속된 조직원이 저지른 폭처법위반(단체 등의 공동강요)죄 등의 개별적 범행과 폭처법위반(단체 등의 활동)죄는 범행의 목적이나 행위 등 측면에서 일부 중첩되는 부분이 있더라도 일반적으로 구성요건을 달리하는 별개의 범죄로서 범행의 상대방, 범행 수단 내지 방법, 결과 등이 다를 뿐만 아니라 그 보호법익이 일치한다고 볼 수 없어 양 범죄는 특별한 사정이 없는 한 법률상 1개의 행위로 평가되는 경우로 보기 어려워 상상적 경합이 아닌 실체적 경합관계에 있다고 보아야 한다.

① 0개 ② 1개
③ 2개 ④ 3개

333 다음 설명 중 옳지 않은 것은? (다툼이 있으면 판례에 의함)

① 의사 甲이 치료를 요한다는 자신의 의학적 권고에도 불구하고 환자보호자인 乙의 퇴원간청으로 치료중단 및 퇴원을 허용하는 조치를 취하여 환자 A가 사망한 경우 甲에게 살인방조죄가 성립한다.
② 甲이 A에게 접근하거나 전화를 건 행위가 「스토킹범죄의 처벌 등에 관한 법률」의 스토킹범죄를 구성하는 스토킹행위에 해당하고 같은 법의 잠정조치를 위반한 행위에도 해당하는 경우 양죄는 상상적 경합관계에 있다.
③ 甲이 동물권보호단체 회원들과 공모하여 농장으로부터 생닭을 공급받아 도계영업을 하는 A회사 공장 정문 앞 도로에 드러누워 생닭을 실은 트럭들을 가로막는 등 차량 진행을 방해하고 위 단체 회원들은 "닭을 죽이면 안 된다."는 플래카드를 걸고 같은 내용의 구호를 외치며 노래를 부르는 등 위력으로써 A회사의 업무를 방해한 경우 그 동기나 목적의 정당성이 인정될 여지가 있다고 하여도 수단과 방법의 상당성, 법익균형성 등이 인정되지 아니하여 甲에게 업무방해죄가 성립한다.
④ 포괄일죄의 일부 범행이 누범기간 내에 이루어졌더라도 나머지 범행이 누범기간 경과 후에 이루어졌다면 그 범행 전부가 누범에 해당한다고 볼 수 없다.

334 경합범의 처벌에 관한 다음 설명 중 옳지 않은 것은? (다툼이 있으면 판례에 의함)

① 상상적 경합범은 '가장 중한 죄에 정한 형으로 처벌한다'라고 규정하고 있으므로 중한 죄의 하한이 다른 죄의 하한의 형보다 경한 경우라도, 중한 죄의 하한이 처단형의 하한이 된다.

② 실체적 경합범에 있어 가장 중한 죄 아닌 죄에 정한 형의 단기가 가장 중한 죄에 정한 형의 단기보다 중한 때에는 그 중한 단기를 처단형의 하한으로 하여야 한다.

③ 공도화변조죄와 동행사죄가 수뢰후부정처사죄와 각각 상상적 경합범 관계에 있을 때에는 공도화변조죄와 동행사죄 상호간은 실체적 경합범 관계에 있다고 할지라도 상상적 경합범 관계에 있는 수뢰후부정처사죄와 대비하여 가장 중한 죄에 정한 형으로 처단하면 족하고 따로 경합범 가중을 할 필요가 없다.

④ 허위공문서작성죄와 동행사죄가 수뢰후부정처사죄와 각각 상상적 경합관계에 있을 때에는 허위공문서작성죄와 동행사죄 상호간은 실체적 경합범관계에 있다고 할지라도 상상적 경합범 관계에 있는 수뢰후부정처사죄와 대비하여 가장 중한 죄에 정한 형으로 처단하면 족하고 따로 경합범 가중을 할 필요가 없다.

335 형법 제37조의 경합범에 관한 다음 설명 중 옳지 않은 것은? (다툼이 있으면 판례에 의함)

① 피고인이 벌금형의 확정 전후에 범한 각 죄는 형법 제37조 후단의 경합범 관계에 있으므로 그에 대하여 각각의 형을 선고하여야 한다.

② 수개의 마약법위반(향정)죄의 중간에 확정판결이 존재하여 확정판결 전후의 범죄가 서로 경합범 관계에 있지 않게 된 경우 형법 제39조 제1항에 따라 2개의 주문으로 형을 선고하여야 한다.

③ 상습사기의 범행이 단순사기죄의 확정판결의 전후에 걸쳐서 행하여진 경우에는 그 죄는 두 죄로 분리되지 않고 확정판결 후인 최종의 범죄행위 시에 완성되는 것이다.

④ 포괄일죄로 되는 개개의 범죄행위가 다른 종류의 죄의 확정판결의 전후에 걸쳐서 행하여진 경우에는 그 죄는 2죄로 분리되지 않고 확정판결 후인 최종의 범죄행위시에 완성되는 것이다.

336 경합범에 대한 설명으로 옳은 것은? (다툼이 있으면 판례에 의함)

① 경합범 중 판결을 받지 않은 죄가 있는 때에는 그 죄와 판결이 확정된 죄를 동시에 판결할 경우와 형평을 고려하여 그 죄에 대하여 형을 선고하되 그 형을 면제할 수는 없다.
② 경합범에 의한 판결의 선고를 받은 자가 경합범 중의 어떤 죄에 대하여 사면을 받거나 형의 집행이 면제된 때에는 다른 죄에 대하여 다시 형을 정한다.
③ 형법 제37조 전단은 '판결이 확정되지 아니한 수개의 죄'를 경합범으로 규정하고 있으므로 한 개의 행위가 수개의 죄에 해당하는 경우도 형법 제37조 전단의 경합범이 될 수 있다.
④ 형법 제37조 후단은 '금고 이상의 형에 처한 판결이 확정된 죄와 그 판결확정 전에 범한 죄'를 경합범으로 규정하고 있으므로 약식명령이 확정된 죄도 형법 제37조 후단의 경합범이 될 수 있다.

337 경합범에 관한 다음 설명 중 가장 옳지 않은 것은? (다툼이 있으면 판례에 의함)

① 재심의 대상이 된 범죄(이하 '선행범죄'라 한다)에 관한 유죄 확정판결(이하 '재심대상판결'이라 한다)에 대하여 재심이 개시되어 재심판결에서 다시 금고 이상의 형이 확정되었다면 재심대상판결 이전 범죄와 재심대상판결 이후 범죄 사이에는 형법 제37조 전단의 경합범 관계가 성립하지 않으므로 각 범죄에 대해 별도로 형을 정하여 선고하여야 한다.
② 형법 제37조의 후단 경합범에 대하여 심판하는 법원은 판결이 확정된 죄와 후단 경합범의 죄를 동시에 판결할 경우와 형평을 고려하여 후단 경합범의 처단형의 범위 내에서 후단 경합범의 선고형을 정할 수 있으나, 다만 그 죄와 판결이 확정된 죄에 대한 선고형의 총합이 두 죄에 대하여 형법 제38조를 적용하여 산출한 처단형의 범위 내에 속하도록 후단 경합범에 대한 형을 정하여야 하는 제한을 받는다.
③ 형법 제37조 후단 경합범에 대하여 형법 제39조 제1항에 의하여 형을 감경할 때에도 법률상 감경에 관한 형법 제55조 제1항이 적용되어 유기징역을 감경할 때에는 그 형기의 2분의 1 미만으로는 감경할 수 없다.
④ 유죄의 확정판결을 받은 사람이 그 후 별개의 후행범죄를 저질렀는데 유죄의 확정판결에 대하여 재심이 개시된 경우 후행범죄가 재심대상판결에 대한 재심판결 확정 전에 범하여졌다 하더라도 아직 판결을 받지 아니한 후행범죄와 재심 판결이 확정된 선행범죄 사이에는 형법 제37조 후단에서 정한 경합범 관계가 성립하지 않는다.

338 형법 제37조 후단 경합범에 관한 설명 중 옳지 않은 것은? (다툼이 있으면 판례에 의함)

① 후단 경합범이란 금고 이상의 형에 처한 판결이 확정된 죄와 그 판결확정 전에 범한 죄를 가리키는데, 여기서 말하는 판결에는 집행유예 판결도 포함된다.
② 확정판결이 있는 죄에 대하여 일반사면이 있는 경우는 형의 선고효력이 상실되지만 그 죄에 대한 확정판결이 있었던 사실 자체는 인정되므로 그 확정판결 이전에 범한 죄와의 관계에서 후단 경합범이 성립한다.
③ 포괄일죄로 되는 개개의 범죄행위가 다른 종류의 죄의 확정판결 전후에 걸쳐서 행하여진 경우에는 그 죄는 2죄로 분리되지 않고 확정판결 후인 최종의 범죄행위시에 완성되므로 후단 경합범에 해당하지 않는다.
④ 판결을 받지 아니한 수개의 죄가 판결확정을 전후하여 저질러진 경우 판결확정 전에 범한 죄를 이미 판결이 확정된 죄와 동시에 판결할 수 없었던 경우라면 판결확정을 전후한 각각의 범죄는 형법 제37조 후단 경합범이 아니라 전단 경합범에 해당하여 하나의 형을 선고하여야 한다.

339 형법 제37조 후단의 경합범에 관한 다음 설명 중 옳은 것은? (다툼이 있으면 판례에 의함)

① 아직 판결을 받지 아니한 죄가 이미 판결이 확정된 죄와 동시에 판결할 수 없었던 경우에는 형법 제39조 제1항에 따라 동시에 판결할 경우와 형평을 고려하여 형을 선고하거나 그 형을 감경 또는 면제할 수 없다.
② 형법 제37조 후단 경합범에 대하여 형법 제39조 제1항에 의하여 형을 감경할 때에 법률상 감경에 관한 형법 제55조 제1항이 적용되지 않으므로 법률상 감경한 형의 하한인 '그 형기의 2분의 1'보다 낮은 형으로도 감경할 수 있다.
③ 형법 제37조의 후단 경합범에 대하여 심판하는 법원은 그 죄와 판결이 확정된 죄에 대한 선고형의 총합이 두 죄에 대하여 형법 제38조를 적용하여 산출한 처단형의 범위 내에 속하도록 후단 경합범에 대한 형을 정하여야 한다.
④ 무기징역에 처하는 판결이 확정된 죄와 형법 제37조의 후단 경합범의 관계에 있는 죄에 대하여 공소가 제기된 경우 형법 제38조 제1항 제1호가 형법 제37조의 전단 경합범 중 가장 중한 죄에 정한 처단형이 무기징역인 때에는 흡수주의를 취하고 있으므로 법원은 뒤에 공소제기된 후단 경합범에 대한 형을 필요적으로 면제하여야 한다.

340 형벌에 관한 다음 설명 중 옳지 않은 것은?

① 벌금과 과료는 판결확정일로부터 30일내에 납입하여야 한다. 단, 벌금을 선고할 때에는 동시에 그 금액을 완납할 때까지 노역장에 유치할 것을 명할 수 있다.
② 벌금을 납입하지 아니한 자는 1월 이상 3년 이하, 과료를 납입하지 아니한 자는 1일 이상 30일 미만의 기간 노역장에 유치하여 작업에 복무하게 한다.
③ 벌금이나 과료를 선고할 때에는 이를 납입하지 아니하는 경우의 노역장 유치기간을 정하여 동시에 선고하여야 한다.
④ 선고하는 벌금이 1억원 이상 5억원 미만인 경우에는 300일 이상, 5억원 이상 50억원 미만인 경우에는 500일 이상, 50억원 이상인 경우에는 1천일 이상의 노역장 유치기간을 정하여야 한다.

341 몰수·추징에 관한 다음 설명 중 옳지 않은 것은? (다툼이 있으면 판례에 의함)

① 형법 제48조 제1항에 따른 몰수는 임의적인 것이어서 그 요건에 해당되더라도 실제로 이를 몰수할 것인지 여부는 법원의 재량에 맡겨져 있지만 형벌 일반에 적용되는 비례의 원칙에 따른 제한을 받는다.
② 형법 제49조 단서는 '행위자에게 유죄의 재판을 하지 아니할 때에도 몰수의 요건이 있는 때에는 몰수만을 선고할 수 있다'라고 규정하고 있으므로 법원은 실체판단에 들어가 공소사실을 인정하는 경우가 아닌 면소의 경우에도 몰수를 선고할 수 있다.
③ 몰수나 추징을 선고하기 위하여서는 몰수나 추징의 요건이 공소가 제기된 공소사실과 관련되어 있어야 하고, 공소사실이 인정되지 않는 경우에 이와 별개의 공소가 제기되지 아니한 범죄사실을 법원이 인정하여 그에 관하여 몰수나 추징을 선고하는 것은 불고불리의 원칙에 위반되어 불가능하다.
④ 몰수나 추징이 공소사실과 관련이 있다 하더라도 그 공소사실에 관하여 이미 공소시효가 완성되어 유죄의 선고를 할 수 없는 경우에는 몰수나 추징도 할 수 없다.

342 몰수와 추징에 대한 설명으로 옳지 않은 것은? (다툼이 있으면 판례에 의함)

① 형법 제247조의 도박개장죄는 도박죄와 별개의 독립된 범죄이고, 도박공간을 개설한 자가 도박에 참가하여 얻은 수익은 도박공간개설을 통하여 간접적으로 얻은 이익에 당연히 포함된다고 보기도 어려우므로 도박공간을 개설한 자가 도박에 참가하여 얻은 수익을 도박공간개설로 얻은 범죄수익으로 몰수하거나 추징할 수는 없다.

② 휴대전화의 동영상 촬영기능을 이용하여 피해자를 촬영한 행위 자체가 범죄에 해당하는 경우 휴대전화는 '범죄행위에 제공된 물건', 촬영되어 저장된 동영상은 휴대전화에 저장된 전자기록으로서 '범죄행위로 인하여 생긴 물건'에 각각 해당하고 이러한 경우 법원이 휴대전화를 몰수하지 않고 동영상만을 몰수하는 것은 위법하다.

③ 몰수를 선고하기 위해서는 몰수의 요건이 공소가 제기된 공소사실과 관련되어 있어야 하고, 공소가 제기되지 않은 별개의 범죄사실을 법원이 인정하여 그에 관하여 몰수나 추징을 선고하는 것은 허용되지 않는다.

④ 몰수하기 불가능한 때에 추징하여야 할 가액은 범인이 그 물건을 보유하고 있다가 몰수의 선고를 받았더라면 잃게 될 이득상당액을 초과하여서는 아니 된다.

343 몰수·추징에 관한 설명으로 가장 적절한 것은? (다툼이 있으면 판례에 의함)

① 체포될 당시에 미처 송금하지 못하고 소지하고 있던 자기앞수표나 현금은 장차 실행하려고 한 외국환거래법 위반의 범행에 제공하려는 물건이므로 몰수할 수 있다.

② 피고인이 범죄행위에 이용한 웹사이트 매각을 통해 취득한 대가는 형법 제48조 제1항 제2호에서 정한 '범죄행위로 인하여 생겼거나 취득한 물건'에 해당하므로 동법 제48조 제2항이 규정한 추징의 대상에 해당한다.

③ 형법 제247조의 도박장소등개설죄로 유죄를 선고받은 자가 도박에 직접 참가하여 얻은 수익은 도박공간개설을 통하여 간접적으로 얻은 이익에 포함되므로 도박공간개설로 얻은 범죄수익으로 몰수하거나 추징할 수 있다.

④ 휴대전화의 동영상 촬영기능을 이용하여 피해자를 촬영한 행위 자체가 범죄에 해당하는 경우 휴대전화는 '범죄행위에 제공된 물건', 촬영되어 저장된 동영상은 휴대전화에 저장된 전자기록으로서 '범죄행위로 인하여 생긴 물건'에 각각 해당하고 이러한 경우 법원이 휴대전화를 몰수하지 않고 동영상만을 몰수하는 것도 가능하다.

344 형법 제48조 제1항에 따라 몰수할 수 없는 것은? (다툼이 있으면 판례에 의함)

① 사기도박에 참여하도록 유인하기 위하여 피해자에게 제시하였으나 직접 도박자금으로 사용되지는 않은 수표
② 이미 범한 외국환거래법위반 혐의로 체포될 당시에 향후 외국환거래법을 위반하여 송금하기 위하여 소지하고 있던 자기앞수표나 현금
③ 甲과 乙이 공모하여 사행행위를 한 경우 甲에 대한 재판에서 사행행위에 제공된 乙 소유의 현금
④ 뇌물로 제공한 현금으로 위법한 절차에 의하여 압수된 경우

345 몰수(형법 제48조 제1항)에 대한 설명으로 옳지 않은 것은? (다툼이 있으면 판례에 의함)

① 판결 선고 당시 압수물이 현존하지 않거나 형사소송법 제130조 제2항, 제3항 및 제219조에 따라 압수물이 이미 폐기된 경우 법원으로서는 그 물건에 대하여 몰수를 선고할 수 없다.
② 범죄행위에 제공된 사행성 게임기가 기판과 본체가 서로 물리적으로 결합하여야만 그 기능을 발휘할 수 있는 기계라도 그 게임기가 당국으로부터 적법하게 등급심사를 받은 것이라면 본체는 직접 범죄행위에 제공된 것이 아니므로 몰수의 대상이 될 수 없다.
③ 체포될 당시 소지하고 있던 자기앞수표가 장차 실행하려고 한 외국환거래법위반의 범행에 제공하려는 물건이라면 이는 그 범행과는 별개로 이전에 범해진 외국환거래법위반죄의 '범죄 행위에 제공하려고 한 물건'으로는 볼 수 없다.
④ 판결선고 전 검찰에 의하여 압수된 후 피고인에게 환부된 물건에 대하여도 피고인으로부터 몰수할 수 있다.

346 몰수·추징에 대한 설명 중 가장 적절한 것은? (다툼이 있으면 판례에 의함)

① 몰수는 원칙적으로 타형에 부가하여 과하는 부가형이므로 몰수의 요건이 있는 경우라도 행위자에게 유죄의 재판을 하지 아니할 때에는 몰수만을 선고할 수 없다.
② 형법 제357조 배임수증재죄에서 수재자가 증재자로부터 받은 재물을 그대로 가지고 있다가 증재자에게 반환한 경우 증재자로부터 이를 몰수하거나 그 가액을 추징할 수 없다.
③ 살인행위에 사용한 칼 등 범죄의 실행행위 자체에 사용한 물건뿐만 아니라 실행행위의 착수 전의 행위에 사용한 물건도 몰수할 수 있지만, 실행행위의 종료 후의 행위에 사용한 물건은 그것이 범죄행위의 수행에 실질적으로 기여하였다고 인정되더라도 몰수할 수 없다.
④ 피고인이 2015.11.1.부터 2019.3.1.까지 ○○사이트 운영자로부터 피고인의 홍보로 회원 가입한 사람들이 베팅을 한 금액의 일부인 129,850,610원을 피고인 명의 은행 계좌로 송금받은 경우 계좌송금을 통해 취득한 범행의 보수는 형법 제48조 제1항 제2호, 제2항이 규정한 추징의 대상에 해당하지 않는다.

347 몰수에 대한 설명으로 옳은 것은? (다툼이 있으면 판례에 의함)

① 상품을 절취하여 자신의 승용차에 싣고 간 경우 그 승용차가 단순한 교통수단을 넘어 장물의 운반에 사용한 것이라고 인정된다면 이를 범죄행위에 제공한 물건으로 보아 몰수할 수 있다.
② 몰수나 추징이 공소사실과 관련이 있는 경우 그 공소사실에 관하여 이미 공소시효가 완성된 경우에도 몰수나 추징을 할 수 있다.
③ 피고인의 소유물은 물론 공범자의 소유물도 몰수할 수 있으나, 공범자의 소유물은 공범자가 소추된 경우에 한하여 몰수할 수 있다.
④ 집행을 종료함으로써 효력을 상실한 압수·수색영장에 기하여 다시 압수·수색을 실시하면서 몰수대상 물건을 압수한 경우 압수 자체가 위법하므로 그러한 압수물의 몰수 역시 효력이 없다.

348 몰수와 추징에 대한 설명으로 옳은 것은? (다툼이 있으면 판례에 의함)

① 甲주식회사 대표이사가 금융기관에 청탁하여 乙주식회사의 대출을 알선하고 그 대가로 용역대금 명목의 수수료를 받아 특정경제범죄 가중처벌 등에 관한 법률 위반죄를 범한 경우 수수료에 대한 권리는 甲회사에 귀속되기 때문에 수수료로 받은 금품을 몰수 또는 그 가액을 추징할 수 없다.
② 몰수는 범죄에 의한 이득을 박탈하는데 그 취지가 있고 추징도 이러한 몰수의 취지를 관철하기 위한 것이라는 점에서 추징가액의 산정은 재판선고시의 가격이 기준이 된다.
③ 형법 제48조 제1항의 '범인'에 해당하는 공범자는 유죄의 죄책을 지는 자에 국한되므로, 유죄의 죄책을 지지 않는 공범자의 물건은 몰수할 수 없다.
④ 효력을 상실한 압수·수색영장에 기하여 다시 압수를 실시하여 압수해 온 물건을 몰수하였다면, 해당 몰수는 위법한 것으로 효력이 없다.

349 몰수·추징에 관한 다음 설명 중 옳지 않은 것은? (다툼이 있으면 판례에 의함)

① 여러 사람이 공동으로 뇌물을 수수한 경우에 그 가액을 추징하려면 실제로 분배받은 금품만을 개별적으로 추징하여야 하고 수수금품을 개별적으로 알 수 없을 때에는 평등하게 추징하여야 하며 공동정범뿐 아니라 교사범 또는 종범도 뇌물의 공동수수자에 해당할 수 있다.
② 수인이 공모하여 뇌물을 수수한 경우에 몰수불능으로 그 가액을 추징하려면 어디까지나 개별적으로 추징할 것이며, 수수금품을 개별적으로 알 수 없을 때에는 평등하게 추징할 것이지 피고인 전원으로부터 수수한 금품의 가액을 공동으로 추징할 수 없다.
③ 피고인이 증뢰자와 함께 향응을 하고 증뢰자가 금원을 지출한 경우 '피고인의 접대에 요한 비용'과 '증뢰자가 소비한 비용'을 가릴 필요 없어 향응에 소용된 비용 전액을 수뢰액으로 보아 피고인으로부터 그 가액을 추징하여야 한다.
④ 피고인이 향응을 제공받는 자리에 피고인 스스로 제3자를 초대하여 함께 접대를 받은 경우에는, 그 제3자가 피고인과는 별도의 지위에서 접대를 받는 공무원이라는 등의 특별한 사정이 없는 한 그 제3자의 접대에 요한 비용도 피고인의 접대에 요한 비용에 포함시켜 피고인의 수뢰액으로 보아야 한다.

350 몰수·추징에 관한 다음 설명 중 옳은 것은? (다툼이 있으면 판례에 의함)

① 뇌물을 받는 주체가 아닌 자가 수고비로 받은 부분이나 뇌물을 받기 위하여 형식적으로 체결된 용역계약에 따른 비용으로 사용된 부분은 뇌물의 가액과 추징액에서 공제할 항목에 해당한다.
② 공무원이 뇌물을 받음에 있어서 그 취득을 위하여 상대방에게 뇌물의 가액에 상당하는 금원의 일부를 비용의 명목으로 출연하거나 그 밖에 경제적 이익을 제공하였다 하더라도, 공무원으로부터 그 받은 뇌물 자체를 몰수하여야 하고, 위와 같은 지출을 공제한 나머지 가액에 상당한 이익만을 몰수·추징할 것은 아니다.
③ 피고인이 특경법 제5조 제1항(수재)의 범죄에 의하여 주식 4,000주를 취득하면서 그 대가를 지급하였다고 한다면 주식 4,000주에서 그 대가로 지급한 금원을 뺀 나머지를 몰수하거나 추징하여야 한다.
④ 공직자가 업무처리 중 알게 된 비밀을 이용하여 재물을 취득하면서 그 대가를 지급하였다고 한다면 재물을 취득하기 위한 대가로 지급한 금원 등을 뺀 나머지만을 추징하여야 한다.

351 형의 감면에 관한 다음 설명 중 가장 옳은 것은? (다툼이 있으면 판례에 의함)

① 자기 또는 타인의 법익에 대한 현재의 부당한 침해에 대한 방위행위가 그 정도를 초과한 때에는 그 형을 감경할수 있을 뿐 면제할 수는 없다.
② 위증죄를 범한 자가 그 공술한 사건의 재판 또는 징계처분이 확정되기 전에 자백 또는 자수한 때에는 그 형을 감경 또는 면제할 수 있다.
③ 경합범 중 판결을 받지 아니한 죄가 있는 때에는 그 죄와 판결이 확정된 죄를 동시에 판결할 경우와 형평을 고려하여 그 죄에 대하여 형을 선고하되, 이 경우 그 형을 감경 또는 면제해야 한다.
④ 범인이 자의로 실행에 착수한 행위를 중지하거나 그 행위로 인한 결과의 발생을 방지한 때에는 형을 감경 또는 면제해야 한다.

352 다음 중 형의 감경 또는 면제사유에 관한 설명 중 옳지 않은 것은 모두 몇 개인가?

㉠ 심신미약 – 필요적 감경
㉡ 청각 및 언어 장애인 – 필요적 감경
㉢ 과잉방위 – 임의적 감경 또는 면제
㉣ 장애미수 – 임의적 감경
㉤ 중지미수 – 필요적 면제
㉥ 불능미수 – 임의적 감경 또는 면제

① 0개　　② 1개
③ 2개　　④ 3개

353 다음 중 형의 감경 또는 면제사유에 관한 설명 중 옳지 않은 것은 모두 몇 개인가?

㉠ 외국에서의 형집행 – 필요적 감경 또는 면제
㉡ 방조범 – 임의적 감경
㉢ 사후적 경합범 – 임의적 감경
㉣ 형법 총칙상 자수 – 임의적 감경 또는 면제
㉤ 형법 총칙상 자복 – 임의적 감경 또는 면제
㉥ 내란예비·음모죄에서의 자수 – 필요적 면제

① 1개　　② 2개
③ 3개　　④ 4개

354 형의 양정에 관한 다음 설명 중 옳지 않은 것은? (다툼이 있으면 판례에 의함)

① 형법 제55조 제1항 제3호에 의하여 형기를 감경할 경우 여기서의 '형기'라 함은 장기와 단기를 모두 포함하는 것이다.
② 유기징역형에 대한 법률상 감경을 하는 경우 장기 또는 단기 중 어느 하나만을 2분의 1로 감경하는 방식이나 2분의 1보다 넓은 범위의 감경을 하는 방식 등도 허용된다.
③ 형법 제55조 제1항 제6호의 벌금을 감경할 때의 '다액'의 2분의 1이라는 문구는 '금액'의 2분의 1이라고 해석하여 그 상한과 함께 하한도 2분의 1로 내려가는 것으로 해석하여야 한다.
④ 법률상 감경사유가 있을 때에는 작량감경보다 우선하여 하여야 할 것이고, 작량감경은 법률상 감경을 다하고도 그 처단형보다 낮은 형을 선고하고자 할 때에 하는 것이 옳다.

355 누범에 관한 다음 설명 중 옳지 않은 것은 모두 몇 개인가? (다툼이 있으면 판례에 의함)

> ㉠ 법정형 중 벌금형을 선택한 경우에도 누범가중을 할 수 있다.
> ㉡ 누범에 있어서는 형의 장기는 물론 단기도 2배까지 가중할 수 있다.
> ㉢ 포괄일죄의 일부 범행이 누범기간 내에 이루어진 이상 나머지 범행이 누범기간 경과 후에 이루어졌더라도 그 범행 전부가 누범에 해당한다.
> ㉣ 누범에 있어 '다시 금고 이상에 해당하는 죄를 범하였는지 여부'는 그 범죄의 기수시기를 기준으로 결정하여야 하고 실행의 착수시기를 기준으로 결정할 수는 없다.
> ㉤ 형법 제35조가 누범에 해당하는 전과사실과 새로이 범한 범죄 사이에 일정한 상관관계가 있다고 인정되는 경우에 한하여 적용되는 것으로 제한하여 해석하여야 할 아무런 이유나 근거가 없다.

① 1개
② 2개
③ 3개
④ 4개

356 누범에 관한 설명 중 옳지 않은 것은? (다툼이 있는 경우 판례에 의함)

① 판결선고 후 누범인 것이 발각된 때에는 그 선고한 형을 통산하여 다시 형을 정할 수 있지만, 선고한 형의 집행을 종료하거나 그 집행이 면제된 후에는 예외로 한다.
② 형의 선고를 받은 자가 특별사면을 받아 형의 집행을 면제받고 또 후에 복권이 되었다면, 특별사면으로 출소한 후 3년 이내에 다시 범한 죄에 대한 누범가중은 정당하지 않다.
③ 금고 이상의 형을 받고 그 형의 집행유예기간 중에 금고 이상에 해당하는 죄를 범하였다 하더라도 이는 누범가중의 요건을 충족시킨 것이라 할 수 없다.
④ 누범에 해당하는지를 판단할 때, 다시 금고 이상에 해당하는 죄를 범하였는지 여부는 그 범죄의 실행행위를 하였는지 여부를 기준으로 결정하여야 하므로, 3년의 기간 내에 실행의 착수가 있으면 족하고 그 기간 내에 기수에까지 이르러야 되는 것은 아니다.

357 누범에 관한 다음 설명 중 옳지 않은 것은? (다툼이 있으면 판례에 의함)

① 금고 이상의 형을 받고 그 형의 집행유예기간 중에 금고 이상에 해당하는 죄를 범하였다 하더라도 이는 누범가중의 요건을 충족시킨 것이라 할 수 없다.

② 집행유예의 판결을 받고 그 기간경과 후 다시 범죄를 저지른 행위는 집행유예된 범죄와의 사이에 누범관계가 성립하지 아니한다.

③ 실형(징역)을 선고받아 복역하다가 특별사면으로 출소한 후 3년 이내에 다시 범죄를 저지른 자에 대한 누범가중은 정당하다.

④ 피고인이 징역 8월을 선고받아 판결이 확정되어 그 집행을 종료한 후 3년 내에 상해죄 등을 범한 경우라면, 비록 피고인이 재심을 청구하여 재심심판절차에서 징역 8월을 선고한 재심판결이 확정되었더라도 상해죄 등은 누범에 해당한다.

358 누범에 관한 다음 설명 중 옳지 않은 것은? (다툼이 있으면 판례에 의함)

① 일반사면이 있더라도 형선고의 효력만 상실될 뿐 그 선고가 있었다는 기왕의 사실은 존재하는 것이므로 사면된 전과사실도 누범전과에 해당한다.

② 복권(復權)은 형의 언도의 효력으로 인하여 상실 또는 정지된 자격을 회복시킴에 지나지 아니하는 것이므로 복권이 있었다고 하더라도 그 전과사실은 누범가중사유에 해당한다.

③ 가석방기간중일 때에는 형 집행 종료라고 볼 수 없기 때문에 가석방기간 중에 재범에 대하여는 그 가석방된 전과사실 때문에 누범가중 처벌되지 아니한다.

④ 누범가중의 사유가 되는 전과에 적용된 법률조항에 대하여 위헌결정이 있어 재심이 가능하다는 이유만으로 그 전과의 법률적 효력에 영향이 있다고 할 수 없다.

359 형의 가중 또는 감경에 관한 다음 설명 중 옳지 않은 것은? (다툼이 있으면 판례에 의함)

① 형법 제264조는 상습으로 특수상해죄를 범한 때에는 그 죄에 정한 형의 2분의 1까지 가중한다고 규정하고 있는데, 이 경우 장기만 가중할 수 있고 단기는 가중할 수 없다.

② 누범 가중을 함에 있어서는 그 죄에 정한 형의 장기 2배까지 가중할 수 있는 것이고 단기에 관하여도 2배로 가중하는 것은 아니다.

③ 형법 제55조 제1항 제3호(유기징역 또는 유기금고를 감경할 때에는 그 형기의 2분의 1로 한다)에 의하여 형기를 감경할 경우 장기는 물론 단기도 감경하여야 한다.

④ 형법 제55조 제1항 제6호의 벌금을 감경할 때의 '다액'의 2분의 1이라는 문구는 '금액'의 2분의 1이라고 해석하여 그 상한과 함께 하한도 2분의 1로 내려가는 것으로 해석하여야 한다.

360 선고유예와 집행유예와 관련하여 밑줄 친 부분이 옳지 않은 것은 모두 몇 개인가?

> (1) ㉠ 1년 이하의 징역이나 금고, 자격정지, 벌금 또는 구류의 형을 선고할 경우에 형법 제51조의 사항을 참작하여 개전의 정상이 현저한 때에는 그 선고를 유예할 수 있다. 단, ㉡ 벌금 이상의 형을 받은 전과가 있는 자에 대하여는 예외로 한다.
> (2) ㉢ 3년 이하의 징역이나 금고 또는 500만원 이하의 벌금의 형을 선고할 경우에 형법 제51조의 사항을 참작하여 그 정상에 참작할 만한 사유가 있는 때에는 ㉣ 1년 이상 5년 이하의 기간 형의 집행을 유예할 수 있다. 다만, ㉤ 금고 이상의 형을 선고한 판결이 확정된 때부터 그 집행을 종료하거나 면제된 후 ㉥ 3년까지의 기간에 범한 죄에 대하여 형을 선고하는 경우에는 그러하지 아니하다.

① 0개　　　　　　　　　　② 1개
③ 2개　　　　　　　　　　④ 3개

361 다음 중 허용되지 않는 재판은 모두 몇 개인가? (다툼이 있으면 판례에 의함)

> ㉠ 징역 6월에 대한 선고유예
> ㉡ 벌금 1,000만원에 대한 선고유예
> ㉢ 구류 3일에 대한 선고유예
> ㉣ 징역 1년에 대한 집행유예
> ㉤ 징역 5년에 대한 집행유예
> ㉥ 벌금 300만원에 대한 집행유예
> ㉦ 벌금 1,000만원에 대한 집행유예
> ㉧ 징역 2년에 대한 집행유예 및 벌금 500만원에 대한 선고유예

① 0개　　　　　　　　　　② 1개
③ 3개　　　　　　　　　　④ 4개

362 집행유예·선고유예에 대한 설명 중 가장 적절하지 않은 것은? (다툼이 있으면 판례에 의함)

① 집행유예의 선고를 받은 자가 유예기간 중 고의로 범한 죄로 금고 이상의 실형을 선고받아 그 판결이 확정된 때에는 집행유예의 선고는 효력을 잃는다.
② 집행유예 기간의 시기(始期)에 관하여 명문의 규정을 두고 있지는 않으므로 법원은 그 시기를 집행유예를 선고한 판결 확정일 이후의 시점으로 임의로 선택할 수 있다.
③ 형의 선고를 유예하는 경우에 재범방지를 위하여 지도 및 원호가 필요한 때에는 1년의 보호관찰을 받을 것을 명할 수 있다.
④ 형의 선고유예를 받은 날로부터 2년을 경과한 때에는 면소된 것으로 간주한다.

363 선고유예와 집행유예에 관한 다음 설명 중 가장 옳지 않은 것은? (다툼이 있으면 판례에 의함)

① 주형에 대하여 선고를 유예하지 아니하면서 부가형인 몰수·추징에 대해서만 선고를 유예할 수는 없다.
② 선고유예는 자격정지 이상의 형을 받은 전과가 없는 경우에 2년 동안 형의 선고를 유예하고, 그 유예기간이 경과한 때에는 면소된 것으로 간주하는 제도이다.
③ 금고 이상의 형을 선고한 판결이 확정된 때부터 그 집행을 종료하거나 면제된 후 3년까지의 기간에 범한 죄에 대하여 형을 선고하는 경우에는 집행유예를 할 수 없다.
④ 법원이 선고유예 또는 집행유예를 하는 경우에는 보호관찰을 받을 것을 명하거나 사회봉사 또는 수강을 명할 수 있다.

364 선고유예·집행유예·가석방에 관한 설명 중 가장 적절하지 않은 것은? (다툼이 있으면 판례에 의함)

① 집행유예의 선고를 받은 후 그 선고의 실효 또는 취소됨이 없이 유예기간을 경과한 때에는 형법 제65조가 정하는 바에 따라 형의 선고는 효력을 잃는 것이고, 그와 같이 유예기간이 경과함으로써 형의 선고가 효력을 잃은 후에는 형법 제62조 단행의 사유가 발각되었다고 하더라도 그와 같은 이유로 집행유예를 취소할 수 없고 그대로 유예기간 경과의 효과가 발생한다.
② 1년 이하의 징역이나 금고, 자격정지, 벌금 또는 구류의 형을 선고할 경우에 형법 제51조의 사항을 고려하여 뉘우치는 정상이 뚜렷할 때에는 그 형의 선고를 유예할 수 있지만, 자격정지 이상의 형을 받은 전과가 있는 사람에 대해서는 그러하지 아니하다.
③ 형법 제62조의2의 규정에 의하여 보호관찰이나 사회봉사 또는 수강을 명한 집행유예를 받은 자가 준수사항이나 명령을 위반한 경우에 그 위반사실이 동시에 범죄행위로 되더라도 그 기소나 재판의 확정 여부 등 형사절차와는 별도로 법원이 「보호관찰 등에 관한 법률」에 의한 검사의 청구에 의하여 형법 제64조 제2항에 규정된 집행유예 취소의 요건에 해당하는가를 심리하여 준수 사항이나 명령 위반사실이 인정되고 위반의 정도가 무거운 때에는 집행유예를 취소할 수 있다.
④ 형법에 의하면 징역이나 금고의 집행 중에 있는 사람이 행상(行狀)이 양호하여 뉘우침이 뚜렷한 때에는 무기형은 20년, 유기형은 형기의 3분의 1이 지난 후 행정처분으로 가석방을 할 수 있다. 벌금·과료가 병과되어 있는 때에는 그 금액을 완납하여야 하며, 벌금이나 과료에 관한 노역장 유치기간에 산입된 판결선고 전 구금일수는 그에 해당하는 금액이 납입된 것으로 본다.

365 집행유예에 대한 설명으로 옳지 않은 것은? (다툼이 있으면 판례에 의함)

① 집행유예의 선고 취소는 '집행유예 기간 중'에만 가능하다는 시간적 한계가 있다.
② 하나의 판결로 두 개의 징역형을 선고하는 경우에 그 중 하나의 징역형에 대하여만 집행유예를 선고할 수 있다.
③ 형의 집행유예를 선고받은 사람이 그 선고가 실효·취소됨이 없이 정해진 유예기간을 경과하면 이로써 그는 선고유예 결격사유인 '자격정지 이상의 형을 받은 전과가 있는 사람'에 해당하지 않는다.
④ 집행유예를 함에 있어 그 기간의 시기(始期)는 집행유예를 선고한 판결의 확정일로 하여야 한다.

366 선고유예와 집행유예에 대한 설명으로 옳은 것은? (다툼이 있으면 판례에 의함)

① 형의 선고를 유예하는 경우 보호관찰을 명할 수 있고, 보호관찰의 기간은 법원이 형법 제51조의 사항을 참작하여 정할 수 있다.
② 형의 선고를 유예하는 판결을 할 경우에도 선고가 유예된 형에 대한 판단을 해야 하기 때문에 그 선고형을 정해 놓아야 하고, 벌금의 경우에는 벌금액을 정해야 하지만 환형유치처분까지 할 필요는 없다.
③ 형법 제62조 제1항은 '형'의 집행을 유예할 수 있다고 규정하고 있는데 이는 하나의 형의 전부에 대한 집행유예에 관한 규정으로 해석하여야 하고, 따라서 하나의 형의 일부에 대한 집행유예는 불가능하다.
④ 형의 집행유예를 선고받은 자가 유예기간을 무사히 경과하여 형의 선고가 효력을 잃게 되는 경우 형의 선고가 있었다는 사실 자체까지 없어지므로 선고유예 결격사유인 '자격정지 이상의 형을 받은 전과가 있는 자'에 해당되지 않는다.

367 집행유예와 선고유예에 관한 다음 설명 중 옳은 것은? (다툼이 있으면 판례에 의함)

① 집행유예의 선고가 실효 또는 취소됨 없이 정해진 유예기간을 무사히 경과하여 형의 선고가 효력을 잃게 된 경우 형법 제59조 제1항 단서에서 정한 선고유예 결격사유인 "자격정지 이상의 형을 받은 전과가 있는 자"에 해당하지 않는다.

② 선고유예의 요건인 '개전의 정상이 현저한 때'가 반드시 피고인이 죄를 깊이 뉘우치는 경우만을 뜻하는 것으로 제한하여 해석하거나 피고인이 범죄사실을 자백하지 않고 부인할 경우에는 언제나 선고유예를 할 수 없다고 해석할 것은 아니다.

③ 법원이 사회봉사명령으로서 일정액의 금전출연을 주된 내용으로 하는 사회공헌계획의 성실한 이행을 명하는 것은 허용될 수 없으나, 유죄로 인정된 범죄행위를 뉘우치거나 그 범죄행위를 공개하는 취지의 말이나 글을 발표하도록 하고 이를 위반하는 경우 집행유예의 선고를 취소할 수 있도록 하여 그 이행을 강제하는 것은 허용된다.

④ 형법 제62조의2의 규정에 의하여 보호관찰이나 사회봉사 또는 수강을 명한 집행유예를 받은 자가 준수사항이나 명령을 위반하고 그 정도가 무거운 때에는 집행유예의 선고를 취소해야 한다.

368 가석방에 관한 다음 설명 중 옳지 않은 것은 모두 몇 개인가?

> ㉠ 징역이나 금고의 집행 중에 있는 사람이 행상(行狀)이 양호하여 뉘우침이 뚜렷한 때에는 무기형은 10년, 유기형은 형기의 3분의 1이 지난 후 행정처분으로 가석방을 할 수 있다.
> ㉡ 가석방의 기간은 무기형에 있어서는 20년으로 하고, 유기형에 있어서는 남은 형기로 하되, 그 기간은 20년을 초과할 수 없다.
> ㉢ 가석방된 자는 가석방기간 중 보호관찰을 받는다. 다만, 가석방을 허가한 행정관청이 필요가 없다고 인정한 때에는 그러하지 아니하다.
> ㉣ 가석방 기간 중 고의로 지은 죄로 금고 이상의 형을 선고받아 그 판결이 확정된 경우에 가석방처분은 효력을 잃는다.
> ㉤ 가석방의 처분을 받은 자가 감시에 관한 규칙을 위배하거나 보호관찰의 준수사항을 위반하고 그 정도가 무거운 때에는 가석방처분을 취소할 수 있다.
> ㉥ 가석방의 처분을 받은 후 그 처분이 실효 또는 취소되지 아니하고 가석방기간을 경과한 때에는 형선고는 효력을 잃는다.

① 1개 ② 2개
③ 3개 ④ 4개

369 가석방에 관한 다음 설명 중 옳지 않은 것은? (다툼이 있으면 판례에 의함)

① 징역이나 금고의 집행 중에 있는 사람이 행상(行狀)이 양호하여 뉘우침이 뚜렷한 때에는 무기형은 20년, 유기형은 형기의 3분의 1이 지난 후 행정처분으로 가석방을 할 수 있다.
② 사형이 무기징역으로 특별감형된 경우 사형집행대기 기간을 처음부터 무기징역을 받은 경우와 동일하게 가석방요건 중의 하나인 형의 집행기간에 산입할 수 있다.
③ 가석방의 처분을 받은 후 그 처분이 실효 또는 취소되지 아니하고 가석방기간을 경과한 때에는 형의 집행을 종료한 것으로 본다.
④ 가석방기간 중에 범행을 저질렀다면 이를 형집행 종료 후에 죄를 범한 경우에 해당한다고 볼 수 없으므로 여기에 누범가중을 할 수 없다.

370 형의 시효에 관한 다음 설명 중 옳지 않은 것은?

① 형을 선고받은 사람에 대해서는 시효가 완성되면 면소된 것으로 간주한다.
② 시효는 형의 집행의 유예나 정지 또는 가석방 기타 집행할 수 없는 기간은 진행되지 아니한다.
③ 시효는 형이 확정된 후 그 형의 집행을 받지 아니한 자가 형의 집행을 면할 목적으로 국외에 있는 기간 동안은 진행되지 아니한다.
④ 시효는 징역, 금고 및 구류의 경우에는 수형자를 체포한 때, 벌금, 과료, 몰수 및 추징의 경우에는 강제처분을 개시한 때에 중단된다.

371 형의 시효중단에 관한 다음 설명 중 옳지 않은 것은? (다툼이 있으면 판례에 의함)

① 시효는 징역, 금고 및 구류의 경우에는 수형자를 체포한 때, 벌금, 과료, 몰수 및 추징의 경우에는 강제처분을 개시한 때에 중단된다.

② 시효중단의 효력이 발생하기 위하여 집행행위가 종료하거나 성공할 필요는 없으므로 수형자의 재산이라고 추정되는 채권에 대하여 압류신청을 한 이상 피압류채권이 존재하지 않거나 압류채권을 환가하여도 집행비용 외에 잉여가 없다는 이유로 집행불능이 되었다고 하더라도 이미 발생한 시효중단의 효력이 소멸하지 않는다.

③ 확정된 벌금형을 집행하기 위한 검사의 집행명령에 기하여 집달관이 집행을 개시하였다면 이로써 벌금형에 대한 시효는 중단되는 것인 바, 이 경우 압류물을 환가하여도 집행비용 외에 잉여가 없다는 이유로 집행불능이 되었다고 하더라도 이미 발생한 시효중단의 효력이 소멸하지는 않는다.

④ 수형자가 벌금의 일부를 납부한 경우에는 이로써 집행행위가 개시된 것으로 보아 벌금형의 시효가 중단된다고 봄이 상당하고, 여기서 벌금의 일부 납부란 수형자 본인이 스스로 일부 납부한 경우는 물론 수형자 본인의 의사와는 무관하게 제3자가 이를 납부한 경우도 포함된다.

제2편 | 형법 각론

001 살인의 죄에 대한 설명 중 가장 적절한 것은? (다툼이 있으면 판례에 의함)

① 사람의 시기(始期)는 규칙적인 진통을 동반하면서 분만이 개시된 때를 말하는데, 제왕절개 수술의 경우에는 '의학적으로 제왕절개 수술이 가능하였고 규범적으로 수술이 필요하였던 시기'를 분만의 시기로 볼 수 있다.
② 살인죄의 고의는 살해의 목적이나 계획적인 의도가 있어야만 인정되고, 사망의 결과에 대한 예견 또는 인식이 불확정적인 경우에는 살인의 범의가 인정될 수 없다.
③ 혼인 외의 출생자와 생모 간에는 생모의 인지나 출생신고를 기다리지 않고 당연히 법률상의 친족관계가 성립하므로 혼인 외의 자가 생모를 살해한 때에는 존속살해죄가 성립한다.
④ 살인예비죄가 성립하기 위해서는 살인죄의 실현을 위한 준비 행위가 있어야 하는데, 이때 준비행위는 객관적으로 보아 살인죄의 실현에 실질적으로 기여할 수 있는 외적 행위일 필요는 없고, 단순한 범행의 의사 또는 계획이면 족하다.

002 다음의 설명 중 가장 적절한 것은? (다툼이 있으면 판례에 의함)

① 피고인이 범행 당시 살인의 범의는 없었고 단지 상해 또는 폭행의 범의만 있었을 뿐이라고 다투는 경우에 피고인에게 범행 당시 살인의 범의가 있었는지 여부는 피고인이 범행에 이르게 된 경위, 범행의 동기, 준비된 흉기의 유무·종류·용법, 공격의 부위와 반복성, 사망의 결과발생 가능성 정도 등 범행 전후의 객관적인 사정을 종합하여 판단할 수밖에 없다.
② 형법 제250조 제2항 존속살해죄의 직계존속은 법률상 존속뿐만 아니라 사실상의 존속을 포함한다.
③ 피고인이 인터넷 사이트 내 자살 관련 카페 게시판에 청산염 등 자살용 유독물의 판매광고를 한 행위가 단지 금원 편취 목적의 사기행각의 일환으로 이루어졌고, 변사자들이 다른 경로로 입수한 청산염을 이용하여 자살한 사정 등이 있다고 하더라도 피고인의 행위는 자살방조에 해당한다.
④ 제왕절개 수술의 경우 '의학적으로 제왕절개 수술이 가능하였고 규범적으로 수술이 필요하였던 시기'를 분만의 시기로 볼 수 있다.

003 존속살해죄 등에 관한 다음 설명 중 옳지 않은 것은? (다툼이 있으면 판례에 의함)

① 타인의 일반양자로 입양된 자가 양부모를 살해하거나 실부모를 살해한 경우 모두 존속살해죄가 성립한다.

② 피고인 甲은 호적부상 부(父) A와 모(母) B 사이에 태어난 친생자로 등재되어 있으나 A가 집을 떠난 사이 B가 타인과 정교관계를 맺어 甲을 출산하였다면 甲과 A 사이에는 친자관계가 없으므로 존속상해죄는 성립될 수 없다.

③ 피해자 A가 남편 B와 피고인 甲을 입양할 의사로 친생자로 출생신고를 하고 양육하여 오다가 B가 사망한 후에도 계속하여 甲을 양육하여 온 경우 위 출생신고는 입양신고로서 효력이 있으므로 甲이 A를 살해하였다면 존속살해죄가 성립한다.

④ A가 그의 문전에 버려진 영아인 피고인 甲을 주어다 기르고 그 부(夫)와의 친생자인 것처럼 출생신고를 하였다면 비록 입양요건을 갖추지 아니하였더라도 甲이 A를 살해하면 존속살인죄로 처벌할 수 있다.

004 폭행에 대한 설명으로 옳지 않은 것은? (다툼이 있으면 판례에 의함)

① 피해자에게 근접하여 욕설을 하면서 때릴 듯이 손발을 휘두르거나 물건을 던지는 행위는 직접 피해자의 신체에 접촉하지 않더라도 이는 피해자에 대한 불법한 유형력의 행사로서 폭행에 해당한다.

② 피고인이 피해자에게 욕설을 한 것만을 가지고 당연히 폭행을 한 것이라고 할 수는 없을 것이고, 피해자 집의 대문을 발로 찬 것이 막바로 또는 당연히 피해자의 신체에 대하여 유형력을 행사한 경우에 해당한다고 할 수도 없다.

③ 공무원의 직무 수행에 대한 비판이나 시정 등을 요구하는 집회·시위 과정에서 일시적으로 상당한 소음이 발생하였다는 사정만으로도 공무집행방해죄에서의 음향으로 인한 폭행이 인정된다.

④ 거리상 멀리 떨어져 있는 사람에게 전화기를 이용하여 전화하면서 고성을 내거나 그 전화 대화를 녹음 후 듣게 하더라도 수화자의 청각기관을 자극하여 그 수화자로 하여금 고통스럽게 느끼게 할 정도의 음향이 아닌 경우에는 신체에 대한 유형력의 행사를 한 것으로 보기 어렵다.

005 상해와 폭행의 죄에 관한 설명으로 옳지 않은 것을 모두 고른 것은? (다툼이 있으면 판례에 의함)

㉠ 상대방의 시비를 만류하면서 조용히 얘기나 하자며 그의 팔을 2, 3회 끈 사실만 가지고는 사람의 신체에 대한 불법한 공격이라고 볼 수 없어 폭행죄에 해당한다고 볼 수 없다.

㉡ 형법 제258조의2 제1항은 위험한 물건을 휴대하여 사람의 신체를 상해한 자를 특수상해죄로 처벌하도록 규정하고 있는데, 위험한 물건을 휴대하였다고 하기 위하여는 피고인이 범행 현장에 있는 위험한 물건을 사실상 지배하면서 언제든지 그 물건을 곧바로 범행에 사용할 수 있는 상태에 두는 것만으로는 부족하고 그 물건을 현실적으로 손에 쥐고 있는 등 피고인과 그 물건이 물리적으로 부착되어 있어야 한다.

㉢ 피고인의 구타행위로 상해를 입은 피해자가 정신을 잃고 빈사상태에 빠지자 사망한 것으로 오인하고, 자신의 행위를 은폐하고 피해자가 자살한 것처럼 가장하기 위하여 피해자를 베란다 아래의 바닥으로 떨어뜨려 사망케 하였다면, 피고인의 행위는 포괄하여 단일의 상해치사죄에 해당한다.

㉣ 피해자의 음모의 모근 부분을 남기고 모간 부분만을 일부 잘라냄으로써 음모의 전체적인 외관에 변형만이 생겼다면, 이로 인하여 피해자에게 수치심을 야기하는 등 생활기능에 장애가 초래되었다고 할 수 있으므로 이는 폭행이 아니라 상해에 해당한다.

㉤ 자신의 차를 가로막는 피해자를 부딪친 것은 아니라고 하더라도 피해자를 부딪칠 듯이 차를 조금씩 전진시키는 것을 반복하는 행위는 폭행죄에서 말하는 폭행에 해당한다.

① ㉠, ㉡
② ㉡, ㉢
③ ㉡, ㉣
④ ㉣, ㉤

006 상해와 폭행의 죄에 대한 설명으로 가장 적절하지 않은 것은? (다툼이 있으면 판례에 의함)

① 범행 현장에서 범행에 사용하려는 의도로 위험한 물건을 소지하거나 몸에 지닌 경우 피해자가 이를 인식하지 못하였거나 실제 범행에 사용하지 아니하더라도 특수폭행죄의 '휴대'에 해당한다.

② 위험한 물건을 휴대하였다고 하기 위하여는 피고인이 범행현장에 있는 위험한 물건을 사실상 지배하면서 언제든지 그 물건을 곧바로 범행에 사용할 수 있는 상태에 두면 충분하고, 피고인이 그 물건을 현실적으로 손에 쥐고 있는 등 피고인과 그 물건이 반드시 물리적으로 부착되어 있어야 하는 것은 아니다.

③ 상해죄 및 폭행죄의 상습범에 관한 형법 제264조에서 말하는 '상습'이란 동 규정에 열거된 상해 내지 폭행행위의 습벽을 말하고, 동 규정에 열거되지 아니한 다른 유형의 범죄까지 고려하여 상습성의 유무를 결정하여서는 안 된다.

④ 甲에게 폭행 범행을 반복하여 저지르는 습벽이 있고 이러한 습벽에 의하여 단순폭행, 존속폭행 범행을 저지른 사실이 인정된다면 그 중 법정형이 가장 경한 단순폭행의 상습범만 성립한다.

007 상해와 폭행의 죄에 대한 설명으로 가장 적절하지 않은 것은? (다툼이 있으면 판례에 의함)

① 상해죄의 성립에는 상해의 원인인 폭행에 대한 인식이 있으면 충분하고 상해를 가할 의사의 존재까지는 필요하지 않다.
② 폭행죄의 폭행이란 소위 사람의 신체에 대한 유형력의 행사를 가리키며, 그 유형력의 행사는 신체적 고통을 주는 물리력의 작용을 의미하므로 신체의 청각기관을 직접적으로 자극하는 음향도 경우에 따라서는 유형력에 포함될 수 있다.
③ 폭행죄는 피해자의 명시한 의사에 반하여 공소를 제기할 수 없는 반의사불벌죄로서 처벌불원의 의사표시는 의사능력이 있는 피해자가 단독으로 할 수 있는 것이고, 피해자가 사망한 후 그 상속인이 피해자를 대신하여 처벌불원의 의사표시를 할 수는 없다고 보아야 한다.
④ 형법 제263조(동시범)는 '독립행위가 경합하여 상해의 결과를 발생하게 한 경우 공동정범의 예에 의한다'고 규정하고 있다.

008 다음 중 강간치상죄 등에 있어 상해에 해당하지 않는 것은? (다툼이 있으면 판례에 의함)

① 피고인이 피해자의 음모의 모근(毛根) 부분을 남기고 모간(毛幹) 부분만을 일부 잘라냄으로써 음모의 전체적인 외관에 변형이 생긴 경우
② 피해자의 상해부위가 우측 슬관절 부위 찰과상 및 타박상, 우측 주관절 부위 찰과상이고, 예상치료기간은 수상일로부터 2주이며, 입원 및 향후 치료(정신과적 치료를 포함)가 필요할 수도 있는 경우
③ 피해자가 피고인으로부터 왼쪽 젖가슴을 꽉 움켜잡힘으로 인하여 왼쪽 젖가슴에 약 10일간의 치료를 요하는 좌상을 입고, 심한 압통과 약간의 종창이 있어 병원에서 주사를 맞고 3일간 투약을 한 사실이 있는 경우
④ 피해자가 13회에 걸쳐 피고인으로부터 졸피뎀(Zolpidem) 성분의 수면제가 섞인 커피를 받아 마실 때마다 잠이 든 이후의 상황에 대해서 제대로 기억하지 못하였고, 가끔 정신이 희미하게 든 경우도 있었으나 자신의 의지대로 생각하거나 행동하지 못한 채 곧바로 기절하다시피 다시 깊은 잠에 빠졌고, 결국 반복된 약물 투약과 그에 따른 강간 또는 강제추행 범행으로 외상 후 스트레스 장애까지 입은 것으로 보이는 경우

009 상해와 폭행의 죄에 대한 설명 중 가장 적절한 것은? (다툼이 있으면 판례에 의함)

① 형법의 폭행죄, 존속폭행죄, 특수폭행죄는 모두 미수범 처벌규정이 없으며, 피해자의 명시한 의사에 반하여 공소를 제기할 수 없다.
② 甲과 乙이 독립하여 A를 살해하고자 총을 쏘아 탄환 하나가 A의 다리에 적중하여 A가 상해를 입었는데, 甲과 乙 중 누구의 탄환인지 밝혀지지 않은 경우 甲과 乙에게 형법 제263조의 동시범이 성립하지 않는다.
③ 甲은 A와 어머니 B 사이에서 태어난 친생자로 호적부상 등재되어 있으나 사실은 A가 수년간 집을 떠나 있는 사이에 B가 C와 정교관계를 맺어 甲을 출산한 경우 甲이 A에게 상해를 가하면 甲에게 존속상해죄가 성립한다.
④ 甲이 "방문을 열어주지 않으면 죽여버린다"고 방안에 있는 A에게 폭언을 하면서 잠긴 방문을 발로 차는 경우 폭행죄가 성립한다.

010 상해와 폭행의 죄에 대한 설명으로 가장 적절하지 않은 것은? (다툼이 있으면 판례에 의함)

① 태아를 사망에 이르게 하는 행위가 곧바로 임산부에 대한 상해죄를 구성하는 것은 아니다.
② 甲이 길이 140cm, 지름 4cm의 대나무로 A의 머리를 여러 차례 때려 그 대나무가 부러지고, A의 두피에 표재성 손상을 입혀 사건 당일 병원에서 봉합술을 받은 경우 甲이 사용한 대나무는 특수상해죄에서의 '위험한 물건'에 해당한다.
③ 상해에 관한 동시범 규정은 가해행위를 한 것 자체가 분명하지 않은 사람에게도 적용되므로 상해에 대한 인과관계를 개별적으로 판단할 필요는 없다.
④ 어떤 물건이 구「폭력행위 등 처벌에 관한 법률」제3조 제1항에 정한 '위험한 물건'에 해당하는지 여부는 구체적인 사안에서 사회통념에 비추어 그 물건을 사용하면 상대방이나 제3자가 생명 또는 신체에 위험을 느낄 수 있는지 여부에 따라 판단하여야 한다.

011 폭행죄에 대한 설명으로 가장 적절하지 않은 것은? (다툼이 있으면 판례에 의함)

① 흉기 기타 위험한 물건을 휴대하여 폭행을 저지르는 경우 그 범죄와 전혀 무관하게 우연히 이를 소지하게 된 경우까지를 포함하는 것은 아니지만, 범행현장에서 범행에 사용하려는 의도 아래 흉기 등 위험한 물건을 소지하거나 몸에 지닌 이상 그사실을 피해자가 인식하거나 실제로 범행에 사용하였을 것까지 요구되지 않는다.

② 특수폭행죄에서 다중의 위력을 보인다는 것은 위력을 상대방에게 인식시키는 것을 말하고 상대방의 의사가 현실적으로 제압될 것을 요하지 않으며 상대방의 의사를 제압할 만한 세력을 인식시킬 정도에 이르지 않아도 족하다.

③ 단순폭행, 존속폭행의 범행이 동일한 폭행 습벽의 발현에 의한 것으로 인정되는 경우 그 중 법정형이 더 중한 상습존속폭행죄에 나머지 행위를 포괄하여 하나의 죄만 성립한다.

④ 甲은 경륜장 사무실에서 소화기들을 던지며 소란을 피웠는데 특정인을 겨냥하여 던진 것으로는 보이지 아니하는 점, 피해자들이 상해를 입지 않은 점 등의 여러 사정을 종합하면, 이때 '소화기'는 '위험한 물건'에 해당하지 않는다.

012 유기죄에 관한 다음 설명 중 옳지 않은 것은? (다툼이 있으면 판례에 의함)

① 유기죄가 성립하기 위해서는 행위자가 '노유, 질병 기타 사정으로 인하여 부조를 요하는 자를 보호할 법률상 또는 계약상 의무 있는 자'에 해당하여야 하는데, 여기서 '법률상 보호의무'에는 민법 제826조 제1항에 근거한 부부간의 부양의무도 포함된다.

② 유기죄가 성립하기 위하여는 요부조자에 대한 보호책임의 발생원인이 된 사실이 존재한다는 것을 인식하고, 이에 기한 부조의무를 해태한다는 의식이 있음을 요한다.

③ 유기행위는 부조를 요하는 자를 보호 없는 상태로 둠으로써 생명·신체를 위태롭게 하는 것이므로 작위에 의해서만 성립할 뿐 부작위에 의해서는 성립할 수 없다.

④ 유기를 당한 사람의 생명·신체에 위험을 발생하게 할 가능성이 있으면 유기행위의 요건은 충족되고 반드시 보호의 가능성이 전혀 없을 것을 요하는 것은 아니다.

013 유기죄에 관한 다음 설명 중 옳지 않은 것은? (다툼이 있으면 판례에 의함)

① 유기죄의 죄책을 인정하려면 구성요건이 요구하는 법률상 또는 계약상 보호의무를 밝혀야 하고 설혹 동행자가 구조를 요하게 되었다 하여도 일정거리를 동행한 사실만으로서는 피고인에게 법률상 계약상의 보호의무가 있다고 할 수 없다.
② 유기죄에 관한 형법 제271조 제1항의 '계약상 의무'는 간호사나 보모와 같이 계약에 기한 주된 급부의무가 부조를 제공하는 것인 경우에 반드시 한정되지 아니하며, 계약의 해석상 계약관계의 목적이 달성될 수 있도록 상대방의 신체 또는 생명에 대하여 주의와 배려를 한다는 부수적 의무의 한 내용으로 상대방을 부조하여야 하는 경우를 배제하는 것은 아니다.
③ 단지 부수의무로서의 민사적 부조의무 또는 보호의무가 인정된다고 해서 형법 제271조 소정의 계약상 의무가 당연히 긍정된다고는 말할 수 없고, 제반 사정을 고려하여 계약상의 부조의무의 유무를 신중하게 판단하여야 한다.
④ 법률상 부부는 아니지만 사실혼 관계에 있는 경우에도 형법 제271조 제1항에서 말하는 법률상 보호의무의 존재를 긍정하여야 하므로, 단순한 동거 또는 간헐적인 정교관계를 맺고 있는 사람에 대하여도 특별한 사정이 없는 한 유기죄에 있어 법률상 보호의무가 인정된다.

014 유기죄에 대한 설명으로 옳지 않은 것은? (다툼이 있으면 판례에 의함)

① 유기죄에서의 '계약상 의무'는 반드시 계약에 기한 주된 급부 의무에 한정되지 아니하며, 계약 상대방의 신체 또는 생명에 대한 주의와 배려라는 부수적 의무의 한 내용으로 상대방을 부조하여야 하는 경우를 배제하는 것은 아니다.
② 강간치상의 범행을 저지른 자가 그 범행으로 인하여 실신 상태에 있는 피해자를 구호하지 아니하고 방치한 경우 강간치상죄만 성립하고 유기죄는 성립하지 아니한다.
③ 유기죄의 법률상 보호의무 가운데는 민법상 부부간의 부양 의무도 포함되며, 법률상 부부는 아니지만 사실혼 관계에 있는 경우에도 당사자 사이에 주관적 혼인의사와 객관적 혼인생활의 실체가 존재한다면 보호의무가 인정될 수 있다.
④ 유기죄를 범하여 사람의 생명 또는 신체에 대하여 위험을 발생하게 한 때에는 중유기죄로 가중처벌된다.

015 유기죄와 학대죄에 대한 설명으로 옳은 것만을 모두 고르면? (다툼이 있으면 판례에 의함)

> ㉠ 유기죄에서 '계약상 의무'는 계약에 기한 주된 급부의무가 부조를 제공하는 것인 경우에 한정된다.
> ㉡ 술에 만취된 피해자가 경찰지구대로 운반되어 의자 위에 눕혀졌을 때 숨을 가쁘게 쿨쿨 내뿜고 자신의 수족과 의사도 자제할 수 없는 상태에 있음에도 불구하고 경찰관이 3시간여 동안이나 아무런 구호조치를 취하지 아니한 경우 유기죄의 범의를 인정할 수 있다.
> ㉢ 강간치상의 범행을 저지른 자가 그 범행으로 인하여 실신상태에 있는 피해자를 구호하지 아니하고 방치하였더라도 유기죄는 성립하지 않는다.
> ㉣ 학대죄의 '학대'란 육체적으로 고통을 주거나 정신적으로 차별대우를 하는 행위를 가리키는 것으로, 단순히 상대방의 인격에 대한 반인륜적 침해만으로는 부족하지만 유기에 준할 정도에 이를 것은 요하지 않는다.

① ㉠, ㉢
② ㉠, ㉣
③ ㉡, ㉢
④ ㉡, ㉣

016 유기의 죄에 대한 설명으로 옳지 않은 것은? (다툼이 있으면 판례에 의함)

① 사실혼 관계에 있는 사람들 사이에서 유기죄가 성립하기 위해서는 단순한 동거 또는 간헐적인 정교관계를 맺고 있다는 사정만으로는 부족하고, 그 당사자 사이에 혼인 의사가 있고 사회관념상 혼인생활의 실체가 존재하여야 한다.
② 수혈이 최선의 치료방법이라는 의사의 권유에도 불구하고 어머니가 종교적 신념을 이유로 사망의 위험이 예견되는 딸에 대한 수혈을 거부함으로써 딸을 사망에 이르게 한 경우 유기치사죄가 성립한다.
③ 유기죄가 성립하기 위해서는 행위자가 요부조자에 대한 보호 책임의 발생원인이 된 사실이 존재한다는 것을 인식하고 이에 기한 부조의무를 해태한다는 의식이 있음을 요한다.
④ 자신의 주점에 손님으로 와서 수일 동안 식사는 한 끼도 하지 않은 채 계속하여 술을 마시고 만취한 피해자를 방치하여 저체온증 등으로 사망에 이르게 한 경우 유기치사죄가 성립하지 않는다.

017 유기죄에 관한 다음 설명 중 옳지 않은 것은? (다툼이 있으면 판례에 의함)

① 피고인의 강간미수행위로 인하여 상해를 입고 의식불명이 된 피해자를 그곳에 그대로 방치한 피고인의 소위는 강간치상죄만이 성립하고 별도로 유기죄는 성립하지 아니한다.
② 피고인이 자신이 운영하는 주점에 손님으로 와서 수일 동안 식사는 한 끼도 하지 않은 채 계속하여 술을 마시고 만취한 피해자를 주점 내에 그대로 방치하여 저체온증 등으로 사망한 경우 유기치사죄가 성립한다.
③ 피고인이 의사들이 당시의 의료기술상 최선의 치료방법이라고 하면서 권유하는 수혈을 자신이 믿는 종교인 여호와의 증인의 교리에 어긋난다는 이유로 시종일관 완강히 거부하는 언동을 하여 결국 그의 딸이 사망하였다면 피고인은 유기치사죄의 죄책을 진다.
④ 피고인과 피해자가 술에 취하여 도로 위에서 실족하여 2m 아래 개울로 미끄러 떨어져 약 5시간 가량 잠을 자다가 술과 잠에서 깨어난 피고인과 피해자는 도로위로 올라가려 하였으나 길을 발견하지 못하여 헤매던 중 피해자는 후두부 타박상을 입어서 정상적으로 움직이기가 어려워 사망하고 피고인만 혼자 도로위로 올라온 경우 피고인은 유기치사죄의 죄책을 진다.

018 형법상 공중협박죄(제116조의2, 이하 "전자"라고 한다)와 협박죄(제283조부터 제286조, 이하 "후자"라고 한다)에 관한 다음 설명 중 옳지 않은 것은 모두 몇 개인가?

> ㉠ 양죄는 모두 그 행위의 상대방이 '사람'으로 동일하다.
> ㉡ 전자는 반의사불벌죄가 아니지만, 후자 중 협박죄와 존속협박죄는 반의사불벌죄이다.
> ㉢ 양죄는 모두 상습범 가중처벌규정이 있다.
> ㉣ 양죄는 모두 미수범 처벌규정이 있다.

① 1개   ② 2개
③ 3개   ④ 4개

019 협박죄에 관한 다음 설명 중 옳지 않은 것은? (다툼이 있으면 판례에 의함)

① 협박죄에서 해악을 고지하는 행위는 언어에 의하는 것이므로 거동으로 해악을 고지하는 것은 폭행죄에 해당할 수는 있어도 협박죄에는 해당하지 아니한다.

② 협박죄에 있어서의 협박이라 함은 사람으로 하여금 공포심을 일으킬 수 있을 정도의 해악을 고지하는 것을 의미하고, 행위자가 직접 해악을 가하겠다고 고지하는 것은 물론 제3자로 하여금 해악을 가하도록 하겠다는 방식으로도 해악의 고지는 가능하다.

③ 고지자가 제3자의 행위를 사실상 지배하거나 제3자에게 영향을 미칠 수 있는 지위에 있는 것으로 믿게 하는 명시적·묵시적 언동을 하였거나 제3자의 행위가 고지자의 의사에 의하여 좌우될 수 있는 것으로 상대방이 인식한 경우에는 고지자가 직접 해악을 가하겠다고 고지한 것과 마찬가지의 행위로 평가할 수 있다.

④ 권리행사의 일환으로 상대방에게 일정한 해악을 고지한 경우에도 그러한 해악의 고지가 사회의 관습이나 윤리관념 등에 비추어 사회통념상 용인할 수 있는 정도이거나 정당한 목적을 위한 상당한 수단에 해당하는 등 사회상규에 반하지 아니하는 때에는 협박죄가 성립하지 아니한다.

020 협박죄에 관한 다음 설명 중 옳지 않은 것은? (다툼이 있으면 판례에 의함)

① 협박이라 함은 일반적으로 보아 사람으로 하여금 공포심을 일으킬 정도의 해악을 고지하는 것을 의미하며, 그 고지되는 해악의 내용, 즉 침해하겠다는 법익의 종류나 법익의 향유주체 등에는 아무런 제한이 없다.

② 협박죄가 성립하기 위하여는 적어도 발생 가능한 것으로 생각될 수 있는 정도의 구체적인 해악의 고지가 있어야 한다.

③ 협박이라 함은 일반적으로 보아 사람으로 하여금 공포심을 일으킬 수 있는 정도의 해악을 고지하는 것을 의미하고, 그 주관적 구성요건으로서의 고의는 행위자가 그러한 정도의 해악을 고지한다는 것을 인식·인용하는 것을 그 내용으로 한다.

④ 협박죄가 성립하려면 고지된 해악의 내용이 일반적으로 사람으로 하여금 공포심을 일으키게 하기에 충분한 것이어야 하고 또한 상대방이 그에 의하여 현실적으로 공포심을 일으켜야 한다.

021 협박의 죄에 대한 설명 중 가장 적절하지 않은 것은? (다툼이 있으면 판례에 의함)

① 협박죄에서 고의는 행위자가 해악을 고지한다는 것을 인식 또는 인용하는 것을 그 내용으로 하고, 고지한 해악을 실제로 실현할 의도나 욕구까지 요구하는 것은 아니다.
② 협박죄와 존속협박죄는 피해자의 명시한 의사에 반하여 공소를 제기할 수 없는 반의사불벌죄이다.
③ 피해자와 언쟁 중에 "입을 찢어 버릴라"라고 말한 것이 단순한 감정적인 욕설인 경우 이러한 폭언이 형법상 협박에 해당하는 것은 아니다.
④ 협박죄는 사람의 의사결정의 자유를 보호법익으로 하는 위험범이라고 파악하는 것이 상당하므로 해악의 고지가 상대방에 도달하였으나 상대방이 이를 지각하지 못하였거나 그 의미를 인식하지 못한 경우라도 협박죄의 기수를 인정할 수 있다.

022 협박죄에 관한 다음 설명 중 옳지 않은 것은? (다툼이 있으면 판례에 의함)

① 협박이라 함은 일반적으로 보아 사람으로 하여금 공포심을 일으킬 수 있는 정도의 해악을 고지하는 것을 의미한다.
② 협박죄의 고의는 사람으로 하여금 공포심을 일으킬 수 있는 정도의 해악을 고지한다는 것을 인식, 인용하는 것을 그 내용으로 하고 또한 고지한 해악을 실제로 실현할 의도나 욕구가 있어야 한다.
③ 행위자의 언동이 단순한 감정적인 욕설 내지 일시적 분노의 표시에 불과하여 주위사정에 비추어 가해의 의사가 없음이 객관적으로 명백한 때에는 협박행위 내지 협박의 의사를 인정할 수 없다.
④ 해악의 고지가 있다 하더라도 그것이 사회의 관습이나 윤리관념 등에 비추어 용인할 수 있는 정도의 것이라면 협박죄가 성립하지 아니한다.

023 협박의 죄에 대한 설명 중 가장 적절하지 않은 것은? (다툼이 있으면 판례에 의함)

① 특수협박죄와 상습협박죄는 피해자의 명시한 의사에 반하여 공소를 제기할 수 있다.
② 협박죄에서 고의는 행위자가 해악을 고지한다는 것을 인식, 인용하는 것을 그 내용으로 하고, 고지한 해악을 실제로 실현할 의도나 욕구는 필요하지 않다.
③ 해악의 고지는 적어도 발생 가능한 것으로 생각될 수 있는 정도로 구체적이어야 하며, 행위 전후의 여러 사정을 종합하여 볼 때 일반적으로 사람으로 하여금 공포심을 일으키게 하기에 충분한 것이어야 한다.
④ 채권추심회사의 지사장이 자신의 횡령행위에 대한 민·형사상 책임을 모면하기 위하여 회사 본사에 '회사의 내부비리 등을 관계 기관에 고발하겠다'는 취지의 서면을 보내는 한편, 위 회사 대표이사의 처남으로서 경영지원본부장인 피해자 A에게 전화를 걸어 위 서면의 내용과 같은 취지로 발언한 경우 회사 본사와 A 모두에 대해서 협박죄가 성립한다.

024 협박죄에 대한 설명으로 가장 적절한 것은? (다툼이 있으면 판례에 의함)

① 권리행사나 직무집행의 일환으로 상대방에게 일정한 해악을 고지한 경우 그 해악의 고지가 정당한 권리행사나 직무집행으로서 사회상규에 반하지 아니하는 때에도 협박죄가 성립한다.

② 공군 중사가 상관인 피해자에게 그의 비위 등을 기록한 내용을 제시하면서 자신에게 폭언한 사실을 인정하지 않으면 그 내용을 상부기관에 제출하겠다는 취지로 말한 사안에서 공군 중사에게는 군형법상 상관협박죄가 성립하지 않는다.

③ 甲이 슈퍼마켓 사무실에서 식칼을 들고 피해자를 협박한 행위와 식칼을 들고 매장을 돌아다니며 손님을 내쫓아 그의 영업을 방해한 행위는 특수협박죄와 업무방해죄의 상상적 경합관계에 있다.

④ 피고인이 공중전화를 이용하여 경찰서에 여러 차례 전화를 걸어 전화를 받은 각 경찰관에게 경찰서 관할구역 내에 있는 한나라당 당사를 폭파하겠다는 말을 하였더라도 한나라당 정당에 대한 해악의 고지가 각 경찰관 개인에게 공포심을 일으킬 만큼 서로 밀접한 관계에 있다고 보기 어려우므로 각 경찰관에 대한 협박죄를 구성한다고 할 수 없다.

025 강요죄에 관한 다음 설명 중 옳지 않은 것은 모두 몇 개인가? (다툼이 있으면 판례에 의함)

㉠ 강요죄는 폭행 또는 협박으로 사람의 권리행사를 방해하거나 의무 없는 일을 하게 하는 것을 말한다.

㉡ 강요죄에서 '의무 없는 일'이라 함은 법령, 계약 등에 기하여 발생하는 법률상 의무 없는 일을 말하므로 법률상 의무 있는 일을 하게 한 경우에는 강요죄가 성립할 여지가 없다.

㉢ 강요죄에서 폭행은 사람에 대한 직접적인 유형력의 행사를 의미할 뿐 간접적인 유형력의 행사까지 포함된다고 해석할 수 없다.

㉣ 강요죄에서 협박은 객관적으로 사람의 의사결정의 자유를 제한하거나 의사실행의 자유를 방해할 정도로 겁을 먹게 할 만한 해악을 고지하는 것을 말한다.

㉤ 강요죄의 수단인 협박의 방법은 통상 언어에 의하는 것이나 경우에 따라서 한마디 말도 없이 거동에 의하여서도 할 수 있다.

㉥ 공무원인 행위자가 상대방에게 어떠한 이익 등의 제공을 요구한 경우 그것이 객관적으로 사람의 의사결정의 자유를 제한하거나 의사실행의 자유를 방해할 정도로 겁을 먹게 할 만한 해악의 고지로 인정될 수 없다면 직권남용이나 뇌물요구 등이 될 수는 있어도 협박을 요건으로 하는 강요죄가 성립하기는 어렵다.

① 0개 ② 1개
③ 2개 ④ 3개

026 다음 중 강요죄가 성립하는 것은? (다툼이 있으면 판례에 의함)

① 피고인이 자신의 전답의 점유를 실력으로 회수하려는 자에게 폭행을 가한 경우
② 직장에서 상사가 범죄행위를 저지른 부하직원에게 징계절차에 앞서 자진하여 사직할 것을 단순히 권유한 경우
③ 피고인이 피해자의 해외도피를 방지하기 위하여 피해자를 협박하고 이에 피해자가 겁을 먹고 있는 상태를 이용하여 동인 소유의 여권을 교부하게 하여 해외여행을 하지 못하게 한 경우
④ 상관이 직무수행을 태만히 하거나 지시사항을 불이행하고 허위보고 등을 한 부하에게 근무태도를 교정하고 직무수행을 감독하기 위하여 직무수행의 내역을 일지 형식으로 기재하여 보고하도록 명령한 경우

027 다음 중 강요죄가 성립하지 않는 것은? (다툼이 있으면 판례에 의함)

① 골프시설의 운영자가 골프회원에게 불리하게 변경된 내용의 회칙에 대하여 동의한다는 내용의 등록신청서를 제출하지 아니하면 회원으로 대우하지 아니하겠다고 통지한 경우
② 환경단체 소속 회원들이 축산 농가들의 폐수 배출 단속활동을 벌이면서 폐수 배출현장을 사진촬영하거나 지적하는 한편 폐수 배출사실을 확인하는 내용의 사실확인서를 징구하는 과정에서 서명하지 아니할 경우 법에 저촉된다고 겁을 준 경우
③ 피고인 甲이 피해자 A로 하여금 주차장을 이용하지 못하게 할 의도로 乙 차량을 A 주택 대문 앞에 주차하였으나 주차 당시 甲과 A 사이에 물리적 접촉이 있거나 甲이 A에게 어떠한 유형력을 행사했다고 볼만한 사정이 없었던 경우
④ 피고인이 광동제약에 대하여 불매운동을 하겠다고 하면서 조선일보, 중앙일보, 동아일보 등 언론사에 대한 광고를 중단할 것과 한겨레신문, 경향신문에 조선일보 등과 동등하게 광고를 집행할 것을 요구하고 광동제약의 인터넷 홈페이지에 '광동제약은 앞으로 특정 언론사에 편중하지 않고 동등한 광고 집행을 하겠다'는 내용의 팝업창을 띄우게 한 경우

028 감금죄에 관한 다음 설명 중 옳지 않은 것은? (다툼이 있으면 판례에 의함)

① 정신병자도 감금죄의 객체가 될 수 있다.
② 감금죄는 사람의 행동의 자유를 그 보호법익으로 하여 사람이 특정한 구역으로 들어가는 것을 불가능하게 하거나 또는 심히 곤란하게 하는 죄이다.
③ 사람이 특정한 구역에서 나가는 것을 불가능하게 하거나 심히 곤란하게 하는 그 장애는 물리적·유형적 장애뿐만 아니라 심리적·무형적 장애에 의해서도 가능하고 또 행동의 자유를 구속하는 수단과 방법에는 아무런 제한이 없다.
④ 감금에 있어서의 사람의 행동의 자유의 박탈은 반드시 전면적이어야 할 필요가 없으므로 감금된 특정구역 내부에서 일정한 생활의 자유가 허용되어 있었다고 하더라도 감금죄의 성립에는 아무 지장이 없다.

029 체포·감금죄에 관한 다음 설명 중 옳지 않은 것은? (다툼이 있으면 판례에 의함)

① 체포죄에서 말하는 '체포'는 사람의 신체에 대하여 직접적이고 현실적인 구속을 가하여 신체활동의 자유를 박탈하는 행위를 의미하는 것으로서 그 수단과 방법을 불문한다.
② 감금죄는 사람의 행동의 자유를 그 보호법익으로 하여 사람이 특정한 구역에서 나가는 것을 불가능하게 하거나 또는 심히 곤란하게 하는 죄이다.
③ 체포죄는 계속범으로서 체포의 행위에 확실히 사람의 신체의 자유를 구속한다고 인정할 수 있을 정도의 시간적 계속이 있어야 하나, 체포의 고의로써 타인의 신체적 활동의 자유를 현실적으로 침해하는 행위를 개시한 때 체포죄의 실행에 착수하였다고 볼 것이다.
④ 감금의 본질은 사람의 행동의 자유를 구속하는 것으로 행동의 자유를 구속하는 그 수단과 방법에는 아무런 제한이 없지만, 감금된 특정구역 내부에서 일정한 생활의 자유가 허용되어 있었다 한다면 감금죄는 성립하지 아니한다.

030 감금의 죄에 대한 설명 중 가장 적절하지 않은 것은? (다툼이 있으면 판례에 의함)

① 감금하기 위한 수단으로 행사된 단순한 협박행위는 감금죄에 흡수되어 별도의 죄를 구성하지 않는다.
② 감금행위가 강간죄나 강도죄의 수단이 된 경우에 감금죄는 강간죄나 강도죄에 흡수되어 별도의 죄를 구성하지 않는다.
③ 피해자가 있었던 장소가 경찰서 내 대기실로서 일반인과 면회인 및 경찰관이 수시로 출입하는 곳이고, 여닫이문만 열면 나갈 수 있는 구조라고 하더라도 경찰서 밖으로 나가지 못하도록 신체의 자유를 제한하는 유·무형의 억압이 있었다면 이는 감금에 해당한다.
④ 甲이 생명 또는 신체에 심한 해를 입을지 모른다는 공포감에서 도피하기를 단념한 상태의 피해자 A를 호텔로 데려가서 같이 유숙한 후 항공기를 이용하여 함께 국외로 나간 경우 감금죄를 구성한다.

031 체포와 감금의 죄에 대한 설명으로 옳은 것은? (다툼이 있으면 판례에 의함)

① 강도계획 후에 피해자를 강제로 자신의 승용차에 태우고 가면서 돈을 빼앗고 상해를 가한 뒤에 계속하여 상당한 거리를 진행하여 가다가 교통사고를 일으켜 감금행위가 중단된 경우 감금죄와 강도상해죄의 실체적 경합범이 성립한다.
② 체포죄에서 체포의 수단과 방법은 불문하며, 체포의 고의로 타인의 신체적 활동의 자유를 현실적으로 침해하는 행위를 개시한 때 체포죄의 기수가 된다.
③ 미성년자를 유인한 자가 계속하여 미성년자를 불법하게 감금한 경우 감금죄는 성립하지 않고 미성년자유인죄만 성립한다.
④ 운전자가 피해자를 강제로 승용차에 태운 뒤 운전하여 가자 겁에 질린 피해자가 차에서 뛰어 내리다가 상해를 입은 경우 감금죄와 상해죄의 실체적 경합범이 성립한다.

032 체포와 감금의 죄에 관한 설명 중 옳지 않은 것은? (다툼이 있는 경우 판례에 의함)

① 감금은 무형적 방법으로도 가능하다.
② 타인의 신체적 활동의 자유를 현실적으로 침해하지 않더라도 잠재적으로 침해하는 행위를 개시하였다면 체포죄의 실행에 착수하였다고 볼 것이다.
③ 감금죄가 성립하기 위하여 반드시 사람의 행동의 자유를 전면적으로 박탈할 필요는 없다.
④ 정신병자도 감금죄의 객체가 될 수 있다.

033 약취·유인죄에 관한 다음 설명 중 옳지 않은 것은? (다툼이 있으면 판례에 의함)

① 간음목적약취유인죄에 있어서 약취행위란 피해자를 그 의사에 반하여 자유로운 생활관계 또는 보호관계로부터 범인이나 제3자의 사실상 지배하에 옮기는 행위를 말한다.
② 간음목적으로 약취행위를 함에 있어 폭행 또는 협박을 수단으로 사용하는 경우에 그 폭행 또는 협박의 정도는 상대방의 반항을 억압하거나 현저히 곤란하게 할 정도의 것이어야 한다.
③ 미성년자약취유인죄에 있어서 약취행위에는 미성년자를 장소적으로 이전시키는 경우뿐만 아니라 장소적 이전 없이 기존의 자유로운 생활관계 또는 부모와의 보호관계로부터 이탈시켜 범인이나 제3자의 사실상 지배하에 두는 경우도 포함된다.
④ 미성년자유인죄라 함은 기망 또는 유혹을 수단으로 하여 미성년자를 꾀어 현재의 보호상태 로부터 이탈케 하여 자기 또는 제3자의 사실적 지배하로 옮기는 행위를 말하고, 여기서의 유혹이라 함은 기망의 정도에는 이르지 아니하나 감언이설로써 상대방을 현혹시켜 판단의 적정을 그르치게 하는 것이므로 반드시 그 유혹의 내용이 허위일 것을 요하지는 않는다.

034 다음 중 약취·유인죄(또는 그 미수죄)가 성립하지 않는 것은? (다툼이 있으면 판례에 의함)

① 피고인이 초등학교 5학년 여학생인 피해자의 소매를 잡아끌면서 "우리 집에 같이 자러가자"라고 한 경우
② 피고인이 11세에 불과한 어린 나이의 피해자를 유혹하여 모텔 앞길에서부터 모텔 301호실까지 데리고 간 경우
③ 베트남 국적 여성인 피고인이 남편의 의사에 반하여 생후 약 13개월 된 아들을 주거지에서 데리고 나와 베트남으로 떠난 경우
④ 부모의 별거 상황에서 일방 배우자인 피고인이 면접교섭권을 행사하기 위하여 프랑스에서 타방 배우자와 함께 생활하고 있던 만 5세인 피해아동을 대한민국으로 데려온 후 면접교섭 기간이 종료하였음에도 프랑스로 데려다 주지 않은 채 피해아동이 친모를 제대로 만나지도 못하게 한 경우

035 미성년자약취죄에 관한 다음 설명 중 가장 옳지 않은 것은? (다툼이 있으면 판례에 의함)

① 미성년자를 보호·감독하는 사람이라고 하더라도 다른 보호·감독자의 보호·양육권을 침해하거나 자신의 보호·양육권을 남용하여 미성년자 본인의 이익을 침해하는 때에는 형법 제287조 미성년자약취죄의 주체가 될 수 있다.
② 부모가 이혼하였거나 별거하는 상황에서 미성년의 자녀를 부모의 일방이 평온하게 보호·양육하고 있는데, 상대방 부모가 폭행, 협박 또는 불법적인 사실상의 힘을 행사하여 그 보호·양육 상태를 깨뜨리고 자녀를 탈취하여 자기 또는 제3자의 사실상 지배하에 옮긴 경우 그와 같은 행위는 특별한 사정이 없는 한 미성년자에 대한 약취죄를 구성한다고 볼 수 있다.
③ 미성년의 자녀를 부모가 함께 동거하면서 보호·양육하여 오던 중 부모의 일방이 상대방 부모나 그 자녀에게 어떠한 폭행, 협박이나 불법적인 사실상의 힘을 행사함이 없이 그 자녀를 데리고 종전의 거소를 벗어나 다른 곳으로 옮겨 자녀에 대한 보호·양육을 계속하였다면, 그 행위가 보호·양육권의 남용에 해당한다는 등 특별한 사정이 없는 한 설령 이에 관하여 법원의 결정이나 상대방 부모의 동의를 얻지 아니하였다고 하더라도 그러한 행위에 대하여 곧바로 형법상 미성년자에 대한 약취죄의 성립을 인정할 수는 없다.
④ 부모가 별거하는 상황에서 비양육친이 면접교섭권을 행사하여 미성년 자녀를 데리고 갔다가 면접교섭 기간이 종료하였음에도 불구하고 자녀를 양육친에게 돌려주지 않은 경우에는 그러한 부작위를 폭행, 협박이나 불법적인 사실상의 힘을 행사한 것으로 볼 수는 없으므로 미성년자약취죄가 성립할 수 없다.

036 다음 설명 중 가장 옳지 않은 것은? (다툼이 있으면 판례에 의함)

① 미성년자유인죄를 정한 형법 제287조는 대한민국 영역 밖에서 죄를 범한 외국인에게도 적용한다.
② 형법 제287조의 미성년자유인죄를 범한 사람이 유인된 사람을 안전한 장소로 풀어준 때에는 그 형을 반드시 감경한다.
③ 형법 제287조의 미성년자유인이란 기망 또는 유혹을 수단으로 하여 미성년자를 꾀어 그 하자 있는 의사에 따라 미성년자를 자유로운 생활관계 또는 보호관계로부터 이탈하게 하여 자기 또는 제3자의 사실적 지배하에 옮기는 행위를 말하고, 여기서 사실적 지배라고 함은 미성년자에 대한 물리적·실력적인 지배관계를 의미한다.
④ 형법 제288조 제1항의 추행, 간음, 결혼 목적유인죄의 객체는 여성에 한정되지 않는다.

037 약취와 유인의 죄에 관한 설명 중 옳지 않은 것은? (다툼이 있는 경우 판례에 의함)

① 약취의 수단이 되는 폭행 또는 협박은 상대방의 반항을 억압할 정도일 필요는 없다.
② 유인의 수단이 되는 기망이 피유인자에게 가해질 필요는 없고 그 보호자에게 가해지더라도 상관없다.
③ 약취는 피약취자를 장소적으로 이전시키는 경우만을 의미하지만 유인은 피유인자의 장소적 이전을 반드시 요하지는 않는다.
④ 미성년자를 보호감독하는 자도 다른 보호감독자의 감호권을 침해하거나 자신의 감호권을 남용해서 미성년자 본인의 이익을 침해할 때는 미성년자약취·유인죄의 주체가 될 수 있다.

038 다음 중 약취·유인죄가 성립하지 않는 것은? (다툼이 있으면 판례에 의함)

① 베트남 국적 여성인 피고인이 남편의 의사에 반하여 생후 약 13개월 된 아들을 주거지에서 데리고 나와 베트남으로 떠난 경우
② 부모의 별거 상황에서 일방 배우자인 피고인이 면접교섭권을 행사하기 위하여 프랑스에서 타방 배우자와 함께 생활하고 있던 만 5세인 피해아동을 대한민국으로 데려온 후 면접교섭 기간이 종료하였음에도 프랑스로 데려다 주지 않은 채 피해아동이 친모를 제대로 만나지도 못하게 한 경우
③ 피고인이 미성년자인 자신의 딸을 그의 외조부에게 양육을 맡겨 왔으나 이후 분쟁이 발생하자 자신이 직접 양육하기로 마음먹고, 학교에서 귀가하는 딸을 강제로 차에 태우고 고아원에 데려가 수용문제를 상담하고 개사육장에서 잠을 재운 후 다른 아동복지상담소에 데리고 가는 등으로 사실상 지배한 경우
④ 피해자(女, 15세)가 스스로 가출하여 피고인 등의 한국복음전도회 부산 및 마산 지관에 입관할 것을 호소하였다고 하더라도 피고인들의 독자적인 교리설교에 의하여 하자 있는 의사로 가출하게 된 것이고, 피해자의 보호감독권자의 보호관계로부터 이탈시키고 피고인들의 지배하에서 그들 교리에서 말하는 소위 '주의 일(껌팔이 등 행상)'을 하도록 도모한 경우

039 약취와 유인의 죄에 대한 설명으로 가장 적절한 것은? (다툼이 있으면 판례에 의함)

① 미성년의 자녀를 부모가 함께 동거하면서 보호·양육하여 오던 중 부모의 일방이 어떠한 폭행, 협박이나 불법적인 사실상의 힘을 행사함이 없이 그 자녀를 데리고 종전의 거소를 벗어나 양육환경이 더 나은 곳으로 옮겨 자녀에 대한 보호·양육을 계속한 경우에 상대방 부모의 동의가 없었다면 미성년자약취죄가 성립한다.
② 미성년자 혼자 머무는 주거에 침입하여 강도범행을 하는 과정에서 미성년자와 그 부모에게 폭행·협박을 가하여 일시적으로 부모와의 보호관계가 사실상 침해·배제된 경우에는 미성년자약취죄가 성립한다.
③ 약취행위는 피해자를 그 의사에 반하여 자유로운 생활관계 또는 보호관계로부터 범인이나 제3자의 사실상 지배하에 옮기는 행위를 말하며, 폭행 또는 협박을 수단으로 사용하는 경우에 그 폭행 또는 협박의 정도는 상대방을 실력적 지배하에 둘 수 있을 정도이면 족하고 반드시 상대방의 반항을 억압할 정도의 것임을 요하지는 아니한다.
④ 미성년자의 어머니가 교통사고로 사망하여 아버지가 미성년자의 양육을 외조부에게 맡겼으나, 교통사고 배상금 문제로 분쟁이 발생하자 아버지가 학교에서 귀가하는 미성년자를 그의 의사에 반하여 강제로 사실상 자신의 지배하에 옮긴 경우에는 미성년자약취죄가 성립하지 아니한다.

040 다음 중 가장 옳지 않은 것은? (다툼이 있으면 판례에 의함)

① 강제추행죄의 폭행 또는 협박은 상대방의 항거를 곤란하게 할 정도로 강력할 것이 요구되지 아니하고 상대방의 신체에 대하여 불법한 유형력을 행사(폭행)하거나 일반적으로 보아 상대방으로 하여금 공포심을 일으킬 수 있는 정도의 해악을 고지(협박)하는 것이라고 보아야 한다.
② 강간죄에서의 폭행·협박과 간음 사이에는 인과관계가 있어야 하므로 폭행·협박이 반드시 간음행위보다 선행되어야 한다.
③ 피고인이 강간할 목적으로 피해자의 집에 침입하였다 하더라도 안방에 들어가 누워 자고 있는 피해자의 가슴과 엉덩이를 만지면서 간음을 기도하였다는 사실만으로는 강간의 수단으로 피해자에게 폭행이나 협박을 개시하였다고 볼 수 없다.
④ 협박과 간음 또는 추행 사이에 시간적 간격이 있더라도 협박에 의하여 간음 또는 추행이 이루어진 것으로 인정될 수 있다면 강간죄 또는 강제추행죄가 성립한다.

041 강간과 추행의 죄에 관한 설명으로 가장 적절하지 않은 것은? (다툼이 있으면 판례에 의함)

① 강제추행죄의 '폭행 또는 협박'은 상대방의 항거를 곤란하게 할 정도로 강력할 것이 요구되지 아니하고, 상대방의 신체에 대하여 불법한 유형력을 행사(폭행)하거나 일반적으로 보아 상대방으로 하여금 공포심을 일으킬 수 있는 정도의 해악을 고지(협박)하는 것이라고 보아야 한다.
② 아파트 놀이터의 의자에 앉아 전화통화를 하고 있던 피해자의 뒤로 몰래 다가가 성기를 드러내고 피해자의 머리카락 및 옷 위에 소변을 본 경우 행위 당시 피해자가 이를 인식하지 못하였다면 형법 제298조의 강제추행죄의 성립에 필요한 피해자의 성적 자기결정의 자유가 침해되었다고 인정하기는 부족하다.
③ 구「성폭력범죄의 처벌 등에 관한 특례법」에서 규정하고 있는 주거침입강제추행죄 및 주거침입강간죄 등은 사람의 주거 등을 침입한 자가 피해자를 간음, 강제추행 등 성폭력을 행사한 경우에 성립하는 것으로서, 주거침입죄를 범한 후에 사람을 강간하는 등의 행위를 하여야 하는 일종의 신분범이고, 선후가 바뀌어 강간죄 등을 범한 자가 그 피해자의 주거에 침입한 경우에는 이에 해당하지 않고 강간죄 등과 주거침입죄 등의 실체적 경합범이 된다.
④ 강간죄에서의 폭행·협박과 간음 사이에는 인과관계가 있어야 하나, 폭행·협박이 반드시 간음행위보다 선행되어야 하는 것은 아니다.

042 다음 각 사례에서 甲의 죄책에 관한 (　) 안의 내용이 옳은 것은? (다툼이 있으면 판례에 의함)

① 피고인 甲이 피해자 A, B를 협박하여 겁을 먹은 A, B로 하여금 어쩔 수 없이 나체나 속옷만 입은 상태가 되게 하여 스스로를 촬영하게 하거나 성기에 이물질을 삽입하거나 자위를 하는 등의 행위를 하게 한 경우 (강제추행죄 불성립)

② 피고인 甲이 동거하던 피해자 A의 집에서 성관계를 요구하였는데 A가 생리 중이라는 등의 이유로 이를 거부하자, 성기삽입을 하지 않기로 약속하고 엎드리게 한 후 A 뒤에서 자위행위를 하다가 A의 팔과 함께 몸을 세게 끌어안은 채 가슴으로 등을 세게 눌러 움직이지 못하도록 반항을 억압한 다음 기습적으로 자신의 성기를 A의 성기에 삽입한 경우 (강간죄 불성립)

③ 피고인 甲이 폭행·협박으로 피해자 A(女, 20세)의 반항을 억압한 채 A를 억지로 끌고 술집 여자화장실로 들어가게 한 뒤에 유사강간을 하려고 하였으나 실패한 경우 (성폭력처벌법 제3조 제1항의 주거침입유사강간미수죄 성립)

④ 피고인 甲이 청바지를 입은 여성을 따라다니면서 계단을 오르는 모습을 바로 뒤에서 엉덩이를 부각하여 촬영한 경우 (성폭력처벌법 제14조 제1항의 카메라등이용촬영죄 성립)

043 강간과 추행에 관한 죄에 관한 다음 설명 중 옳지 않은 것은? (다툼이 있으면 판례에 의함)

① 강간죄에서의 폭행·협박과 간음 사이에는 인과관계가 있어야 하나, 폭행·협박이 반드시 간음행위보다 선행되어야 하는 것은 아니다.

② 피고인은 피해자가 심신상실 또는 항거불능의 상태에 있다고 인식하고 그러한 상태를 이용하여 간음할 의사로 피해자를 간음하였으나 실제로는 피해자가 심신상실 또는 항거불능의 상태에 있지 않은 경우에는 준강간죄의 장애미수가 성립한다.

③ 강제추행에 관한 간접정범의 의사를 실현하는 도구로서의 타인에는 피해자도 포함될 수 있으므로 피해자를 도구로 삼아 피해자의 신체를 이용하여 추행행위를 한 경우에도 강제추행죄의 간접정범에 해당할 수 있다.

④ 피고인이 놀이터 의자에 앉아서 통화 중이던 피해자의 뒤로 몰래 접근하여 성기를 드러내고 피해자의 등 쪽에 소변을 본 경우 행위 당시에 피해자가 이를 인식하지 못하였더라도 추행에 해당할 수 있다.

044 강제추행죄에 관한 다음 설명 중 옳지 않은 것은? (다툼이 있으면 판례에 의함)

① 피고인은 처음 보는 여성인 피해자(女, 18세)의 뒤로 몰래 접근하여 성기를 드러내고 피해자를 향한 자세에서 피해자의 등 쪽에 소변을 보았는바, 그 행위는 객관적으로 일반인에게 성적 수치심이나 혐오감을 일으키게 하고 선량한 성적 도덕관념에 반하는 행위로서 피해자의 성적 자기결정권을 침해하는 추행행위에 해당한다고 볼 여지가 있다.

② 피고인이 여성인 피해자가 성적 수치심이나 혐오감을 느낄 수 있는 부위인 허벅지를 쓰다듬은 행위는 피해자의 의사에 반하여 이루어진 것인 한 피해자의 성적 자유를 침해하는 유형력의 행사에 해당할 뿐 아니라 일반인에게도 성적 수치심이나 혐오감을 일으키게 하는 추행행위라고 보아야 한다.

③ 직장 상사인 피고인(男, 40세)은 부하 직원인 피해자(女, 28세)를 포함한 동료 직원들과 함께 밤늦게 회식을 마친 후 피해자와 단둘이 남게 되자 모텔에 가고 싶다면서 피해자의 손목을 잡아끌었는 바, 그 정도의 행위만으로는 성적 수치심이나 혐오감을 일으키게 할 수 있는 추행행위라고 볼 수 없다.

④ 회사 대표이사인 피고인이 회식자리에서 갑자기 왼팔로 회사 직원인 피해자(女, 27세)의 목과 머리를 감싸안고 피고인의 가슴 쪽으로 끌어당겨 피해자의 머리가 피고인의 가슴에 닿게 하는 등의 행위를 하였고 이후에도 계속적으로 욕설을 하며 피해자의 머리카락을 잡고 흔들고 어깨를 수회 치는 등의 행위를 한 경우 이는 피해자의 성적 자유를 침해하는 행위이다.

045 강간의 죄에 대한 설명으로 옳은 것은? (다툼이 있으면 판례에 의함)

① 형법 제305조 제2항(미성년자에 대한 간음·추행)의 피해자 연령은 16세 미만이므로 이에 따라 누구든지 16세 미만의 미성년자를 간음하게 되면 형법 제297조 강간죄로 처벌된다.

② 형법 제297조(강간), 제297조의2(유사강간), 제298조(강제추행) 및 제305조(미성년자에 대한 간음·추행)의 죄를 범할 목적으로 예비 또는 음모한 사람은 3년 이하의 징역에 처한다.

③ 위계에 의한 간음죄에 있어 피해자가 오인, 착각, 부지에 빠지게 되는 대상은 간음행위 자체일 수도 있고, 간음행위에 이르게 된 동기이거나 간음행위와 결부된 금전적·비금전적 대가와 같은 요소일 수도 있다.

④ 강간죄의 폭행·협박 여부를 판단함에 있어 피해자가 성교 이전에 범행 현장을 벗어날 수 있었다거나 피해자가 사력을 다하여 반항하지 않았다면 가해자의 폭행·협박이 피해자의 항거를 현저히 곤란하게 할 정도에 이르지 않았다고 보아야 한다.

046 강간과 추행의 죄에 관한 설명으로 가장 적절하지 않은 것은? (다툼이 있으면 판례에 의함)

① 위계에 의한 간음죄에 해당하는지 여부를 판단할 때에는 구체적인 범행 상황에 놓인 피해자의 입장과 관점이 충분히 고려되어야 하고, 일반적 평균적 판단능력을 갖춘 성인 또는 충분한 보호와 교육을 받은 또래의 시각에서 인과관계를 쉽사리 부정하여서는 안 된다.
② 상대방에 대하여 폭행 또는 협박을 가하여 추행행위를 하는 경우에 강제추행죄가 성립하려면 그 폭행 또는 협박이 항거를 곤란하게 할 정도일 것을 요한다.
③ 강간죄에서의 폭행·협박과 간음 사이에는 인과관계가 있어야 하나, 폭행·협박이 반드시 간음행위보다 선행되어야 하는 것은 아니다.
④ 구 성폭력처벌법 제11조의 '공중밀집장소에서의 추행'이 기수에 이르기 위하여는 행위자의 행위로 인하여 대상자가 성적 수치심이나 혐오감을 반드시 실제로 느껴야 하는 것은 아니고, 객관적으로 일반인에게 성적 수치심이나 혐오감을 일으키게 할 만한 행위로서 선량한 성적 도덕관념에 반하는 행위를 실행하는 것으로 충분하다.

047 강간과 추행의 죄에 대한 설명으로 옳지 않은 것은? (다툼이 있으면 판례에 의함)

① 피고인이 아파트 엘리베이터 내에 A(여, 11세)와 단둘이 탄 다음 A를 향하여 성기를 꺼내어 잡고 여러 방향으로 움직이다가 이를 보고 놀란 A쪽으로 가까이 다가간 경우 피고인이 A의 신체에 직접적인 접촉을 하지 아니하였고, 엘리베이터가 멈춘 후 A가 위 상황에서 바로 벗어날 수 있었으므로 피고인의 행위는 성폭력처벌법 제7조 제5항에서 정한 위력에 의한 추행에 해당하지 않는다.
② '미성년자 또는 심신미약자에 대하여 위계 또는 위력으로써 간음 또는 추행'한 자를 처벌하는 형법 제302조는, 미성년자나 심신미약자와 같이 판단능력이나 대처능력이 일반인에 비하여 낮은 사람은 낮은 정도의 유·무형력의 행사에 의해서도 저항을 제대로 하지 못하고 피해를 입을 가능성이 있기 때문에 범죄의 성립요건을 강간죄나 강제추행죄보다 완화된 형태로 규정한 것이다.
③ 피해자가 깊은 잠에 빠져 있거나 술·약물 등에 의해 일시적으로 의식을 잃은 상태 또는 완전히 의식을 잃지는 않았더라도 그와 같은 사유로 정상적인 판단능력과 대응 조절능력을 행사할 수 없는 상태에 있었다면 이는 준강간죄 또는 준강제추행죄에서의 심신상실 또는 항거불능 상태에 해당한다.
④ 성폭력처벌법 제10조 제1항에서 정한 '업무·고용이나 그 밖의 관계로 인하여 자기의 보호·감독을 받는 사람'에는 직장 안에서 보호 또는 감독을 받거나 사실상 보호 또는 감독을 받는 상황에 있는 사람뿐만 아니라 채용 절차에서 영향력의 범위 안에 있는 사람도 포함된다.

048 준강간죄에 관한 다음 설명 중 옳지 않은 것은? (다툼이 있으면 판례에 의함)

① 준강간죄는 사람의 심신상실 또는 항거불능의 상태를 이용하여 간음함으로써 성립하는 범죄로서 정신적·신체적 사정으로 인하여 성적인 자기방어를 할 수 없는 사람의 성적 자기결정권을 보호법익으로 한다.
② 준강간죄에서 '항거불능의 상태'라 함은 심신상실이 원인이 되어 심리적 또는 물리적으로 반항이 절대적으로 불가능하거나 현저히 곤란한 경우를 의미한다.
③ 피해자가 깊은 잠에 빠져 있거나 술·약물 등에 의해 일시적으로 의식을 잃은 상태 또는 완전히 의식을 잃지는 않았더라도 그와 같은 사유로 정상적인 판단능력과 대응·조절능력을 행사할 수 없는 상태에 있었다면 준강간죄 또는 준강제추행죄에서의 심신상실 또는 항거불능 상태에 해당한다.
④ 준강간의 고의는 피해자가 심신상실 또는 항거불능의 상태에 있다는 것과 그러한 상태를 이용하여 간음한다는 구성요건적 결과 발생의 가능성을 인식하고 그러한 위험을 용인하는 내심의 의사를 말한다.

049 준강간죄에 관한 다음 설명 중 옳지 않은 것은? (다툼이 있으면 판례에 의함)

① 피고인이 피해자와 성관계를 할 의사로 술에 취하여 모텔 침대에 잠들어 있는 피해자의 속바지를 벗기다가 피해자가 깨어나자 중단한 경우 피고인이 피해자의 속바지를 벗기려던 행위는 간음의 의도를 가지고 간음의 수단이라고 할 수 있는 행동을 시작한 것으로서 준강간죄의 실행에 착수한 것으로 보아야 한다.
② 피고인이 피해자가 잠을 자는 사이에 피해자의 바지와 팬티를 발목까지 벗기고 웃옷을 가슴 위까지 올린 다음 가슴, 엉덩이, 음부 등을 만지고 성기를 음부에 삽입하려고 하였으나 피해자가 잠에서 깨어 거부하는 듯한 기색을 보이자 더 이상 간음행위에 나아가는 것을 포기한 경우 준강간죄의 실행에 착수하였다고 보아야 한다.
③ 피고인이 피해자가 심신상실 또는 항거불능의 상태에 있다고 인식하고 그러한 상태를 이용하여 간음하였으나 피해자가 실제로는 심신상실 또는 항거불능의 상태에 있지 않았다면 준강간죄의 불능미수가 성립한다.
④ 피고인이 술에 취하여 안방에서 잠을 자고 있던 피해자를 발견하고 피해자의 옆에 누워 몸을 더듬다가 바지를 벗기려는 순간 피해자가 어렴풋이 잠에서 깨어났으나 피해자가 잠결에 자신의 바지를 벗기려는 피고인을 자신의 애인으로 착각하여 반항하지 않고 응함에 따라 피해자를 1회 간음한 경우 준강간죄가 성립한다.

050 다음 각 사례에서 ( ) 안의 설명이 옳지 않은 것은? (다툼이 있으면 판례에 의함)

① 36세의 남성인 피고인이 자신을 고등학교 2학년으로 가장하여 14세의 피해자와 온라인으로 교제하던 중 교제를 지속하고 스토킹하는 여자를 떼어내려면 자신의 선배와 성관계하여야 한다는 취지로 거짓말을 하고 이에 응한 피해자를 그 선배로 가장하여 간음한 경우 (아동·청소년의 성보호에 관한 법률 제7조 제5항의 위계에 의한 아동·청소년간음죄 성립)

② 편의점 업주인 피고인이 아르바이트 구인 광고를 보고 연락한 피해자를 채용을 빌미로 주점으로 불러내 의사를 확인하는 등 면접을 하고, 이어서 피해자를 피고인의 집으로 유인하여 피해자의 성기를 만지고 피해자에게 피고인의 성기를 만지게 한 행위를 한 경우 (성폭력처벌법 제10조 제1항의 업무상 위력에 의한 추행죄 불성립)

③ 피고인이 레깅스 바지를 입고 피고인과 같은 버스에 승차하고 있던 피해자의 엉덩이 부위 등 하반신을 약 8초 동안 피해자 몰래 동영상 촬영한 경우(대체로 피해자의 엉덩이를 포함한 하반신을 위주로 촬영이 이루어졌고 피해자의 엉덩이를 포함한 하체 뒷부분의 굴곡이 그대로 동영상에 선명하게 담겨져 있었음) (성폭력처벌법 제14조 제1항의 카메라등이용촬영죄 성립)

④ 피고인이 카메라 기능이 설치된 휴대전화를 피해자의 치마 밑으로 들이밀거나 피해자가 용변을 보고 있는 화장실 칸 밑 공간 사이로 집어넣는 등 카메라 등 이용 촬영 범행에 밀접한 행위를 개시한 경우 (성폭력처벌법 제14조 제1항의 카메라등이용촬영죄의 실행의 착수 인정)

051 위계·위력에 의한 간음·추행죄에 관한 설명 중 옳은 것(○)과 옳지 않은 것(×)을 올바르게 조합한 것은? (다툼이 있으면 판례에 의함)

> ㉠ 위력에 의한 추행죄에서 '위력'은 유형력의 대상이나 내용 등에 비추어 강제추행죄의 '폭행 또는 협박'에 해당하지 아니하는 폭행·협박은 물론, 상대방의 자유의사를 제압하거나 혼란하게 할 만한 사회적·경제적·정치적인 지위나 권세를 이용하는 것을 포함한다.
> ㉡ 아동·청소년이 외관상 성적 결정 또는 동의로 보이는 언동을 하였더라도 그것이 타인의 기망이나 왜곡된 신뢰관계의 이용에 의한 것이라면, 이를 아동·청소년의 온전한 성적 자기 결정권의 행사에 의한 것이라고 평가하기 어렵다.
> ㉢ 위계에 의한 간음죄에서 피해자가 오인, 착각, 부지에 빠지게 되는 대상은 간음행위 자체이지, 간음행위에 이르게 된 동기이거나 간음행위와 결부된 금전적·비금전적 대가와 같은 요소는 아니다.
> ㉣ 성폭력범죄의 처벌 등에 관한 특례법 제10조 제1항(업무상 위력 등에 의한 추행)에 규정된 '업무, 고용이나 그 밖의 관계로 인하여 자기의 보호, 감독을 받는 사람'에는 직장 안에서 보호 또는 감독을 받거나 사실상 보호 또는 감독을 받는 상황에 있는 사람뿐만 아니라 채용 절차에서 영향력의 범위 안에 있는 사람도 포함된다.

① ㉠ ○ ㉡ ○ ㉢ ○ ㉣ ×
② ㉠ ○ ㉡ ○ ㉢ × ㉣ ○
③ ㉠ ○ ㉡ × ㉢ ○ ㉣ ○
④ ㉠ × ㉡ ○ ㉢ ○ ㉣ ×

052 강제추행의 죄에 대한 설명으로 옳지 않은 것은? (다툼이 있으면 판례에 의함)

① 엘리베이터 안에서 피해자들을 칼로 위협하여 자신의 실력적인 지배 하에 둔 다음 피해자들에게 자신의 자위행위 모습을 보여주고 이를 외면하거나 피할 수 없게 한 행위는 강제추행에 해당한다.
② 강제추행죄는 폭행행위 자체가 추행행위라고 인정되는 경우도 포함하며, 이 경우의 폭행은 반드시 상대방의 의사를 억압할 정도의 것임을 요하지 않고 상대방의 의사에 반하는 유형력의 행사가 있는 이상 그 힘의 대소강약을 불문한다.
③ 밤에 혼자 걸어가는 피해자(여, 17세)를 추행의 고의로 뒤따라 가다가 갑자기 껴안으려 하였으나 피해자가 뒤돌아 보면서 소리치는 바람에 몸을 껴안는 추행의 결과에 이르지 못하고 행위자의 팔이 피해자의 몸에 닿지 않은 경우 아동·청소년에 대한 강제추행미수죄에 해당하지 않는다.
④ 강제추행죄의 성립에 필요한 주관적 구성요건으로 성욕을 자극·흥분·만족시키려는 동기나 목적이 있어야 하는 것은 아니다.

053 강간과 추행의 죄에 대한 설명으로 옳은 것은? (다툼이 있으면 판례에 의함)

① 형법상 '강간과 추행의 죄'는 개인의 성적 자유를 침해하는 것을 내용으로 하는데, 여기에서 '성적 자유'는 적극적으로 성행위를 할 수 있는 자유를 의미한다.
② 준강간·준강제추행죄의 구성요건인 항거불능의 상태는 심리적 또는 물리적으로 반항이 절대적으로 불가능한 경우를 의미하고, 반항이 현저히 곤란한 경우는 여기에 해당하지 아니한다.
③ 강간할 의도로 피해자에게 약이 혼입된 음료를 마시게 하여 정신을 잃게 한 후 간음을 시도하였으나 미수에 그친 바, 피해자가 약 3시간 뒤 의식을 회복한 후 별도의 치료를 받지 않은 채 일상생활에 지장을 받지 않았더라도 강간치상죄가 성립한다.
④ 피해자가 심신상실 상태에 있다고 인식하고 그러한 상태를 이용하여 간음할 의사로 피해자를 간음하였으나 피해자가 실제로는 심신상실 상태에 있지 않았던 경우 준강간죄의 장애미수가 성립한다.

054 다음 설명 중 가장 옳은 것은? (다툼이 있으면 판례에 의함)

① 甲이 A와 교제하면서 촬영한 성관계 동영상, 나체사진 등의 촬영물을 A와 교제하던 다른 남성에게 A와 헤어지게 할 의도로 전송한 행위는 성폭력처벌법 제14조 제2항의 카메라 이용 촬영물의 '반포'에 해당한다.

② "군형법 제1조 제1항부터 제3항까지에 규정된 사람에 대하여 항문성교나 그 밖의 추행을 한 사람은 2년 이하의 징역에 처한다"라는 군형법 제92조의6은 동성인 군인 사이의 항문성교나 그 밖에 이와 유사한 행위가 사적 공간에서 자발적 의사 합치에 따라 이루어지는 등 군이라는 공동사회의 건전한 생활과 군기를 직접적, 구체적으로 침해한 것으로 보기 어려운 경우에는 적용되지 않는다.

③ 甲이 제작한 영상물이 객관적으로 아동·청소년이 등장하여 성적 행위를 하는 내용을 표현한 영상물에 해당하더라도 대상이 된 아동·청소년의 동의하에 촬영한 것이라면 甲의 행위는 「아동·청소년의 성보호에 관한 법률」상 아동·청소년 이용음란물을 제작한 것에 해당하지 아니한다.

④ 「성폭력처벌법」 제13조의 통신매체이용음란죄는 성적 자기결정권에 반하여 성적 수치심을 일으키는 그림 등을 개인의 의사에 반하여 접하지 않을 권리를 보장하기 위한 것으로 개인의 성적 자유를 보호하기 위한 것이며, 사회적 법익으로서 건전한 성풍속을 보호하기 위한 구성요건이 아니다.

055 주거침입의 죄에 관한 설명으로 가장 적절하지 않은 것은? (다툼이 있으면 판례에 의함)

① 甲이 모텔에 투숙한 다음 날 객실에서 소란을 피우자 모텔주인 A가 112신고를 하고 12시가 퇴실시간임을 안내하였음에도, "여기는 범죄현장이다. 국과수를 불러달라. 내가 피해자인데 내가 왜 나가냐? 니들이 경찰이냐?" 등 횡설수설하며 퇴거에 불응하면서 퇴실시간이 3시간 정도 지난 경우 甲의 행위는 퇴거불응죄를 구성한다.

② 지방의회 본회의 방청 중 회의 진행을 방해하고 퇴거 요구에 불응한 사건과 회의장에서 인화물질로 몸에 불을 붙이려다 미수에 그친 사건으로 지방의회 출입제한 조치를 받은 甲이 며칠 뒤 의회 1층 출입구 앞에서 출입을 제지하는 방호요원들을 밀치면서 의회 청사 로비로 들어간 경우 甲의 행위는 건조물침입죄를 구성한다.

③ 甲이 'A에게 100m 이내로 접근하지 말 것' 등을 명하는 법원의 접근금지가처분 결정이 있는 등 甲이 A를 방문하는 것을 A가 싫어하는 것을 알고 있음에도 임의로 A가 근무하는 사무실 안으로 들어간 경우 甲의 행위는 건조물침입죄를 구성하지 않는다.

④ 甲은 아내인 A와의 불화로 인해 A와 공동생활을 영위하던 아파트에서 짐 일부를 챙겨 나왔는데, 그 후 자신의 부모인 乙, 丙과 함께 아파트에 찾아가 출입문을 열 것을 요구하였으나 A는 외출한 상태로 A의 동생인 B가 출입문에 설치된 체인형 걸쇠를 걸어 문을 열어주지 않자 공동하여 걸쇠를 손괴한 후 아파트에 들어간 경우 이는 폭력행위등 처벌에 관한 법률 위반(공동주거침입)죄를 구성하지 않는다.

056 명예에 관한 죄에 관한 설명으로 옳지 않은 것은? (다툼이 있으면 판례에 의함)

① 甲이 양육비 지급 판결을 받는 등 양육비 지급의무가 있음에도 이를 지급하지 않고 있는 A, B, C에 대한 제보를 받아 그들의 이름, 얼굴 사진, 거주지, 직장명 등 신상정보를 특정 인터넷 사이트에 공개하는 글을 게시한 경우 이는 양육비 미지급으로 인한 사회적 문제를 공론화하기 위한 목적이 있었더라도 신상정보의 공개는 이러한 공익적 목적과 직접적인 관련성이 있다고 보기 어려운 점 등을 고려하면 甲에게는 A, B, C를 '비방할 목적'이 인정된다.

② 甲이 A의 집 뒷길에서 자신의 남편 B 및 A의 친척인 C가 듣는 가운데 A에게 '저것이 징역 살다온 전과자다' 등으로 큰 소리로 말한 경우 A와 C 사이의 촌수나 구체적 친밀관계가 밝혀진 바도 없으나 단지 A와 C가 친척관계에 있다는 이유만으로도 전파가능성이 부정되므로 명예훼손죄가 성립될 여지가 없다.

③ 甲이 산후조리원을 이용한 후 9회에 걸쳐 임신, 육아 등에 관한 인터넷 카페나 자신의 블로그 등에 자신이 직접 겪은 불편사항 등을 후기 형태로 게시한 경우 이는 실제 이용하면서 느낀 주관적 평가이고 다소 과장되기는 했지만 대체로 객관적 사실에 부합되는 점 등 제반 사정에 비추어 볼 때 산후조리원 정보를 구하는 다른 임산부의 의사결정에 도움을 주는 정보제공 등 공공의 이익에 관한 것이라고 봄이 타당하고, '비방할 목적'이 있었다고 보기 어렵다.

④ 적시된 사실이 허위의 사실이라고 하더라도 행위자에게 허위성에 대한 인식이 없는 경우에는 형법 제307조 제1항의 명예훼손죄가 성립될 수 있다.

057 명예에 관한 죄에 대한 설명으로 가장 적절하지 않은 것은? (다툼이 있으면 판례에 의함)

① 동장인 피고인이 동 주민자치위원에게 전화를 걸어 '당산제(마을제사) 행사에 남편과 이혼한 A도 참석을 하여, 안 좋게 평가하는 말이 많았다.'는 취지로 말하고, 동 주민들과 함께한 저녁식사 모임에서 'A는 이혼했다는 사람이 왜 당산제에 왔는지 모르겠다.'는 취지로 말한 것은 A의 사회적 가치나 평가를 침해하는 구체적인 사실의 적시에 해당하지 않고 A의 당산제 참여에 관한 의견표현에 지나지 않아 명예훼손죄를 구성하지 않는다.

② 회의 자리에서 상급자로부터 책임을 추궁당하며 질문을 받게 되자 이에 대답하는 과정에서 타인의 명예를 훼손하는 듯한 사실을 발설하게 된 것이라면 그 발설 내용과 경위·동기 및 상황 등에 비추어 명예훼손의 고의를 인정하기 어렵고, 질문에 대하여 단순한 확인 취지의 답변을 소극적으로 한 것에 불과하다면 이를 명예훼손에서 말하는 사실의 적시라고 단정할 수도 없다.

③ 사실적시의 내용이 사회 일반의 일부 이익에만 관련된 사항이라도 다른 일반인과의 공동생활에 관계된 사항이라면 공익성을 지닌다고 할 것이고, 나아가 개인에 관한 사항이더라도 그것이 공공의 이익과 관련되어 있고 사회적인 관심을 획득한 경우라면 직접적으로 국가·사회 일반의 이익이나 특정한 사회집단에 관한 것이 아니라는 이유만으로 형법 제310조의 적용을 배제할 것은 아니다.

④ 사업소 소장인 피고인이 직원들에게 A가 관리하는 다른 사업소의 문제를 지적하는 내용의 SNS 메시지를 발송하면서 'A는 정말 야비한 사람인 것 같습니다.'라고 표현한 것은 상대방에 대한 부정적·비판적 의견이나 감정을 나타내면서 경미한 수준의 추상적 표현이나 욕설을 넘어 외부적 명예를 침해할 만한 표현에 해당하여 모욕죄의 구성요건을 충족한다.

058 명예에 관한 죄에 대한 설명 중 가장 적절하지 않은 것은? (다툼이 있으면 판례에 의함)

① 적시된 사실이 허위의 사실이라고 하더라도 행위자에게 허위성에 대한 인식이 없는 경우에는 제307조 제2항의 명예훼손죄가 아니라 제307조 제1항의 명예훼손죄가 성립될 수 있다.

② 진실인 사실을 공연히 유포하여 타인의 신용을 훼손한 경우 명예훼손죄는 성립할 수 있으나 신용훼손죄는 성립하지 않는다.

③ 통상 사람에게 사실을 적시할 경우 그 자체로서 적시된 사실이 외부에 공표되는 것이므로 그 때부터 곧 전파가능성을 따져 공연성 여부를 판단하여야 할 것이고, 이는 기자를 통해 사실을 적시하는 경우라고 하여 달리볼 것은 아니다.

④ 사실을 발설하였는지 확인하는 질문에 답하는 과정에서 명예훼손 사실을 발설하게 된 것이라면 명예훼손의 범의를 인정할 수 없다.

059 명예에 관한 죄의 설명 중 옳지 않은 것은? (다툼이 있는 경우 판례에 의함)

① 국가기관의 업무수행과 관련된 언론보도로 인해 그에 관여한 공직자에 대한 사회적 평가가 다소 저하되었더라도 그 보도의 내용이 공직자 개인에 대한 악의적이거나 심히 경솔한 공격으로서 현저히 상당성을 잃은 것으로 평가되지 않는 한 공직자 개인에 대한 명예훼손죄는 성립하지 않는다.
② 개인 블로그의 비공개 대화방에서 상대방으로부터 비밀을 지키겠다는 말을 듣고 일대일로 대화하였더라도, 그 사정만으로 대화 상대방이 대화내용을 불특정 또는 다수에게 전파할 가능성이 없다고 할 수 없으므로, 명예훼손의 요건인 공연성을 인정할 여지가 있다.
③ 장래의 일은 과거 또는 현재의 사실을 기초로 하거나 이에 대한 주장을 포함하더라도 명예훼손죄에서 적시의 대상이 되는 사실에 해당하지 않는다.
④ '형법' 제310조는 '형법' 제307조 제1항에 대해서만 적용되고 '형법' 제 309조 제1항에 대해서는 적용되지 않는다.

060 명예에 관한 죄에 대한 설명 중 가장 적절하지 않은 것은? (다툼이 있으면 판례에 의함)

① 형법 제307조 명예훼손죄에 있어서 사실의 적시는 가치판단이나 평가를 내용으로 하는 의견표현에 대치되는 개념으로서 시간적으로나 공간적으로 구체적인 과거 또는 현재의 사실관계에 관한 보고나 진술을 뜻한다.
② 적시된 사실이 허위의 사실인 경우 행위자에게 허위성에 대한 인식이 없다면 형법 제307조 제1항의 명예훼손죄가 성립할 수 없다.
③ 집합적 명사를 사용한 경우 그 범위에 속하는 특정인을 가리키는 것이 명백하다면 특정된 각자의 명예를 훼손하는 행위라고 볼 수 있다.
④ 명예훼손 사실의 발언 여부를 확인하는 질문에 답하는 과정에서 타인의 명예를 훼손하는 사실을 발설하였다면 명예훼손의 범의를 인정할 수 없다.

061 명예에 관한 죄에 대한 설명으로 가장 적절하지 않은 것은? (다툼이 있으면 판례에 의함)

① 국가나 지방자치단체는 명예훼손죄나 모욕죄의 피해자가 될 수 없다.
② 적시된 사실이 허위의 사실이라 하더라도 행위자에게 허위성에 대한 인식이 없는 경우에는 형법 제307조 제2항의 명예훼손죄가 아닌 형법 제307조 제1항의 명예훼손죄가 성립될 수 있다.
③ 평균적인 독자의 관점에서 문제 된 부분이 실제로는 비평자의 주관적 의견에 해당하고, 다만 비평자가 자신의 의견을 강조하기 위한 수단으로 겉으로 보기에 증거에 의해 입증 가능한 구체적인 사실관계를 서술하는 형태의 표현을 사용한 것이라고 이해된다면 명예훼손죄에서 말하는 사실의 적시에 해당한다고 볼 수 있다.
④ 공연히 사실을 적시하여 사람의 명예를 훼손한 경우 그것이 진실한 사실이고 행위자의 주요한 동기 내지 목적이 공공의 이익을 위한 것이라면 부수적으로 다른 사익적 목적이나 동기가 내포되어 있더라도 형법 제310조의 적용을 배제할 수 없다.

062 명예훼손죄에 관한 다음 설명 중 옳지 않은 것은? (다툼이 있으면 판례에 의함)

① 불미스러운 소문의 진위를 확인하고자 질문을 하는 과정에서 타인의 명예를 훼손하는 발언을 하였다면 이러한 경우에는 그 동기에 비추어 명예훼손의 고의를 인정하기 어렵다.
② 명예훼손 사실을 발설한 것이 정말이냐는 질문에 대답하는 과정에서 타인의 명예를 훼손하는 사실을 발설하게 된 것이라면 그 발설내용과 동기에 비추어 명예훼손의 범의를 인정할 수 없다.
③ 새로 목사로서 부임한 피고인이 전임목사에 관한 교회내의 불미스러운 소문의 진위를 확인하기 위하여 이를 교회집사들에게 물어본 경우 이는 단순한 확인에 지나지 않는 것이라고 볼 수 없어 명예훼손의 미필적 고의를 인정할 수 있다.
④ 행위자가 허위라는 것을 인식하였는지 여부는 여러 객관적 사정을 종합하여 판단할 수밖에 없으며 허위사실 적시에 의한 명예훼손죄 역시 미필적 고의에 의하여도 성립하고, 위와 같은 법리는 사자명예훼손죄의 판단에서도 마찬가지로 적용된다.

063 명예훼손의 죄에 관한 설명 중 옳지 않은 것은? (다툼이 있으면 판례에 의함)

① 형법 제307조 제1항의 '사실'은 제2항의 '허위의 사실'과 반대되는 '진실한 사실'을 말하며, 가치판단이나 평가를 내용으로 하는 '의견'에 대치되는 개념은 아니다.
② 형법 제310조의 '공공의 이익'이라 함은 널리 국가·사회 기타 일반 다수인의 이익에 관한 것뿐만 아니라 특정한 사회집단이나 그 구성원의 관심과 이익에 관한 것도 포함한다.
③ 형법 제309조 제1항의 '사람을 비방할 목적'은 제310조의 '공공의 이익'을 위한 것과는 행위자의 주관적 의도의 방향에 있어 서로 상반되는 관계에 있으므로 적시한 사실이 공공의 이익에 관한 것인 경우 특별한 사정이 없는 한 비방할 목적은 부인된다.
④ 공연성의 존부는 발언자와 상대방 또는 피해자 사이의 관계나 지위, 대화를 하게 된 경위와 상황, 사실적시의 내용, 적시의 방법과 장소 등 행위 당시의 객관적 제반 사정으로부터 상대방이 불특정 또는 다수인에게 전파할 가능성이 있는지 여부를 검토하여 종합적으로 판단하여야 하며, 발언 후 실제 전파 여부라는 우연한 사정은 공연성 인정 여부를 판단함에 있어 소극적 사정으로만 고려되어야 한다.

064 명예훼손죄와 관련된 다음 설명 중 옳지 않은 것은 모두 몇 개인가? (다툼이 있으면 판례에 의함)

> ㉠ 전파가능성을 이유로 명예훼손죄의 공연성을 인정하는 경우에는 범죄구성요건의 객관적 요소로서 미필적 고의가 필요하므로 전파가능성에 대한 인식은 물론 그 위험을 용인하는 내심의 의사까지 있어야 한다.
> ㉡ 명예훼손죄에 있어서 사실의 적시는 그 표현의 전(全)취지에 비추어 그와 같은 사실의 존재를 암시할 수 있고 이로써 특정인의 사회적 가치 내지 평가가 침해될 수 있다고 하여도 간접적이고 우회적인 표현만으로는 인정될 수 없다.
> ㉢ 가치중립적인 표현을 사용하였다 할지라도 사회통념상 그로 인하여 특정인의 사회적 평가가 저하되었다고 판단된다면 명예훼손죄가 성립할 수 있다.
> ㉣ 명예훼손죄에서 말하는 사실의 적시란 가치판단이나 평가를 내용으로 하는 의견표현에 대치되는 개념으로서 시간과 공간적으로 구체적인 과거 또는 현재의 사실관계에 관한 보고 내지 진술을 의미하며 그 표현내용이 증거에 의해 입증이 가능한 것을 의미한다.

① 1개　　② 2개
③ 3개　　④ 4개

065 명예에 관한 죄에 대한 설명으로 옳은 것은 모두 몇 개인가? (다툼이 있으면 판례에 의함)

㉠ 甲이 명예훼손 사실을 발설한 것이 정말이냐는 A의 질문에 대답하는 과정에서 타인의 명예를 훼손하는 사실을 발설하게 된 경우 명예훼손의 고의가 인정되지 아니한다.

㉡ 甲이 집 뒷길에서 자신의 남편과 A의 친척이 듣는 가운데 다른 사람들이 들을 수 있을 정도의 큰 소리로 A에게 "저것이 징역 살다온 전과자다."고 말한 경우 자신의 남편과 A의 친척에게 말한 것이라 할지라도 명예훼손죄의 구성요건요소인 '공연성'이 인정된다.

㉢ 군형법은 제64조 제3항은 "공연히 사실을 적시하여 상관의 명예를 훼손한 사람은 3년 이하의 징역이나 금고에 처한다."라고 규정하고 있는바, 형법 제307조 제1항의 행위에 대한 위법성조각사유를 규정한 형법 제310조는 위 군형법 제64조 제3항의 행위에 대하여는 유추적용할 수 없다.

㉣ 제품의 안정성에 논란이 많은 가운데 인터넷 신문사 소속 기자 A가 인터넷 포털 사이트의 '핫이슈'란에 제품을 옹호하는 기사를 게재하자 그 기사를 읽은 상당수의 독자들이 '네티즌 댓글'란에 A를 비판하는 댓글을 달고 있는 상황에서 甲이 "이런걸 기레기라고 하죠?"라는 댓글을 게시한 경우 이는 모욕적 표현에 해당하나 사회상규에 위배되지 않는 행위로서 형법 제20조에 의하여 위법성이 조각된다.

① 1개　　② 2개
③ 3개　　④ 4개

066 명예훼손죄에 관한 설명으로 옳은 것을 모두 고른 것은? (다툼이 있으면 판례에 의함)

㉠ 전파가능성이 있다는 이유로 공연성을 인정하는 것은 문언의 통상적 의미를 벗어나 피고인에게 불리한 확장해석으로 죄형법정주의에서 금지하는 유추해석에 해당한다.
㉡ 사실적시의 내용이 사회 일반의 일부 이익에만 관련된 사항이라도 다른 일반인과 공동생활에 관계된 사항이라면 공익성을 지니고, 나아가 개인에 관한 사항이더라도 공공의 이익과 관련되어 있고 사회적인 관심을 획득하거나 획득할 수 있는 경우라면 직접적으로 국가·사회 일반의 이익이나 특정한 사회집단에 관한 것이 아니라는 이유만으로 형법 제310조의 적용을 배제할 것은 아니다.
㉢ 객관적으로 피해자의 사회적 평가를 저하시키는 사실에 관한 발언이 보도, 소문이나 제3자의 말을 인용하는 방법으로 단정적인 표현이 아닌 전문 또는 추측의 형태로 표현된 경우 표현 전체의 취지로 보아 사실이 존재할 수 있다는 것을 '암시'하는 방식으로 이루어졌다면 사실을 적시한 것으로 볼 수 없다.
㉣ 정보통신망 이용촉진 및 정보보호 등에 관한 법률위반(명예훼손)죄의 '비방할 목적'이란 공공의 이익을 위한 것과는 행위자의 주관적 의도의 방향에서 서로 상반되는 관계에 있으므로 적시한 사실이 공공의 이익에 관한 것인 경우에는 특별한 사정이 없는 한 비방할 목적은 부인된다.
㉤ 명예훼손죄의 공연성에 관해 확립된 법리로 정착된 이른바 전파가능성 이론은 「정보통신망 이용촉진 및 정보보호 등에 관한 법률」상 정보통신망을 이용한 명예훼손뿐만 아니라 「공직선거법」상 후보자비방죄 등의 공연성 판단에도 동일하게 적용된다.

① ㉠, ㉢, ㉣
② ㉡, ㉢, ㉤
③ ㉡, ㉣, ㉤
④ ㉡, ㉢, ㉣, ㉤

067 명예훼손죄에 대한 설명으로 옳은 것만을 모두 고르면? (다툼이 있으면 판례에 의함)

㉠ 국가나 지방자치단체는 명예훼손죄 또는 모욕죄의 피해자가 될 수 없다.
㉡ 비록 개별적으로 한 사람에 대하여 사실을 유포하였다고 하더라도 그로부터 불특정 또는 다수인에게 전파될 가능성이 있다면 명예훼손죄의 구성요건인 공연성의 요건을 충족한다.
㉢ 피고인의 주요한 동기나 목적이 공공의 이익을 위한 것이라면 부수적으로 다른 사익적 목적이나 동기가 내포되어 있다는 사정이 있더라도 피고인에게 형법 제309조의 출판물 등에 의한 명예훼손죄가 규정하고 있는 비방의 목적은 부인된다.
㉣ 형법 제307조 제2항의 허위사실 적시에 의한 명예훼손죄에 해당하는 행위에 대하여는 위법성조각에 관한 형법 제310조가 적용될 여지가 없다.
㉤ 타인을 비방할 목적으로 허위사실인 기사의 재료를 그 정을 모르는 신문 기자에게 제공하여 신문지상에 게재케 한 자는 형법 제309조의 출판물 등에 의한 명예훼손죄의 죄책을 진다.

① ㉠, ㉣, ㉤
② ㉡, ㉢, ㉣
③ ㉡, ㉢, ㉤
④ ㉠, ㉡, ㉢, ㉣, ㉤

068 형법 제310조에 대한 다음 설명 중 가장 옳지 않은 것은? (다툼이 있으면 판례에 의함)

① 형법 제310조가 규정한 '공공의 이익에 관한 것'에는 널리 국가·사회 기타 일반 다수인의 이익에 관한 것뿐만 아니라 특정한 사회집단이나 그 구성원 전체의 관심과 이익에 관한 것도 포함된다.
② 재단법인 이사장 A가 전임 이사장 B에 대하여 재임 기간 중 재단법인의 재산을 횡령하였다고 고소하였다가 무고죄로 유죄판결을 받자 甲이 A의 퇴진을 요구하는 시위를 하면서 A가 유죄판결 받은 사실을 적시한 경우에 甲의 행위는 위법성이 조각되지 않는다.
③ 교회담임목사를 출교처분 한다는 취지의 교단산하 재판위원회의 판결문을 복사하여 소속 신자들에게 배포한 경우 피해자를 비방할 목적이 함께 숨어 있었다고 하더라도 그 주요한 동기가 공공의 이익을 위한 것이라면 형법 제310조의 적용을 배제할 수 없다.
④ 개인택시운송조합 전임 이사장이 새로 취임한 이사장의 비리에 관한 사실을 적시하여 조합원들에게 유인물을 배포하였어도 그 내용이 진실한 사실로서 공공의 이익에 관한 것이라면 위법성이 조각된다.

069 명예훼손죄에 관한 설명 중 옳은 것(○)과 옳지 않은 것(×)을 올바르게 조합한 것은? (다툼이 있으면 판례에 의함)

㉠ 기자를 통해 사실을 적시하는 경우 기자가 취재를 한 상태에서 아직 기사화하여 보도하지 아니한 때에는 전파가능성이 없어 명예훼손죄의 요건인 공연성이 인정되지 않는다.
㉡ 개인블로그의 비공개 대화방에서 1:1로 대화하였다면 명예훼손죄의 요건인 공연성이 인정되지 않는다.
㉢ 명예훼손죄는 구체적 위험범이므로 불특정 또는 다수인이 적시된 사실을 실제 인식한 경우에 명예가 훼손된 것이다.
㉣ 정보통신망을 통하여 타인의 명예를 훼손하는 글을 게시하였으나 적시된 사실이 진실이고 공공의 이익에 관한 것이어서 비방의 목적이 인정되지 않는 경우에는 형법 제310조(위법성의 조각)가 적용된다.
㉤ 행위자의 주요한 동기 내지 목적이 공공의 이익을 위한 것이라도 부수적으로 다른 사익적 목적이나 동기가 내포되어 있는 때에는 형법 제310조(위법성의 조각)의 적용이 배제된다.

① ㉠ ○ ㉡ ○ ㉢ × ㉣ × ㉤ ○ ② ㉠ ○ ㉡ × ㉢ ○ ㉣ × ㉤ ×
③ ㉠ ○ ㉡ × ㉢ × ㉣ ○ ㉤ × ④ ㉠ × ㉡ × ㉢ × ㉣ ○ ㉤ ×

070 명예훼손죄와 모욕죄에 대한 설명으로 옳지 않은 것은? (다툼이 있으면 판례에 의함)

① 불특정 또는 다수인이 현실적으로 적시사실을 인식하지 못한 경우에도 불특정 또는 다수인에게 전파될 가능성이 있다면 명예훼손죄의 성립요건인 공연성이 인정된다.
② 적시된 사실이 진실과 약간 차이가 나거나 다소 과장된 표현이 있더라도 적시된 사실의 중요 부분이 객관적 사실과 전체 취지에서 합치되면 형법 제307조 제2항의 허위사실적시 명예훼손죄는 성립하지 않는다.
③ 공연성은 명예훼손죄와 모욕죄의 구성요건으로서 명예훼손이나 모욕에 해당하는 표현을 특정 소수에게 한 경우 공연성이 부정되는 유력한 사정이 될 수 있으므로 전파될 가능성에 관해서는 검사의 엄격한 증명이 필요하다.
④ 언어적 수단이 아닌 비언어적·시각적 수단만을 사용하여 표현을 한 경우라면 그것이 사람의 사회적 평가를 저하시킬 만한 추상적 판단이나 경멸적 감정을 전달하는 것이라 하더라도 모욕죄가 성립할 수 없다.

071 다음 중 甲에 대하여 모욕죄가 성립하는 것은 모두 몇 개인가? (다툼이 있으면 판례에 의함)

> ㉠ 피고인 甲이 피해자 A가 출연한 영화 개봉 기사에 "그냥 국민호텔녀"라는 댓글을 단 경우
> ㉡ 피고인 甲이 인터넷 포털 사이트 ○○의 카페에 접속하여 '자칭 타칭 A하면 떠오르는 키워드!!!'라는 제목의 게시글에 '공황장애 ㅋ'라는 댓글을 게시한 경우
> ㉢ 피고인 甲이 노사 관계자 140여 명이 있는 가운데 큰 소리로 甲보다 15세 연장자인 A(회사 부사장겸 공장장으로 이름은 '○○'이다)를 향해 "야 ○○아, ○○아, ○○이 여기 있네, 너 이름이 ○○이 아냐, 반말? 니 이름이 ○○이잖아, ○○아 좋지 ○○아 나오니까 좋지?"라고 여러 차례 말한 경우
> ㉣ 제품의 안정성에 논란이 많은 가운데 인터넷 신문사 소속 기자 乙이 인터넷 포털 사이트의 '핫이슈'란에 제품을 옹호하는 기사를 게재하자 그 기사를 읽은 상당수의 독자들이 '네티즌 댓글'란에 乙을 비판하는 댓글을 달고 있는 상황에서 甲이 "이런걸 기레기라고 하죠?"라는 댓글을 게시한 경우

① 0개
② 1개
③ 2개
④ 3개

072 다음 중 모욕죄가 성립하는 것은? (다툼이 있으면 판례에 의함)

① 피고인 甲이 인터넷 유튜브 채널에 피해자 A의 방송 영상을 게시하면서 A의 얼굴에 '개' 얼굴을 합성한 경우
② 피고인이 자신의 인터넷 블로그에 '듣보잡', '함량미달', '함량이 모자라도 창피한 줄 모를 정도로 멍청하게 충성할 사람', '싼 맛에 갖다 쓰는 거죠' 등이라고 쓴 경우
③ 피고인이 골프클럽 경기보조원들의 구직편의를 위해 제작된 인터넷 사이트 내 회원 게시판에 특정 골프클럽의 운영상 불합리성을 비난하는 글을 게시하면서 클럽담당자에 대하여 "한심하고 불쌍한 인간"이라는 등 경멸적 표현을 한 경우
④ 임대아파트의 분양전환과 관련하여 임차인인 피고인이 아파트 관리사무소의 방송시설을 이용하여 임차인대표회의의 전임회장 A를 비판하며 "전 회장(A)의 개인적인 의사에 의하여 주택공사의 일방적인 견해에 놀아나고 있기 때문에"라고 표현한 경우

073 다음 중 모욕죄가 성립하는 것은 모두 몇 개인가? (다툼이 있으면 판례에 의함)

㉠ 성명불상자가 인터넷 ○○일보 자유게시판에 "오늘 공소외인 이틀연속.. 어쩌구한 △△일보 기자 면상"이라는 제목으로 피해자 A가 작성한 기사들의 제목과 A의 사진, 이름이 나온 기자 정보란을 캡처한 게시물을 작성·게시하였고, 피고인이 위 게시물에 "꼰대로 돌아가자면 어린놈의 색이가"라는 댓글을 작성한 경우
㉡ 피고인 甲은 대학교 동창인 피해자 A가 인스타그램에서 甲의 팔로우를 해제한 것에 불만을 가지고 있던 중 A가 친구들과 촬영한 사진이 포함된 글을 작성·게시한 것을 보고 거기에 "와 인성 저런데 친구는 있으시네요, 잘 봤습니다. 안녕히 계세요."라는 내용의 댓글을 게시하였다가 곧 삭제한 경우
㉢ 피고인 甲과 A는 모두 노상에서 유튜브 방송을 진행하고 있었던 사실, 甲과 A는 정치적 성향을 달리하여 사이가 좋지 않았는데, 甲이 방송을 진행하던 중 근처에 있던 A가 훼방하는 발언을 하여 실랑이를 벌이다가 A에게 "공소외인이, 니 보고 하는 이야기 아니니 입 다물어라. 경찰관 계자 분도 보고 계시겠지만 저 여자가 정상적인 여자라 할 수 있겠습니까?"라고 말하였고, 이에 A가 "입 다물어라? 정상이 아닌 것은 니다."라고 말하자 甲이 "병원 좀 가봐라. 상담 좀 받아 봐야겠다. 상당히 심각하다. 공소외인"이라고 말한 경우

① 0개   ② 1개
③ 2개   ④ 3개

074 업무방해죄에 대한 설명 중 옳은 것을 모두 고른 것은? (다툼이 있으면 판례에 의함)

> ㉠ 폭력조직 간부가 조직원들과 공모하여 타인이 운영하는 성매매 업소 앞에 속칭 '병풍'을 치거나 차량을 주차해 놓는 등 위력으로써 성매매업을 방해한 경우 업무방해죄에 해당한다.
> ㉡ 업무방해죄의 성립에는 업무방해의 결과가 실제로 발생함을 요하지 않고, 업무방해의 결과를 초래할 위험이 발생하는 것이면 족하다.
> ㉢ 신규직원 채용권한을 가지고 있는 지방공사 사장인 피고인이 시험업무 담당자들에게 부정한 지시를 하여 상호 공모 내지 양해 하에 시험성적조작 등의 부정행위를 한 경우 위계에 의한 업무방해죄에 해당하지 않는다.
> ㉣ 선착장에 대한 공유수면점용허가를 받음이 없이 고흥군의 지시에 따라 선착장점용허가권자인 마을주민 대표들과 임대차 계약을 체결하고 선박으로 폐석을 운반하는 업무는 업무방해죄의 보호대상이 되는 업무에 해당하지 않는다.

① ㉠, ㉡
② ㉠, ㉣
③ ㉡, ㉢
④ ㉡, ㉣

075 업무방해죄에 관한 설명 중 옳은 것은? (다툼이 있는 경우 판례에 의함)

① 업무방해죄의 성립에 있어서는 업무방해의 결과를 초래할 위험의 발생만으로 불충분하고 업무방해의 결과가 실제로 발생함을 요한다.
② 甲이 접근매체를 타인에게 양도할 의사로 금융기관에 甲이 설립한 법인명의 계좌 개설을 신청하면서 예금거래신청서 등에 접근매체의 양도의사 유무 등에 관한 사실을 허위로 기재하였으나 계좌개설 심사업무 담당자가 그 내용을 그대로 믿고 그 진실 여부에 대한 추가적인 확인조치 없이 법인 명의의 계좌를 개설해 준 경우, 甲에게 위계에 의한 업무방해죄가 성립한다.
③ 의료인이나 의료법인이 아닌 자가 의료기관을 개설하여 운영하는 행위는 업무방해죄의 보호대상이 되는 업무에 해당하지 않지만 무자격자에 의해 개설된 의료기관에 고용된 의료인이 환자를 진료하는 행위 또한 당연히 반사회성을 띠는 행위라고 볼 수는 없다.
④ X농협 임원인 피고인이 이사회에서 '급여규정 일부 개정안'에 대하여 허위로 설명 또는 보고하거나 개정안과 관련하여 허위의 자료를 작성하여 제시한 경우, 이는 위계로써 X농협감사의 X농협의 재산과 업무집행상황에 대한 감사, 이사회에 대한 의견 진술 등에 관한 업무를 방해한 것이므로 위계에 의한 업무방해죄가 성립한다.

076 업무방해죄에 관한 다음 설명 중 가장 옳지 않은 것은? (다툼이 있으면 판례에 의함)

① 위계에 의한 업무방해죄에서 '위계'란 행위자가 행위목적을 달성하기 위하여 상대방에게 오인, 착각 또는 부지를 일으키게 하여 이를 이용하는 것을 말한다.

② 어떤 행위의 결과 상대방의 업무에 지장이 초래되었다 하더라도 행위자가 가지는 정당한 권한을 행사한 것으로 볼 수 있는 경우에는 그 행위의 내용이나 수단 등이 사회통념상 허용될 수 없는 등 특별한 사정이 없는 한 업무방해죄를 구성하는 위력을 행사한 것이라고 할 수 없다.

③ 업무방해의 과정에서 행하여진 재물손괴나 손괴의 행위는 이른바 불가벌적 수반행위에 해당하여 업무방해죄만 성립할 뿐 별도의 손괴죄는 성립하지 아니한다.

④ 업무방해죄의 성립에는 업무방해의 결과가 실제로 발생함을 요하지 않고 업무방해의 결과를 초래할 위험이 발생하면 족하며, 업무수행 자체가 아니라 업무의 적정성 내지 공정성이 방해된 경우에도 업무방해죄가 성립한다.

077 신용, 업무와 경매에 관한 죄에 관한 설명 중 옳지 않은 것은? (다툼이 있는 경우 판례에 의함)

① 신용훼손죄에서의 '허위사실의 유포'란 객관적으로 진실과 부합하지 않는 과거 또는 현재의 사실을 유포하는 것인데, 미래의 사실도 증거에 의한 입증이 가능할 때는 여기의 사실에 포함된다.

② 신용훼손죄에서의 '신용을 훼손'하는 것이란 신용을 저하할 염려가 있는 상태를 발생시키는 것으로 족하다.

③ 형법상 보호할 가치가 없는 위법한 업무를 위력으로써 방해한 경우에는 업무방해죄가 성립하지 않는다.

④ 입찰절차가 아니라 경제주체의 임의적 선택에 따른 계약체결의 과정에서 공정한 경쟁을 해치는 행위를 한 경우에도 입찰방해죄가 성립한다.

078 신용·업무·경매에 관한 죄에 대한 설명으로 적절한 것을 모두 고른 것은? (다툼이 있으면 판례에 의함)

> ㉠ 회계자료열람권을 가진 피고인이 협회 사무실에서 회계서류 등의 열람을 요구하는 과정에서 협회 직원들을 불러 모아 상당한 시간 동안 이야기를 하거나 피고인의 요구를 거부하는 직원에게 다소 언성을 높여 "책임을 지게 될 수 있다"고 이야기한 사정 등만으로는 업무방해 행위에 해당하지 않는다.
> ㉡ 공인중개사 甲이 공인중개사가 아닌 A와 동업하여 중개사무소를 운영하다가 동업관계가 종료된 후 자신의 명의로 등록되어 있는 지위를 이용하여 임의로 폐업신고를 하였다면 위력에 의한 업무방해죄가 성립한다.
> ㉢ 피고인들이 '2022 대한민국 방위산업전' 전시회장에서 장갑차와 전차 위로 올라가 기타, 바이올린을 연주하고 전쟁 반대 구호를 외치는 등의 행위를 하였다면 비록 그 시간이 5분 이내에 불과하였더라도 위력에 의한 업무방해죄가 성립한다.
> ㉣ 정치적인 의사표현을 위한 집회나 행위가 헌법 제21조에 따라 보장되는 정치적 표현의 자유나 헌법 제10조에 내재된 일반적 행동의 자유의 관점 등에서 보호받을 가능성이 있더라도 전체 법질서상 용인될 수 없을 정도로 사회적 상당성을 갖추지 못한 때에는 그 행위 자체가 위법한 세력의 행사로서 형법 제314조 제1항의 업무방해죄에서 말하는 위력의 개념에 포섭될 수 있다.

① ㉠, ㉡
② ㉠, ㉢
③ ㉠, ㉣
④ ㉡, ㉢, ㉣

079 업무방해죄와 관련된 다음 설명 중 가장 옳지 않은 것은? (다툼이 있으면 판례에 의함)

① 업무방해의 고의는 반드시 업무방해의 목적이나 계획적인 업무방해의 의도가 있어야만 하는 것은 아니고 자신의 행위로 인해 타인의 업무가 방해될 가능성 또는 위험에 대한 인식이나 예견으로도 충분하다.
② 업무방해죄의 보호대상이 되는 업무는 타인의 위법한 침해로부터 보호할 가치가 있으면 되고 그 업무의 기초가 된 계약 또는 행정행위 등이 반드시 적법해야 하는 것은 아니다.
③ 업무방해죄에 있어서 행위의 객체는 타인의 업무이고 여기서 타인이라 함은 범인 이외의 자연인과 법인 및 법인격 없는 단체를 가리키므로 법적 성질이 영조물에 불과한 대학교 자체는 업무의 주체가 될 수 없다.
④ 업무방해죄는 설령 업무방해의 결과가 실제로 발생하지 않았다 해도 업무방해의 결과가 초래될 위험이 발생하면 성립하지만 업무수행 자체가 아니라 단지 업무의 적정성만이 방해된 경우에는 성립할 수 없다.

080 업무방해죄에 관한 다음 설명 중 가장 옳지 않은 것은? (다툼이 있으면 판례에 의함)

① 의료인이나 의료법인이 아닌 자가 의료기관을 개설하여 운영하는 행위는 업무방해죄의 보호대상이 되는 업무에 해당하지 않는다. 그러나 무자격자에 의해 개설된 의료기관에 고용된 의료인이 환자를 진료한다고 하여 그 진료행위 또한 당연히 반사회성을 띠는 행위라고 볼 수는 없다.

② 신규직원 채용권한을 가지고 있는 지방공사 사장이 시험업무 담당자들에게 지시하여 상호 공모 내지 양해하에 시험성적조작 등의 부정한 행위를 한 경우 위계에 의한 업무방해죄에 해당하지 않는다.

③ 甲이 초등학교 교실에서 수업 중인 선생님 A에게 심한 욕설을 하여 수업을 할 수 없도록 한 경우라 하더라도 초등학교 학생들에 대한 위력에 의한 업무방해죄가 성립하지 않는다.

④ 甲이 마을주민들과 함께 지방자치단체 시장 A의 '지역 내 조선소 유치에 관한 기자회견'을 저지하기 위하여 시청 1층의 브리핑 룸과 지하 1층 중회의실 출입구를 봉쇄한 경우에는 시장 A의 기자회견 업무를 위력으로 방해한 것이므로 업무방해죄가 성립한다.

081 업무방해죄에 관한 설명 중 옳은 것을 모두 고른 것은? (다툼이 있으면 판례에 의함)

> ㉠ 초등학생들이 학교에 등교하여 교실에서 수업을 듣는 것은 업무방해죄의 보호대상인 '직업 기타 사회생활상의 지위에 기하여 계속적으로 종사하는 사무 또는 사업'에 해당한다고 할 수 없다.
> ㉡ 주택재건축조합 조합장이 자신에 대한 감사활동을 방해하기 위하여 조합 사무실에 있던 컴퓨터에 비밀번호를 설정하고 하드디스크를 분리·보관하는 방법으로 그 조합의 정보처리 업무를 방해한 경우 형법 제314조 제2항의 컴퓨터등장애업무방해죄가 성립한다.
> ㉢ 지방공사 사장이 신규직원 채용권한을 행사하는 것은 공사의 기관으로서 공사의 업무를 집행하는 것이므로 이러한 신규직원 채용업무는 위 권한의 귀속주체인 사장 본인에 대한 관계에서도 업무방해죄의 객체인 타인의 업무에 해당한다.
> ㉣ 종중 회장으로서의 사회적인 지위에서 계속적으로 행하여 온 종중 업무수행의 일환으로 행하여진 것이라도 그것이 종중 정기총회에서 의사진행 업무와 같은 1회성 업무인 경우에는 업무방해죄에 의하여 보호되는 업무에 해당하지 않는다.
> ㉤ 법원의 직무집행정지 가처분결정에 의하여 직무집행이 정지된 자가 법원의 결정에 반하여 직무를 수행함으로써 업무를 계속 행하는 경우 그 업무가 반사회성을 띠는 경우라고까지는 할 수 없으므로 업무방해죄에 의하여 보호되는 업무에 해당한다.

① ㉠, ㉡, ㉢ ② ㉠, ㉣, ㉤
③ ㉡, ㉢, ㉣ ④ ㉡, ㉣, ㉤

082 업무방해죄에 대한 설명으로 옳지 않은 것은? (다툼이 있으면 판례에 의함)

① 업무방해죄에 있어서 그 보호대상이 되는 '업무'라 함은 타인의 위법한 행위에 의한 침해로부터 보호할 가치가 있는 것이면 되고, 그 업무의 기초가 된 계약 또는 행정행위 등이 반드시 적법하여야 하는 것은 아니다.
② 업무방해죄의 보호대상이 되는 '업무'란 타인의 위법한 침해로부터 형법상 보호할 가치가 있는 것이어야 하므로, 어떤 사무나 활동 자체가 위법의 정도가 중하여 사회생활상 용인될 수 없는 정도로 반사회성을 띠는 경우에는 업무방해죄의 보호대상이 되는 '업무'에 해당한다고 볼 수 없다.
③ 업무방해죄의 성립에는 업무방해의 결과가 실제로 발생함을 요하지 않고 업무방해의 결과를 초래할 위험이 발생하면 족하며, 업무수행 자체가 아니라 업무의 적정성 내지 공정성이 방해된 경우에는 업무방해죄가 성립한다고 볼 수 없다.
④ 업무방해죄에 있어서의 '위계'라 함은 행위자의 행위 목적을 달성하기 위하여 상대방에게 오인·착각 또는 부지를 일으키게 하여 이를 이용하는 것을 말하므로, 인터넷 자유게시판 등에 실제의 객관적인 사실을 게시하는 행위는 설령 그로 인하여 피해자의 업무가 방해된다고 하더라도 업무방해죄의 '위계'에 해당하지 않는다.

083 업무방해죄에 대한 설명으로 가장 적절하지 않은 것은? (다툼이 있으면 판례에 의함)

① 다른 사람이 작성한 논문을 자신의 단독 혹은 공동으로 작성한 논문인 것처럼 학술지에 제출하여 발표한 논문연구실적을 부교수 승진심사 서류에 포함하여 제출하였지만, 당해 논문을 제외한 다른 논문만으로도 부교수 승진 요건을 월등히 충족하고 있었다면 위계에 의한 업무방해죄가 성립하지 아니한다.
② 주한외국영사관에 비자발급을 신청함에 있어 신청인이 제출한 허위의 자료 등에 대하여 업무담당자가 충분히 심사하였으나 신청사유 및 소명자료가 허위임을 발견하지 못하여 그 신청을 수리하게 된 경우에는 위계에 의한 업무방해죄가 성립한다.
③ 석사학위 논문작성자가 지도교수의 지도에 따라 논문의 제목, 주제, 목차 등을 직접 작성하였다고 하더라도 타인에게 전체 논문의 초안작성을 의뢰하고, 그에 따라 작성된 논문의 내용에 약간의 수정만을 가하여 제출한 경우에는 위계에 의한 업무방해죄가 성립한다.
④ 시험의 출제위원이 문제를 선정하여 시험실시자에게 제출하기 전에 이를 유출하였다고 하더라도 이는 위계를 사용하여 시험실시자의 업무를 방해하는 행위가 아니라 그 준비단계에 불과하고, 그 후 유출된 문제가 시험실시자에게 제출되지도 아니하였다면 시험실시 업무가 방해될 추상적인 위험조차도 없어 위계에 의한 업무방해죄가 성립하지 아니한다.

084 다음 중 업무방해죄가 성립하는 것은 모두 몇 개인가? (다툼이 있으면 판례에 의함)

> ㉠ 대부업체 직원인 피고인이 대출금을 회수하기 위하여 소액의 지연이자를 문제삼아 법적 조치를 거론하면서 소규모 간판업자인 채무자의 휴대전화로 수백 회에 이르는 전화공세를 한 경우
> ㉡ 회계자료열람권을 가진 피고인이 협회 사무실에서 회계서류 등의 열람을 요구하는 과정에서 협회 직원들을 불러 모아 상당한 시간 동안 이야기를 하거나 피고인의 요구를 거부하는 직원에게 다소 언성을 높여 "책임을 지게 될 수 있다"고 이야기한 경우
> ㉢ 임대인이 임차인의 물건을 임의로 철거·폐기할 수 있다는 임대차계약 조항에 따라 임대인인 피고인이 간판업자를 동원하여 임차인인 피해자가 영업 중인 식당 점포의 간판을 철거하고 출입문을 봉쇄한 경우
> ㉣ 계좌개설 신청인이 접근매체를 양도할 의사로 금융기관에 법인 명의 계좌를 개설하면서 예금거래신청서 등에 금융거래의 목적이나 접근매체의 양도의사 유무 등에 관한 사실을 허위로 기재하였으나 계좌개설 심사업무를 담당하는 금융기관의 업무담당자가 단순히 예금거래신청서 등에 기재된 계좌개설 신청인의 허위 답변만을 그대로 믿고 그 내용의 진실 여부를 확인할 수 있는 증빙자료의 요구 등 추가적인 확인조치 없이 법인 명의의 계좌를 개설해 준 경우

① 1개 ② 2개
③ 3개 ④ 4개

085 쟁의행위에 대한 설명으로 옳은 것은? (다툼이 있으면 판례에 의함)

① 쟁의행위가 업무방해죄에 해당하는 경우 제3자가 그러한 정을 알면서 쟁의행위의 실행을 용이하게 한 경우에는 업무방해방조죄가 성립할 수 있다.
② 기업 구조조정의 실시로 근로자들의 지위나 근로조건의 변경이 필연적으로 수반되는 경우 특별한 사정이 없더라도 이를 반대하는 쟁의행위의 정당성을 인정할 수 있다.
③ 조합원의 민주적 의사결정이 실질적으로 확보된 때에는 쟁의행위의 개시에 앞서 노동조합 및 노동관계조정법 제41조 제1항에 의한 투표절차를 거치지 아니한 경우에도 쟁의행위의 정당성은 상실되지 않는다.
④ 쟁의행위로서의 직장 또는 사업장시설 점거는 그 범위가 직장 또는 사업장시설 일부분에 그치고 사용자 측의 출입이나 관리·지배를 배제하지 않는 병존적인 경우라도 이미 정당성의 한계를 벗어난 것이다.

086 다음 중 컴퓨터등장애업무방해죄가 성립하는 것은 모두 몇 개인가? (다툼이 있으면 판례에 의함)

> ㉠ 피고인이 후임자에게 메인 컴퓨터의 비밀번호를 알려주지 않은 경우
> ㉡ 전보발령으로 웹서버를 관리·운영할 권한이 없는 피고인이 웹서버에 접속하여 홈페이지 관리자의 비밀번호를 무단으로 변경한 경우
> ㉢ 주택재건축조합 조합장인 피고인이 조합의 감사 A가 자신을 탄핵하는 것을 저지하기 위하여 경리 여직원 B가 사용하던 컴퓨터에 자신만이 아는 비밀번호를 설정하고, 조합업무 담당자 C가 사용하던 컴퓨터의 하드디스크를 분리하여 사무실 금고에 보관한 경우

① 0개
② 1개
③ 2개
④ 3개

087 업무방해죄에 대한 설명으로 옳지 않은 것은? (다툼이 있으면 판례에 의함)

① 쟁의행위로서 파업이 전후 사정과 경위 등에 비추어 사용자가 예측할 수 없는 시기에 전격적으로 이루어져 사용자의 사업운영에 심대한 혼란 내지 막대한 손해를 초래하는 등으로 사용자의 사업 계속에 관한 자유의사가 제압·혼란될 수 있다고 평가할 수 있는 경우에는 집단적 노무제공의 거부가 업무방해죄의 위력에 해당한다.
② 형법상 업무방해죄의 보호대상이 되는 업무라 함은 직업 또는 계속적으로 종사하는 사무나 사업으로서 타인의 위법한 침해로부터 형법상 보호할 가치가 있는 것이어야 하므로, 어떤 사무나 활동 자체가 위법의 정도가 중하여 사회생활상 도저히 용인될 수 없는 정도로 반사회성을 띠는 경우에는 업무방해죄의 보호대상이 되는 '업무'에 해당한다고 볼 수 없다.
③ 업무방해의 고의는 반드시 업무방해의 목적이나 계획적인 업무방해의 의도가 있어야만 하는 것이 아니고, 자신의 행위로 인하여 타인의 업무가 방해될 가능성 또는 위험에 대한 인식이나 예견으로 충분하며, 그 인식이나 예견은 확정적인 것은 물론 불확정적인 것이라도 이른바 미필적 고의로도 인정된다.
④ 위력을 행사하여 공무원들의 정상적인 업무수행을 방해하거나 업무방해의 결과를 초래한 경우에는 업무방해죄가 성립한다.

088 경매·입찰방해죄에 관한 죄의 설명 중 가장 적절한 것은? (다툼이 있으면 판례에 의함)

① 경매방해죄에서 법률적으로 경매결과에 영향을 미칠 수 있는 행위만이 '경매의 공정을 해하는 행위'에 해당할 뿐 경매에 참가하려는 자의 의사결정에 사실상 영향을 미칠 수 있는 행위까지 '경매의 공정을 해하는 행위'에 해당한다고 볼 수 없다.
② 甲이 일부 입찰참가자들과 가격을 합의하고, 낙찰이 되면 특정 업체가 모든 공사를 하기로 합의하는 등 담합하여 투찰행위를 한 경우 그 투찰에 참여한 업체의 수가 많아서 실제로 가격형성에 부당한 영향을 주지 않았다면 甲에게는 입찰방해죄가 성립하지 아니한다.
③ 한국토지공사 지역본부가 중고자동차매매단지를 분양하기 위하여 유자격 신청자들을 대상으로 무작위 공개추첨하여 1인의 수분양자를 선정하는 절차를 진행함에 있어, 신청자격이 없는 甲이 총 12인의 신청자 중 9인과 맺은 합작투자의 약정에 따라 그 신청자의 자격과 명의를 빌려 당첨확률을 약 75%까지 인위적으로 높여 분양을 신청한 경우 분양업무의 적정성과 공정성 등을 방해하는 행위라고 볼 수 있어 甲에게는 입찰방해죄가 성립한다.
④ 피고인이 민사집행법상 기일입찰 방식의 경매절차에서 경매목적물을 매수할 의사나 능력 없이 오로지 경매목적물이 제3자에게 매각되는 것을 저지하기 위하여 경매절차를 지연할 목적으로 다른 사람의 명의를 이용하여 감정가와 현저하게 차이가 나는 금액으로 입찰하는 행위를 반복함으로써 제3자의 매수를 사실상 봉쇄하여 전체적으로 경매절차를 형해화하는 정도에 이르렀다면 이는 위계로써 경매의 공정을 해한 것으로 볼 수 있다.

089 경매·입찰방해죄에 관한 설명으로 가장 적절하지 않은 것은? (다툼이 있으면 판례에 의함)

① 경매·입찰방해죄는 최소한 적법하고 유효한 입찰 절차의 존재가 전제되어야 하지만, 처음부터 입찰절차가 존재하였다 할 수 없는 경우에도 입찰방해죄는 성립할 수 있다.
② 입찰자 일부와 담합이 있고 그에 따른 담합금이 수수되었다 하더라도 입찰시행자의 이익을 해함이 없이 자유로운 경쟁을 한 것과 동일한 결과로 되는 경우에는 입찰의 공정을 해할 위험이 없다.
③ 입찰방해죄는 위계 또는 위력 기타의 방법으로 입찰의 공정을 해하는 경우에 성립하는 위태범으로서, 입찰의 공정을 해할 행위를 하면 그것으로 족하고 현실적으로 입찰의 공정을 해한 결과가 발생할 필요는 없다.
④ 담합행위가 가장경쟁자를 조작하여 실시자의 이익을 해하는 것이 아니라도 실질적으로 단독입찰을 하면서 경쟁입찰인 것처럼 가장하여 그 입찰가격으로 낙찰을 받았다면 입찰방해죄가 성립한다.

090 주거침입죄에 관한 다음 설명 중 옳지 않은 것은? (다툼이 있으면 판례에 의함)

① 주거침입죄는 사실상 주거의 평온을 보호법익으로 한다.
② 주거침입죄의 구성요건적 행위인 침입은 주거침입죄의 보호법익과의 관계에서 해석하여야 하므로 침입이란 거주자가 주거에서 누리는 사실상의 평온상태를 해치는 행위태양으로 주거에 들어가는 것을 의미한다.
③ 침입에 해당하는지 여부는 출입 당시 객관적·외형적으로 드러난 행위태양을 기준으로 판단함이 원칙이다.
④ 사실상의 평온을 해치는 행위태양으로 주거에 들어가는 것이라면 특별한 사정이 없는 한 거주자의 의사에 반하는 것이고 또한 단순히 주거에 들어가는 행위 자체가 거주자의 의사에 반한다는 거주자의 주관적 사정만 있더라도 원칙적으로 침입에 해당한다.

091 주거침입죄에 관한 설명 중 옳지 않은 것은? (다툼이 있는 경우 판례에 의함)

① 거주하거나 간수할 권리가 없는 자가 점유하는 건조물에 대해서는 법에 정해진 절차에 의하지 않고 침입하더라도 주거침입죄가 성립하지 않는다.
② 주거의 출입문이 열려 있으면 안으로 들어가겠다는 의사로 출입문을 당겨 보았다면 주거침입죄의 실행의 착수가 인정된다.
③ 수일 전에 2차례에 걸쳐 강간을 범한 자가 대문을 몰래 열고 들어와 담장과 그 강간 범행의 피해자가 거주하는 방 사이의 좁은 통로에서 창문을 통하여 방안을 엿보았다면 주거침입죄는 기수에 이르렀다고 보아야 한다.
④ 타인의 주택에 무단 침입한 범죄사실로 이미 유죄의 판결을 받은 사람이 그 판결이 확정된 후에도 퇴거하지 않은 채 계속해서 당해 주택에 거주한 경우에는 별도의 주거침입죄가 성립한다.

092 주거침입죄 등에 관한 다음 설명 중 옳지 않은 것은? (다툼이 있으면 판례에 의함)

① 주거침입죄에 있어서 침입행위의 객체인 건조물은 주위벽 또는 기둥과 지붕 또는 천정으로 구성된 구조물로서 사람이 기거하거나 출입할 수 있는 장소를 말한다.
② 야간주거침입절도죄에 있어서 침입행위의 객체인 건조물은 주위벽 또는 기둥과 지붕 또는 천정으로 구성된 구조물로서 사람이 기거하거나 출입할 수 있는 장소를 말하며 반드시 영구적인 구조물일 것을 요하지 않는다.
③ 건조물침입죄의 객체인 관리하는 건조물은 주위벽, 기둥과 지붕 또는 천정으로 구성된 구조물로서 사람이 기거하거나 출입할 수 있는 장소를 말하므로 물탱크시설은 이에 해당하지 않는다.
④ 주거침입죄에 있어서 '주거'라 함은 가옥 자체만을 말하는 것으로 그 위요지(圍繞地)는 이에 포함되지 아니한다.

093 주거침입의 죄에 대한 설명 중 가장 적절하지 않은 것은? (다툼이 있으면 판례에 의함)

① 형법의 주거침입죄와 퇴거불응죄는 미수범 처벌규정이 있다.
② 주거침입죄가 계속범이라는 견해에 따르면 불법하게 주거에 침입한 자가 퇴거요구를 받고 불응한 때에는 퇴거불응죄가 별도로 성립하지 아니한다.
③ 사용자의 직장폐쇄가 정당한 쟁의행위로 인정되지 아니하는 때에는 다른 특별한 사정이 없는 한 근로자가 평소 출입이 허용되는 사업장 안에 들어가는 행위는 주거침입죄를 구성하지 아니한다.
④ 다른 사람의 주택에 무단 침입한 범죄사실로 이미 유죄판결을 받은 사람이 그 판결이 확정된 후에도 퇴거하지 아니하고 계속하여 당해 주택에 거주한 경우 위 판결 확정 이후의 행위는 별도의 주거침입죄를 구성하지 않는다.

094 주거침입죄 등에 관한 다음 설명 중 옳지 않은 것은? (다툼이 있으면 판례에 의함)

① 숙박계약의 특수성을 고려하면 고객이 개별 객실을 점유하고 있더라도 숙박업소 및 객실의 구조 및 성격, 고객이 개별 객실을 점유하게 된 경위 및 점유 기간, 퇴실시간의 경과 여부, 숙박업자의 관리 정도, 고객에 대한 퇴거요구의 사유 등에 비추어 오히려 고객의 개별 객실에 대한 점유가 숙박업자의 전체 숙박업소에 대한 사실상 주거의 평온을 침해하는 것으로 평가할 수 있는 특별한 사정이 있는 경우에는 숙박업자가 고객에게 적법하게 퇴거요구를 하였음에도 고객이 응하지 않을 때 퇴거불응죄가 성립할 수 있다.
② 피고인이 강간할 목적으로 피해자를 따라 아파트 내부의 엘리베이터에 탄 다음 그 안에서 폭행을 가하여 반항을 억압한 후 계단으로 끌고 가 강간하고 상해를 입힌 경우 피고인은 주거침입범의 신분을 가지게 되었다고 할 수 없어 형법상 강간상해죄가 성립할 뿐이다.
③ 피고인이 빌라의 시정되지 않은 대문을 열고 들어가 계단으로 빌라 3층까지 올라가서 그 곳의 문을 두드려 본 후 다시 1층으로 내려온 경우 피고인이 빌라의 대문을 열고 계단으로 들어간 이상 피해자의 주거에 들어간 것이고 이와 같이 행위가 거주자의 의사에 반한 것이라면 주거에 침입한 것이라고 보아야 한다.
④ 차량 통행이 빈번한 도로에 바로 접하여 있고, 도로에서 주거용 건물, 축사 4동 및 비닐하우스 2동으로 이루어진 시설로 들어가는 입구 등에 출입을 통제하는 문이나 담 기타 인적·물적 설비가 전혀 없고 노폭 5m 정도의 통로를 통하여 누구나 축사 앞 공터에 이르기까지 자유롭게 드나들 수 있는 경우 피고인이 차를 몰고 위 통로로 진입하여 축사 앞 공터까지 들어간 행위는 주거침입에 해당하지 아니한다.

095 주거침입죄에 관한 설명으로 가장 적절하지 않은 것은? (다툼이 있으면 판례에 의함)

① 주거침입죄는 사실상의 주거의 평온을 보호법익으로 하는 것이므로 그 거주자 또는 간수자는 건조물 등에 거주 또는 간수할 법률상 권한이 있어야 한다.
② 주거침입죄의 구성요건적 행위인 침입은 주거침입죄의 보호법익과의 관계에서 해석하여야 하므로 침입이란 주거의 사실상 평온상태를 해치는 행위 태양으로 주거에 들어가는 것을 의미하고, 침입에 해당하는지는 출입 당시 객관적·외형적으로 드러난 행위 태양을 기준으로 판단함이 원칙이다.
③ 사실상의 평온상태를 해치는 행위 태양으로 주거에 들어가는 것이라면 대체로 거주자의 의사에 반하겠지만, 단순히 주거에 들어가는 행위 자체가 거주자의 의사에 반한다는 주관적 사정만으로는 바로 침입에 해당한다고 볼 수 없다.
④ 거주자의 의사에 반하는지는 사실상의 평온상태를 해치는 행위 태양인지를 평가할 때 고려할 요소 중 하나이지만 주된 평가 요소가 될 수는 없다. 따라서 침입행위에 해당하는지는 거주자의 의사에 반하는지가 아니라 사실상의 평온상태를 해치는 행위 태양인지에 따라 판단되어야 한다.

096 주거침입죄에 관한 다음 설명 중 옳지 않은 것은? (다툼이 있으면 판례에 의함)

① 사생활 보호의 필요성이 큰 사적 주거, 외부인의 출입이 엄격히 통제되는 건조물에 거주자나 관리자의 승낙 없이 몰래 들어간 경우 또는 출입 당시 거주자나 관리자가 출입의 금지나 제한을 하였음에도 이를 무시하고 출입한 경우에는 사실상의 평온상태가 침해된 경우로서 침입행위가 될 수 있다.
② 외부인이 공동거주자의 일부가 부재 중에 주거 내에 현재하는 거주자의 현실적인 승낙을 받아 통상적인 출입방법에 따라 공동주거에 들어간 경우라면 그것이 부재 중인 다른 거주자의 추정적 의사에 반하는 경우에도 주거침입죄가 성립하지 않는다.
③ 공동거주자 중 한 사람이 법률적인 근거 기타 정당한 이유 없이 다른 공동거주자가 공동생활의 장소에 출입하는 것을 금지한 경우 다른 공동거주자가 이에 대항하여 공동생활의 장소에 들어갔더라도 이는 사전 양해된 공동주거의 취지 및 특성에 맞추어 공동생활의 장소를 이용하기 위한 방편에 불과할 뿐 그의 출입을 금지한 공동거주자의 사실상 주거의 평온이라는 법익을 침해하는 행위라고는 볼 수 없으므로 주거침입죄는 성립하지 않는다.
④ 일반인의 출입이 허용된 영업점에 영업주의 승낙을 받아 통상적인 출입방법으로 들어갔다면 특별한 사정이 없는 한 주거침입죄에서 정하는 침입행위에 해당하지 않지만, 건조물침입을 구성요건으로 하는 야간건조물침입절도죄에서 건조물 침입에 해당하는지를 판단할 때에는 이와 달리 보아야 하므로 영업주가 행위자의 실제 출입 목적을 알았더라면 출입을 승낙하지 않았을 것이라고 한다면 침입행위에 해당한다.

097 주거침입의 죄에 관한 설명으로 가장 적절하지 않은 것은? (다툼이 있으면 판례에 의함)

① 甲이 모텔에 투숙한 다음 날 객실에서 소란을 피우자 모텔주인 A가 112신고를 하고 12시가 퇴실시간임을 안내하였음에도, "여기는 범죄현장이다. 국과수를 불러달라. 내가 피해자인데 내가 왜 나가냐? 니들이 경찰이냐?" 등 횡설수설하며 퇴거에 불응하면서 퇴실시간이 3시간 정도 지난 경우 甲의 행위는 퇴거불응죄를 구성한다.

② 지방의회 본회의 방청 중 회의 진행을 방해하고 퇴거 요구에 불응한 사건과 회의장에서 인화물질로 몸에 불을 붙이려다 미수에 그친 사건으로 지방의회 출입제한 조치를 받은 甲이 며칠 뒤 의회 1층 출입구 앞에서 출입을 제지하는 방호요원들을 밀치면서 의회 청사 로비로 들어간 경우 甲의 행위는 건조물침입죄를 구성한다.

③ 甲이 'A에게 100m 이내로 접근하지 말 것' 등을 명하는 법원의 접근금지가처분 결정이 있는 등 甲이 A를 방문하는 것을 A가 싫어하는 것을 알고 있음에도 임의로 A가 근무하는 사무실 안으로 들어간 경우 甲의 행위는 건조물침입죄를 구성하지 않는다.

④ 甲은 아내인 A와의 불화로 인해 A와 공동생활을 영위하던 아파트에서 짐 일부를 챙겨 나왔는데, 그 후 자신의 부모인 乙, 丙과 함께 아파트에 찾아가 출입문을 열 것을 요구하였으나 A는 외출한 상태로 A의 동생인 B가 출입문에 설치된 체인형 걸쇠를 걸어 문을 열어주지 않자 공동하여 걸쇠를 손괴한 후 아파트에 들어간 경우 이는 폭력행위등 처벌에 관한 법률 위반(공동주거침입)죄를 구성하지 않는다.

098 주거침입죄에 대한 설명 중 가장 적절하지 않은 것은? (다툼이 있으면 판례에 의함)

① 출입문의 잠금장치를 손괴하거나 출입문이 아닌 곳을 통하여 통상적이지 않은 방법으로 주거 등에 들어간 경우와 일반적으로 개방되어 있는 장소이지만 관리자의 제지에도 불구하고 소란을 피우면서 출입하는 경우가 이에 해당할 수 있다.

② 주거침입죄의 객체는 행위자 이외의 사람, 즉 '타인'이 거주하는 주거 등이라고 할 것이므로 행위자 자신이 단독으로 또는 다른 사람과 공동으로 거주하거나 관리 또는 점유하는 주거 등에 임의로 출입하더라도 주거침입죄를 구성하지 않는다.

③ 피고인 甲이 A의 부재 중에 A의 처인 B와 혼외 성관계를 가질 목적으로 B가 열어 준 현관 출입문을 통하여 A와 B가 공동으로 거주하는 아파트에 3회에 걸쳐 들어간 경우 주거침입죄가 성립하지 않는다.

④ 피고인 甲이 다른 손님들의 대화 내용 및 장면을 녹음·녹화할 수 있는 장치를 설치할 목적으로 음식점의 방실에 들어간 경우 음식점 영업주로부터 승낙을 받아 통상적인 출입방법에 따라 음식점의 방실에 들어갔더라도 주거침입죄는 성립한다.

099 다음 중 甲에 대하여 주거침입죄가 성립하는 것은 모두 몇 개인가? (다툼이 있으면 판례에 의함)

㉠ 甲(男)이 A(男)의 부재 중에 A의 처 B(女)와 혼외 성관계를 가질 목적으로 B가 열어 준 현관 출입문을 통하여 A와 B가 공동으로 생활하는 아파트에 들어간 경우
㉡ 아파트에 대한 공동거주자의 지위를 계속 유지하고 있던 甲이 아파트에 출입하는 과정에서 정당한 이유 없이 이를 금지하는 B(甲의 처 A의 동생, 즉 甲의 처제)의 조치에 대항하여 아파트의 출입문에 설치된 체인형 걸쇠를 손괴하고 아파트에 들어간 경우
㉢ 甲이 2015.1.24.과 같은 달 26일 A가 운영하는 음식점의 방실 및 2015.1.29.과 2015.2.12. B가 운영하는 음식점의 방실에서 기자인 C를 만나 식사를 하기에 앞서 'C와의 대화 내용과 장면을 녹음·녹화하기 위한 장치를 설치하기 위해' A, B의 승낙을 받아 각 음식점의 방실에 미리 들어간 다음 녹음·녹화장치를 설치한 경우
㉣ 기자 甲이 서울구치소에 수용 중인 乙을 취재하고자 '서울구치소장의 허가 없이 접견내용을 촬영·녹음할 목적으로' 명함지갑 모양으로 제작된 녹음·녹화장비를 몰래 소지하고 교도관의 현실적인 승낙을 받아 통상적인 출입방법으로 서울구치소에 들어간 경우
㉤ 甲(男)이 연인관계에 있는 A(女)로부터 "안방에 TV를 설치하여 달라"라는 요청을 받고 'CCTV 카메라와 동영상 저장장치를 부착한 TV'인 사실을 숨기고 A가 거주하는 아파트 안방에 들어간 경우
㉥ 甲이 안산시의회 1층 정문 현관 앞에서 안산시의회 의장으로부터 지시를 받은 방호요원들로부터 출입제지를 당했음에도 방호요원들을 밀치면서 안산시의회 청사 로비로 들어간 경우

① 0개 ② 1개
③ 2개 ④ 3개

100 甲에게 주거침입죄가 성립하는 것은? (다툼이 있으면 판례에 의함)

① 甲이 언론사 기자 B를 만나 식사를 대접하면서 B가 부적절한 요구를 하는 장면을 확보할 목적으로 몰래 녹화장치를 설치해 두기 위하여 A가 운영하는 식당 룸에 통상적인 방법에 따라 들어간 다음 녹화장치를 설치하였고, 이후 그 식당 룸에서 B와의 식사를 마친 후에 이 녹화장치를 제거하기 위해 그 식당 룸에 다시 들어간 경우

② 서울동부지방법원은 접근금지가처분 결정정본에 기하여 피고인 甲에게 '이 결정 고지일부터 피해자 A의 의사에 반하여 A에게 100m 이내로 접근하여서는 아니 되고, A에게 면담을 요구하여서는 아니 되며, 전화를 걸거나 편지·문자메시지·이메일을 보내는 방법으로 A의 평온한 생활 및 업무를 방해하여서는 아니 된다. 위 각 의무를 위반할 때에는 A에게 그 위반이 있을 때마다 1회에 10만원을 지급하라.'는 내용의 간접강제결정을 하였음에도 甲이 간접강제결정에서 정한 부작위의무를 위반하여 A의 사무실에 들어간 경우

③ 남편 甲은 아내 乙과의 불화로 인해 乙과 공동생활을 영위하던 아파트에서 짐 일부를 챙겨 나왔는데, 그 후 아파트에 찾아가 출입문을 열어 줄 것을 요구하였으나 乙은 출타한 상태로 乙의 동생 丙이 출입문에 설치된 체인형 걸쇠를 걸어 문을 열어주지 않자 걸쇠를 손괴하고 아파트에 들어간 경우

④ 파업참가 근로자 甲이 건물신축을 위한 골조공사현장에 무단으로 들어간 뒤 타워크레인에 올라가 이를 점거한 경우

101 주거침입의 죄에 대한 설명으로 가장 적절하지 않은 것은? (다툼이 있으면 판례에 의함)

① 업무시간 중 출입자격 등의 제한 없이 일반적으로 개방되어 있는 장소에 들어간 경우 관리자의 명시적 출입금지 의사 및 조치가 없었던 이상 그 출입 행위가 결과적으로 관리자의 추정적 의사에 반하였다는 사정만으로는 사실상의 평온상태를 해치는 행위태양으로 출입하였다고 평가할 수 없다.

② 다른 사람의 주택에 무단 침입한 범죄사실로 이미 유죄판결을 받은 사람이 그 판결이 확정된 후에도 퇴거하지 않은 채 계속하여 당해 주택에 거주한 경우 위 판결 확정 이후의 행위는 별도의 주거침입죄를 구성하지 않는다.

③ 이미 수일 전에 2차례에 걸쳐 A를 강간하였던 甲이 대문을 몰래 열고 들어와 담장과 A가 거주하던 방 사이의 좁은 통로에서 창문을 통하여 방안을 엿본 경우 주거침입죄가 성립한다.

④ 공동거주자의 일부가 부재 중인 사이에 외부인이 주거 내에 현재하는 거주자의 현실적인 승낙을 받아 통상적인 출입방법에 따라 공동 주거에 들어간 경우라면 그것이 부재 중인 다른 거주자의 추정적 의사에 반하는 경우에도 주거침입죄가 성립하지 않는다.

102 주거침입죄에 관한 다음 설명 중 옳지 않은 것은? (다툼이 있으면 판례에 의함)

① 주거침입죄의 범의는 반드시 신체의 전부가 타인의 주거 안으로 들어간다는 인식이 있어야만 하는 것이 아니라 신체의 일부라도 타인의 주거 안으로 들어간다는 인식이 있으면 족하다.

② 주거침입죄의 실행의 착수는 주거자, 관리자, 점유자 등의 의사에 반하여 주거나 관리하는 건조물 등에 들어가는 행위, 즉 구성요건의 일부를 실현하는 행위까지 요구하는 것은 아니고 범죄구성요건의 실현에 이르는 현실적 위험성을 포함하는 행위를 개시하는 것으로 족하다.

③ 주거침입죄의 경우 주거침입의 범의로써 예컨대, 주거로 들어가는 문의 시정장치를 부수거나 문을 여는 등 침입을 위한 구체적 행위를 시작하였다면 주거침입죄의 실행의 착수는 있었다고 보아야 한다.

④ 주거침입죄는 신체의 전부가 타인의 주거 안으로 들어가야만 성립하는 것이므로 비록 사실상의 주거의 평온을 해할 수 있는 정도에 이르렀다고 하더라도 신체의 일부만 타인의 주거 안으로 들어갔다고 한다면 주거침입의 기수에 이르렀다고 할 수 없다.

103 주거침입죄에 대한 설명으로 가장 적절하지 않은 것은? (다툼이 있으면 판례에 의함)

① 주택의 매수인이 계약금과 중도금을 지급하고서 그 주택을 명도받아 점유하고 있던 중 위 매매계약을 해제하고 중도금 반환청구소송을 제기하여 얻은 그 승소판결에 기하여 강제집행에 착수한 이후에 매도인이 매수인이 잠가 놓은 위 주택의 출입문을 열고 들어간 경우 매도인에게 주거침입죄가 성립한다.

② 乙이 사용 중인 공중화장실의 용변칸에 甲이 노크하여 남편으로 오인한 乙이 용변칸 문을 열자 강간할 의도로 甲이 용변칸에 들어간 것이라면 乙이 명시적 또는 묵시적으로 이를 승낙하였다고 볼 수 없어 甲의 행위는 주거침입죄에 해당한다.

③ 다른 사람의 주택에 무단 침입한 범죄사실로 이미 유죄판결을 받은 사람이 그 판결이 확정된 후에도 퇴거하지 않은 채 계속하여 당해 주택에 거주한 사안에서, 위 판결 확정 이후의 행위는 별도의 주거침입죄를 구성한다.

④ 주거침입죄는 정당한 사유없이 사람의 주거 또는 간수하는 저택, 건조물 등에 침입하거나 또는 요구를 받고 그 장소로부터 퇴거하지 않음으로써 성립하는 것이고 사실상의 주거의 평온을 보호법익으로 하는 것이므로 그 거주자 또는 간수자가 건조물 등에 거주 또는 간수할 권리를 가지고 있는 여부는 범죄의 성립을 좌우하는 것이 아니다.

104 주거침입죄에 관한 설명으로 가장 적절하지 않은 것은? (다툼이 있으면 판례에 의함)

① 건조물의 이용에 기여하는 인접의 부속 토지라고 하더라도 인적 또는 물적 설비 등에 의한 구획 내지 통제가 없어 통상의 보행으로 그 경계를 쉽사리 넘을 수 있는 정도라고 한다면, 이는 다른 특별한 사정이 없는 한 주거침입죄의 객체에 속하지 아니한다.

② 공동거주자 중 주거 내에 현재하는 거주자의 현실적인 승낙을 받아 통상적인 출입방법에 따라 들어갔다면 설령 그것이 부재 중인 다른 거주자의 의사에 반하는 것으로 추정되더라도 주거침입죄의 보호법익인 사실상 주거의 평온을 깨트렸다고 볼 수 없다.

③ 공동주거의 경우 여러 사람이 하나의 생활공간에서 거주하는 성질에 비추어 공동거주자 각자는 다른 거주자와의 관계로 인하여 주거에서 누리는 사실상 주거의 평온이라는 법익이 일정 부분 제약될 수밖에 없고, 공동거주자는 공동주거관계를 형성하면서 이러한 사정을 서로 용인하였다고 보아야 한다.

④ 공동거주자 중 한 사람인 A가 정당한 이유 없이 다른 공동거주자가 공동생활의 장소에 출입하는 것을 금지한 경우 다른 공동거주자인 甲이 이에 대항하여 공동생활의 장소에 들어갔더라도 주거침입죄는 성립하지 않고, 다만 甲이 그 장소에 출입하기 위하여 출입문의 잠금장치를 손괴하는 등 다소간의 물리력을 행사한 경우에는 주거침입죄가 성립할 수 있다.

105 다음 설명 중 옳은 것을 모두 고른 것은? (다툼이 있으면 판례에 의함)

> ㉠ 이혼 소송 중인 부부가 별거하는 상황에서 일방 배우자 甲이 면접교섭권을 행사하기 위하여 외국에서 타방 배우자 乙과 함께 생활하고 있던 자녀 A(5세)를 대한민국으로 데려온 후, 면접교섭 기간이 종료하였음에도 乙에게 데려다주지 않고 법원의 유아인도명령에 따르지 않는 등 A와 乙 간의 유대관계를 잃어버리게 한 경우라도 甲이 적법하게 A를 데리고 온 이상 이를 약취라 볼 수 없으므로 미성년자약취죄가 성립하지 않는다.
>
> ㉡ 유기죄에서의 유기행위는 도움이 필요한 자를 보호 없는 상태로 둠으로써 생명·신체를 위태롭게 하는 것이므로 작위뿐만 아니라 부작위에 의하여도 성립하며, 유기를 당한 사람의 생명·신체에 위험을 발생하게 할 가능성 외에 보호의 가능성이 전혀 없을 것이 요구된다.
>
> ㉢ 체포죄는 계속범으로서 체포의 행위에 확실히 사람의 신체의 자유를 구속한다고 인정할 수 있을 정도의 시간적 계속이 있어야 기수에 이르고, 신체의 자유에 대한 구속이 그와 같은 정도에 이르지 못하고 일시적인 것으로 그친 경우에는 체포죄의 미수범이 성립할 뿐이다.
>
> ㉣ 행위자가 직무상 또는 사실상 상대방에게 영향을 줄 수 있는 직업이나 지위에 기초하여 상대방에게 어떠한 요구를 하였더라도 곧바로 그 요구 행위를 강요죄의 성립을 위한 해악의 고지라고 단정하여서는 안 된다.
>
> ㉤ 성폭력범죄의처벌등에관한특례법위반(촬영물등이용협박)죄가 성립하기 위해서는 반드시 행위자가 촬영물 등을 피해자에게 직접 제시하는 방법으로 협박해야 할 필요는 없지만, 협박 당시 해당 촬영물 등을 소지하고 있거나 유포할 수 있는 상태에 있을 것을 요한다.

① ㉠, ㉡ ② ㉠, ㉤
③ ㉡, ㉢ ④ ㉢, ㉣

106 형법상 재물에 관한 설명 중 옳지 않은 것은? (다툼이 있는 경우 판례에 의함)

① 절도죄의 객체인 재물은 반드시 객관적인 금전적 교환가치를 가질 필요는 없고 소유자, 점유자가 주관적인 가치를 가지고 있으면 족하고, 이 경우 주관적, 경제적 가치의 유무를 판별할 때는 그것이 타인에 의하여 이용되지 않는다고 하는 소극적 관계에 있어서 그 가치가 성립하더라도 관계없다.
② 횡령죄의 객체인 재물에는 물리적으로 관리가능한 무체물이 포함된다.
③ 사람을 공갈해서 자기의 재물을 교부받은 경우는 공갈죄를 구성하지 않는다.
④ 장물죄의 객체인 재물에는 관리할 수 있는 동력은 포함되지 않는다.

107 절도죄에 관한 설명으로 가장 적절한 것은? (다툼이 있으면 판례에 의함)

① 절도죄 성립을 위해서는 주관적 범죄구성요건으로서 불법영득의 의사가 필요하고 이러한 요건은 형법 제329조에 명시적으로 규정되어 있다.
② A가 드라이버를 구매하기 위해 특정 매장에 방문하였다가 지갑을 떨어뜨렸는데, 10분쯤 후 甲이 같은 매장에서 우산을 구매하고 계산을 마친 뒤, 지갑을 발견하여 습득한 매장 주인 B로부터 "이 지갑이 선생님 지갑이 맞느냐?"라는 질문을 받자 "내 것이 맞다."라고 대답한 후 이를 교부받아 가지고 갔다면 이러한 甲의 행위는 절취행위로 평가할 수 있다.
③ 어떠한 물건을 점유자의 의사에 반하여 취거하는 행위가 결과적으로 소유자의 이익으로 된다는 사정 또는 소유자의 추정적 승낙이 있다고 볼 만한 사정이 있다고 하더라도, 다른 특별한 사정이 없는 한 그러한 사유만으로 불법영득의 의사가 없다고 할 수는 없다.
④ 상습절도죄의 가중처벌 규정인 「특정범죄 가중처벌 등에 관한 법률」 제5조의4 제5항의 규정 취지는 같은 항 각호에서 정한 죄 가운데 동일한 호에서 정한 죄를 3회 이상 반복 범행하고, 다시 그 반복 범행한 죄와 동일한 호에서 정한 죄를 범하여 누범에 해당하는 경우에는 동일한 호에서 정한 법정형으로 처벌한다는 뜻으로 보아야 하므로 「특정범죄 가중처벌 등에 관한 법률」 제5조의4 제5항 제1호 중 '다시 이들 죄를 범하여 누범으로 처벌하는 경우' 부분에서 '이들 죄'는 앞의 범행과 동일한 범죄임을 요한다.

108 절도죄에 관한 다음 설명 중 옳지 않은 것은? (다툼이 있으면 판례에 의함)

① 형법상 절취란 타인이 점유하고 있는 자기 이외의 자의 소유물을 점유자의 의사에 반하여 점유를 배제하고 자기 또는 제3자의 점유로 옮기는 것을 말한다. 이에 반해 기망의 방법으로 타인으로 하여금 처분행위를 하도록 하여 재물 또는 재산상 이익을 취득한 경우에는 절도죄가 아니라 사기죄가 성립한다.

② 어떤 물건이 타인의 점유하에 있다고 할 것인지의 여부는 객관적인 요소로서의 관리범위 내지 사실적 관리가능성 외에 주관적 요소로서의 지배의사를 참작하여 결정하되, 궁극적으로는 당해 물건의 형상과 그 밖의 구체적인 사정에 따라 사회통념에 비추어 규범적 관점에서 판단하여야 한다.

③ 절도죄란 재물에 대한 타인의 점유를 침해함으로써 성립하는 것으로 여기서의 '점유'라고 함은 현실적으로 어떠한 재물을 지배하는 순수한 사실상의 관계를 말하는 것으로서 민법상의 점유와 반드시 일치하는 것이 아니다.

④ 재물을 점유하는 소유자로부터 이를 상속받아 그 소유권을 취득하였다고 한다면 비록 상속인이 그 재물에 관하여 사실상의 지배를 가지게 되지 않았더라도 상속인에 대한 절도죄가 성립할 수 있다.

109 절도죄에 관한 다음 설명 중 옳지 않은 것은?

① 타인 소유의 밭에 권원 없이 감나무를 심은 자가 감을 수확한 것은 절도죄에 해당한다.
② 살아있는 사람의 신체는 분리되지 않는 한 절도죄의 객체가 될 수 없다.
③ 타인과 공동으로 소유하는 재물도 절도죄의 객체가 될 수 있다.
④ 회사 직원이 다른 사람이 업무와 관련하여 작성한 회사의 문서를 복사기를 이용하여 복사한 후 원본은 제자리에 두고 그 사본만 가져간 경우, 복사용지 자체뿐만 아니라 그 회사 소유의 문서 사본을 절취한 것으로 보아야 한다.

110 다음 설명 중 가장 옳지 않은 것은? (다툼이 있으면 판례에 의함)

① 절도죄는 재물의 점유를 침탈하므로 인하여 성립하는 범죄이므로 재물의 점유자가 절도죄의 피해자가 되는 것이나 절도죄는 점유자의 점유를 침탈하므로 인하여 그 재물의 소유자를 해하게 되는 것이므로 재물의 소유자도 절도죄의 피해자로 보아야 한다.
② 어떠한 물건을 점유자의 의사에 반하여 취거하더라도 그것이 결과적으로 소유자의 이익으로 된다는 사정 또는 소유자의 추정적 승낙이 있다고 볼 만한 사정이 인정된다면 다른 특별한 사정이 없는 한 불법영득의 의사가 있다고 할 수 없다.
③ 강간을 당한 피해자가 도피하면서 현장에 놓아두고 간 손가방은 점유이탈물이 아니라 사회통념상 피해자의 지배하에 있는 물건이라고 보아야 하므로, 피고인이 그 손가방 안에 들어 있는 피해자 소유의 돈을 꺼낸 경우 절도죄에 해당한다.
④ 동업체에 제공된 물품은 동업관계가 청산되지 않는 한 동업자들의 공동점유에 속하므로 그 물품이 원래 피고인의 소유라거나 피고인이 다른 곳에서 빌려서 제공하였다는 사유만으로는 절도죄의 객체가 됨에 지장이 없다.

111 재산죄에 관한 설명으로 가장 적절하지 않은 것은? (다툼이 있으면 판례에 의함)

① 발행자가 회수한 약속어음을 세 조각으로 찢어버림으로써 폐지로 되어 쓸모없는 것처럼 보인다 하더라도 그것이 타인에 의하여 조합되어 새로운 어음으로 이용되지 않는 것에 대하여 소극적인 경제적 가치를 가지는 것이므로 피고인이 이를 가져갔다면 절도죄가 성립한다.
② 형법상의 점유란 현실적으로 어떠한 재물을 지배하는 순수한 사실상의 관계를 말하는 것으로서 민법상의 점유와 동일하다.
③ 동업자, 조합원, 부부 사이와 같이 수인이 대등하게 재물을 점유하는 공유물, 합유물 그리고 총유물의 경우에도 공동점유자 상호간에 점유의 타인성이 인정되므로 그 중 1인이 다른 공동 점유자의 점유를 배제하고 단독점유로 옮긴 때에는 절도죄가 성립한다.
④ 절도죄의 성립에 필요한 불법영득의 의사라 함은 타인의 재물에 대해서 소유자와 유사한 지배력을 행사하여 이용·처분하려는 의사를 말하는 것으로 영구적으로 그 물건의 경제적 이익을 보유할 의사는 필요 없고, 일시적이어도 무방하다.

112 친족상도례에 관한 설명 중 옳지 않은 것은? (다툼이 있으면 판례에 의함)

① 친족상도례는 공갈의 죄 및 장물에 관한 죄에 적용될 수 있지만 강도의 죄 및 손괴의 죄에는 적용되지 않는다.
② 범인이 자신과 사돈지간인 피해자를 속여 재물을 편취한 경우 사기죄의 범인에 대해 친족상도례를 적용할 수 없다.
③ 甲이 乙에게 절도를 교사하고 이에 따라 乙이 자신과 동거하지 않는 삼촌 丙의 신용카드를 절취한 경우 丙의 고소가 있어야 甲을 절도교사죄로 처벌할 수 있다.
④ 횡령죄와 관련하여 친족상도례는 범인과 피해물건의 소유자 및 위탁자 쌍방 간에「형법」제328조 소정의 친족관계가 있는 경우에만 적용되고, 범인과 피해물건의 소유자 간에만 친족관계가 있거나 범인과 위탁자 간에만 친족관계가 있는 경우에는 적용될 수 없다.

113 절도의 죄에 대한 설명으로 가장 적절한 것은? (다툼이 있으면 판례에 의함)

① 甲이 동거 중인 A의 지갑에서 현금을 꺼내 가는 것을 A가 목격하고서도 만류하지 않은 경우에는 위법성이 조각되어 절도죄가 성립하지 않는다.
② 甲과 A의 동업자금으로 구입하여 A가 관리하고 있던 건설기계를 甲이 A의 허락 없이 乙로 하여금 운전하여 가도록 한 행위는 절도죄를 구성하지 않는다.
③ 甲과 乙이 자신들의 A에 대한 물품대금 채권을 다른 채권자들보다 우선적으로 확보할 목적으로 A가 부도를 낸 다음날 새벽에 A의 승낙을 받지 아니한 채 A의 가구점의 시정장치를 쇠톱으로 절단하고 그곳에 침입하여 A의 가구들을 화물차에 싣고 가 다른 장소에 옮겨 놓은 경우에는 甲과 乙에게 불법영득의사가 인정되지 않아 특수절도죄가 성립하지 않는다.
④ 피고인이 피해자가 가지고 있는 책을 잠깐 보겠다고 하며 동인이 있는 자리에서 보는척 하다가 가져갔다면 위 책은 아직 피해자의 점유하에 있었다고 할 것이므로 절도죄가 성립한다.

114 절도죄에 관한 다음 설명 중 옳지 않은 것은? (다툼이 있으면 판례에 의함)

① 예금통장은 예금채권을 표창하는 유가증권이 아니고 그 자체에 예금액 상당의 경제적 가치가 화체되어 있는 것도 아니므로, 타인의 예금통장을 무단사용하여 예금을 인출한 후 바로 반환한 경우에는 예금통장이 가지고 있는 가치가 인출된 예금액만큼 소모되었다고 할 수 없으므로 그에 대한 불법영득의 의사를 인정할 수 없다.
② 현금카드를 사용하여 현금자동지급기에서 현금을 인출하였다 하더라도 그 현금카드 자체가 가지는 경제적 가치가 인출된 예금액만큼 소모되었다고 할 수 없으므로 이를 일시 사용하고 반환한 경우에는 불법영득의 의사를 인정할 수 없다.
③ 타인의 신용카드를 사용하여 현금자동지급기에서 현금을 인출하였다 하더라도 신용카드 자체가 가지는 경제적 가치가 인출된 예금액만큼 소모되었다고 할 수 없으므로 이를 일시 사용하고 곧 반환한 경우에는 불법영득의 의사가 없다고 보아야 한다.
④ 직불카드를 사용하여 타인의 예금계좌에서 자기의 예금계좌로 돈을 이체시켰다 하더라도 직불카드 자체가 가지는 경제적 가치가 계좌이체된 금액만큼 소모되었다고 할 수는 없으므로 이를 일시 사용하고 곧 반환한 경우에는 그에 대한 불법영득의 의사는 없다고 보아야 한다.

115 ( ) 안의 범죄의 미수범이 성립하지 않는 것은? (다툼이 있으면 판례에 의함)

① 야간에 타인의 재물을 절취할 목적으로 타인의 주거에 침입하였다가 발각된 경우 (야간주거침입절도죄)
② 야간에 절도의 목적으로 출입문에 장치된 자물통 고리를 절단하고 출입문을 손괴한 뒤 집 안으로 침입하려다가 발각된 경우 (특수절도죄)
③ 노상에 세워 놓은 자동차 안에 있는 물건을 훔칠 생각으로 자동차의 유리창을 통하여 그 내부를 손전등으로 비추어 보다가 체포된 경우 (절도죄)
④ 주점에 침입하여 양주를 바구니에 담고 있던 중 종업원이 들어오는 소리를 듣고서 양주를 그대로 둔 채 출입문을 열고 나오다가 체포를 면탈할 목적으로 종업원의 오른손을 깨무는 등 폭행한 경우 (준강도죄)

116 절도의 죄에 대한 설명으로 가장 적절하지 않은 것은? (다툼이 있으면 판례에 의함)

① 피해자를 살해한 방에서 사망한 피해자 곁에 4시간 30분쯤 있다가 그 곳 피해자의 자취방 벽에 걸려 있던 피해자가 소지하는 물건들을 영득의 의사로 가지고 나온 경우 절도죄가 성립한다.

② 입목을 절취하기 위하여 캐낸 때에 소유자의 입목에 대한 점유가 침해되어 범인의 사실적 지배하에 놓이게 되므로 범인이 그 점유를 취득하고 절도죄는 기수에 이른다.

③ 야간에 주거침입행위가 있은 후 비로소 절도의 고의가 생겨 재물을 절취한 경우에도 야간주거침입절도죄가 성립한다.

④ 종전 점유자의 점유가 그의 사망으로 인한 상속에 의하여 당연히 그 상속인에게 이전된다는 민법 제193조는 절도죄의 요건으로서의 '타인의 점유'와 관련하여서는 적용의 여지가 없고, 재물을 점유하는 소유자로부터 이를 상속받아 그 소유권을 취득하였다고 하더라도 상속인이 그 재물에 관하여 사실상의 지배를 가지게 되어야만 이를 점유하는 것으로서 그 때부터 비로소 상속인에 대한 절도죄가 성립할 수 있다.

117 형법상 점유에 대한 설명으로 옳지 않은 것은? (다툼이 있으면 판례에 의함)

① 공동점유의 경우에 공동점유자 중 1인이 다른 점유자의 동의를 받지 않고 불법영득의사를 가지고 물건을 자신의 단독점유로 옮긴 때에는 절도죄가 성립한다.

② 고속버스 운전사는 승객이 차내에 두고 내린 물건을 점유하는 것이 아니고, 승객이 잊고 내린 유실물을 교부받을 권능을 가질 뿐이므로 그 물건을 현실적으로 발견하지 아니하는 한 이에 대한 점유를 개시하였다고 할 수 없다.

③ 甲에게 강간을 당한 피해자 A가 도피하면서 자신의 지갑을 현장에 놓아두고 간 경우 그 지갑은 사회통념상 A의 지배하에 있는 물건이므로 甲이 그 지갑을 가져갔다면 절도죄를 구성한다.

④ 甲이 마치 귀금속을 구입할 것처럼 가장하여 금은방 주인으로부터 순금목걸이를 건네받은 다음 화장실에 갔다 오겠다는 핑계를 대고 도주하는 경우 그 목걸이는 도주하기 전부터 이미 甲의 점유하에 있다.

118 절도의 죄에 관한 설명으로 가장 적절하지 않은 것은? (다툼이 있으면 판례에 의함)

① 피해자가 오토바이를 타고 심부름을 다녀오라고 하여서 피고인이 오토바이를 타고 가다가 마음이 변하여 이를 반환하지 아니한 채 그대로 타고 가버렸다면 횡령죄를 구성함은 별론으로 하고 적어도 절도죄를 구성하지는 아니한다.

② 乙이 돼지사료 거래에서 발생하는 채무를 담보하기 위하여 자신이 운영하던 농장 안의 돼지 전체를 X회사에게 양도담보로 제공한 후라면 피고인 甲이 乙과 농장의 돼지들에 대하여 다시 양도담보계약을 체결하더라도 적법한 양도담보권을 취득할 수 없으므로 피고인 甲이 임의로 농장에서 돼지를 반출한 행위는 절도죄에 해당한다.

③ 입목을 절취하기 위하여 이를 캐낸 때에는 그 시점에서 아직 소유자의 입목에 대한 점유가 침해되어 범인의 사실적 지배하에 놓였다고는 볼 수 없고 이를 운반하거나 반출하는 등의 행위가 있어야 그 점유를 취득하게 되는 것이므로 이 때 절도죄는 기수에 이르렀다고 할 것이다.

④ 상습절도 등의 범행을 한 자가 추가로 자동차등불법사용의 범행을 한 경우에 그것이 절도 습벽의 발현이라고 보이는 이상 자동차등불법사용의 범행은 상습절도 등의 죄에 흡수되어 1죄만이 성립한다.

119 절도죄의 객체가 되는 '타인의 재물'에 관한 다음 설명 중 가장 옳지 않은 것은? (다툼이 있으면 판례에 의함)

① 절도죄의 객체는 타인이 점유하는 타인의 재물인데, 여기서 '점유'라고 함은 현실적으로 어떠한 재물을 지배하는 순수한 사실상의 관계를 말하는 것으로서 민법상 점유와 반드시 일치하는 것이 아니다.

② 피고인들이 물품대금 채권을 다른 채권자들보다 우선적으로 확보할 목적으로 피해자가 부도를 낸 다음날 새벽에 피해자의 가구점의 시정장치를 쇠톱으로 절단하고 그곳에 침입하여 시가 1,600만원 상당의 가구들을 화물차에 싣고 가 다른 장소에 옮겨 놓은 경우 피고인들에게 불법영득의사가 있었다고 볼 수밖에 없다.

③ 컴퓨터에 저장되어 있는 '정보' 그 자체는 유체물이라고 볼 수도 없고, 물질성을 가진 동력도 아니므로 재물이 될 수 없다 할 것이나, 피고인이 피해자 회사의 컴퓨터에 저장되어 있는 설계도면을 출력하여 생성한 문서는 타인의 재물에 해당하므로 피고인이 설계도면을 훔칠 목적으로 이를 출력하여 가지고 간 경우 설계도면 자체에 대한 절도죄가 성립한다.

④ 타인의 재물인지는 민법, 상법, 기타의 실체법에 의하여 결정되는데 금전을 도난당한 경우 절도범이 절취한 금전만 소지하고 있는 때 등과 같이 구체적으로 절취된 금전을 특정할 수 있어 객관적으로 다른 금전 등과 구분됨이 명백한 예외적인 경우에는 절도 피해자에 대한 관계에서 그 금전이 절도범인 타인의 재물이라고 할 수 없다.

120 절도죄에 관한 다음 설명 중 옳은 것을 모두 고르면? (다툼이 있으면 판례에 의함)

㉠ 甲이 A의 영업점 내에 있는 A소유의 휴대전화를 허락 없이 가지고 나와 이를 이용하고 약 1~2시간 후 A의 영업점 정문 옆 화분에 놓아두었다면 甲에게는 절도죄가 성립하지 않는다.
㉡ 피고인이 피해자로부터 지갑을 잠시 건네받아 멋대로 피해자 소유의 현금카드를 꺼내어 현금자동지급기에서 70만원의 현금을 인출한 후 현금카드를 곧바로 피해자에게 반환하였다면, 피고인이 현금카드를 불법영득할 의사가 있었다고 볼 수 없다.
㉢ 동산 양도담보의 채권자인 甲이 양도담보 목적물을 乙에게 처분하여 그 목적물의 소유권을 취득하게 한 다음 乙에게 그 목적물을 취거하게 한다면 甲은 절도죄의 간접정범이 된다.
㉣ 甲이 상사와 충돌 끝에 사표를 제출한 다음 평소 자신이 전적으로 보관·관리하던 비자금 관련 서류 및 금품이 든 가방을 가지고 나왔으나 그 이후 계속 정상적으로 근무한 경우에는 절도죄가 성립하지 않는다.
㉤ 임차인이 임대계약 종료 후 식당 건물에서 퇴거하였으나 종전부터 사용하던 냉장고의 전원을 연결해 둔 채 방치하다가 약 1개월 후 철거하였다면 그 기간 동안 소비된 전기에 대하여 임차인에게는 절도죄가 성립한다.

① ㉠, ㉡
② ㉡, ㉢
③ ㉡, ㉣
④ ㉣, ㉤

121 다음 설명 중 가장 옳지 않은 것은? (다툼이 있으면 판례에 의함)

① 야간주거침입절도죄는 야간에 이루어지는 주거침입행위의 위험성에 주목하여 그러한 행위를 수반한 절도를 가중처벌하는 것으로서 야간에 타인의 재물을 절취할 목적으로 사람의 주거에 침입한 경우에는 주거침입 단계에서 이미 야간주거침입절도죄의 실행에 착수한 것이라고 보아야 한다.
② 형법 제332조에 규정된 상습절도죄를 범한 범인이 그 범행 외에 상습적인 절도의 목적으로 주간에 주거침입을 하였다가 절도에 이르지 아니하고 주거침입에 그친 경우에 그 주간 주거침입행위는 상습절도죄와 별개로 주거침입죄를 구성하지 않는다.
③ 불법영득의 의사 없이 타인의 자동차를 일시 사용한 경우 이에 따른 유류소비행위는 위 자동차의 일시사용에 필연적으로 부수되어 생긴 결과로서 절도죄를 구성하지 않는 위 자동차의 일시사용행위에 포함된 것이라 할 것이므로 자동차 자체의 일시사용과 독립하여 별개의 절도죄를 구성하지 않는다.
④ 피고인이 A의 집에 침입하여 그 집의 방 안에서 A 소유의 재물을 절취하고 그 무렵 그 집에 세 들어 사는 B의 방에 침입하여 재물을 절취하려다 미수에 그쳤다면 위 두 범죄는 그 범행장소와 물품의 관리자를 달리하고 있어서 별개의 범죄를 구성한다.

122 다음 중 절도죄와 특수절도죄(흉기휴대절도죄 또는 합동절도죄)의 실행의 착수가 인정되는 것은? (다툼이 있으면 판례에 의함)

① 피고인들이 주간에 피해자의 아파트 출입문 시정장치를 손괴하다가 마침 귀가하던 피해자에게 발각되어 도주한 경우
② 피고인이 절도의 목적으로 피해자의 집 현관을 통하여 마루 위에 올라서서 창고문 쪽으로 향하다가 피해자에게 발각, 체포된 경우
③ 피고인 甲과 乙이 함께 담을 넘어 회사 마당에 들어가 그중 1명이 그곳에 있는 구리를 찾기 위하여 담에 붙어 걸어가다가 잡힌 경우
④ 피고인이 아파트 신축공사 현장 안에 있는 건축자재 등을 훔칠 생각으로 공범과 함께 위 공사현장 안으로 들어간 후 창문을 통하여 신축 중인 아파트의 지하실 안쪽을 살핀 경우

123 강도의 죄에 대한 설명으로 가장 적절한 것은? (다툼이 있으면 판례에 의함)

① 감금행위가 강도죄의 수단이 된 경우에는 강도죄 외에 별도로 감금죄가 성립하고 양죄는 실체적 경합관계에 있다.
② 절도범이 체포를 면탈할 목적으로 체포하려는 여러 명의 피해자에게 같은 기회에 폭행을 가하여 그 중 1인에게만 상해를 가하였다면 피해자 각자에 대한 강도죄 및 1인에 대한 강도상해죄가 성립하고 이들 죄는 상상적 경합관계에 있다.
③ 강도가 실행에 착수하였으나 강도행위를 완료하기 전에 강간을 한 경우에는 강도강간죄가 성립하지 아니한다.
④ 재산상 이익을 취득한 후 체포를 면탈할 목적으로 피해자를 폭행하더라도 준강도죄는 성립할 수 없다.

124 강도죄의 객체에 관한 다음 설명 중 옳지 않은 것은? (다툼이 있으면 판례에 의함)

① 찢어진 어음이라 하더라도 그것이 아직 객관적인 경제적 가치 내지 금전적 교환가치를 가지고 있는 경우에는 여전히 강도죄의 객체인 재물성이 있다.

② 강도죄에서 재산상의 이익은 반드시 사법상 유효한 재산상의 이득만을 의미하는 것이 아니고 외견상 재산상의 이득을 얻을 것이라고 인정할 수 있는 사실관계만 있으면 여기에 해당된다.

③ 피고인 甲이 피해자 A를 전화로 불러 식칼을 목에 들이대고 "룸싸롱을 경영하면서 손해를 보았으니 乙에게 금 2,000만원을 지급한다는 내용의 지불각서를 쓰라"는 취지로 협박하다가 A가 망설인다는 이유로 칼로 오른쪽 어깨를 1회 찔러 항거를 불능케 하고 그로 하여금 위와 같은 취지의 지불각서 1매를 쓰게 한 경우 재산상의 이익의 취득이 있었다고 볼 수 있다.

④ 피고인들이 폭행·협박으로 피해자로 하여금 매출전표에 서명을 하게 한 다음 이를 교부받아 소지함으로써 외관상 매출전표를 제출하여 신용카드회사들로부터 그 금액을 지급받을 수 있는 상태가 되었더라도, 피해자가 매출전표에 허위 서명한 탓으로 피고인들이 매출전표를 제출하여도 신용카드회사들이 약관의 규정을 들어 그 금액의 지급을 거절할 가능성이 있다고 한다면 피고인들은 재산상 이익을 취득하였다고 볼 수 없다.

125 강도의 죄에 관한 설명 중 옳지 않은 것은? (다툼이 있는 경우 판례에 의함)

① 강도죄의 폭행은 상대방의 반항을 억압하거나 항거를 불가능하게 할 정도의 것이어야 한다.

② 타인에게 상해를 가하여 혼수상태에 빠지게 한 후 우발적으로 그 타인의 물건을 들고 간 경우에도 강도죄가 성립한다.

③ 채권자를 폭행하여 채무를 면탈함으로써 성립하는 강도죄에서 불법이득의사는 단순 폭력범죄로부터 강도죄를 구별하게 하는 중요한 구성요건 표지가 된다.

④ 강도의 죄에는 친족상도례가 적용되지 않는다.

126 강도죄에 관한 다음 설명 중 옳지 않은 것은? (다툼이 있으면 판례에 의함)

① 강도죄에 있어서 폭행과 협박의 정도는 사회통념상 객관적으로 상대방의 반항을 억압하거나 항거불능케 할 정도의 것이라야 한다.
② 타인에 대하여 폭행 또는 협박을 가하여 재물을 탈취한 경우에 그것이 강도죄가 되느냐 공갈죄가 되느냐는 그 폭행 또는 협박이 사회통념상 일반적으로 피해자의 반항을 억압할 수 있는 척도의 것인가 아닌가를 기준으로 하여 정한다.
③ 강도죄는 재물탈취의 방법으로 폭행·협박을 사용하는 행위를 처벌하는 것이므로 폭행·협박으로 타인의 재물을 탈취한 이상 피해자가 우연히 재물탈취 사실을 알지 못하였다고 하더라도 강도죄는 성립하고, 폭행·협박당한 자가 탈취당한 재물의 소유자 또는 점유자일 것을 요하지도 아니한다.
④ 강간범인이 부녀를 강간할 목적으로 폭행·협박에 의하여 반항을 억압한 후 반항억압 상태가 계속 중임을 이용하여 재물을 탈취하는 경우 재물탈취를 위한 새로운 폭행·협박이 없었다고 한다면 강도죄는 성립하지 아니한다.

127 강도 및 준강도에 대한 설명으로 옳지 않은 것은? (다툼이 있으면 판례에 의함)

① 피고인이 피해자로부터 술값의 지급을 면하고자 피해자를 골목으로 유인한 후 다리를 걸어 바닥에 넘어뜨리고 얼굴을 때리는 등 폭행을 가하고 도주한 경우 준강도가 성립한다.
② 채무면탈 목적으로 채권자를 살해하더라도 채무의 존재가 명백할 뿐만 아니라 채권자의 상속인이 존재하고 그 상속인에게 채권의 존재를 확인할 방법이 확보되어 있는 경우에는 강도살인죄가 성립하지 않는다.
③ 단순절도범이 체포를 면탈할 목적으로 폭행·협박할 때에 비로소 흉기를 휴대사용하게 된 경우에는 특수강도의 준강도로 처벌된다.
④ 특수절도의 범인들이 범행이 발각되어 각기 다른 길로 도주하다가 그 중 1인이 체포를 면탈할 목적으로 피해자를 폭행하여 상해를 가한 경우 나머지 범인도 이와 같은 다른 공범의 폭행을 전혀 예기하지 못한 것으로 볼 수 없다면 상해의 결과에 대한 강도상해죄의 책임을 면할 수 없다.

128 준강도죄에 대한 설명으로 가장 적절한 것은? (다툼이 있으면 판례에 의함)

① 단순절도범인이 처음에는 흉기를 휴대하지 아니하였으나 체포를 면탈할 목적으로 폭행 또는 협박을 가할 때에 비로소 흉기를 휴대 사용하게 된 경우에는 단순강도의 준강도가 된다.
② 가방 날치기 수법의 점유탈취 과정에서 재물을 뺏기지 않으려고 바닥에 넘어진 상태로 가방끈을 놓지 않은 채 "내 가방, 사람살려!!!"라고 소리치며 끌려가는 피해자를 5m 가량 끌고 가면서 무릎에 상해를 입힌 경우는 절도죄와 상해죄의 경합범으로 처벌된다.
③ 절도범이 체포를 면탈할 목적으로 자신을 체포하려는 여러 명의 피해자에게 같은 기회에 폭행을 가하여 그 중 1인에게만 상해를 가한 경우에는 포괄하여 하나의 강도상해죄만 성립한다.
④ 양주를 절취할 목적으로 주점에 들어가 양주를 담고 있던 중 피해자가 들어오는 소리에 이를 두고 도망가려다가 피해자에게 붙잡혀 체포를 면탈하기 위해 폭행을 가한 경우는 준강도죄의 기수범으로 처벌된다.

129 준강도죄에 관한 설명 중 옳은 것을 모두 고른 것은? (다툼이 있는 경우 판례에 의함)

> ㉠ 절도가 체포를 면할 목적으로 사람을 살해한 경우는 준강도죄와 살인죄의 실체적 경합이 된다.
> ㉡ 절도범인이 처음에는 흉기를 휴대하지 아니하였으나 체포를 면탈할 목적으로 폭행 또는 협박을 가할 때에 비로소 흉기를 휴대 사용하게 된 경우는 '형법' 제334조(특수강도)의 예에 의한 준강도가 된다.
> ㉢ 강도의 목적이 아니라 단순히 준강도의 목적만으로는 강도예비·음모죄를 구성할 수 없다.
> ㉣ A의 오토바이를 훔쳐 끌고 가다가 추격해온 A에게 멱살을 잡히자 체포를 면탈할 목적으로 A의 얼굴을 주먹으로 때리고, 놓아주지 아니하면 죽여버리겠다고 협박한 경우는 준강도죄를 구성한다.

① ㉠, ㉡
② ㉠, ㉣
③ ㉢, ㉣
④ ㉡, ㉢, ㉣

130 다음 설명 중 가장 옳지 않은 것은? (다툼이 있으면 판례에 의함)

① 강도살인죄는 강도범행의 실행중이거나 그 실행 직후 또는 실행의 범의를 포기한 직후로서 사회통념상 범죄행위가 완료되지 아니하였다고 볼 수 있는 단계에서 살인이 행하여짐을 요건으로 한다.
② 강취현장에서 강도범의 발을 붙잡고 늘어지는 피해자를 30m 정도 끌고 가서 폭행·상해한 행위는 강도상해죄에 해당한다.
③ 강도살인죄의 주체인 강도는 준강도죄의 범인을 포함하므로 절도범이 체포를 면탈하거나 죄적을 인멸할 목적으로 사람을 살해한 때에도 강도살인죄가 성립한다.
④ 강도범행 직후 신고를 받고 출동한 경찰관이 범행 현장으로부터 약 150m 지점에서 화물차를 타고 도주하는 피고인을 발견하고 순찰차로 추적하여 격투 끝에 피고인을 붙잡았으나, 피고인이 힘이 너무 세고 반항이 심하여 수갑도 채우지 못한 채 피고인을 순찰차에 억지로 밀어 넣고서 파출소로 연행하고자 하였는데, 그 순간 피고인이 체포를 면하기 위하여 소지하고 있던 과도로 옆에 앉아 있던 경찰관을 찔러 사망케 한 경우 강도죄와 살인죄의 실체적 경합범에 해당된다.

131 준강도죄에 관한 다음 설명 중 옳지 않은 것은? (다툼이 있으면 판례에 의함)

① 피해자에 대한 폭행·협박을 수단으로 하여 재물을 탈취하고자 하였으나 그 목적을 이루지 못한 자가 강도미수죄로 처벌되는 것과 마찬가지로, 절도미수범인이 폭행·협박을 가한 경우에도 강도미수에 준하여 처벌해야 한다.
② 절도범인이 처음에는 흉기를 휴대하지 아니하였으나 체포를 면탈할 목적으로 폭행 또는 협박을 가할 때에 비로소 흉기를 휴대·사용하게 된 경우에는 특수강도의 준강도가 되는 것으로 해석하여야 한다.
③ 2인 이상이 합동하여 절도를 한 경우 범인 중의 1인이 체포를 면탈할 목적으로 폭행을 하여 상해를 가한 경우 나머지 범인에게는 폭행이나 상해에 대한 기능적 행위지배가 없었으므로 강도상해죄나 강도치상죄의 공동정범이 성립할 수 없다.
④ 절도범인이 체포를 면탈할 목적으로 경찰관에게 폭행·협박을 가한 때에는 준강도죄와 공무집행방해죄를 구성하고 양죄는 상상적 경합관계에 있으나, 강도범인이 체포를 면탈할 목적으로 경찰관에게 폭행을 가한 때에는 강도죄와 공무집행방해죄는 실체적 경합관계에 있고 상상적 경합관계에 있는 것이 아니다.

132 강도상해죄 또는 강도치상죄에 관한 다음 설명 중 옳지 않은 것은? (다툼이 있으면 판례에 의함)

① 강도범이 강도의 기회에 사람을 상해하여 상해의 결과가 발생하면 강도상해죄의 기수가 되는 것이고 거기에 반드시 재물탈취의 목적달성을 필요로 하는 것은 아니다.

② 강도상해죄는 강도범인이 그 강도의 기회에 상해행위를 함으로써 성립하는 것이므로 강도범행의 실행 중이거나 그 실행 직후 또는 실행의 범의를 포기한 직후로서 사회통념상 범죄행위가 완료되지 아니하였다고 볼 수 있는 단계에서 상해가 행하여짐을 요건으로 한다.

③ 강도범행 이후에 피해자를 계속 끌고 다니거나 차량에 태우고 함께 이동하는 등으로 강도범행으로 인한 피해자의 심리적 저항불능 상태가 해소되지 않은 상태에서 강도범인의 상해행위가 있었다면 강취행위와 상해행위 사이에 인과관계를 인정할 수 없어 강도죄와 상해죄의 경합범이 성립한다.

④ 폭행 또는 협박으로 타인의 재물을 강취하려는 행위와 이에 극도의 흥분을 느끼고 공포심에 사로잡혀 이를 피하려다 상해에 이르게 된 사실과는 상당인과관계가 있다 할 것이고 이 경우 강취 행위자가 상해의 결과의 발생을 예견할 수 있었다면 이를 강도치상죄로 다스릴 수 있다.

133 사기죄의 객체에 관한 다음 설명 중 옳지 않은 것은? (다툼이 있으면 판례에 의함)

① 사기죄는 타인이 점유하는 타인의 재물과 재산상의 이익을 객체로 하는 범죄이다.

② 비트코인은 경제적인 가치를 디지털로 표상하여 전자적으로 이전, 저장과 거래가 가능하도록 한 가상자산의 일종으로 사기죄의 객체인 재산상 이익에 해당한다.

③ 재물을 점유하면서 향유하는 사용·수익권은 재물과는 별개의 재산상의 이익이므로 재물에 대한 사용·수익권도 형법상 사기죄에서 보호하는 '재산상의 이익'에 포함된다.

④ 채무자의 기망행위로 인하여 채권자가 채무를 확정적으로 소멸 내지 면제시키는 특약 등의 처분행위를 한 경우에는 채무의 면제라고 하는 재산상 이익에 관한 사기죄가 성립되고, 후에 그 재산적 처분행위가 사기를 이유로 민법에 따라 취소될 수 있다고 하여 달리 볼 것은 아니다.

134 사기죄에 관한 다음 설명 중 옳지 않은 것은? (다툼이 있으면 판례에 의함)

① 사기죄의 성립요건인 기망행위는 사람으로 하여금 착오를 일으키게 하는 것을 말하므로 사람에 대한 기망행위를 수반하지 않는 경우 사기죄로 처벌할 수 없다.

② 사기죄는 타인이 점유하는 재물을 그의 처분행위에 의하여 취득하므로써 성립하는 죄이므로 자기가 점유하는 타인의 재물에 대하여는 이것을 영득함에 기망행위를 한다 하여도 사기죄는 성립하지 아니하고 횡령죄만을 구성한다.

③ 통정허위표시로서 무효인 임대차계약에 기초하여 임차권등기를 마침으로써 외형상 임차인으로서 취득하게 된 권리는 사기죄에서 말하는 재산상 이익에 해당한다.

④ 채무자의 기망행위로 인해 채권자가 채무를 확정적으로 소멸 내지 면제시키는 특약 등 처분행위를 한 경우에는 채무의 면제라고 하는 재산상 이익에 관한 사기죄가 성립하지만 후에 그 재산상 처분행위가 사기를 이유로 민법에 따라 취소될 수 있는 경우라면 사기죄는 성립할 수 없다.

135 사기죄에 관한 설명으로 가장 적절한 것은? (다툼이 있으면 판례에 의함)

① 침해행정 영역에서 일반 국민이 담당 공무원을 기망하여 권력작용에 의한 재산권 제한을 면하는 경우 중앙행정기관의 장 등 법률에 따라 금전적 부담의 부과권한을 부여받은 자의 직접적인 권력작용을 사기죄의 보호법익인 재산권과 동일하게 평가할 수 있으므로 사기죄가 성립한다.

② 甲이 사건의 각 가처분사건에서 변호사를 선임한 적이 없음에도 이 사건 각 소송비용액확정신청을 하면서 소송비용액계산서의 비용항목에 사실과 다르게 변호사비용을 기재하기는 하였으나 이와 관련하여 소명자료 등을 조작하거나 허위의 소명자료를 제출하지는 않았다면 甲의 이 사건 각 소송비용액확정신청이 객관적으로 법원을 기망하기에 충분하다고 보기는 어렵다.

③ 금원 편취를 내용으로 하는 사기죄에 있어서는 기망으로 인한 금원 교부가 있으면 그 자체로써 피해자의 재산침해가 되어 바로 사기죄가 성립하지만, 사기죄에 있어서 그 대가가 일부 지급된 경우라면 편취액은 피해자로부터 교부된 금원으로부터 그 대가를 공제한 차액이다.

④ 소송사기를 쉽사리 유죄로 인정하게 되면 누구든지 자기에게 유리한 주장을 하고 소송을 통하여 권리구제를 받을 수 있는 민사재판제도의 위축을 가져올 수밖에 없지만 이러한 위험성은 당사자 간 합의에 의하여 소송절차를 원만하게 마무리하는 민사조정에서는 존재하지 않는다.

136 사기죄에 관한 설명으로 가장 적절하지 않은 것은? (다툼이 있으면 판례에 의함)

① 전문건설업을 부정 등록한 무자격 건설업자 甲이 전문공사를 하도급받을 수 없었음에도 건설회사 담당자에게 이러한 사실을 숨기고 하도급 계약을 체결한 후 각 계약들에 따른 공사대금을 지급받은 경우 해당 공사에 하자나 시공 상의 결함이 밝혀진 사실이 없고 도급받은 보수공사 또한 모두 정상적으로 준공된 것으로 보이는 사정 등이 있더라도 甲의 행위는 사기죄에서의 기망행위로 인한 재물의 편취에 해당한다.

② 약사가 아닌 자가 약국을 개설하고 마치 「약사법」에 의하여 적법하게 개설된 요양기관인 것처럼 국민건강보험공단에 요양급여비용의 지급을 청구하여 국민건강보험공단으로부터 요양급여비용을 지급받은 경우 사기죄를 구성한다.

③ 사기죄에 있어서 기망으로 인한 재물교부의 대가가 일부 지급된 경우 편취액은 피해자로부터 교부된 재물의 가치로부터 그 대가를 공제한 차액이 아니라 교부받은 재물 전부이다.

④ 甲이 변호사를 선임한 적이 없음에도 소송비용액확정신청을 하면서 소송비용액계산서의 비용항목에 사실과 다르게 변호사비용을 기재하였으나 이와 관련하여 소명자료 등을 조작하거나 허위의 소명자료를 제출하지 않은 경우 甲의 행위를 사기죄의 기망행위라고 단정할 수 없다.

137 사기죄에 관한 설명 중 옳지 않은 것은? (다툼이 있는 경우 판례에 의함)

① 송금의뢰인과 수취인 사이에 계좌이체 등의 원인이 되는 법률관계가 존재하지 않는데도 계좌이체에 의하여 수취인이 이체금액 상당의 예금채권을 취득한 경우, 수취인이 은행에 예금반환을 청구하여 지급받는 행위는 은행을 피해자로 한 사기죄에 해당하지 않는다.

② 사기죄의 실행행위로서의 기망은 법률행위의 중요 부분에 관한 허위표시이어야 하므로, 용도를 속이고 돈을 빌린 경우에는 사기죄의 기망으로 볼 수 없다.

③ 금원이 착오로 인해 초과 지급된 사실을 수령 당시에는 알지 못했고 차후에 그 사실을 알고서 그대로 보유한 경우에는 사기죄가 성립하지 않는다.

④ 법인이나 단체의 대표자 또는 실질적으로 의사결정을 하는 최종결재권자 등이 기망행위자와 동일인이거나 기망행위자와 공모하는 등 기망행위임을 알고 있었던 경우에는 기망행위로 인한 착오가 있다고 볼 수 없어 법인에 대한 사기죄는 성립하지 않는다.

138 사기죄에 관한 설명 중 옳은 것(○)과 옳지 않은 것(×)을 올바르게 조합한 것은? (다툼이 있으면 판례에 의함)

> ㉠ 사기죄에서 피해자에게 대가가 지급된 경우 피해자를 기망하여 그가 보유하고 있는 그 대가를 다시 편취하거나 피해자로부터 그 대가를 위탁받아 보관 중에 횡령하였다면 이는 새로운 법익의 침해가 발생한 경우이므로 기존에 성립한 사기죄와는 별도의 새로운 사기죄나 횡령죄가 성립한다.
> ㉡ 변호사를 선임한 바가 없음에도 소송비용액계산서의 비용항목에 실제 지출하지 않은 변호사비용 500만 원을 기재하여 법원에 가처분사건의 소송비용액확정결정신청을 한 행위는 이와 관련하여 소명자료를 조작하거나 허위의 소명자료를 제출하지 않더라도 법원에 대한 기망행위에 해당한다.
> ㉢ 분식회계에 의한 재무제표 등으로 금융기관을 기망하여 대출을 받았다면 사기죄는 성립하고, 변제의사와 변제능력의 유무 그리고 충분한 담보가 제공되었다거나 피해자의 전체 재산상에 손해가 없고 사후에 대출금이 상환되었다고 하더라도 사기죄의 성립에는 영향이 없다.
> ㉣ 출판사 경영자가 출고현황표를 조작하는 방법으로 실제 출판부수를 속여 작가에게 인세의 일부만을 지급한 경우 작가가 나머지 인세에 대한 청구권의 존재 자체를 알지 못하여 이를 행사하지 아니한 것은 사기죄에 있어 부작위에 의한 재산의 처분행위에 해당한다.
> ㉤ 사기죄에서 말하는 처분행위가 인정되기 위해서는 처분결과에 대한 피기망자의 주관적인 인식이 필요하므로 '서명사취' 사안의 경우 피기망자에게는 자신이 서명 또는 날인하는 처분문서의 내용과 법적 효과에 대하여 아무런 인식이 없어 처분의사와 그에 기한 처분행위는 인정되지 않는다.

① ㉠ ○ ㉡ × ㉢ ○ ㉣ ○ ㉤ ×   ② ㉠ × ㉡ ○ ㉢ ○ ㉣ × ㉤ ○
③ ㉠ ○ ㉡ ○ ㉢ × ㉣ × ㉤ ○   ④ ㉠ × ㉡ × ㉢ ○ ㉣ ○ ㉤ ×

139 사기죄 등에 관한 다음 설명 중 옳지 않은 것은? (다툼이 있으면 판례에 의함)

① 사기죄의 보호법익은 재산권이므로 기망행위에 의하여 국가적 또는 공공적 법익이 침해되었다는 사정만으로 사기죄가 성립한다고 할 수 없다.
② 기망행위에 의하여 조세를 포탈하거나 조세의 환급·공제를 받은 경우에는 조세범처벌법위반죄 외에도 사기죄가 성립할 수 있다.
③ 피고인이 담당 공무원을 기망하여 납부의무가 있는 농지보전부담금을 면제받아 재산상 이익을 취득한 경우라도 사기죄는 성립하지 아니한다.
④ 강제집행면탈죄가 적용되는 강제집행은 민사집행법의 적용대상인 강제집행 또는 가압류·가처분 등의 집행을 가리키는 것이므로 국세징수법에 의한 체납처분을 면탈할 목적으로 재산을 은닉하는 등의 행위는 위 죄의 규율대상에 포함되지 않는다.

140 사기의 죄에 대한 설명으로 가장 적절하지 않은 것은? (다툼이 있으면 판례에 의함)

① 침해행정 영역에서 일반 국민이 담당 공무원을 기망하여 권력작용에 의한 재산권 제한을 면하는 경우에는 사기죄가 성립할 수 없다.
② 사기죄의 '재산상의 이익'은 영속적·일시적 이익, 적극적·소극적 이익을 불문하며, 자기의 채권자에 대한 채무이행으로 존재하지 않는 채권을 양도한 경우에도 재산상의 이익을 취득한 것으로 볼 수 있다.
③ 사기죄의 요건으로서의 부작위에 의한 '기망'은 고지의무 있는 자가 일정한 사실에 관하여 상대방이 착오에 빠져 있음을 알면서도 이를 고지하지 않는 것을 말한다.
④ 피해자를 기망하여 착오를 일으키게 하고 피해자가 착오에 빠진 결과 채권의 존재를 알지 못하여 채권을 행사하지 않은 경우 그와 같은 부작위는 사기죄에 있어서의 재산의 처분행위에 해당한다.

141 사기죄에 관한 다음 설명 중 옳지 않은 것은? (다툼이 있으면 판례에 의함)

① 사기죄는 사람을 기망하여 착오에 빠뜨리고 그로 인한 처분행위로 재물의 교부를 받거나 재산상 이익을 얻는 것으로서 기망행위가 있었다고 하여도 그로 인한 처분행위가 없을 때에는 사기죄가 성립하지 않는다.
② 사기죄는 타인을 기망하여 착오에 빠뜨리고 처분행위를 유발하여 재물, 재산상의 이득을 얻음으로써 성립하는 것이므로, 여기서 '처분행위'라고 하는 것은 재산적 처분행위로서 주관적으로 피기망자가 처분의사, 즉 처분 결과를 인식하고 객관적으로는 이러한 의사에 지배된 행위가 있을 것을 요한다.
③ 사기죄에서 처분행위라 함은 범인 등에게 재물을 교부하거나 재산상의 이익을 부여하는 재산적 처분행위를 의미하며, 그것은 피기망자가 처분의사를 가지고 그 의사에 지배된 행위를 하여야 하고, 피기망자는 재물 또는 재산상의 이익에 대한 처분행위를 할 권한이 있는 자이어야 한다.
④ 피해자를 위하여 재산을 처분할 수 있는 권능이나 지위라 함은 반드시 사법상의 위임이나 대리권의 범위와 일치하여야 하는 것은 아니고 피해자의 의사에 기하여 재산을 처분할 수 있는 서류 등이 교부된 경우에는 피기망자의 처분행위가 설사 피해자의 진정한 의도와 어긋나는 경우라고 할지라도 위와 같은 권능을 갖거나 그 지위에 있는 것으로 보아야 한다.

142 사기죄에 관한 다음 설명 중 가장 옳지 않은 것은? (다툼이 있으면 판례에 의함)

① 소극적 행위로서의 부작위에 의한 기망은 법률상 고지의무 있는 자가 일정한 사실에 관하여 상대방이 착오에 빠져 있음을 알면서도 이를 고지하지 아니함을 말하는 것으로서, 일반거래의 경험칙상 상대방이 그 사실을 알았더라면 당해 법률행위를 하지 않았을 것이 명백한 경우에는 신의칙에 비추어 그 사실을 고지할 법률상 의무가 인정되는 것이다.

② 공사도급계약 당시 관련 영업 또는 업무를 규제하는 행정법규나 입찰 참가자격, 계약절차 등에 관한 규정을 위반한 사정이 있는 때에는 그러한 사정만으로 공사도급계약을 체결한 행위가 기망행위에 해당한다고 단정해서는 안 되고, 그 위반으로 말미암아 계약 내용대로 이행되더라도 공사의 완성이 불가능하였다고 평가할 수 있을 만큼 그 위법이 공사의 내용에 본질적인 것인지 여부를 심리·판단하여야 한다.

③ 적법하게 개설되지 아니한 의료기관의 실질 개설·운영자가 적법하게 개설된 의료기관인 것처럼 의료급여비용의 지급을 청구하여 이에 속은 국민건강보험공단으로부터 의료급여비용 명목의 금원을 지급받아 편취한 경우 국민건강보험공단을 피해자로 보아야 한다.

④ 의료인으로서 자격과 면허를 보유한 사람이 의료법에 따라 의료기관을 개설하여 건강보험의 가입자 또는 피부양자에게 국민건강보험법에서 정한 요양급여를 실시하고 국민건강보험공단으로부터 요양급여비용을 지급받았다고 하더라도, 그 의료기관이 다른 의료인의 명의로 개설·운영되어 의료법 제4조 제2항을 위반하였다면 국민건강보험공단을 피해자로 하는 사기죄를 구성한다.

143 사기죄에 대한 설명으로 가장 적절하지 않은 것은? (다툼이 있으면 판례에 의함)

① 피해자가 법인이나 단체의 대표자 또는 실질적으로 의사결정을 하는 최종결재권자 등 기망의 상대방이 기망행위자와 동일인이거나 기망행위자와 공모하는 등 기망행위를 알고 있었다면 사기죄가 성립되지 않는다.

② 물품거래관계에 있어서 편취에 의한 사기죄의 성립 여부는 거래 당시를 기준으로 피고인에게 납품대금을 변제할 의사나 능력이 없음에도 피해자에게 납품대금을 변제할 것처럼 거짓말을 하여 피해자로부터 물품 등을 편취할 고의가 있었는지의 여부에 의하여 판단하여야 한다.

③ 피해자가 피고인으로부터 임차한 오피스텔을 점유하며 이를 사용·수익하다가 "추후 나머지 임대차보증금을 반환하겠다."는 피고인의 말에 속아 나머지 임대차보증금을 반환받지 않고 오피스텔의 점유권을 피고인에게 이전하였더라도 사기죄에서 재산상 이익을 처분하였다고 볼 수 없어 사기죄는 성립하지 않는다.

④ 피고인이 피해자 회사들로부터 카드론 대출을 받기 위하여 휴대전화에 설치된 피해자 회사들의 애플리케이션을 이용하여 자금용도, 보유자산, 연소득정보, 부채정보, 연소득 대비 고정 지출, 신용점수 등을 '허위로' 입력한 데 따라 대출이 전산상 자동적으로 처리되어 계좌로 대출금을 송금받은 경우 사기죄가 성립한다.

144 사기죄에 대한 설명으로 옳은 것은? (다툼이 있으면 판례에 의함)

① 농민이 담당 공무원을 기망하여 납부의무가 있는 농지보전부담금을 면제받아 재산상 이익을 취득한 경우 일반 국민의 재산권을 제한하는 침해행정 영역에서 담당 공무원을 기망하여 권력작용에 의한 재산권 제한을 면한 경우에 해당하므로 사기죄가 성립한다.
② 부동산의 명의수탁자가 명의신탁 사실을 숨기고 부동산을 자신의 소유라고 주장하면서 제3자에게 매도하고 매매를 원인으로 한 소유권이전등기까지 마친 경우 제3자에 대한 사기죄가 성립한다.
③ 선거후보자가 여러 개의 선거비용 항목을 허위로 기재한 하나의 선거비용 보전청구서를 제출하여 국가로부터 선거비용을 과다 보전받아 이를 편취한 경우 회계보고 허위기재로 인한 특별법위반죄 외에 각 선거비용 항목에 따라 별개의 사기죄가 성립한다.
④ 타인으로부터 돈을 차용하면서 충분한 담보를 제공하였다면 특별한 사정이 없는 한 그 차용금을 변제할 의사와 능력이 없었다고 볼 수는 없다.

145 사기죄에 관한 설명 중 가장 적절한 것은? (다툼이 있으면 판례에 의함)

① 사기죄가 성립하기 위해서는 적극적 기망행위가 있어야 하므로 부작위에 의한 기망은 있을 수 없다.
② 甲이 A에 대한 사기범행을 실현하는 수단으로서 사기의 고의가 없는 B를 기망하여 그를 A로부터 편취한 재물이나 재산상 이익을 전달하는 도구로서만 이용한 경우 편취의 대상인 재물 또는 재산상 이익에 관하여 A에 대한 사기죄가 성립할 뿐 도구로 이용된 B에 대한 사기죄는 별도로 성립하지 않는다.
③ 민법 제746조의 불법원인급여에 해당하여 급여자가 수익자에 대한 반환청구권을 행사할 수 없다면 수익자가 기망을 통하여 급여자로 하여금 불법원인급여에 해당하는 재물을 제공하도록 하였더라도 사기죄를 구성하지 않는다.
④ 사기죄의 '처분행위'라 함은 재산적 처분행위로서 피해자가 자유의사로 직접 재산상 손해를 초래하는 작위에 나아가는 것을 말하므로 피해자가 기망에 의하여 착오에 빠진 결과 채권의 존재를 알지 못하여 채권을 행사하지 아니한 것에 불과하다면 그와 같은 부작위는 재산의 처분행위에 해당하지 않는다.

146 사기죄에 대한 설명으로 옳은 것은? (다툼이 있으면 판례에 의함)

① 법원을 기망하여 자기에게 유리한 판결을 얻기 위하여 소를 제기하였더라도 소송사기죄의 실행의 착수를 인정하기 위해서는 소장이 소제기의 상대방에게 유효하게 송달되어야 한다.
② 수입쇠고기를 사용하는 식당 영업주가 한우만 취급한다는 취지의 상호를 사용하고 식단표 등에도 한우만 사용한다고 기재한 정도만으로는 사기죄의 기망행위에 해당하지 아니한다.
③ 카드사 회원이 카드이용대금에 대한 지불의사와 능력이 없게 되었음에도 기존에 정상적으로 발급받은 신용카드를 이용하여 A가맹점에서 양복을 구입하고 B가맹점에서 전자제품을 구입한 경우 신용카드업자를 피해자로 하는 사기죄의 포괄일죄가 성립한다.
④ 교부자가 착오로 더 많은 거스름돈을 교부하는 것을 그 순간 수령자가 알면서도 수령하여 영득하였다면 수령자에게 고지의무가 인정되므로 점유이탈물횡령죄가 성립한다.

147 소송사기죄에 관한 다음 설명 중 옳지 않은 것은? (다툼이 있으면 판례에 의함)

① 소송사기에 있어서 피기망자인 법원의 재판은 피해자의 처분행위에 갈음하는 내용과 효력이 있는 것이어야 하고, 그렇지 아니하는 경우에는 착오에 의한 재물의 교부행위가 있다고 할 수 없어서 사기죄는 성립되지 아니한다.
② 실재하고 있지 아니한 자에 대하여 판결이 선고되더라도 그 판결은 피해자의 처분행위에 갈음하는 내용과 효력을 인정할 수 없고 따라서 착오에 의한 재물의 교부행위를 상정할 수 없는 것이므로 사기죄의 성립을 시인할 수 없다.
③ 소송비용의 상환을 구하는 자는 소송비용액확정결정에 집행문을 부여받아 그 확정된 소송비용액에 관하여 강제집행을 할 수 있는바, 허위 내용으로 법원을 기망하여 자기에게 유리한 소송비용액확정결정을 받는 행위는 사기죄를 구성할 수 있다.
④ 피고인이 타인과 공모하여 그 공모자를 상대로 제소하여 의제자백의 판결을 받아 이에 기하여 부동산의 소유권이전등기를 하였다면 이는 법원을 기망하여 재산상 이익을 취득한 것이므로 사기죄가 성립한다.

148 사기죄와 관련된 다음 설명 중 가장 옳은 것은? (다툼이 있으면 판례에 의함)

① 토지를 매도함에 있어 채무담보를 위한 가등기와 근저당권설정 등기가 경료되어 있는 사실을 숨겼다 할지라도 매수인은 등기부등본을 통해 얼마든지 사실을 확인할 수 있으므로 사기죄는 성립하지 않는다.

② 부동산의 명의수탁자가 부동산을 제3자에게 매도하고 매매를 원인으로 하는 소유권이전등기까지 마쳐 주었으나 명의신탁 사실을 알리지 아니한 경우에는 제3자에 대하여 사기죄가 성립한다.

③ 중고자동차 매매에 있어 매도인이 할부금융회사 또는 보증보험에 대한 할부금 채무의 존재를 매수인에게 고지하지 않았다면 채무의 승계 여부를 불문하고 사기죄가 성립한다.

④ 특정 질병을 앓고 있는 사람이 보험회사가 정한 약관에 그 질병에 대한 고지의무를 규정하고 있음을 알면서도 이를 고지하지 아니한 채 그 사실을 모르는 보험회사와 그 질병을 담보하는 보험계약을 체결한 다음 바로 그 질병의 발병을 사유로 하여 보험금을 청구하였다면 특별한 사정이 없는 한 사기죄에 있어서의 기망행위 내지 편취의 범의를 인정할 수 있다.

149 다음 설명 중 가장 옳지 않은 것은? (다툼이 있으면 판례에 의함)

① 임대인이 임대차계약을 체결하면서 임차인에게 임대목적물이 경매진행 중인 사실을 알리지 않았다면, 설령 임차인이 등기부를 확인 또는 열람하는 것이 가능하였다 하더라도 사기죄가 성립한다.

② 사람을 기망하여 부동산의 소유권을 이전받거나 제3자로 하여금 이전받게 함으로써 이를 편취한 경우 그 부동산에 근저당권설정등기가 경료되어 있거나 압류 또는 가압류 등이 이루어져 있는 때에는 그 부동산의 시가 상당액에서 근저당권의 채권최고액 범위 내에서의 피담보채권액, 압류에 걸린 집행채권액, 가압류에 걸린 청구금액 범위 내에서의 피보전채권액 등을 뺀 실제의 교환가치를 편취금액으로 보아야 한다.

③ 타인으로부터 금전을 차용함에 있어 그 차용한 금전의 용도나 변제할 자금의 마련방법에 관하여 사실대로 고지하였다면 상대방이 응하지 않았을 경우에 그 용도나 변제자금의 마련방법에 관하여 진실에 반하는 사실을 고지하여 금전을 교부받은 경우에는 사기죄가 성립하는 것이 원칙이나, 다만 차용금채무에 대한 충분한 담보를 제공함으로써 상대방이 대여한 자금의 회수에 실질적으로 지장이 없었다면 교부된 금전의 가액에서 담보가치를 차감한 범위 내에서만 사기죄가 성립한다고 보아야 한다.

④ 소극적 소송당사자인 피고라 하더라도 허위내용의 서류를 작성하여 이를 증거로 제출하거나 위증을 시키는 등의 적극적인 방법으로 법원을 기망하여 착오에 빠지게 한 결과 승소확정판결을 받음으로써 자기의 재산상의 의무이행을 면하게 된 경우에는 그 재산가액 상당에 대하여 사기죄가 성립한다.

150 다음 중 사기죄가 성립하는 것은 모두 몇 개인가? (다툼이 있으면 판례에 의함)

㉠ 피고인 甲이 피해자 A를 기망하여 乙을 상대로 한 배당이의 소송의 제1심 패소판결에 대한 항소를 취하하게 한 경우
㉡ 회사의 대표 甲이 피해자 A가 회사 소유의 대지를 가압류하여 회사의 분양사업이 무산될 위험에 처하자, A에게 "가압류를 해제해 달라. 그러면 1,000만원을 지불하겠다"라고 거짓말하여, A로부터 가압류해제신청에 필요한 서류를 교부받아 가압류를 해제한 경우
㉢ 피고인이 피해자가 가등기를 먼저 말소해 주더라도 농지의 소유권을 이전해 줄 의사가 없었음에도 불구하고, 마치 피해자의 요구가 있으면 언제든지 농지의 소유권을 이전해 줄 것처럼 행세하면서 가등기의 말소를 요청하여 피해자로부터 가등기를 말소받은 경우

① 0개　　② 1개
③ 2개　　④ 3개

151 다음 중 소송사기죄의 실행의 착수가 인정되는 것은 모두 몇 개인가? (다툼이 있으면 판례에 의함)

㉠ 피고인들이 부동산 경매절차에서 허위로 유치권 신고를 한 경우
㉡ 피고인이 피담보채권인 공사대금 채권을 실제와 달리 허위로 크게 부풀려 유치권에 의한 경매를 신청할 경우
㉢ 피고인이 허위 채권에 기한 공정증서를 집행권원으로 하여 채무자의 소유권이전등기청구권에 대하여 압류신청을 경우
㉣ X회사 운영자인 피고인 甲이 'X회사의 A에 대한 채권'이 존재하지 않는다는 사실을 알면서 그 사실을 모르는 채권자 乙에게 'X회사의 A에 대한 채권'의 압류 및 전부(추심)명령을 신청하게 하여 그 명령을 받게 한 경우. 다만, 아직 乙은 A를 상대로 전부(추심)금 소송을 제기하지 않았음

① 1개　　② 2개
③ 3개　　④ 4개

152 소송사기죄에 관한 다음 설명 중 옳지 않은 것은? (다툼이 있으면 판례에 의함)

① 당사자가 소송 등 수행을 위하여 제3자에게 직접 지출하는 이른바 '당사자비용'은 신청인이 반드시 소명하여야 하므로 소명자료 등을 조작하거나 허위의 소명자료 등을 제출함이 없이 단지 실제 사실과 다른 비용액에 관한 주장만 하는 경우에는 특별한 사정이 없는 한 법원을 기망하였다고 단정하기 어렵기 때문이다.

② 피고인이 특정 권원에 기하여 민사소송을 진행하던 중 법원에 조작된 증거를 제출하면서 종전에 주장하던 특정 권원과 별개의 허위의 권원을 추가로 주장한 경우 가사 나중에 법원이 종전의 특정 권원을 인정하여 피고인에게 승소판결을 선고하였다고 하더라도 피고인의 이러한 행위는 특별한 사정이 없는 한 소송사기의 실행의 착수에 해당된다.

③ 허위의 채권을 피보전권리로 삼아 가압류를 하였다고 하더라도 그 채권에 관하여 현실적으로 청구의 의사표시를 한 것이라고는 볼 수 없으므로 본안소송을 제기하지 아니한 채 가압류를 한 것만으로는 사기죄의 실행에 착수하였다고 할 수 없다.

④ 방어적인 위치에 있는 피고의 경우 적극적인 방법으로 법원을 기망할 의사를 가지고 허위 내용의 서류를 증거로 제출하거나 그에 따른 주장을 담은 답변서나 준비서면을 제출한 경우에 사기죄의 실행의 착수가 있다고 볼 것이다.

153 소송사기죄에 관한 다음 설명 중 옳지 않은 것은? (다툼이 있으면 판례에 의함)

① 법원을 기망한다는 인식을 가지고 소를 제기하면 이로써 실행의 착수가 있었다고 할 것이고, 소장의 유효한 송달을 요하지 아니한다.

② 지급명령을 신청한 때에 소를 제기한 것으로 보게 되는 것이지만, 상대방이 이의를 제기하여 지급명령이 이의의 범위 안에서 그 효력을 잃게 되었다면 이미 실행에 착수한 사기의 범행 자체가 없었던 것으로 보아야 한다.

③ 강제집행절차를 통한 소송사기는 집행절차의 개시신청을 한 때 또는 진행 중인 집행절차에 배당신청을 한 때에 실행에 착수하였다고 볼 것이다.

④ 소송사기의 경우 당해 소송의 판결이 확정된 때에 범행이 기수에 이른다.

154 소송사기에 관한 다음 설명 중 가장 옳지 않은 것은? (다툼이 있으면 판례에 의함)

① 유치권자가 피담보채권을 실제보다 허위로 부풀려 유치권에 의한 경매를 신청한 경우 이는 소송사기죄의 실행의 착수에 해당한다.
② 소송절차에서 상대방에게 유리한 증거를 가지고 있더라도 상대방을 위하여 이를 현출하여야 할 의무가 있다고 할 수 없으므로 이러한 증거를 제출하지 아니한 행위만으로 소송 사기의 기망행위가 있었다고 할 수 없다.
③ 소송사기에 의한 사기죄는 소를 제기한 때에 실행의 착수가 인정되고, 그 소장이 상대방에게 유효하게 도달할 것을 요하지 않는다.
④ 타인과 공모하여 그 공모자를 상대로 제소하여 의제자백의 판결을 받아 이에 기하여 부동산의 소유권이전등기를 한 경우에는 사기죄와 공정증서원본부실기재죄가 성립하고 양죄는 실체적 경합범 관계에 있다.

155 다음 중 소송사기죄가 성립하지 않는 것은? (다툼이 있으면 판례에 의함)

① 주권을 교부한 자가 이를 분실하였다고 허위로 공시최고신청을 하여 제권판결(除權判決)을 선고받아 확정된 경우
② 가계수표발행인이 가계수표를 타인이 교부받아 소지하고 있는 사실을 알면서도 허위의 분실사유를 들어 공시최고 신청을 하고 이에 따라 제권판결(除權判決)을 받음으로써 수표상의 채무를 면한 경우
③ 채무자가 강제집행을 승낙한 취지의 기재가 있는 약속어음 공정증서에 있어서 그 약속어음의 원인관계가 소멸하였음에도 불구하고, 약속어음 공정증서 정본을 소지하고 있음을 기화로 이를 근거로 하여 강제집행을 한 경우
④ A가 금융기관에 피고인 甲 명의로 예금을 하면서 자신만이 이를 인출할 수 있게 해달라고 요청하여 금융기관 직원 B가 예금관련 전산시스템에 'A가 예금, 인출 예정'이라고 입력하였고 피고인 甲도 이의를 제기하지 않았는데, 그 후 甲이 금융기관을 상대로 예금지급을 구하는 소를 제기하였다가 금융기관의 변제공탁으로 패소한 경우

156 컴퓨터등사용사기죄에 대한 설명 중 옳지 않은 것은? (다툼이 있으면 판례에 의함)

① 컴퓨터등사용사기죄는 컴퓨터등 정보처리장치에 허위의 정보 또는 부정한 명령을 입력하거나 권한 없이 정보를 입력·변경하여 정보처리를 하게 함으로써 재산상의 이익을 취득하거나 제3자로 하여금 취득하게 한 경우에 성립한다.

② 금융기관 직원이 범죄의 목적으로 전산단말기를 이용하여 다른 공범들이 지정한 특정계좌에 무자원 송금방식으로 금원을 입금했다 할지라도 평상시 그 직원이 금융기관의 여·수신 업무를 처리할 권한이 있었다면 컴퓨터등사용사기죄는 성립하지 않는다.

③ 타인의 명의를 모용하여 발급받은 신용카드의 번호와 그 비밀번호를 이용하여 ARS 전화서비스나 인터넷 등을 통하여 신용대출을 받는 방법으로 재산상 이익을 취득하는 행위는 컴퓨터등사용사기죄에 해당한다.

④ 컴퓨터등사용사기죄에서 '정보처리'는 사기죄에서 피해자의 처분행위에 상응하므로 입력된 허위의 정보 등에 의하여 계산이나 데이터의 처리가 이루어짐으로써 직접적으로 재산처분의 결과를 초래하여야 하고, 행위자나 제3자의 재산상 이익 취득은 사람의 처분행위가 개재됨이 없이 컴퓨터 등에 의한 정보처리 과정에서 이루어져야 한다.

157 다음 설명 중 가장 옳지 않은 것은? (다툼이 있으면 판례에 의함)

① 컴퓨터등사용사기죄에서 행위자나 제3자의 '재산상 이익 취득'은 사람의 처분행위가 개재됨이 없이 컴퓨터 등에 의한 정보처리 과정에서 이루어져야 한다.

② 친척 소유 예금통장을 절취한 피고인이 그 친척 거래 금융기관에 설치된 현금자동지급기에 예금통장을 넣고 조작하는 방법으로 친척 명의 계좌의 예금 잔고를 피고인이 거래하는 다른 금융기관에 개설된 피고인 명의 계좌로 이체한 경우 그 범행으로 인한 피해자는 친척 거래 금융기관으로 보아야 한다.

③ 타인의 명의를 모용하여 발급받은 신용카드를 이용하여 현금자동지급기에서 현금서비스 방법으로 현금을 인출하고, 인터넷을 통하여 신용대출을 받았다면 포괄하여 1개의 컴퓨터등사용사기죄를 구성하고 그 피해자는 카드회사가 된다.

④ 금융기관 직원이 전산단말기를 이용하여 공범이 지정한 특정계좌에 돈이 입금된 것처럼 허위의 정보를 입력하는 방법으로 위 계좌로 입금되도록 한 경우 입금절차 완료와 동시에 컴퓨터등사용사기죄가 성립하고, 그 후 입금이 취소된 경우에도 컴퓨터등사용사기죄의 성립에는 영향이 없다.

158 현금카드 사용범죄에 관한 다음 설명 중 옳지 않은 것은? (다툼이 있으면 판례에 의함)

① 피고인이 피해자로부터 그 소유의 현금카드로 2만원을 인출하여 오라는 부탁과 함께 현금카드를 건네받게 된 것을 기화로 현금자동지급기에 현금카드를 넣고 5만원을 인출한 후 2만원만 피해자에게 건네주어 3만원은 취득한 경우 피고인이 인출된 현금에 대한 점유를 취득함으로써 인출한 현금 총액 중 인출을 위임받은 금액을 넘는 부분의 비율에 상당하는 재산상 이익을 취득한 것으로 볼 수 있으므로 그 차액 상당액에 관하여 컴퓨터등사용사기죄가 성립한다.

② 피고인이 예금주인 현금카드 소유자로부터 그 카드를 편취하여 비록 하자 있는 의사표시이기는 하지만 현금카드 소유자의 승낙에 의하여 사용권한을 부여받은 이상, 이를 사용하여 현금자동지급기에서 예금을 여러 번 인출한 행위들은 포괄하여 하나의 사기죄를 구성한다고 볼 것이지, 현금자동지급기에서 카드 소유자의 예금을 인출, 취득한 행위를 현금카드 편취행위와 분리하여 따로 절도죄로 처단할 수 없다.

③ 피고인이 예금주인 현금카드 소유자를 협박하여 그 카드를 갈취한 후 하자 있는 의사표시이기는 하지만 피해자의 승낙에 의하여 현금카드를 사용할 권한을 부여받아 이를 이용하여 현금을 인출한 경우 이는 포괄하여 하나의 공갈죄를 구성한다고 볼 것이지, 현금지급기에서 피해자의 예금을 취득한 행위를 현금카드 갈취행위와 분리하여 따로 절도죄로 처단할 수 없다.

④ 피고인이 피해자로부터 강취한 현금카드를 사용하여 현금자동지급기에서 예금을 인출한 경우 비록 반항이 억압된 상태에서의 의사표시이기는 하지만 현금카드 소유자로부터 사용권한을 부여받은 것이므로 현금자동지급기에서 카드 소유자의 예금을 인출, 취득한 행위를 현금카드 강취행위와 분리하여 따로 절도죄로 처단할 수 없다.

159 사기와 공갈의 죄에 관한 설명 중 옳지 않은 것은? (다툼이 있는 경우 판례에 의함)

① 경제적인 가치를 디지털로 표상하여 전자적으로 이전, 저장과 거래가 가능하도록 한 가상자산은 사기죄의 객체인 재산상 이익에 해당한다.

② 유사수신행위를 한 자가 출자자에게 별도의 기망행위를 하여 유사수신행위로 조달받은 자금의 전부 또는 일부를 다시 투자받는 행위는 유사수신행위법위반죄 외에 다른 새로운 보호법익을 침해하는 것이 아니므로 별죄인 사기죄를 구성하는 것이 아니라 유사수신행위법위반죄의 불가벌적 사후행위가 된다.

③ A는 드라이버를 구매하기 위해 특정 매장에 방문하였다가 지갑을 떨어뜨렸는데, 10분쯤 후 甲이 같은 매장에서 우산을 구매하고 계산을 마친 뒤, 지갑을 발견하여 습득한 매장 주인 B로부터 "이 지갑이 선생님 지갑이 맞느냐?"라는 질문을 받자 "내 것이 맞다."라고 대답한 후 이를 교부받아 가지고 간 경우, 甲에게 절도죄가 아닌 사기죄가 성립한다.

④ 재산상 이익의 취득으로 인한 공갈죄가 성립하려면 폭행 또는 협박과 같은 공갈행위로 인하여 피공갈자가 재산상 이익을 공여하는 처분행위가 있어야 하는데 피공갈자가 외포심을 일으켜 묵인하고 있는 동안에 공갈자가 직접 재산상의 이익을 탈취한 경우에도 공갈죄가 성립할 수 있다.

160 공갈죄에 관한 다음 설명 중 가장 옳지 않은 것은? (다툼이 있으면 판례에 의함)

① 해악의 고지가 비록 정당한 권리의 실현수단으로 사용된 경우라고 하여도 그 권리실현의 수단·방법이 사회통념상 허용되는 정도나 범위를 넘는다면 공갈죄가 성립할 수 있다.

② 피공갈자의 하자 있는 의사에 기하여 이루어지는 재물의 교부 자체가 공갈죄에서의 재산상 손해에 해당하므로, 반드시 피해자의 전체 재산의 감소가 요구되는 것은 아니다.

③ 단일하고 계속된 범의 아래 예금인출의 승낙을 받고 현금카드를 갈취한 행위와 이를 사용하여 현금자동지급기에서 예금을 여러 번 인출한 행위는 포괄하여 하나의 공갈죄를 구성한다.

④ 공무원이 직무집행의 의사 없이 또는 직무처리와 대가적 관계없이 타인을 공갈하여 재물을 교부하게 한 경우 공갈죄와 뇌물수수죄가 모두 성립하고 두 죄는 상상적 경합 관계에 있다.

161 공갈의 죄에 대한 설명 중 가장 적절하지 않은 것은? (다툼이 있으면 판례에 의함)

① 부동산에 대한 공갈죄는 그 부동산의 소유권이전등기를 경료받거나 또는 인도를 받은 때에 기수가 된다.
② 피공갈자의 처분행위는 반드시 작위에 한하지 않고 부작위로도 가능하여, 피공갈자가 외포심을 일으켜 묵인하고 있는 동안에 공갈자가 직접 재산상의 이익을 탈취한 경우 공갈죄가 성립할 수 있다.
③ A가 甲의 돈을 절취한 다음 다른 금전과 섞거나 교환하지 않고 쇼핑백에 넣어 자신의 집에 숨겨두었는데 乙이 甲의 지시를 받아 A를 위협하여 쇼핑백에 들어 있던 절취된 돈을 교부받은 경우 乙에게 공갈죄가 성립하지 않는다.
④ 甲이 예금주인 현금카드 소유자를 협박하여 그 카드를 갈취한 다음 피해자의 승낙에 의하여 현금카드를 사용할 권한을 부여받아 이를 이용하여 여러 차례 현금자동지급기에서 예금을 인출한 경우 공갈죄와 절도죄의 경합범이 성립한다.

162 공갈죄에 관한 다음 설명 중 옳지 않은 것은? (다툼이 있으면 판례에 의함)

① 공갈의 상대방은 재산상의 피해자와 같아야 할 필요는 없고, 피공갈자의 하자 있는 의사에 기하여 이루어지는 재물의 교부 자체가 공갈죄에서의 재산상 손해에 해당하므로 반드시 피해자의 전체 재산의 감소가 요구되는 것도 아니다.
② 공갈죄에 있어서 공갈의 상대방은 재산상의 피해자와 동일함을 요하지는 아니하나 공갈의 목적이 된 재물 기타 재산상의 이익을 처분할 수 있는 사실상 또는 법률상의 권한을 갖거나 그러한 지위에 있음을 요한다.
③ 재산상 이익의 취득으로 인한 공갈죄가 성립하려면 공갈행위로 인하여 피공갈자가 재산상 이익을 공여하는 처분행위가 있어야 하고, 그러한 처분행위는 반드시 작위에 한하지 아니하고 부작위로도 족하여서 피공갈자가 외포심을 일으켜 묵인하고 있는 동안에 공갈자가 직접 재산상의 이익을 탈취한 경우에도 공갈죄가 성립할 수 있다.
④ 폭행의 상대방이 처분행위를 한 바 없고, 단지 행위자가 법적으로 의무 있는 재산상 이익의 공여를 면하기 위하여 상대방을 폭행하고 현장에서 도주함으로써 상대방이 행위자로부터 원래라면 얻을 수 있었던 재산상 이익의 실현에 장애가 발생한 경우에도 그 행위자에게 공갈죄의 죄책을 물을 수 있다.

163 횡령죄에 관한 다음 설명 중 옳지 않은 것은? (다툼이 있으면 판례에 의함)

① 횡령죄의 객체는 자기가 보관하는 '타인의 재물'이므로 재물이 아닌 재산상의 이익은 횡령죄의 객체가 될 수 없다.
② 횡령죄의 객체인 타인의 재물이라 함은 부동산, 동산은 물론 유가증권 등을 포함하는 개념인바, 약속어음의 발행인이 유통시킬 의사로 어음상에 발행인의 기명·날인까지 마쳐 어음으로서의 외관을 갖춘 경우 위와 같은 약속어음은 횡령죄의 객체인 재물에 해당한다.
③ 주권(株券)은 유가증권으로서 재물에 해당되므로 횡령죄의 객체가 될 수 있으나, 자본의 구성단위 또는 주주권을 의미하는 주식(株式)은 재물이 아니므로 횡령죄의 객체가 될 수 없다.
④ 주권이 발행되지 않은 상태에서 주권불소지 제도, 일괄예탁 제도 등에 근거하여 예탁결제원에 예탁된 것으로 취급되어 계좌 간 대체 기재의 방식에 의하여 양도되는 주식(株式)은 재물로 보아야 하므로 횡령죄의 객체가 될 수 있다.

164 횡령죄에 관한 설명 중 옳지 않은 것은 모두 몇 개인다? (다툼이 있는 경우 판례에 의함)

㉠ 횡령죄에서 위탁관계는 사용대차·임대차·위임 등의 계약뿐만 아니라 사무관리·관습·조리·신의칙 등에 의해 성립될 수 있으면 족하고 횡령죄로 보호할 만한 가치 있는 신임에 의한 것으로 한정되지는 않는다.
㉡ 예탁결제원에 예탁되어 계좌 간 대체 기재의 방식에 의하여 양도되는 주권은 물론이고 주권이 발행되지 않은 상태에서 주권불소지 제도, 일괄예탁 제도 등에 근거하여 예탁결제원에 예탁된 것으로 취급하여 계좌 간 대체 기재의 방식에 의하여 양도되는 주식도 횡령죄의 객체가 될 수 있다.
㉢ 용도나 목적이 특정되어 보관된 금전은 그 보관 도중에 특정의 용도나 목적이 소멸되면 위탁자가 그 임의소비를 승낙하기 이전이라도 이미 보관관계 자체가 소멸되어 횡령죄의 적용에 있어서 위탁자의 소유물이라고 볼 수 없다.
㉣ '반환의 거부'가 횡령죄를 구성하려면 타인의 재물을 보관하는 자가 단순히 반환을 거부한 사실만으로는 부족하고 반환거부의 이유와 주관적인 의사들을 종합하여 반환거부행위가 횡령행위와 같다고 볼 수 있을 정도이어야 한다.
㉤ 주주나 대표이사 또는 그에 준하여 회사 자금의 보관이나 운용에 관한 사실상의 사무를 처리하는 자가 회사 소유 자산을 제3자의 자금 조달을 위하여 담보로 제공하는 등 사적인 용도로 임의 처분하였다면 그 처분에 관하여 주주총회나 이사회의 결의가 있었는지 여부와는 관계없이 횡령죄가 성립한다.

① 1개　　② 2개
③ 3개　　④ 4개

165 다음 중 횡령죄가 성립하지 않는 것은? (다툼이 있으면 판례에 의함)

① 피고인 명의의 계좌에 추가로 송금된 3억 2,000만원이 피해자측에서 착오로 송금한 것임에도 피고인이 그 금액을 다른 계좌로 이체하는 등 임의로 사용한 경우
② 피고인이 송금 절차의 착오로 인하여 피고인 명의의 은행 계좌에 입금된 돈을 임의로 인출하여 소비한 경우. 다만, 송금인과 피고인 사이에는 별다른 거래관계가 없었음
③ 임차인이 이사하면서 그가 소유하거나 타인으로부터 위탁받아 보관 중이던 물건들을 임대인의 방해로 옮기지 못하고 그 임차공장내에 그대로 두었는데, 임대인이 이를 임의로 매각하거나 반환을 거부한 경우
④ 타인 소유의 토지에 대한 보관자의 지위에 있지 않은 피고인이 자신 앞으로 원인무효의 소유권이전등기가 되어 있음을 이용하여 토지소유자에게 지급될 보상금을 수령한 경우

166 다음 사례에서 (업무상)횡령죄가 성립하는 경우는? (다툼이 있으면 판례에 의함)

① 법인의 임직원이 법인의 운영에 필요한 자금을 조달하기 위하여 법인의 무자료 거래를 통해 비자금을 조성한 경우(법인에 대한 관계에서)
② 적법한 종중총회의 결의가 없는 상태에서 종중의 회장으로부터 담보 대출을 받아달라는 부탁과 함께 종중 소유의 임야를 이전받은 자가 임야를 담보로 금원을 대출받아 임의로 사용한 경우(종중에 대한 관계에서)
③ 전기통신금융사기 공범인 계좌명의인이 자신이 개설한 예금계좌에 사기 피해자가 사기 피해금을 송금·이체하자 그 돈을 영득할 의사로 인출한 경우(전기통신금융사기의 범인에 대한 관계에서)
④ 부동산의 공유자 중 1인이 구분소유자 전원의 공유에 속하는 공용부분인 지하주차장 일부를 독점 임대하고 임차료를 수령한 경우(다른 공유자에 대한 관계에서)

167 횡령죄와 관련된 다음 설명 중 가장 옳지 않은 것은? (다툼이 있으면 판례에 의함)

① 횡령죄의 구성요건으로서의 횡령행위란 불법영득의사를 실현하는 일체의 행위를 말하는 것으로서 불법영득의사가 외부에 인식될 수 있는 객관적 행위가 있을 때 횡령죄가 성립한다.
② 채권자가 채무자로부터 채권확보를 위해 담보물을 제공받을 때 그 물건이 채무자가 보관 중인 다른 사람의 물건임을 알았다면 채권자는 채무자의 횡령행위에 공모가담한 것이라 할 수 있다.
③ 채권양도인이 양도한 채권을 추심하여 수령한 금전에 관하여 채권양수인을 위해 보관하는 자의 지위에 있다고 볼 수 없으므로 채권양도인이 금전을 임의로 처분하더라도 횡령죄는 성립하지 않는다.
④ 채권자에게 담보목적으로 채권을 양도한 채무자가 제3채무자에게 채권양도 통지를 하지 않은 채 자신이 사용할 의도로 제3채무자로부터 변제를 받아 변제금을 수령한 경우 이는 단순한 민사상 채무불이행에 해당할 뿐 채무자가 채권자와의 위탁신임관계에 의하여 채무자를 위해 위 변제금을 보관하는 지위에 있다고 볼 수 없고, 채무자가 이를 임의로 소비하더라도 횡령죄는 성립하지 않는다.

168 다음 중 횡령죄가 성립하는 것(○)과 성립하지 않는 것(×)을 올바르게 조합한 것은? (다툼이 있으면 판례에 의함)

> ㉠ 임차인 甲은 임대차보증금반환채권을 A에게 양도하였는데도 임대인 乙에게 채권양도 통지를 하지 않고 乙로부터 남아 있던 임대차보증금 1억원을 반환받은 후 이를 개인적인 용도로 사용하였다.
> ㉡ 甲은 A로부터 사업자금 명목으로 17억원 상당을 차용하고 이 차용금 채무의 담보 목적으로 A에게 X주식회사의 Y주식회사에 대한 22억원 상당의 금전채권을 양도하였다. 이후 甲은 채권양도의 통지를 하지 아니한 채 Y주식회사에 위 금전채권 중 11억원의 변제를 요구하여 이를 변제받아 임의로 사용하였다.

① ㉠ ○ ㉡ ○　　　　② ㉠ ○ ㉡ ×
③ ㉠ × ㉡ ○　　　　④ ㉠ × ㉡ ×

169 다음 중 횡령죄가 성립하는 것은 모두 몇 개인가? 다만, 모두 「부동산 실권리자명의 등기에 관한 법률」에 위반되는 명의신탁이다. (다툼이 있으면 판례에 의함)

> ㉠ 신탁자가 그 소유 부동산을 피고인(수탁자)에게 명의신탁하였는데, 이후 피고인이 그 부동산을 임의로 처분한 경우 (2자간명의신탁)
> ㉡ 신탁자가 부동산을 그 소유자로부터 매수한 후 자기 명의로 소유권이전등기를 하지 않고 피고인(수탁자)과 맺은 명의신탁약정에 따라 매도인으로부터 바로 피고인에게 소유권이전등기를 경료하였는데, 이후 피고인이 그 부동산을 임의로 처분한 경우 (중간생략형명의신탁)
> ㉢ 신탁자와 피고인(수탁자)이 명의신탁약정을 맺고 이에 따라 피고인이 당사자가 되어 명의신탁약정이 있다는 사실을 알지 못하는 소유자와 부동산매매계약을 체결한 후 당해 부동산의 소유권이전등기를 피고인 명의로 경료하였는데, 이후 피고인이 그 부동산을 임의로 처분한 경우 (매도인 선의 계약명의신탁)
> ㉣ 신탁자와 피고인(수탁자)이 명의신탁약정을 맺고 이에 따라 피고인이 당사자가 되어 명의신탁약정이 있다는 사실을 알고 있는 소유자와 부동산매매계약을 체결한 후 당해 부동산의 소유권이전등기를 피고인 명의로 경료하였는데, 이후 피고인이 그 부동산을 임의로 처분한 경우 (매도인 악의 계약명의신탁)

① 0개　　② 1개
③ 2개　　④ 3개

170 횡령죄에 관한 다음 설명 중 옳지 않은 것은? (다툼이 있으면 판례에 의함)

① 사립학교의 교비회계에 속하는 수입을 적법한 교비회계의 세출에 포함되는 용도가 아닌 다른 용도로 사용한 경우 횡령죄가 성립한다.
② 타인 소유의 토지에 대한 보관자의 지위에 있지 않은 사람이 그 앞으로 원인무효의 소유권이전등기가 되어 있음을 이용하여 토지소유자에게 지급될 보상금을 수령하여 이를 임의로 소비한 경우 횡령죄가 성립한다.
③ 「부동산 실권리자명의 등기에 관한 법률」을 위반한 양자간 명의신탁의 경우 명의수탁자가 신탁받은 부동산을 임의로 처분하여도 명의신탁자에 대한 관계에서 횡령죄가 성립하지 않는다.
④ 채무자가 기존의 금전채무를 담보하기 위하여 다른 금전채권을 채권자에게 양도한 후 제3채무자에게 채권양도 통지를 하지 않은 채 자신이 사용할 의도로 제3채무자로부터 변제금을 수령한 후 이를 임의로 소비한 경우 횡령죄가 성립하지 않는다.

171 횡령죄에 관한 다음 설명 중 옳지 않은 것은? (다툼이 있으면 판례에 의함)

① 부동산을 공동으로 상속한 자들 중 1인이 부동산을 혼자 점유하다가 다른 공동상속인의 상속지분을 임의로 처분하여도 그에게는 그 처분권능이 없어 횡령죄가 성립하지 아니한다.
② 전기통신금융사기의 공범인 계좌명의인이 개설한 예금계좌로 피해자가 송금·이체한 사기피해금을 계좌명의인이 영득할 의사로 인출하면 피해자에 대한 횡령죄가 성립한다.
③ 초·중등교육법에 정한 학교발전기금으로 기부한 금액은 관련 법령상 엄격히 제한된 용도 외에 학교운영에 필요한 특정한 공익적 용도로 수수한 것으로 볼 수 있는 예외적 경우가 아닌 한, 학교운영위원회에 귀속되어 법령에서 정한 사용 목적으로만 사용되어야 하고, 정해진 용도 외의 사용행위는 원칙적으로 횡령죄를 구성한다.
④ 익명조합의 경우에는 익명조합원이 영업을 위하여 출자한 금전 기타의 재산은 상대편인 영업자의 재산이 되므로 영업자는 타인의 재물을 보관하는 자의 지위에 있지 않아 영업자가 영업이익금 등을 임의로 소비하였더라도 횡령죄가 성립하지 아니한다.

172 횡령의 죄에 대한 설명으로 옳지 않은 것은? (다툼이 있으면 판례에 의함)

① 횡령죄의 객체가 타인의 재물에 속하는 이상 구체적으로 누구의 소유인지는 횡령죄의 성립여부에 영향이 없다.
② 피고인이 사기범행에 이용되리라는 사정을 알지 못한 채 단순히 자신 명의 계좌의 접근매체를 양도하였을 뿐이어서 사기의 공범에 해당하지 않는 경우에는 성명불상자의 사기범행에 속은 피해자가 위 계좌로 송금하여 입금된 돈을 피고인이 보관하고 있다고 할 수 있어 피고인이 이를 임의로 인출한 행위는 횡령죄를 구성한다.
③ 타인의 재물을 보관하는 자가 단순히 반환을 거부한 사실만으로는 횡령죄를 구성하는 것은 아니며, 반환거부의 이유 및 주관적인 의사 등을 종합하여 반환거부행위가 횡령행위와 같다고 볼 수 있을 정도이어야만 횡령죄가 성립한다.
④ 주식회사는 주주와 독립된 별개의 권리주체로서 이해가 반드시 일치하는 것은 아니므로 주주나 대표이사 또는 그에 준하여 회사 자금의 보관이나 운용에 관한 사실상의 사무를 처리하는 자가 회사 소유 재산을 제3자의 자금 조달을 위하여 담보로 제공하는 등 사적인 용도로 임의처분하였고 그 처분에 관하여 주주총회나 이사회의 결의가 있었던 경우에는 횡령죄의 죄책을 면할 수 있다.

173 횡령의 죄에 대한 설명 중 가장 적절한 것은? (다툼이 있으면 판례에 의함)

① 피고인이 근저당권설정등기를 마치는 방법으로 부동산을 횡령하여 취득한 구체적인 이득액은 부동산의 시가 상당액에서 위 범행 전에 설정된 피담보채무액을 공제한 잔액이다.
② 수의계약을 체결하는 공무원이 해당 공사업자와 적정한 금액 이상으로 계약금액을 부풀려서 계약하고, 부풀린 금액을 자신이 되돌려 받기로 사전에 약정한 다음 그에 따라 수수한 돈은 성격상 뇌물이 아니고 횡령금에 해당한다.
③ A주식회사의 대표이사인 甲이 자신의 채권자 B에게 차용금에 대한 담보로 A주식회사 명의의 정기예금에 질권을 설정하여 주었는데, 그 후 B가 甲의 동의하에 위 정기예금 계좌에 입금되어 있던 A주식회사의 자금을 전액 인출하였다면 甲의 예금인출 동의행위는 업무상횡령죄에 해당한다.
④ 제3자 명의의 사기이용계좌(이른바 대포통장)의 계좌명의인이 영득의 의사로써 전기통신금융사기 피해금을 인출한 경우 계좌명의인이 사기 범행의 공범인지 여부와 상관없이 전기통신금융 사기 피해자에 대한 횡령죄에 해당하지 않는다.

174 횡령죄에 대한 설명으로 가장 적절하지 않은 것은? (다툼이 있으면 판례에 의함)

① A종친회 회장인 甲이 위조한 종친회 규약 등을 공탁관에게 제출하는 방법으로 A종친회를 피공탁자로 하여 공탁된 수용보상금을 출급받아 편취하고, 이를 종친회를 위하여 업무상 보관하던 중 반환을 거부하였다면, 甲이 공탁관을 기망하여 공탁금을 출급받음으로써 A종친회를 피해자로 한 사기죄가 성립하고, 그 후 A종친회에 대하여 공탁금 반환을 거부한 행위에 대해 별도의 횡령죄는 성립하지 않는다.
② 병원에서 의약품 선정 구매 업무를 담당하는 약국장이 병원을 대신하여 제약회사로부터 의약품 제공의 대가로 기부금 명목의 돈을 받아 보관 중 임의로 소비하였다면 이는 병원이 약국장에게 불법원인급여를 한 것에 해당하지 않아 업무상횡령죄가 성립한다.
③ 부동산에 관하여 신탁자가 수탁자와 명의신탁약정을 맺고 신탁자가 매매계약의 당사자가 되어 매도인과 매매계약을 체결하되 다만 등기를 매도인으로부터 수탁자 앞으로 직접 이전하는 방법으로 명의신탁을 한 경우 명의수탁자가 그 부동산을 임의로 처분하고, 처분하지 않은 나머지 부동산 반환을 거부한 것은 이미 성립된 횡령죄에 대한 불가벌적 사후행위로 별도의 횡령죄를 구성하지 않는다.
④ 다른 사람의 재물을 보관하는 사람이 그 사람의 동의 없이 함부로 이를 담보로 제공하는 행위는 불법영득의 의사를 표현하는 행위로서 사법상 그 담보제공행위가 무효이거나 그 재물에 대한 소유권이 침해되는 결과가 발생하는지 여부에 관계없이 횡령죄를 구성한다.

175 횡령죄에 대한 설명으로 옳지 않은 것은? (다툼이 있으면 판례에 의함)

① 이른바 보이스피싱 범죄인 전기통신금융사기에 있어 사기죄의 공범으로서 접근매체를 양도한 계좌명의인이 자신의 계좌에 피해자의 돈이 입금된 것을 알고 이를 인출한 경우에는 피해자에 대한 횡령죄가 성립하지 않는다.

② 甲이 乙과 동업약정을 맺고 사업을 진행하다가 A에게 사업을 양도하는 양도·양수 계약을 체결한 다음 동일 비율로 분배하기로 약정되었던 이익금을 보관하던 중 乙의 승낙 없이 임의로 소비한 경우 지분비율과 상관없이 소비한 금액 전부에 대하여 횡령죄가 성립한다.

③ 가맹점주인 甲이 본사와 가맹점계약(프랜차이즈계약)을 맺고, 판매하여 보관 중이던 물품 판매대금을 본사의 동의 없이 임의로 소비한 경우 횡령죄가 성립한다.

④ 주식회사의 주식이 사실상 1인 주주에 귀속하는 1인 회사에 있어서도 회사와 주주는 분명히 별개의 인격이어서 1인 회사의 재산이 곧바로 그 1인 주주의 소유라고 볼 수 없으므로 사실상 1인 주주라고 하더라도 회사의 자금을 임의로 처분한 행위는 횡령죄를 구성한다.

176 횡령죄, 배임죄에 관한 다음 설명 중 가장 옳지 않은 것은? (다툼이 있으면 판례에 의함)

① 공무원이 그 임무에 위배되는 행위로써 제3자로 하여금 재산상의 이익을 취득하게 하여 국가에 손해를 가한 경우에 업무상배임죄가 성립한다.

② 송금의뢰인과 계좌명의인 사이에 송금·이체의 원인이 된 법률관계가 존재하지 않음에도 송금·이체에 의하여 계좌명의인이 송금·이체된 금액 상당의 예금채권을 취득한 경우 계좌명의인은 그 예금채권 상당의 돈을 송금의뢰인에게 반환하여야 하므로 계좌명의인은 그와 같이 송금·이체된 돈에 대하여 송금의뢰인을 위하여 보관하는 지위에 있다고 보아야 한다. 따라서 계좌명의인이 그와 같이 송금·이체된 돈을 그대로 보관하지 않고 영득할 의사로 인출하면 횡령죄가 성립한다.

③ 부동산의 공유자 중 1인이 다른 공유자의 지분에 대한 처분권능이 없음에도 불구하고 다른 공유자의 지분을 임의로 임대하고 수령한 임차료를 임의로 소비한 경우 횡령죄가 성립한다.

④ 부동산 매매계약에서 중도금이 지급되는 등 계약이 본격적으로 이행되는 단계에 이르렀음에도 불구하고 매도인이 매수인에게 계약 내용에 따라 부동산의 소유권을 이전해 주기 전에 그 부동산을 제3자에게 처분하고 제3자 앞으로 그 처분에 따른 등기를 마쳐주는 행위를 하는 경우 배임죄가 성립한다.

177 배임죄에 관한 다음 설명 중 옳지 않은 것은? (다툼이 있으면 판례에 의함)

① 배임죄의 주체로서 '타인의 사무를 처리하는 자'라 함은 양자간의 신임관계에 기초를 둔 타인의 재산보호 내지 관리의무가 있음을 그 본질적 내용으로 하는 것이므로 배임죄의 성립에 있어 행위자가 대외관계에서 타인의 재산을 처분할 적법한 대리권이 있음을 요하지 아니한다.

② 배임죄에 있어서 '타인의 사무를 처리하는 자'란 고유의 권한으로서 그 처리를 하는 자에 한하지 않고 그 자의 보조기관으로서 직접 또는 간접으로 그 처리에 관한 사무를 담당하는 자도 포함한다.

③ 배임죄의 주체로서 '타인의 사무를 처리하는 자'라고 하려면 당사자 관계의 본질적 내용이 단순한 채권관계상의 의무를 넘어서 신임관계에 기초하여 타인의 재산을 보호 내지 관리하는 데 있어야 하고, 그 사무가 타인의 사무가 아니고 자기의 사무라도 그 사무의 처리가 타인에게 이익이 되어 타인에 대하여 이를 처리할 의무를 부담하는 경우라면 역시 타인의 사무를 처리하는 자에 해당한다.

④ 배임죄에 있어서 '임무에 위배하는 행위'라 함은 처리하는 사무의 내용, 성질 등에 비추어 법률의 규정, 계약의 내용 혹은 신의칙상 당연히 할 것으로 기대되는 행위를 하지 않거나 당연히 하지 않아야 할 것으로 기대되는 행위를 함으로써 본인과의 신임관계를 저버리는 일체의 행위를 포함한다.

178 배임죄에 관한 다음 설명 중 가장 옳지 않은 것은? (다툼이 있으면 판례에 의함)

① 임무위배행위로 인하여 여러 재산상 이익과 손해가 발생하더라도 재산상 이익과 손해 사이에 서로 대응하는 관계에 있는 등 일정한 관련성이 인정되어야 업무상배임죄가 성립한다.

② 업무상배임죄는 타인과의 신뢰관계에서 일정한 임무에 따라 사무를 처리할 법적 의무가 있는 자가 그 상황에서 당연히 할 것이 법적으로 요구되는 행위를 하지 않는 부작위에 의해서도 성립할 수 있다.

③ 채무자가 채권담보의 목적으로 점유개정 방식으로 채권자에게 동산을 양도하고 이를 보관하던 중 임의로 제3자에게 처분한 경우 배임죄가 아니라 횡령죄가 성립한다.

④ 주권발행 전 주식에 대한 양도계약에서 양도인이 양수인으로 하여금 회사 이외의 제3자에게 대항할 수 있도록 확정일자 있는 증서에 의한 양도통지 또는 승낙을 갖추어 주어야 할 채무를 부담한다 하더라도 이는 자기의 사무라고 보아야 하고, 이를 양수인과의 신임관계에 기초하여 양수인의 사무를 맡아 처리하는 것으로 볼 수 없다.

179 배임죄에 대한 설명으로 가장 적절하지 않은 것은? (다툼이 있으면 판례에 의함)

① 배임죄에 있어서 '타인의 사무를 처리하는 자'라 함은 양자간의 신임관계에 기초를 둔 타인의 재산보호 내지 관리의무가 있음을 그 본질적 내용으로 하는 것이므로, 배임죄의 성립에 있어서는 행위자가 대외관계에서 타인의 재산을 처분할 적법한 대리권이 있음을 요한다.

② 회사의 이사 등이 타인에게 회사자금을 대여함에 있어 그 타인이 채무변제 능력을 상실하여 그에게 자금을 대여할 경우 회사에 손해가 발생하리라는 점을 충분히 알면서 대여했거나, 충분한 담보를 제공받는 등 상당하고도 합리적인 채권회수조치를 취하지 아니한 채 대여해 주었다면 이는 회사에 대하여 배임행위가 된다.

③ 업무상배임죄가 성립하려면 주관적 요건으로서 임무위배의 인식과 그로 인하여 자기 또는 제3자가 이익을 취득하고 본인에게 손해를 가한다는 인식, 즉 배임의 고의가 있어야 하고, 이러한 인식은 미필적 인식으로도 충분하다.

④ 지입회사 운영자인 피고인이 지입계약에 따라 지입차주인 피해자의 사무를 처리하면서 화물차에 관하여 임의로 담보를 설정하지 아니할 임무가 있었음에도 이에 위배하여 피해자의 승낙 없이 제3자에 저당권을 설정해 줌으로써 피해자에게 재산상 손해를 가한 것은 배임죄를 구성한다.

180 배임죄에 관한 다음 설명 중 옳지 않은 것은? (다툼이 있으면 판례에 의함)

① 주권발행 전 주식에 대한 양도계약에서의 양도인이 제3자에 대한 대항요건을 갖추어 주지 아니하고 이를 타에 처분하였다 하더라도 배임죄가 성립하는 것은 아니다.

② 자동차 등에 관하여 양도담보설정계약을 체결한 채무자는 채권자에 대하여 그의 사무를 처리하는 지위에 있지 아니하므로 채무자가 채권자에게 양도담보설정계약에 따른 의무를 다하지 아니하고 이를 타에 처분하였다고 하더라도 배임죄가 성립하지 아니한다.

③ 채무자가 채권 담보를 위한 대물변제예약에 따라 부동산에 관한 소유권이전등기절차를 이행할 의무는 신임관계에 기초하여 채권자의 재산을 보호 또는 관리하여야 하는 '타인의 사무'에 해당한다고 할 것이므로 채권 담보를 위한 대물변제예약 사안에서 채무자가 대물로 변제하기로 한 부동산을 제3자에게 처분하였다고 한다면 배임죄가 성립한다.

④ 매매의 목적물이 동산일 경우 매도인에게는 동산인도채무 외에 별도로 매수인의 재산의 보호 내지 관리 행위에 협력할 의무가 있다고 할 수 없으므로 매도인이 목적물을 매수인에게 인도하지 아니하고 이를 타에 처분하였다 하더라도 배임죄가 성립하는 것은 아니다.

181 다음 중 배임죄가 성립하는 것은? (다툼이 있으면 판례에 의함)

① 피고인 甲이 A 등과 상가점포 매매계약을 체결하고 계약 당일 계약금 2억원, 이후 중도금 6억원을 지급받았음에도 다시 乙 등에게 매매대금 15억원에 상가점포를 매도하고 소유권이전등기를 마쳐준 경우

② 피고인 甲이 피해자 A로부터 18억원을 차용하면서 아파트에 4순위 근저당권을 설정해 주기로 약정하였음에도 제3자 乙에게 채권최고액을 12억원으로 하는 4순위 근저당권을 설정해 준 경우

③ 피고인 甲이 A에게 차용금 3억원을 변제하지 못할 경우 甲의 어머니 소유의 부동산에 대한 유증상속분을 대물변제하기로 약정하였고, 그 후 甲이 유증(遺贈)을 원인으로 부동산에 관한 소유권이전등기를 마쳤음에도 이를 누나와 자형에게 매도한 경우

④ 피고인 甲이 인쇄기를 A에게 양도하기로 하여 계약금 및 중도금 명목으로 원단을 제공받아 이를 수령하였음에도 불구하고, 인쇄기를 자신의 채권자인 乙에게 기존 채무의 변제에 갈음하여 양도한 경우

182 다음 중 배임죄가 성립하는 경우는 모두 몇 개인가? (다툼이 있으면 판례에 의함)

> ㉠ 피고인 甲이 피해자 A로부터 18억원을 차용하면서 아파트에 4순위 근저당권을 설정해 주기로 약정하였음에도 이후 제3자 乙에게 채권최고액을 12억원으로 하는 4순위 근저당권을 설정해 준 경우
>
> ㉡ X회사의 대표이사인 피고인 甲이 Y은행으로부터 대출을 받으면서 X회사 소유의 레이저가공기 2대를 포함한 기계 17대에 대하여 「동산·채권 등의 담보에 관한 법률」상 동산담보설정계약을 체결하였음에도 이후 그 레이저가공기 등을 제3자 乙에게 임의로 처분한 경우
>
> ㉢ X회사를 운영하는 피고인 甲이 Y은행으로부터 1억5,000만원을 대출받으면서 대출금을 완납할 때까지 골재생산기기인 크러셔를 양도담보로 제공하기로 하는 계약을 체결하였음에도 이후 그 크러셔를 제3자 乙에게 임의로 처분한 경우
>
> ㉣ 甲이 A회사에 양도담보로 제공하기로 한 자동차에 관하여 등록명의를 이전해 주어야 할 의무를 부담함에도 乙에게 245만원에 매도한 경우

① 0개   ② 1개
③ 2개   ④ 3개

183 배임죄에 대한 설명 중 가장 적절하지 않은 것은? (다툼이 있으면 판례에 의함)

① 채무담보를 위하여 채권자에게 부동산에 관하여 근저당권을 설정해 주기로 약정한 채무자가 담보목적물을 임의로 처분하여 담보가치를 상실시킨 경우 채무자에게 배임죄가 성립한다.

② 자동차 등에 관하여 양도담보설정계약을 체결한 채무자는 채권자에 대하여 그의 사무를 처리하는 지위에 있지 아니하므로 채무자가 채권자에게 양도담보설정계약에 따른 의무를 다하지 아니하고 이를 타에 처분하였다고 하더라도 배임죄가 성립하지 아니한다.

③ 권리이전에 등기·등록을 요하는 자동차에 대한 매매계약에 있어 매도인이 매수인에게 소유권이전등록을 하지 않고 제3자에게 처분한 경우 매도인에게 배임죄가 성립하지 않는다.

④ 회사직원이 영업비밀이나 영업상 주요한 자산인 자료를 적법하게 반출했을지라도 퇴사 시에는 그 자료를 회사에 반환하거나 폐기할 의무가 있음에도 불구하고 경쟁업체에 유출하거나 자신의 이익을 위해 이용할 목적으로 반환 또는 폐기를 하지 않은 경우 업무상배임죄를 구성한다.

184 배임의 죄에 관한 설명 중 가장 적절하지 않은 것은? (다툼이 있으면 판례에 의함)

① 채무자가 금전채무를 담보하기 위해 주식에 관하여 양도담보 설정계약을 체결한 후 변제일 전에 제3자에게 해당 주식을 처분하더라도 배임죄는 성립하지 않는다.

② 권리이전에 등록을 요하는 자동차에 대한 매매계약에서 매도인은 매수인의 사무를 처리하는 자의 지위에 있지 않으므로 매도인이 매수인에게 소유권이전등록을 하지 아니하고 그 자동차를 제3자에게 처분하였다고 하더라도 배임죄는 성립하지 않는다.

③ 지입차주가 지입회사로부터 할부로 지입회사 소유의 자동차를 매수하면서 해당 자동차에 관하여 지입계약을 체결한 경우에는 특별한 사정이 없는 한 지입차주가 그 할부대금을 완납하기 전까지는 지입차량을 지입차주의 실질적 재산이라고 보기 어려우므로 지입계약이 체결되었다는 사실만으로 곧바로 지입회사 운영자가 지입차주와의 관계에서 지입차량에 관한 재산상 사무를 맡아 처리하는 '타인의 사무를 처리하는 자'의 지위에 있다고 보기 어렵다.

④ 서면으로 부동산 증여의 의사를 표시한 증여자가 증여계약을 취소하거나 해제할 수 없음에도 불구하고 증여계약에 따라 수증자에게 부동산의 소유권을 이전하지 않고 부동산을 제3자에게 처분하여 등기를 한 경우 증여자의 소유권이전등기 의무는 증여자 자신의 사무일 뿐 타인의 사무에 해당하지 않으므로 배임죄가 성립하지 않는다.

185 배임죄에 관한 설명으로 옳은 것은 모두 몇 개인가? (다툼이 있으면 판례에 의함)

㉠ 이익대립관계에 있는 통상의 계약관계에서 채무자의 성실한 급부이행에 의해 상대방이 계약상 권리의 만족 내지 채권의 실현이라는 이익을 얻게 되는 관계에 있다거나 계약을 이행함에 있어 상대방을 보호하거나 배려할 부수적인 의무가 있다는 것만으로는 채무자를 배임죄 성립에 필요한 타인의 사무를 처리하는 자라고 할 수 없다.

㉡ 지입차주가 지입회사로부터 할부로 지입회사 소유의 자동차를 매수하면서 해당 자동차에 관하여 지입계약을 체결한 경우 지입회사 운영자는 지입차주와의 관계에서 지입차량에 관한 재산상 사무를 맡아 처리하는 '타인의 사무를 처리하는 자'의 지위에 있다고 볼 수 있고 이는 지입차주가 그 할부대금을 완납하기 전이라도 마찬가지이다.

㉢ 배임죄에서 재산상 손해의 유무에 대한 판단은 본인의 전 재산 상태와의 관계에서 법률적 판단에 따라야 하므로 법률적 판단에 의하여 당해 배임행위가 무효라면 경제적 관점에서 배임행위로 인하여 본인에게 현실적인 손해를 가하였거나 재산상 실해 발생의 위험을 초래하였더라도 배임죄를 구성하지 않는다.

㉣ 위원회의 재산을 유지 및 보존, 관리하여야 할 업무상 임무가 있는 甲이 ○○축협 조합원들이 ○○군에서 추진하던 신공항 사업을 반대한다는 이유 등으로 ○○군 총무과장 등 직원들에게 지시하여 이 사건 위원회 명의로 ○○축협에 예치된 20억 원 상당의 정기예금을 중도해지하고 그 돈을 ○○농협에 재예치하도록 하였다면 이 사건 위원회의 재산상 손해와 ○○농협의 재산상 이익 사이에는 관련성이 없어 업무상배임죄가 성립하지 않는다.

㉤ 권리이전에 등기·등록을 요하는 동산에 대한 매매계약의 경우 자동차 등의 매도인은 매수인에 대하여 그의 사무를 처리하는 지위에 있으므로 매도인이 매수인에게 소유권이전등록을 하지 아니하고 타에 처분하였다면 배임죄가 성립한다.

① 1개 ② 2개
③ 3개 ④ 4개

186 재산죄에 관한 설명으로 옳은 것은 모두 몇 개인가? (다툼이 있으면 판례에 의함)

㉠ 법인의 대표기관이 아닌 대리인이나 지배인이 대표기관과 공모 없이 한 행위라도 그 직무권한 범위 내에서 직무에 관하여 타인이 점유하는 법인의 물건을 취거한 경우 이는 권리행사방해죄가 규정하는 '자기의 물건을 취거한 경우'에 해당한다.

㉡ 타인의 사무를 처리하는 자가 여러 사람으로부터 각각 부정한 청탁을 받고 그들로부터 각각 금품을 수수한 경우 만약 그 청탁이 동종의 것이라고 한다면 단일하고 계속된 범의 아래 이루어진 범행으로 볼 수 있어 그 전체를 배임수재죄의 포괄일죄로 볼 수 있다.

㉢ 지입차주가 지입회사로부터 할부로 지입회사 소유의 자동차를 매수하면서 해당 자동차에 관하여 지입계약을 체결한 경우 할부대금을 완납하기 전까지는 지입차량을 지입차주의 실질적 재산이라고 보기 어려우므로, 지입계약이 체결되었다는 사실만으로 곧바로 지입회사 운영자가 지입차주와의 관계에서 '타인의 사무를 처리하는 자'의 지위에 있는 것은 아니다.

㉣ 여론 형성에 상당한 영향을 미치는 언론사 논설주간인 甲이 개인적 친분관계나 거래관계가 없던 X회사의 대표이사 乙로부터 X회사 및 乙에 대한 우호적인 여론 형성에 도움을 달라는 취지로 수천만 원 상당의 유럽 여행 비용을 제공받은 경우 이는 배임수재죄에서 말하는 '부정한 청탁'에 해당한다.

㉤ 건물의 임차인인 甲이 임대인 A에 대한 임대차보증금반환채권을 B에게 양도하였는데도 A에게 채권양도 통지를 하지 않고 A로부터 임대차보증금을 수령한 후 개인적인 용도로 처분한 경우 특별한 사정이 없는 한 B에 대한 횡령죄는 성립하지 않는다.

① 1개
② 2개
③ 3개
④ 4개

187 배임의 죄에 대한 설명으로 가장 적절하지 않은 것은? (다툼이 있으면 판례에 의함)

① 채무자가 본인 소유의 동산을 채권자에게 「동산·채권 등의 담보에 관한 법률」에 따른 동산담보로 제공한 경우 채무자가 담보물을 제3자에게 처분하는 등으로 담보가치를 감소 또는 상실시켜 채권자의 담보권 실행이나 이를 통한 채권실현에 위험을 초래하더라도 배임죄는 성립하지 않는다.
② 채무자가 금전채무를 담보하기 위한 저당권설정계약에 따라 채권자에게 본인 소유의 부동산에 관하여 저당권을 설정할 의무를 부담하게 된 경우 이는 통상의 계약에서 이루어지는 이익대립관계를 넘어서 채권자와의 신임관계에 기초하여 채권자의 사무를 맡아 처리하는 것으로 보아야 하므로 배임죄에서의 '타인의 사무를 처리하는 자'라고 할 수 있다.
③ 서면으로 부동산 증여의 의사를 표시한 증여자가 수증자에게 증여계약에 따라 부동산의 소유권을 이전하지 아니하고 부동산을 제3자에게 처분하여 등기를 하는 행위는 수증자와의 신임관계를 저버리는 행위로서 배임죄가 성립한다.
④ 주식회사의 대표이사가 대표권을 남용하는 등 그 임무에 위배하여 약속어음을 발행하였는데 그 약속어음의 발행이 무효일 뿐만 아니라 유통되지도 않은 경우 회사는 어음발행의 상대방에게 어음채무를 부담하지 않기 때문에 특별한 사정이 없는 한 배임죄의 기수범이 아니라 배임미수죄로 처벌하여야 한다.

188 배임죄에 관한 다음 설명 중 옳지 않은 것은? (다툼이 있으면 판례에 의함)

① 계주가 계원들로부터 월불입금을 모두 징수하였음에도 불구하고 정당한 사유 없이 이를 지정된 계원에게 지급하지 아니하였다면 다른 특별한 사정이 없는 한 배임죄를 구성한다.
② 계가 정상적으로 운영되고 있음에도 불구하고 계주가 성실하게 계불입금을 지급하여 온 계원에게 계가 깨졌다는 등의 거짓말을 하여 그 계원이 계에 참석하여 낙찰받아 계금을 탈 수 있는 기회를 박탈하여 손해를 가하였다면 배임죄를 구성한다.
③ 계원이 계불입금을 성실히 지급하지 않음으로써 계의 기본약정을 파기하였다면 계주가 그에게 계금을 주어야 할 의무는 없고 다만 그들 사이에는 정산문제만 남게 될 뿐이므로 계주가 위 계원에 대하여 계금을 지급하지 아니하였다고 하더라도 배임죄는 성립하지 않는다.
④ 계주가 계원들로부터 계불입금을 징수하지 아니하였다면 그러한 상태에서 부담하는 계금 지급의무는 단순한 채권관계상의 의무에 불과하여 배임죄가 성립하지 아니하나, 계주가 계원들과의 약정을 위반하여 계불입금을 징수하지 아니한 것이라면 이는 임무위반행위로서 배임죄가 성립한다.

189 배임죄에 관한 다음 설명 중 가장 옳지 않은 것은? (다툼이 있으면 판례에 의함)

① 甲이 인쇄기를 A에게 양도하기로 하고 계약금 및 중도금을 수령하였음에도 이를 자신의 채권자 B에게 기존 채무 변제에 갈음하여 양도하더라도 A에 대한 배임죄가 성립하지 아니한다.
② 음식점 임대차계약에 의한 임차인의 지위를 양도한 자는 양도사실을 임대인에게 통지하고 양수인이 갖는 임차인의 지위를 상실하지 않게 할 의무가 있고, 이러한 임무는 자기의 사무임과 동시에 양수인의 권리취득을 위한 사무의 일부를 이룬다고 할 것이다.
③ 회사 직원이 영업비밀이나 영업상 주요자산인 자료를 적법하게 반출하여 그 반출행위가 업무상배임죄에 해당하지 않는 경우라도 퇴사 시에 그 영업비밀 등을 회사에 반환하거나 폐기할 의무가 있음에도 경쟁업체에 유출하거나 스스로의 이익을 위하여 이용할 목적으로 이를 반환하거나 폐기하지 아니하였다면 이러한 행위는 업무상배임죄에 해당한다.
④ 부실대출에 의한 업무상배임죄가 성립하는 경우에는 담보물의 가치를 초과하여 대출한 금액이나 실제로 회수가 불가능하게 된 금액만을 손해액으로 볼 것은 아니고, 재산상 권리의 실행이 불가능하게 될 염려가 있거나 손해발생의 위험이 있는 대출금 전액을 손해액으로 보아야 한다.

190 배임죄에 대한 설명으로 가장 적절하지 않은 것은? (다툼이 있으면 판례에 의함)

① 동산매매계약에서의 매도인은 매수인에 대하여 그의 사무를 처리하는 지위에 있지 아니하므로, 매도인이 목적물을 매수인에게 인도하지 아니하고 이를 타에 처분하였다 하더라도 매도인에게 형법상 배임죄가 성립하지 않는다.
② 채무담보를 위하여 채권자에게 부동산에 관하여 근저당권을 설정해 주기로 약정한 채무자가 담보목적물을 임의로 처분한 경우 채무자에게 배임죄가 성립하지 않는다.
③ 부동산 매도인인 피고인이 매수인 甲 등과 매매계약을 체결하고 甲 등으로부터 계약금과 중도금을 지급받은 후 매매목적물인 부동산을 제3자 乙 등에게 이중으로 매도하고 소유권이전등기를 마쳐 준 것만으로는 피고인에게 배임죄가 성립하지 않는다.
④ 채무자가 금전채무를 담보하기 위하여 그 소유의 동산을 채권자에게 「동산·채권 등의 담보에 관한 법률」에 따른 동산담보로 제공함으로써 채권자인 동산담보권자에 대하여 담보물의 담보가치를 유지·보전할 의무 또는 담보물을 타에 처분하거나 멸실, 훼손하는 등으로 담보권 실행에 지장을 초래하는 행위를 하지 않을 의무를 부담하게 된 경우라도 채무자는 배임죄의 주체인 '타인의 사무를 처리하는 자'에 해당하지 않는다.

191 배임죄에 관한 다음 설명 중 옳지 않은 것은? (다툼이 있으면 판례에 의함)

① 이중매매에 있어서 매도인이 매수인의 사무를 처리하는 자로서 배임죄의 주체가 되기 위하여는 매도인이 계약금을 받은 것만으로는 부족하고 적어도 중도금을 받는 등 매도인이 더 이상 임의로 계약을 해제할 수 없는 상태에 이르러야 한다.

② 매도인이 다시 제3자와 사이에 매매계약을 체결하고 계약금과 중도금까지 수령한 것은 제1차 매수인에 대한 소유권이전등기 협력임무의 위배와 밀접한 행위로서 배임죄의 실행착수라고 보아야 한다.

③ 부동산의 매도인이 매수인 앞으로의 소유권이전등기에 협력할 의무가 있음에도 불구하고 같은 부동산을 매수인 이외의 자에게 이중으로 매도하여 소유권이전등기를 마친 경우에는 1차 매수인에 대한 소유권이전등기의무는 이행불능이 되고 이로써 1차 매수인에게 부동산의 소유권을 취득할 수 없는 손해가 발생하는 것이므로 부동산의 이중매매에 있어서 배임죄의 기수시기는 2차 매수인 앞으로 소유권이전등기를 마친 때이다.

④ 부동산을 이중으로 매도한 경우에 매도인이 다시 선매수인에게 소유권이전의무를 이행하였다고 한다면 이는 후매수인에 대한 관계에서 임무를 위배한 것에 해당하여 배임죄가 성립한다.

192 배임죄의 주체인 타인의 사무를 처리하는 자에 관한 다음 설명 중 가장 옳지 않은 것은? (다툼이 있으면 판례에 의함)

① 동산 매매계약에서의 매도인은 매수인에 대하여 그의 사무를 처리하는 지위에 있지 아니하므로 매도인이 목적물을 타에 처분하였다 하더라도 형법상 배임죄가 성립하지 아니하는데, 이러한 법리는 권리이전에 등기·등록을 요하는 동산에 대한 매매계약에서도 동일하게 적용되므로 자동차 등의 매도인은 매수인에 대하여 그의 사무를 처리하는 지위에 있지 아니한다.

② 채무자가 채권자로부터 금원을 차용하는 등 채무를 부담하면서 채무 담보를 위하여 부동산에 관한 저당권설정계약을 체결한 경우 위 약정의 내용에 좇아 채권자에게 부동산에 관한 저당권을 설정하여 줄 의무는 자기의 사무인 동시에 상대방의 재산보전에 협력할 의무에 해당하여 '타인의 사무'에 해당한다.

③ 채무자가 금전채무를 담보하기 위하여 그 소유의 동산을 채권자에게 양도담보로 제공함으로써 채권자인 양도담보권자에 대하여 담보물의 담보가치를 유지·보전할 의무 내지 담보물을 타에 처분하거나 멸실, 훼손하는 등으로 담보권 실행에 지장을 초래하는 행위를 하지 않을 의무를 부담하게 되었더라도 이를 들어 채무자가 통상의 계약에서의 이익대립관계를 넘어서 채권자와의 신임관계에 기초하여 채권자의 사무를 맡아 처리하는 것으로 볼 수 없다. 따라서 채무자를 배임죄의 주체인 '타인의 사무를 처리하는 자'에 해당한다고 할 수 없다.

④ 주권발행 전 주식의 경우 양도인이 양수인으로 하여금 회사 이외의 제3자에게 대항할 수 있도록 확정일자 있는 증서에 의한 양도통지 또는 승낙을 갖추어 주어야 할 채무를 부담한다 하더라도 이는 자기의 사무라고 보아야 하고, 이를 양수인과의 신임관계에 기초하여 양수인의 사무를 맡아 처리하는 것으로 볼 수 없으므로 주권발행 전 주식에 대한 양도계약에서의 양도인은 양수인에 대하여 그의 사무를 처리하는 지위에 있지 아니한다.

193 배임죄에 대한 설명으로 옳은 것은? (다툼이 있으면 판례에 의함)

① 채권담보를 위한 대물변제예약 사안에서 채무자가 대물로 변제하기로 한 부동산을 제3자에게 처분한 경우 채무자에게 배임죄가 성립한다.

② 동산 매매에서 매도인이 목적물을 매수인에게 양도하기로 하고 계약금 및 중도금을 수령하였음에도 목적물을 제3자에게 양도함으로써 재산상 이익을 취득하고 매수인에게 손해를 입힌 경우 매도인에게 배임죄가 성립한다.

③ 서면으로 부동산 증여의 의사를 표시한 증여자가 수증자에게 증여계약에 따라 부동산의 소유권을 이전하지 않고 부동산을 제3자에게 처분하여 등기를 하는 행위는 수증자와의 신임관계를 저버리는 행위로서 배임죄가 성립한다.

④ 법인의 대표이사가 대표권을 남용하여 약속어음을 발행한 경우 상대방이 그 대표이사의 진의를 알았거나 알 수 있었던 경우여서 그 행위가 회사에 대하여 무효라면 그 약속어음이 제3자에게 유통되었더라도 해당 대표이사에게 배임죄가 성립하지 않는다.

194 횡령과 배임의 죄에 관한 설명 중 옳은 것은? (다툼이 있으면 판례에 의함)

① 甲이 친구 A와 함께 술집에서 술을 마시다가 서로 몸싸움을 하는 과정에서 A가 떨어뜨리고 간 휴대전화를 술집 주인으로부터 일행 A에게 전해달라는 의사로 건네받아 보관하던 중 A의 휴대전화를 임의로 사용한 경우 甲은 A로부터 직접 위탁받은 것이 아니고 조리상 휴대전화를 보관하는 지위에 있다고도 볼 수 없으므로 횡령죄가 성립하지 않는다.

② 횡령죄에서 불법영득의사는 타인의 재물을 보관하는 자가 위탁의 취지에 반하여 권한 없이 그 재물을 자기의 소유인 것처럼 사실상 또는 법률상 처분하는 의사를 의미하므로 보관자가 자기 또는 제3자의 이익을 위한 것이 아니라 그 소유자의 이익을 위하여 이를 처분한 경우에도 특별한 사정이 없는 한 불법영득의사를 인정할 수 있다.

③ 건물의 임차인 甲이 임대인에 대한 임대차보증금반환채권을 乙에게 양도하였는데도 임대인에게 채권양도 통지를 하지 않고 임대인으로부터 남아있던 임대차보증금을 반환받아 보관하던 중 임의로 소비한 경우 甲은 乙을 위하여 임대차보증금을 수령한 것으로서 횡령죄의 '타인의 재물을 보관하는 자'에 해당한다.

④ 주식회사의 대표이사가 대표권을 남용하는 등 그 임무에 위배하여 약속어음을 발행한 경우 어음발행이 무효라 하더라도 그 어음이 실제로 제3자에게 유통되었다면 회사로서는 어음채무를 부담할 위험이 구체적·현실적으로 발생하였다고 보아야 하므로 그 어음채무가 실제로 이행되기 전이라도 배임죄의 기수범이 된다.

195 배임수증재죄에 관한 설명 중 옳지 않은 것은? (다툼이 있으면 판례에 의함)

① 보도의 대상이 되는 자가 언론사 소속 기자에게 소위 '유료 기사' 게재를 청탁하는 행위는 사실상 '광고'를 '언론 보도'인 것처럼 가장하여 달라는 것으로서 언론 보도의 공정성 및 객관성에 대한 공공의 신뢰를 저버리는 것이므로 배임수재죄의 부정한 청탁에 해당한다. 설령 '유료 기사'의 내용이 객관적 사실과 부합하더라도 언론 보도를 금전적 거래의 대상으로 삼은 이상 그 자체로 부정한 청탁에 해당한다.

② 언론인이 평론의 대상이 되는 특정인이나 특정 기업으로부터 경제적 이익을 제공받으면서 우호적 여론 형성 등에 관한 청탁을 받는 것은 언론의 공정성, 객관성, 언론인의 청렴성, 불가매수성에 대한 공공의 신뢰를 저버리는 것일 뿐더러 그로 인하여 해당 언론사가 주의, 경고, 과징금 부과 등 제재조치를 받을 수 있다는 점에서 사회상규 또는 신의성실의 원칙에 반하는 배임수재죄의 부정한 청탁에 해당한다.

③ 배임수재자가 배임증재자로부터 부정한 청탁으로 받은 재물을 그대로 가지고 있다가 증재자에게 반환하였더라도 이미 기수에 이른 범죄 수익에 불과한 그 재물에 대한 몰수나 가액의 추징은 배임수재자를 대상으로 하여야 한다.

④ 타인의 사무를 처리하는 자가 증재자로부터 돈이 입금된 계좌의 예금을 인출할 수 있는 현금카드를 교부받아 이를 소지하면서 언제든지 위 현금카드를 이용하여 예금된 돈을 인출할 수 있다면 예금된 돈을 재물로 취득한 것으로 보아야 한다.

196 배임수증재죄에 관한 다음 설명 중 가장 옳지 않은 것은? (다툼이 있으면 판례에 의함)

① 甲이 A로부터 골프장 회원권 제공의 의사표시를 받고 이를 승낙한 후 골프장 회원권의 입회신청서를 제출한 경우 그 골프장 회원권에 관하여 甲 명의로 명의변경이 이루어지지 아니하였더라도 甲에게 배임수재죄가 성립한다.

② 주택조합아파트 시공회사 직원인 甲이 조합장으로부터 조합의 이중분양에 관한 민원을 회사에 보고하지 않고 묵인하거나 이중분양에 대한 조치를 강구할 때 조합의 입장을 배려하여 달라는 청탁을 받고 위 아파트 분양권을 취득한 경우 甲에게 배임수재죄가 성립한다.

③ 배임수재죄는 타인의 사무를 처리하는 자가 그 임무에 관하여 부정한 청탁을 받고 재물 또는 재산상의 이익을 취득하거나 제3자로 하여금 이를 취득하게 한 때에 성립하는 것이고 그 취득 후에 청탁의 취지에 따른 배임행위를 하였음을 요하지 않는다.

④ 甲이 자기 소유로 믿고 있는 부동산을 제3자에게 처분하기 위하여 매매계약을 하였는데 종중에서 그 부동산에 대한 권리를 주장하면서 처분금지가처분결정까지 받아 이를 집행하자, 甲이 종중의 대표자에게 가처분의 부당성을 지적하면서 가처분 비용을 지급하고 그 신청을 취하하도록 하였다 면 설사 종중 대표자에게 부정한 점이 있다고 하더라도 甲을 배임증재죄로 처벌할 수 없다.

197 장물죄에 관한 다음 설명 중 옳지 않은 것은? (다툼이 있으면 판례에 의함)

① '장물'이라 함은 재산죄인 범죄행위에 의하여 영득된 물건을 말하는 것으로서 절도·강도·사기·공갈·횡령 등 영득죄에 의하여 취득된 물건이어야 하고, 여기에서의 범죄행위는 절도죄 등 본범의 구성요건에 해당하는 위법한 행위일 것을 요한다.

② 장물이 되기 위하여는 본범이 절도, 강도, 사기, 공갈, 횡령 등 재산죄에 의하여 영득한 물건이면 족하고, 그 중 어느 범죄에 의하여 영득한 것인지를 구체적으로 명시할 것을 요하지 않는다.

③ 재산범죄를 저지른 이후에 별도의 재산범죄의 구성요건에 해당하는 사후행위가 있었더라도 그 행위가 불가벌적 사후행위로서 처벌의 대상이 되지 않는다면 그 사후행위로 인하여 취득한 물건은 장물이 될 수 없다.

④ 본범의 행위에 관한 법적 평가는 그 행위에 대하여 우리 형법이 적용되지 아니하는 경우에도 우리 형법을 기준으로 하여야 하고 또한 이로써 충분하므로, 본범의 행위가 우리 형법에 비추어 절도죄 등의 구성요건에 해당하는 위법한 행위라고 인정되는 이상 이에 의하여 영득된 재물은 장물에 해당한다.

198 장물죄에 관한 다음 설명 중 옳지 않은 것은? (다툼이 있으면 판례에 의함)

① 장물이라 함은 재산죄인 범죄행위에 의하여 영득된 물건을 말하는 것으로서 절도, 강도, 사기, 공갈, 횡령등 영득죄에 의하여 취득된 물건이어야 한다.

② 장물취득죄에 있어서 장물의 인식은 확정적 인식임을 요하지 않으며 장물일지도 모른다는 의심을 가지는 정도의 미필적 인식으로서도 충분하다.

③ 장물인 귀금속의 매도를 부탁받은 피고인이 그 귀금속이 장물임을 알면서도 매매를 중개하고 매수인에게 이를 전달하려다가 매수인을 만나기도 전에 체포되었다면 장물알선죄가 성립한다고 보기 어렵다.

④ 장물취득죄에서 '취득'이라고 함은 점유를 이전받음으로써 그 장물에 대하여 사실상의 처분권을 획득하는 것을 의미하는 것이므로 단순히 보수를 받고 본범을 위하여 장물을 일시 사용하거나 그와 같이 사용할 목적으로 장물을 건네받은 것만으로는 장물을 취득한 것으로 볼 수 없다.

199 장물의 죄에 대한 설명으로 적절한 것을 모두 고른 것은? (다툼이 있으면 판례에 의함)

> ㉠ 재산범죄를 저지른 이후에 별도의 재산범죄의 구성요건에 해당하는 사후행위가 있었다면 비록 그 행위가 불가벌적 사후행위로서 처벌의 대상이 되지 않는다 할지라도 그 사후행위로 인하여 취득한 물건은 재산범죄로 인하여 취득한 물건으로서 장물이 될 수 있다.
>
> ㉡ 횡령 교사를 한 후 그 횡령한 물건을 취득한 경우에는 횡령교사죄 이외에 장물취득죄는 별도로 성립하지 아니한다.
>
> ㉢ 본범 이외의 자가 본범이 절취한 차량이라는 정을 알면서 강도예비의 고의를 가지고 강도행위를 위해 그 차량을 운전해 준 경우에는 강도예비죄와 아울러 장물운반죄가 성립할 수 있다.
>
> ㉣ 재물을 인도받은 후에 비로소 장물이 아닌가 하는 의구심을 가졌다면 그 재물수수 행위는 장물취득죄를 구성한다.

① ㉠, ㉢   ② ㉠, ㉣
③ ㉡, ㉢   ④ ㉢, ㉣

200 장물죄에 대한 설명으로 옳지 않은 것은? (다툼이 있으면 판례에 의함)

① 단순히 보수를 받고 본범을 위하여 장물을 일시 사용하거나 그와 같이 사용할 목적으로 장물을 건네받은 것만으로는 장물을 취득한 것으로 볼 수 없다.
② 컴퓨터등사용사기죄의 범행으로 예금채권을 취득한 다음 자기의 현금카드를 사용하여 현금자동지급기에서 현금을 인출한 경우 그 인출된 현금은 장물이 될 수 없다.
③ 권한 없이 인터넷뱅킹으로 타인의 계좌에서 자신의 계좌로 돈을 이체한 후 그 중 일부를 인출하여 그 정을 아는 제3자에게 교부한 경우 제3자에게는 장물취득죄가 성립하지 않는다.
④ 장물죄의 본범의 행위에 관한 법적 평가는 그 행위에 대하여 우리 형법이 적용되지 아니하는 경우에는 다른 특별한 사정이 없는 한 국제사법의 규정에 좇아 정하여지는 준거법을 기준으로 하여야 한다.

201 장물의 죄에 대한 설명으로 가장 적절하지 않은 것은? (다툼이 있으면 판례에 의함)

① 장물인 현금을 금융기관에 예금의 형태로 보관하였다가 이를 반환받기 위하여 동일한 액수의 현금을 인출한 경우에 예금계약의 성질상 인출된 현금은 당초의 현금과 물리적인 동일성은 상실되었지만 액수에 의하여 표시되는 금전적 가치에는 아무런 변동이 없으므로 장물로서의 성질은 그대로 유지된다.
② 컴퓨터등사용사기죄의 범행으로 예금채권을 취득한 다음 자기의 현금카드를 사용하여 현금자동지급기에서 현금을 인출한 경우 그 인출된 현금은 장물이 될 수 없다.
③ 장물인 귀금속의 매도를 부탁받은 피고인이 그 귀금속이 장물임을 알면서도 매매를 중개하고 매수인에게 이를 전달하려다가 매수인을 만나기도 전에 체포되었다면, 위 귀금속의 매매를 중개함으로써 장물알선죄가 성립한 것으로 볼 수 없다.
④ 장물죄에 있어서 본범의 행위에 관한 법적 평가는 그 행위에 대하여 우리 형법이 적용되지 아니하는 경우에도 우리 형법을 기준으로 하여야 하고, 본범의 행위가 우리 형법에 비추어 절도죄 등의 구성요건에 해당하는 위법한 행위라고 인정되는 이상 이에 의하여 영득된 재물은 장물에 해당한다.

202 손괴죄에 관한 다음 설명 중 옳지 않은 것은? (다툼이 있으면 판례에 의함)

① 재물손괴죄는 타인의 소유물에 대한 효용의 전부 또는 일부를 침해하겠다는 인식을 가지고 물건의 전부 또는 일부에 대하여 유형력을 행사함으로써 그 원래의 용도에 따른 효용을 멸실시키거나 감손시킬 때 성립한다.
② 재물손괴죄는 다른 사람의 재물을 손괴 또는 은닉하거나 그 밖의 방법으로 그 효용을 해한 경우에 성립하는 범죄로 행위자에게 다른 사람의 재물을 자기 소유물처럼 그 경제적 용법에 따라 이용·처분할 의사(불법영득의사)가 없다는 점에서 절도, 강도, 사기, 공갈, 횡령 등 영득죄와 구별된다.
③ 다른 사람의 소유물을 본래의 용법에 따라 무단으로 사용·수익하는 행위는 소유자를 배제한 채 물건의 이용가치를 영득하는 것이지만 그 때문에 소유자가 물건의 효용을 누리지 못하게 되었으므로 재물손괴죄가 성립한다.
④ 손괴죄의 객체는 타인의 재물 또는 문서인데, 여기서 말하는 재물이란 재산적 이용가치 내지는 효용이 있는 물건을 뜻하고, 문서는 거기에 표시된 내용이 적어도 법률상 또는 사회생활상 중요한 사항에 관한 것이어야 한다.

203 다음 중 손괴죄가 성립하지 않는 것은? (다툼이 있으면 판례에 의함)

① 피고인이 이미 타인(타기관)에 접수되어 있는 자기 명의의 문서를 함부로 무효화시켜 그 용도에 사용하지 못하게 한 경우
② 피고인이 피해자로부터 전세금 200만원을 받고 영수증을 작성·교부한 뒤에 피해자에게 전세금을 반환하겠다고 말하여 영수증을 교부받고 나서 전세금을 반환하기도 전에 이를 찢어버린 경우
③ 약속어음의 수취인이 차용금의 지급담보를 위하여 은행에 보관시킨 약속어음을 은행지점장이 발행인의 부탁을 받고 그 지급기일란의 일자를 지움으로써 그 효용을 해한 경우
④ 아파트 관리사무소장이 아파트 입주자들의 소유에 속하는 문서(생활쓰레기 자동집하시설 공사 반대 탄원에 따른 회신 문서)를 그들의 의사에 따르지 않고 엘리베이터 벽면에 임의로 게시하자, 쓰레기 자동집하시설 건립 반대를 위한 비상대책위원회 위원장인 피고인이 이를 떼어낸 경우

204 손괴의 죄에 대한 설명으로 옳지 않은 것은? (다툼이 있으면 판례에 의함)

① 재건축사업으로 철거예정이고 그 입주자들이 모두 이사하여 아무도 거주하지 않은 채 비어 있는 아파트라도 재산적 이용가치 내지 효용이 있는 경우에는 재물손괴죄의 재물에 포함된다.
② 자동문을 자동으로 작동하지 않고 수동으로만 개폐가 가능하게 하여 자동잠금장치로서 역할을 할 수 없도록 한 경우에도 재물손괴죄가 성립한다.
③ 홍보를 위해 1층 로비에 설치해 둔 홍보용 배너와 거치대를 훼손 없이 그 장소에서 제거하여 컨테이너로 된 창고로 옮겨 놓아 사용할 수 없게 한 행위는 재물의 효용을 해하는 행위에 해당한다.
④ 해고노동자 등이 복직을 요구하는 집회를 개최하던 중 래커 스프레이를 이용하여 회사 건물 외벽과 1층 벽면 등에 낙서한 행위와 계란 30여 개를 건물에 투척한 행위는 모두 건물의 효용을 해한 것으로 볼 수 있다.

205 손괴죄에 대한 설명 중 가장 적절하지 않은 것은? (다툼이 있으면 판례에 의함)

① 재물손괴죄는 타인의 재물, 문서 또는 전자 기록 등 특수매체기록을 손괴 또는 은닉 기타 방법으로 그 효용을 해하였을 때 성립할 수 있다.
② 손괴죄에서 재물의 효용을 해한다고 함은 물건 등을 본래의 목적에 사용할 수 없는 상태로 만드는 경우뿐만 아니라 일시적으로 물건 등이 구체적 역할을 할 수 없는 상태로 만들어 그 효용을 떨어뜨리는 경우도 포함한다.
③ 자동문을 수동으로만 개폐되도록 하여 자동잠금장치로서 역할을 할 수 없게 한 경우에는 재물손괴죄가 성립하지 않는다.
④ 해고노동자 등이 복직을 요구하는 집회를 개최하던 중 래커스프레이를 이용하여 회사 건물 외벽과 1층 벽면 등에 낙서한 행위는 건물의 효용을 해한 것으로 볼 수 있다.

206 손괴죄에 대한 설명으로 옳지 않은 것은? (다툼이 있으면 판례에 의함)

① 포도주 원액이 부패하여 포도주 원료로서의 효용가치가 상실 되었다면 그 산도가 1.8도 내지 6.2도에 이르고 있어서 식초의 제조 등 다른 용도에 사용할 수 있는 경우라도 재물손괴죄의 객체가 될 수 없다.

② 甲이 자신이 경락받은 농수산물 저온저장 공장건물 중 공랭식 저온창고를 수냉식으로 개조함에 있어 기존에 그 공장에 시설된 A 소유의 자재에 관하여 A에게 철거를 최고하는 등 적법한 조치를 취하지 않고 일방적으로 이를 철거하였다면 재물손괴죄가 성립한다.

③ 어느 문서에 대한 종래의 사용상태가 문서 소유자의 의사에 반하여 이루어진 것일 경우에 단순히 그 종래의 사용상태를 제거하거나 변경시키는 것에 불과하고 이를 손괴, 은닉하는 등으로 새로이 문서 소유자의 그 문서 사용에 지장을 초래하지 않는 경우라면 문서손괴죄가 성립하지 않는다.

④ 토지임차인 A가 아직 수확되지 아니한 쪽파를 B에게 매도하였으나 B가 명인방법을 갖추지 않은 경우 A와 토지소유자 甲 사이에 일정 기간 후 A가 위 쪽파를 수확하지 않을 경우에는 甲이 이를 임의처분하여도 이의를 제기하지 않기로 하는 약정이 있었다면 그 기간 후에 甲이 위 쪽파를 임의로 손괴하였더라도 재물손괴죄가 성립하지 않는다.

207 손괴의 죄 및 권리행사방해의 죄에 대한 설명으로 가장 적절한 것은? (다툼이 있으면 판례에 의함)

① 계란 30여 개를 건물에 투척한 행위는 건물의 효용을 해한 것으로 볼 수 있으므로 재물손괴죄를 구성한다.

② 소유자의 의사에 따라 어느 장소에 게시 중인 문서를 소유자의 의사에 반하여 떼어내는 것과 같이 소유자의 의사에 따라 형성된 종래의 이용상태를 변경시켜 종래의 상태에 따른 이용을 일시적으로 불가능하게 하는 경우에도 문서손괴죄가 성립할 수 있다.

③ 물건의 소유자가 아닌 甲이 소유자 乙의 권리행사방해 범행에 가담한 경우 乙에게 고의가 없어 범죄가 성립하지 않더라도 甲은 권리행사방해죄의 공범으로 처벌될 수 있다.

④ 강제집행면탈죄가 성립하기 위해서는 재산의 은닉, 손괴, 허위 양도 또는 허위의 채무를 부담하여 현실적으로 채권자를 해하는 결과가 야기되어야 하고, 채권자를 해할 위험만으로는 강제집행면탈죄가 성립하지 않는다.

208 권리행사방해죄에 관한 다음 설명 중 옳지 않은 것은? (다툼이 있으면 판례에 의함)

① 권리행사방해죄는 타인의 점유 또는 권리의 목적이 된 자기의 물건을 취거, 은닉 또는 손괴하여 타인의 권리행사를 방해함으로써 성립하는 것이므로 그 취거, 은닉 또는 손괴한 물건이 자기의 물건이 아니라면 권리행사방해죄가 성립할 여지가 없다.

② 권리행사방해죄의 구성요건 중 타인의 '권리'란 반드시 제한물권만을 의미하는 것은 아니지만 물건에 대하여 점유를 수반하지 아니하는 채권까지 이에 포함된다고 할 수 없다.

③ 권리행사방해죄에 있어서의 '타인의 점유'라 함은 권원으로 인한 점유, 즉 정당한 원인에 기하여 물건을 점유하는 것을 의미하지만, 반드시 본권에 기한 점유만을 말하는 것이 아니라 유치권 등에 기한 점유도 여기에 해당한다.

④ 권리행사방해죄에서의 보호대상인 '타인의 점유'는 반드시 점유할 권원에 기한 점유만을 의미하는 것은 아니고, 일단 적법한 권원에 기하여 점유를 개시하였으나 사후에 점유권원을 상실한 경우의 점유, 점유권원의 존부가 외관상 명백하지 아니하여 법정절차를 통하여 권원의 존부가 밝혀질 때까지의 점유, 권원에 기하여 점유를 개시한 것은 아니나 동시이행항변권 등으로 대항할 수 있는 점유 등과 같이 법정절차를 통한 분쟁해결시까지 잠정적으로 보호할 가치있는 점유는 모두 포함된다.

209 권리행사를 방해하는 죄에 관한 설명 중 옳은 것을 모두 고른 것은? (다툼이 있는 경우 판례에 의함)

> ㉠ 본권을 갖지 아니하는 절도범인의 점유도 권리행사방해죄에 있어서의 '타인의 점유'에 해당한다.
> ㉡ 甲은 자기소유 건물 5층에서 A가 2개월 동안 임시로 거주하는 것을 동의하였는데 甲은 2개월 후 A가 퇴거하지 않자 A에게 퇴거를 요구하였으나 받아들여지지 않아 A를 내쫓을 목적으로 아들 乙에게 위 건물 5층 현관문에 설치된 甲 소유의 디지털 도어락의 비밀번호를 변경할 것을 지시하였고 乙이 그 지시에 따라 위 도어락의 비밀번호를 변경한 경우, 甲에게 권리행사방해교사죄가 성립한다.
> ㉢ 채무자와 제3채무자 사이에 채무자의 장래청구권이 충분하게 표시되었거나 결정된 법률관계가 존재한다면 장래의 권리라도 강제집행면탈죄의 객체에 해당한다.
> ㉣ 강제집행면탈죄는 강제집행을 당할 구체적인 위험이 있는 상태에서 재산을 은닉, 손괴, 허위양도 또는 허위의 채무를 부담하면 바로 성립하는 것이고, 반드시 채권자를 해하는 결과가 야기되거나 이로 인하여 행위자가 어떤 이득을 취하여야 범죄가 성립하는 것은 아니다.

① ㉠, ㉡
② ㉠, ㉢
③ ㉡, ㉢
④ ㉢, ㉣

210 권리행사방해죄에 관한 다음 설명 중 가장 옳은 것은? (다툼이 있으면 판례에 의함)

① 물건의 소유자가 아닌 사람은 권리행사방해죄의 주체가 될 수 없을 뿐만 아니라 물건 소유자의 권리행사방해 범행에 가담한 경우 그의 공범도 될 수 없다.
② 권리행사방해죄에 있어서의 타인의 점유는 정당한 원인에 기하여 그 물건을 점유하는 권리 있는 점유를 의미하는 것으로 무효인 경매절차에서 경매목적물을 경락받아 이를 점유하고 있는 낙찰자는 권리행사방해죄에 있어서의 타인의 물건을 점유하고 있는 자에 해당하지 않는다.
③ 중간생략등기형 명의신탁 또는 계약명의신탁의 방식으로 자신의 처에게 등기명의를 신탁하여 놓은 점포에 자물쇠를 채워 점포의 임차인을 출입하지 못하게 한 경우 그 점포는 권리행사방해죄의 객체인 자기의 물건에 해당하지 않는다.
④ 권리행사방해죄의 구성요건 중 타인의 '권리'에는 물건에 대하여 점유를 수반하지 아니하는 채권은 포함되지 않는다.

211 형법상 권리행사를 방해하는 죄에 관한 다음 설명 중 가장 옳지 않은 것은? (다툼이 있으면 판례에 의함)

① "직계혈족, 배우자, 동거친족, 동거가족 또는 그 배우자간의 권리행사방해죄는 그 형을 면제한다."라는 형법 제328조 제1항에 대하여 헌법재판소는 헌법불합치결정을 선고하였다.
② 권리행사방해죄의 객체는 자기의 물건이어야 하므로 甲이 A에게 담보로 제공한 차량이 자동차등록원부에 제3자 명의로 등록되어 있다면 甲이 A의 승낙없이 미리 소지하고 있던 위 차량의 보조키를 이용하여 이를 운전하여 갔더라도 권리행사방해죄가 성립하지 않는다.
③ 채무자가 가압류채권자의 지위에 있으면서 가압류집행해제를 신청함으로써 그 지위를 상실하는 행위는 강제집행면탈죄가 성립하지 않는다.
④ 강제집행면탈죄는 강제집행을 면한다는 목적이 있어야 하는 목적범으로 그와 같은 목적으로 허위의 채무를 부담하였더라도 강제집행 면탈의 목적을 달성하지 못하였다면 본죄의 기수가 아니라 미수범으로 처벌될 뿐이다.

212 권리행사를 방해하는 죄에 대한 설명 중 가장 적절한 것은? (다툼이 있으면 판례에 의함)

① 권리행사방해죄에서 '은닉'이란 타인의 점유 또는 권리의 목적이 된 자기 물건 등의 소재를 발견하기 불가능하게 하거나 또는 현저히 곤란한 상태에 두는 것을 말하고, 그로 인하여 현실적으로 권리행사가 방해되었을 것을 요한다.

② 피고인이 피해자에게 담보로 제공한 차량이 그 자동차등록원부에 타인 명의로 등록되어 있는 경우 피고인이 피해자의 승낙 없이 미리 소지하고 있던 위 차량의 보조키를 이용해서 운전하여 간 행위는 권리행사방해죄를 구성하지 않는다.

③ 물건의 소유자가 아닌 甲이 소유자 乙의 권리행사방해 범행에 가담한 경우 乙에게 고의가 없어 범죄가 성립하지 않더라도 甲은 권리행사방해죄의 공범으로 처벌될 수 있다.

④ 채권자들이 피고인을 상대로 법적 절차를 취하기 위한 준비를 하고 있지 않았으나 피고인이 어음의 지급기일 도래 전에 강제집행을 면탈하기 위해 자신의 형에게 허위채무를 부담하고 가등기를 해주었다면 강제집행면탈죄가 성립한다.

213 권리행사를 방해하는 죄에 대한 설명 중 가장 적절하지 않은 것은? (다툼이 있으면 판례에 의함)

① 무효인 경매절차에서 경매목적물을 경락받아 이를 점유하고 있는 낙찰자의 점유는 적법한 점유로서 그 점유자는 권리행사방해죄에 있어서 타인의 물건을 점유하고 있는 자라고 보아야 한다.

② 주식회사의 대표이사가 그의 지위에 기하여 그 직무집행 행위로서 타인이 점유하는 회사의 물건을 취거한 경우에 그 행위는 회사의 대표기관으로서의 행위라고 평가되므로 그 회사의 물건은 권리행사방해죄에 있어서의 '자기의 물건'이라고 보아야 한다.

③ 개설자격이 없는 자가 의료기관을 개설하여 의료법을 위반한 병원의 요양급여비용채권은 해당 의료기관의 채권자가 이를 대상으로 하여 강제집행 또는 보전처분의 방법으로 채권의 만족을 얻을 수 있으므로 강제집행면탈죄의 객체가 된다.

④ 명의신탁자와 명의수탁자가 계약명의신탁 약정을 맺고 명의수탁자가 당사자가 되어 소유자와 부동산에 관한 매매계약을 체결한 후 그 매매계약에 따라 당해 부동산의 소유권이전등기를 명의수탁자명의로 마친 경우 명의신탁자는 그 매매계약에 의해서 당해부동산의 소유권을 취득하지 못하게 되어, 결국 그 부동산은 명의신탁자에 대한 강제집행이나 보전처분의 대상이 될 수 없다.

214 권리행사를 방해하는 죄에 대한 설명으로 옳지 않은 것은? (다툼이 있으면 판례에 의함)

① 甲이 차량을 구입하면서 피해자로부터 차량 매수대금을 차용하고 담보로 차량에 피해자 명의의 저당권을 설정해 주었는데, 그 후 대부업자로부터 돈을 차용하면서 차량을 대부업자에게 담보로 제공하여 이른바 '대포차'로 유통되게 한 경우 甲이 피해자의 권리의 목적이 된 자기의 물건을 은닉하여 권리행사를 방해한 것이다.

② 甲 등이 공모하여 렌트카 회사인 A 주식회사를 설립한 다음 B 주식회사 등의 명의로 저당권등록이 되어 있는 다수의 차량들을 사들여 A 회사 소유의 영업용 차량으로 등록한 후 자동차대여사업자등록취소처분을 받아 차량등록을 직권말소시켜 저당권 등이 소멸되게 한 경우 B 회사 등의 저당권의 목적인 차량들을 은닉하는 방법으로 권리행사를 방해한 것이다.

③ 甲이 A 회사의 대표이사의 지위에 기하여 그 직무집행 행위로서 타인이 점유하는 A 회사의 물건을 취거한 경우에는, 甲의 행위는 A 회사의 대표기관으로서의 행위라고 평가되므로 A 회사의 물건도 권리행사방해죄에 있어서의 '자기의 물건'이라고 보아야 할 것이다.

④ 甲이 사업장의 유체동산에 대한 강제집행을 면탈할 목적으로 사업자등록의 사업자 명의를 변경하지 않고, 단순히 사업장에서 사용하는 금전등록기의 사업자 이름만을 변경한 경우 강제집행면탈죄에 있어서 재산의 '은닉'에 해당하지 않는다.

215 권리행사를 방해하는 죄에 대한 설명 중 가장 적절한 것은? (다툼이 있으면 판례에 의함)

① '보전처분 단계에서의 가압류채권자의 지위'는 강제집행면탈죄의 객체가 될 수 없다.
② 강제집행면탈죄가 적용되는 강제집행에는 '담보권 실행 등을 위한 경매'를 면탈할 목적으로 재산을 은닉하는 경우도 포함된다.
③ 채권자들이 피고인을 상대로 법적 절차를 취하기 위한 준비를 하고 있지 않았지만, 피고인이 어음의 부도가 있기 전에 강제집행을 면탈하기 위해 자기의 형에게 허위채무를 부담하고 가등기하여 주었다면 강제집행면탈죄가 성립한다.
④ 무효인 경매절차에서 경매목적물을 경락받아 이를 점유하고 있는 낙찰자의 점유는 동시이행 항변권이 있더라도 적법한 점유가 아니므로 그 점유자는 권리행사방해죄에 있어서 타인의 물건을 점유하고 있는 자라고 할 수 없다.

216 다음 설명 중 옳은 것(○)과 옳지 않은 것(×)을 올바르게 조합한 것은? (다툼이 있으면 판례에 의함)

㉠ 공무원 또는 중재인이 부정한 청탁을 받고 제3자에게 뇌물을 제공하게 하고 제3자가 그러한 공무원 또는 중재인의 범죄행위를 알면서 방조한 경우에는 그에 대한 별도의 처벌규정이 없더라도 방조범에 관한 형법총칙의 규정이 적용되어 제3자뇌물수수방조죄가 인정될 수 있다.

㉡ 사법경찰관인 甲이 검사로부터 '교통사고 피해자들로부터 사고 경위에 대해 구체적인 진술을 청취하여 운전자 A의 도주 여부에 대해 재수사할 것'을 요청받고, 재수사 결과서의 '재수사 결과'란에 피해자들로부터 진술을 청취하지 않았음에도 진술을 듣고 그 진술내용을 적은 것처럼 기재한 경우 피해자들 진술로 기재된 내용 중 일부가 결과적으로 사실과 부합하고 재수사 요청을 받은 사법경찰관이 검사에 의하여 지목된 참고인이나 피의자 등에 대한 재조사 여부와 재조사 방식 등에 대해 재량을 가지고 있다면 甲에게 허위공문서작성죄가 성립하지 않는다.

㉢ 전기통신금융사기 범행의 공범이 아닌 계좌명의인이 개설한 예금계좌가 그 범행에 이용되어 피해자가 그 계좌에 사기피해금을 송금·이체한 경우 계좌명의인은 피해자를 위하여 사기피해금을 보관하는 지위에 있으므로 계좌명의인이 그 돈을 영득할 의사로 인출하면 피해자에 대한 횡령죄가 성립한다.

㉣ 甲이 피해자 A에게 자동차를 매도하겠다고 거짓말하고 자동차를 양도하면서 소유권이전등록에 필요한 일체의 서류를 교부한 후 매매대금을 수령한 다음, 자동차에 미리 부착해 놓은 지피에스(GPS)로 위치를 추적하여 그 자동차를 절취한 경우 甲에게는 그 자동차를 양도한 후 다시 절취할 의사가 있었고 자동차의 소유권을 이전하여 줄 의사가 있었다고 볼 수 없으므로 사기죄가 성립한다.

㉤ A 언론사 논설주간으로서 사설 작성 방향에 관여하거나 경제분야에 관한 칼럼을 작성하는 등 언론계에서 상당한 영향력이 있다고 평가받는 甲이 B 기업의 대표이사인 乙로부터 우호적인 여론형성에 도움을 달라는 취지의 청탁과 함께 자신의 유럽여행 비용 약 4,000만 원을 지불받았다면 甲에게는 배임수재죄가 성립한다.

① ㉠ ○ ㉡ ○ ㉢ ○ ㉣ ○ ㉤ ×
② ㉠ × ㉡ ○ ㉢ × ㉣ × ㉤ ○
③ ㉠ ○ ㉡ × ㉢ ○ ㉣ × ㉤ ○
④ ㉠ × ㉡ ○ ㉢ ○ ㉣ × ㉤ ○

217 손괴 및 권리행사방해의 죄에 관한 설명 중 가장 적절하지 않은 것은? (다툼이 있으면 판례에 의함)

① 소유자의 의사에 따라 어느 장소에 게시 중인 문서를 소유자의 의사에 반하여 떼어내는 것과 같이 소유자의 의사에 따라 형성된 종래의 이용상태를 변경시켜 종래의 상태에 따른 이용을 일시적으로 불가능하게 하는 경우에도 문서손괴죄가 성립할 수 있다.
② 다른 사람의 소유물을 본래의 용법에 따라 무단으로 사용·수익하는 행위는 소유자를 배제한 채 물건의 이용가치를 영득하는 것이고, 그 때문에 소유자가 물건의 효용을 누리지 못하게 되었다면 그 효용 자체가 침해된 것으로 볼 수 있어 재물손괴죄를 구성한다.
③ 물건의 소유자가 아닌 甲은 형법 제33조 본문에 따라 권리행사방해 범행에 가담한 경우에 한하여 권리행사방해죄의 공범이 될 수 있을 뿐이며, 甲과 함께 권리행사방해죄의 공동정범으로 기소된 물건의 소유자 乙에게 고의가 없어 범죄가 성립하지 않는다면 甲에게 공동정범이 성립할 여지가 없다.
④ 가압류 후에 목적물의 소유권을 취득한 제3취득자가 다른 사람에 대한 허위의 채무에 기하여 근저당권설정등기를 경료하더라도 강제집행면탈죄를 구성하지 않는다.

218 재산죄에 대한 다음 설명 중 적절한 것만을 모두 고른 것은? (다툼이 있으면 판례에 의함)

㉠ 절도죄의 성립에 필요한 '불법영득의 의사'는 그것이 물건 자체를 영득할 의사인지 물건의 가치만을 영득할 의사인지를 불문한다.
㉡ 형법 제332조에 규정된 상습절도죄를 범한 범인이 범행의 수단으로 주간에 주거침입을 한 경우 주거침입행위는 다른 상습절도죄에 흡수되어 1죄만을 구성하고 상습절도죄와 별개로 주거침입죄를 구성하지 않는다.
㉢ 권리행사방해죄에 있어서의 '취거'라 함은 타인의 점유 또는 권리의 목적이 된 자기의 물건을 점유자의 의사에 반하여 그 점유자의 점유로부터 자기 또는 제3자의 점유로 옮기는 것을 말하므로 점유자의 의사나 그의 하자있는 의사에 기하여 점유가 이전된 경우에는 여기에서 말하는 취거로 볼 수 없다.
㉣ 배임죄는 타인의 사무를 처리하는 자가 그 임무에 위배하는 행위로써 재산상의 이익을 취득하거나 제3자로 하여금 이를 취득하게 하여 본인에게 손해를 가한 때에 성립하는 범죄이므로 부작위에 의해서는 이를 범할 수 없다.

① ㉠, ㉢
② ㉠, ㉣
③ ㉡, ㉢
④ ㉡, ㉣

219 재산죄에 관한 설명 중 옳지 않은 것을 모두 고른 것은? (다툼이 있는 경우 판례에 의함)

> ㉠ X주식회사 감사인 甲이 회사 경영진과의 불화로 한 달 가까이 결근하다가 회사 감사실에 침입하여 자신이 사용하던 컴퓨터에서 하드디스크를 떼어간 후 4개월 가까이 지난 시점에 반환한 경우, 甲에게 절도죄가 성립한다.
> ㉡ 甲이 권리자의 착오나 가상자산 운영 시스템의 오류 등으로 법률상 원인관계 없이 자신의 전자지갑에 이체된 가상자산을 반환하지 않고 자신의 또 다른 전자지갑에 이체한 경우, 甲에게 배임죄가 성립한다.
> ㉢ 장물죄에 있어서 장물범과 피해자 간에 동거친족의 신분관계가 있는 때에는 형이 감경 또는 면제되지만 장물범과 본범 간에 동거친족의 신분관계가 있는 때에는 형이 면제된다.
> ㉣ 甲은 A가 B로부터 매수한 토지의 경계 부분에 A의 토지 매수 전 甲이 식재하였던 수목 5그루를 전기톱을 이용하여 절단하였는데 위 토지에 수목을 식재할 당시 토지 소유권자인 B로부터 그에 관한 명시적 또는 묵시적 승낙·동의 등을 받았더라도 위 수목은 토지에 부합하고 있는 것이므로 甲에게 특수재물손괴죄가 성립한다.

① ㉠, ㉡
② ㉡, ㉢
③ ㉡, ㉢, ㉣
④ ㉠, ㉢, ㉣

220 불가벌적 사후행위에 관한 설명 중 옳지 않은 것은? (다툼이 있으면 판례에 의함)

① 자동차를 절취한 후 자동차등록번호판을 떼어내는 자동차관리법위반행위는 절도범행의 불가벌적 사후행위에 해당하지 않는다.
② 타인의 부동산을 보관 중인 자가 그 부동산에 근저당권설정등기를 마침으로써 횡령행위가 기수에 이른 후 해당 부동산을 매각함으로써 기존의 근저당권과 관계없이 법익침해의 결과를 발생시켰다면, 특별한 사정이 없는 한 불가벌적 사후행위가 아니라 별도의 횡령죄가 성립한다.
③ 대표이사가 회사의 상가분양 사업을 수행하면서 수분양자들을 기망하여 편취한 분양대금은 회사의 소유로 귀속되는 것이므로, 대표이사가 그 분양대금을 횡령하는 것은 사기 범행이 침해한 것과는 다른 법익을 침해하는 것이어서 회사를 피해자로 하는 별도의 횡령죄가 성립한다.
④ 평소 본범과 공동하여 수차 상습으로 절도 등 범행을 함으로써 실질적인 범죄집단을 이루고 있었던 甲이 본범으로부터 장물을 취득하였다면, 본범이 범한 당해 절도범행에 있어서 정범자(공동정범이나 합동범)가 되지 아니하더라도 甲의 장물취득행위는 불가벌적 사후행위에 해당한다.

221 재산범죄에 대한 설명으로 옳지 않은 것은? (다툼이 있으면 판례에 의함)

① 본범 이외의 자인 피고인이 본범이 절취한 차량이라는 정을 알면서도 본범의 강도행위를 위하여 그 차량을 운전해 준 경우 강도예비죄의 고의는 별론으로 장물운반의 고의는 인정되지 않는다고 봄이 상당하다.
② 채권 담보를 위하여 장래에 부동산의 소유권을 이전하기로 하는 내용의 대물변제예약에서, 채무자가 약정의 내용에 좇은 이행을 하여야 할 채무는 특별한 사정이 없는 한 자기의 사무에 해당하는 것이 원칙이다.
③ 피고인이 중간생략등기형 명의신탁의 방식으로 자신의 처에게 등기명의를 신탁하여 놓은 점포에 자물쇠를 채워 점포의 임차인을 출입하지 못하게 한 경우 그 점포는 권리행사방해죄의 객체인 자기의 물건에 해당하지 아니한다.
④ 경리직원이 회사의 기존 장부를 새로운 장부로 이기하는 과정에서 누계 등을 잘못 기재하자 그 부분을 찢어버리고 계속하여 종전 장부의 기재내용을 모두 이기한 경우 특별한 사정이 없는 한 그 찢어버린 부분은 손괴죄의 객체인 재물로 볼 수 없다.

222 재산범죄에 관한 설명 중 옳지 않은 것은? (다툼이 있는 경우 판례에 의함)

① 컴퓨터사용사기죄의 범행으로 예금채권을 취득한 다음 자기의 현금카드를 사용하여 현금자동지급기에서 현금을 인출한 경우 그 인출된 현금은 재산범죄에 의하여 취득한 재물이 아니므로 장물이 될 수 없다.
② 재산범죄를 저지른 이후에 별도의 재산범죄의 구성요건에 해당하는 사후행위가 있는 경우, 비록 그 행위가 불가벌적 사후행위로서 처벌의 대상이 되지 않더라도 그로 인하여 취득한 물건은 장물이 될 수 있다.
③ 회사의 이사가 보관 중인 회사의 자금을 업무상의 임무를 위배하여 뇌물로 공여하였다면 뇌물공여죄의 죄책만 질 뿐 업무상횡령죄의 죄책은 지지 않는다.
④ 불법원인급여에 해당하여 급여자가 수익자에 대한 반환청구권을 행사할 수 없다고 하더라도, 수익자가 기망을 통하여 급여자로 하여금 불법원인급여에 해당하는 재물을 제공하도록 하였다면 사기죄가 성립한다.

223 재산범죄의 불법영득의사에 대한 설명으로 옳은 것은? (다툼이 있으면 판례에 의함)

① 피해자의 영업점 내에 있는 피해자 소유의 휴대전화를 허락 없이 가지고 나와 사용한 다음 약 1~2시간 후 위 영업점 정문 옆 화분에 놓아두고 간 경우 절도죄의 불법영득의사가 인정되지 않는다.

② 피해자의 가방에서 은행직불카드를 몰래 꺼내어 가 그 직불카드를 이용하여 피해자의 예금계좌에서 자기의 예금계좌로 돈을 이체시킨 후 3시간 가량 지난 무렵에 피해자에게 그 사실을 전화로 말하고 나서 만난 즉시 직불카드를 반환한 경우 그 직불카드에 대한 절도죄의 불법영득의사가 인정된다.

③ 법인의 운영자나 관리자가 회계로부터 분리해 별도로 관리하는 비자금이 법인을 위한 목적이 아니라 법인의 자금을 빼내어 착복할 목적으로 조성한 것임이 명백히 밝혀진 경우 비자금 조성행위 자체만으로는 횡령죄의 불법영득의사가 인정되지 않는다.

④ 회사에 대하여 개인적인 채권을 가지고 있는 대표이사가 회사를 위하여 보관하고 있는 회사 소유의 금전으로 이사회의 승인 등의 절차 없이 변제기가 도래한 자신의 채권 변제에 충당한 경우 이는 자신의 권한 내에서 한 회사 채무의 이행행위로서 유효하므로 횡령죄의 불법영득의사가 인정되지 않는다.

224 재산죄의 객체에 관한 설명 중 옳은 것은? (다툼이 있으면 판례에 의함)

① 민사집행법상 보전처분 단계에서 가압류 채권자의 지위는 원칙적으로 강제집행면탈죄의 객체가 될 수 없다.

② 협박으로 금전채무 지불각서 1매를 쓰게 하고 이를 강취한 경우 사법상 유효하지 못한 위 지불각서는 강도죄의 객체인 재산상 이익이 될 수 없다.

③ 대가를 지급하기로 하고 성관계를 가진 뒤 대금을 지급하지 않은 경우 성행위의 대가는 사기죄의 객체인 재산상 이익이 될 수 없다.

④ 권한 없이 인터넷뱅킹으로 타인의 예금계좌에서 자신의 예금계좌로 돈을 이체한 후 그 중 일부를 인출한 돈은 장물죄의 객체가 된다.

225 다음 설명 중 가장 옳지 않은 것은? (다툼이 있으면 판례에 의함)

① 주식회사의 대표이사가 대표권을 남용하는 등 그 임무에 위배하여 약속어음을 발행한 경우 설령 그 어음발행이 무효라 하더라도 그 어음이 실제로 제3자에게 유통되었다면 회사로서는 어음채무를 부담할 위험이 구체적으로 발생하였으므로 배임죄의 기수범이 된다. 그러나 그 어음이 아직 유통되지 않았다면 배임죄의 기수범이 아니라 배임미수죄가 된다.

② 채무자가 채무이행의 담보를 위하여 동산에 관한 양도담보계약을 체결하고 점유개정의 방법으로 여전히 그 동산을 점유하는 경우 그 동산을 다른 사유에 의하여 보관하게 된 채권자는 타인 소유의 물건을 보관하는 자로서 횡령죄의 주체가 된다.

③ 양도담보가 처분정산형이든 귀속정산형이든 담보권자가 청산금을 담보제공자에게 반환할 의무는 담보계약에 따라 부담하는 자신의 정산의무이므로 그 의무를 이행하는 사무는 타인인 채무자의 사무처리에 속한다고 볼 수 없다. 따라서 그 정산의무를 이행하지 아니한 행위는 배임죄를 구성하지 않는다.

④ 장물인 정을 모르고 장물을 보관하였다가 나중에 장물인 정을 알게 된 경우 그 정을 알면서도 계속하여 보관하는 것은 장물보관죄에 해당하고, 이는 설령 해당 장물을 점유할 권한을 갖는 경우에도 마찬가지이다.

226 재물과 재산상의 이익에 관한 설명으로 가장 적절하지 않은 것은? (다툼이 있으면 판례에 의함)

① 비트코인은 경제적인 가치를 디지털로 표상하여 전자적으로 이전, 저장과 거래가 가능하도록 한 가상자산의 일종으로 사기죄의 객체인 재산상 이익에 해당한다.

② 甲이 乙의 돈을 절취한 다음 다른 금전과 섞거나 교환하지 않고 쇼핑백 등에 넣어 자신의 집에 숨겨두었는데, 丙이 乙의 지시로 甲에게 겁을 주어 쇼핑백 등에 들어 있던 절취된 돈을 교부받아 갈취하였다면 위 돈은 타인인 甲의 재물이라고 볼 수 없다.

③ 형법 제333조(강도)에서의 '재산상 이익'은 반드시 사법상 유효한 재산상의 이득만을 의미하는 것은 아니나, 단지 외견상 재산상의 이득을 얻을 것이라고 인정할 수 있는 사실관계만으로는 재산상의 이익을 인정할 수 없다.

④ 배임죄에 있어서 재산상의 손해를 가한 때라 함은 현실적인 손해를 가한 경우뿐만 아니라 재산상 실해 발생의 위험을 초래한 경우도 포함된다.

227 재산죄에 관한 설명으로 가장 적절하지 않은 것은? (다툼이 있으면 판례에 의함)

① 형법 제331조(특수절도) 제2항에서 규정한 흉기는 본래 살상용·파괴용으로 만들어진 것이거나 이에 준할 정도의 위험성을 가진 것으로 봄이 상당하다.

② 형법 제330조에 규정된 야간주거침입절도죄 및 형법 제331조 제1항에 규정된 특수절도(야간손괴침입절도)죄를 제외하고 일반적으로 주거침입은 절도죄의 구성요건이 아니므로 절도범인이 범행수단으로 주거침입을 한 경우에 주거침입행위는 절도죄에 흡수되지 아니하고 별개로 주거침입죄를 구성하여 절도죄와는 상상적 경합의 관계에 있다.

③ 甲이 술집 운영자 A로부터 술값의 지급을 요구받자 A를 유인·폭행하고 도주함으로써 술값의 지급을 면하여 재산상 이익을 취득하였다면 형법 제335조에서 규정하는 준강도죄에는 해당하지 않는다.

④ 횡령죄에서 보관자가 자기 또는 제3자의 이익을 위한 것이 아니라 소유자의 이익을 위하여 이를 처분한 경우에는 특별한 사정이 없는 한 불법영득의 의사를 인정할 수 없다.

228 범죄단체조직죄에 관한 설명으로 가장 적절하지 않은 것은? (다툼이 있으면 판례에 의함)

① 범죄단체 등 조직죄는 사형, 무기 또는 장기 4년 이상의 징역에 해당하는 범죄를 범할 목적이 있어야 한다.

② 형법 제114조 소정의 범죄를 목적으로 하는 단체라 함은 특정다수인이 일정한 범죄를 수행한다는 공동목적 아래 이루어진 계속적인 결합체로서 그 단체를 주도하는 최소한의 통솔체제를 갖추고 있음을 요한다.

③ 피고인들이 총책을 중심으로 간부급 조직원들과 상담원들, 현금인출책 등으로 구성된 보이스피싱 사기 조직을 구성하고 이에 가담하여 조직원으로 활동한 경우는 형법상의 범죄단체에 해당한다.

④ 범죄단체 가입행위 또는 범죄단체 구성원으로서 활동하는 행위와 사기행위는 포괄일죄의 관계에 있다.

229 범죄단체조직죄에 대한 설명 중 가장 적절하지 않은 것은? (다툼이 있으면 판례에 의함)

① 사형, 무기 또는 장기 4년 이상의 징역에 해당하는 범죄를 목적으로 하는 단체 또는 집단을 조직하거나 이에 가입 또는 그 구성원으로 활동한 사람은 그 목적한 죄에 정한 형으로만 처벌하고, 그 형을 감경할 수 없다.
② 피고인들이 소매치기를 범할 목적으로 그 실행행위를 분담하기로 약정한 경우에 형법 제114조에서 정한 '범죄를 목적으로 하는 단체'로 인정되기 위해서는 계속적인 결합체로서 그 단체를 주도하거나 내부의 질서를 유지하는 최소한의 통솔체계를 갖추어야 한다.
③ 형법 제114조에서 정한 '범죄를 목적으로 하는 집단'으로 인정되기 위해서는 최소한의 통솔체계를 갖출 필요는 없으나, 범죄의 계획과 실행을 용이하게 할 정도의 조직적 구조를 갖추어야 한다.
④ 사기범죄를 목적으로 구성된 다수인의 계속적인 결합체로서 총책을 중심으로 간부급 조직원들과 상담원들, 현금인출책 등으로 구성되어 내부의 위계질서가 유지되고 조직원의 역할 분담이 이루어지는 최소한의 통솔체계를 갖추고 있는 보이스피싱 사기조직은 형법상 범죄단체에 해당한다.

230 공중협박죄의 구성요건과 형벌에 관한 다음 설명 중 가장 옳은 것은?

① 불특정 또는 다수의 사람의 생명, 신체에 위해를 가할 것을 내용으로 사람을 협박한 사람은 5년 이하의 징역 또는 2천만원 이하의 벌금에 처한다.
② 불특정 또는 다수의 사람의 생명, 신체에 위해를 가할 것을 내용으로 공연히 공중을 협박한 사람은 5년 이하의 징역 또는 2천만원 이하의 벌금에 처한다.
③ 불특정 또는 다수의 사람의 생명, 신체에 위해를 가할 것을 내용으로 공연히 공중을 협박한 사람은 5년 이하의 징역 또는 5천만원 이하의 벌금에 처한다.
④ 불특정 또는 다수의 사람의 생명, 신체 또는 재산에 위해를 가할 것을 내용으로 공연히 공중을 협박한 사람은 5년 이하의 징역 또는 2천만원 이하의 벌금에 처한다.

231 공중협박죄에 관한 다음 설명 중 옳지 않은 것은?

① 불특정 또는 다수의 사람의 생명, 신체에 위해를 가할 것을 내용으로 공연히 공중을 협박한 사람은 5년 이하의 징역 또는 2천만원 이하의 벌금에 처한다.
② 상습으로 공중협박죄를 범한 때에는 그 죄에 정한 형의 2분의 1까지 가중한다.
③ 공중협박죄 및 상습공중협박죄의 미수범은 처벌한다.
④ 공중협박죄는 반의사불벌죄이지만, 상습공중협박죄는 반의사불벌죄가 아니다.

232 공공장소 흉기소지죄의 구성요건에 관한 설명으로 가장 옳은 것은?

① 정당한 이유 없이 도로·공원 등 불특정 또는 다수의 사람이 이용하거나 통행할 수 있는 공공장소에서 사람의 생명, 신체에 위해를 가할 수 있는 흉기를 소지하고 이를 드러내어 공중에게 불안감과 공포심을 일으킨 사람
② 정당한 이유 없이 도로·공원 등 불특정 또는 다수의 사람이 이용하거나 통행할 수 있는 공공장소에서 사람의 생명, 신체에 위해를 가할 수 있는 흉기를 소지하고 이를 드러내어 공중에게 불안감 또는 공포심을 일으킨 사람
③ 정당한 이유 없이 도로·공원 등 불특정 또는 다수의 사람이 이용하거나 통행할 수 있는 공공장소에서 사람의 생명, 신체에 위해를 가할 수 있는 흉기를 소지하거나 이를 드러내어 공중에게 불안감 또는 공포심을 일으킨 사람
④ 정당한 이유 없이 도로·공원 등 불특정 또는 다수의 사람이 이용하거나 통행할 수 있는 공공장소에서 사람의 생명, 신체 또는 재산에 위해를 가할 수 있는 흉기를 소지하고 이를 드러내어 공중에게 불안감 또는 공포심을 일으킨 사람

233 형법상 공중협박죄(제116조의2, 이하 "전자"라고 한다)와 공공장소 흉기소지죄(제116조의3, 이하 "후자"라고 한다)에 관한 다음 설명 중 옳지 않은 것은 모두 몇 개인가?

> ㉠ 양죄는 모두 형법 제2편 제5장 '공안을 해하는 죄'에 규정되어 있다.
> ㉡ 양죄는 모두 그 행위의 상대가 '공중'으로 동일하다.
> ㉢ 양죄는 모두 상습범 가중처벌규정이 있다.
> ㉣ 전자는 미수범 처벌규정이 있지만, 후자는 미수범 처벌규정이 없다.
> ㉤ 전자는 반의사불벌죄이지만, 후자는 반의사불벌죄가 아니다.

① 1개 ② 2개
③ 3개 ④ 4개

234 방화의 죄에 관한 설명 중 가장 적절한 것은? (다툼이 있으면 판례에 의함)

① 공용건조물방화죄를 범할 목적으로 예비·음모한 후 목적한 죄의 실행에 이른 후에 수사기관에 자수한 경우 형을 감경하거나 면제할 수 있다.
② 주거로 사용하지 않고 사람이 현존하지도 않는 타인 소유의 자동차를 불태웠으나 공공의 위험이 발생하지 않았다면 방화죄를 구성하지 않는다.
③ 甲이 A의 재물을 강취한 후 A를 살해할 의사로 현주건조물에 방화하여 A가 사망한 경우 甲의 행위는 강도살인죄와 현주건조물방화치사죄에 모두 해당하고 그 두 죄는 실체적 경합범관계에 있다.
④ 甲이 A를 살해할 의사로 A가 혼자 있는 건조물에 방화하였으나 A가 사망하지 않은 경우 현존건조물방화치사미수죄를 구성한다.

235 방화의 죄에 관한 설명 중 옳은 것은? (다툼이 있는 경우 판례에 의함)

① 소유자가 없는 재활용품을 불태워 공공의 위험을 발생하게 한 경우에는 자기소유일반물건방화죄로 처벌하여야 한다.
② 매개물에 점화해서 건조물을 불태우는 경우, 그 매개물에 불을 붙여 연소 작용이 계속될 수 있게 되었더라도 그것이 곧바로 진화된 결과 목적물인 건조물 자체에는 불이 옮겨붙지 못하였다면, 방화죄의 실행에 착수한 것으로 볼 수 없다.
③ 甲이 A의 재물을 강취한 후 A를 살해하기 위해 A가 거주하는 주택에 방화하여 사망에 이르게 한 경우, 甲의 죄책은 강도살인죄와 현주건조물방화치사죄의 실체적 경합이다.
④ 절취한 물건의 용기에 점화한 목적이 절도의 증거인멸에 있다면, 인화력이 강한 석유를 사용하여 건조물에 연소되기 용이한 방법으로 점화한 결과 건조물을 연소케 한 경우라도, 건조물 방화의 고의를 인정할 수 없다.

236 방화죄에 대한 설명으로 옳은 것은? (다툼이 있으면 판례에 의함)

① 방화의 의사로 뿌린 휘발유가 사람이 현존하는 주택 주변과 피해자의 몸에 적지 않게 살포되어 있는 사정을 알면서도 라이터를 켜 불꽃을 일으킴으로써 피해자의 몸에 불이 붙은 경우 비록 불이 방화 목적물인 주택 자체에 옮겨 붙지는 아니하였다 하더라도 현존건조물방화죄의 실행의 착수가 인정된다.

② 피해자의 사체 위에 옷가지 등을 올려놓고 불을 붙인 천 조각을 던져 그 불길이 방안을 태우면서 천장에까지 옮겨 붙었으나, 그 불이 도중에 진화되었다면 현주건조물방화죄의 미수에 그친다.

③ 강도가 피해자로부터 재물을 강취한 후 그를 살해할 목적으로 주거에 방화하여 사망에 이르게 한 때에는 강도살인죄와 현주건조물방화치사죄가 성립하고 양 죄는 실체적 경합관계에 있다.

④ 주택에 불을 놓고 빠져 나오려는 피해자들을 막아 소사케 한 경우 현주건조물방화죄와 살인죄가 성립하고 양 죄는 상상적 경합관계에 있다.

237 방화와 실화의 죄에 대한 설명으로 가장 적절하지 않은 것은? (다툼이 있으면 판례에 의함)

① 현주건조물방화예비죄를 저지른 사람이 그 목적한 죄의 실행에 이르기 전에 자수한 때에는 형을 감경 또는 면제한다.

② 현주건조물방화치사죄는 사망의 결과발생에 대한 과실이 있는 경우뿐만 아니라 고의가 있는 경우를 포함한다.

③ 불을 놓아 무주물을 불태워 공공의 위험을 발생하게 한 경우에는 '무주물'을 '자기 소유의 물건'에 준하는 것으로 보아 형법 제167조 제2항(자기소유일반물건방화죄)을 적용하여야 한다.

④ 지붕과 문짝, 창문이 없고 담장과 일부 벽체가 붕괴된 철거대상 건물로서 사실상 기거 취침에 사용할 수 없는 상태의 폐가에 쓰레기를 모아놓고 태워 폐가의 벽을 일부 그을리게 한 경우에는 일반물건방화죄의 미수범으로 처벌된다.

238 방화와 실화의 죄에 대한 설명으로 가장 적절하지 않은 것은? (다툼이 있으면 판례에 의함)

① 형법상 방화죄의 객체인 건조물은 토지에 정착되고 벽 또는 기둥과 지붕 또는 천장으로 구성되어 사람이 내부에 기거하거나 출입할 수 있는 공작물을 말하고, 반드시 사람의 주거용이어야 하는 것은 아니라도 사람이 사실상 기거·취침에 사용할 수 있는 정도는 되어야 한다.

② 노상에서 전봇대 주변에 놓인 재활용품과 쓰레기 등을 발견하고 소지하고 있던 라이터를 이용하여 불을 붙인 다음 불상의 가연물을 집어넣어 화염을 키움으로써 공공의 위험을 발생하게 한 경우 형법 제167조 제1항에 정한 타인소유일반물건방화죄가 성립한다.

③ 피고인이 방화의 의사로 뿌린 휘발유가 인화성이 강한 상태로 주택주변과 피해자의 몸에 적지 않게 살포되어 있는 사정을 알면서도 라이터를 켜 불꽃을 일으킴으로써 피해자의 몸에 불이 붙은 경우 비록 외부적 사정에 의하여 불이 방화 목적물인 주택 자체에 옮겨 붙지는 아니하였다 하더라도 현존건조물방화죄의 실행의 착수가 있었다고 봄이 상당하다.

④ 피해자의 사체 위에 옷가지 등을 올려놓고 불을 붙인 천조각을 던져서 그 불길이 방안을 태우면서 천정에까지 옮겨 붙었다면 도중에 진화되었다고 하더라도 일단 천장에 옮겨 붙은 때에 이미 현주건조물방화죄의 기수에 이른 것이다.

239 교통방해의 죄에 대한 설명으로 옳지 않은 것은? (다툼이 있으면 판례에 의함)

① 일반교통방해죄는 추상적 위험범으로서 교통이 불가능하거나 또는 현저히 곤란한 상태가 발생하면 바로 기수가 되고 교통방해의 결과가 현실적으로 발생하여야 하는 것은 아니다.

② 집회 또는 시위가 신고된 내용과 다소 다르게 행해졌으나 신고된 범위를 현저히 일탈하지 않는 경우 그로 인하여 도로의 교통이 방해를 받았다고 하더라도 특별한 사정이 없는 한 일반교통방해죄가 성립하지 않는다.

③ 일반교통방해죄는 즉시범이므로 일단 동죄의 기수에 이르렀다면 기수 이후 그러한 교통방해의 위법상태가 제거되기 전에 교통방해 행위에 가담한 자는 일반교통방해죄의 공동정범이 될 수 없다.

④ 업무상과실로 인하여 교량을 손괴하여 자동차의 교통을 방해하고 그 결과 자동차를 추락시킨 경우 업무상과실일반교통방해죄와 업무상과실자동차추락죄가 각각 성립하고 양 죄는 상상적 경합 관계에 있다.

240 교통방해죄에 관한 다음 설명 중 옳지 않은 것은? (다툼이 있으면 판례에 의함)

① 목장 소유자가 목장운영을 위해 목장용지 내에 임도(林道)를 개설하고 차량 출입을 통제하면서 인근 주민들의 일부 통행을 부수적으로 묵인한 경우라면 위 임도는 공공성을 지닌 장소에 해당하여 '육로'에 해당한다.
② 토지의 소유자가 자신의 토지의 한쪽 부분을 일시 공터로 두었을 때 인근주민들이 위 토지의 동서쪽에 있는 도로에 이르는 지름길로 일시 이용한 적이 있다 하여도 이를 일반공중의 내왕에 공용되는 도로하고 할 수 없으므로 교통방해죄에 있어 '육로'로 볼 수 없다.
③ 공로에 출입할 수 있는 다른 도로가 있는 상태에서 토지 소유자로부터 일시적인 사용승낙을 받아 통행하거나 토지 소유자가 개인적으로 사용하면서 부수적으로 타인의 통행을 묵인한 장소에 불과한 도로는 '육로'에 해당하지 않는다.
④ 피고인 소유 토지가 오래 전부터 차들이 지나다님으로써 사실상 도로화되었고 또한 아스팔트 포장까지 되어 왕복 2차로의 일부로 되었는 바, 이후 구리시가 위 토지를 포함한 구도로 옆으로 신도로를 개통하였으나 구도로가 여전히 일반인 및 차량이 통행하고 있었다면 이는 '육로'에 해당한다.

241 교통방해의 죄에 대한 설명으로 옳지 않은 것은? (다툼이 있으면 판례에 의함)

① 목장 소유자가 자신의 목장 운영을 위해 개인 비용으로 목장 용지 내에 임도를 개설한 후 차량 출입을 통제하면서 인근 주민들의 통행을 부수적으로 묵인한 경우 이 임도는 일반교통방해죄의 '육로'에 해당하지 않는다.
② 업무상과실일반교통방해죄에서 '손괴'란 교통을 방해할 수 있는 정도의 물리력을 행사한 결과 야기된 물질적 훼손을 말하므로 교량 건설 당시의 부실제작 및 부실시공행위 등에 의하여 십수 년 후 교량이 붕괴되는 것은 '손괴'에 해당하지 않는다.
③ 집회참가자가 참가 당시 이미 다른 참가자들에 의해 교통의 흐름이 차단된 상태였더라도 교통방해를 유발한 다른 참가자들과 암묵적·순차적으로 공모하여 교통방해의 위법상태를 지속시켰다고 평가할 수 있다면 일반교통방해죄가 성립한다.
④ 예인선 정기용선자의 현장소장 甲은 예인선 선장 乙의 출항 연기 건의를 묵살한 채 사고 위험성이 높은 해상에 예인선의 출항을 강행할 것을 지시하였고, 乙은 甲의 지시에 따라 사고의 위험성이 높은 시점에 무리하게 예인선을 운항한 결과 예인되던 선박에 적재된 물건이 해상에 추락하여 선박 교통을 방해하였다면 甲과 乙은 업무상과실일반교통방해죄의 공동정범이 성립한다.

242 교통방해죄에 관한 다음 설명 중 가장 옳지 않은 것은? (다툼이 있으면 판례에 의함)

① 신고 범위를 현저히 벗어나거나 집회 및 시위에 관한 법률 제12조에 따른 조건을 중대하게 위반함으로써 교통방해를 유발한 집회에 참가한 경우 참가 당시 이미 다른 참가자들에 의해 교통의 흐름이 차단된 상태였다고 하더라도 교통방해를 유발한 다른 참가자들과 암묵적·순차적으로 공모하여 교통방해의 위법상태를 지속시켰다고 평가할 수 있다면 일반교통방해죄가 성립한다.

② 형법 제187조에서 정한 '파괴'란 교통기관으로서의 기능·용법의 전부나 일부를 불가능하게 할 정도의 파손에 이르지 아니하는 단순한 손괴도 포함된다.

③ 일반교통방해죄는 이른바 추상적 위험범으로서 교통이 불가능하거나 또는 현저히 곤란한 상태가 발생하면 바로 기수가 되고 교통방해의 결과가 현실적으로 발생하여야 하는 것은 아니다.

④ 공로에 출입할 수 있는 다른 도로가 있는 상태에서 토지 소유자로부터 일시적인 사용승낙을 받아 통행하거나 토지 소유자가 개인적으로 사용하면서 부수적으로 타인의 통행을 묵인한 장소에 불과한 도로는 형법 제185조에서 말하는 육로에 해당하지 않는다.

243 통화위조죄 등에 관한 다음 설명 중 옳지 않은 것은? (다툼이 있으면 판례에 의함)

① 행사할 목적으로 '내국에서 유통하는' 외국의 화폐 등을 위조하면 형법 제207조 제2항의 외국통화위조죄가 성립하고, 행사할 목적으로 '외국에서 통용하는' 외국의 화폐 등을 위조하면 형법 제207조 제3항의 외국통화위조죄가 성립한다.

② 형법 제207조 제2항 소정의 내국에서 '유통하는'이란, 같은 조 제1항, 제3항 소정의 '통용하는'과 달리 강제통용력이 없이 사실상 거래 대가의 지급수단이 되고 있는 상태를 가리킨다.

③ 형법 제207조 제3항에서 '외국에서 통용한다'고 함은 그 외국에서 강제통용력을 가지는 것을 의미하는 것이므로 외국에서 통용하지 아니하는 즉, 강제통용력을 가지지 아니하는 지폐는 그것이 비록 일반인의 관점에서 통용할 것이라고 오인할 가능성이 있다고 하더라도 외국에서 통용하는 외국의 지폐에 해당한다고 할 수 없다.

④ 위조된 외국의 화폐, 지폐 또는 은행권이 강제통용력을 가지지 않는 경우에는 형법 제207조 제3항에서 정한 '외국에서 통용하는 외국의 화폐 등'에 해당하지 않고, 나아가 그 화폐 등이 국내에서 사실상 거래 대가의 지급수단이 되고 있지 않는 경우에는 형법 제207조 제2항에서 정한 '내국에서 유통하는 외국의 화폐 등'에도 해당하지 않으므로 그 화폐 등을 행사하더라도 형법 제207조 제4항에서 정한 위조통화행사죄를 구성하지 않는다고 할 것이고 또한 이러한 경우에는 형법 제234조에서 정한 위조사문서행사죄 또는 위조사도화행사죄로도 의율할 수 없다.

244 통화위조죄에 대한 설명으로 옳은 것은? (다툼이 있으면 판례에 의함)

① 위조통화를 행사하여 재물을 불법영득한 때에는 위조통화행사죄와 사기죄가 성립하며, 양 죄는 상상적 경합관계에 있다.
② 통화위조죄를 범할 목적으로 예비·음모한 자가 목적한 죄의 실행에 이르기 전에 자수한 때에는 그 형을 감경 또는 면제할 수 있다.
③ 형법은 행사할 목적으로 외국에서 유통하는 외국의 화폐, 지폐 또는 은행권을 위조 또는 변조한 자에 대한 처벌규정을 두고 있다.
④ 행사할 목적으로 통용하는 대한민국의 화폐, 지폐 또는 은행권을 위조 또는 변조한 행위에 대해서는 외국인의 국외범에 대해서도 대한민국 형법이 적용된다.

245 유가증권위조죄 등에 관한 다음 설명 중 옳지 않은 것은? (다툼이 있으면 판례에 의함)

① 유가증권이란 증권상에 표시된 재산상의 권리의 행사와 처분에 그 증권의 점유를 필요로 하는 것을 총칭하는 것으로서 재산권이 증권에 화체된다는 것과 그 권리의 행사와 처분에 증권의 점유를 필요로 한다는 두 가지 요소를 갖추면 족하지 반드시 유통성을 가질 필요는 없다.
② 외형상 일반인으로 하여금 진정하게 작성된 유가증권이라고 오신케 할 수 있을 정도로 작성된 것이라면 발행명의인이 가령 실재하지 않은 사자 또는 허무인이라 하더라도 유가증권위조죄가 성립된다.
③ 위조유가증권행사죄에 있어서의 유가증권이라 함은 위조된 유가증권의 원본은 물론 전자복사기, 모사전송기 기타 이와 유사한 기기를 사용하여 복사한 사본도 이에 포함된다.
④ 부정수표단속법 제5조는 '수표를 위조 또는 변조한 자는 1년 이상의 유기징역과 수표금액의 10배 이하의 벌금에 처한다'라고 규정하고 있는바, 이는 유가증권 중 수표의 위·변조행위에 관하여는 범죄성립요건을 완화하여 초과주관적 구성요건인 '행사할 목적'을 요구하지 아니하는 한편, 형법 제214조 제1항 위반에 해당하는 다른 유가증권위조·변조행위보다 그 형을 가중하여 처벌하려는 취지의 규정이라고 해석하여야 한다.

246 유가증권위조·변조죄에 관한 설명 중 옳지 않은 것은? (다툼이 있는 경우 판례에 의함)

① 유가증권위조죄에서의 유가증권은 융통성을 가질 필요는 없고, 재산권이 증권에 화체된다는 것과 그 권리의 행사와 처분에 근권의 점유를 필요로 한다는 요소를 갖추면 족하다.
② 신용카드업자가 발행한 신용카드는 이를 소지함으로써 신용구매가 가능하고 금융의 편의를 받을 수 있다는 점에서 유가증권위조죄에서의 유가증권에 해당한다.
③ 행사할 목적으로 외형상 일반인으로 하여금 진정하게 작성된 유가증권이라고 오신케 할 수 있을 정도로 작성된 것이라면 그 발행명의인이 허무인이라도 유가증권위조죄가 성립한다.
④ 유가증권위조죄의 죄수는 위조된 유가증권의 매수를 기준으로 정하는 것이 원칙이므로, 약속어음 2매의 위조행위는 포괄범죄가 아니라 경합범이다.

247 공공신용에 관한 죄에 대한 설명 중 가장 적절하지 않은 것은? (다툼이 있으면 판례에 의함)

① 통화의 변조는 권한 없이 진정한 통화에 가공하여 그 진실한 가치를 변경시키는 행위를 말하며, 진정한 통화를 그 재료로 삼는다.
② 자신의 신용력을 증명하기 위하여 타인에게 보일 목적으로 통화를 위조한 경우에는 행사할 목적을 인정할 수 없다.
③ 유가증권이란 증권상에 표시된 재산상의 권리의 행사와 처분에 그 증권의 점유를 필요로 하는 것을 총칭하고, 반드시 유통성을 가져야 한다.
④ 위조유가증권의 교부자와 피교부자가 서로 유가증권위조를 공모한 경우 그들 간의 위조유가증권교부행위는 위조유가증권행사죄에 해당하지 않는다.

248 통화 및 유가증권의 죄에 관한 설명 중 가장 적절한 것은? (다툼이 있으면 판례에 의함)

① 위조통화를 행사하여 재물을 취득한 경우 위조통화행사죄와 사기죄가 성립하고 양죄는 상상적 경합관계에 있다.
② 위조유가증권행사죄에 있어서의 유가증권에는 원본뿐만 아니라 사본도 포함된다.
③ 통화위조죄에서의 '행사할 목적'이란 위조한 통화를 진정한 통화로서 유통에 놓겠다는 목적을 말하므로 자신의 신용력을 증명하기 위하여 타인에게 보일 목적으로 통화를 위조한 경우에는 행사할 목적이 있다고 할 수 없다.
④ 유가증권의 내용 중 권한 없는 자에 의하여 이미 변조된 부분을 다시 권한 없이 변경한 경우 유가증권변조죄를 구성한다.

249 다음의 설명 중 가장 적절한 것은? (다툼이 있으면 판례에 의함)

① 일본국의 자동판매기 등에 투입하여 일본국의 500¥짜리 주화처럼 사용하기 위하여 한국은행발행 500원짜리 주화의 표면 일부를 깎아내어 손상을 가한 경우 그 크기와 모양 및 대부분의 문양이 그대로 남아 있더라도 형법 제207조 통화변조죄가 성립한다.

② 형법 제207조 통화위조죄에서 정한 '행사할 목적'은 자신의 신용력을 증명하기 위하여 타인에게 보일 목적으로 통화를 위조한 경우에도 인정할 수 있다.

③ 유가증권의 내용 중 권한 없는 자에 의하여 이미 변조된 부분을 다시 권한 없이 변경하였다고 하더라도 형법 제214조 유가증권변조죄는 성립하지 않는다.

④ 위조우표취득죄 및 위조우표행사죄에 관한 형법 제219조 및 제218조 제2항 소정의 "행사"라 함은 위조된 대한민국 또는 외국의 우표를 진정한 우표로서 사용하는 것으로 우편요금의 납부용으로 사용하는 것에 한정되고 우표수집의 대상으로서 매매하는 경우는 이에 해당하지 않는다.

250 다음 설명 중 옳지 않은 것은? (다툼이 있으면 판례에 의함)

① 위조통화임을 알고 있는 자에게 그 위조통화를 교부한 경우에 피교부자가 이를 유통시키리라는 것을 예상 내지 인식하면서 교부하였다면, 그 교부행위 자체가 통화에 대한 공공의 신용 또는 거래의 안전을 해할 위험이 있으므로 위조통화행사죄가 성립한다.

② 위조유가증권임을 알고 있는 자에게 교부하였더라도 피교부자가 이를 유통시킬 것임을 인식하고 교부하였다면, 그 교부행위 그 자체가 유가증권의 유통질서를 해할 우려가 있어 처벌의 이유와 필요성이 충분히 있다고 할 것이므로 위조유가증권행사죄가 성립한다.

③ 위조우표행사죄에 규정된 '행사할 목적'에는 위조된 우표를 그 정을 알고 있는 자에게 교부하더라도 교부받은 사람이 그 우표를 진정하게 발행된 우표로서 사용할 것이라는 정을 인식하면서 이를 교부하는 경우도 해당된다.

④ 위조문서행사죄에 있어서 행사의 상대방에는 아무런 제한이 없으나, 다만 문서가 위조된 것임을 이미 알고 있는 공범자 등이나 위조된 문서의 작성 명의인에게 행사하는 경우에는 위조문서행사죄가 성립될 수 없다.

251 문서의 죄에 대한 설명으로 옳지 않은 것은? (다툼이 있으면 판례에 의함)

① 위조의 요건을 구비한 이상 그 명의인이 허무인이거나 문서의 작성일자 전에 이미 사망하였다고 하더라도 문서위조죄가 성립하며, 이는 공문서뿐만 아니라 사문서의 경우에도 마찬가지이다.
② 문서 작성권한의 위임이 있는 경우라고 하더라도 그 위임을 받은 자가 위임받은 권한을 초월하여 문서를 작성한 경우 사문서위조죄가 성립한다.
③ 타인의 대표자 또는 대리자가 그 대표 또는 대리명의로 문서를 작성할 권한을 가지는 경우 그 지위를 남용하여 자기 또는 제3자의 이익을 도모할 목적으로 문서를 작성하였다 하더라도 자격모용사문서작성죄는 성립하지 아니한다.
④ 부실의 사실이 기재된 공정증서의 정본을 그 정을 모르는 법원 직원에게 교부한 행위는 부실기재공정증서원본행사죄에 해당한다.

252 공공의 신용에 관한 죄에 대한 설명으로 가장 적절한 것은? (다툼이 있으면 판례에 의함)

① 컴퓨터 모니터에 나타나는 이미지는 문서에 해당하지 않으므로 전세계약서 원본을 스캔하여 컴퓨터 화면에 띄운 후 그 보증금액란을 공란으로 만든 다음 이를 프린터로 출력하여 보증금액을 변조하고 변조된 전세계약서를 팩스로 송부하였더라도 사문서변조 및 동행사죄는 성립하지 않는다.
② 위조통화를 행사하여 재물을 불법영득한 때에는 위조통화행사죄와 사기죄가 성립하고 양죄는 상상적 경합관계에 있다.
③ 허위진단서작성죄에 있어서 허위의 기재는 사실에 관한 것이건 판단에 관한 것이건 불문하나 본죄는 원래 허위의 증명을 금지하려는 것이므로 그 내용이 허위라는 주관적 인식이 필요함은 물론 실질상 진실에 반하는 기재일 것이 필요하다.
④ 행사할 목적으로 허무인 명의의 유가증권을 작성한 경우 외형상 일반인으로 하여금 진정하게 작성된 유가증권이라고 오신하게 할 수 있을 정도라고 하더라도 유가증권위조죄는 성립하지 않는다.

253 문서에 관한 죄에 대한 설명 중 가장 적절하지 않은 것은? (다툼이 있으면 판례에 의함)

① 행사할 목적으로 작성된 문서가 일반인으로 하여금 당해 명의인의 권한 내에서 작성된 문서라고 믿게 할 수 있는 정도의 형식과 외관을 갖추고 있다면 그 명의인이 실재하지 않는 허무인이거나 또는 문서의 작성일자 전에 이미 사망하였더라도 문서위조죄가 성립한다.

② '변호사회 명의의 경유증표'와 같이 '문서가 원본인지 여부'가 중요한 거래에서 문서의 사본을 진정한 원본인 것처럼 행사할 목적으로 다른 조작을 가함이 없이 문서의 원본을 그대로 컬러복사기로 복사한 후 복사한 문서의 사본을 원본인 것처럼 행사한 행위는 사문서위조죄 및 동행사죄에 해당한다.

③ 장애인사용자동차표지를 사용할 권한이 없는 사람이 실효된 '장애인전용주차구역 주차표지가 있는 장애인사용자동차표지'를 자신의 자동차에 단순히 비치하였으나 장애인전용주차구역이 아닌 장소에 주차한 경우 장애인사용자동차표지를 본래의 용도에 따라 사용했다고 볼 수 없으므로 공문서부정행사죄가 성립하지 않는다.

④ 공무원이 아닌 자가 관공서에 허위사실을 기재한 증명원을 제출하여 그 내용이 허위인 정을 모르는 담당 공무원으로부터 증명서를 발급받은 경우 공문서위조죄의 간접정범이 성립한다.

254 공문서부정행사죄에 대한 설명으로 옳지 않은 것은? (다툼이 있으면 판례에 의함)

① 타인의 주민등록표등본을 그와 아무런 관련 없는 사람이 마치 자신의 것인 것처럼 행사하는 행위는 공문서부정행사죄를 구성하지 아니한다.

② 자동차 등의 운전자가 경찰공무원에게 다른 사람의 운전면허증 자체가 아니라 이를 촬영한 이미지파일을 휴대전화 화면 등을 통하여 보여주는 행위는 공문서부정행사죄를 구성하지 아니한다.

③ 경찰공무원으로부터 신분증의 제시를 요구받고 자신의 인적사항을 속이기 위하여 다른 사람의 운전면허증을 제시한 경우 운전면허증의 사용목적에 따른 행사로서 공문서부정행사죄가 성립한다.

④ 습득한 타인의 주민등록증을 자기 가족의 것이라고 제시하면서 그 주민등록증상의 명의로 이동전화 가입신청을 한 경우 타인의 주민등록증을 본래의 사용용도인 신분확인용으로 사용한 것으로서 공문서부정행사죄가 성립한다.

255 다음 설명 중 가장 옳지 않은 것은? (다툼이 있으면 판례에 의함)

① 법인이 설치·운영하는 전산망시스템에 제공되어 정보의 생성·처리·저장·출력이 이루어지는 전자기록 등 특수 매체기록은 그 법인의 임직원과의 관계에서 '타인'의 전자기록 등 특수매체기록에 해당한다.
② 시스템의 설치·운영 주체로부터 각자의 직무 범위에서 개개의 단위정보의 입력 권한을 부여받은 사람이 그 권한을 남용하여 허위의 정보를 입력함으로써 시스템 설치·운영 주체의 의사에 반하는 전자기록을 생성하는 경우에는 사전자기록등위작죄에서 말하는 전자기록의 '위작'에 포함되지 않는다.
③ 공문서의 작성권한 없는 사람이 허위공문서를 기안하여 작성권자의 결재를 받지 않고 공문서를 완성한 경우 공문서위조죄가 성립한다.
④ 자동차 등의 운전자가 경찰공무원에게 다른 사람의 운전면허증 자체가 아니라 이를 촬영한 이미지파일을 휴대전화 화면 등을 통하여 보여주는 행위는 공문서부정행사죄를 구성하지 아니한다.

256 문서와 인장에 관한 죄의 설명으로 가장 적절하지 않은 것은? (다툼이 있으면 판례에 의함)

① 형법 제238조의 공기호는 해당 부호를 공무원 또는 공무소가 사용하는 것만으로는 부족하고, 그 부호를 통하여 증명을 하는 사항이 구체적으로 특정되어 있고 해당 사항은 그 부호에 의하여 증명이 이루어질 것이 요구된다.
② 식당의 주·부식 구입 업무를 담당하는 공무원 甲이 계약 등에 의하여 공무소의 주·부식의 구입·검수 업무 등을 담당하는 조리장, 영양사 등의 명의를 위조하여 검수결과보고서를 작성한 경우 공문서위조죄에 해당한다.
③ 세금계산서상의 공급받는 자는 그 문서 내용의 일부에 불과할 뿐 세금계산서의 작성명의인은 아니라 할 것이니 '공급받는 자'란에 임의로 다른 사람을 기재하였다 하여 그 사람에 대한 관계에서 사문서위조죄가 성립된다고 할 수 없다.
④ 사문서변조죄는 권한없는 자가 이미 진정하게 성립된 타인 명의의 문서 내용에 대하여 동일성을 해하지 않을 정도로 변경을 가하여 새로운 증명력을 작출케 함으로써 공공적 신용을 해할 위험성이 있을 때 성립한다. 따라서 이미 진정하게 성립된 타인 명의의 문서가 존재하지 않는다면 사문서변조죄가 성립할 수 없다.

257 문서에 관한 죄에 대한 설명으로 가장 적절하지 않은 것은? (다툼이 있으면 판례에 의함)

① 허위공문서작성죄의 객체가 되는 문서는 문서상 작성명의인이 명시된 경우뿐 아니라 작성명의인이 명시되어 있지 않더라도 문서의 형식, 내용 등 문서 자체에 의하여 누가 작성하였는지를 추지할 수 있을 정도의 것이면 된다.

② 실제의 본명 대신 가명이나 위명을 사용하여 사문서를 작성한 경우 그 문서의 작성명의인과 실제 작성자의 인격이 상이할 때에는 위조죄가 성립할 수 있다.

③ 가정법원의 서기관이 이혼의사확인서등본을 작성한 후 그 뒤에 이혼신고서를 첨부하고 직인을 간인하여 교부한 경우 당사자가 이를 떼어내고 다른 내용의 이혼신고서를 붙여 관련 행정관서에 제출하였다면 공문서변조 및 변조공문서행사죄가 성립한다.

④ 사립학교 법인 이사가 이사회 회의록에 서명 대신 서명거부사유를 기재하고 그에 대한 서명을 한 경우 이사회 회의록의 작성권한자인 이사장이라 하더라도 임의로 이를 삭제하면 특별한 사정이 없는 한 사문서변조에 해당한다.

258 문서에 대한 설명으로 옳지 않은 것은? (다툼이 있으면 판례에 의함)

① 문서라 함은 문자 또는 이에 대신할 수 있는 가독적 부호로 계속적으로 물체상에 기재된 의사 또는 관념의 표시인 원본 또는 이와 사회적 기능, 신용성 등을 동일시할 수 있는 기계적 방법에 의한 복사본으로서 그 내용이 법률상, 사회생활상 주요사항에 관한 증거로 될 수 있는 것을 말한다.

② 컴퓨터 화면에 나타나는 이미지 파일은 프로그램을 실행할 때마다 전자적 반응을 일으켜 화면에 나타나는 것에 지나지 않아서 계속적으로 화면에 고정된 것으로는 볼 수 없으므로 형법상 문서에 관한 죄에 있어서 '문서'에 해당되지 않는다.

③ 주민등록증의 이름·주민등록번호란에 글자를 오려붙인 후 이를 컴퓨터 스캔 장치를 이용하여 이미지 파일로 만들어 컴퓨터 모니터로 출력하는 한편 타인에게 이메일로 전송한 경우 공문서위조 및 위조공문서행사죄를 구성하지 않는다.

④ 이미지 파일은 '문서'에 해당하지 않으므로 휴대전화 가입신청서를 위조한 후 이를 스캔한 이미지 파일을 제3자에게 이메일로 전송하여 컴퓨터 화면상으로 보게 한 행위는 위조사문서행사죄를 구성하지 않는다.

259 문서죄에 관한 다음 설명 중 옳은 것은? (다툼이 있으면 판례에 의함)

① 선박안전기술공단이 해양수산부장관을 대행하여 이사장 명의로 발급하는 선박검사증서는 공무원 또는 공무소가 작성하는 문서이므로 공문서위조죄나 허위공문서작성죄에서의 공문서에 해당한다.
② 허위공문서작성죄의 객체가 되는 문서는 문서상 작성명의인이 명시된 경우여야 하므로 작성명의인이 명시되어 있지 않은 문서는 허위공문서작성죄의 객체가 될 수 없다.
③ 위조사문서행사죄에 있어서의 행사는 위조된 사문서를 진정한 것으로 사용함으로써 사문서에 대한 공공의 신용을 해칠 우려가 있는 행위를 말하므로 위조된 사문서의 작성명의인은 행사의 상대방이 절대로 될 수 없고, 사문서가 위조된 것임을 이미 알고 있는 공범자 등에게 행사하는 경우에도 위조사문서행사죄가 성립될 수 없다.
④ 형법상 문서에 관한 죄로써 보호하고자 하는 것은 구체적인 문서 그 자체가 아니라 문서에 화체된 사람의 의사 표현에 관한 안전성과 신용이다.

260 허위공문서작성죄에 대한 설명으로 옳지 않은 것은? (다툼이 있으면 판례에 의함)

① 객체가 되는 문서는 문서상 작성명의인이 명시되어 있지 않더라도 문서의 형식, 내용 등 문서 자체에 의하여 누가 작성하였는지를 추지할 수 있을 정도의 것이면 된다.
② '직무에 관한 문서'라 함은 공무원이 직무권한 내에서 작성하는 문서를 말하며, 법률뿐 아니라 명령, 내규 또는 관례에 의한 직무집행의 권한으로 작성하는 경우도 포함된다.
③ 공증담당 변호사가 법무사의 직원으로부터 인증촉탁서류를 제출받은 후 법무사가 공증사무실에 출석하여 사서증서의 날인이 당사자 본인의 것임을 확인한 바 없지만, 업계의 관례에 따라 그러한 확인을 한 것처럼 인증서에 기재한 경우에는 허위공문서작성죄가 성립하지 아니한다.
④ 공무원이 고의로 법령을 잘못 적용하여 공문서를 작성한 경우에도 그 법령적용의 전제가 된 사실관계에 대한 내용에 거짓이 없다면 허위공문서작성죄가 성립하지 않는다.

261 허위공문서작성죄에 관한 다음 설명 중 가장 옳지 않은 것은? (다툼이 있으면 판례에 의함)

① 피의자신문조서 말미에 작성자의 서명, 날인이 없으나, 첫머리에 작성 사법경찰리와 참여 사법경찰리의 직위와 성명을 적어 넣은 것이 있다면 그 문서 자체에 의하여 작성자를 추지할 수 있으므로 그러한 피의자신문조서는 허위공문서작성죄의 객체가 되는 공문서로 볼 수 있다.

② 공무원이 아닌 피고인이 건축물조사 및 가옥대장 정리업무를 담당하는 공무원을 교사하여 무허가 건물을 허가받은 건축물인 것처럼 가옥대장 등에 등재케 하여 허위공문서 등을 작성케 한 사실이 인정된다면 허위공문서작성죄의 교사범으로 처벌할 수 있다.

③ 등기공무원이 소유권이전등기와 근저당권설정등기의 신청이 동시에 이루어지고 그와 함께 등본의 교부신청이 있었음에도 고의로 일부를 누락하여 소유권이전등기만 기입하고 근저당권설정등기는 기입하지 않은 채 등기부등본을 발급한 경우 본죄가 성립한다.

④ 공무원인 甲이 문서작성자에게 전화로 문의하여 원본과 상이 없다는 사실을 확인하였고, 실제 그 사본이 원본과 다른 점이 없다면, 실제 원본과 대조함이 없이 공무원 甲이 그 직무에 관하여 사문서 사본에 "원본대조필 토목 기사 甲"이라 기재하고 甲의 도장을 날인한 행위만으로는 허위공문서작성죄가 성립한다고 단정할 수 없다.

262 문서의 죄에 관한 설명 중 옳지 않은 것은? (다툼이 있으면 판례에 의함)

① 국적법 제3조 제1호에 따라 대한민국 국적을 취득하지 않았는데도 대한민국 국적을 취득한 것처럼 인적 사항을 기재하여 대한민국 여권을 발급받은 다음 이를 출입국심사 담당공무원에게 제출하였다면 위계로써 출입국심사업무에 관한 정당한 직무를 방해함과 동시에 부실의 사실이 기재된 여권을 행사한 것으로 볼 수 있다.

② 신탁자에게 아무런 부담이 지워지지 않은 채 재산이 수탁자에게 명의신탁된 경우에는 특별한 사정이 없는 한 재산의 처분 기타 권한행사에 관해서 수탁자가 자신의 명의사용을 포괄적으로 신탁자에게 허용하였다고 보아야 하므로 신탁자가 수탁자 명의로 신탁재산의 처분에 필요한 서류를 작성할 때에 수탁자로부터 개별적인 승낙을 받지 않았더라도 사문서위조·동행사죄가 성립하지 않는다.

③ 피고인이 온라인 구매사이트에서 검찰 업무표장(🏛 또는 ▮▮▮▮) 아래 피고인의 전화번호, 승용차 번호 또는 '공무수행' 문구를 표시한 표지판 3개를 주문하고 그 판매자로 하여금 제작하게 하여 배송받은 다음 이를 자신의 승용차에 부착하고 다녔는바, 이는 공기호위조 및 동행사죄에 해당한다.

④ 주식회사의 발기인 등이 법령에 정한 회사설립의 요건과 절차에 따라 회사설립등기를 함으로써 회사가 성립하였다고 볼 수 있는 경우 회사를 설립할 당시 회사를 실제로 운영할 의사 없이 회사를 이용한 범죄 의도나 목적이 있었다는 이유만으로는 공정증서원본부실기재죄에서 말하는 부실의 사실을 법인등기부에 기록하게 한 것으로 볼 수 없다.

263 문서에 관한 죄에 대한 설명으로 옳은 것은? (다툼이 있으면 판례에 의함)

① 피고인이 제20대 대통령선거를 앞두고 특정 후보자에 대한 지지선언 형식의 기자회견을 위하여 서명부 양식을 작성하여 최소 목표치인 1만 명으로부터 서명을 받기 위해 노력했으나 별다른 성과가 없자 총 315명의 허무인 명의로 서명부 21장을 임의로 작성한 경우 그 서명부는 권리·의무에 관한 문서 내지 거래상 중요한 사실을 증명하는 문서에 해당하므로 사문서위조죄가 성립한다.

② 자격모용사문서작성죄를 구성하는지 여부는 그 문서를 작성함에 있어 타인의 자격을 모용하였는지 아닌지의 형식에 의하여 결정할 것으로서 그 문서의 내용이 진실한지 아닌지는 위 죄의 성립 여부에 아무런 영향을 미칠 수 없다.

③ 휴대전화 신규 가입신청서를 위조한 후 이를 스캔한 이미지파일을 제3자에게 이메일로 전송하여 컴퓨터 화면으로 보게 한 경우 이미지 파일 자체는 문서에 해당하지 않으므로 위조사문서행사죄가 성립하지 않는다.

④ 형법 제231조(사문서 위조·변조)의 경우 유형위조만을 처벌하므로 형법 제232조의2(사전자기록위작·변작)에서의 '위작'은 유형위조만을 의미하는 것으로 해석하여야 하며, 이에 무형위조도 포함한다고 해석하는 것은 문언의 의미를 확장하여 처벌범위를 지나치게 넓히는 것으로 죄형법정주의에 반한다.

264 문서에 관한 죄에 대한 설명으로 옳지 않은 것은? (다툼이 있으면 판례에 의함)

① 공문서위조죄의 보호법익은 공문서의 진정에 대한 공공의 신용이므로 공문서로서의 형식과 외관을 갖추었는지 여부는 평균수준의 사리분별력을 갖는 일반인을 기준으로 판단하여야 하고, 피고인이 행사의 상대방으로 구체적으로 예정한 사람을 판단의 기준으로 삼을 수는 없다.

② 주식회사의 지배인은 회사의 영업에 관하여 재판상 또는 재판 외의 모든 행위를 할 권한이 있으므로 지배인이 직접 주식회사 명의 문서를 작성하는 행위는 위조나 자격모용사문서작성에 해당하지 않는 것이 원칙이다.

③ 부동산 매수인(乙)이 매도인(甲)과 부동산계약서 2통을 작성하고 그 중 1통을 가지고 있는 기회를 이용하여 행사할 목적으로 그 부동산계약서의 좌단 난외에 '전기 부동산에 대한 제3자에 대여한 전세계약은 乙이 승계하고 전세금반환의무를 부하기로 함'이라고 권한 없이 가필(加筆)하고 그 밑에 자신의 인장을 날인하였다면 사문서위조죄가 성립한다.

④ 세금계산서상의 공급받는 자는 그 문서 내용의 일부에 불과할 뿐이므로 임의적 기재사항인 '공급받는 자'란에 임의로 다른 사람을 기재하였더라도 그 사람에 대한 관계에서 사문서위조죄가 성립하지 않는다.

265 문서에 관한 죄에 대한 설명으로 가장 적절하지 않은 것은? (다툼이 있으면 판례에 의함)

① 명의인이 실재하지 않는 허무인이거나 또는 문서의 작성일자 전에 이미 사망하였다고 하더라도 그러한 문서 역시 공공의 신용을 해할 위험성이 있으므로 문서위조죄의 객체가 되며, 이는 공문서뿐만 아니라 사문서의 경우에도 마찬가지이다.

② 문서가 원본인지 여부가 중요한 거래에서 문서의 사본을 진정한 원본인 것처럼 행사할 목적으로 다른 조작을 가함이 없이 문서의 원본을 그대로 컬러복사기로 복사한 후 복사한 문서의 사본을 원본인 것처럼 행사한 행위는 문서위조죄 및 동행사죄에 해당한다.

③ 간접정범을 통한 위조문서행사범행에 있어 도구로 이용된 자라고 하더라도 문서가 위조된 것임을 알지 못하는 자에게 행사한 경우에는 위조문서행사죄가 성립한다.

④ 허위공문서작성의 주체는 직무상 그 문서를 작성할 권한이 있는 공무원에 한하므로 작성권한이 없는 기안담당 공무원 甲이 그 직위를 이용하여 행사할 목적으로 허위의 내용이 기재된 문서 초안을 그 정을 모르는 작성권한이 있는 상사에게 제출하여 결재하도록 하는 등의 방법으로 허위의 공문서를 작성하게 한 경우에는 甲에게 허위공문서작성죄의 간접정범이 성립하지 않는다.

266 공공의 신용에 대한 죄에 관한 설명으로 가장 적절하지 않은 것은? (다툼이 있으면 판례에 의함)

① 사용권한자와 용도가 특정되어 있는 공문서를 사용권한 없는 자가 사용한 경우 그 공문서 본래의 용도에 따른 사용이 아니라 하더라도 형법 제230조의 공문서부정행사죄가 성립된다.

② 문서가 위조된 것임을 이미 알고 있는 공범자 등에게 행사하는 경우에는 위조문서행사죄가 성립할 수 없으나, 간접정범을 통한 위조문서행사범행에 있어 도구로 이용된 자라고 하더라도 문서가 위조된 것임을 알지 못하는 자에게 행사한 경우에는 위조문서행사죄가 성립한다.

③ 인터넷을 통하여 열람·출력한 등기사항전부증명서 하단의 열람일시 부분을 수정테이프로 지우고 복사한 행위는 공문서변조에 해당한다.

④ 위조된 외국의 화폐, 지폐 또는 은행권이 강제통용력을 가지지 않고, 그 화폐 등이 국내에서 사실상 거래 대가의 지급수단이 되고 있지 않는 경우에는 그 화폐 등을 행사하더라도 위조통화행사죄를 구성하지 않는다고 할 것이므로, 형법 제234조에서 정한 위조사문서행사죄 또는 위조사도화행사죄로 의율할 수 있다.

267 문서에 관한 죄에 대한 설명으로 가장 적절하지 않은 것은? (다툼이 있으면 판례에 의함)

① 사법경찰관인 피고인이 검사로부터 '피해자들로부터 교통사고 경위에 대해 구체적인 진술을 청취하여 운전자 도주 여부에 대해 재수사할 것'을 요청받았음에도 재수사 결과서의 재수사 결과란에 피해자들로부터 진술을 청취하지 않고도 진술을 듣고 그 진술내용을 적은 것처럼 기재하고 자신의 독자적인 의견이나 추측에 불과한 것을 마치 피해자들로부터 직접 들은 진술인 것처럼 기재했다면 허위공문서작성 및 고의가 인정되어 허위공문서작성죄가 성립한다.

② 변호사 甲이 대량의 저작권법 위반 형사고소 사건을 수임하여 피고소인 30명을 각각 형사고소하기 위하여 20건 또는 10건의 고소장을 개별적으로 수사관서에 제출하면서 하나의 고소위임장에만 소속 변호사회에서 발급받은 진정한 경유증표 원본을 첨부한 후 이를 일체로 하여 컬러복사기로 20장 또는 10장의 고소위임장을 각 복사한 다음 고소위임장과 일체로 복사한 경유증표를 고소장에 첨부하여 접수한 경우에는 사문서위조 및 동행사죄가 성립한다.

③ 법무사 甲이 위임인 A가 문서명의자로부터 문서작성 권한을 위임받지 않았음을 알면서도 법무사법 제25조에 따른 확인절차를 거치지 아니하고 권리의무에 중대한 영향을 미칠 수 있는 문서를 작성한 경우에는 사문서위조죄가 성립한다.

④ 공무원 아닌 甲이 관공서에 허위 내용의 증명원을 제출하여 그 내용이 허위인 정을 모르는 담당공무원 A로부터 그 증명원 내용과 같은 증명서를 발급받은 경우에는 공문서위조죄의 간접정범으로 처벌된다.

268 문서에 관한 죄에 관한 설명 중 옳지 않은 것은? (다툼이 있는 경우 판례에 의함)

① 공전자기록등부실기재죄에서 '부실의 사실기재'는 당사자의 허위신고에 의하여 이루어져야 하므로 법원의 촉탁에 의하여 등기를 마친 경우에는 그 전제절차에 허위적 요소가 있더라도 공전자기록등부실기재 및 동행사죄가 성립하지 않는다.

② 타인의 부동산을 자기 소유라고 허위의 사실을 신고하여 소유권이전등기를 경료한 후 나아가 그 부동산이 자기의 소유인 것처럼 가장하여 그 부동산에 관하여 자기 명의로 채권자와의 사이에 근저당권설정등기를 경료한 경우, 공정증서원본부실기재 및 동행사죄가 성립하지 않는다.

③ 법원에 허위 내용의 조정신청서를 제출하여 판사로 하여금 조정조서에 부실의 사실을 기재하게 한 경우, 공정증서원본부실기재 및 동행사죄가 성립한다.

④ 어떤 부동산에 관하여 피상속인에게 실체상의 권리가 없었음에도 불구하고 재산상속인이 상속을 원인으로 한 소유권이전등기를 경료한 경우, 공정증서원본부실기재 및 동행사죄가 성립한다.

269 전자기록위작·변작죄에 관한 다음 설명 중 옳지 않은 것은? (다툼이 있으면 판례에 의함)

① 사전자기록위작·변작죄에서 말하는 권리의무 또는 사실증명에 관한 타인의 전자기록 등 특수매체기록이라 함은 일정한 저장매체에 전자방식이나 자기방식에 의하여 저장된 기록을 의미한다.

② 공전자기록위작·변작죄나 사전자기록위작·변작죄에서 '사무처리를 그르치게 할 목적'이란 위작 또는 변작된 전자기록이 사용됨으로써 시스템을 설치·운용하는 주체의 사무처리를 잘못되게 하는 것을 말한다.

③ 공전자기록위작죄에서 전자기록의 '위작'이란 전자기록의 생성에 관여할 권한이 없는 사람이 전자기록을 작출하거나 전자기록의 생성에 필요한 단위 정보의 입력을 하는 경우는 물론이고, 시스템의 설치·운영 주체로부터 각자의 직무 범위에서 개개의 단위 정보의 입력 권한을 부여받은 사람이 그 권한을 남용하여 허위의 정보를 입력함으로써 시스템 설치·운영 주체의 의사에 반하는 전자기록을 생성하는 경우도 포함한다.

④ 시스템을 설치·운영하는 주체와의 관계에서 전자기록의 생성에 관여할 권한이 없는 사람이 전자기록을 작출하거나 전자기록의 생성에 필요한 단위 정보의 입력을 하는 경우는 물론 시스템의 설치·운영 주체로부터 각자의 직무 범위에서 개개의 단위정보의 입력 권한을 부여받은 사람이 그 권한을 남용하여 허위의 정보를 입력함으로써 시스템 설치·운영 주체의 의사에 반하는 전자기록을 생성하는 경우도 공전자기록등위작죄에서 말하는 전자기록의 '위작'에 포함되지만, 위 법리는 사전자기록등위작죄에서 행위의 태양으로 규정한 '위작'에 대해서는 적용되지 아니한다.

270 다음 중 전자기록위작·변작죄가 성립하지 않는 것은? (다툼이 있으면 판례에 의함)

① 피고인이 인터넷 포털사이트에 개설한 카페의 설치·운영 주체로부터 글쓰기 권한을 부여받아 카페에 접속하여 자신의 아이디로 허위내용의 글을 작성·게시한 경우

② 코미드(KOMID)라는 상호의 가상화폐 거래소의 대표이사와 사내이사인 피고인들이 거래소 은행계좌 등에 원화 등의 실제 입금 없이 거래시스템에서 생성한 차명계정에 원화 포인트 등을 입력한 경우

③ 경찰서 조사계 소속 경찰관인 피고인 甲이 사실은 A에 대한 고소사건을 처리하지 아니하였음에도 불구하고, 정을 모르는 乙을 통하여 경찰범죄정보시스템에 그 사건을 검찰에 송치한 것으로 허위사실을 입력한 경우

④ 乙이 체비지 현장에 출장을 나간 사실이 없고 피고인 甲만이 체비지 현장에 출장을 나갔음에도 불구하고, 마치 乙이 직접 출장을 나간 것처럼 행정지식관리시스템에 허위의 정보를 입력하여 출장복명서를 생성한 후 이를 도시과장에게 전송한 경우

271 다음 중 문서부정행사죄가 성립하는 것은 모두 몇 개인가? (다툼이 있으면 판례에 의함)

> ㉠ 피고인이 제3자로부터 신분확인을 위하여 신분증명서의 제시를 요구받고 다른 사람의 운전면허증을 제시한 경우
> ㉡ 자동차 등의 운전자인 피고인이 경찰공무원에게 다른 사람의 운전면허증 자체가 아니라 이를 촬영한 이미지파일을 휴대전화 화면 등을 통하여 보여준 경우
> ㉢ 피고인이 실효된 '장애인전용주차구역 주차표지가 있는 장애인사용자동차표지'를 승용차에 계속 비치한 채 아파트 주차장 중 장애인전용주차구역이 아닌 장소에 주차한 경우
> ㉣ 피고인이 조세범처벌법위반 사건으로 지방세무서 조사과에서 조사를 받으면서 다른 사람인 것처럼 행세하기 위하여 범칙혐의자 심문조서의 진술인란에 다른 사람 명의로 서명하여 이를 조사관에게 제시하고 다른 사람 명의 국가유공자증을 조사관에게 제시한 경우

① 1개　　　　　　　　　　② 2개
③ 3개　　　　　　　　　　④ 4개

272 문서의 죄에 대한 설명으로 옳지 않은 것은? (다툼이 있으면 판례에 의함)

① 甲이 A의 주민등록증을 이용하여 주민등록증상 이름과 사진을 종이로 가리고서 복사기로 복사하고, 컴퓨터를 이용하여 위조하려는 乙의 인적사항과 주소, 발급일자를 기재하여 덮어쓰기하고 다시 복사하여 전혀 별개의 주민등록증사본을 창출한 경우 그 사본은 공문서위조죄의 객체가 되는 '공문서'에 해당한다.
② 甲이 이미 자신이 위조한 휴대전화 신규가입신청서를 스캐너로 읽어 들여 이미지화한 다음 그 이미지 파일을 乙에게 이메일로 전송하여 컴퓨터 화면상에서 보게 한 경우 스캐너로 읽어들여 이미지화한 파일은 문서에 관한 죄에 있어서 '문서'에 해당하지 않으므로 위조사문서행사죄가 성립하지 아니한다.
③ 공정증서원본 등의 부실기재죄에서 '부실의 기재'라고 함은 권리의무관계에서 중요한 의미를 갖는 사항이 객관적인 진실에 반하는 것을 말한다.
④ 甲이 컴퓨터 스캔 작업을 통하여 만들어낸 공인중개사 자격증의 이미지파일은 전자기록으로서 전자기록장치에 전자적 형태로서 고정되어 계속성이 있다고 볼 수는 있으나, 그러한 형태는 그 자체로서 시각적 방법에 의해 이해할 수 있는 것이 아니어서 이는 '문서'에 해당하지 아니한다.

273 문서의 죄에 대한 설명으로 옳지 않은 것은? (다툼이 있으면 판례에 의함)

① 사문서변조죄는 권한 없는 자가 이미 진정하게 성립된 타인 명의의 문서 내용에 대하여 동일성을 해하지 않을 정도로 변경을 가하여 새로운 증명력을 작출케 함으로써 공공적 신용을 해할 위험성이 있을 때 성립하므로, 이미 진정하게 성립된 타인 명의의 문서가 존재하지 않는다면 사문서변조죄가 성립할 수 없다.

② 위조한 전문건설업등록증의 컴퓨터 이미지 파일을 그 위조사실을 모르는 사람에게 이메일로 송부하고 그로 하여금 프린터로 출력하게 한 경우 위조공문서행사죄가 성립하지 아니한다.

③ 공무원이 아닌 자는 형법 제228조의 공정증서원본등의 부실기재죄의 경우를 제외하고는 허위공문서작성죄의 간접정범으로 처벌할 수 없으나, 공무원이 아닌 자가 공무원과 공동하여 허위공문서작성죄를 범한 때에는 공무원이 아닌 자도 형법 제30조, 제33조에 의하여 허위공문서작성죄의 공동정범이 된다.

④ 회사 내부 규정 등에 의하여 제한된 권한 범위를 벗어나지 않는 한 주식회사의 지배인은 회사의 영업에 관하여 재판상 또는 재판 외의 모든 행위를 할 권한이 있으므로 지배인이 직접 주식회사 명의 문서를 작성하는 행위는 위조나 자격모용사문서작성에 해당하지 않는 것이 원칙이고, 이는 그 문서의 내용이 진실에 반하는 허위이거나 권한을 남용하여 자기 또는 제3자의 이익을 도모할 목적으로 작성된 경우에도 마찬가지이다.

274 문서에 관한 죄에 대한 설명으로 가장 적절한 것은? (다툼이 있으면 판례에 의함)

① 최종 결재권자를 보조하여 문서의 기안업무를 담당한 공무원이 이미 결재를 받아 완성된 공문서에 대하여 적법한 절차를 밟지 않고 그 내용을 변경한 경우에는 공문서변조죄가 성립할 수 없다.

② 공무원인 의사가 공무소의 명의로 허위의 진단서를 작성한 경우 허위공문서작성죄와 허위진단서작성죄가 성립하고 두 죄는 상상적 경합관계에 있다.

③ 공문서와 달리 사문서에 있어서는 권한 있는 사람의 허위작성을 예외적으로만 처벌하는 형법의 태도를 고려할 때, 형법 제232조의2에서 정하는 사전자기록등위작죄에서의 '위작'에 시스템의 설치 운영 주체로부터 각자의 직무 범위에서 개개의 단위정보의 입력 권한을 부여받은 사람이 그 권한을 남용하여 허위의 정보를 입력함으로써 시스템 설치 운영 주체의 의사에 반하는 전자기록을 생성하는 경우는 포함되지 않는다고 보아야 한다.

④ 금융위원회법 제29조, 제69조 제1항에서 정한 금융감독원 집행간부인 금융감독원장 명의의 문서를 위조, 행사한 행위는 사문서위조죄, 위조사문서행사죄에 해당하는 것이 아니라 공문서위조죄, 위조공문서행사죄에 해당한다.

275 다음 설명 중 가장 옳지 않은 것은? (다툼이 있으면 판례에 의함)

① 인감증명서 발급업무를 담당하는 공무원이 발급을 신청한 본인이 직접 출두한 바 없음에도 불구하고 본인이 직접 신청하여 발급받은 것처럼 인감증명서에 기재하였다면 이는 공문서위조죄가 아닌 허위공문서작성죄를 구성한다.
② 이사회를 개최함에 있어 공소외 이사들이 그 참석 및 의결권의 행사에 관한 권한을 甲에게 위임하였다면, 그 이사들이 실제로 이사회에 참석하지도 않았는데 마치 참석하여 의결권을 행사한 것처럼 甲이 이사회 회의록에 기재하였다 하더라도 甲에게 사문서위조 및 동행사죄가 성립하지 않는다.
③ 문서명의인이 이미 사망하였는데도 문서명의인이 생존하고 있다는 점이 문서의 중요한 내용을 이루거나 그 점을 전제로 문서가 작성되었다고 하더라도 그러한 내용의 문서에 관하여 사망한 명의자의 승낙이 추정된다면 사문서위조죄가 성립하지 않는다.
④ 주식회사의 지배인이 직접 주식회사 명의 문서를 작성하는 행위는 위조나 자격모용사문서작성에 해당하지 않는 것이 원칙이고, 이는 그 문서의 내용이 진실에 반하는 허위이거나 권한을 남용하여 자기 또는 제3자의 이익을 도모할 목적으로 작성된 경우에도 마찬가지이다.

276 공연음란죄에 관한 설명 중 옳은 것은 모두 몇 개인가? (다툼이 있으면 판례에 의함)

㉠ 말다툼 후 항의하는 과정에서 바지와 팬티를 내리고 엉덩이를 노출시킨 행위는 사람에게 부끄러운 느낌이나 불쾌감을 주는 정도에 불과하고, 정상적인 성적 수치심을 해할 정도에 해당 하지 않아 공연음란죄가 성립하지 않는다.
㉡ 음란성을 구체적으로 판단함에 있어서는 행위자의 주관적 의도가 아니라 사회 평균인의 입장에서 그 전체적인 내용을 관찰하여 건전한 사회통념에 따라 객관적이고 규범적으로 평가하여야 한다.
㉢ 공연음란죄에서 정하는 '음란한 행위'는 일반인의 성욕을 자극하여 성적 흥분을 유발하고 정상적인 성적 수치심을 해하여 성적 도의관념에 반하는 것을 의미하고, 그 행위의 음란성에 대한 의미의 인식뿐만 아니라 성욕의 흥분, 만족 등의 성적인 목적이 있어야 공연음란죄가 성립한다.
㉣ 공연음란죄에서 정하는 '음란한 행위'를 특정한 사람을 상대로 한다고 해서 반드시 강제추행죄가 성립하는 것은 아니다.

① 1개 ② 2개
③ 3개 ④ 4개

277 도박장소등개설죄(도박개장죄)에 관한 다음 설명 중 옳지 않은 것은? (다툼이 있으면 판례에 의함)

① 도박장소등개설죄는 영리의 목적으로 도박을 하는 장소나 공간을 개설한 경우에 성립한다.
② 도박개장죄는 영리의 목적으로 스스로 주재자가 되어 그 지배하에 도박장소를 개설함으로써 성립하는 것으로서 도박죄와는 별개의 독립된 범죄이다.
③ 도박개장죄에서 '영리의 목적'이란 도박개장의 대가로 불법한 재산상의 이익을 얻으려는 의사를 의미하는 것으로 반드시 도박개장의 직접적 대가가 아니라 도박개장을 통하여 간접적으로 얻게 될 이익을 위한 경우에도 영리의 목적이 인정되지만, 현실적으로 그 이익을 얻지 못했을 경우에는 도박개장죄는 성립하지 아니한다.
④ 도박개장죄는 영리의 목적으로 도박을 개장하면 기수에 이르고 현실로 도박이 행하여졌음은 묻지 않는바, 영리의 목적으로 인터넷 도박게임 사이트를 개설하여 운영하는 경우 게임이용자들과 게임회사 사이에 있어서 재물이 오고갈 수 있는 상태에 있으면 게임이용자가 도박게임 사이트에 접속하여 실제 게임을 하였는지 여부와 관계없이 도박개장죄의 기수에 이른다.

278 시체유기죄 등에 관한 다음 설명 중 옳지 않은 것은? (다툼이 있으면 판례에 의함)

① 제사주재자 또는 그로부터 정당하게 승낙을 얻은 자의 동의 없이 함부로 유골의 물리적 형상을 변경하는 등으로 훼손하는 것은 사자에 대한 경애·추모 등 사회적 풍속으로서의 종교적 감정 또는 종교적 평온을 해치는 '손괴'에 해당한다고 평가할 수 있다.
② 사람을 살해한 자가 그 사체를 다른 장소로 옮겨 유기하였을 때에는 별도로 사체유기죄가 성립하고, 이와 같은 사체유기를 불가벌적 사후행위로 볼 수는 없다.
③ 사체의 발견이 불가능 또는 심히 곤란하게 하려는 의사로 인적이 드문 장소로 피해자를 유인하거나 실신한 피해자를 끌고 가서 그곳에서 살해하고 사체를 그대로 둔 채 도주한 경우 살인죄 외에 별도로 사체은닉죄가 성립한다.
④ 변사체검시방해죄에 있어 '변사자'라 함은 부자연한 사망으로서 그 사인(死因)이 분명하지 않은 자를 의미하고 그 사인이 명백한 경우는 변사자라 할 수 없으므로 범죄로 인하여 사망한 것이 명백한 자의 사체는 변사체검시방해죄의 객체가 될 수 없다.

279 직무유기죄에 대한 설명으로 가장 적절하지 않은 것은? (다툼이 있으면 판례에 의함)

① 교육기관·교육행정기관·지방자치단체 또는 교육연구기관의 장이 징계의결을 집행하지 못할 법률상·사실상의 장애가 없는데도 징계의결서를 통보받은 날로부터 법정 시한이 지나도록 집행을 유보하는 모든 경우에 직무유기죄가 성립한다.
② 무단이탈로 인한 직무유기죄 성립 여부는 결근 사유와 기간, 담당하는 직무의 내용과 적시 수행 필요성, 결근으로 직무 수행이 불가능한지, 결근 기간에 국가기능의 저해에 대한 구체적인 위험이 발생하였는지 등을 종합적으로 고려하여 신중하게 판단해야 한다.
③ 직무유기라 함은 공무원이 법령, 내규 등에 의한 추상적인 충근의무를 태만히 하는 일체의 경우를 이르는 것이 아니고, 직장의 무단이탈, 직무의 의식적인 포기 등과 같이 그것이 국가의 기능을 저해하며 국민에게 피해를 야기시킬 가능성이 있는 경우를 말한다.
④ 경찰관이 불법체류자의 신병을 출입국관리사무소에 인계하지 않고 훈방하면서 이들의 인적사항조차 기재해 두지 아니하였다면 직무유기죄가 성립한다.

280 직무유기죄에 관한 다음 설명 중 가장 옳지 않은 것은? (다툼이 있으면 판례에 의함)

① 직무유기죄는 공무원이 법령·내규 등에 의한 추상적 충근의무를 태만히 하는 일체의 경우에 성립하는 것이 아니라 직무의 의식적인 포기 등과 같이 국가의 기능을 저해하고 국민에게 피해를 야기시킬 구체적 위험성이 있고 불법과 책임비난의 정도가 높은 법익침해의 경우에 한하여 성립한다.
② 통고처분이나 고발을 할 권한이 없는 세무공무원이 그 권한자에게 범칙사건조사 결과에 따른 통고처분이나 고발조치를 건의하는 등의 조치를 취하지 않았다면 이는 자신의 직무를 저버린 행위로서 국가의 기능을 저해하며 국민에게 피해를 야기시킬 가능성이 있어 직무유기죄에 해당한다.
③ 형법 제122조 후단 소정의 직무유기죄는 소위 부진정 부작위범으로서 그 작위의무를 수행하지 아니하여 구성요건에 해당하는 사실이 있었고 그 후에도 계속하여 그 작위의무를 수행하지 아니하는 위법한 부작위 상태가 계속하는 한 가벌적 위법상태는 계속 존재하고 있다.
④ 무단이탈로 인한 직무유기죄 성립 여부는 결근 사유와 기간, 담당하는 직무의 내용과 적시 수행 필요성, 결근으로 직무수행이 불가능한지, 결근 기간에 국가기능의 저해에 대한 구체적인 위험이 발생하였는지 등을 종합적으로 고려하여 신중하게 판단해야 한다.

281 공무원의 직무에 관한 죄의 설명 중 가장 적절하지 않은 것은? (다툼이 있으면 판례에 의함)

① 지방자치단체의 장이 미리 승진후보자명부상 후보자들 중에서 승진대상자를 실질적으로 결정한 다음, 그 내용을 인사위원회 간사, 서기 등을 통해 인사위원회 위원들에게 '승진대상자 추천'이라는 명목으로 제시하여 인사위원회로 하여금 자신이 특정한 후보자들을 승진대상자로 의결하도록 유도하는 행위는 직권남용권리행사방해죄의 구성요건인 '직권의 남용' 및 '의무 없는 일을 하게 한 경우'로 볼 수 있다.

② 공무원이 직무상 알게 된 비밀을 그 직무와의 관련성 혹은 필요성에 기하여 해당 직무의 집행과 관련 있는 다른 공무원에게 직무집행의 일환으로 전달한 경우 국가기능에 위험이 발생하리라고 볼 만한 특별한 사정이 인정되지 않는 한 그 행위는 비밀의 누설에 해당하지 아니한다.

③ 직무집행의 의사로 자신의 직무를 수행한 경우에는 그 직무집행의 내용이 위법한 것으로 평가된다는 점만으로 직무유기죄의 성립을 인정할 것은 아니고, 공무원이 태만·분망 또는 착각 등으로 인하여 직무를 성실히 수행하지 아니한 경우나 형식적으로 또는 소홀히 직무를 수행한 탓으로 적절한 직무수행에 이르지 못한 것에 불과한 경우에도 직무유기죄는 성립하지 아니한다.

④ 경찰관들이 현행범으로 체포한 도박혐의자들에게 현행범인체포서 대신에 임의동행동의서를 작성하게 하고, 그나마 제대로 조사도 하지 않은 채 석방하였으며, 압수한 일부 도박자금에 관하여 압수조서 및 목록도 작성하지 않은 채 반환하고, 일부 도박혐의자의 명의도용 사실과 도박 관련 범죄로 수회 처벌받은 전력을 확인하고서도 아무런 추가조사도 없이 석방한 경우 그 경찰관들에게는 직무유기죄가 성립한다.

282 공무원의 직무에 관한 죄에 대한 설명으로 가장 적절하지 않은 것은? (다툼이 있으면 판례에 의함)

① 공무원이 어떠한 위법사실을 발견하고도 직무상 의무에 따른 적절한 조치를 취하지 아니하고 위법사실을 적극적으로 은폐할 목적으로 허위공문서를 작성 행사한 경우에는 허위공문서작성죄 및 동행사죄 이외에도 직무유기죄가 성립한다.

② 명문의 규정이 없더라도 법령과 제도를 종합적, 실질적으로 살펴보아 그것이 해당 공무원의 직무권한에 속한다고 해석되고, 이것이 남용된 경우 상대방으로 하여금 사실상 의무 없는 일을 하게 하거나 권리를 방해하기에 충분한 것이라고 인정되는 경우는 직권남용죄에서 말하는 일반적 직무권한에 포함된다.

③ 직권남용 행위의 상대방이 일반 사인인 경우 특별한 사정이 없는 한 직권에 대응하여 따라야 할 의무가 없으므로 그에게 어떠한 행위를 하게 하였다면 직권남용권리행사방해죄의 '의무 없는 일을 하게 한 때'에 해당할 수 있다.

④ 공무상비밀누설죄에서 말하는 '비밀'이란 실질적으로 그것을 비밀로서 보호할 가치가 있다고 인정할 수 있는 것이어야 한다.

283 직무유기죄에 관한 설명 중 옳지 않은 것은? (다툼이 있으면 판례에 의함)

① 경찰공무원이 지명수배 중인 범인을 발견하고도 직무상 의무에 따른 적절한 조치를 취하지 아니하고 오히려 범인을 도피하게 하는 행위를 하였다면 범인도피죄만 성립하고 직무유기죄는 따로 성립하지 않는다.
② 직무유기죄는 작위의무를 수행하지 아니함으로써 구성요건에 해당하는 사실이 있었고 그 후에도 계속하여 그 작위의무를 수행하지 아니하는 위법한 부작위상태가 계속되는 한 가벌적 위법상태는 계속 존재하고 있다고 할 것이므로 즉시범이라 할 수 없다.
③ 하나의 행위가 부작위범인 직무유기죄와 작위범인 허위공문서작성·행사죄의 구성요건을 동시에 충족하는 경우 공소제기권자가 작위범인 허위공문서작성·행사죄로 공소를 제기하지 아니하고 부작위범인 직무유기죄로만 공소를 제기할 수는 없다.
④ 지방자치단체장이 전국공무원노동조합이 주도한 파업에 참가한 소속 공무원들에 대하여 관할 인사위원회에 징계의결요구를 하지 아니하고 가담 정도의 경중을 가려 자체 인사위원회에 징계의결요구를 하거나 훈계처분을 하도록 지시한 행위는 직무유기죄를 구성하지 않는다.

284 직무유기죄와 직권남용죄에 대한 설명으로 옳지 않은 것은? (다툼이 있으면 판례에 의함)

① 직무유기죄는 그 직무를 수행하여야 하는 작위의무의 존재와 그에 대한 위반을 전제로 하고 있는바, 공무원이 정당한 이유 없이 그 직무수행을 거부하거나 그 직무를 유기한 때 즉시 성립하는 즉시범이다.
② 직무유기죄는 공무원이 추상적 성실의무를 태만히 하는 일체의 경우에 성립하는 것이 아니라 직장의 무단이탈, 직무의 의식적인 포기 등과 같이 국가의 기능을 저해하고 국민에게 피해를 야기시킬 가능성이 있는 경우에 한하여 성립한다.
③ 직권남용죄에서 '직권남용'은 '사람으로 하여금 의무 없는 일을 하게 한 것'과 '사람의 권리행사를 방해한 것'과 구별되는 별개의 범죄성립요건으로 공무원이 한 행위가 직권남용에 해당한다고 하여 바로 상대방이 한 일이 '의무 없는 일'에 해당한다고 인정할 수는 없다.
④ '권리행사를 방해함으로 인한 직권남용권리행사방해죄'와 '의무 없는 일을 하게 함으로 인한 직권남용권리행사방해죄'의 두 가지 행위태양에 모두 해당하는 경우 전자만 성립하고 후자는 따로 성립하지 아니하는 것으로 봄이 상당하다.

285 직권남용죄에 관한 다음 설명 중 가장 옳지 않은 것은? (다툼이 있으면 판례에 의함)

① 형법 제123조 직권남용죄의 미수범은 처벌하지 아니한다.
② 공무원의 직권남용행위가 있었다 할지라도 현실적으로 권리행사의 방해라는 결과가 발생하지 아니하였다면 직권남용죄가 성립하지 않는다.
③ 직권남용죄는 공무원이 그 일반적 직무권한에 속하는 사항에 관하여 직권의 행사에 가탁하여 실질적·구체적으로 위법·부당한 행위를 한 경우에 성립하고, 그 일반적 직무권한은 반드시 법률상의 강제력을 수반하는 것임을 요하지 않는다.
④ 공무원이 자신의 직무권한에 속하는 사항에 관하여 실무담당자로 하여금 그 직무집행을 보조하는 사실행위를 하도록 한 경우 그 직무집행이 위법한 것이라면 특별한 사정이 없는 이상 의무 없는 일을 하게 한 때에 해당한다.

286 공무원의 직무에 관한 죄에 대한 설명으로 가장 적절하지 않은 것은? (다툼이 있으면 판례에 의함)

① 공무원이 아닌 사람과 공무원이 공모하여 금품을 수수한 경우 각 수수자가 수수한 금품별로 직무 관련성 유무를 달리 볼 수 있다면 각 금품마다 직무와의 관련성을 따져 뇌물성 여부를 인정하여야 한다.
② 공무원이 자신의 직무권한에 속하는 사항에 관하여 실무담당자로 하여금 그 직무집행을 보조하는 사실행위를 하도록 한 경우 원칙적으로 직권남용권리행사방해죄에서 말하는 '의무 없는 일을 하게 한 때'에 해당한다.
③ 형법 제122조의 직무유기죄에서 '직무를 유기한다는 것'은 공무원이 법령, 내규 등에 따른 추상적 성실의무를 게을리하는 일체의 경우를 말하는 것이 아니라 직장의 무단이탈, 직무의 의식적인 포기 등과 같이 국가의 기능을 저해하고 국민에게 피해를 야기할 구체적인 가능성이 있는 경우만을 가리킨다.
④ 부하직원으로부터 오락실을 단속하여 증거물로 오락기의 변조 기판을 압수하여 사무실에 보관 중임을 보고받아 알고 있는 경찰서 과장 甲이 그 직무상의 의무에 따라 위 압수물을 인계하여 범죄 혐의의 입증에 사용하도록 하는 등의 적절한 조치를 취하지 않고, 오히려 부하직원에게 압수물을 돌려주라고 지시하여 오락실 업주에게 이를 돌려준 경우 작위범인 증거인멸죄만이 성립하고 부작위범인 직무유기죄는 따로 성립하지 않는다.

287 직권남용권리행사방해죄에 관한 설명 중 옳지 않은 것은? (다툼이 있는 경우 판례에 의함)

① 직권남용권리행사방해죄에서 '권리'는 법률에 명기된 권리에 한하지 않고 법령상 보호되어야 할 이익이면 족하며 '의무'란 법률상 의무를 가리키고 단순한 심리적 의무감 또는 도덕적 의무는 이에 해당하지 아니한다.

② 공무원이 자신의 직무권한에 속하여 사항에 관하여 실무담당자로 하여금 그 직무집행을 보조하는 사실행위를 하도록 하더라도 이는 공무원 자신의 직무집행으로 귀결될 뿐이므로 원칙적으로 직권남용죄에서 말하는 '의무 없는 일을 하게 한 때'에 해당한다고 할 수 없다.

③ 공무원의 행위가 권리행사를 방해함으로 인한 직권남용권리행사방해죄와 의무 없는 일을 하게 함으로 인한 직권남용권리행사방해죄 두 가지 행위 태양에 모두 해당하는 것으로 기소된 경우, 권리행사를 방해함으로 인한 직권남용권리행사방해죄는 따로 성립하지 아니한다.

④ 직권남용권리행사방해죄는 위태범으로 공무원이 직권을 남용하는 행위를 하면 곧바로 성립하고 직권을 남용하여 현실적으로 다른 사람이 법령상 의무 없는 일을 하게 하였거나 다른 사람의 구체적인 권리행사를 방해하는 결과가 발생하여야 하는 것은 아니다.

288 직권남용죄에 관한 다음 설명 중 가장 옳지 않은 것은? (다툼이 있으면 판례에 의함)

① 어떠한 직무가 공무원의 일반적 직무권한에 속하는 사항이라고 하기 위해서는 그에 관한 법령상 근거가 필요하다. 법령상 근거는 반드시 명문의 규정만을 요구하는 것이 아니라 명문의 규정이 없더라도 법령과 제도를 종합적, 실질적으로 살펴보아 그것이 해당 공무원의 직무권한에 속한다고 해석되고, 이것이 남용된 경우 상대방으로 하여금 사실상 의무 없는 일을 하게 하거나 권리를 방해하기에 충분한 것이라고 인정되는 경우에는 직권남용죄에서 말하는 일반적 직무권한에 포함된다.

② 공무원이 한 행위가 직권남용에 해당한다고 하여 그러한 이유만으로 상대방이 한 일이 '의무 없는 일'에 해당한다고 인정할 수는 없다.

③ 직권남용 행위의 상대방이 일반 사인인 경우 특별한 사정이 없는 한 '의무 없는 일'에 해당하는지는 직권을 남용하였는지와 별도로 그에게 그러한 일을 할 법령상 의무가 있는지를 살펴 개별적으로 판단하여야 한다.

④ 남용에 해당하는가를 판단하는 기준은 구체적인 공무원의 직무행위가 본래 법령에서 그 직권을 부여한 목적에 따라 이루어졌는지, 직무행위가 행해진 상황에서 볼 때 필요성·상당성이 있는 행위인지, 직권행사가 허용되는 법령상의 요건을 충족했는지 등을 종합하여 판단하여야 한다.

289 공무원의 직무에 관한 죄에 대한 설명으로 가장 적절한 것은? (다툼이 있으면 판례에 의함)

① 형법 제123조의 직권남용죄는 공무원이 직권을 남용하는 행위를 하였다는 것만으로 곧바로 성립하는 것이 아니고, 직권남용으로 인하여 현실적으로 다른 사람이 법령상 의무 없는 일을 하게 하였거나 다른 사람의 구체적인 권리행사를 방해하는 결과가 발생하여야 인정된다.

② 형법 제123조의 직권남용죄에서 말하는 '권리'는 법률에 명기된 권리에 한하고, 법령상 보호되어야 할 일체의 이익까지 포함하는 것은 아니며, 공법상의 권리인지 사법상의 권리인지를 묻지 않는다.

③ 공무원이 일반 사인을 상대로 어떠한 행위를 하게 한 경우 사인에게는 직권에 대응하여 따라야 할 의무가 있어 형법 제123조의 직권남용죄가 성립하지 않는다.

④ 공무원이 직무상 알게 된 비밀을 그 직무와의 관련성 혹은 필요성에 기하여 해당 직무의 집행과 관련 있는 다른 공무원에게 직무집행의 일환으로 전달한 경우라도 이는 당연히 비밀의 누설에 해당한다.

290 직권남용권리행사방해죄에 관한 설명 중 옳지 않은 것을 모두 고른 것은? (다툼이 있으면 판례에 의함)

> ㉠ 직권남용권리행사방해죄는 공무원이 그 일반적 직무권한에 속하는 사항에 관하여 직권의 행사에 가탁하여 실질적, 구체적으로 위법·부당한 행위를 한 경우에 성립하며, 그 일반적 직무권한은 법률상의 강제력을 수반하여야 한다.
> ㉡ '권리행사를 방해'하는 것에 해당하려면 구체화된 권리의 현실적인 행사가 방해된 경우라야 할 것이므로, 공무원의 직권남용행위가 있었다 할지라도 현실적인 권리행사의 방해라는 결과가 발생하지 아니한 경우에는 본죄의 미수범으로 처벌한다.
> ㉢ 공무원 또는 법령에 따라 일정한 공적 임무를 부여받고 있는 공공기관 등의 임직원이 직권남용의 상대방이라면 법령에 따라 임무를 수행하는 지위에 있으므로 그가 직권에 대응하여 어떠한 일을 한 것이 의무 없는 일인지 여부는 관계 법령 등의 내용에 따라 개별적으로 판단하여야 하고, 사인은 직권남용의 상대방이 될 수 없다.
> ㉣ 인신구속에 관한 직무를 집행하는 사법경찰관이 체포 당시 상황을 고려하여 경험칙에 비추어 현저하게 합리성을 잃지 않은 채 판단하면 체포 요건이 충족되지 아니함을 충분히 알 수 있었는데도 자신의 재량 범위를 벗어난다는 사실을 인식하고 그 결과를 용인한 채 사람을 체포하여 권리행사를 방해하였다면, 직권남용체포죄와 직권남용권리행사방해죄가 성립한다.
> ㉤ 상급 경찰관이 직권을 남용하여 부하 경찰관의 수사를 중단시키거나 사건을 다른 경찰관서로 이첩하게 한 경우 부하 경찰관의 수사권 행사를 방해한 것에 해당함과 아울러 부하 경찰관으로 하여금 수사를 중단하거나 사건을 이첩할 의무가 없음에도 불구하고 이를 하게 한 것에도 해당하므로 '권리행사를 방해함으로 인한 직권남용권리행사방해죄'와 '의무 없는 일을 하게 함으로 인한 직권남용권리행사방해죄'가 별개로 성립한다.

① ㉠, ㉡, ㉣
② ㉠, ㉢, ㉣
③ ㉡, ㉢, ㉤
④ ㉠, ㉡, ㉢, ㉤

291 직권남용죄에 관한 다음 설명 중 가장 옳지 않은 것은? (다툼이 있으면 판례에 의함)

① 공무원이 자신의 직무권한에 속하는 사항에 관하여 실무 담당자로 하여금 그 직무집행을 보조하는 사실행위를 하도록 하더라도 원칙적으로 의무 없는 일을 하게 한 때에 해당한다고 할 수 없다.

② 형법 제123조는 "공무원이 직권을 남용하여 사람으로 하여금 의무없는 일을 하게 하거나 사람의 권리행사를 방해한 때에는 5년 이하의 징역, 10년 이하의 자격정지 또는 1천만 원 이하의 벌금에 처한다"라고 규정하고 있는데, 여기서 말하는 '권리'는 공법상의 권리인지 사법상의 권리인지를 묻지 않는다.

③ 공무원의 직권남용행위가 있었다면 현실적으로 권리행사의 방해라는 결과가 발생하지 아니하였더라도 직권남용권리행사방해죄는 기수에 이른 것이다.

④ 공무원이 직무관련자에게 제3자와 계약을 체결하도록 요구하여 계약 체결을 하게 한 행위가 제3자뇌물수수죄의 구성요건과 직권남용권리행사방해죄의 구성요건에 모두 해당하는 경우에는 제3자뇌물수수죄와 직권남용권리행사방해죄가 각각 성립하고, 위 두 죄는 형법 제40조의 상상적 경합관계에 있다.

292 직권남용죄에 관한 설명 중 옳지 않은 것은? (다툼이 있으면 판례에 의함)

① 직권남용권리행사방해죄에서 '권리'는 법률에 명기된 권리에 한하지 않고 법령상 보호되어야 할 이익이면 족하고 공법상 권리인지 사법상 권리인지를 묻지 않으며, '의무'는 법률상 의무를 가리키고 단순한 심리적 의무감 또는 도덕적 의무는 이에 해당하지 아니한다.

② 어떠한 직무가 공무원의 일반적 권한에 속하는 사항이라고 하기 위해서는 그에 관한 법령상의 근거가 필요하고, 법령상 명문의 근거가 없는 경우에는 직권남용권리행사방해죄가 성립하지 아니한다.

③ 공무원이 자신의 직무권한에 속하는 사항에 관하여 실무 담당자로 하여금 그 직무집행을 보조하는 사실행위를 하도록 하더라도 이는 공무원 자신의 직무집행으로 귀결될 뿐이므로 원칙적으로 직권남용권리행사방해죄에서 말하는 의무 없는 일을 하게 한 때에 해당한다고 할 수 없다.

④ 공무원의 행위가 권리행사를 방해함으로 인한 직권남용권리행사방해죄와 의무 없는 일을 하게 함으로 인한 직권남용권리행사방해죄 두 가지 행위태양에 모두 해당하는 것으로 기소된 경우 권리행사를 방해함으로 인한 직권남용권리행사방해죄만 성립하고 의무 없는 일을 하게 함으로 인한 직권남용권리행사방해죄는 따로 성립하지 아니한다.

293 공무상비밀누설죄에 관한 다음 설명 중 옳지 않은 것은? (다툼이 있으면 판례에 의함)

① '법령에 의한 직무상 비밀'이란 반드시 법령에 의하여 비밀로 규정되었거나 비밀로 분류 명시된 사항에 한하지 아니한다.

② 비밀이란 실질적으로 그것을 비밀로서 보호할 가치가 있다고 인정할 수 있는 것이어야 할 것이다.

③ 정치, 군사, 외교, 경제, 사회적 필요에 따라 비밀로 된 사항은 물론 정부나 공무소 또는 국민이 객관적, 일반적인 입장에서 외부에 알려지지 않는 것에 상당한 이익이 있는 사항도 '법령에 의한 직무상 비밀'에 포함된다.

④ 공무상비밀누설죄는 비밀의 누설에 의하여 위협받는 국가의 기능을 보호하기 위한 것이 아니라, 기밀 그 자체를 보호하는 위한 것이다.

294 뇌물죄에 관한 다음 설명 중 가장 옳지 않은 것은? (다툼이 있으면 판례에 의함)

① 공무원이 수수한 금품에 그 직무행위에 대한 대가로서의 성질과 직무 외의 행위에 대한 대가로서의 성질이 불가분적으로 결합되어 있는 경우에는 그 수수한 금품 전부가 불가분적으로 직무행위에 대한 대가로서의 성질을 가진다. 다만 그 금품의 수수가 수회에 걸쳐 이루어졌고 각 수수 행위별로 직무 관련성 유무를 달리 볼 여지가 있는 경우에는 그 행위마다 직무와의 관련성 여부를 가릴 필요가 있다.

② 공무원이 뇌물로 투기적 사업에 참여할 기회를 제공받은 경우 뇌물수수죄는 공무원이 투기적 사업에 참여하면 기수가 되고, 해당 사업 참여행위가 종료되었는지 여부는 범죄성립과는 관련이 없다.

③ 단일하고도 계속된 범의 아래 일정 기간 반복하여 일련의 뇌물수수 행위와 부정한 행위가 행하여졌고 그 뇌물수수 행위와 부정한 행위 사이에 인과관계가 인정되며 피해법익도 동일하다면 수뢰후부정처사죄의 포괄일죄가 성립한다.

④ 임용결격자라는 사실이 사후적으로 밝혀져 임용행위가 무효로 된 경우라 하더라도 그가 임용행위라는 외관을 갖추어 실제로 공무를 수행한 이상 이러한 사람은 형법 제129조에서 규정한 공무원으로 봄이 타당하고, 그가 그 직무에 관하여 뇌물을 수수한 때에는 수뢰죄로 처벌할 수 있다.

295 뇌물죄에 관한 설명 중 옳지 않은 것은? (다툼이 있는 경우 판례에 의함)

① 공무원이 직무에 관하여 뇌물을 수수하면 별도로 뇌물을 요구하거나 약속하지 않았더라도 뇌물수수죄가 성립한다.
② 공무원이 직무와 관계없이 타인을 공갈하여 재물을 교부받은 경우에 재물의 교부자에게는 뇌물공여죄가 성립하지 않는다.
③ 수뢰후부정처사죄에서 공무원이 수뢰 후 행한 부정행위가 공도화변조 및 동행사죄인 경우에는 수뢰후부정처사죄 외에 별도로 공도화변조죄 및 동행사죄가 성립하고 이들 죄와 수뢰후부정처사죄는 실체적 경합의 관계에 있다.
④ 공무원이 직무에 관하여 타인을 기망하고 재물을 교부받으면 수뢰죄와 사기죄가 성립하여 두 죄는 상상적 경합 관계에 있다.

296 뇌물죄에 대한 설명으로 옳은 것은? (다툼이 있으면 판례에 의함)

① 뇌물수수자가 공동수수자가 아닌 교사범 또는 종범에게 뇌물 중 일부를 사례금 등의 명목으로 교부한 경우 뇌물수수자에게 수뢰액 전부를 추징하여야 한다.
② 뇌물공여죄와 뇌물수수죄는 필요적 공범관계에 있으므로 뇌물을 수수한 사람에게 뇌물수수의 죄책을 물을 수 없는 경우라면 뇌물을 공여한 사람에게도 뇌물공여의 죄책을 물을 수 없다.
③ 국립대학교 의과대학 교수 겸 국립대학교병원 의사가 구치소로 왕진을 나가 진료하고 진단서를 작성해 주거나 구속집행정지신청에 관한 법원의 사실조회에 대하여 회신을 해주면서 사례금명목으로 금품을 수수한 경우 뇌물죄의 직무관련성이 인정된다.
④ 수뢰자가 증뢰자에게서 수수한 뇌물을 일단 소비한 다음에 같은 액수의 금원을 증뢰자에게 반환했다면 수뢰자가 아니라 증뢰자로부터 가액을 추징해야 한다.

297 뇌물죄에 대한 설명으로 가장 적절하지 않은 것은? (다툼이 있으면 판례에 의함)

① 공무원과 공동정범 관계에 있는 비공무원이 뇌물을 받은 경우 비공무원은 제3자뇌물수수죄에서 말하는 제3자가 될 수 없다.
② 공무원들이 공모하여 특별사업비를 횡령하고 이를 공범자끼리 수수한 행위가 공동정범들 사이의 범행에 의하여 취득한 돈을 내부적으로 분배한 것에 지나지 않는다면 별도로 그 돈의 수수행위에 관하여 뇌물죄가 성립하는 것은 아니다.
③ 형법 제129조 제2항(사전수뢰죄)에 정한 '공무원 또는 중재인이 될 자'란 공무원채용시험에 합격하여 발령을 대기하고 있는 자 또는 선거에 의해 당선이 확정된 자 등 공무원 또는 중재인이 될 것이 예정되어 있는 자를 말할 뿐 공직취임의 가능성이 확실하지는 않더라도 어느 정도의 개연성을 갖춘 자까지 포함한다고 할 수 없다.
④ 공무원이 뇌물을 수수함에 있어 공여자를 기망한 경우에도 뇌물수수죄 및 뇌물공여죄의 성립에는 영향이 없다.

298 뇌물죄에 관한 다음 설명 중 옳지 않은 것은? (다툼이 있으면 판례에 의함)

① 뇌물수수죄에서 말하는 '수수'란 받는 것, 즉 뇌물을 취득하는 것이고 여기에서 취득이란 뇌물에 대한 사실상의 처분권을 획득하는 것을 의미하고, 뇌물인 물건의 법률상 소유권까지 취득하여야 하는 것은 아니다.
② 공무원이 뇌물공여자로 하여금 그 공무원과 공동정범 관계에 있는 비공무원에게 뇌물을 공여하게 한 경우 공무원과 비공무원은 제3자뇌물수수죄의 공동정범으로서의 죄책을 진다.
③ 뇌물수수죄의 공범들 사이에 직무와 관련하여 금품이나 이익을 수수하기로 하는 명시적 또는 암묵적 공모관계가 성립하고 공모 내용에 따라 공범 중 1인이 금품이나 이익을 주고받았다면, 특별한 사정이 없는 한 이를 주고받은 때 그 금품이나 이익 전부에 관하여 뇌물수수죄의 공동정범이 성립한다.
④ 금품이나 이익 전부에 관하여 뇌물수수죄의 공동정범이 성립한 이후에 뇌물이 실제로 공동정범인 공무원 또는 비공무원 중 누구에게 귀속되었는지는 이미 성립한 뇌물수수죄에 영향을 미치지 않는다.

299 뇌물죄에 관한 다음 설명 중 옳지 않은 것은? (다툼이 있으면 판례에 의함)

① 뇌물을 수수한다는 것은 영득의 의사로 받는 것을 말하므로 영득의 의사가 없으면 뇌물을 수수하였다고 할 수 없다.
② 뇌물을 수수한다는 것은 영득의 의사로 받는 것을 말하고 후일 기회를 보아서 반환할 의사로서 일단 받아둔 데 불과하다면 뇌물의 수수라고 할 수 없다.
③ 피고인이 일단 영득의 의사로 뇌물을 수수하였지만 그 액수가 너무 많아서 나중에 반환할 의사로 보관하였다면 뇌물죄는 성립하지 아니한다.
④ 피고인이 먼저 뇌물을 요구하여 증뢰자가 제공하는 돈을 받았다면 피고인에게는 받은 돈 전부에 대한 영득의 의사가 인정된다고 하지 않을 수 없고, 뇌물을 수령한 이상 그 액수가 피고인이 예상한 것보다 너무 많은 액수여서 후에 이를 반환하였다고 하더라도 뇌물죄의 성립에는 영향이 없다.

300 뇌물에 관한 설명 중 옳지 않은 것은? (다툼이 있는 경우 판례에 의함)

① 투기적 사업에 참여할 기회를 얻는 것도 뇌물에 해당한다.
② 공무원이 직무와 관련하여 금품을 수수하였다면 비록 사교적 의례의 형식을 빌려 금품을 주고받았더라도 그 수수한 금품은 뇌물이 된다.
③ 공무원이 금원을 수수하는 것으로 인하여 사회 일반으로부터 직무집행의 공정성을 의심받게 되는지도 뇌물인지를 판단하는 기준이 된다.
④ 수뢰자가 뇌물로 받은 돈을 은행에 예금한 후 같은 액수의 돈을 증뢰자에게 반환하였다면 이는 뇌물 자체의 반환이라고 보아야 하므로 증뢰자로부터 그 가액을 추징하여야 한다.

301 뇌물죄에 대한 설명으로 가장 적절하지 않은 것은? (다툼이 있으면 판례에 의함)

① 뇌물죄에서 말하는 '직무'에는 결정권자를 보좌하거나 영향을 줄 수 있는 직무행위 뿐만 아니라, 관례상이나 사실상 소관하는 직무행위도 포함된다.
② 알선뇌물요구죄가 성립하기 위하여는 알선행위가 장래의 것이라도 무방하므로 뇌물을 요구할 당시 반드시 상대방에게 알선에 의하여 해결을 도모해야 할 현안이 존재하여야 할 필요는 없다.
③ 공무원이 장래에 담당할 직무에 대한 대가로 이익을 수수한 경우에도 뇌물수수죄가 성립할 수 있지만, 이익을 수수할 당시 장래에 담당할 직무에 속하는 사항이 그 수수한 이익과 관련된 것임을 확인할 수 없을 정도로 막연하고 추상적이거나, 장차 그 수수한 이익과 관련지을 만한 직무권한을 행사할지 자체도 알 수 없다면, 그 이익이 장래에 담당할 직무에 관하여 수수되었다고는 단정하기 어렵다.
④ 공무원이 직무와 관련하여 뇌물수수를 약속하고 퇴직 후 이를 수수하였다면, 뇌물약속과 뇌물수수 사이의 시간적 근접 여부를 불문하고 뇌물수수죄가 성립한다.

302 뇌물에 관한 죄에 대한 설명 중 가장 적절하지 않은 것은? (다툼이 있으면 판례에 의함)

① 공무원이 아닌 사람과 공무원이 공모하여 금품을 수수한 경우에도 각 수수자가 수수한 금품별로 직무 관련성 유무를 달리 볼 수 있다면 각 금품마다 직무와의 관련성을 따져 뇌물성을 인정하는 것이 책임주의 원칙에 부합한다.
② 제3자뇌물공여죄에서 막연히 선처하여 줄 것이라는 기대에 의하거나 직무집행과는 무관한 다른 동기에 의하여 제3자에게 금품을 공여한 경우에는 묵시적인 의사표시에 의한 부정한 청탁이 있다고 보기 어렵다.
③ 뇌물약속죄에서 뇌물의 약속은 양 당사자의 뇌물수수의 합의를 말하고, 여기에서 '합의'란 그 방법에 아무런 제한이 없고 명시적일 필요도 없으므로, 양 당사자의 의사표시가 확정적으로 합치할 필요까지는 없다.
④ 공무원인 甲이 乙로부터 1,000만 원을 뇌물로 받아 그 중 500만 원을 소비하고 나머지 500만 원을 은행에 예금하여 두었다가 이를 인출하여 乙에게 반환한 경우 甲으로부터 1,000만 원을 추징하여야 한다.

303 뇌물죄에 대한 설명으로 옳지 않은 것은? (다툼이 있으면 판례에 의함)

① 뇌물공여죄가 성립하기 위하여는 뇌물을 공여하는 행위와 상대방 측에서 이를 받아들이는 행위가 필요할 뿐 반드시 상대방 측에서 뇌물수수죄가 성립하여야 하는 것은 아니다.
② 수의계약을 체결하는 공무원이 해당 공사업자와 계약금액을 부풀려서 계약하고 부풀린 금액을 자신이 되돌려 받기로 사전에 약정한 다음 그에 따라 수수한 돈은 뇌물에 해당한다.
③ 법령에 기한 임명권자에 의하여 임용되어 공무에 종사하여 온 사람이 나중에 그가 임용결격자였음이 밝혀져 당초의 임용행위가 무효라고 하더라도, 그가 재직 중 그 직무에 관하여 뇌물을 수수한 때에는 수뢰죄로 처벌할 수 있다.
④ 공무원이 직무와 관련하여 뇌물수수를 약속하고 퇴직 후 이를 수수하는 경우 뇌물약속과 뇌물수수가 시간적으로 근접하여 연속되어 있다 하더라도 뇌물약속죄 및 사후수뢰죄가 성립할 수 있음은 별론으로 뇌물수수죄는 성립하지 않는다.

304 뇌물죄에 대한 설명 중 가장 적절하지 않은 것은? (다툼이 있으면 판례에 의함)

① 수의계약을 체결하는 공무원이 해당 공사업자와 적정한 금액 이상으로 계약금액을 부풀려서 계약하고 부풀린 금액을 자신이 되돌려 받기로 사전에 약정한 다음 그에 따라 수수한 돈은 뇌물이 아닌 횡령금에 해당한다.

② 공무원이 직무와 관련하여 뇌물수수를 약속하고 퇴직 후 이를 수수하는 경우 뇌물약속과 뇌물수수가 시간적으로 근접하여 연속되어 있다고 하더라도 뇌물약속죄 및 사후수뢰죄가 성립할 수 있음은 별론으로 하고, 뇌물수수죄는 성립하지 않는다.

③ 금품의 무상차용을 통하여 위법한 재산상 이익을 취득한 경우 범인이 받은 부정한 이익은 그로 인한 금융이익 상당액이므로 추징의 대상이 되는 것은 무상으로 대여받은 금품 그 자체가 아니라 위 금융이익 상당액이다.

④ 제3자뇌물수수죄에서 제3자란 행위자와 공동정범 및 교사범 이외의 사람을 말하고, 종범은 제3자에 포함될 수 있다.

305 뇌물의 죄에 대한 설명으로 옳지 않은 것은? (다툼이 있으면 판례에 의함)

① 공무원이 뇌물로 투기적 사업에 참여할 기회를 제공받은 경우 뇌물수수죄의 기수 시기는 투기적 사업에 참여하는 행위가 종료된 때로 보아야 하며, 그 행위가 종료된 후 경제사정의 변동 등으로 인하여 당초의 예상과는 달리 그 사업 참여로 인하여 아무런 이득을 얻지 못한 경우라도 뇌물수수죄의 성립에는 영향이 없다.

② 뇌물죄에서 말하는 '직무'라 함은 공무원이 법령상 관장하는 직무 그 자체뿐만 아니라 그 직무와 밀접한 관계가 있는 행위를 말하고, 관례상이나 사실상 소관하는 행위 및 결정자를 보좌하거나 영향을 줄 수 있는 행위는 포함하지 않는다.

③ 법령에 기한 임명권자에 의하여 임용되어 공무에 종사하여 온 사람이 나중에 그가 임용결격자이었음이 밝혀져 당초의 임용행위가 무효라고 하더라도 그가 임용행위라는 외관을 갖추어 실제로 공무를 수행한 이상 그가 그 직무에 관하여 뇌물을 수수한 때에는 수뢰죄로 처벌할 수 있다.

④ 뇌물공여죄가 성립하기 위하여는 뇌물을 공여하는 행위와 상대방 측에서 금전적으로 가치가 있는 그 물품 등을 받아들이는 행위가 필요할 뿐 반드시 상대방 측에서 뇌물수수죄가 성립하여야 함을 뜻하는 것은 아니다.

306 뇌물죄에 대한 설명으로 가장 적절하지 않은 것은? (다툼이 있으면 판례에 의함)

① 법령에 기한 임명권자에 의하여 임용되어 공무에 종사하여 온 사람이 나중에 그가 임용결격자이었음이 밝혀져 당초의 임용행위가 무효라고 하더라도 그가 임용행위라는 외관을 갖추어 실제로 공무를 수행한 이상 형법 제129조에서 규정한 공무원으로 봄이 타당하고, 그가 그 직무에 관하여 뇌물을 수수한 때에는 수뢰죄로 처벌할 수 있다.
② 뇌물공여죄가 성립하기 위하여는 뇌물을 공여하는 행위와 상대방 측에서 금전적으로 가치가 있는 그 물품 등을 받아들이는 행위가 필요할 뿐 반드시 상대방 측에서 뇌물수수죄가 성립하여야 하는 것은 아니다.
③ 뇌물약속죄에서 뇌물의 약속은 직무와 관련하여 장래에 뇌물을 주고받겠다는 양 당사자의 의사표시가 확정적으로 합치하면 성립하고, 뇌물의 가액이 얼마인지는 문제되지 않는다.
④ 알선뇌물수수죄와 관련하여 상대방으로 하여금 뇌물을 수수하는 자에게 잘 보이면 어떤 도움을 받을 수 있다거나 손해를 입을 염려가 없다는 정도의 막연한 기대감을 갖게 하고, 뇌물을 수수하는 자 역시 상대방이 그러한 기대감을 가질 것이라고 짐작하면서 수수하였다면 알선뇌물수수죄가 성립한다.

307 다음 설명 중 가장 옳지 않은 것은? (다툼이 있으면 판례에 의함)

① 공무원이 수수·요구 또는 약속한 금품에 그 직무행위에 대한 대가로서의 성질과 직무 외의 행위에 대한 사례로서의 성질이 불가분적으로 결합되어 있는 경우에는 그 수수·요구 또는 약속한 금품 전부가 불가분적으로 직무행위에 대한 대가로서의 성질을 가진다.
② 공무원이 장래에 담당할 직무에 대한 대가로 이익을 수수한 경우에도 뇌물수수죄가 성립할 수 있지만, 그 이익을 수수할 당시 장래에 담당할 직무에 속하는 사항이 그 수수한 이익과 관련된 것임을 확인할 수 없을 정도로 막연하고 추상적이거나 장차 그 수수한 이익과 관련지을 만한 직무권한을 행사할지 자체를 알 수 없다면 그 이익이 장래에 담당할 직무에 관하여 수수되었다거나 그 대가로 수수되었다고 단정하기 어렵다.
③ 임명권자에 의하여 임용되어 공무에 종사하여 온 사람이 나중에 임용결격자이었음이 밝혀져 당초의 임용행위가 무효인 경우 형법 제129조의 수뢰죄에서 규정한 공무원에 해당하지 아니한다.
④ 뇌물약속죄에서 뇌물의 약속은 직무와 관련하여 장래에 뇌물을 주고받겠다는 양 당사자의 의사표시가 확정적으로 합치하면 성립하고, 뇌물의 가액이 얼마인지는 문제되지 아니하며 또한 뇌물의 목적물이 이익인 경우에 그 가액이 확정되어 있지 않아도 뇌물약속죄가 성립하는 데에는 영향이 없다.

308 뇌물죄에 관한 다음 설명 중 옳지 않은 것은? (다툼이 있으면 판례에 의함)

① 뇌물죄에서 말하는 '직무'에는 법령에 정하여진 직무뿐만 아니라 그와 관련 있는 직무, 관례상이나 사실상 소관하는 직무행위, 과거에 담당하였거나 장래에 담당할 직무 외에 사무분장에 따라 현실적으로 담당하고 있지 않아도 법령상 일반적인 직무권한에 속하는 직무 등 공무원이 그 직위에 따라 담당할 일체의 직무를 포함한다.

② 형법 제130조(제3자뇌물제공)에서 정한 '부정한 청탁'이란 그 청탁이 위법하거나 부당한 직무집행을 내용으로 하는 경우는 물론 청탁의 대상이 된 직무집행 그 자체는 위법·부당하지 않다고 하더라도 그 직무집행을 어떤 대가관계와 연결시켜 그 직무집행에 관한 대가의 교부를 내용으로 하는 경우도 포함한다.

③ 공무원과 공동정범 관계에 있는 비공무원은 제3자뇌물수수죄에서 말하는 제3자가 될 수 없고, 공무원과 공동정범 관계에 있는 비공무원이 뇌물을 받은 경우에는 공무원과 함께 뇌물수수죄의 공동정범이 성립하고, 제3자뇌물수수죄는 성립하지 아니한다.

④ 형법 제133조 제2항의 제3자의 증뇌물전달죄는 제3자가 증뢰자로부터 교부받은 금품을 수뢰할 사람에게 전달하였는지의 여부에 관계 없이 제3자가 그 정을 알면서 금품을 교부받음으로써 성립하는 것이며, 나아가 제3자가 그 교부받은 금품을 수뢰할 사람에게 전달하였다면 증뇌물전달죄 외에 별도로 뇌물공여죄가 성립한다.

309 뇌물죄에 대한 설명으로 가장 적절하지 않은 것은? (다툼이 있으면 판례에 의함)

① 뇌물을 요구하여 증뢰자가 제공하는 뇌물을 영득의 의사로 수령하였으나 그 액수가 예상한 것보다 너무 많은 액수여서 후에 예상을 초과한 액수를 반환하였다면 반환한 부분에 대해서는 뇌물죄가 성립하지 않는다.

② 뇌물죄에서 뇌물의 내용인 이익이라 함은 금전, 물품 기타의 재산적 이익뿐만 아니라 사람의 수요·욕망을 충족시키기에 족한 일체의 유형·무형의 이익을 포함하며 성적 욕구의 충족도 포함될 수 있다.

③ 타인을 기망하여 뇌물을 수수한 경우 뇌물을 수수한 공무원에 대하여는 뇌물죄와 사기죄의 상상적 경합범이 성립한다.

④ 뇌물죄에서 말하는 '직무'에는 과거에 담당하였거나 장래에 담당할 직무 외에 사무분장에 따라 현실적으로 담당하지 않는 직무라도 법령상 일반적인 직무권한에 속하는 직무 등 공무원이 그 직위에 따라 공무로 담당할 일체의 직무를 포함한다.

310 뇌물죄에 관한 다음 설명 중 가장 옳지 않은 것은? (다툼이 있으면 판례에 의함)

① 공무원이 아닌 사람이 공무원과 공동가공의 의사와 이를 기초로 한 기능적 행위지배를 통하여 공무원의 직무에 관하여 뇌물을 수수하는 범죄를 실행하였다면 공무원이 직접 뇌물을 받은 것과 동일하게 평가할 수 있으므로 공무원과 비공무원에게 형법 제129조 제1항에서 정한 뇌물수수죄의 공동정범이 성립한다.
② 지방공무원법은 공무원은 노동운동이나 그 밖에 공무 외의 일을 위한 집단행위를 하지 못하도록 규정하고, 이를 위반한 경우 처벌하는 규정을 두고 있다. 법이 그 주체를 지방공무원으로 제한하고 있고, 위 법조항에 의하여 행위자의 인격적 요소가 일정한 의미를 가지므로 지방공무원의 신분을 가지지 아니하는 사람은 지방공무원의 범행에 가공하더라도 형법 제33조 본문에 의해서 공범으로 처벌받을 수 없다.
③ 형법은 제130조에서 제129조 제1항 뇌물수수죄와는 별도로 공무원이 그 직무에 관하여 뇌물공여자로 하여금 제3자에게 뇌물을 공여하게 한 경우에는 부정한 청탁을 받고 그와 같은 행위를 한 때에 뇌물수수죄와 법정형이 동일한 제3자뇌물수수죄로 처벌하고 있다.
④ 형법 제133조 제1항, 제129조 제1항에서 정한 뇌물공여죄의 고의는 '공무원에게 그 직무에 관하여 뇌물을 공여한다'는 사실에 대한 인식과 의사를 말하고, 미필적 고의로도 충분하다.

311 수뢰죄에 대한 설명으로 옳지 않은 것은? (다툼이 있으면 판례에 의함)

① 공무원이 직무와 관련하여 뇌물수수를 약속하고 퇴직 후 이를 수수한 경우 뇌물약속과 뇌물수수가 시간상으로 근접하여 연속되어 있다고 하더라도 뇌물수수죄는 성립하지 않는다.
② 공무원이 비공무원과 모의하여 그 직무와 관련하여 금품이나 이익을 수수함으로써 그 전부에 관하여 뇌물수수죄의 공동정범이 성립하였다면 뇌물의 성질상 비공무원이 사용하거나 소비할 것이라고 하더라도 이러한 사정은 뇌물수수죄가 성립하는 데 영향이 없다.
③ 뇌물공여자가 오로지 공무원을 함정에 빠뜨릴 의사로 직무와 관련되었다는 형식을 빌려 그 공무원에게 금품을 공여하였다면 공무원이 그 금품을 직무와 관련하여 수수한다는 의사를 가지고 받았더라도 뇌물수수죄가 성립하지 않는다.
④ 뇌물수수자가 법률상 소유권 취득의 요건을 갖추지 않았더라도 뇌물로 제공된 물건에 대한 점유를 취득하고 뇌물공여자 또는 법률상 소유자로부터 반환을 요구받지 않는 관계에 이른 경우에는 그 물건에 대한 실질적인 사용·처분권한을 갖게 되어 그 물건 자체를 뇌물로 받은 것으로 보아야 한다.

312 공무집행방해죄에 대한 설명으로 옳지 않은 것은? (다툼이 있으면 판례에 의함)

① 공무원의 직무적법성 여부는 행위 당시의 구체적 상황을 기초로 판단하여야 한다.
② 등기신청인이 제출한 허위의 소명자료 등에 대하여 심사권이 있는 등기공무원이 나름대로 충분히 심사를 하였음에도 이를 발견하지 못하여 등기가 마쳐지게 된 경우 위계에 의한 공무집행방해죄가 성립하지 않는다.
③ 피의자가 적극적으로 허위의 증거를 조작하여 제출하고 그 증거 조작의 결과 수사기관이 그 진위에 관하여 나름대로 충실한 수사를 하더라도 제출된 증거가 허위임을 발견하지 못할 정도에 이르렀다면 위계에 의한 공무집행방해죄가 성립한다.
④ 가처분 신청 시 당사자가 허위의 주장을 하거나 허위의 증거를 제출한 경우 그것만으로는 법원에 대한 위계에 의한 공무집행방해죄가 성립하지 않는다.

313 공무집행방해죄에 관한 다음 설명 중 가장 옳지 않은 것은? (다툼이 있으면 판례에 의함)

① 공무집행방해죄의 고의는 상대방이 직무를 집행하는 공무원이라는 사실 및 이에 대하여 폭행 또는 협박을 한다는 사실을 인식하는 것을 내용으로 하지만 그 직무집행을 방해할 의사는 필요로 하지 않는다.
② 민사소송을 제기함에 있어 피고의 주소를 허위로 기재하여 법원공무원으로 하여금 변론기일소환장 등을 허위주소로 송달케 하였다는 사실만으로는 바로 위계에 의한 공무집행방해죄가 성립하지 않는다.
③ 범죄행위로 인하여 강제출국당한 전력이 있는 사람이 외국주재 한국영사관에 허위의 호구부 및 외국인등록신청서 등을 제출하여 사증 및 외국인등록증을 발급받았다면 위계에 의한 공무집행방해죄가 성립한다.
④ 甲이 자신을 현행범 체포하려는 경찰관에 대항하여 경찰관을 폭행하였는데 사후에 甲이 범인으로 인정되지 아니하였다면 甲은 최소한 공무집행방해죄의 죄책을 지지는 않는다.

314 공무집행방해죄에 관한 설명 중 옳지 않은 것은? (다툼이 있는 경우 판례에 의함)

① 공무집행방해죄에서의 협박은 공무를 집행하는 공무원에게 객관적으로 공포심을 느끼게 할 정도를 넘어서 상대방이 현실로 공포심을 품게 될 것까지 요구한다.
② '형법'이 업무방해죄와는 별도로 공무집행방해죄를 규정하고 있는 것은 공무에 관해서는 폭행·협박 또는 위계의 방법으로 그 집행을 방해하는 경우만 처벌하겠다는 취지이므로, 위력으로 공무집행을 방해하는 행위를 업무방해죄로 의율할 수 없다.
③ 행정청이 당사자의 신청에 따라 인·허가처분을 함에 있어 사실을 충분히 확인하지 아니한 채 신청인이 제출한 사실과 다른 신청사유나 소명자료를 믿고 인·허가를 한 경우에는 위계에 의한 공무집행방해죄는 성립하지 않는다.
④ 공무집행방해죄에서의 폭행은 사람에 대한 유형력의 행사로 족하고 반드시 그 신체에 대한 것임을 요하지 않는다.

315 공무집행방해죄에 관한 다음 설명 중 옳지 않은 것은? (다툼이 있으면 판례에 의함)

① 형법 제136조에서 정한 공무집행방해죄는 직무를 집행하는 공무원에 대하여 폭행 또는 협박한 경우에 성립하는 범죄로서, 여기서의 폭행은 사람에 대한 유형력의 행사로 족하고 반드시 그 신체에 대한 것임을 요하지 아니하며 또한 추상적 위험범으로서 구체적으로 직무집행의 방해라는 결과발생을 요하지도 아니한다.
② 집회를 주최하거나 참가하는 것이 형사처벌의 대상이 되는 위법한 집회·시위가 장차 특정지역에서 개최될 것이 예상되자, 경찰관 P가 이와 시간적·장소적으로 근접하지 않은 다른 지역에서 그 집회·시위에 참가하기 위하여 출발 또는 이동하는 행위를 제지한 경우 이는 공무집행방해죄의 보호대상이 되는 공무원의 적법한 직무집행에 해당하지 않는다.
③ 피고인이 노조원들과 함께 경찰관들이 파업투쟁 중인 공장에 진입할 경우에 대비하여 그들의 부재 중에 미리 윤활유나 철판조각을 바닥에 뿌려 놓아 경찰관들이 이에 미끄러져 넘어지거나 철판조각에 찔려 다친 경우 피고인 등이 윤활유나 철판조각을 경찰관들의 면전에서 공무집행을 방해할 의도로 뿌린 것이라는 등의 특별한 사정이 있는 경우는 별론으로 하고 이를 가리켜 경찰관들에 대한 유형력의 행사, 즉 폭행에 해당하는 것으로 볼 수 없어 특수공무집행방해치상죄는 성립하지 아니한다.
④ 야간 당직 근무 중인 청원경찰이 불법주차 단속요구에 응하여 현장을 확인만 하고 주간 근무자에게 전달하여 단속하겠다고 했다는 이유로 민원인이 청원경찰을 폭행한 경우 야간 당직 근무자는 불법주차 단속권한이 없기 때문에 민원인의 행위는 공무집행방해죄에 해당하지 않는다.

316 공무방해에 관한 죄에 대한 설명으로 가장 적절한 것은? (다툼이 있으면 판례에 의함)

① 과속단속카메라에 촬영되더라도 불빛을 반사시켜 차량 번호판이 식별되지 않도록 하는 기능이 있는 제품을 차량 번호판에 뿌린 상태로 차량을 운행한 행위는 교통단속 경찰공무원이 충실히 직무를 수행하더라도 통상적인 업무처리과정 하에서 적발이 어려워 위계에 의한 공무집행방해죄가 성립한다.

② 시청 청사 내 주민생활복지과 사무실에 술에 취한 상태로 찾아가 소란을 피우던 甲을 소속 공무원 A와 B가 제지하며 밖으로 데리고 나가려 하자, 甲이 A와 B의 멱살을 잡고 수회 흔든 다음 휴대전화를 휘둘러 A의 뺨을 때렸다면 이는 시청 공무원들의 적법한 직무집행을 방해한 것이 아니다.

③ 경찰관 P는 도로를 순찰하던 중 벌금 미납으로 지명수배된 甲과 조우하게 되어 벌금 미납 사실을 고지하고 벌금납부를 유도하였으나 甲이 이를 거부하자 형집행장의 발부사실을 고지하지 않고 벌금 미납으로 인한 노역장 유치의 집행을 위하여 구인하는 과정에서 甲이 이에 저항하여 P를 폭행하였다면 甲의 행위는 공무집행방해죄가 성립한다.

④ 공무집행방해죄에 있어서의 범의는 상대방이 직무를 집행하는 공무원이라는 사실, 그리고 이에 대하여 폭행 또는 협박을 한다는 사실을 인식하는 것을 그 내용으로 하고 그 인식은 불확정적인 것이라도 소위 미필적 고의가 있다고 보아야 하며, 그 직무집행을 방해할 의사를 필요로 하지 아니한다.

317 공무집행방해죄에 관한 설명 중 옳지 않은 것은? (다툼이 있는 경우 판례에 의함)

① 적법성이 결여된 직무행위를 하는 공무원에 대항하여 폭행을 가하였더라도 공무집행방해죄는 성립하지 않는다.

② 공무집행방해죄에서의 폭행이란 공무원에 대한 직접적 또는 간접적 유형력의 행사를 말한다.

③ 동일한 공무를 집행하는 여러 공무원에 대하여 폭행을 한 경우에는 그 공무원의 수만큼 공무집행방해죄가 성립한다.

④ 위계에 의한 공무집행방해죄에서의 공무원의 직무집행이 법령의 위임에 따른 적법한 직무집행이더라도 사경제주체로서의 활동은 포함되지 않는다.

318 공무방해의 죄에 대한 설명 중 가장 적절한 것은? (다툼이 있으면 판례에 의함)

① 어떤 사람이 경찰관에게 경범죄 처벌법 제3조 제3항 제2호에서 정한 거짓신고를 하였고 이에 따라 경찰관이 신고의 거짓 여부를 확인하거나 검토할 여유 없이 즉각적인 대응조치를 취하여야 하는 상황에서 실제로 그러한 대응조치가 이루어졌더라도 특별한 사정이 없는 한 위계에 의한 공무집행방해죄는 성립하지 않는다.

② 과속단속카메라에 촬영되더라도 불빛을 반사시켜 차량 번호판이 식별되지 않도록 하는 기능의 제품을 차량 번호판에 뿌린 상태로 차량을 운행하는 경우 교통단속 경찰공무원이 충실히 직무를 수행하더라도 사실상 적발하기가 어려워 위계에 의한 공무집행방해죄가 성립한다.

③ 서울구치소에 수감된 피고인이 모두 6명의 집사변호사를 고용하여 총 51회에 걸쳐 변호인 접견을 가장하여 개인적인 업무와 심부름을 하게 하고 소송서류 외의 문서를 수수한 경우라도 위계에 의한 공무집행방해죄는 성립하지 않는다.

④ 출동한 두 명의 경찰관에게 욕설을 하면서 차례로 폭행을 하여 신고처리 업무에 관한 정당한 직무집행을 방해한 경우 동일한 장소에서 동일한 기회에 이루어진 폭행행위는 사회관념상 1개의 행위로 평가하는 것이 상당하므로 두 명의 경찰관에 대한 공무집행방해죄는 포괄일죄의 관계에 있다.

319 공무방해에 관한 죄에 대한 설명으로 가장 적절하지 않은 것은? (다툼이 있으면 판례에 의함)

① 위계공무집행방해죄의 직무집행이란 법령의 위임에 따른 공무원의 권력적 작용을 의미하며, 사경제주체로서의 활동을 비롯한 비권력적 작용은 이에 포함되지 않는다.

② 경찰관 A가 도로를 순찰하던 중 벌금 미납으로 지명수배된 甲과 조우(遭遇)하게 되어 형집행장 발부 사실은 고지하지 않은 채 노역장 유치의 집행을 위하여 甲을 구인하려 하자, 甲이 이에 저항하여 A의 가슴을 양손으로 수차례 밀친 경우에는 공무집행방해죄가 성립하지 않는다.

③ 피의자 등이 적극적으로 허위의 증거를 조작하여 제출하고 그 증거 조작의 결과 수사기관이 그 진위에 관하여 나름대로 충실한 수사를 하더라도 제출된 증거가 허위임을 발견하지 못할 정도에 이르렀다면 위계공무집행방해죄가 성립한다.

④ 위계가 공무원의 구체적인 직무집행을 저지하거나 현실적으로 곤란하게 하는 데까지는 이르지 않은 경우에는 위계공무집행방해죄로 처벌되지 아니한다.

320 공무방해의 죄에 대한 설명 중 가장 적절한 것은? (다툼이 있으면 판례에 의함)

① 허위의 매매계약서 및 영수증을 소명자료로 첨부하여 가처분 신청을 한 후 법원으로부터 유체동산에 대한 가처분 결정을 받은 경우 위계에 의한 공무집행방해죄가 성립하지 않는다.
② 과속단속카메라에 촬영되더라도 불빛을 반사시켜 차량 번호판이 식별되지 않도록 하는 기능의 제품을 차량 번호판에 뿌린 상태로 차량을 운행하는 경우 교통단속 경찰공무원이 충실히 직무를 수행하더라도 사실상 적발하기가 어려워 위계에 의한 공무집행방해죄가 성립한다.
③ 위계에 의한 공무집행방해죄에 있어서 범죄행위가 구체적인 공무집행을 저지하거나 현실적으로 곤란하게 하는 데까지는 이르지 아니하고 미수에 그친 경우 위계에 의한 공무집행방해죄의 미수죄가 성립한다.
④ 출동한 두 명의 경찰관에게 욕설을 하면서 차례로 폭행을 하여 신고처리 업무에 관한 정당한 직무집행을 방해한 경우 동일한 장소에서 동일한 기회에 이루어진 폭행행위는 사회관념상 1개의 행위로 평가하는 것이 상당하므로 두 명의 경찰관에 대한 공무집행방해죄는 포괄일죄의 관계에 있다.

321 공무방해에 관한 죄에 대한 설명으로 옳지 않은 것은? (다툼이 있으면 판례에 의함)

① 현행범인으로서의 요건을 갖추고 있었다고 인정되지 않는 상황에서 경찰관들이 동행을 거부하는 자를 체포하거나 강제로 연행하려고 하였다면, 이는 적법한 공무집행이라고 볼 수 없으므로 강제연행을 거부하는 자를 도와 경찰관들에 대하여 폭행을 하는 등의 방법으로 그 연행을 방해하였다고 하더라도 공무집행방해죄는 성립되지 않는다.
② 절도범인이 체포를 면탈할 목적으로 경찰관에게 폭행을 가한 때에는 준강도죄와 공무집행방해죄를 구성하고 양 죄는 상상적 경합 관계에 있으나, 강도범인이 체포를 면탈할 목적으로 경찰관에게 폭행을 가한 때에는 강도죄와 공무집행방해죄는 실체적 경합 관계에 있다.
③ 집행관이 법원으로부터 피신청인에 대하여 부작위를 명하는 가처분이 발령되었음을 고시하는 데 그치고 나아가 봉인 또는 물건을 자기의 점유로 옮기는 등의 구체적인 집행행위를 하지 아니한 경우 단순히 피신청인이 가처분의 부작위명령을 위반하였다는 것만으로는 공무상표시무효죄가 성립하지 않는다.
④ 집행관이 유체동산을 가압류하면서 이를 채무자에게 보관하도록 한 경우 채무자가 가압류된 유체동산을 제3자에게 양도하고 그 점유를 이전한 경우라도 채무자와 양수인이 가압류된 유체동산을 원래 있던 장소에 그대로 두었다면 특별한 사정이 없는 한 공무상표시무효죄가 성립하지 않는다.

322 공무방해에 관한 죄에 대한 설명으로 가장 적절하지 않은 것은? (다툼이 있으면 판례에 의함)

① 공무집행방해죄는 공무원의 적법한 공무집행이 전제로 되는데, 추상적인 권한에 속하는 공무원의 어떠한 공무집행이 적법한지 여부는 행위 당시의 구체적 상황에 기하여 객관적·합리적으로 판단하여야 하고 사후적으로 순수한 객관적 기준에서 판단할 것은 아니다.

② 불심검문을 하게 된 경위, 불심검문 당시의 현장상황과 검문을 하는 경찰관들의 복장, 피고인이 공무원증 제시나 신분 확인을 요구하였는지 여부 등을 종합적으로 고려하여, 검문하는 사람이 경찰관이고 검문하는 이유가 범죄행위에 관한 것임을 피고인이 충분히 알고 있었다고 보이는 경우에는 신분증을 제시하지 않았다고 하여 그 불심검문이 위법한 공무집행이라고 할 수 없다.

③ 음주운전을 하다가 교통사고를 야기한 후 그 형사처벌을 면하기 위하여 타인의 혈액을 자신의 혈액인 것처럼 교통사고 조사 경찰관에게 제출하여 감정하도록 한 행위는 위계에 의한 공무집행방해죄에 해당한다.

④ 외국 주재 한국영사관의 비자발급 업무와 같이 상대방에게서 신청을 받아 일정한 자격요건 등을 갖춘 경우에 한하여 그에 대한 수용 여부를 결정하는 업무는 신청서에 기재된 사유가 사실과 부합하지 않을 수 있는 것을 전제로 그 자격요건 등을 심사·판단하는 것이므로, 업무담당자가 사실을 충분히 확인하지 아니한 채 신청인이 제출한 허위의 신청사유나 허위의 소명자료를 가볍게 믿고 이를 수용하였더라도 신청인에게 위계에 의한 공무집행방해죄가 성립한다.

323 공무집행방해죄에 대한 설명으로 옳은 것은? (다툼이 있으면 판례에 의함)

① 공무집행방해죄의 폭행은 사람에 대한 유형력의 행사이고 이는 반드시 신체에 대한 것임을 요하며, 본죄에서 '직무를 집행하는'이란 공무원이 직무수행에 직접 필요한 행위를 현실적으로 행하고 있는 때만을 가리킨다.

② 위력으로써 공무원이 직무상 수행하는 공무를 방해하는 행위에 대해서는 형법 제314조의 업무방해죄로 처단할 수 있다.

③ 위계에 의한 공무집행방해죄에서 '공무원의 직무집행'이란 법령의 위임에 따른 공무원의 적법한 직무집행으로서 공권력을 내용으로 하는 권력적 작용에 한정하므로 사경제주체로서의 활동을 비롯한 비권력적 작용은 포함하지 아니한다.

④ 음주운전 신고를 받고 출동한 경찰관 P가 시동이 걸린 차량 운전석에 앉아있던 만취한 甲을 발견하고 음주측정을 위하여 하차를 요구하자 甲이 운전하지 않았다고 다투었고, 이에 P가 차량 블랙박스 확인을 위해 경찰서로 임의동행할 것을 요구하자, 甲이 차량에서 내리자마자 도주하여 P가 이미 착수한 음주측정 직무를 계속하기 위하여 甲을 10m 정도 추격하여 도주를 제지한 것은 정당한 직무집행에 해당한다.

324 공무집행방해에 관한 죄에 대한 설명으로 가장 적절하지 않은 것은? (다툼이 있으면 판례에 의함)

① 甲은 평소 집에서 심한 고성과 욕설 등으로 이웃 주민들로부터 수회에 걸쳐 112신고가 있어 왔던 사람으로, 한밤중에 甲의 집이 소란스러워 잠을 이룰 수 없다는 112신고를 받고 출동한 경찰관들이 인터폰으로 문을 열어달라고 하였으나 욕설을 하며 소란행위를 계속하였다. 이에 경찰관들이 甲을 만나기 위해 일시적으로 전기차단기를 내리자 식칼을 들고 나와 욕설을 하며 경찰관들을 향해 찌를 듯이 협박하였더라도 경찰관들의 단전조치를 적법한 공무집행으로 볼 수 없어 甲에게는 특수공무집행방해죄가 성립하지 아니한다.

② 국립대학교의 전임교원 공채심사위원인 학과장 甲이 지원자 A의 부탁을 받고 이미 논문접수가 마감된 학회지에 A의 논문이 게재되도록 돕고, 그 후 연구실적심사의 기준을 강화하자고 제안한 경우에는 설사 甲의 행위가 결과적으로는 A에게 유리한 결과가 되었다 하더라도 위계공무집행방해죄가 성립하지 아니한다.

③ 음주운전 신고를 받고 출동한 경찰관 A는 만취한 상태로 시동이 걸린 차량 운전석에 앉아 있는 甲을 발견하고 음주측정을 위해 하차를 요구하였고, 甲이 차량을 운전하지 않았다고 다투자 지구대로 가서 차량 블랙박스를 확인하자고 하였다. 이에 甲이 명시적인 거부 의사표시 없이 도주하자, A가 甲을 10m 정도 추격하여 앞을 막고 제지하는 과정에서 甲이 A를 폭행하였다면 공무집행방해죄가 성립한다.

④ 甲이 허위의 매매계약서 및 영수증을 소명자료로 첨부하여 가처분신청을 하여 법원으로부터 유체동산에 대한 가처분결정을 받은 경우에는 甲의 행위만으로 법원의 구체적이고 현실적인 어떤 직무집행이 방해되었다고 볼 수 없으므로 위계공무집행방해죄가 성립하지 아니한다.

325 공무방해의 죄에 관한 설명 중 가장 적절하지 않은 것은? (다툼이 있으면 판례에 의함)

① 형법 제136조에서 정한 공무집행방해죄는 직무를 집행하는 공무원에 대하여 폭행 또는 협박한 경우에 성립하는 범죄로서 구체적으로 직무집행의 방해라는 결과가 발생할 것을 요하지는 않는다.

② 공용서류등무효죄의 '공무소에서 사용하는 서류 기타 전자기록'에는 공문서로서의 효력이 생기기 이전의 서류, 정식의 접수 및 결재 절차를 거치지 않은 문서, 결재 상신 과정에서 반려된 문서도 포함된다.

③ 타인의 소변을 마치 자신의 소변인 것처럼 수사기관에 건네주어 필로폰 음성반응이 나오게 한 경우 수사기관의 착오를 이용하여 적극적으로 피의사실에 관한 증거를 조작한 것이므로 위계에 의한 공무집행방해죄를 구성한다.

④ 공무상표시무효죄는 공무원이 그 직무에 관하여 실시한 봉인 또는 압류 기타 강제처분의 표시를 적극적으로 손상·은닉하거나 기타 방법으로 그 효용을 해하는 것을 요건으로 하므로 부작위에 의한 방법으로는 공무상표시무효죄를 범할 수 없다.

326 공무상표시무효죄에 관한 다음 설명 중 옳은 것은? (다툼이 있으면 판례에 의함)

① 집행관이 가처분결정의 취지를 고시한 공시서를 게시하였을 뿐 어떠한 구체적 집행행위를 하지 않았더라도, 집행관이 고시한 가처분에 의하여 부과된 부작위명령을 피고인이 위반하였다고 한다면 공무상표시무효죄가 성립한다.

② 채무자가 가압류된 유체동산을 제3자에게 양도하고 그 점유를 이전한 경우 이는 가압류집행이 금지하는 처분행위로서 특별한 사정이 없는 한 가압류표시 자체의 효력을 사실상으로 감쇄 또는 멸각시키는 행위로서 공무상표시무효죄가 성립한다. 다만, 채무자와 양수인이 가압류된 유체동산을 원래 있던 장소에 그대로 두었다면 그러하지 아니하다.

③ 피고인이 특허권을 침해하였다는 소명이 있다는 이유로 가처분집행이 행하여졌으나 후일 그 본안소송에서 특허가 무효라는 취지의 대법원 판결이 선고되어 그 피보전권리의 부존재가 확정된 경우에도, 피고인이 가처분의 효용을 침해한 사실이 있다면 공무상표시무효죄가 성립한다.

④ 피고인 甲이 집행관이 기계에 대하여 유체동산 가압류집행을 실시하고 그 뜻을 기재한 표시를 하였음을 전해 들어 알고 있으면서 乙로 하여금 기계들을 가져가도록 한 경우 비록 가압류집행 이전에 甲이 乙에게 기계를 양도하기로 하는 합의가 있었다면 공무상표시무효죄는 성립하지 아니한다.

327 다음 중 공용서류등무효가 성립하는 것은 모두 몇 개인가? (다툼이 있으면 판례에 의함)

> ㉠ 형사사건을 조사하던 경찰관이 스스로의 판단에 따라 자신이 보관하던 진술서를 임의로 피고인에게 넘겨주었는 바, 피고인이 이를 찢은 경우
> ㉡ 경찰관(피고인)이 진술자의 서명·무인과 간인까지 받아 작성한 진술조서를 수사기록에 편철하지 않은 채 보관하고 있다가 휴지통에 버려 폐기한 경우
> ㉢ 경찰관(피고인)이 참고인에 대한 진술조서를 수사기록에 편철하지 않고 숨긴 경우(경찰관은 참고인의 답변을 인쇄된 진술조서 용지에 문답형식으로 기재한 후 그에게 내용의 확인을 위하여 읽어보고 서명을 하도록 요구하였으며, 그 기재한 수량이 3~4장 정도이었음)

① 0개　　　　　　　　　　② 1개
③ 2개　　　　　　　　　　④ 3개

328 도주와 범인은닉의 죄에 대한 설명 중 가장 적절하지 않은 것은? (다툼이 있으면 판례에 의함)

① 도주죄는 즉시범으로서 범인이 간수자의 실력적 지배를 이탈한 상태에 이르렀을 때에 기수가 되어 도주행위가 종료하는 것이고, 도주죄의 범인이 도주행위를 하여 기수에 이른 이후에 범인의 도피를 도와주는 행위는 범인도피죄에 해당할 수 있을 뿐 도주원조죄에 해당하지 아니한다.

② 법원이 선고기일에 피고인에 대하여 실형을 선고하면서 구속영장을 발부하였고 검사가 법정에 재정하여 법원으로부터 구속영장을 전달받아 집행을 지휘하고, 그에 따라 피고인이 '피고인 대기실'로 인치된 경우 피고인은 아직 '법률에 의하여 체포 또는 구금된 자'에 해당하지 않는다.

③ 범인이 기소중지자임을 알고도 범인의 부탁으로 다른 사람의 명의로 대신 임대차계약을 체결해 준 경우 범인도피죄가 성립한다.

④ 공범 중 1인이 그 범행에 관한 수사절차에서 참고인 또는 피의자로 조사받으면서 자기의 범행을 구성하는 사실관계에 관하여 허위로 진술하고 허위 자료를 제출하는 것은 자신의 범행에 대한 방어권 행사의 범위를 벗어난 것으로 볼 수 없어, 이러한 행위가 다른 공범을 도피하게 하는 결과가 된다고 하더라도 범인도피죄로 처벌할 수 없다.

329 범인은닉·도피죄에 관한 설명으로 가장 적절하지 않은 것은? (다툼이 있으면 판례에 의함)

① 주점 개업식날 찾아 온 범인에게 '도망다니면서 이렇게 와 주니 고맙다. 항상 몸조심하고 주의하여 다녀라. 열심히 살면서 건강에 조심해라'고 말한 것은 단순히 안부를 묻거나 통상적인 인사말에 불과하므로 범인도피죄에 해당하지 않는다.

② 범인이 타인으로 하여금 허위의 자백을 하게 하는 등으로 범인도피죄를 범하게 하는 경우와 같이 그것이 방어권의 남용으로 볼 수 있을 때에는 범인도피교사죄에 해당할 수 있다.

③ 범인도피죄는 그 자체로 도피시키는 것을 직접적인 목적으로 하였다고 보기 어려운 행위를 한 결과 간접적으로 범인이 안심하여 도피할 수 있게 한 경우도 포함된다.

④ 범인도피죄는 범인을 도피하게 함으로써 기수에 이르지만 범인도피 행위가 계속되는 동안에는 범죄행위도 계속되고 행위가 끝날 때 비로소 범죄행위가 종료되며, 공범자의 범인도피행위 도중에 그 범행을 인식하면서 그와 공동의 범의를 가지고 기왕의 범인도피상태를 이용하여 스스로 범인도피행위를 계속한 자에 대하여는 범인도피죄의 공동정범이 성립한다.

330 범인은닉·도피죄에 대한 설명으로 옳지 않은 것은? (다툼이 있으면 판례에 의함)

① 혼인외 출생자가 벌금 이상의 형에 해당하는 죄를 범한 자신의 생부(生父)를 도피하게 하더라도 생부가 혼인외 출생자를 인지하지 않은 경우에는 생부와 혼인외 출생자 사이에 법률상 친자관계가 발생하지 않으므로 혼인외 출생자의 행위에 대하여 형법 제151조 제2항(친족간의 특례)을 적용하거나 유추적용할 수 없다.
② 甲이 실제 업주를 숨기고 자신이 대신하여 처벌받기로 하는 이른바 '바지사장'의 역할을 맡기로 하는 등 수사기관을 착오에 빠뜨리기로 하고, 범행경위에 대해 적극적으로 허위로 진술하거나 허위 자료를 제시하는 행위를 하는 경우 범인도피죄가 성립한다.
③ 甲이 자신을 위하여 배우자로 하여금 허위의 자백을 하게 하여 범인도피죄를 범하게 하는 경우 배우자는 형법 제151조 제2항에 의하여 처벌을 받지 아니하는 친족에 해당하므로 甲은 친족 간의 특례규정에 의하여 처벌되지 않는 행위를 방조한 것이므로 범인도피방조죄가 성립하지 않는다.
④ 참고인 甲이 수사기관에서 진술을 함에 있어 단순히 범인으로 체포된 사람과 자신이 목격한 범인이 동일함에도 불구하고 동일한 사람이 아니라고 허위진술을 한 정도의 것만으로는 甲의 그 허위진술로 말미암아 증거가 불충분하게 되어 범인을 석방하게 되는 결과가 되었다 하더라도 범인도피죄가 성립하지 않는다.

331 위증죄에 관한 다음 설명 중 옳지 않은 것은? (다툼이 있으면 판례에 의함)

① 제3자가 심문절차로 진행되는 '가처분신청사건'에서 증인으로 출석하여 선서를 하고 진술함에 있어서 허위의 공술을 하였다고 하더라도 그 선서는 법률상 근거가 없어 무효라고 할 것이므로 위증죄는 성립하지 않는다.
② 민사소송의 당사자는 증인능력이 없지만, 당사자인 법인의 대표자는 민사소송의 당사자라고 할 수 없으므로 그 사람이 선서를 한 후에 기억에 반하는 진술을 한 이상 위증죄가 성립한다.
③ 피고인 甲을 공동피고로 한 민사사건에서 甲이 의제자백에 의해 분리되고, 乙만이 피고로 남았다면 이는 타인 사이의 사건이라고 할 것이므로 그 사건에서 甲이 한 증언이 기억에 반한 것인 이상 위증죄에 해당한다.
④ 공범인 공동피고인은 당해 소송절차에서는 피고인의 지위에 있어 다른 공동피고인에 대한 공소사실에 관하여 증인이 될 수 없으나, 소송절차가 분리되어 피고인의 지위에서 벗어나게 되면 다른 공동피고인에 대한 공소사실에 관하여 증인이 될 수 있다.

332 위증죄에 관한 다음 설명 중 가장 옳지 않은 것은? (다툼이 있으면 판례에 의함)

① 형법 제152조 제2항의 모해위증죄에 있어서 모해할 목적은 허위의 진술을 함으로써 피고인에게 불리하게 될 것이라는 인식이 있으면 충분하고 그 결과의 발생을 희망할 필요까지는 없다.

② 증언의 내용인 사실의 전체적 취지가 객관적 사실에 일치하고 그것이 기억에 반하는 공술이 아니라면 그 사실을 구성하는 일부 사소한 부분에 다른 점이 있어도 그 진술의 취지가 기억에 일치하는 것이라면 그것만으로는 위증죄의 성립이 인정될 수 없다.

③ 모해위증의 죄를 범한 자가 그 공술한 사건의 재판 또는 징계처분이 확정되기 전에 자백 또는 자수한 때에는 그 형을 감경 또는 면제한다.

④ 친족 또는 동거의 가족이 본인을 위하여 모해위증의 죄를 범한 때에는 처벌하지 아니한다.

333 위증죄에 관한 다음 설명 중 가장 옳은 것은? (다툼이 있으면 판례에 의함)

① 위증죄는 그 진술이 판결에 영향을 미쳤는지 여부나 지엽적인 사항인지 여부와 무관하게 성립하나, 경험한 사실에 대한 법률적 평가인 경우에는 위증죄가 성립하지 않는다.

② 위증죄에서의 허위의 진술이란 증인이 자신의 기억에 반하는 사실을 진술하는 것을 말하나, 그 내용이 객관적 사실과 부합하는 경우에는 위증죄가 성립하지 않는다.

③ 증인의 증언은 그 전부를 일체로 관찰·판단하는 것이므로 증인이 증인신문절차에서 허위의 진술을 하고 그 진술이 철회·시정된 바 없이 그대로 증인신문절차가 종료된 후, 별도의 증인 신청 및 채택 절차를 거쳐 그 증인이 다시 신문을 받는 과정에서 종전 신문절차에서의 진술을 철회·시정한 경우에는 위증죄가 성립되지 않는다.

④ 피고인이 자기의 형사사건에 관하여 타인을 교사하여 위증죄를 범하게 하는 것은 형사소송에 있어서의 방어권을 인정하는 취지상 처벌의 대상이 되지 않는다.

334 다음 설명 중 가장 옳지 않은 것은? (다툼이 있으면 판례에 의함)

① 위증죄는 법률에 의하여 선서한 증인이 자기의 기억에 반하는 사실을 진술함으로써 성립하는 것이므로 그 진술이 객관적 사실과 부합하지 않는다고 하더라도 증인의 기억에 반하는지 여부를 가려보기 전에는 위증이라고 단정할 수는 없다.

② 위증죄에서 증인의 증언이 기억에 반하는 허위 진술인지 여부를 가릴 때에는 그 증언의 단편적인 구절에 구애될 것이 아니라 당해 신문 절차에서 한 증언 전체를 일체로 파악하여야 한다.

③ 민사소송절차에서 재판장이 증인에게 증언거부권을 고지하지 않은 경우 절차위반의 위법이 있다고 할 수 있으므로 적법한 선서절차를 마친 후 허위진술을 한 증인에 대해서도 달리 특별한 사정이 없는 한 위증죄가 성립하지 않는다고 보아야 한다.

④ 피고인이 자기의 형사사건에 관하여 허위의 진술을 하는 행위는 피고인의 방어권을 인정하는 취지에서 처벌의 대상이 되지 않으나, 법률에 의하여 선서한 증인이 타인의 형사사건에 관하여 위증을 하면 형법 제152조 제1항의 위증죄가 성립되므로 자기의 형사사건에 관하여 타인을 교사하여 위증죄를 범하게 하는 것은 이러한 방어권을 남용하는 것이어서 교사범의 죄책을 부담한다.

335 증거인멸의 죄에 대한 설명 중 옳은 것은? (다툼이 있으면 판례에 의함)

① 형법 제155조 제1항의 증거인멸 등 죄에서 말하는 '징계사건'에는 국가의 징계사건은 물론 사인 간의 징계사건도 포함된다.

② 형법 제155조 제1항에서 타인의 형사사건에 관한 증거를 위조한다 함은 증거 자체를 위조하는 것뿐 아니라 널리 참고인이 수사기관에서 허위의 진술을 하는 것까지를 포함하는 개념으로 보아야 한다.

③ 형법 제155조 제1항의 증거위조죄에서 '타인의 형사사건'이란 증거위조 행위시에 아직 수사절차가 개시되기 전이라도 장차 형사사건이 될 수 있는 것까지 포함하지만, 이후 그 형사사건이 기소되지 아니하거나 무죄가 선고된 경우 증거위조죄는 성립하지 않는다.

④ 형법 제155조 제3항의 모해목적 증거인멸 등 죄에서 '피의자'라고 하기 위해서는 수사기관에 의하여 수사가 개시되어 있을 것을 필요로 하고, 그 이전의 단계에서는 장차 형사입건 될 가능성이 크다고 하더라도 피의자에 해당한다고 볼 수는 없다.

336 증거위조죄에 대한 설명으로 옳지 않은 것은? (다툼이 있으면 판례에 의함)

① 증거위조죄의 '증거'에는 범죄 또는 징계 사유의 성립 여부에 관한 것뿐만 아니라 형 또는 징계의 경중과 관계있는 정상을 인정하는 데 도움이 될 자료까지도 포함된다.

② 증거위조죄의 '위조'란 새로운 증거의 창조를 의미하는 것이므로 존재하지 아니한 증거를 이전부터 존재하고 있는 것처럼 작출하는 행위도 증거위조에 해당하며, 증거가 문서의 형식을 갖는 경우 증거위조죄에서의 증거에 해당하는지가 그 작성 권한의 유무나 내용의 진실성에 좌우되는 것은 아니다.

③ 사실의 증명을 위해 작성된 문서가 그 사실에 관한 내용이나 작성명의 등에 아무런 허위가 없다면 증거위조에 해당하지 않지만, 이 문서가 형사사건 또는 징계사건에서 허위의 주장에 관한 증거로 제출되어 그 주장을 뒷받침하게 되었다면 증거위조에 해당한다.

④ 참고인이 타인의 형사사건에서 직접 진술 또는 증언하는 것을 대신하거나 그 진술 등에 앞서서 허위의 사실확인서나 진술서를 작성하여 수사기관에 제출하더라도 증거위조죄가 성립하지 않는다.

337 다음 중 증거위조죄가 성립하는 것은 모두 몇 개인가? (다툼이 있으면 판례에 의함)

> ㉠ 참고인이 수사기관에서 허위의 진술을 한 경우
> ㉡ 참고인이 허위의 사실확인서나 진술서를 작성하여 수사기관 등에 제출하거나 제3자에게 교부하여 제3자가 이를 제출한 경우
> ㉢ 선서무능력자로서 범죄 현장을 목격하지도 못한 사람으로 하여금 형사법정에서 범죄 현장을 목격한 양 허위의 증언을 하도록 한 경우
> ㉣ 참고인이 제3자와 대화를 하면서 허위로 진술하고 위와 같은 허위 진술이 담긴 대화 내용을 녹음한 녹음파일 또는 이를 녹취한 녹취록을 만들어 수사기관 등에 제출한 경우
> ㉤ 법률행위 당시에는 존재하지 아니하였던 처분문서, 즉 그 외형 및 내용상 법률행위가 그 문서 자체에 의하여 이루어진 것과 같은 외관을 가지는 문서를 사후에 그 작성일을 소급하여 작성한 경우
> ㉥ 변호사인 甲이 乙 명의 은행 계좌에서 X회사 명의 은행 계좌에 금원을 송금하고 다시 되돌려 받는 행위를 반복한 후 그중 송금자료만을 발급받아 이를 3억 5,000만원을 변제하였다는 허위 주장과 함께 법원에 제출한 경우

① 1개 ② 2개
③ 3개 ④ 4개

338 다음 설명 중 옳지 않은 것은? (다툼이 있으면 판례에 의함)

① 피고인 스스로가 형사처분을 받게 될 것이 두려워 자기의 이익을 위하여 그 증거가 될 자료를 인멸한 결과 다른 공범자의 형사사건에 관한 증거를 인멸한 결과가 된 경우 증거인멸죄가 성립한다.
② 범인은닉죄는 벌금 이상의 형에 해당하는 죄를 범한 자를 은닉시키는 경우에 성립하지만 친족 또는 동거가족 간 본죄를 범한 경우에는 처벌되지 아니한다.
③ 형사사건에 있어서 증언거부사유가 있음에도 증인이 증언거부권을 고지받지 못하여 증언거부권 행사에 사실상 장애가 발생하였다고 인정되는 경우 위증죄는 성립하지 않는다.
④ 피고인이 자기의 형사사건에 관하여 허위의 진술을 하는 행위는 처벌의 대상이 되지 않으나, 자기의 형사사건에 관하여 타인을 교사하여 위증하게 한 경우 위증교사죄가 성립한다.

339 무고죄에 대한 설명 중 가장 적절하지 않은 것은? (다툼이 있으면 판례에 의함)

① 스스로 본인을 무고하는 자기 무고행위는 무고죄의 구성요건에 해당하지 않는다.
② 무고죄에 있어서 허위사실 적시의 정도는 수사관서 또는 감독 관서에 대하여 수사권 또는 징계권의 발동을 촉구하는 정도로는 충분하지 않고, 범죄구성요건 사실이나 징계요건 사실을 구체적으로 명시하여야 한다.
③ 甲이 허위내용의 고소장을 경찰관에게 제출하여 허위사실의 신고가 수사기관에 도달하였다면 그 후에 해당 고소장을 되돌려 받았다 하더라도 무고죄 성립에 영향을 미치지 못한다.
④ 외관상 타인 명의의 고소장을 대리하여 작성하고 제출하는 형식으로 고소가 이루어진 경우 그 명의자는 고소 의사 없이 이름만 빌려준 것에 불과하고 명의자를 대리한 자가 실제 고소의 의사를 가지고 고소행위를 주도한 경우라면 그 명의자를 대리한 자를 신고자로 보아 무고죄의 주체로 인정하여야 한다.

340 무고죄에 관한 설명으로 옳지 않은 것을 모두 고른 것은? (다툼이 있으면 판례에 의함)

> ㉠ 무고죄에 있어 타인은 자연인은 물론 법인도 포함하므로 특정되지 않은 이름을 알 수 없는 사람(성명불상자)에 대한 무고죄는 성립한다.
> ㉡ 성폭행 등의 피해를 입었다는 신고사실에 관하여 불기소처분 내지 무죄판결이 내려졌다고 하여, 그 자체를 무고를 하였다는 적극적인 근거로 삼아 신고내용을 허위라고 단정하여서는 아니 된다.
> ㉢ 신고자가 알고 있는 객관적인 사실관계에 의하더라도 신고사실이 허위라거나 또는 허위일 가능성이 있다는 인식을 하지 못하였다면 무고의 고의를 부정할 수 있다.
> ㉣ 공동피고인 중 1인이 타범죄로 조사를 받는 과정에서 사법경찰관의 신문에 따라 다른 공동피고인의 범죄사실을 진술한 경우에 위 진술내용이 허위라면 이는 무고에 해당한다.

① ㉠, ㉢
② ㉠, ㉣
③ ㉡, ㉢
④ ㉢, ㉣

341 무고죄에 관한 다음 설명 중 가장 옳지 않은 것은? (다툼이 있으면 판례에 의함)

① 성폭행 등의 피해를 입었다는 신고사실에 관하여 불기소처분 내지 무죄판결이 내려졌다고 하여, 그 자체를 무고를 하였다는 적극적인 근거로 삼아 신고내용을 허위라고 단정하여서는 아니 된다.
② 개별적, 구체적인 사건에서 성폭행 등의 피해자임을 주장하는 자가 처하였던 특별한 사정을 충분히 고려하지 아니한 채 진정한 피해자라면 마땅히 이렇게 하였을 것이라는 기준을 내세워 성폭행 등의 피해를 입었다는 점 및 신고에 이르게 된 경위 등에 관한 변소를 쉽게 배척하여서는 아니 된다.
③ 타인으로 하여금 형사처분을 받게 할 목적으로 공무소에 대하여 허위의 사실을 신고하였다면, 그 사실이 친고죄로서 그에 대한 고소기간이 경과하여 공소를 제기할 수 없음이 그 신고내용 자체에 의하여 분명한 경우에도 당해 국가기관의 직무를 그르치게 할 위험이 없다고 할 수 없으므로 무고죄가 성립한다.
④ 무고죄에서 신고한 사실이 객관적 진실에 반하는 허위사실이라는 요건은 적극적 증명이 있어야 하고, 신고사실의 진실성을 인정할 수 없다는 소극적 증명만으로 곧 그 신고사실이 객관적 진실에 반하는 허위의 사실이라 단정하여 무고죄의 성립을 인정할 수는 없다.

342 무고죄에 관한 다음 설명 중 가장 옳지 않은 것은? (다툼이 있으면 판례에 의함)

① 객관적 사실관계를 그대로 신고한 이상 그러한 사실관계를 토대로 한 나름대로의 주관적 법률평가를 잘못하고 이를 신고하였다고 하여 그 사실만 가지고 허위의 사실을 신고한 것에 해당한다고 할 수는 없다.
② 무고죄는 국가의 형사사법권 또는 징계권의 적정한 행사를 주된 보호법익으로 하는 것이지 개인의 부당하게 처벌 또는 징계받지 아니할 이익을 보호하는 죄는 아니므로 설사 무고에 있어서 피무고자의 승낙이 있었다고 하더라도 무고죄의 성립에는 영향을 미치지 못한다 할 것이다.
③ 무고죄에서 신고한 사실이 객관적 사실에 반하는 허위사실이라는 요건은 적극적인 증명이 있어야 하며, 신고사실의 진실성을 인정할 수 없다는 소극적 증명만으로 곧 그 신고 사실이 객관적 진실에 반하는 허위사실이라고 단정하여 무고죄의 성립을 인정할 수는 없다.
④ 무고죄에 있어서 형사처분 또는 징계처분을 받게 할 목적은 허위신고를 함에 있어서 다른 사람이 그로 인하여 형사 또는 징계처분을 받게 될 것이라는 인식이 있으면 족한 것이고 그 결과발생을 희망하는 것까지를 요하는 것은 아니므로 고소인이 고소장을 수사기관에 제출한 이상 그러한 인식은 있었다고 보아야 한다.

343 무고죄에 대한 다음 설명 중 가장 옳지 않은 것은? (다툼이 있으면 판례에 의함)

① 타인으로 하여금 형사처분을 받게 할 목적으로 공무소에 허위의 사실을 신고하였다면 신고사실이 친고죄로서 고소기간이 경과하였음이 분명할지라도 당해 국가기관의 직무를 그르치게 할 위험은 인정되므로 무고죄 성립에는 아무런 지장이 없다.
② 신고자가 신고내용을 허위로 믿었다 할지라도 신고내용이 객관적으로 진실한 사실과 부합할 때에는 허위사실의 신고에 해당하지 않으므로 무고죄는 성립하지 않는다.
③ 무고죄는 신고한 사실이 객관적 진실에 반하는 허위사실이라는 점에 관해 적극적인 증명이 있어야 하고 신고사실의 진실성을 인정할 수 없다는 점만으로는 무고죄의 성립을 인정할 수 없다.
④ 무고죄에 있어서 형의 필요적 감면사유인 형법 제153조의 '재판이 확정되기 전'에는 피고인의 고소사건 수사 결과 피고인의 무고혐의가 밝혀져 피고인에 대한 공소가 제기되고 피고소인에 대해서는 불기소결정이 내려져 재판절차가 개시되지 않은 경우도 포함된다

344 무고죄에 대한 설명으로 옳지 않은 것은? (다툼이 있으면 판례에 의함)

① 신고한 사실이 객관적 진실에 반하는 허위사실이라는 요건은 적극적 증명이 있어야 하고, 신고사실의 진실성을 인정할 수 없다는 소극적 증명만으로 무고죄의 성립을 인정할 수 없다.
② 타인 명의의 고소장을 대리하여 작성하고 제출하는 형식으로 고소가 이루어진 경우 그 명의자는 고소의 의사가 없이 이름만 빌려준 것에 불과하고 명의자를 대리한 자가 실제 고소의 의사를 가지고 고소행위를 주도한 경우라 하더라도 그 명의자를 무고죄의 주체로 보아야 한다.
③ 범행일시를 특정하지 않은 고소장을 제출한 후 고소보충진술 시에 범죄사실의 공소시효가 아직 완성되지 않은 것으로 허위 진술한 다음, 그 이후 검찰이나 제1심 법정에서 다시 범죄의 공소시효가 완성된 것으로 정정 진술하였더라도 고소보충진술 시에 무고죄가 성립하였다고 보아야 한다.
④ 고소를 당한 甲이 자신의 결백을 주장하기 위하여 고소인에 대하여 '고소당한 죄의 혐의가 없는 것으로 인정된다면 고소인이 자신을 무고한 것에 해당하므로 고소인을 처벌해 달라'는 내용의 고소장을 제출하였는데 甲이 고소당한 범죄가 유죄로 인정되는 경우 甲에게 무고죄가 성립한다.

345 위증죄 및 무고죄에 대한 설명으로 옳지 않은 것은? (다툼이 있으면 판례에 의함)

① 증인이 착오에 빠져 기억에 반한다는 인식 없이 증언하였음이 밝혀진 경우에는 위증의 범의를 인정할 수 없다.
② 자기 자신을 무고하기로 제3자와 공모하고 이에 따라 무고행위에 가담하였다면 무고죄의 공동정범으로 처벌할 수 있다.
③ 자기 자신을 형사처분받게 할 목적으로 허위의 사실을 신고하더라도 무고죄의 구성요건에 해당하지 않아 무고죄가 성립하지 않는다.
④ 증언거부사유가 있음에도 증인이 증언거부권을 고지받지 못함으로 인하여 그 증언거부권을 행사하는 데 사실상 장애가 초래되었다고 볼 수 있는 경우에는 위증죄가 성립하지 않는다.

346 위증과 무고의 죄에 대한 설명 중 가장 적절한 것은? (다툼이 있으면 판례에 의함)

① 유죄판결이 확정된 피고인이 별건으로 기소된 공범의 형사사건에서 자신의 범행사실을 부인하는 증언을 한 경우 피고인에게 사실대로 진술할 것이라는 기대가능성이 없으므로 위증죄가 성립하지 않는다.
② 별도의 증인신청 및 채택 절차를 거쳐 그 증인이 다시 신문을 받는 과정에서 종전 신문절차에서 한 허위의 진술을 철회·시정한 경우 위증죄가 성립하지 아니한다.
③ 상대방의 범행에 공범으로 가담한 자가 자신의 범죄 가담사실을 숨기고 상대방인 공범자만을 고소하였다면 무고죄가 성립한다.
④ 위증죄에 있어서 형의 감면 규정은 재판 확정 전의 자백을 형의 필요적 감면 사유로 한다는 것이고, 자발적인 고백은 물론 법원이나 수사기관의 심문에 의한 고백도 위 자백의 개념에 포함된다.

347 무고죄에 관한 다음 설명 중 가장 옳지 않은 것은? (다툼이 있으면 판례에 의함)

① 특정되지 않은 성명불상자에 대한 무고죄는 성립하지 않는다. 공무원에게 무익한 수고를 끼치는 일은 있어도 심판 자체를 그르치게 할 염려가 없으며 피무고자를 해할 수도 없기 때문이다.
② 무고죄에 있어서 형의 필요적 감면사유에 해당하는 자백이란 자신의 범죄사실, 즉 타인으로 하여금 형사처분 또는 징계처분을 받게 할 목적으로 공무소 또는 공무원에 대하여 허위의 사실을 신고하였음을 자인하는 것을 말하므로 단순히 그 신고한 내용이 객관적 사실에 반한다고 인정하는 것도 자백에 해당한다.
③ 피고인이 甲, 乙에 대하여 무고한 고소사건의 처리 결과를 심리해 보고, 이들에 대하여 불기소결정 등이 내려져 그 재판이 확정된 적이 없으며 피고인이 甲, 乙에 대해 허위의 사실을 고소하였음을 법원에 자백하였다면 형법 제157조, 제153조에 따라 형의 필요적 감면조치를 하여야 한다.
④ 무고에 있어서 피무고자의 승낙이 있었다고 하더라도 무고죄의 성립에는 영향을 미치지 못한다.

348 무고죄에 관한 설명 중 옳지 않은 것은? (다툼이 있으면 판례에 의함)

① 타인으로 하여금 형사처분을 받게 할 목적으로 공무소에 대하여 허위의 사실을 신고하였다고 하더라도, 그 사실이 친고죄로 그에 대한 고소기간이 경과하여 공소를 제기할 수 없음이 그 신고내용 자체에 의하여 분명한 때에는 무고죄가 성립하지 아니한다.

② 신고한 사실이 객관적 진실에 반하는 허위사실이라는 요건은 적극적 증명이 있는 경우뿐만 아니라 신고사실의 진실성을 인정할 수 없다는 소극적 증명이 있어도 충족된다.

③ 甲이 A를 사기죄로 고소하였는데, 수사 결과 甲의 무고 혐의가 밝혀져 甲은 무고죄로 공소제기되고 A는 불기소결정되었다. 甲은 제1심에서 혐의를 부인하였으나 유죄가 선고되자 제1심의 유죄판결에 대하여 양형부당을 이유로 항소하면서 항소심 제1회 공판기일에서 양형부당의 항소취지와 무고 사실을 모두 인정한다는 취지가 기재된 항소이유서를 진술하였다면, 甲은 형법 제157조(자백·자수)에 따른 형의 필요적 감면 조치를 받아야 한다.

④ 甲은 '채권담보를 위해 채무자인 A와 A 소유 부동산에 대해 대물변제예약을 체결하였는데 A가 이를 다른 사람에게 매도하였다'는 내용으로 허위 고소하였다. 甲의 고소 이후 대법원이 위와 같은 경우 배임죄가 성립하지 않는다고 판례를 변경하였어도, 甲의 행위는 무고죄의 기수에 해당한다.

349 무고죄에 관한 설명으로 옳지 않은 것을 모두 고른 것은? (다툼이 있으면 판례에 의함)

> ⊙ 자기 자신을 무고하기로 제3자와 공모하고 이에 따라 무고 행위에 가담한 경우 무고죄의 공동정범으로 처벌할 수 없다.
> ⓒ 신고사실의 일부에 허위의 사실이 포함되어 있다고 하더라도 그 허위부분이 범죄의 성부에 영향을 미치는 중요한 부분이 아니고 단지 신고한 사실을 과장한 것에 불과한 경우에는 무고죄에 해당하지 아니하지만, 그 일부 허위인 사실이 국가의 심판작용을 그르치거나 부당하게 처벌을 받지 아니할 개인의 법적 안정성을 침해할 우려가 있을 정도로 고소사실 전체의 성질을 변경시키는 때에는 무고죄가 성립될 수 있다.
> ⓒ 신고자가 진실이라고 확신하고 신고하였을 때에는 무고죄가 성립하지 않는다고 할 것이고, '진실이라고 확신한다' 함에는 신고자가 알고 있는 객관적 사실관계에 의하여 신고사실이 허위라거나 허위일 가능성이 있다는 인식을 하면서도 이를 무시한 채 무조건 자신의 주장이 옳다고 생각하는 경우까지 포함되는 것은 아니다.
> ⓔ 무고죄에 있어서의 신고는 자발적인 것이어야 하고 수사기관 등의 추문에 대하여 허위의 진술을 하는 것은 무고죄를 구성하지 않는 것이므로, 당초 고소장에 기재하지 않은 사실을 수사기관에서 고소보충조서를 받을 때 자진하여 진술하였다 하더라도 이 진술 부분까지 신고한 것으로 볼 수는 없다.
> ⓜ 타인에게 형사처분을 받게 할 목적으로 '허위의 사실'을 신고한 행위가 무고죄를 구성하기 위해서는 신고된 사실 자체가 형사처분의 대상이 될 수 있어야 하므로 허위로 신고한 사실이 신고 당시에는 형사처분의 대상이 될 수 있었으나 이후 그러한 사실이 형사처분의 대상이 되지 않는 것으로 대법원 판례가 변경된 경우 무고죄는 성립하지 않는다.

① ㉠, ㉡
② ㉡, ㉢
③ ㉢, ㉣
④ ㉣, ㉤

350 국가의 기능에 대한 죄의 설명으로 가장 적절하지 않은 것은? (다툼이 있으면 판례에 의함)

① 직무유기죄는 공무원이 정당한 이유 없이 그 직무수행을 거부하거나 그 '직무를 유기한 때'에 성립하며, 직무집행의 의사로 자신의 직무를 수행한 경우라도 그 직무집행의 내용이 위법한 것으로 평가된다면 직무유기죄가 성립한다.
② 검찰의 고위 간부가 특정 사건에 대한 수사가 계속 중인 상태에서 해당 사안에 관한 수사책임자의 잠정적인 판단 등 수사팀의 내부 상황을 확인한 뒤 그 내용을 수사 대상자 측에 전달한 행위는 공무상비밀누설에 해당한다.
③ 형식적·외형적으로는 직무집행으로 보이나 실질적으로는 정당한 권한 외의 행위를 한 경우도 직권남용권리행사방해죄에 해당한다.
④ 공무원이 직무와 관련하여 뇌물수수를 약속하고 퇴직 후 이를 수수하는 경우에는, 뇌물약속과 뇌물수수가 시간적으로 근접하여 연속되어 있다고 하더라도, 뇌물수수죄는 성립하지 않는다.

351 다음 설명 중 옳고 그름의 표시(○, ×)가 바르게 된 것은? (다툼이 있으면 판례에 의함)

> ㉠ 범죄 또는 징계사유의 성립 여부에 관한 것뿐만 아니라 형 또는 징계의 경중에 영향을 미치는 정상을 인정하는 데 도움이 될 자료까지도 증거위조죄에서 규정한 '증거'에 포함된다.
> ㉡ 자신이 직접 형사처분을 받게 될 것을 두려워한 나머지 자기의 이익을 위하여 그 증거가 될 자료를 은닉하였다면 증거은닉죄에 해당하지 않고, 제3자와 공동하여 그러한 행위를 하였더라도 마찬가지이다.
> ㉢ 모해위증죄에 있어서 甲이 A를 모해할 목적으로 그러한 목적이 없는 乙에게 위증을 교사한 경우 공범종속성에 관한 일반 규정인 형법 제31조 제1항이 공범과 신분에 관한 형법 제33조 단서에 우선하여 적용되므로 신분이 있는 甲이 신분이 없는 乙보다 무겁게 처벌된다.
> ㉣ 甲이 자기 자신을 무고하기로 乙과 공모하고 공동의 의사에 따라 乙과 함께 자신을 무고한 경우 甲과 乙은 무고죄의 공동정범으로서의 죄책을 진다.

① ㉠ ○ ㉡ ○ ㉢ ○ ㉣ ×
② ㉠ ○ ㉡ ○ ㉢ × ㉣ ×
③ ㉠ × ㉡ ○ ㉢ ○ ㉣ ○
④ ㉠ × ㉡ × ㉢ ○ ㉣ ○

352 국가의 기능에 대한 죄에 관한 설명으로 가장 적절하지 않은 것은? (다툼이 있으면 판례에 의함)

① 범인도피죄는 타인을 도피하게 하는 경우에 성립할 수 있고, 여기에서 타인에는 공범도 포함되므로 공범 중 1인이 그 범행에 관한 수사절차에서 참고인 또는 피의자로 조사받으면서 자기의 범행을 구성하는 사실관계에 관하여 허위로 진술하고 허위 자료를 제출하는 행위가 다른 공범을 도피하게 하는 결과가 되는 경우 범인도피죄가 성립할 수 있다.
② 피의자 등이 적극적으로 허위의 증거를 조작하여 제출하고 그 증거 조작의 결과 수사기관이 그 진위에 관하여 나름대로 충실한 수사를 하더라도 제출된 증거가 허위임을 발견하지 못할 정도에 이르렀다면 이는 위계에 의하여 수사기관의 수사행위를 적극적으로 방해한 것으로서 위계공무집행방해죄가 성립된다.
③ 사실의 증명을 위해 작성된 문서가 그 사실에 관한 내용이나 작성명의 등에 아무런 허위가 없다면 증거위조죄에서의 '증거위조'에 해당한다고 볼 수 없는 것이고, 설령 사실증명에 관한 문서가 형사사건 또는 징계사건에서 허위의 주장에 관한 증거로 제출되어 그 주장을 뒷받침하게 되더라도 마찬가지이다.
④ 경찰공무원이 지명수배 중인 범인을 발견하고도 직무상 의무에 따른 적절한 조치를 취하지 아니하고 오히려 범인을 도피하게 하는 행위를 한 경우 범인도피죄만이 성립하고 직무유기죄는 따로 성립하지 아니한다.

353 국가의 사법기능을 보호하기 위한 범죄에 관한 설명 중 옳지 않은 것은? (다툼이 있는 경우 판례에 의함)

① 자신의 범행을 일관되게 부인하였으나 유죄판결이 확정된 피고인이 별건으로 기소된 공범의 형사사건에서 증인으로 출석한 후 선서하고 증언함에 있어 자신의 기억에 반하는 허위의 진술을 한 경우, 위증죄가 성립한다.
② 선서한 증인이 일단 기억에 반하는 허위의 진술을 하였더라도 그 신문이 끝나기 전에 그 진술을 철회·시정한 때에는 위증죄가 성립하지 않는다.
③ 증거위조죄에서 말하는 '증거'에는 범죄 또는 징계사유의 성립 여부에 관한 것뿐만 아니라 형 또는 징계의 경중에 관계있는 정상을 인정하는 데 도움이 될 자료까지도 포함된다.
④ 신고사실의 진실성을 인정할 수 없다는 소극적 증명만으로도 무고죄의 성립을 인정할 수 있지만 신고내용에 일부 객관적 진실에 반하는 내용이 포함되어 있더라도 그것이 신고사실의 정황을 과장한 데 불과한 때에는 무고죄가 성립할 수 없다.

제3편 | 형사소송법 수사

001 「검사와 사법경찰관의 상호협력과 일반적 수사준칙에 관한 규정」상 사법경찰관이 그 행위에 착수한 때에는 수사를 개시한 것으로 보고 해당 사건을 즉시 입건해야 하는 경우가 아닌 것은?

① 피혐의자의 수사기관 출석조사
② 피의자신문조서의 작성
③ 현행범인 체포
④ 체포·구속영장의 청구 또는 신청

002 다음 중 검사의 사법경찰관에 대한 보완수사 요구에 관한 설명으로 가장 옳지 않은 것은?

① 사법경찰관은 보완수사 요구가 있는 때에는 정당한 이유가 없는 한 지체 없이 이를 이행하고, 그 결과를 검사에게 통보하여야 한다.
② 검사는 사법경찰관이 신청한 영장의 청구 여부 결정에 관하여 필요한 경우에 사법경찰관에게 보완수사를 요구할 수 있다.
③ 검찰총장 또는 각급 검찰청 검사장은 사법경찰관이 정당한 이유 없이 보완수사 요구에 따르지 아니 하는 때에는 권한 있는 사람에게 해당 사법경찰관의 직무배제 또는 징계를 요구할 수 있다.
④ 검사는 사법경찰관이 사건을 송치하지 아니한 것이 위법 또는 부당한 경우에 해당하는 경우 사법경찰관에게 보완수사를 요구할 수 있다.

003 다음 중 검사와 사법경찰관리의 관계에 대한 설명으로 가장 옳지 않은 것은?

① 검사는 고소·고발된 범죄 사건을 사법경찰관이 수사한 후 사건을 송치하지 아니한 것이 위법 또는 부당한 때에는 그 이유를 문서 또는 구두로 명시하여 사법경찰관에게 재수사를 요청해야 하고, 사법경찰관은 필요한 경우 사건을 재수사할 수 있다.
② 검사는 사법경찰관리의 수사과정에서 법령위반, 인권침해 또는 현저한 수사권 남용이 의심되는 사실의 신고가 있거나 그러한 사실을 인식하게 된 경우에는 사법경찰관에게 사건기록 등본의 송부를 요구할 수 있다.
③ 사법경찰관리의 수사과정에서 법령위반을 이유로 검사의 송부 요구를 받은 사법경찰관은 지체 없이 검사에게 사건기록 등본을 송부하여야 한다. 송부를 받은 검사는 필요하다고 인정되는 경우에는 사법경찰관에게 시정조치를 요구할 수 있다.
④ 사법경찰관이 범죄를 수사한 후 범죄의 혐의가 인정되지 않아 불송치결정을 하는 경우 사법경찰관은 그 이유를 명시한 서면과 함께 관계 서류와 증거물을 지체 없이 검사에게 송부해야 하며, 검사는 송부받은 날부터 90일 이내에 사법경찰관에게 그 서류 등을 반환하여야 한다.

004 검사와 사법경찰관리의 관계에 관한 〈보기〉의 설명으로 옳은 것만을 있는 대로 고른 것은?

> ㉠ 검사는 사법경찰관리의 수사과정에서 법령위반, 인권침해 또는 현저한 수사권 남용이 의심되는 사실의 신고가 있거나 그러한 사실을 인식하게 된 경우에는 사법경찰관에게 사건기록 등본의 송부를 요구할 수 있다.
> ㉡ 사법경찰관리의 수사과정에서 법령위반을 이유로 검사의 송부 요구를 받은 사법경찰관은 지체 없이 검사에게 사건기록 등본을 송부하여야 한다. 송부를 받은 검사는 필요하다고 인정되는 경우에는 사법경찰관에게 시정조치를 요구할 수 있다.
> ㉢ 검사는 사법경찰관과 동일한 범죄사실을 수사하게 된 때에는 사법경찰관에게 사건을 송치할 것을 요구할 수 있고, 이 경우 사법경찰관은 지체 없이 검사에게 사건을 송치하여야 한다. 다만 검사가 영장을 청구하기 전에 동일한 범죄사실에 관하여 사법경찰관이 영장을 신청한 경우에는 해당 영장에 기재된 범죄사실을 계속 수사할 수 있다.
> ㉣ 사법경찰관이 범죄를 수사한 후 범죄의 혐의가 인정되지 않아 불송치결정을 하는 경우 사법경찰관은 그 이유를 명시한 서면과 함께 관계 서류와 증거물을 지체 없이 검사에게 송부해야 하며, 검사는 송부받은 날부터 90일 이내에 사법경찰관에게 그 서류 등을 반환하여야 한다.
> ㉤ 검사는 고소·고발된 범죄 사건을 사법경찰관이 수사한 후 사건을 송치하지 아니한 것이 위법 또는 부당한 때에는 그 이유를 문서 또는 구두로 명시하여 사법경찰관에게 재수사를 요청해야 하고, 사법경찰관은 필요한 경우 사건을 재수사할 수 있다.

① ㉠
② ㉠, ㉡
③ ㉠, ㉡, ㉢
④ ㉠, ㉡, ㉢, ㉣

005 다음 중 「형사소송법」상 검사의 보완수사요구에 관한 설명으로 가장 옳지 않은 것은?

① 검사는 사법경찰관이 사건을 송치하지 아니한 것이 위법 또는 부당한 때에는 그 이유를 문서로 명시하여 사법경찰관에게 보완수사를 요구할 수 있다.
② 검사는 송치사건의 공소제기 여부 결정 또는 공소의 유지에 관하여 필요한 경우 사법경찰관에게 보완수사를 요구할 수 있다.
③ 검사는 사법경찰관이 신청한 영장의 청구 여부 결정에 관하여 필요한 경우 사법경찰관에게 보완수사를 요구할 수 있다.
④ 사법경찰관은 검사의 보완수사요구가 있는 때에는 정당한 이유가 없는 한 지체 없이 이를 이행하고, 그 결과를 검사에게 통보하여야 한다.

006 검사는 사법경찰관으로부터 송치받은 사건에 대해 보완수사가 필요하다고 인정하는 경우에는 직접 보완수사를 하거나 사법경찰관에게 보완수사를 요구할 수 있다. 다만, 송치사건의 공소제기 여부 결정에 필요한 경우로서 '일정한 사유'에 해당하면 특별히 사법경찰관에게 보완수사를 요구할 필요가 있다고 인정되는 경우를 제외하고는 검사가 직접 보완수사를 하는 것을 원칙으로 한다. 다음 중 이러한 '일정한 사유'에 해당하지 않는 경우는?

① 사건을 수리한 날(이미 보완수사요구가 있었던 사건의 경우 보완수사 이행 결과를 통보받은 날을 말한다)부터 3개월이 경과한 경우
② 사건이 송치된 이후 검사가 해당 피의자 및 피의사실에 대해 상당한 정도의 보완수사를 한 경우
③ 형사소송법 제197조의3 제5항, 제197조의4 제1항 또는 제198조의2 제2항에 따라 사법경찰관으로부터 사건을 송치받은 경우
④ 수사준칙 제7조 또는 제8조에 따라 검사와 사법경찰관이 사건 송치 전에 수사할 사항, 증거수집의 대상 및 법령의 적용 등에 대해 협의를 마치고 송치한 경우

007 다음은 검사의 보완수사 요구에 따르지 않은 사법경찰관의 직무배제 또는 징계를 설명한 것이다. 옳지 않은 것은?

① 검찰총장 또는 각급 검찰청 검사장은 사법경찰관이 정당한 이유 없이 검사의 보완수사 요구에 따르지 아니하는 때에는 권한 있는 사람에게 해당 사법경찰관의 직무배제 또는 징계를 요구할 수 있다.
② 검찰총장 또는 각급 검찰청 검사장이 사법경찰관의 직무배제 또는 징계를 요구할 때에는 그 이유를 구체적으로 적은 서면에 이를 증명할 수 있는 관계 자료를 첨부하여 해당 사법경찰관이 소속된 경찰관서장에게 통보해야 한다.
③ 직무배제 또는 징계 요구를 통보받은 경찰관서장은 정당한 이유가 있는 경우를 제외하고는 그 요구를 받은 날부터 20일 이내에 해당 사법경찰관을 직무에서 배제하거나 징계해야 한다.
④ 경찰관서장은 직무배제 또는 징계 요구의 처리 결과와 그 이유를 직무배제 또는 징계를 요구한 검찰총장 또는 각급 검찰청 검사장에게 통보해야 한다.

008 수사기관에 관한 설명으로 옳지 않은 것은? (다툼이 있으면 판례에 의함)

① 사법경찰관이 송치한 범죄를 제외하고 검사는 자신이 수사개시한 범죄에 대하여는 공소를 제기할 수 없다.
② 검사는 송치사건의 공소제기 여부 결정 또는 공소의 유지에 관하여 필요한 경우나 사법경찰관이 신청한 영장의 청구 여부 결정에 관하여 필요한 경우에 사법경찰관에게 보완수사를 요구할 수 있다.
③ 고위공직자범죄수사처 수사관은 수사대상범죄가 고위공직자범죄 및 관련범죄로 한정되고, 고위공직자범죄수사처 검사의 지휘·감독을 받는다.
④ 조세범칙조사를 담당하는 세무공무원은 현행 법령상 특별사법경찰관리에 해당한다.

009 수사기관에 대한 설명으로 옳지 않은 것은?

① 경무관, 총경, 경정, 경감, 경위는 사법경찰관으로서 범죄의 혐의가 있다고 사료하는 때에는 범인, 범죄사실과 증거를 수사한다.
② 검사는 경찰청 소속 사법경찰관과 동일한 범죄사실을 수사하게 된 때에는 사법경찰관에게 사건을 송치할 것을 요구할 수 있다.
③ 경찰청 소속 사법경찰관이 고소·고발 사건을 포함하여 범죄를 수사한 때에 범죄혐의가 인정되지 않을 경우에는 그 이유를 명시한 서면만을 검사에게 송부하면 된다.
④ 검사가 경찰청 소속 사법경찰관이 신청한 영장을 정당한 이유 없이 판사에게 청구하지 아니한 경우 경찰청 소속 사법경찰관은 그 검사 소속의 지방검찰청 소재지를 관할하는 고등검찰청에 영장 청구 여부에 대한 심의를 신청할 수 있다.

010 검사와 사법경찰관의 관계에 관한 설명으로 가장 적절하지 않은 것은?

① 검사가 사법경찰관이 신청한 영장을 정당한 이유 없이 판사에게 청구하지 아니한 경우 형사소송법상 사법경찰관에게 영장의 청구 여부에 대한 심의 신청권은 인정되나, 영장심의위원회에서의 의견 개진권은 인정되지 않는다.

② 검사는 사법경찰관리의 수사과정에서 법령위반, 인권침해 또는 현저한 수사권 남용이 의심되는 사실의 신고가 있거나 그러한 사실을 인식하게 된 경우에는 사법경찰관에게 사건기록 등본의 송부를 요구할 수 있고, 송부를 받은 검사는 필요하다고 인정되는 경우에는 시정조치를 요구할 수 있다.

③ 검사는 사법경찰관에 대한 시정조치 요구가 정당한 이유 없이 이행되지 않았다고 인정되는 경우에는 사법경찰관에게 사건을 송치할 것을 요구할 수 있고, 송치 요구를 받은 사법경찰관은 검사에게 사건을 송치하여야 한다.

④ 검찰총장 또는 각급 검찰청 검사장은 사법경찰관리의 수사과정에서 법령위반, 인권침해 또는 현저한 수사권 남용이 있었던 때에는 권한 있는 사람에게 해당 사법경찰관리의 징계를 요구할 수 있다.

011 형사소송법 제197조의3(시정조치요구 등), 제197조의4(수사의 경합) 및 「검사와 사법경찰관의 상호협력과 일반적 수사준칙에 관한 규정」에 대한 설명으로 가장 적절하지 않은 것은?

① 검사는 사법경찰관리의 수사과정에서 법령위반, 인권침해 또는 현저한 수사권 남용이 의심되는 사실의 신고가 있거나 그러한 사실을 인식하게 된 경우에는 사법경찰관에게 사건기록 등본의 송부를 요구할 수 있다.

② 위의 ①에 따라 검사로부터 사건기록 등본의 송부 요구를 받은 사법경찰관은 지체 없이 검사에게 사건기록 등본을 송부하여야 하며, 이 경우 사법경찰관은 요구를 받은 날부터 7일 이내에 사건기록 등본을 검사에게 송부해야 한다.

③ 검사는 사법경찰관과 동일한 범죄사실을 수사하게 된 때에는 사법경찰관에게 사건을 송치할 것을 요구할 수 있으며, 이때에는 그 내용과 이유를 구체적으로 적은 서면으로 해야 한다.

④ 수사의 경합에 따라 사건송치를 요구받은 사법경찰관은 지체 없이 검사에게 사건을 송치하여야 하며, 검사가 영장을 청구하기 전에 동일한 범죄사실에 관하여 사법경찰관이 영장을 신청한 경우 사법경찰관은 해당 영장에 기재된 범죄사실을 계속 수사할 수 없다.

012 수사기관에 관한 다음 설명 중 옳지 않은 것은?

① 검사는 사법경찰관리의 수사과정에서 법령위반, 인권침해 또는 현저한 수사권 남용이 의심되는 사실의 신고가 있거나 그러한 사실을 인식하게 된 경우에는 사법경찰관에게 사건기록 등본의 송부를 요구할 수 있다.

② 사법경찰관리의 수사과정에서 법령위반을 이유로 검사의 송부 요구를 받은 사법경찰관은 지체 없이 검사에게 사건기록 등본을 송부하여야 한다. 송부를 받은 검사는 필요하다고 인정되는 경우에는 사법경찰관에게 시정조치를 요구할 수 있다.

③ 검사는 사법경찰관과 동일한 범죄사실을 수사하게 된 때에는 사법경찰관에게 사건을 송치할 것을 요구할 수 있고, 이 경우 사법경찰관은 지체 없이 검사에게 사건을 송치하여야 한다. 다만 검사가 영장을 청구하기 전에 동일한 범죄사실에 관하여 사법경찰관이 영장을 신청한 경우에는 해당 영장에 기재된 범죄사실을 계속 수사할 수 있다.

④ 사법경찰관이 범죄를 수사한 후 범죄의 혐의가 인정되지 않아 불송치결정을 하는 경우 사법경찰관은 그 이유를 명시한 서면과 함께 관계 서류와 증거물을 지체 없이 검사에게 송부해야 하며, 검사는 송부받은 날부터 30일 이내에 사법경찰관에게 그 서류 등을 반환하여야 한다.

013 수사기관에 대한 설명으로 가장 적절하지 않은 것은?

① 검사가 사법경찰관과 동일한 범죄사실을 수사하게 된 경우에는 사법경찰관에게 사건을 송치할 것을 요구할 수 없다.

② 사법경찰관이 범죄를 수사하여 범죄의 혐의가 있다고 인정되는 경우에는 지체 없이 검사에게 사건을 송치하고 관계서류와 증거물을 검사에게 송부하여야 한다.

③ 사법경찰관이 범죄를 수사하여 범죄의 혐의가 있다고 인정되는 경우가 아닌 때에는 그 이유를 명시한 서면과 함께 관계 서류와 증거물을 지체 없이 검사에게 송부하여야 하는데, 이 경우 검사는 사법경찰관이 사건을 검사에 송치하지 아니한 것이 위법 또는 부당한 때에는 그 이유를 문서로 명시하여 사법경찰관에게 재수사를 요청할 수 있다.

④ 삼림, 해사, 전매, 세무, 군수사기관 그 밖에 특별한 사항에 관하여 사법경찰관리의 직무를 행할 특별사법경찰관리와 그 직무의 범위는 법률로 정하며, 특별사법경찰관은 모든 수사에 관하여 검사의 지휘를 받는다.

014 검사의 사건 이송 등에 관한 다음 설명 중 옳지 않은 것은?

① 검사는 '검사가 수사를 개시할 수 없는 범죄'에 대한 고소·고발·진정 등이 접수된 때에는 사건을 검찰청 외의 수사기관에 이송해야 한다.
② 검사는 검사와 사법경찰관의 수사가 경합되었으나 사법경찰관이 범죄사실을 계속 수사할 수 있게 된 때 그 밖에 다른 수사기관에서 수사하는 것이 적절하다고 판단되는 때에는 사건을 검찰청 외의 수사기관에 이송할 수 있다.
③ 검사는 사건을 이송하는 경우에는 관계 서류와 증거물을 해당 수사기관에 함께 송부해야 한다.
④ 검사는 다른 수사기관에서 수사하는 것이 적절하다고 판단되어 사건을 이송하는 경우에는 특별한 사정이 없으면 사건을 수리한 날부터 3개월 이내에 이송해야 한다.

015 검사가 사법경찰관에게 보완수사를 요구할 수 있는 사유로서 옳은 것은?

① 검사가 사법경찰관과 동일한 범죄사실을 수사하게 된 경우
② 검사의 사법경찰관에 대한 시정조치 요구가 정당한 이유 없이 이행되지 않았다고 인정되는 경우
③ 송치사건의 공소제기 여부 결정 또는 공소의 유지에 관하여 필요한 경우나 사법경찰관이 신청한 영장의 청구 여부 결정에 관하여 필요한 경우
④ 사법경찰관리의 수사과정에서 법령위반, 인권침해 또는 현저한 수사권 남용이 의심되는 사실의 신고가 있거나 검사가 그러한 사실을 인식하게 된 경우

016 다음은 검사의 사법경찰관에 대한 보완수사 요구를 설명한 것이다. 옳지 않은 것은? 다른 예외적인 사항은 고려하지 않는다.

① 검사는 보완수사를 요구할 때에는 그 이유와 내용 등을 구체적으로 적은 서면과 관계 서류 및 증거물을 사법경찰관에게 함께 송부해야 한다.
② 사법경찰관은 보완수사요구가 접수된 날부터 3개월 이내에 보완수사를 마쳐야 한다.
③ 사법경찰관은 보완수사를 이행한 경우에는 그 이행 결과를 검사에게 서면으로 통보해야 하며, 관계 서류와 증거물을 송부받은 경우에는 그 서류와 증거물을 함께 반환해야 한다.
④ 사법경찰관은 형사소송법 제197조의2 제1항 제1호에 따라 보완수사를 이행한 결과 형사소송법 제245조의5 제1호(범죄혐의를 인정하여 사건을 검사에게 송치)에 해당하지 않는다고 판단한 경우에도 사건을 불송치하거나 수사중지할 수 없다.

017 다음은 검사의 사법경찰관에 대한 시정조치 요구 등을 설명한 것이다. 옳지 않은 것은?

① 검사는 사법경찰관리의 수사과정에서 법령위반, 인권침해 또는 현저한 수사권 남용이 의심되는 사실의 신고가 있거나 그러한 사실을 인식하게 된 경우에는 사법경찰관에게 사건기록 등본의 송부를 요구할 수 있다.
② 송부 요구를 받은 사법경찰관은 지체 없이 검사에게 사건기록 등본을 송부하여야 한다. 송부를 받은 검사는 필요하다고 인정되는 경우에는 사법경찰관에게 시정조치를 요구할 수 있다.
③ 사법경찰관은 시정조치 요구가 있는 때에는 정당한 이유가 없는 한 지체없이 이를 이행하고, 그 결과를 검사에게 통보하여야 한다.
④ 통보를 받은 검사는 시정조치 요구가 정당한 이유 없이 이행되지 않았다고 인정되는 경우에는 해당 사건의 수사 중지를 명하고, 임용권자에게 그 사법경찰관의 교체임용을 요구할 수 있다.

018 다음은 검사의 사법경찰관에 대한 시정조치 요구 등을 설명한 것이다. 옳지 않은 것은?

① 검사는 사법경찰관에게 사건기록 등본의 송부를 요구할 때에는 그 내용과 이유를 구체적으로 적은 서면으로 해야 한다. 사법경찰관은 이 요구를 받은 날부터 7일 이내에 사건기록 등본을 검사에게 송부해야 한다.
② 검사는 사건기록 등본을 송부받은 날부터 90일 이내에 시정조치 요구 여부를 결정하여 사법경찰관에게 통보해야 한다. 이 경우 시정조치 요구의 통보는 그 내용과 이유를 구체적으로 적은 서면으로 해야 한다.
③ 사법경찰관은 시정조치 요구를 통보받은 경우 정당한 이유가 있는 경우를 제외하고는 지체 없이 시정조치를 이행하고, 그 이행 결과를 서면에 구체적으로 적어 검사에게 통보해야 한다.
④ 검사는 사법경찰관에게 사건송치를 요구하는 경우에는 그 내용과 이유를 구체적으로 적은 서면으로 해야 한다. 사법경찰관은 사건송치를 요구받은 날부터 7일 이내에 사건을 검사에게 송치해야 한다.

019 검사가 사법경찰관과 동일한 범죄사실을 수사하게 된 때에 취할 수 있는 조치로써 가장 옳은 것은?

① 수사에 관하여 검사의 구체적 지휘를 받을 것을 명할 수 있다.
② 사법경찰관에게 사건을 송치할 것을 요구할 수 있고, 이 경우 사법경찰관은 검사에게 사건을 송치할 수 있다.
③ 사법경찰관에게 사건을 송치할 것을 요구할 수 있고, 이 경우 사법경찰관은 지체 없이 검사에게 사건을 송치하여야 한다. 다만, 검사가 영장을 청구하기 전에 동일한 범죄사실에 관하여 사법경찰관이 영장을 신청한 경우에는 해당 영장에 기재된 범죄사실을 계속 수사할 수 있다.
④ 사법경찰관에게 사건을 송치할 것을 요구할 수 있고, 이 경우 사법경찰관은 지체 없이 검사에게 사건을 송치하여야 한다. 다만, 검사가 영장을 발부받기 전에 동일한 범죄사실에 관하여 사법경찰관이 영장을 발부받은 경우에는 해당 영장에 기재된 범죄사실을 계속 수사할 수 있다.

020 수사에 관한 설명 중 옳지 않은 것은? (다툼이 있는 경우 판례에 의함)

① 정당한 출석요구에 응하지 아니한 피혐의자에 대하여 사법경찰관이 적법하게 체포영장을 신청한 때에는 사법경찰관이 수사를 개시한 것으로 본다.
② 검사는 송치사건의 공소제기 여부 결정 또는 공소의 유지에 관하여 필요한 경우에 사법경찰관에게 보완수사를 요구할 수 있다.
③ 수사기관이 인지절차를 밟기 전에 수사를 한 경우, 그 수사가 장차 인지의 가능성이 전혀 없는 상태 하에서 행해졌다 하더라도 인지절차가 이루어지기 전에 수사를 하였다는 이유만으로 수사가 위법하다고 볼 수는 없다.
④ 사법경찰관이 사건에 대하여 불송치 결정을 한 경우, 검사는 사법경찰관이 사건을 송치하지 아니한 것이 위법 또는 부당한 때에는 그 이유를 문서로 명시하여 사법경찰관에게 재수사를 요청할 수 있고, 이 경우 사법경찰관은 사건을 재수사하여야 한다.

021 검사 또는 사법경찰관이 일정한 행위에 착수한 때에는 수사를 개시한 것으로 본다. 다음 중 이러한 '일정한 행위'에 해당하지 않는 것은?

① 피혐의자의 수사기관 출석조사
② 피의자신문조서의 작성
③ 체포영장의 청구 또는 신청
④ 부검을 위한 검증영장의 청구 또는 신청

022 고위공직자범죄수사처(이하 "수사처"라고 한다)에 관한 다음 설명 중 옳지 않은 것은?

① 수사처는 고위공직자범죄등에 관한 수사를 수행한다.
② 수사처는 '대법원장, 대법관, 검찰총장, 판사, 검사 및 경무관 이상 경찰공무원으로 재직 중에 본인 또는 본인의 가족이 범한 고위공직자범죄 및 관련범죄'를 제외한 고위공직자범죄 및 관련범죄의 공소제기와 그 유지를 수행한다.
③ 수사처는 그 권한에 속하는 직무를 독립하여 수행한다.
④ 대통령, 대통령비서실의 공무원은 수사처의 사무에 관하여 업무보고나 자료제출 요구, 지시, 의견제시, 협의, 그 밖에 직무수행에 관여하는 일체의 행위를 하여서는 아니 된다.

023 다음 중 수사처검사가 직접 공소제기와 그 유지를 할 수 없는 고위공직자는?

① 판사
② 검사
③ 경무관 이상 경찰공무원
④ 서울시장

024 함정수사에 대한 설명으로 가장 적절한 것은? (다툼이 있으면 판례에 의함)

① 게임장 운영자인 피고인이 게임장에 잠복근무 중인 경찰관으로부터 게임점수를 환전해 줄 것을 요구받고 거절하였음에도 경찰관의 지속적인 요구에 어쩔 수 없이 게임점수를 현금으로 환전해 준 것은 본래 범의를 가지지 않은 자에 대하여 수사기관이 계략으로 범의를 유발하게 한 위법한 함정수사에 해당한다.
② 본래 범의를 가지지 아니한 자에 대하여 수사기관이 사술이나 계략 등을 써서 범의를 유발케 하여 범죄인을 검거하는 함정수사에 기한 공소제기는 위법하지만, 형사소송법 제327조 제2호에 규정된 공소제기의 절차가 법률의 규정에 위반하여 무효인 때에 해당한다고 볼 수는 없다.
③ 수사기관이 사술 등을 써서 범행을 유발한 것이 아니라 이미 범행을 저지른 범인을 검거하기 위해 정보원을 이용하여 범인을 검거장소로 유인한 경우 이는 위법한 함정수사에 해당한다.
④ 「아동·청소년의 성보호에 관한 법률」은 동법 소정의 디지털 성범죄에 대한 신분비공개수사를 허용하는 수사 특례규정을 마련하고 있지만, 다른 방법으로는 그 범죄의 실행을 저지하거나 범인의 체포 또는 증거의 수집이 어려운 경우라도 신분위장수사는 허용하지 않는다.

025 함정수사에 대한 설명으로 옳은 것만을 모두 고르면? (다툼이 있으면 판례에 의함)

㉠ 수사기관이 이미 범행을 저지른 범인을 검거하기 위해 정보원을 이용하여 범인을 검거장소로 유인한 경우 함정수사로 볼 수 없다.
㉡ 수사기관이 피의자의 범죄사실을 인지하고도 바로 체포하지 않고 추가 범행을 지켜보고 있다가 범죄사실이 많이 늘어난 뒤에야 피의자를 체포하였다면 위법한 함정수사에 해당한다.
㉢ 아동·청소년의 성보호에 관한 법률의 아동·청소년 대상 디지털 성범죄의 수사 특례에 따른 신분위장수사를 할 때에는 본래 범의를 가지지 않은 자에게 범의를 유발하는 행위를 하는 것이 허용된다.
㉣ 유인자가 수사기관과 직접적인 관련을 맺지 아니한 상태에서 피유인자를 상대로 단순히 수차례 반복적으로 범행을 부탁하였을 뿐 수사기관이 사술이나 계략 등을 사용하였다고 볼 수 없는 경우 설령 그로 인해 피유인자의 범의가 유발되었다 하더라도 위법한 함정수사에 해당하지 않는다.

① ㉠, ㉢
② ㉠, ㉣
③ ㉡, ㉢
④ ㉡, ㉣

026 함정수사에 대한 설명으로 가장 적절하지 않은 것은? (다툼이 있으면 판례에 의함)

① 수사기관이 이미 범행을 저지른 범인을 검거하기 위해 정보원을 이용하여 범인을 검거장소로 유인한 것에 불과한 경우는 함정수사로 볼 수 없다.
② 수사기관이 피고인의 범죄사실을 인지하고도 피고인을 바로 체포하지 않고 추가 범행을 지켜보고 있다가 범죄사실이 많이 늘어난 뒤에야 피고인을 체포하였다는 사정만으로 피고인에 대한 수사와 공소제기가 위법하다거나 함정수사에 해당한다고 할 수 없다.
③ 유인자가 수사기관과 직접적인 관련을 맺지 아니한 상태에서 피유인자를 상대로 단순히 수차례 반복적으로 범행을 부탁하였을 뿐 수사기관이 사술이나 계략 등을 사용하였다고 볼 수 없는 경우는 설령 그로 인하여 피유인자의 범의가 유발되었다 하더라도 위법한 함정수사에 해당하지 아니한다.
④ 노상에 정신을 잃고 쓰러져 있는 취객을 발견한 경찰관이 보건의료기관 또는 공공구호기관에 긴급구호를 요청하는 등 보호조치를 하지 않고, 취객의 그러한 상태를 이용하여 근처에서 감시하고 있다가 이른바 부축빼기 절도범을 체포한 경우는 경찰의 직분을 도외시한 범죄수사의 한계를 넘어선 위법한 함정수사에 해당한다.

027 함정수사에 관한 설명으로 옳지 않은 것은? (다툼이 있으면 판례에 의함)

① 수사기관과 직접적인 관련을 맺지 아니한 유인자가 피유인자를 상대로 단순히 수차례 반복적으로 범행을 부탁하였을 뿐 수사기관이 사술이나 계략 등을 사용하였다고 볼 수 없는 경우 그로 인하여 피유인자의 범의가 유발되었다 하더라도 위법한 함정수사에 해당하지 아니한다.

② 수사기관이 피고인의 범죄사실을 인지하고도 피고인을 바로 체포하지 아니하고 추가 범행을 지켜보고 있다가 범죄사실이 많이 늘어난 뒤에야 피고인을 체포한 사정만으로도 위법한 함정수사에 해당한다.

③ 경찰관은 게임장 운영자인 피고인의 게임 결과물 환전행위를 적발하기 위해 게임장에 여러 차례에 걸쳐 잠입수사를 하였는데, 그 과정에서 게임장 종업원의 제안에 따라 회원카드를 발급받아 게임점수를 적립하였을 뿐 피고인 등에게 회원카드 발급 및 게임점수 적립을 적극적으로 요구하거나 다른 손님들과 게임점수의 거래를 시도한 적은 없고, 그 후에도 피고인에게 회원카드 발급 및 게임점수 적립 등을 통한 사행행위의 조장을 요구하거나 종용한 사실이 없으므로 피고인의 범행(사행행위 조장으로 인한 게임산업진흥에관한법률위반)은 수사기관이 사술이나 계략 등을 써서 피고인의 범의를 유발한 것이 아니라 이미 이루어지고 있던 범행을 적발한 것에 불과하므로 이에 관한 공소제기가 함정수사에 기한 것으로 볼 수 없다.

④ 경찰관이 취객을 상대로 한 이른바 '부축빼기' 절도범을 단속하기 위하여, 공원 인도에 쓰러져 있는 취객 근처에서 감시하고 있다가, 마침 피고인이 나타나 취객을 부축하여 10m 정도를 끌고 가 지갑을 뒤지자 현장에서 체포하여 기소한 경우 위법한 함정수사에 기한 공소제기라 볼 수 없다.

028 수사에 대한 설명으로 옳지 않은 것은? (다툼이 있으면 판례에 의함)

① 임의동행은 경찰관 직무집행법 제3조 제2항에 따른 행정경찰목적의 경찰활동으로 행하여지는 것 외에도 형사소송법 제199조 제1항에 따라 범죄 수사를 위하여 오로지 피의자의 자발적인 의사에 의하여 이루어진 경우에도 가능하다.

② 범의를 가진 자에 대하여 단순히 범행의 기회를 제공하거나 범행을 용이하게 하는 것에 불과한 수사방법이 경우에 따라 허용될 수 있음은 별론으로 하고, 본래 범의를 가지지 아니한 자에 대하여 수사기관이 사술이나 계략 등을 써서 범의를 유발케 하여 범죄인을 검거하는 함정수사는 위법하므로 이러한 함정수사에 기한 공소제기에 대해 법원은 무죄판결을 선고하여야 한다.

③ 범죄의 인지는 실질적인 개념이므로 인지절차를 거치기 전에 범죄의 혐의가 있다고 보아 수사를 개시하는 행위를 한 때에 범죄를 인지한 것으로 보아야 하며, 그 뒤 범죄인지서를 작성하여 사건수리 절차를 밟은 때에 비로소 범죄를 인지하였다고 볼 것은 아니다.

④ 검사가 조사실에서 피의자를 신문할 때 도주, 자해 등의 위험이 없다면 교도관에게 피의자의 수갑 해제를 요청할 의무가 있고 교도관은 이에 응하여야 한다.

029 수사의 단서에 관한 설명으로 가장 적절하지 않은 것은? (다툼이 있으면 판례에 의함)

① 형사소송법 및 「검사와 사법경찰관의 상호협력과 일반적 수사준칙에 관한 규정」에 의하면 검사가 변사자를 검시한 경우에는 검시조서를 작성하여 사법경찰관에게 송부해야 하고, 사법경찰관이 검사의 명에 따라 변사자를 검증한 경우에는 검증조서를 작성하여 검사에게 송부해야 한다.

② 법원이 선임한 부재자 재산관리인은 법률에 따라 선임된 부재자의 법정대리인이므로 관리 대상 재산에 관한 범죄행위에 대하여 독립하여 고소권을 가지고 법정대리인의 고소권은 형사소송법상 당연히 인정되는 것이므로, 고소권의 행사에 있어 법원의 허가는 요하지 않는다.

③ 반의사불벌죄의 피해자는 피의자에게 자신을 대리하여 수사기관에 자신의 처벌불원의사를 표시할 수 있는 권한을 수여할 수 있으므로, 피해자가 피의자에게 처벌불원 취지의 합의서를 작성해주어 피의자가 그 합의서를 수사기관에 제출하였다면 피해자가 수사기관에 처벌불원의사를 표시하지 않았다고 단정할 수 없다.

④ 법인에 대한 양벌규정이 있는 필요적 고발(즉시고발)사건의 고발장에 피고발인을 A주식회사라고 명시한 다음, 이어서 위 A주식회사의 등록번호와 대표자인 B의 성명·주민등록번호·주소를 기재하고 있을 뿐이라면 이와 같은 고발장의 표시가 B를 피고발자로 표시한 것이라고 볼 수는 없다.

030 불심검문에 관한 설명으로 옳은 것은? (다툼이 있으면 판례에 의함)

① 불심검문 대상자에게는 형사소송법상 체포나 구속에 이를 정도의 혐의가 있어야 한다.
② 경찰관은 목적달성에 필요한 최대한의 범위에서 사회통념상 용인될 수 있는 방법으로 대상자를 정지시킬 수 있고 질문에 수반하여 흉기의 소지 여부도 조사할 수 있다.
③ 불심검문을 하게 된 경위나 당시 현장상황과 검문을 하는 경찰관들의 복장 등을 종합적으로 고려할 때 검문하는 사람이 경찰관이고 검문하는 이유가 범죄행위에 관한 것임을 대상자가 충분히 알고 있었다고 보이는 경우에는 신분증을 제시하지 않았다고 하여 그 불심검문이 위법한 공무집행이라고 할 수 없다.
④ 경찰관은 동행요구를 하여 동행한 사람을 6시간 초과하여 경찰관서에 머물게 할 수 없는데 이는 임의동행한 사람을 6시간 동안 경찰관서에 구금하는 것이 당연히 허용된다는 것을 의미한다.

031 수사의 단서에 관한 설명으로 가장 적절하지 않은 것은? (다툼이 있으면 판례에 의함)

① 고발이란 범인을 지적할 필요가 없는 것이고 고발에서 지정한 범인이 진범인이 아니더라도 고발의 효력에는 영향이 없다.
② 변사자 검시는 수사의 단서에 불과하므로 영장을 요하지 아니하며, 변사자 검시로 범죄의 혐의를 인정하고 긴급을 요할 때에는 영장없이 검증할 수 있다.
③ 뇌물수수의 범죄사실을 자발적으로 신고하였다면 그 수뢰액을 실제보다 적게 신고함으로써 적용법조와 법정형이 달라지게 되었다 할지라도 자수의 성립이 인정된다.
④ 「경찰관 직무집행법」은 불심검문 대상자에게 질문을 할 때 흉기의 소지검사에 관해서는 명문의 규정을 두고 있으나, 일반소지품 검사에 관해서는 규정하고 있지 않다.

032 불심검문에 관한 설명 중 가장 적절한 것은? (다툼이 있으면 판례에 의함)

① 경찰관이 불심검문 대상자 해당 여부를 판단할 때에는 불심검문 당시의 구체적 상황은 물론 사전에 얻은 정보나 전문적 지식 등에 기초하여 그 대상자인지를 객관적·합리적 기준에 따라 판단하여야 하므로 불심검문의 적법요건으로 불심검문 대상자에게 형사소송법상 체포나 구속에 이를 정도의 혐의가 있을 것을 요한다.
② 행정경찰 목적의 경찰활동으로 행하여지는 경찰관 직무집행법 제3조 제2항 소정의 질문을 위한 동행요구가 형사소송법의 규율을 받는 수사로 이어지는 경우에는 형사소송법 제199조 제1항 및 제200조 규정에 의하여야 한다.
③ 경찰관 직무집행법 제3조 제4항은 경찰관이 불심검문을 하고자 할 때에는 자신의 신분을 표시하는 증표를 제시하여야 한다고 규정하고 있고, 동법 시행령은 위 법에서 규정한 신분을 표시하는 증표가 경찰관의 공무원증이라고 규정하고 있으므로 경찰관이 불심검문 과정에서 공무원증을 제시하지 않았다면 어떠한 경우라도 그 불심검문은 위법한 공무집행에 해당한다.
④ 경찰관 직무집행법 제3조 제6항은 불심검문에 관하여 임의동행한 사람을 6시간을 초과하여 경찰관서에 머물게 할 수 없다고 규정하고 있으므로 대상자를 6시간 동안 경찰관서에 구금하는 것이 허용된다.

033 불심검문 및 임의동행에 관한 다음 설명 중 옳지 않은 것은? (다툼이 있으면 판례에 의함)

① 경찰관은 어떠한 죄를 범하였거나 범하려 하고 있다고 의심할 만한 상당한 이유가 있는 사람 또는 이미 행하여진 범죄나 행하여지려고 하는 범죄행위에 관한 사실을 안다고 인정되는 사람을 정지시켜 질문할 수 있다.

② 경찰관은 사람을 정지시킨 장소에서 질문을 하는 것이 그 사람에게 불리하거나 교통에 방해가 된다고 인정될 때에는 질문을 하기 위하여 가까운 경찰관서로 동행할 것을 요구할 수 있다. 이 경우 동행을 요구받은 사람은 그 요구를 거절할 수 있다.

③ 임의동행은 경찰관 직무집행법 제3조 제2항에 따른 행정경찰 목적의 경찰활동으로 행하여지는 것 외에도 형사소송법 제199조 제1항에 따라 범죄수사를 위하여 오로지 피의자의 자발적인 의사에 의하여 이루어진 경우에도 가능하다.

④ 경찰관이 피고인의 정신 상태, 신체에 있는 주사바늘 자국, 알콜솜 휴대, 전과 등을 근거로 피고인의 마약류 투약 혐의가 상당하다고 판단하여 경찰서로 임의동행을 요구하였고 동행장소인 경찰서에서 피고인에게 마약류 투약 혐의를 밝힐 수 있는 소변과 모발의 임의제출을 요구하였다면, 이러한 임의동행은 경찰관 직무집행법 제3조 제2항에 따른 임의동행에 해당한다.

034 아래 사례에 관한 설명으로 가장 적절한 것은? (다툼이 있으면 판례에 의함)

> 2025.1.19. 09:40경 자동차 사고를 낸 차량이 있다는 112신고를 받고 현장에 출동한 경찰관 P는 피의자 甲으로부터 심한 술냄새가 나고 서 있기가 곤란할 정도로 비틀거리며 얼굴에 홍조를 띠는 등 음주운전 혐의가 상당하다고 판단하여 같은 날 10:00경 甲의 동의를 받아 경찰서로 임의동행하였다(甲에게 자발적인 의사로 임의동행에 동의할 의사능력이 있었다고 전제함).

① P가 출동한 현장에서 질문하는 것이 甲에게 불리하거나 교통에 방해된다는 사정은 없었더라도 P가 경찰서로의 동행에 앞서 甲에게 동행을 거부할 수 있음을 알려 주었거나 동행한 甲이 언제든지 자유로이 동행과정에서 이탈 또는 동행장소에서 퇴거할 수 있었음이 인정되는 등 오로지 甲의 자발적인 의사에 의하여 이루어진 경우 임의동행은 적법하다.

② 임의동행한 사람을 6시간을 초과하여 경찰관서에 머물게 할 수 없으므로 만약 甲이 같은 날 18:00경까지 경찰서에서 조사를 받았다면 이는 불법적인 구금에 해당한다.

③ 같은 날 17:30경 甲으로부터 휴대전화를 임의제출 받아 혐의 관련 전자정보를 압수하였다면, 이는 그 제출의 임의성 여부를 불문하고 불법구금 상태에서 위법하게 수집된 증거로서 증거능력을 인정할 수 없다.

④ 甲이 주취 상태라 할지라도 자신 또는 다른 사람의 생명·신체·재산에 위해를 끼칠 우려 및 응급구호 필요성이 없다면 보호실 유치는 위법하지만 甲의 명시적인 동의가 있을 경우에는 그러하지 아니하다.

035 수사의 개시에 관한 설명 중 가장 적절한 것은? (다툼이 있으면 판례에 의함)

① 고발이란 범죄사실을 수사기관에 고하여 그 소추를 촉구하는 것으로서 범인을 지적하여야 하므로 고발에서 지정한 범인이 진범인이 아니라면 고발의 효력은 진범인에게 미치지 않는다.
② 변사자검시를 통하여 범죄의 혐의를 인정한 때에는 이미 수사가 개시된 것으로 볼 수 있으므로 긴급을 요하는 경우라 하더라도 반드시 영장을 발부받은 후에 검증하여야 한다.
③ 불심검문 대상자 해당 여부를 판단할 때에는 불심검문 당시의 구체적 상황은 물론 사전에 얻은 정보나 전문적 지식 등에 기초하여 불심검문 대상자인지를 객관적·합리적인 기준에 따라 판단하여야 하나, 반드시 불심검문 대상자에게 형사소송법상 체포나 구속에 이를 정도의 혐의가 있을 것을 요한다고 할 수는 없다.
④ 경찰관 직무집행법 제3조 제4항은 경찰관이 불심검문을 하고자 할 때에는 자신의 신분을 표시하는 증표를 제시하여야 한다고 규정하고, 법 시행령 제5조는 위 법 소정의 신분을 표시하는 증표는 경찰관의 공무원증이라고 규정하고 있는바, 검문하는 사람이 경찰관이고 검문하는 이유가 범죄행위에 관한 것임을 피고인이 충분히 알고 있었다고 보이는 경우에도 경찰관의 공무원증을 제시하지 않았다면 그 불심검문은 위법한 공무집행이 된다.

036 고소에 관한 다음 설명 중 옳지 않은 것은? (다툼이 있으면 판례에 의함)

① 고소는 범죄의 피해자 기타 고소권자가 수사기관에 대하여 범죄사실을 신고하여 범인의 소추를 구하는 의사표시를 말하는 것으로서 단순한 피해사실의 신고는 소추·처벌을 구하는 의사표시가 아니므로 고소가 아니다.
② 피해자가 피고인을 심리하고 있는 법원에 대하여 범죄사실을 적시하고 "피고인을 엄벌에 처하라"는 내용의 진술서를 제출하거나 증언을 하였다면 이는 적법한 고소라고 할 수 없다.
③ 저작권법위반죄의 피해자가 경찰청 인터넷 홈페이지에 '피고인을 철저히 조사해 달라'는 취지의 민원을 접수하는 형태로 피고인에 대한 조사를 촉구하는 의사표시를 한 경우 적법한 고소에 해당한다.
④ 고소를 함에는 소송행위능력, 즉 고소능력이 있어야 하는바 고소능력은 피해를 받은 사실을 이해하고 고소에 따른 사회생활상의 이해관계를 알아차릴 수 있는 사실상의 의사능력으로 충분하므로 민법상의 행위능력이 없는 자라도 위와 같은 능력을 갖춘 자에게는 고소능력이 인정된다고 할 것이다.

037 고소의 취소 및 처벌불원의사에 관한 설명으로 가장 적절하지 않은 것은? (다툼이 있으면 판례에 의함)

① 폭행죄에 있어 피해자가 사망한 후 그 상속인이 피해자를 대신하여 처벌불원의 의사표시를 할 수는 없다.
② 고소인이 사건 당일 범죄사실을 신고하면서 현장에 출동한 경찰관에게 고소장을 교부하였다가 경찰서에 도착하여 최종적으로 고소장을 접수시키지 아니하기로 결심하고 고소장을 반환받았다면, 3개월 뒤 다시 고소를 제기하였다 할지라도 형사소송법 제232조 제2항에 의해 금지되는 재고소에 해당하지 않는다.
③ 반의사불벌죄의 피해자는 피의자나 피고인 및 그들의 변호인에게 자신을 대리하여 수사기관이나 법원에 자신의 처벌불원의사를 표시할 수 있는 권한을 수여할 수 있다.
④ 반의사불벌죄에서 성년후견인은 명문의 규정이 없는 한 의사무능력자인 피해자를 대리하여 처벌을 희망하지 않는다는 의사를 결정하거나 처벌을 희망하는 의사표시를 철회하는 행위를 할 수 없지만, 성년후견인의 법정대리권 범위에 통상적인 소송행위가 포함되어 있을 때에는 그러하지 아니하다.

038 친고죄와 반의사불벌죄에 대한 설명으로 옳은 것만을 모두 고르면? (다툼이 있으면 판례에 의함)

㉠ 피해자가 제1심 법정에서 피고인에 대한 처벌희망 의사표시를 철회할 당시 나이가 14세 10개월이고 그 철회의 의사표시가 의사능력이 있는 상태에서 행해졌더라도 법정대리인의 동의가 없었다면 철회의 의사표시는 유효하지 않다.
㉡ 형사소송법 제230조 제1항에서 "범인을 알게 된다."함은 통상인의 입장에서 보아 고소권자가 고소를 할 수 있을 정도로 범죄사실과 범인을 아는 것을 의미하고, 범죄사실을 안다는 것은 고소권자가 친고죄에 해당하는 범죄의 피해가 있었다는 사실관계에 관하여 확정적인 인식이 있음을 말한다.
㉢ 甲과 乙이 A에 대한 명예훼손죄의 공동정범으로 함께 기소되어 재판을 받는 경우에 A가 제1심 판결 선고 전에 법원에 甲의 처벌을 원치 않는다는 의사를 표시하였다면 甲에 대한 처벌불원 의사표시는 乙에게도 효력이 있다.
㉣ 친고죄의 공범 중 그 일부에 대하여 제1심 판결이 선고된 후에는 제1심 판결 선고 전의 다른 공범자에 대하여는 그 고소를 취소할 수 없고 그 고소의 취소가 있다 하더라도 그 효력을 발생할 수 없다.

① ㉠, ㉡ ② ㉠, ㉢
③ ㉡, ㉣ ④ ㉢, ㉣

039 친고죄에서 고소에 관한 설명 중 옳은 것은? (다툼이 있는 경우 판례에 의함)

① 고소인은 자신이 직접 범행의 일시, 장소와 방법 등까지 구체적으로 상세히 지적하여 범죄사실을 특정해야 한다.
② 고소는 서면뿐만 아니라 구술로도 할 수 있고, 다만 구술에 의한 고소를 받은 검사 또는 사법경찰관은 독립된 조서를 작성하여야 한다.
③ 친고죄에 있어서의 고소불가분의 원칙을 규정한 '형사소송법' 제233조의 규정은 반의사불벌죄에 준용된다.
④ 친고죄의 공범 중 일부에 대하여만 처벌을 구하고 나머지에 대하여는 처벌을 원하지 않는 내용의 고소는 적법한 고소라고 할 수 없으므로 공범 중 1인에 대한 고소취소는 다른 공범에 대하여도 효력이 있다.

040 고소에 대한 설명으로 가장 적절하지 않은 것은? (다툼이 있으면 판례에 의함)

① 고소장에 명예훼손죄라는 죄명을 붙이고, 명예훼손에 관한 사실을 적어 두었으나 그 사실이 명예훼손죄를 구성하지 않고 모욕죄를 구성하는 경우 위 고소는 모욕죄에 대한 고소로서의 효력을 갖는다.
② 고소인이 사건 당일 범죄사실을 신고하면서 현장에 출동한 경찰관에게 고소장을 교부한 경우 경찰서에 도착하여 최종적으로 고소장을 접수시키지 아니하기로 결심하고 고소장을 반환받았더라도 고소장이 수사기관에 적법하게 수리되어 고소의 효력이 발생되었다고 할 수 있다.
③ 피해자의 법정대리인은 피해자의 고소권 소멸 여부에 관계없이 고소할 수 있고, 이러한 고소권은 피해자의 명시한 의사에 반하여도 행사할 수 있다.
④ 형사소송법 제236조(대리고소)에 의하면 고소 또는 그 취소는 대리인으로 하여금 하게 할 수 있는데, 이와 같은 대리인에 의한 고소의 경우 고소기간은 대리고소인이 아니라 정당한 고소권자를 기준으로 고소권자가 범인을 알게 된 날부터 기산한다.

041 고소에 관한 설명 중 옳지 않은 것은? (다툼이 있으면 판례에 의함)

① 법원이 선임한 부재자 재산관리인이 그 관리대상인 부재자의 재산에 대한 범죄행위에 관하여 법원으로부터 고소권 행사에 관한 허가를 얻은 경우 부재자 재산관리인은 형사소송법 제225조 제1항에서 정한 법정대리인으로서 적법한 고소권자에 해당한다.
② 고소에 있어서 범죄사실의 특정 정도는 고소인의 의사가 수사기관에 대하여 일정한 범죄사실을 지정신고하여 범인의 소추처벌을 구하는 의사표시가 있었다고 볼 수 있을 정도면 충분하며, 범인의 성명이 불명이거나 범행의 일시·장소·방법 등이 명확하지 않다고 하더라도 그 효력에는 아무 영향이 없다.
③ 민법상 행위능력이 없는 사람이라도 피해를 입은 사실을 이해하고 고소에 따른 사회생활상의 이해관계를 알아차릴 수 있는 사실상의 의사능력을 갖추었다면 고소능력이 인정된다.
④ 친고죄에서 적법한 고소가 있었는지는 엄격한 증명의 대상이 되고, 일죄의 관계에 있는 친고죄 범죄사실 일부에 대한 고소의 효력은 일죄 전부에 대하여 미친다.

042 친고죄에서 고소취소에 관한 설명으로 옳지 않은 것은? (다툼이 있으면 판례에 의함)

① 고소취소는 제1심 판결의 선고 전까지 할 수 있다.
② 고소취소는 가해자와 피해자 사이의 합의서 작성만 있으면 고소취소로 볼 수 있다.
③ 항소심에서 공소장변경으로 또는 법원의 직권으로 비친고죄가 친고죄로 인정된 경우 항소심에 이르러 고소인이 고소를 취소하였다면 이는 친고죄에 대한 고소취소의 효력이 없다.
④ 고소취소는 공소제기 전에는 고소사건을 담당하는 수사기관에, 공소제기 후에는 고소사건의 수소법원에 한다.

043 친고죄와 반의사불벌죄에 관한 설명 중 옳은 것(○)과 옳지 않은 것(×)을 올바르게 조합한 것은? (다툼이 있으면 판례에 의함)

> ㉠ 고소권자가 비친고죄로 고소한 사건이더라도 검사가 사건을 친고죄로 구성하여 공소를 제기하였다면 공소장 변경절차를 거쳐 공소사실이 비친고죄로 변경되지 아니하는 한, 법원은 친고죄에서 소송조건이 되는 고소가 유효하게 존재하는지를 직권으로 조사·심리하여야 한다.
> ㉡ 성년후견인의 법정대리권 범위에 통상적인 소송행위가 포함되어 있거나 성년후견개시심판에서 정하는 바에 따라 성년후견인이 소송행위를 할 때 가정법원의 허가를 얻었다면, 성년후견인은 반의사불벌죄에서 명문의 규정이 없더라도 의사무능력자인 피해자를 대리하여 피고인 또는 피의자에 대하여 처벌을 희망하지 않는다는 의사를 결정하거나 처벌을 희망하는 의사표시를 철회하는 행위를 할 수 있다.
> ㉢ 성폭력범죄 피해자의 변호사는 형사절차에서 피해자 등의 대리가 허용될 수 있는 모든 소송행위에 대한 포괄적인 대리권을 가지므로 피해자의 변호사는 피해자를 대리하여 피고인에 대한 처벌을 희망하는 의사표시를 철회하거나 처벌을 희망하지 않는다는 의사표시를 할 수 있다.
> ㉣ 상해죄로 기소되어 제1심에서 무죄가 선고된 후 항소심에 이르러 비로소 폭행죄로 공소장변경이 이루어진 경우 항소심에서 피해자가 처벌을 희망하지 않는다는 의사를 표시하였다면 법원은 공소기각판결을 선고하여야 한다.
> ㉤ 유효한 고소에 기초한 친고죄의 공소제기 후 제1심판결 선고 전에 유효한 고소취소가 있으면 법원은 공소기각판결을 선고하여야 한다.

① ㉠ ○ ㉡ × ㉢ × ㉣ × ㉤ ×
② ㉠ × ㉡ ○ ㉢ ○ ㉣ × ㉤ ○
③ ㉠ ○ ㉡ × ㉢ ○ ㉣ × ㉤ ○
④ ㉠ × ㉡ ○ ㉢ × ㉣ ○ ㉤ ○

044 수사의 단서에 대한 설명으로 가장 적절하지 않은 것은? (다툼이 있으면 판례에 의함)

① 고소의 의사표시를 위한 고소능력은 피해를 입은 사실을 이해하고 고소에 따른 사회생활상의 이해관계를 알아차릴 수 있는 사실상의 의사능력으로 충분하다.
② 고소의 대상은 특정되어야 하므로 범인의 성명이 불명 또는 오기가 있다거나 범행일시 장소 방법 등이 명확하지 않거나 틀린 경우에는 고소의 효력에 영향이 있다.
③ 친고죄나 세무공무원 등의 고발이 있어야 논할 수 있는 죄에서 고소나 고발이 있기 전에 수사를 하였다 하더라도 그 수사가 장차 고소나 고발의 가능성이 없는 상태 하에서 행해졌다는 등의 특단의 사정이 없는 한 그 수사는 위법하지 않다.
④ 변사자의 검시는 수사의 단서에 불과하므로 법관의 영장이 필요 없으며, 검시로 범죄의 혐의를 인정하고 긴급을 요하는 경우에는 영장 없이 검증할 수 있다.

045 고소에 관한 설명 중 옳은 것은? (다툼이 있으면 판례에 의함)

① 변호사 甲이 친고죄의 피해자인 의뢰인 乙로부터 가해자인 A에 대한 고소대리권을 수여받아 고소를 제기한 경우 고소기간은 고소대리인인 甲이 범죄사실을 알게 된 날부터 기산한다.
② 법정대리인의 고소권은 무능력자의 보호를 위하여 법정대리인에게 주어진 독립대리권이므로 피해자의 명시한 의사에 반하여 행사할 수 없다.
③ 항소심에서 공소장변경 또는 법원의 직권에 의하여 비친고죄를 친고죄로 인정한 경우 항소심에 이르러 비로소 고소인이 고소를 취소하였다면 이는 친고죄에 대한 고소취소로서 효력이 있다.
④ 영업범 등 포괄일죄의 경우 고소권자가 범죄행위가 계속되는 도중에 범인을 알았다 하더라도 최후의 범죄행위가 종료한 때에 고소기간이 진행된다.

046 고소·고발에 관한 설명 중 옳지 않은 것은? (다툼이 있는 경우 판례에 의함)

① 부재자 재산관리인이 관리대상 재산에 관한 범죄행위에 대하여 법원으로부터 고소권 행사 허가를 받은 경우에는 독립하여 고소권을 가지는 법정대리인에 해당한다.
② 고소기간은 '형사소송법' 제230조 제1항에 의하여 범인을 알게 된 날로부터 6개월로 정하여져 있는바, 범인을 알게 된다는 것은 통상인의 입장에서 보아 고소권자가 고소를 할 수 있을 정도로 범죄사실과 범인을 아는 것을 의미하고, 범죄사실을 안다는 것은 고소권자가 친고죄에 해당하는 범죄의 피해가 있었다는 사실관계에 관하여 확정적인 인식이 있음을 말한다.
③ 상대적 친고죄에 있어서의 피해자의 고소취하는 피해자의 친족관계가 없는 공범자에게는 그 효력이 미치지 아니한다.
④ 피해자가 고소장을 제출하여 처벌을 희망하는 의사를 분명히 표시한 후 고소를 취소한 바 없더라도, 고소 전에 피해자가 처벌을 원치 않는다는 의사표시를 하였다면 그 후에 한 피해자의 고소는 유효하지 않다.

047 다음 설명 중 가장 옳지 않은 것은? (다툼이 있으면 판례에 의함)

① 고소는 범죄의 피해자 기타 고소권자가 수사기관에 대하여 범죄사실을 신고하여 범인의 소추를 구하는 의사표시를 말하는 것으로서, 단순한 피해사실의 신고는 소추·처벌을 구하는 의사표시가 아니므로 고소가 아니다.
② 피해자가 고소장을 제출하여 처벌을 희망하는 의사를 분명히 표시한 후 고소를 취소한 바 없다면 비록 고소 전에 피해자가 처벌을 원치 않았다 하더라도 그 후에 한 피해자의 고소는 유효하다.
③ 친고죄에 있어서의 고소는 고소권 있는 자가 수사기관에 대하여 범죄사실을 신고하고 범인의 처벌을 구하는 의사표시로서 서면뿐만 아니라 구술로도 할 수 있는 것이고, 다만 구술에 의한 고소를 받은 검사 또는 사법경찰관은 조서를 작성하여야 하지만 그 조서가 독립된 조서일 필요는 없으며 수사기관이 고소권자를 증인 또는 피해자로서 신문한 경우에 그 진술에 범인의 처벌을 요구하는 의사표시가 포함되어 있고 그 의사표시가 조서에 기재되면 고소는 적법하게 이루어진 것이다.
④ 고소에 따른 사회생활상의 이해관계를 알아차릴 수 있는 사실상의 의사능력이 있더라도 민법상의 행위능력이 없는 자에게는 고소능력이 인정되지 아니하고, 범행 당시 고소능력이 없던 피해자가 그 후에 비로소 고소능력이 생겼다면 그 고소기간은 고소능력이 생긴 때로부터 기산하여야 한다.

048 친고죄에서의 고소에 대한 설명으로 옳은 것은? (다툼이 있으면 판례에 의함)

① 수사기관이 고소권자를 증인 또는 피해자로서 신문한 경우 그 진술에 범인의 처벌을 요구하는 고소권자의 의사표시가 포함되어 있고 그 의사표시가 조서에 기재되어 있더라도 고소장 제출이 없는 이상 친고죄의 고소로서 적법하지 않다.
② 근로자가 상위 수급인의 처벌을 희망하지 아니하거나 처벌을 희망하는 의사를 철회하는 의사표시를 하는 경우 하수급인과 직상 수급인을 배제한 채 오로지 상위 수급인에 대하여만 처벌을 희망하지 아니하는 의사표시를 하였다고 쉽게 단정하여서는 안 된다.
③ 친고죄에서 적법한 고소가 있었는지는 엄격한 증명의 대상이 되고, 일죄의 관계에 있는 범죄사실 일부에 대한 고소의 효력은 일죄 전부에 대하여 미친다.
④ 고소는 제1심 판결 선고 전까지 취소할 수 있으나 상소심에서 제1심 공소기각판결을 파기하고 이 사건을 제1심으로 환송한 경우 환송받은 제1심에서는 판결 선고 전이더라도 친고죄에서의 고소를 취소할 수 없다.

049 고소 등에 대한 설명으로 옳은 것은? (다툼이 있으면 판례에 의함)

① 반의사불벌죄에 있어서 성인인 피해자가 교통사고로 인해 의식을 회복하지 못하여 처벌희망 여부에 관한 의사표시를 할 수 있는 소송능력이 있다고 할 수 없는 경우 피해자의 부모가 피해자를 대리하여 처벌을 희망하지 아니한다는 의사를 표시하면 처벌할 수 없다.

② 반의사불벌죄에 있어서 미성년자인 피해자는 의사능력이 있더라도 단독으로는 처벌을 희망하는 의사표시를 할 수 없고 법정대리인의 동의가 있어야 한다.

③ 형사소송법 제230조 제1항(고소기간)의 '범인을 알게 된'은 통상인의 입장에서 보아 고소권자가 고소를 할 수 있을 정도로 범죄사실과 범인을 아는 것을 의미하고, 여기서 범죄사실을 안다는 것은 고소권자가 친고죄에 해당하는 범죄의 피해가 있었다는 사실관계에 관하여 확정적인 인식이 있음을 말한다.

④ 고소인이 사건 당일 범죄사실을 신고하면서 현장에 출동한 경찰관에게 고소장을 교부하였다면, 그 후 경찰서에 도착하여 최종적으로 고소장을 접수시키지 아니하기로 결심하고 고소장을 반환받았더라도 고소의 효력이 발생된다.

050 소송조건에 대한 설명으로 옳지 않은 것은? (다툼이 있으면 판례에 의함)

① 친고죄에서 고소취소의 의사표시는 공소제기 전에는 고소사건을 담당하는 수사기관에, 공소제기 후에는 고소사건의 수소법원에 대하여 이루어져야 한다.

② 고소를 함에 있어서 고소인은 범죄사실을 특정하여 신고하면 족하며, 범인이 누구인지 나아가 범인 중 처벌을 구하는 자가 누구인지를 적시할 필요는 없다.

③ 친고죄의 공범 중 그 일부에 대하여 제1심 판결이 선고된 후에는 제1심 판결 선고 전의 다른 공범자에 대하여는 그 고소를 취소할 수 없고, 그 고소의 취소가 있다 하더라도 그 효력을 발생할 수 없으며, 이러한 법리는 필요적 공범과 임의적 공범 모두에 적용된다.

④ 친고죄에서 고소는 제1심 판결선고 전까지 취소할 수 있으므로 상소심에서 제1심 공소기각판결을 파기하고 이 사건을 제1심 법원에 환송함에 따라 다시 제1심 절차가 진행된 때에는 환송 후의 제1심 판결 선고 전이라도 고소를 취소할 수 없다.

051 고소에 관한 설명 중 가장 적절한 것은? (다툼이 있으면 판례에 의함)

① 피해자가 경찰청 인터넷 홈페이지에 '피고인을 철저히 조사해 달라'는 취지의 신고민원을 접수하는 형태로 피고인에 대한 조사를 촉구하는 의사표시를 한 것은 형사소송법 제237조 제1항에 따른 적법한 고소에 해당한다.
② 고소권자가 비친고죄로 고소한 사건이더라도 검사가 친고죄로 기소하였다면 공소장변경 절차를 거쳐 공소사실이 비친고죄로 변경되지 않는 한, 법원은 고소가 유효하게 존재하는지를 직권으로 조사 심리하여야 한다.
③ 절대적 친고죄의 공범 중 그 1인 또는 수인에 대한 고소는 다른 공범자에 대하여도 효력이 있으나, 취소는 그 취소의 상대방으로 지정된 피고소인에 대해서만 효력이 있다.
④ 친고죄에서 고소는 처벌조건이므로 고소가 있었는지 여부는 엄격한 증명의 대상이 된다.

052 고소와 고발에 대한 설명으로 옳지 않은 것은? (다툼이 있으면 판례에 의함)

① 명예훼손죄의 피해자가 그 죄의 공범 甲, 乙 중 甲에 대하여 처벌을 희망하는 의사를 철회한 경우 乙에 대하여도 처벌 희망의사가 철회된 것으로 볼 수는 없다.
② 친고죄로 기소된 후에 피해자의 고소가 취소되었다면 당초에 기소된 공소사실과 동일성이 인정되는 범위 내에서 비친고죄의 공소사실로 공소장이 변경되었더라도 공소기각의 판결을 하여야 한다.
③ 세무공무원 등의 고발이 있어야 공소를 제기할 수 있는 조세범처벌법 위반죄에 관하여 일단 불기소처분이 있었더라도 세무공무원 등이 종전에 한 고발은 여전히 유효하므로 나중에 같은 범죄사실로 공소를 제기함에 있어 세무공무원 등의 새로운 고발이 있어야 하는 것은 아니다.
④ 형사소송법 제225조 제1항이 규정한 법정대리인의 고소권은 무능력자의 보호를 위하여 법정대리인에게 주어진 고유권이어서 법정대리인은 피해자의 고소권 소멸 여부에 관계없이 고소할 수 있는 것이며, 그 고소기간은 법정대리인 자신이 범인을 알게 된 날로부터 진행한다.

053 고소에 대한 설명으로 가장 적절하지 않은 것은? (다툼이 있으면 판례에 의함)

① 민법상 행위능력이 없는 사람이라도 피해를 입은 사실을 이해하고 고소에 따른 사회생활상의 이해관계를 알아차릴 수 있는 사실상의 의사능력을 갖추었다면 고소능력이 인정된다.

② 고소는 서면 또는 구술로서 검사 또는 사법경찰관에게 하여야 하는 것이므로 피해자가 피고인을 심리하고 있는 법원에 대하여 범죄사실을 적시하고 "피고인을 엄벌에 처하라"는 내용의 진술서를 제출하거나 증인으로서 증언하면서 판사의 신문에 대해 "피고인의 처벌을 바란다"는 취지의 진술을 하였다 하더라도 이는 고소로서의 효력이 없다.

③ 법인세는 사업연도를 과세기간으로 하는 것이므로 그 포탈범죄는 각 사업연도마다 1개의 범죄가 성립하는데 일죄의 관계에 있는 범죄사실의 일부에 대한 공소제기 및 고발의 효력은 그 일죄의 전부에 대하여 미친다.

④ 구「컴퓨터프로그램 보호법」(2009.4.22. 법률 제9625호 저작권법 부칙 제2조로 폐지) 제48조는 프로그램의 저작권침해에 대해 프로그램저작권자 또는 프로그램배타적발행권자의 고소가 있어야 공소를 제기할 수 있다고 규정하고 있는데, 프로그램저작권이 명의신탁된 경우 제3자의 침해행위에 대한 고소권자는 명의신탁자이다.

054 고소 및 고발에 관한 설명으로 옳지 않은 것은? (다툼이 있으면 판례에 의함)

① 친고죄의 경우 양벌규정은 당해 위법행위와 별개의 범죄를 규정한 것이 아니므로 행위자에 대한 고소가 있으면 족하고 양벌규정에 의하여 처벌받는 자에 대하여 별도의 고소를 요하지 않는다.

② 법원이 선임한 부재자 재산관리인이 그 관리대상인 부재자의 재산에 대한 범죄행위에 관하여 법원으로부터 고소권 행사에 관한 허가를 얻은 경우 부재자 재산관리인은 형사소송법 제225조 제1항에서 정한 법정대리인으로서 적법한 고소권자에 해당한다.

③ 세무공무원 등의 고발이 있어야 공소를 제기할 수 있는 조세범처벌법 위반죄에 대하여 고발을 받아 수사한 검사가 불기소처분을 하였다가 나중에 공소를 제기하는 경우에는 세무공무원의 새로운 고발이 있어야 하는 것은 아니다.

④ 제1심 판결이 선고된 이후에는 고소를 취소할 수 없으므로 항소심에서 종전의 제1심 공소기각판결이 파기되고 사건이 제1심 법원에 환송된 후 다시 진행된 제1심에서 판결선고 전에 고소가 취소되었더라도 고소취소의 효력은 인정되지 않는다.

055 반의사불벌죄에 대한 설명으로 옳은 것은? (다툼이 있으면 판례에 의함)

① 반의사불벌죄의 피해자는 피의자나 피고인 및 그들의 변호인에게 자신을 대리하여 수사기관이나 법원에 자신의 처벌불원의사를 표시할 수 있는 권한을 수여할 수 없다.
② 항소심에 이르러 반의사불벌죄가 아닌 죄에서 반의사불벌죄로 공소장이 변경된 경우에는 예외적으로 항소심에서도 처벌을 희망하는 의사표시를 철회할 수 있다.
③ 반의사불벌죄에서 피고인 또는 피의자의 처벌을 희망하지 않는다는 의사표시 또는 처벌희망 의사표시 철회의 유무나 그 효력 여부에 관한 사실은 엄격한 증명의 대상이다.
④ 반의사불벌죄에서 성년후견인은 명문의 규정이 없는 한 의사무능력자인 피해자를 대리하여 피고인 또는 피의자에 대하여 처벌을 희망하지 않는다는 의사를 결정하거나 처벌을 희망하는 의사표시를 철회하는 행위를 할 수 없다.

056 반의사불벌죄에 관한 다음 설명 중 옳지 않은 것은? (다툼이 있으면 판례에 의함)

① 반의사불벌죄에서 성년후견인은 의사무능력자인 피해자를 대리하여 피고인 또는 피의자에 대하여 처벌을 희망하지 않는다는 의사를 결정하거나 처벌을 희망하는 의사표시를 철회하는 행위를 할 수 없는 것이 원칙이지만 성년후견인이 소송행위를 할 때 가정법원의 허가를 얻은 경우에는 그러하지 아니하다.
② 교통사고의 피해자가 의식을 회복하지 못하고 있는 이상 피해자에게 반의사불벌죄에서 처벌희망 여부에 관한 의사표시를 할 수 있는 소송능력이 있다고 할 수 없다.
③ 반의사불벌죄에 있어서 미성년자인 피해자의 피고인 또는 피의자에 대한 처벌을 희망하지 않는다는 의사표시 또는 처벌을 희망하는 의사표시의 철회는 의사능력이 있는 한 피해자가 단독으로 할 수 있고, 거기에 법정대리인의 동의가 있어야 한다거나 법정대리인에 의해 대리되어야 하는 것은 아니다.
④ 형사소송법 제232조 제1항, 제3항의 취지는 국가형벌권의 행사가 피해자의 의사에 의하여 좌우되는 현상을 장기간 방치할 것이 아니라 제1심판결 선고 이전까지로 제한하자는데 그 목적이 있다 할 것이므로, 비록 항소심에 이르러 비로소 반의사불벌죄가 아닌 죄에서 반의사불벌죄로 공소장변경이 있었다 하여 항소심인 제2심을 제1심으로 볼 수는 없다.

057 고소취소에 대한 설명으로 가장 적절하지 않은 것은? (다툼이 있으면 판례에 의함)

① 고소의 취소는 수사기관 또는 법원에 대한 고소한 자의 의사표시로서 서면 또는 구술로 할 수 있다.
② 피해자가 제1심 법정에서 피고인에 대한 처벌희망 의사표시를 철회할 당시 나이가 14세 10개월이었더라도 그 철회의 의사표시가 의사능력이 있는 상태에서 행해졌다면 법정대리인의 동의가 없었더라도 유효하다.
③ 피해자가 피고인을 고소한 사건에서, 법원으로부터 증인으로 출석하라는 소환장을 받은 피해자가 자신에 대한 증인소환을 연기해 달라고 하거나 기일변경신청을 하고 출석을 하지 않는 경우 법원은 이를 피해자의 처벌불원의 의사표시로 볼 수 있다.
④ 피고인이 피해자로부터 합의서를 교부받아 피고인이 피해자를 대리하여 처벌불원의사서를 수사기관에 제출한 이상, 이후 피고인이 피해자에게 약속한 치료비 전액을 지급하지 아니한 경우에도 민사상 치료비에 관한 합의금지급채무가 남는 것은 별론으로 하고 피해자는 처벌불원의사를 철회할 수 없다.

058 친고죄에서의 고소취소 및 고소권 포기에 대한 설명으로 가장 적절하지 않은 것은? (다툼이 있으면 판례에 의함)

① 고소를 한 피해자가 가해자에게 합의서를 작성하여 준 것만으로는 적법한 고소취소로 보기 어렵지만, '가해자와 원만히 합의하였으므로 피해자는 가해자를 상대로 이 사건과 관련한 어떠한 민·형사상의 책임도 묻지 아니한다.'는 취지의 합의서를 공소제기 이전 수사기관에 제출하였다면 고소취소의 효력이 있다.
② 고소는 제1심판결 선고 전까지 취소할 수 있지만, 항소심에서 공소장변경절차를 거치지 아니하고 법원이 직권으로 친고죄가 아닌 범죄를 친고죄로 인정한 경우 항소심에서 고소인이 고소를 취소하였다면 친고죄에 대한 고소취소로서 효력을 갖는다.
③ 일단 고소를 취소한 자는 고소기간이 남았더라도 다시 고소하지 못한다.
④ 고소권은 고소 전에 포기될 수 없으므로 비록 고소 전에 피해자가 처벌을 원치 않았다 하더라도 피해자가 고소장을 제출하여 처벌을 희망하는 의사를 분명히 표시한 후 그 고소를 취소한 바 없다면 피해자의 고소는 유효하다.

059 고발에 관한 다음 설명 중 옳지 않은 것은? (다툼이 있으면 판례에 의함)

① 고발이란 범죄사실을 수사기관에 신고하여 그 소추를 촉구하는 것으로서 범인을 지적할 필요가 없는 것이고 또한 고발에서 지정한 범인이 진범인이 아니더라도 고발의 효력에는 영향이 없다.
② 농지의 보전 및 이용에 관한 법률 제21조 제4항이 규정하는 군수의 고발권에 대하여 이를 면장에게 위임할 수 있다는 근거법령을 찾아볼 수 없으니 결국 면장이 위 조항에 의거 행한 고발은 적법한 고발이라고 할 수 없다.
③ 乙 명의의 고소장 제출에 의해 위증사실의 신고(무고)가 행하여졌다면 비록 甲이 고소장을 작성하여 수사기관에 제출하고 수사기관에 대하여 고발인진술을 하는 등 甲의 의사로 고발행위를 주도했더라도 乙이 고소인으로써 무고죄의 피고인이 된다.
④ 비록 외관상으로는 타인 명의의 고소장을 대리하여 작성하고 제출하는 형식으로 고소가 이루어진 경우라 하더라도 그 명의자는 고소의 의사가 없이 이름만 빌려준 것에 불과하고 명의자를 대리한 자가 실제 고소의 의사를 가지고 고소행위를 주도한 경우라면 그 명의자를 대리한 자를 신고자로 보아 무고죄의 주체로 인정하여야 할 것이다.

060 전속고발에 대한 설명으로 가장 적절하지 않은 것은? (다툼이 있으면 판례에 의함)

① 조세범처벌법에 의한 고발은 고발장에 범칙사실의 기재가 없거나 특정이 되지 아니할 때에는 부적법하나, 반드시 공소장 기재요건과 동일한 범죄의 일시·장소를 표시하여 사건의 동일성을 특정할 수 있을 정도로 표시하여야 하는 것은 아니고, 조세범처벌법이 정하는 어떠한 태양의 범죄인지를 판명할 수 있을 정도의 사실을 일응 확정할 수 있을 정도로 표시하면 족하다.
② 국회에서의 증언·감정 등에 관한 법률은 국정감사나 국정조사에 관한 국회 내부의 절차를 규정한 것으로서 국회에서의 위증죄에 관한 고발 여부를 국회의 자율권에 맡기고 있고, 위증을 자백한 경우에는 고발하지 않을 수 있게 하여 자백을 권장하고 있으므로 같은 법 제14조 제1항 본문에 규정된 위증죄는 같은 법 제15조의 고발을 소추요건으로 한다.
③ 공정거래위원회의 고발이 있어야 공소를 제기할 수 있는 「독점규제 및 공정거래에 관한 법률」 위반죄를 적용하여 위반행위자들 중 일부에 대하여 공정거래위원회가 고발을 하였다면 나머지 위반행위자에 대하여도 위 고발의 효력이 미친다.
④ 세무공무원 등의 고발이 있어야 공소를 제기할 수 있는 조세범 처벌법 위반죄에 관하여 일단 불기소처분이 있었더라도 세무공무원 등이 종전에 한 고발은 여전히 유효하고, 따라서 나중에 공소를 제기함에 있어 세무공무원 등의 새로운 고발이 있어야 하는 것은 아니다.

061 자수에 관한 다음 설명 중 옳지 않은 것은? (다툼이 있으면 판례에 의함)

① 자수란 범인이 자발적으로 자신의 범죄사실을 수사기관에 신고하여 그 소추를 구하는 의사표시를 함으로써 성립한다.
② 범죄사실과 범인이 누구인가가 발각된 후라고 한다면 비록 범인이 자발적으로 자기의 범죄사실을 수사기관에 신고하더라도 자수로 볼 수 없다.
③ 자수를 위하여는 범인이 자기의 범행으로서 범죄성립요건을 갖춘 객관적 사실을 자발적으로 수사관서에 신고하여 그 처분에 맡기는 것으로 족하고, 더 나아가 법적으로 그 요건을 완전히 갖춘 범죄행위라고 적극적으로 인식하고 있을 필요까지는 없다.
④ 자기의 범죄사실을 신고한 이상 그 신고에 있어 범죄사실의 세부적인 형태에 있어 다소의 차이가 있다 하여도 이는 자수에 해당한다.

062 자수에 관한 다음 설명 중 옳지 않은 것은? (다툼이 있으면 판례에 의함)

① 수개의 범죄사실 중 일부에 관하여만 자수한 경우에는 그 부분 범죄사실에 대하여만 자수의 효력이 있다.
② 범인이 수개의 범죄사실 중의 일부라도 수사기관에 자진 신고한 이상, 그 동기가 투명치 않고 그 후 공범을 두둔하더라도 그 자수한 부분 범죄사실에 대하여는 자수의 효력이 있다.
③ 자진출석하여 사실을 밝히고 처벌을 받고자 담당 검사에게 전화를 걸어 조사를 받게 해달라고 요청하여 출석시간을 지정받은 다음 자진 출석하여 혐의사실을 인정하는 내용의 진술서를 작성하는 것은 자수에 해당한다.
④ 피고인이 검찰의 소환에 따라 자진 출석하여 검사에게 범죄사실에 관하여 자백함으로써 자수의 효력이 발생하였다고 하더라도, 그 후에 검찰이나 법정에서 범죄사실을 일부 부인하였다면 일단 발생한 자수의 효력은 소멸한다.

063 영장주의에 관한 설명 중 가장 적절하지 않은 것은? (다툼이 있으면 판례에 의함)

① 법원이 직권으로 발부하는 영장은 집행기관에 대한 허가장의 성격을 가지나, 수사기관의 청구에 의하여 발부하는 영장은 수사기관에 대한 명령장으로서의 성질을 갖는 것으로 이해되고 있다.

② 교도소의 안전과 질서유지를 위하여 마약류 수형자에게 소변을 받아 제출하게 한 것은 응하지 않을 경우 불리한 처우를 받을 수 있다는 심리적 압박이 존재하리라는 것을 충분히 예상할 수 있는 점에 비추어 공권력의 행사에 해당하나, 영장 없이 실시되었다 하더라도 영장주의에 위배되지 않는다.

③ 법원이 피고인의 구속 또는 그 유지 여부의 필요성에 관하여 한 재판의 효력이 검사나 다른 기관의 이견이나 불복이 있다 하여 좌우되거나 제한받는다면 이는 헌법 제12조 제3항의 영장주의에 위배된다.

④ 수사기관이 영장에 의하지 아니하고 신용카드회사가 발행한 매출전표의 거래명의자에 관한 정보를 획득하였다면, 그와 같이 수집된 증거는 원칙적으로 '적법한 절차에 따르지 아니하고 수집한 증거'에 해당하여 특별한 사정이 없는 한 유죄의 증거로 삼을 수 없다.

064 영장주의에 관한 설명 중 가장 적절하지 않은 것은? (다툼이 있으면 판례에 의함)

① 수사기관이 범죄를 수사하면서 현재 범행이 행하여지고 있거나 행하여진 직후이고, 증거보전의 필요성 및 긴급성이 있으며, 일반적으로 허용되는 상당한 방법으로 촬영한 경우라면 위 촬영이 영장 없이 이루어졌다 하여 이를 위법하다고 할 수 없다.

② 선거범죄의 조사에 관련하여 '허위의 자료를 제출한 자'를 처벌하는 공직선거법 제272조의2 제3항, 제256조 제5항 제12호 규정에 의한 자료제출요구는 범죄수사인 압수 또는 수색에 해당하므로 사전 또는 사후에 영장을 받아야 한다.

③ 법원이 피고인의 구속 또는 그 유지 여부의 필요성에 관하여 한 재판의 효력이 검사나 다른 기관의 이견이나 불복이 있다 하여 좌우되거나 제한받는다면 이는 헌법 제12조 제3항의 영장주의에 위배된다.

④ 마약류 불법거래방지에 관한 특례법 제4조 제1항에 따른 조치의 일환으로 특정한 수출입물품을 개봉하여 검사하고 그 내용물의 점유를 취득한 행위는 수출입물품에 대한 적정한 통관 등을 목적으로 조사를 하는 경우와는 달리 범죄수사인 압수 또는 수색에 해당하여 사전 또는 사후에 영장을 받아야 한다.

065 영장주의에 관한 설명 중 가장 적절하지 않은 것은? (다툼이 있으면 판례에 의함)

① 수사기관이 甲주식회사에서 압수·수색영장을 집행하면서 甲회사에 팩스로 영장 사본을 송신하기만 하고 영장 원본을 제시하거나 압수조서와 압수물 목록을 작성하여 피압수·수색 당사자에게 교부하지도 않은 채 피고인의 이메일을 압수한 후 이를 증거로 제출한 사안에서, 위와 같은 방법으로 압수된 이메일은 형사소송법 등에서 정한 절차를 위반한 것으로 유죄 인정의 증거로 사용할 수 없다.

② 수사기관이 범죄를 수사하면서 현재 범행이 행하여지고 있거나 행하여진 직후이고, 증거보전의 필요성 및 긴급성이 있으며, 일반적으로 허용되는 상당한 방법으로 촬영한 경우라면 위 촬영이 영장 없이 이루어졌다 하여 이를 위법하다고 할 수 없다.

③ ② 지문의 경우 촬영으로 인하여 초상권, 사생활의 비밀과 자유, 주거의 자유 등이 침해될 수 있으므로 수사기관이 일반적으로 허용되는 상당한 방법으로 촬영하였는지 여부는 수사기관이 촬영장소에 통상적인 방법으로 출입하였는지 또 촬영장소와 대상이 사생활의 비밀과 자유 등에 대한 보호가 합리적으로 기대되는 영역에 속하는지 등을 종합적으로 고려하여 신중하게 판단하여야 한다.

④ 형사소송법 제217조 제2항, 제3항에 위반하여 압수·수색영장을 발부받지 아니하고도 즉시 반환하지 아니한 압수물은 이를 유죄인정의 증거로 사용할 수 없지만, 피고인이나 변호인이 이를 증거로 함에 동의하였다면 유죄 인정의 증거로 사용할 수 있다.

066 수사에 관한 설명 중 가장 적절한 것은? (다툼이 있으면 판례에 의함)

① 누구든지 자기의 얼굴 기타 모습을 함부로 촬영당하지 않을 자유를 가지므로 수사기관이 범죄를 수사함에 있어 타인의 얼굴 기타 모습을 영장 없이 촬영하였다면 그 촬영은 어떠한 경우라도 허용될 수 없다.

② 음주운전에 대한 수사과정에서 음주운전 혐의가 있는 운전자에 대하여 도로교통법에 따른 호흡측정이 이루어진 경우 과학적이고 중립적인 호흡측정 수치가 도출되었다 하여도 그 결과에 오류가 있다고 인정할 만한 객관적이고 합리적인 사정이 있는 경우라면 추가로 음주측정을 할 필요성이 있으므로 경찰관이 혐의를 제대로 밝히기 위해 혈액채취에 의한 측정방법으로 재측정하는 것을 위법하다 할 수 없고 운전자는 이에 따라야 할 의무가 있다.

③ 수사기관이 범죄를 수사하면서 불특정, 다수의 출입이 가능한 장소에 통상적인 방법으로 출입하여 아무런 물리력이나 강제력을 행사하지 않고 통상적인 방법으로 위법행위를 확인하는 것은 특별한 사정이 없는 한 임의수사의 한 방법으로서 허용되므로 영장 없이 이루어졌다고 하여 위법하다고 할 수 없다.

④ 경범죄 처벌법 제3조 제1항 제34호의 지문채취 불응 시 처벌규정은 영장주의에 따른 강제처분을 규정한 것으로 수사상 필요에 의하여 수사기관이 직접강제에 의하여 지문을 채취하려 하는 경우와 마찬가지로 법관에 의해 발부된 영장이 필요하다.

067 수사기관이 영장없이 다음과 같이 촬영을 했을 때 위법하지 않은 것은 모두 몇 개인가? (다툼이 있으면 판례에 의함)

> ⊙ 피고인들이 공개적인 장소(차량이 통행하는 도로, 식당 앞길 또는 호텔 프런트 등)에서 반국가단체의 구성원과 회합 중이거나 회합하기 직전 또는 직후의 모습을 동영상으로 촬영한 경우
> ⓒ 피고인들에 대한 범죄(국가보안법위반) 혐의가 상당히 포착된 상태에서 그 회합의 증거를 보전하기 위하여 甲의 주거지 외부에서 담장 밖 및 2층 계단을 통하여 甲의 집에 출입하는 피고인들의 모습을 비디오촬영한 경우
> ⓒ 경찰관들이 "풍속영업을 영위하는 피고인들이 음란행위 영업을 하였다"라는 범죄의 혐의가 포착된 상태에서 음란행위 영업에 관한 증거를 보전하기 위한 필요에 의하여 나이트클럽에 통상적인 방법으로 출입하여 손님들에게 공개된 모습을 촬영한 경우
> ⓔ 특별사법경찰관이 "피고인이 음식점 내에서 음악을 크게 틀고 손님들의 흥을 돋워 손님들이 춤을 추도록 허용하여 영업자가 지켜야 할 사항을 지키지 아니하였다"라는 범죄혐의가 포착된 상태에서 범행에 관한 증거를 보전하기 위한 필요에 의하여 음식점에 통상적인 방법으로 출입하여 손님들의 춤추는 모습을 촬영한 경우

① 0개
② 1개
③ 3개
④ 4개

068 사진 촬영에 관한 설명으로 가장 적절하지 않은 것은? (다툼이 있으면 판례에 의함)

① 피의자의 임의적 동의하에 사인이 촬영한 나체사진이 범죄현장의 사진으로서 피의자에 대한 형사소추를 위해 반드시 필요한 증거로 보인다면 공익의 실현을 위하여 그 사진을 범죄의 증거로 제출하는 것이 허용되어야 한다.
② 제3자의 주거지 외부에서 담장 밖 및 2층 계단을 통하여 제3자의 집에 출입하는 피의자들의 모습을 촬영한 경우 촬영방법의 상당성이 결여된 것이라고는 할 수 없다.
③ 과속단속카메라가 제한속도 위반 차량의 차량번호 등을 촬영한 사진의 증거능력은 인정될 수 있다.
④ 경찰관들이 甲이 운영하는 성매매업소를 단속하여 甲을 현행범 체포하면서 성매매업소 내부를 수색하여 발견한 콘돔 7개와 업소시설을 사진 촬영하고 콘돔은 그대로 두고 나온 경우 사후 압수영장을 발부받지 않았다면 촬영한 사진의 증거능력은 인정되지 않는다.

069 피의자신문에 대한 설명으로 가장 적절한 것은? (다툼이 있으면 판례에 의함)

① 진술거부권은 헌법상 보장된 국민의 기본권이므로 피의자의 지위를 취득하지 아니한 자에 대하여 진술거부권이 고지되지 아니하였다면 그 진술의 증거능력은 부정된다.

② 피의자신문에 참여한 변호인은 신문 중이라도 검사 또는 사법경찰관의 승인을 얻어야만 부당한 신문방법에 대하여 이의를 제기할 수 있다.

③ 검사 또는 사법경찰관은 조사 도중 피의자, 사건관계인 또는 그 변호인으로부터 휴식시간의 부여를 요청받았을 때에는 그때까지 조사에 소요된 시간, 피의자 또는 사건관계인의 건강상태 등을 고려해 적정하다고 판단될 경우 휴식시간을 주어야 한다.

④ 검사 또는 사법경찰관은 원칙적으로 피의자나 사건관계인에 대한 조사를 마친 때부터 24시간이 지나기 전에는 다시 조사할 수 없다.

070 피의자신문시 변호인 참여에 대한 설명으로 가장 적절하지 않은 것은? (다툼이 있으면 판례에 의함)

① 검사 또는 사법경찰관은 피의자 또는 그 변호인·법정대리인·배우자·직계친족·형제자매의 신청에 따라 변호인을 피의자와 접견하게 하거나 정당한 사유가 없는 한 피의자에 대한 신문에 참여하게 하여야 한다.

② 검사 또는 사법경찰관은 피의자신문에 참여한 변호인이 피의자의 옆자리 등 실질적인 조력을 할 수 있는 위치에 앉도록 해야 하고, 정당한 사유가 없으면 피의자에 대한 법적인 조언·상담을 보장해야 하며, 법적인 조언·상담을 위한 변호인의 메모를 허용해야 한다.

③ 변호인이 피의자신문을 방해하거나 수사기밀을 누설할 염려가 있음이 객관적으로 명백한 경우가 아니더라도 수사기관이 피의자 신문을 하면서 변호인에 대하여 피의자로부터 떨어진 곳으로 옮겨 앉으라고 지시를 한 다음 이러한 지시에 따르지 않았음을 이유로 퇴실을 명하였다면 이는 변호인의 피의자신문 참여권에 대한 정당한 제한이라 할 수 있다.

④ 피의자신문에 참여한 변호인은 검사 또는 사법경찰관의 신문 후 조서를 열람하고 별도의 서면으로 의견을 제출할 수 있으며, 검사 또는 사법경찰관은 해당 서면을 사건기록에 편철한다.

071 형사소송법 및 「검사와 사법경찰관의 상호협력과 일반적 수사준칙에 관한 규정」에 따른 피의자 신문에 관한 설명으로 가장 적절하지 않은 것은? (다툼이 있으면 판례에 의함)

① 검사 또는 사법경찰관은 피의자신문을 위한 출석요구를 하려는 경우 피의자와 조사의 일시 · 장소에 관하여 협의해야 하고, 변호인이 있는 경우에는 변호인과도 협의해야 한다.

② 구속영장 발부에 의하여 적법하게 구금된 피의자가 피의자신문을 위한 출석요구에 응하지 아니하면서 수사기관 조사실에 출석을 거부할 경우 수사기관은 그 구속영장의 효력에 의하여 피의자를 조사실로 구인할 수 있다.

③ 구금된 피의자를 신문할 때 변호인의 보호장비 해제 요구를 거부하고 신문하는 것이 부당한 신문방법이라 할지라도 변호인이 인정신문을 시작하기 전 피의자의 수갑을 해제해 달라고 계속 요구한다면 이는 신문을 방해하는 행위로 보아 변호인을 퇴실시킬 수 있다.

④ 사법경찰관이 10시부터 22시까지 피의자신문을 진행하면서, 조사시간 2시간마다 20분씩 휴식시간을 주어 총 6시간의 실제 조사시간에 대해 합계 1시간의 휴식시간을 주고, 4시간의 식사시간을 보장하는 한편, 21시부터 1시간 동안 조서 열람을 진행하였다면 이러한 사법경찰관의 조치는 적법하다.

072 검사 또는 사법경찰관의 피의자 출석요구에 관한 다음 설명 중 옳지 않은 것은?

① 검사 또는 사법경찰관은 피의자에게 출석요구를 하려는 경우 피의자와 조사의 일시 · 장소에 관하여 협의해야 한다. 이 경우 변호인이 있는 경우에는 변호인과도 협의해야 한다.

② 검사 또는 사법경찰관은 피의자에게 출석요구를 하려는 경우 피의사실의 요지 등 출석요구의 취지를 구체적으로 적은 출석요구서를 발송해야 한다. 다만, 신속한 출석요구가 필요한 경우 등 부득이한 사정이 있는 경우에는 전화, 문자메시지, 그 밖의 상당한 방법으로 출석요구를 할 수 있다.

③ 검사 또는 사법경찰관은 출석요구서 발송의 방법으로 출석요구를 했을 때에는 출석요구서의 사본을, 그 밖의 상당한 방법으로 출석요구를 했을 때에는 그 취지를 적은 수사보고서를 각각 사건기록에 편철한다.

④ 검사 또는 사법경찰관은 피의자가 치료 등 수사관서에 출석하여 조사를 받는 것이 현저히 곤란한 사정이 있는 경우에는 피의자 출석요구와 조사를 연기하여야 한다.

073 심야조사 제한과 관련하여 (   ) 안에 들어갈 알맞은 말은? 다른 예외적인 사항은 고려하지 않는다.

> 검사 또는 사법경찰관은 조사, 신문, 면담 등 그 명칭을 불문하고 피의자나 사건관계인에 대해 (㉠)부터 (㉡)까지 사이에 조사(이하 "심야조사"라 한다)를 해서는 안 된다. 다만, 이미 작성된 조서의 열람을 위한 절차는 (㉢) 이전까지 진행할 수 있다.

① ㉠ 오후 10시 ㉡ 오전 6시 ㉢ 자정
② ㉠ 오후 9시   ㉡ 오전 6시 ㉢ 자정
③ ㉠ 오후 9시   ㉡ 오전 8시 ㉢ 자정
④ ㉠ 오후 9시   ㉡ 오전 6시 ㉢ 오전 1시

074 검사 또는 사법경찰관은 일정한 사유가 있으면 심야조사를 할 수 있다. 다음 중 이러한 '일정한 사유'에 해당하지 않는 것은?

① 공소시효가 임박한 경우
② 대통령령으로 정하는 중요 범죄의 피의자를 조사하는 경우
③ 피의자를 체포한 후 48시간 이내에 구속영장의 청구 또는 신청 여부를 판단하기 위해 불가피한 경우
④ 피의자나 사건관계인이 재출석이 곤란한 구체적인 사유를 들어 심야조사를 요청한 경우로서 해당 요청에 상당한 이유가 있다고 인정되는 경우(변호인이 심야조사에 동의하지 않는다는 의사를 명시한 경우는 제외한다)로서 해당 요청에 상당한 이유가 있다고 인정되는 경우

075 임의수사에 관한 다음 설명 중 옳지 않은 것은? (다툼이 있으면 판례에 의함)

① 사법경찰관이 피의자에게 진술거부권을 행사할 수 있음을 알려 주고 그 행사 여부를 질문하였다 하더라도, 피의자의 답변이 자필로 기재되어 있지 아니하거나 그 답변 부분에 피의자의 기명날인 또는 서명이 되어 있지 아니한 사법경찰관 작성의 피의자신문조서는 특별한 사정이 없는 한 증거능력을 인정할 수 없다.
② 피의자가 변호인의 참여를 원한다는 의사를 명백하게 표시하였음에도 수사기관이 정당한 사유 없이 변호인을 참여하게 하지 아니한 채 피의자를 신문하여 작성한 피의자신문조서는 증거로 할 수 없다.
③ 피고인이 아닌 자가 수사과정에서 진술서를 작성하였지만 수사기관이 그에 대한 조사과정을 기록하지 않았다고 하더라도 그 절차위반행위가 적법절차의 실질적인 내용을 침해하는 경우라고 할 수 없어 그 진술서의 증거능력은 부정되지 아니한다.
④ 선거관리위원회 위원·직원이 관계인에게 진술이 녹음된다는 사실을 미리 알려주지 아니한 채 진술을 녹음하였다면, 그와 같은 조사절차에 의하여 수집한 녹음 파일 내지 그에 터 잡아 작성된 녹취록은 원칙적으로 유죄의 증거로 쓸 수 없다.

076 피의자신문에 대한 설명으로 가장 적절하지 않은 것은? (다툼이 있으면 판례에 의함)

① 피의자가 불구속 상태에서 피의자신문을 받을 때에도 변호인의 참여를 요구할 권리를 가진다.
② 피의자가 피의자신문조서를 열람한 후 이의를 제기한 경우 이를 조서에 추가로 기재해야 하며, 이의를 제기하였던 부분은 부당한 심증형성의 기초가 되지 않도록 삭제하여야 한다.
③ 검사 또는 사법경찰관은 변호인의 신문참여 및 그 제한에 관한 사항을 피의자신문조서에 기재하여야 한다.
④ 검사 또는 사법경찰관은 피의자가 조사장소에 도착한 시각, 조사를 시작하고 마친 시각, 그 밖에 조사과정의 진행경과를 확인하기 위하여 필요한 사항을 피의자신문조서에 기록하거나 별도의 서면에 기록한 후 수사기록에 편철하여야 한다.

077 「검사와 사법경찰관의 상호협력과 일반적 수사준칙에 관한 규정」의 내용으로 가장 적절한 것은?

① 검사 또는 사법경찰관은 피의자신문에 참여한 변호인이 피의자의 옆자리 등 실질적인 조력을 할 수 있는 위치에 앉도록 해야 하고, 정당한 사유가 없으면 피의자에 대한 법적인 조언·상담을 보장해야 하며, 피의자에 대한 신문이 아닌 단순 면담 등이라는 이유로 변호인의 참여 조력을 제한해서는 안 된다.

② 피의자신문에 참여한 변호인은 검사 또는 사법경찰관의 신문 후 조서를 열람하고 의견을 진술할 수 있으며, 신문 중이라도 부당한 신문방법에 대해서는 검사 또는 사법경찰관의 승인을 받아 이의를 제기할 수 있다.

③ 검사 또는 사법경찰관은 피의자의 범죄수법, 범행 동기, 피해자와의 관계, 언동 및 그 밖의 상황으로 보아 피해자가 피의자 또는 그 밖의 사람으로부터 생명·신체에 위해를 입거나 입을 염려가 있다고 인정되는 경우에는 피해자의 신청이 있는 때에 한하여 신변보호에 필요한 조치를 강구할 수 있다.

④ 검사 또는 사법경찰관은 피의자에게 출석요구를 하려는 경우에는 피의자와 조사의 일시·장소에 관하여 협의해야 하고 변호인이 있는 때에는 변호인과도 협의해야 하나, 피의자 외의 사람에 대한 출석요구의 경우에는 협의를 요하지 아니한다.

078 「검사와 사법경찰관의 상호협력과 일반적 수사준칙에 관한 규정」상 심야조사 및 장시간 조사에 대한 설명으로 가장 적절하지 않은 것은?

① 검사 또는 사법경찰관은 조사, 신문, 면담 등 그 명칭을 불문하고 피의자나 사건관계인을 조사하는 경우에는 원칙적으로 대기시간, 휴식시간, 식사시간 등 모든 시간을 합산한 조사시간이 12시간을 초과하지 않도록 해야 한다.

② 검사 또는 사법경찰관은 피의자나 사건관계인에 대해 원칙적으로 오후 9시부터 오전 6시까지 사이에 심야조사를 해서는 안 되지만, 이미 작성된 조서의 열람을 위한 절차는 예외적으로 오후 9시부터 오전 6시까지 사이에 진행할 수 있다.

③ 검사 또는 사법경찰관은 피의자를 체포한 후 48시간 이내에 구속영장의 청구 또는 신청 여부를 판단하기 위해 불가피한 경우 오후 9시부터 오전 6시까지 사이에 심야조사를 할 수 있다.

④ 검사 또는 사법경찰관은 사건의 성질 등을 고려할 때 심야조사가 불가피하다고 판단되는 경우 등 법무부장관, 경찰청장 또는 해양경찰청장이 정하는 경우로서 검사 또는 사법경찰관의 소속 기관의 장이 지정하는 인권보호 책임자의 허가 등을 받은 때에는 오후 9시부터 오전 6시까지 사이에 심야조사를 할 수 있다.

079 피의자신문에 관한 설명 중 가장 옳지 않은 것은? (다툼이 있으면 판례에 의함)

① 수사기관이 피의자신문에 참여한 변호인에게 정당한 사유 없이 피의자 옆에 앉지 말고 뒤에 앉으라고 요구한 행위는 변호인의 변호권에 대한 침해행위에 해당한다.
② 구속영장발부에 의하여 적법하게 구금된 피의자가 피의자신문을 위한 출석요구에 응하지 아니하면서 수사기관 조사실에 출석하기를 거부한다면 수사기관은 그 구속영장의 효력에 의하여 피의자를 조사실로 구인할 수 있다.
③ 피의자가 변호인의 참여를 원한다는 의사를 명백하게 표시하였음에도 수사기관이 정당한 사유 없이 변호인을 참여하게 하지 아니한 채 피의자를 신문하여 작성한 피의자신문조서는 증거능력이 없다.
④ 검사가 검찰사건사무규칙에 따른 범죄인지 절차를 밟지 않은 상태에서 행한 피의자신문은 장차 인지의 가능성이 있더라도 위법한 수사에 해당한다.

080 변호인의 피의자신문 참여에 관한 설명 중 가장 옳은 것은? (다툼이 있으면 판례에 의함)

① 형사소송법은 변호인의 피의자신문참여권을 명문으로 규정하고 있지는 않다.
② 검사 또는 사법경찰관은 변호인의 신문참여 및 그 제한에 관한 사항을 피의자신문조서에 기재하여야 한다.
③ 검사 또는 사법경찰관이 변호인의 참여를 제한하거나 퇴거시킨 처분에 대하여는 즉시항고를 할 수 있다.
④ 신문에 참여하고자 하는 변호인이 2인 이상인 때에는 피의자가 신문에 참여할 변호인 1인을 지정한다. 지정이 없는 경우에는 검사 또는 사법경찰관이 이를 지정하여야 한다.

081 수사에 대한 설명으로 가장 적절하지 않은 것은? (다툼이 있으면 판례에 의함)

① 검사 또는 사법경찰관은 정당한 사유가 없으면 피의자신문에 참여한 변호인에게 피의자에 대한 법적인 조언·상담을 보장해야 하며, 법적인 조언·상담을 위한 변호인의 메모를 허용해야 한다.
② 구속영장발부에 의하여 적법하게 구금된 피의자가 피의자신문을 위한 출석요구에 응하지 아니하면서 수사기관 조사실에 출석을 거부하는 경우 수사기관은 그 구속영장의 효력에 의하여 피의자를 조사실로 구인할 수 있다.
③ 피의자진술의 영상녹화는 조사가 개시된 시점부터 종료까지의 전 과정이 녹화된 것이어야 하며, 조사과정 일부에 대한 선별적 영상녹화는 허용되지 않는다.
④ 검사가 작성한 피의자신문조서에 대하여 피의자였던 피고인이 그 조서의 내용을 부인하는 경우 피의자진술 과정에서 작성한 영상녹화물 재생을 통해 증거능력을 인정할 수 있다.

082 피의자신문에 관한 설명 중 가장 적절하지 않은 것은? (다툼이 있으면 판례에 의함)

① 피고인이 피의자신문조서에 기재된 피고인 진술의 임의성을 다투면서 그것이 허위자백이라고 다투는 경우 법원은 구체적인 사건에 따라 피고인의 학력, 경력, 직업, 사회적 지위, 지능 정도, 진술의 내용, 조서의 형식 등 제반 사정을 참작하여 자유로운 심증으로 위 진술이 임의로 된 것인지 여부를 판단할 수 있다.

② 수사기관은 피의자가 신체적 또는 정신적 장애로 사물을 변별하거나 의사를 결정·전달할 능력이 미약한 때에는 신뢰관계에 있는 자를 동석하게 하여야 하며, 이 때 신뢰관계인이 동석하지 않은 상태로 행한 진술은 임의성이 인정되더라도 유죄 인정의 증거로 사용할 수 없다.

③ 신문에 참여하고자 하는 변호인이 2인 이상인 때에는 피의자가 신문에 참여할 변호인 1인을 지정한다. 지정이 없는 경우에는 검사 또는 사법경찰관이 이를 지정할 수 있다.

④ 사법경찰관은 피의자가 조사장소에 도착한 시각, 조사를 시작하고 마친 시각, 그 밖에 조사과정의 진행경과를 확인하기 위하여 필요한 사항을 피의자신문조서에 기록하거나 별도의 서면에 기록한 후 수사기록에 편철하여야 한다.

083 피의자신문에 관한 설명으로 옳은 것은? (다툼이 있으면 판례에 의함)

① 불구속 피의자나 피고인의 경우 형사소송법상 특별한 명문의 규정이 없으므로 스스로 선임한 변호인의 조력을 받기 위하여 수사절차의 개시부터 재판절차의 종료에 이르기까지 언제나 변호인을 옆에 두고 조언과 상담을 구하는 것이 허용되는 것은 아니다.

② 조사대상자의 진술 내용이 단순히 제3자의 범죄에 관한 경우가 아니라 자신의 피의사실에 관한 것이기도 하여 실질이 피의자신문의 성격을 가지는 경우에 수사기관은 진술을 듣기 전에 미리 진술거부권을 고지하여야 한다.

③ 검사 또는 사법경찰관이 직권 또는 피의자·법정대리인의 신청에 따라 피의자와 신뢰관계에 있는 자의 동석을 허락한 경우에는 동석한 사람으로 하여금 피의자를 대신하여 진술하도록 할 수 있다.

④ 검사 또는 사법경찰관은 피의자신문에 참여한 변호인에게 정당한 사유가 없으면 피의자에 대한 법적인 조언·상담을 보장해야 하나 법적인 상담을 위한 메모까지 허용해야 하는 것은 아니다.

084 검사 또는 사법경찰관의 조사시간 등과 관련하여 (   ) 안에 들어갈 숫자의 합은? 다른 예외적인 사정은 고려하지 않는다.

> (1) 검사 또는 사법경찰관은 조사, 신문, 면담 등 그 명칭을 불문하고 피의자나 사건관계인을 조사하는 경우에는 대기시간, 휴식시간, 식사시간 등 모든 시간을 합산한 조사시간(이하 "총조사 시간"이라 한다)이 (㉠)시간을 초과하지 않도록 해야 한다.
> (2) 검사 또는 사법경찰관은 특별한 사정이 없으면 총조사 시간 중 식사시간, 휴식시간 및 조서의 열람시간 등을 제외한 실제 조사시간이 (㉡)시간을 초과하지 않도록 해야 한다.
> (3) 검사 또는 사법경찰관은 피의자나 사건관계인에 대한 조사를 마친 때부터 (㉢)시간이 지나기 전에는 다시 조사할 수 없다.

① 24
② 26
③ 28
④ 30

085 형사절차상 영상녹화에 관한 설명으로 옳지 않은 것은? (다툼이 있으면 판례에 의함)

① 수사기관이 피의자진술을 영상녹화할 때는 피의자에게 미리 영상녹화사실을 알려주어야 한다.
② 피의자의 진술을 영상녹화하는 경우 영상녹화가 완료되면 피의자 또는 변호인 앞에서 지체 없이 그 원본을 봉인하고 피의자로 하여금 기명날인 또는 서명하게 하여야 한다.
③ 영상녹화가 완료된 이후 피의자가 영상녹화물의 내용에 대하여 이의를 진술하는 때에는 그 진술을 별도로 영상녹화하여 첨부하여야 한다.
④ 참고인의 진술을 내용으로 한 수사기관의 영상녹화물은 다른 법률에서 달리 규정하고 있는 등의 특별한 사정이 없는 한 공소사실을 직접 증명할 수 있는 독립적인 증거로 사용할 수 없다.

086 영상녹화제도에 관한 설명 중 가장 적절한 것은? (다툼이 있으면 판례에 의함)

① 수사기관이 피의자의 진술을 영상녹화하려는 경우 피의자 또는 변호인에게 미리 영상녹화 사실을 알려주어야 하며, 형사소송법 제244조의2 제1항에 따라 반드시 서면으로 사전동의를 받아야 한다.

② 피의자 진술에 대한 영상녹화가 완료된 이후 피의자 또는 변호인에게 영상녹화물을 재생하여 시청하게 하여야 하며, 그 내용에 대하여 이의를 진술하는 때에는 해당 내용을 삭제하고 그 진술을 영상녹화하여 첨부하여야 한다.

③ 피고인 또는 피고인이 아닌 자의 진술을 내용으로 하는 영상녹화물은 공판준비 또는 공판기일에 피고인 또는 피고인이 아닌 자가 진술함에 있어서 기억이 명백하지 아니한 사항에 관하여 기억을 환기시켜야 할 필요가 있다고 인정되는 때에 한하여 피고인 또는 피고인이 아닌 자에게 재생하여 시청하게 할 수 있다.

④ 수사기관이 참고인을 조사하는 과정에서 형사소송법 제221조 제1항에 따라 작성한 영상녹화물은, 다른 법률에서 달리 규정하고 있는 등의 특별한 사정이 없는 한 원칙적으로 공소사실을 직접 증명할 수 있는 독립적인 증거로 사용될 수 있다.

087 영장에 의한 체포제도에 대한 설명으로 가장 적절하지 않은 것은?

① 다액 50만원 이하의 벌금, 구류 또는 과료에 해당하는 사건에 관하여는 피의자가 일정한 주거가 없는 경우 또는 정당한 이유 없이 수사기관의 출석요구에 응하지 아니한 경우에 한하여 체포할 수 있다.

② 형사소송법은 강제처분에 대한 사전적 구제제도로서 체포 전 피의자심문제도를 두고 있다.

③ 피의자를 체포한 후 그를 다시 구속하고자 할 때에는 체포한 때로부터 48시간 내에 구속영장을 청구해야 한다.

④ 사법경찰관리는 체포영장을 소지하지 아니한 경우에 급속을 요하는 때에는 피의자에 대하여 피의사실의 요지와 영장이 발부되었음을 알리고 집행할 수 있다. 이 경우 집행을 완료한 후에는 신속히 체포영장을 제시하고 그 사본을 교부하여야 한다.

088 체포영장에 의한 체포에 관한 설명 중 가장 옳지 않은 것은? (다툼이 있으면 판례에 의함)

① 체포영장에 의해 피의자를 체포하기 위해서는 정당한 이유 없이 출석요구에 응하지 아니하거나 응하지 아니할 우려가 있을 것이 요구된다.
② 검사는 관할지방법원판사에게 청구하여 체포영장을 발부받아 피의자를 체포할 수 있고, 사법경찰관은 검사에게 신청하여 검사의 청구로 관할지방법원판사의 체포영장을 발부받아 피의자를 체포할 수 있다.
③ 체포영장에 의하여 체포한 피의자를 구속하고자 할 때에는 검사는 체포한 때로부터 48시간 이내에 관할 지방법원판사로부터 구속영장을 발부받아야 한다.
④ 피의자를 체포한 때에는 즉시 영장에 기재된 인치·구금장소로 호송하여 인치 또는 구금하여야 하며, 이 경우 수사기관이 임의로 구금장소를 변경하는 것은 위법하다.

089 영장에 의한 체포에 관한 설명으로 가장 적절하지 않은 것은?

① 피의자가 죄를 범하였다고 의심할 만한 상당한 이유가 있고 정당한 이유없이 수사기관의 출석요구에 응하지 아니하더라도 명백히 체포의 필요가 인정되지 아니하는 경우 체포영장의 청구를 받은 지방법원판사는 체포영장의 청구를 기각하여야 한다.
② 지방법원판사가 체포영장을 발부하지 아니할 때에는 청구서에 그 취지 및 이유를 기재하고 서명날인하여야 한다.
③ 변호인 및 형사소송법 제30조 제2항에서 정하는 피의자의 법정대리인, 배우자, 직계친족과 형제자매가 없는 경우 사법경찰관은 그 외 피의자가 지정한 사람에게 서면으로 체포의 통지를 하여야 한다.
④ 사법경찰관은 구속영장을 청구하지 아니하는 때에는 체포한 피의자를 즉시 석방하고 지체없이 검사에게 석방사실을 통보하여야 하며, 사법경찰관이 구속영장의 청구를 신청하였으나 검사가 그 신청을 기각함에 따라 석방하게 된 경우에도 그러하다.

090 체포에 관한 설명 중 옳지 않은 것은? (다툼이 있으면 판례에 의함)

① 경찰관이 피의자의 집 문을 강제로 열고 들어가 피의자를 긴급체포한 경우 피의자가 마약 투약을 하였다고 의심할만한 상당한 이유가 있었더라도 경찰관이 이미 피의자의 주거지 및 전화번호 등을 모두 파악하고 있었고, 당시 증거가 급속하게 소멸될 상황도 아니었다면 미리 체포영장을 받을 시간적 여유가 없었던 경우에 해당하지 않는다.

② 경찰관이 시위에 참가한 6명의 조합원을 집회 및 시위에 관한 법률 위반 혐의로 현행범 체포 후 경찰서로 연행하였는데, 그 과정에서 체포의 이유를 설명하지 않다가 조합원들의 항의를 받고 1시간이 지난 후 그 이유를 설명한 것은 위법하다.

③ 피의자의 소란행위가 업무방해죄의 구성요건에 해당하지 않아 사후적으로 무죄로 판단된다고 하더라도, 피의자가 경찰관 앞에서 소란을 피운 당시 상황에서는 객관적으로 보아 피의자가 업무방해죄의 현행범이라고 인정할 만한 충분한 이유가 있었다면 경찰관이 피의자를 체포하려고 한 행위는 적법하다.

④ 순찰 중이던 경찰관이 교통사고를 낸 차량이 도주하였다는 무전연락을 받고 주변을 수색하다가 범퍼 등의 파손상태로 보아 사고차량으로 인정되는 차량에서 내리는 사람을 발견하고 준현행범인으로 체포한 행위는 위법하다.

091 영장에 의한 체포에 대한 설명으로 가장 적절한 것은? (다툼이 있으면 판례에 의함)

① 수사기관이 영장에 의한 체포를 하고자 하는 경우 검사는 관할 지방법원판사에게 체포영장을 청구할 수 있고, 사법경찰관리는 검사의 승인을 받아 관할지방법원판사에게 체포영장을 청구할 수 있다.

② 체포한 피의자를 구속하고자 할 때에는 체포한 때부터 48시간 이내에 구속영장을 청구하여야 하고, 그 기간 내에 구속영장을 청구하지 아니하는 때에는 피의자를 즉시 석방하여야 한다.

③ 체포영장을 발부받은 후 피의자를 체포하지 아니한 경우 검사는 변호인이 있는 때에는 피의자의 변호인에게, 변호인이 없는 때에는 피의자 또는 피의자의 동거가족 중 피의자가 지정하는 자에게 지체 없이 그 사유를 서면으로 통지해야 한다.

④ 경찰관들이 체포를 위한 실력행사에 나아가기 전에 체포영장을 제시하고 미란다 원칙을 고지할 여유가 있었음에도 애초부터 미란다 원칙을 체포 후에 고지할 생각으로 먼저 체포행위에 나선 경우라도 이러한 행위를 위법하다고 할 수 없다.

092 긴급체포에 대한 설명으로 가장 적절하지 않은 것은? (다툼이 있으면 판례에 의함)

① 긴급체포의 요건을 갖추었는지 여부는 사후에 밝혀진 사정을 기초로 판단하는 것이 아니라 체포 당시의 상황을 기초로 판단하여야 하고, 이에 관한 검사나 사법경찰관 등 수사주체의 판단에는 상당한 재량의 여지가 있다.

② 검사는 사법경찰관의 긴급체포 승인 요청이 이유 없다고 인정하는 경우에는 지체 없이 사법경찰관에게 불승인 통보를 해야 하며, 이 경우 사법경찰관은 긴급체포된 피의자를 즉시 석방하고 그 석방 일시와 사유 등을 검사에게 통보해야 한다.

③ 피의자를 긴급체포하는 경우에 필요한 때에는 영장 없이 체포현장에서 압수·수색을 할 수 있고, 이에 따라 압수한 물건을 계속 압수할 필요가 있는 경우에는 지체 없이 압수·수색영장을 청구하여야 하며, 청구한 압수·수색영장을 발부받지 못한 때에는 압수한 물건을 즉시 반환하여야 한다.

④ 형사소송법 제208조(재구속의 제한)의 '구속되었다가 석방된 자'에는 긴급체포나 현행범으로 체포되었다가 사후영장발부 전에 석방된 경우도 포함된다.

093 긴급체포에 대한 설명으로 가장 적절하지 않은 것은? (다툼이 있으면 판례에 의함)

① 긴급체포의 요건을 갖추었는지 여부는 사후에 밝혀진 사정을 기초로 판단하는 것이 아니라 체포 당시의 상황을 기초로 판단하여야 하고, 이에 관한 검사나 사법경찰관 등 수사주체의 판단에는 상당한 재량의 여지가 있다.

② 긴급체포 후 구속영장을 청구하지 아니하거나 발부받지 못하여 석방된 자는 영장 없이는 동일한 범죄사실에 관하여 체포하지 못한다.

③ 피의자를 긴급체포하는 경우에 필요한 때에는 영장 없이 체포현장에서 압수·수색을 할 수 있고, 이에 따라 압수한 물건을 계속 압수할 필요가 있는 경우에는 지체 없이 압수·수색영장을 청구하여야 하며, 청구한 압수·수색영장을 발부받지 못한 때에는 압수한 물건을 즉시 반환하여야 하는 바, 이를 위반하여 압수·수색영장을 발부받지 아니하고도 즉시 반환하지 아니한 압수물은 피고인이나 변호인이 이를 증거로 함에 동의하지 않는 한 유죄 인정의 증거로 사용할 수 없다.

④ 긴급체포되어 조사를 받고 구속영장이 청구되지 아니하여 석방된 후 검사가 그 석방일로부터 30일 이내에 석방통지를 법원에 하지 아니하더라도, 긴급체포 당시의 상황과 경위, 긴급체포 후 조사 과정 등에 특별한 위법이 없는 이상, 그 긴급체포에 의한 유치 중에 작성된 피의자신문조서가 위법하게 작성되었다고 볼 수는 없다.

094 체포제도에 대한 설명 중 가장 적절하지 않은 것은? (다툼이 있으면 판례에 의함)

① 사법경찰관이 긴급체포된 피의자에 대해 검사에게 긴급체포의 승인건의와 구속영장 신청을 함께 한 경우 검사는 긴급체포의 합당성이나 구속영장 청구에 필요한 사유를 보강하기 위해 피의자 대면조사를 실시할 수 있다.
② 현행범 체포의 요건으로서 행위의 가벌성, 범죄의 현행성·시간적 접착성, 범인·범죄의 명백성 이외에 체포의 필요성 즉, 도망 또는 증거인멸의 우려가 있어야 한다.
③ 체포영장이 발부된 피의자를 체포하기 위하여 타인의 주거 등을 수색하는 경우에는 피의자가 그 장소에 소재할 개연성 이외에도 별도로 사전에 수색영장을 발부받기 어려운 긴급한 사정이 있는경우에만 제한적으로 이루어져야 한다.
④ A가 경찰관 B의 불심검문을 받아 운전면허증을 교부한 후 B에게 큰 소리로 욕설을 하는 것을 인근에 있던 C, D 등도 들은 상황에서 B가 A를 현행범으로 체포하는 것은 적법한 공무집행이라 볼 수 없다.

095 긴급체포에 관한 다음 설명 중 가장 옳지 않은 것은? (다툼이 있으면 판례에 의함)

① 검사 또는 사법경찰관은 피의자가 사형·무기 또는 장기 3년 이상의 징역이나 금고에 해당하는 죄를 범하였다고 의심할 만한 상당한 이유가 있고, 피의자가 증거를 인멸할 염려가 있거나, 도망하거나 도망할 우려가 있는 경우에 긴급을 요하여 지방법원판사의 체포영장을 받을 수 없는 때에는 그 사유를 알리고 영장없이 피의자를 체포할 수 있다.
② 긴급체포는 영장주의 원칙에 대한 예외인 만큼 형사소송법 제200조의3(긴급체포) 제1항의 요건을 모두 갖춘 경우에 한하여 예외적으로 허용되어야 하고, 요건을 갖추지 못한 긴급체포는 법적 근거에 의하지 아니한 영장 없는 체포로서 위법한 체포에 해당하는 것이고, 여기서 긴급체포의 요건을 갖추었는지 여부는 사후에 밝혀진 사정을 기초로 판단하는 것이 아니라 체포 당시의 상황을 기초로 판단하여야 한다.
③ 긴급체포되었다가 수사기관의 조치로 석방된 후 법원이 발부한 구속영장에 의하여 구속이 이루어진 경우 형사소송법 제208조(재구속의 제한)에 위배되는 위법한 구속이다.
④ 검사 또는 사법경찰관이 피의자를 긴급체포한 경우 피의자를 구속하고자 할 때에는 지체없이 검사는 관할지방법원판사에게 구속영장을 청구하여야 하고, 사법경찰관은 검사에게 신청하여 검사의 청구로 관할지방법원판사에게 구속영장을 청구하여야 한다. 이 경우 구속영장은 피의자를 체포한 때부터 48시간 이내에 청구하여야 하며, 긴급체포서를 첨부하여야 한다.

096 긴급체포에 관한 설명 중 가장 적절하지 않은 것은? (다툼이 있으면 판례에 의함)

① 긴급체포된 자가 소유·소지 또는 보관하는 물건에 대하여 긴급히 압수할 필요가 있어 체포한 때부터 24시간 이내에 영장 없이 압수·수색 또는 검증을 하는 경우 체포현장이 아닌 장소에서도 긴급체포된 자가 소유·소지 또는 보관하는 물건을 대상으로 할 수 있다.
② 긴급체포의 경우에도 미란다 원칙의 고지는 체포를 위한 실력 행사에 들어가기 이전에 미리 하여야 하는 것이 원칙이나, 달아나는 피의자를 쫓아가 붙들거나 폭력으로 대항하는 피의자를 실력으로 제압하는 경우에는 붙들거나 제압하는 과정에서 하거나 그것이 여의치 않은 경우에는 일단 붙들거나 제압한 후에 지체 없이 행하여야 한다.
③ 긴급체포 후 구속영장을 발부받지 못하여 석방한 경우 동일한 범죄사실로 다시 긴급체포할 수는 없으나 체포영장을 발부받아 다시 체포하는 것은 가능하다.
④ 긴급체포의 요건을 갖추었는지 여부는 체포 당시의 상황뿐만 아니라 사후에 밝혀진 사정을 종합적으로 고려하여 판단하여야 하며, 그 요건의 충족 여부에 관한 수사기관의 판단이 경험칙에 비추어 현저히 합리성을 잃은 경우에는 그 체포는 위법한 체포라 할 것이다.

097 긴급체포에 관한 설명 중 옳지 않은 것은 모두 몇 개인가? (다툼이 있으면 판례에 의함)

㉠ 긴급체포는 피의자가 사형·무기 또는 장기 3년 이상의 징역이나 금고에 해당하는 죄를 범하였다고 의심할 만한 상당한 이유가 있어야 할 수 있다.
㉡ 긴급체포의 요건을 갖추었는지 여부는 체포 당시의 상황을 기초로 판단하여야 하고, 이에 관한 수사주체의 판단에는 상당한 재량의 여지가 있다.
㉢ 형사소송법 제208조(재구속의 제한) 소정의 '구속되었다가 석방된 자'의 범위에는 구속영장에 의하여 구속되었다가 석방된 경우뿐 아니라 긴급체포나 현행범으로 체포되었다가 사후영장발부 전에 석방된 경우도 포함된다.
㉣ 긴급체포된 피의자에 대하여 구속영장이 발부된 경우 그 구속기간은 구속영장이 발부된 날부터 기산한다.
㉤ 검사는 긴급체포한 피의자에 대하여 구속영장을 청구하지 아니하고 석방한 경우에는 즉시 긴급체포서의 사본 등을 법원에 통지하여 사후승인을 얻어야 한다.

① 1개   ② 2개
③ 3개   ④ 4개

098 현행범 체포에 대한 설명으로 가장 적절한 것은? (다툼이 있으면 판례에 의함)

① 현행범으로 체포하기 위하여는 행위의 가벌성, 범죄의 현행성·시간적 접착성, 범인·범죄의 명백성이 있으면 족하고, 도망 또는 증거인멸의 염려가 있어야 하는 것은 아니다.

② 신고를 받고 출동한 경찰관이 음주운전을 종료한 후 40분 이상이 경과한 시점에서 길가에 앉아 있던 피의자에게서 술냄새가 난다는 점만을 근거로 하여 피의자를 음주운전의 현행범으로 체포한 것은 적법한 공무집행이라고 볼 수 있다.

③ 현행범인은 누구든지 영장 없이 체포할 수 있고, 검사 또는 사법경찰관리(이하 '검사 등') 아닌 이가 현행범인을 체포한 때에는 즉시 검사 등에게 인도하여야 한다. 여기서 '즉시'라고 함은 반드시 체포시점과 시간적으로 밀착된 시점이어야 하는 것은 아니고, 정당한 이유 없이 인도를 지연하거나 체포를 계속하는 등으로 불필요한 지체를 함이 없이라는 뜻으로 볼 것이다.

④ 수사기관이 일반인으로부터 체포된 현행범을 인도받고 현행범을 구속하고자 하는 경우 48시간 이내에 구속영장을 청구해야 하며, 그 48시간의 기산점은 일반인에 의한 체포시점으로 보아야 한다.

099 현행범인 체포에 대한 설명으로 가장 적절한 것은? (다툼이 있으면 판례에 의함)

① 검사 또는 사법경찰관리가 아닌 이가 현행범인을 체포한 때에는 즉시 검사 또는 사법경찰관리에게 인도하여야 하고, 여기서 '즉시'란 반드시 체포시점과 시간적으로 밀착된 시점이어야 한다.

② 현행범인으로 체포하기 위하여는 행위의 가벌성, 범죄의 현행성·시간적 접착성, 범인·범죄의 명백성이 있으면 족하고, 도망 또는 증거인멸의 염려가 있어야 하는 것은 아니다.

③ 현행범 체포의 적법성은 체포 당시의 구체적 상황을 기초로 주관적으로 판단하여야 하고, 사후에 범인으로 인정되었는지에 의할 것은 아니다.

④ 현행범을 체포한 경찰관의 진술이라 하더라도 범행을 목격한 부분에 관하여는 여느 목격자의 진술과 다름없이 증거능력이 있다.

100 현행범 체포에 관한 설명으로 가장 적절하지 않은 것은? (다툼이 있으면 판례에 의함)

① 검사 또는 사법경찰관리는 사인으로부터 현행범인을 인도받은 경우 피의사실의 요지, 체포의 이유와 변호인을 선임할 수 있음을 말하고 변명할 기회를 주어야 한다.
② 수사기관이 2024.5.29.경 피의자가 바지선을 타고 밀입국하면서 필로폰을 밀수한다는 제보를 받고 6.1.경 항구에 도착한 위 바지선을 수색하여 숨어 있던 피의자를 발견한 뒤 바지선 내 다른 장소에서 필로폰이 발견되자 곧바로 피의자를 현행범 체포한 경우 이러한 수사기관의 체포는 위법하다.
③ 현행범 체포의 요건을 갖추었는지에 관한 수사주체의 판단에는 상당한 재량의 여지가 있으므로 체포 당시의 상황에서 보아 그 요건에 관한 수사주체의 판단이 경험칙에 비추어 현저히 합리성이 없다고 인정되지 않는 한 수사주체의 현행범인 체포를 위법하다고 단정할 것은 아니다.
④ 피의자는 주취 상태에서 야밤에 전혀 알지 못하는 사람을 일방적으로 폭행하였는데, 경찰관이 출동한 이후 CCTV 영상과 달리 자신의 범행을 부인하였고 피의자가 제시한 신분증의 주소지(거제시)와 범행 현장(안양시)이 멀리 떨어져 있어 추가적인 거소 확인이 필요하다는 등의 사정이 있다면 피의자에게 도망 또는 증거인멸의 염려가 없다고 단정하기 어렵다.

101 현행범인 체포에 관한 설명 중 가장 옳지 않은 것은? (다툼이 있으면 판례에 의함)

① 형사소송법 제211조가 현행범인으로 규정한 '범죄의 실행의 즉후인 자'라고 함은, 범죄의 실행행위를 종료한 직후의 범인이라는 것이 일반인의 입장에서 볼 때 명백한 경우를 말한다.
② 甲은 음주운전을 종료한 후 40분 이상이 경과한 시점에서 길가에 앉아 있었는데, 사법경찰관이 甲에게서 술냄새가 난다는 점만을 근거로 현행범으로 체포한 것은 '방금 음주운전을 실행한 범인이라는 점에 관한 죄증이 명백하다고 할 수 없는 상태'에서 이루어진 것이므로 적법한 공무집행이라 볼 수 없다.
③ 사후적으로 구성요건에 해당하지 않아 무죄로 판단된다고 하더라도 체포 당시에 객관적으로 보아 현행범인이라고 인정할 만한 충분한 이유가 있으면 적법한 체포라고 할 것이다.
④ 현행범인은 누구든지 영장 없이 체포할 수 있고, 검사 또는 사법경찰관리 아닌 자가 현행범인을 체포한 때에는 즉시 검사 또는 사법경찰관리에게 인도하여야 한다.

102 현행범인의 체포에 관한 설명 중 가장 적절한 것은? (다툼이 있으면 판례에 의함)

① 형사소송법 제211조가 현행범인으로 규정한 '범죄의 실행의 즉후인 자'라고 함은 범죄의 실행행위를 종료한 직후의 범인이라는 것이 객관적인 제3자의 입장에서 볼 때 명백한 경우를 일컫는 것이고, '범죄의 실행행위를 종료한 직후'라고 함은 범죄행위를 실행하여 끝마친 순간 또는 이에 아주 접착된 시간적 단계를 의미하는 것으로 해석된다.

② 다액 50만원 이하의 벌금, 구류 또는 과료에 해당하는 죄의 현행범인에 대하여는 범인이 증거를 인멸할 염려가 있는 때에 한하여 현행범인으로 체포할 수 있다.

③ 검사 또는 사법경찰관리가 아닌 자에 의하여 현행범인이 체포된 후 불필요한 지체 없이 검사 또는 사법경찰관리에게 인도된 경우라면 구속영장 청구기간인 48시간의 기산점은 체포시가 아니라 검사 등이 현행범인을 인도받은 때라고 할 것이다.

④ 현행범인은 누구든지 영장 없이 체포할 수 있으며, 현행범을 체포하는 자는 일반 사인이라 하더라도 영장 없이 타인의 주거에 들어갈 수 있다.

103 현행범체포에 대한 설명으로 옳지 않은 것은? (다툼이 있으면 판례에 의함)

① 현행범을 체포한 경찰관의 진술이라 하더라도 범행을 목격한 부분에 관하여는 여느 목격자의 진술과 다름없이 증거능력이 있으며, 다만 그 증거의 신빙성만 문제가 된다.

② 甲과 乙이 주차문제로 다투던 중 乙이 112신고를 하였고, 甲이 출동한 경찰관에게 폭행을 가하여 공무집행방해죄의 현행범으로 체포된 경우 112에 신고를 한 것은 乙이었고, 甲이 현행범으로 체포되어 파출소에 도착한 이후에도 경찰관의 신분증 제시요구에 20여 분 동안 응하지 아니하면서 인적 사항을 밝히지 아니하였다면 甲에게는 현행범체포 당시에 도망 또는 증거 인멸의 염려가 있었다고 할 수 있다.

③ 범행 중 또는 범행 직후의 범죄 장소에서 영장 없이 압수·수색 또는 검증을 할 수 있도록 규정한 형사소송법 제216조 제3항의 요건 중 어느 하나라도 갖추지 못한 경우 압수·수색 또는 검증은 잠정적으로 위법하지만, 이에 대하여 사후에 법원으로부터 영장을 발부받게 되면 그 위법성은 소급하여 치유될 수 있다.

④ 전투경찰대원들이 공장에서 점거농성 중이던 조합원들을 체포하는 과정에서 체포의 이유 등을 제대로 고지하지 않다가 30~40분이 지난 후 체포된 조합원 등의 항의를 받고 나서야 비로소 체포의 이유 등을 고지한 것은 현행범체포의 적법한 절차를 준수한 것이 아니므로 적법한 공무집행이라고 볼 수 없다.

104 체포에 대한 설명으로 가장 적절한 것은? (다툼이 있으면 판례에 의함)

① 영장에 의한 체포나 긴급체포를 위해서는 체포의 필요성, 즉 도망 또는 증거인멸의 염려가 있어야 하지만, 현행범체포의 경우는 그러하지 아니하다.
② 검사 또는 사법경찰관리가 아닌 이에 의해 현행범인이 체포된 후 불필요한 지체 없이 검사 등에게 인도된 경우 구속영장의 청구시한인 48시간의 기산점은 현행범인의 체포시이다.
③ 법원은 체포된 피의자가 체포적부심사를 청구한 경우 구속적부심사 청구의 경우와는 달리 피의자에게 변호인이 없더라도 국선변호인을 선정할 필요가 없다.
④ '급속을 요하는 때'에 해당하여 체포영장을 제시하지 않은 채 체포영장에 기한 체포절차에 착수하였으나, 이에 피의자가 저항하면서 경찰관을 폭행하여 새로운 피의사실인 공무집행방해를 이유로 적법하게 현행범으로 체포한 경우 집행완료에 이르지 못한 체포영장을 사후에 피의자에게 제시할 필요는 없다.

105 체포·구속적부심사에 관한 설명 중 옳지 않은 것은? (다툼이 있으면 판례에 의함)

① 긴급체포된 피의자에 대하여는 보증금 납입을 조건으로 한 석방이 허용되지 않는다.
② 체포·구속적부심사에 의하여 석방된 피의자에 대해 다른 중요한 증거를 발견한 경우를 제외하고는 동일한 범죄사실에 관하여 재차 체포 또는 구속하지 못한다.
③ 구속된 뒤 구속적부심사에서 보증금납입조건부로 석방된 경우 그 취소의 실익이 있는 한 검사는 보증금납입조건부 석방결정을 취소해 달라는 취지의 항고를 제기할 수 있다.
④ 구속적부심사에서 피의자에게 변호인이 없는 때에는 법원은 직권으로 국선변호인을 선정해야 한다.

106 다음 설명 중 옳지 않은 것은? (다툼이 있으면 판례에 의함)

① 수사주체가 긴급체포의 요건을 갖추었는지 여부를 판단함에는 상당한 재량의 여지가 있으나, 긴급체포 당시의 상황으로 보아서도 그 요건의 충족 여부에 관한 수사주체의 판단이 경험칙에 비추어 현저히 합리성을 잃은 경우에는 그 체포는 위법하다.
② 피고인이 경찰관의 불심검문을 받아 운전면허증을 교부한 후 인근 주민도 직접 들을 수 있을 정도로 경찰관에게 큰 소리로 욕설을 한 경우 피고인은 모욕죄의 실행 중에 있기 때문에 경찰관이 피고인을 모욕죄의 현행범으로 체포한 것은 적법하다.
③ 사법경찰관이 달아나는 피의자를 쫓아가 붙들거나 폭력으로 대항하는 피의자를 실력으로 제압하여 긴급체포하는 경우에는 붙들거나 제압하는 과정에서 미란다원칙을 고지하거나, 그것이 여의치 않은 경우에는 일단 붙들거나 제압한 후에 지체 없이 고지하여야 한다.
④ 신고를 받고 출동한 경찰관이 피고인이 음주운전을 종료한 후 40분 이상이 경과한 시점에서, 길가에 앉아 있던 피고인에게서 술냄새가 난다는 점만을 근거로 피고인을 음주운전의 현행범으로 체포한 것은 적법한 공무집행이라고 볼 수 없다.

107 구속에 관한 다음 설명 중 가장 옳지 않은 것은? (다툼이 있으면 판례에 의함)

① 수사기관이 외국인을 체포하거나 구속하면서 지체 없이 영사통보권 등이 있음을 고지하지 않았다고 하더라도 그 체포나 구속 절차가 위법하다고 볼 수 없다.
② 구속영장을 발부한 결정이나 영장의 발부를 기각한 결정에 대해서는 항고나 준항고가 허용되지 않는다.
③ 공판단계에서 법원이 직권에 의하여 구속영장을 발부할 수 있음을 규정한 형사소송법 제70조 제1항 및 제73조 중 '피고인을 구인 또는 구금함에는 구속영장을 발부하여야 한다' 부분은 헌법 제12조 제3항에 위반되지 아니한다.
④ 변호인을 선정하여 공판절차에서 변명과 증거의 제출을 다하고 그의 변호 아래 판결을 선고받는 경우에는 법원이 범죄사실의 요지, 구속의 이유 등을 말하지 않거나 변명할 기회를 주지 않고 피고인을 구속할 수 있다.

108 구속에 대한 설명으로 옳은 것은? (다툼이 있으면 판례에 의함)

① 구속기간의 만료로 피고인에 대한 구속의 효력이 상실된 후 항소법원이 판결을 선고하면서 피고인을 구속한 것은 실질적으로 재구속 또는 이중구속에 해당되므로 위법하다.
② 법원이 구속된 피고인의 구속집행정지의 결정을 함에 있어서 급속을 요하는 경우가 아닌 한 검사의 의견을 물어야 하지만, 구속집행정지결정에 대한 검사의 즉시항고는 허용되지 않는다.
③ 구속의 사유가 소멸된 때에는 법원은 직권 또는 검사, 피고인, 변호인 등의 청구에 의하여 결정으로 구속을 취소하여야 하므로 구속중인 피고인에 대하여 자유형(실형)의 판결이 확정된 때에는 법원은 구속의 취소결정을 하여야 한다.
④ 수사 당시 긴급체포되었다가 수사기관의 조치로 석방된 피의자를 동일한 범죄사실에 관하여 법원이 발부한 구속영장에 의하여 수사기관이 다시 구속하는 것은 위법하다.

109 구속제도에 관한 설명 중 옳지 않은 것은? (다툼이 있는 경우 판례에 의함)

① 구속기간이 만료된 무렵에 종전 구속영장에 기재된 범죄사실과 다른 범죄사실로 피고인을 구속하였다는 사정만으로는 피고인에 대한 구속이 위법하다고 할 수 없다.
② 구속기간의 만료로 피고인에 대한 구속의 효력이 상실된 후 항소법원이 피고인에 대한 판결을 선고하면서 피고인을 구속하였다고 하더라도 위법한 재구속 또는 이중구속은 아니다.
③ 구속적부심사를 청구한 피의자에게 변호인이 없는 때에는 지방법원판사는 직권으로 변호인을 선정하여야 하고, 이 경우 변호인의 선정은 피의자에 대한 구속영장 청구가 기각되어 효력이 소멸한 경우를 제외하고는 제1심까지 효력이 있다.
④ '형사소송법' 제70조 제2항에 규정되어 있는 범죄의 중대성, 재범의 위험성, 피해자 및 중요 참고인 등에 대한 위해우려는 독립적인 구속사유이다.

110 체포·구속에 관한 설명 중 옳은 것은? (다툼이 있는 경우 판례에 의함)

① 사법경찰관에 의하여 긴급체포나 현행범으로 체포되었다가 사후영장발부 전에 석방된 자는 다른 중요한 증거를 발견한 경우를 제외하고는 동일한 범죄사실에 관하여 구속하지 못한다.
② 구속전피의자심문절차에 따라 심문할 피의자에게 변호인이 없는 때에는 지방법원판사는 직권으로 변호인을 선정하여야 하고, 이 경우 변호인의 선정은 피의자에 대한 구속영장청구가 기각되어 효력이 소멸한 경우를 제외하고는 제1심까지 효력이 있다.
③ '형사소송법' 제205조 제1항 소정의 구속기간의 연장을 허가하지 아니하는 지방법원 판사의 결정에 대하여는 준항고가 가능하다.
④ 현행범인은 누구든지 영장없이 체포할 수 있고, 현행범인으로 체포하기 위하여는 행위의 가벌성, 범죄의 현행성·시간적 접착성, 범인·범죄의 명백성이 인정되면 족하며 체포의 필요성, 즉 도망 또는 증거인멸의 염려가 있어야 하는 것은 아니다.

111 구속영장 집행절차에 관한 다음 설명 중 옳지 않은 것은? (다툼이 있으면 판례에 의함)

① 검사 또는 사법경찰관은 피의자를 구속하는 경우에는 피의사실의 요지, 구속의 이유와 변호인을 선임할 수 있음을 말하고 변명할 기회를 주어야 한다.
② 구속영장을 집행함에는 피의자에게 반드시 이를 제시하고 그 사본을 교부하여야 하며 신속히 지정된 법원 기타 장소에 인치하여야 한다.
③ 구속영장의 집행을 받은 피의자를 호송할 경우에 필요한 때에는 가장 접근한 교도소 또는 구치소에 임시로 유치할 수 있다.
④ 피의자에 대한 구속영장의 제시와 집행이 그 발부 시로부터 정당한 사유 없이 시간이 지체되어 이루어졌더라도 구속영장이 그 유효기간 내에 집행되었다면 위 기간 동안의 체포 내지 구금상태가 위법하다고 할 수 없다.

112 체포 및 구속에 관한 설명으로 옳지 않은 것은? (다툼이 있으면 판례에 의함)

① 검사 또는 사법경찰관은 피의자를 체포하거나 구속할 때에는 피의자에게 피의사실의 요지, 체포·구속의 이유와 변호인을 선임할 수 있음을 말하고, 변명할 기회를 주어야 하며, 진술거부권을 알려 주어야 한다.

② 현행범인으로 체포하기 위해서는 행위의 가벌성, 범죄의 현행성·시간적 접착성, 범인·범죄의 명백성 이외에 체포의 필요성, 즉 도망 또는 증거인멸의 염려가 있어야 한다.

③ 체포된 피의자에 대한 구속영장의 제시와 집행이 그 발부 시로부터 정당한 사유 없이 시간이 지체 되어 이루어졌다면 구속영장이 그 유효기간 내에 집행되었다고 하더라도 그 기간 동안의 체포 내지 구금 상태는 위법하다.

④ 구속영장에 의하여 적법하게 구금된 피의자가 수사기관 조사실에 출석을 거부한다면 수사기관은 그 구속영장의 효력에 의하여 피의자를 조사실로 구인할 수 없으므로 별도의 구인을 위한 구속영장을 발부받아야 한다.

113 구속에 관한 설명 중 가장 적절하지 않은 것은? (다툼이 있으면 판례에 의함)

① 검사 또는 사법경찰관은 체포·구속영장의 유효기간 내에 영장의 집행에 착수하지 못했을 때에는 즉시 해당 영장을 법원에 반환해야 한다.

② 체포된 피의자에 대하여 구속영장을 청구받은 관할 지방법원판사는 구속사유의 존부를 심리·판단하기 위하여 지체 없이 피의자를 심문하여야 한다.

③ 구속적부심사절차에서 작성된 조서는 형사소송법 제311조의 법원 또는 법관의 조서에 해당하는 것이 아니라, 동법 제315조 제3호의 '기타 특히 신용할 만한 정황에 의하여 작성된 문서'로서 당연히 증거능력이 있는 서류에 해당한다.

④ 구속영장을 집행함에는 피의자의 신청이 있는 때에 한하여 피의자에게 그 사본을 교부할 수 있다.

114 구속에 대한 설명으로 가장 적절하지 않은 것은? (다툼이 있으면 판례에 의함)

① 구속기간이 만료될 무렵에 종전 구속영장에 기재된 범죄사실과 다른 범죄사실로 새롭게 구속영장을 발부하여 피고인을 구속하였다는 사정만으로는 피고인에 대한 구속이 위법하다고 할 수 없다.
② 체포된 피의자에 대하여 피의자심문을 하는 경우 법원이 구속영장청구서·수사 관계 서류 및 증거물을 접수한 날부터 구속영장을 발부하여 검찰청에 반환한 날까지의 기간은 구속기간에 이를 산입하지 아니한다.
③ 사법경찰관이 구속영장을 반환하는 경우에는 그 영장을 청구한 검사에게 반환하고, 검사는 사법경찰관이 반환한 영장을 법원에 반환한다.
④ 검사 또는 사법경찰관은 피의자를 구속하였을 때에는 변호인이 있으면 변호인에게, 변호인이 없으면 변호인선임권자 가운데 피의자가 지정한 사람에게 24시간 이내에 서면 또는 구두의 방법으로 사건명, 체포·구속의 일시·장소, 범죄사실의 요지, 체포·구속의 이유와 변호인을 선임할 수 있음을 통지해야 한다.

115 구속에 관한 설명으로 옳지 않은 것은? (다툼이 있으면 판례에 의함)

① 법원이 피고인의 절차적 권리를 실질적으로 보장하지 않은 채 구속영장을 발부하였다면 그 발부 결정은 위법하다.
② 검사 또는 사법경찰관에 의하여 구속되었다가 석방된 자는 다른 중요한 증거를 발견한 경우를 제외하고는 동일한 범죄사실에 관하여 재차 구속하지 못하며, 이 경우 1개의 목적을 위하여 동시 또는 수단결과의 관계에서 행하여진 행위는 동일한 범죄사실로 간주한다.
③ 구속영장의 효력은 구속영장에 기재된 범죄사실 및 그 사실의 기초가 되는 사회적 사실관계가 기본적인 점에서 동일한 공소사실에 미친다고 할 것이고, 이러한 기본적 사실관계의 동일성을 판단함에 있어서는 그 사실의 동일성이 갖는 기능을 염두에 두고 피고인의 행위와 그 사회적인 사실관계를 기본으로 하되 규범적 요소도 아울러 고려하여야 한다.
④ 구속기간이 만료될 무렵에 종전 구속영장에 기재된 범죄사실과 다른 범죄사실로 피고인을 구속하는 경우에는 피고인의 절차적 권리를 실질적으로 침해하는 것이므로 피고인에 대한 구속은 위법하다.

116 구속에 대한 설명으로 옳지 않은 것은? (다툼이 있으면 판례에 의함)

① '범죄의 중대성, 재범의 위험성, 피해자 및 중요 참고인 등에 대한 위해우려 등'은 독립된 구속사유가 아니라 구속사유를 심사함에 있어서 필요적 고려사항이다.
② 지방법원판사가 구속영장청구를 기각한 경우에 검사는 지방법원판사의 기각결정에 대하여 항고 또는 준항고의 방법으로 불복할 수 없다.
③ 피의자심문절차에서 별다른 사유 없이 심문절차가 지연됨으로써 구속영장이 발부되지 않은 상태로 피의자의 신체의 자유가 장기간 제한되어 실질적으로 불법구금에 해당한다고 볼 정도에 이른 것이 아니라면 단지 심문기일을 속행하였다는 사정만으로는 구속영장의 적법성과 효력에 어떠한 영향을 미친다고 볼 수 없다.
④ 구속영장 발부에 의하여 적법하게 구금된 피의자가 피의자신문을 위한 출석요구에 응하지 아니하면서 수사기관 조사실에 출석을 거부하는 경우에도 수사기관은 구속영장의 효력에 의하여 피의자를 조사실로 구인할 수 없다.

117 메트암페타민 투약 등 혐의가 있어서 체포영장이 발부된 甲에 대한 사법경찰관 A의 체포행위와 검사 B가 법원에 청구한 구속영장에 관한 설명 중 옳은 것은? (다툼이 있으면 판례에 의함)

① 영장을 집행함에 있어서는 원본을 제시하여야 하므로 A가 체포영장을 소지하지 아니하여 영장 원본을 제시할 수 없는 경우 급속을 요하는 경우라도 영장을 집행할 수 없다.
② A가 체포영장의 제시 및 미란다원칙을 고지하려고 할 때, 만약 甲이 흉기를 꺼내 폭력으로 대항하여 甲을 실력으로 제압할 수밖에 없는 경우에는 A가 甲을 제압하고 지체 없이 체포영장을 제시하면서 미란다원칙을 고지할 수 있다.
③ 구속 전 피의자심문을 받을 甲에게 변호인이 없는 때에는 판사는 직권으로 변호인을 선정하여야 하고, 이 경우 甲에 대한 구속영장 청구가 기각되더라도 변호인의 선정은 제1심까지 효력이 있다.
④ A는 체포영장에 의하여 체포된 甲에게 구속의 필요성이 인정되어 체포된 다음 날 구속영장을 신청하였고, B의 구속영장 청구와 지방법원판사가 발부한 구속영장에 의해 甲이 구속된 경우 A는 구속영장에 의해 甲이 구속된 때로부터 10일 이내에 검사에게 甲을 인치하지 아니하면 석방하여야 한다.

118 피의자 구속에 관한 설명 중 옳지 않은 것은? (다툼이 있으면 판례에 의함)

① 구속영장을 청구받은 지방법원판사는 체포된 피의자에 대하여 지체 없이 심문하여야 하나, 체포되지 않은 피의자에 대하여는 직권으로 심문 여부를 결정한다.
② 구속기간의 초일은 시간을 계산함이 없이 1일로 산정하고, 구속기간의 말일이 공휴일 또는 토요일에 해당하는 경우에도 구속기간에 산입한다.
③ 지방법원판사가 검사의 구속영장청구를 기각한 경우에 이에 대한 불복방법으로서 준항고는 허용되지 않는다.
④ 구속되었다가 석방된 피의자는 다른 중요한 증거가 발견된 경우가 아니면 동일한 범죄사실에 관하여 재차 구속하지 못한다.

119 구속 전 피의자심문제도에 관한 설명으로 옳지 않은 것은?

① 피의자에 대한 심문절차는 원칙적으로 공개한다. 다만, 판사는 상당하다고 인정하는 경우에는 공개하지 아니할 수 있다.
② 긴급체포된 피의자에 대하여 구속영장을 청구받은 판사는 지체 없이 피의자를 심문하여야 한다. 이 경우 특별한 사정이 없는 한 구속영장이 청구된 날의 다음 날까지 심문하여야 한다.
③ 구속 전 피의자심문 시 피의자에게 변호인이 없는 때에는 지방법원판사는 직권으로 변호인을 선정하여야 한다.
④ 판사는 피의자가 심문기일에의 출석을 거부하거나 질병 그 밖의 사유로 출석이 현저하게 곤란하고, 피의자를 심문 법정에 인치할 수 없다고 인정되는 때에는 피의자의 출석 없이 심문절차를 진행할 수 있다.

120 구속에 대한 설명으로 가장 적절하지 않은 것은? (다툼이 있으면 판례에 의함)

① 구속은 구금과 구인을 포함하며, 구인한 피고인을 법원에 인치한 경우에 구금할 필요가 없다고 인정한 때에는 그 인치한 때로부터 24시간 내에 석방하여야 한다.
② 구속영장 발부에 의하여 적법하게 구금된 피의자가 피의자신문을 위한 출석요구에 응하지 아니하면서 수사기관 조사실에 출석을 거부할 경우 수사기관은 구속영장의 효력에 의하여 피의자를 조사실로 구인할 수 있다.
③ 구속영장을 소지하지 아니한 경우에 급속을 요하는 때에는 피의자에 대하여 피의사실의 요지와 구속영장이 발부되었음을 알리고 집행할 수 있으며, 이 경우 집행을 완료한 후에는 신속히 구속 영장을 제시하여야 한다.
④ 구속기간이 만료될 무렵에 종전 구속영장에 기재된 범죄사실과 다른 범죄사실로 피의자를 구속하였다면 피의자에 대한 구속은 예외없이 위법하다.

121 구속기간의 계산방법에 관한 다음 설명 중 옳지 않은 것은?

① 구속기간의 초일은 시간을 계산하지 아니하고 1일로 산정한다.
② 구속기간의 말일이 공휴일 또는 토요일에 해당하는 날이라도 기간에 산입된다.
③ 구속에 앞서 체포 또는 구인이 선행하는 경우에는 수사기관의 구속기간은 피의자를 실제로 체포 또는 구인한 날로부터 기산한다.
④ 최장 30일까지 허용되는 수사기관의 구속기간은 제1심 법원의 구속기간에 그대로 산입된다.

122 수사기관의 체포 및 구속에 관한 설명 중 옳지 않은 것은? (다툼이 있는 경우 판례에 의함)

① 사법경찰관이 달아나는 피의자를 쫓아가 붙들거나 폭력으로 대항하는 피의자를 실력으로 제압하는 경우에는 피의자를 붙들거나 제압하는 과정에서 체포영장을 제시하고 피의사실 등의 고지를 하거나, 그것이 여의치 않은 경우에는 일단 붙들거나 제압한 후에 지체 없이 하여야 한다.
② 긴급체포의 요건을 갖추었는지 여부는 사후에 밝혀진 사정을 기초로 판단하는 것이 아니라 체포 당시의 상황을 기초로 판단하여야 한다.
③ 검사의 구속영장 청구 전 피의자 대면조사는 긴급체포의 적법성을 의심할 만한 사유가 기록 기타 객관적 자료에 나타나고 피의자의 대면조사를 통해 그 여부의 판단이 가능할 것으로 보이는 경우는 물론, 긴급체포의 합당성이나 구속영장 청구에 필요한 사유를 보강하기 위한 목적으로도 할 수 있다.
④ 검사의 체포영장 또는 구속영장 청구에 대한 지방법원판사의 재판은 항고나 준항고의 대상이 되지 않는다.

123 접견교통권에 대한 설명으로 가장 적절하지 않은 것은? (다툼이 있으면 판례에 의함)

① 변호인의 접견교통 상대방인 신체구속을 당한 사람이 그 변호인을 자신의 범죄행위에 공범으로 가담시키려고 하였다는 등의 사정만으로 그 변호인의 신체구속을 당한 사람과의 접견교통을 금지하는 것이 정당화될 수는 없다.
② 변호인이 되려는 의사를 표시한 자가 객관적으로 변호인이 될 가능성이 있다고 인정되는데도 형사소송법 제34조에서 정한 '변호인 또는 변호인이 되려는 자'가 아니라고 보아 신체구속을 당한 피고인 또는 피의자와 접견하지 못하도록 제한하여서는 아니 된다.
③ 형사소송법 제34조가 규정한 변호인의 접견교통권은 법령에 의한 제한이 없더라도 수사기관의 처분은 물론 법원의 결정으로도 제한할 수 있다.
④ 피의자가 변호인의 참여를 원한다는 의사를 명백하게 표시하였음에도 수사기관이 정당한 사유 없이 변호인을 참여하게 하지 아니한 채 피의자를 신문하여 작성한 피의자신문조서의 증거능력은 없다.

124 접견교통권에 대한 설명으로 옳은 것은? (다툼이 있으면 판례에 의함)

① 구속피의자가 변호인을 자신의 범죄행위에 공범으로 가담시키려고 하였다는 사정만으로 수사기관이 그 변호인의 구속 피의자와의 접견교통을 금지하는 것은 정당화될 수 없다.

② 변호인의 구속된 피고인과의 접견교통권에 관한 형사소송법 제34조는 형이 확정되어 집행 중에 있는 수형자에 대한 재심 개시의 여부를 결정하는 재심청구절차에도 그대로 적용된다.

③ 구속된 피고인의 변호인과의 접견교통권과 달리 변호인의 구속된 피고인과의 접견교통권은 헌법이 아니라 형사소송법에 의해 보장되는 권리이므로 그 제한은 법령 또는 법원의 결정에 의해서만 가능하고 수사기관의 처분에 의해서는 할 수 없다.

④ 수사기관에 임의동행 형식으로 연행된 피의자에게는 변호인 또는 변호인이 되려는 자와의 접견교통권이 인정되지만, 임의동행 형식으로 연행된 피내사자의 경우에는 그 접견교통권이 인정되지 않는다.

125 접견교통권에 관한 설명으로 옳지 않은 것은? (다툼이 있으면 판례에 의함)

① 변호인의 구속된 피고인과의 접견교통권에 관한 형사소송법 제34조는 형이 확정되어 집행 중에 있는 수형자에 대한 재심개시의 여부를 결정하는 재심청구절차에는 그대로 적용될 수 없다.

② 신체구속을 당한 사람이 그 변호인을 자신의 범죄행위에 공범으로 가담시키려 하였다는 사정만으로 그 변호인의 신체구속을 당한 사람과의 접견교통을 금지하는 것은 정당화될 수 없다.

③ 변호인이 피의자에 대한 접견신청을 하였을 때 피의자가 변호인의 조력을 받을 권리의 의미와 범위를 정확히 이해하면서 이성적 판단에 따라 자발적으로 그 권리를 포기한 경우라도 피의자 등의 의사에 반하여 변호인의 접견이 강제될 수 있다.

④ 변호인의 조력을 받을 권리는 불구속 피의자·피고인 모두에게 포괄적으로 인정되는 권리이므로 신체구속 상태에 있지 아니한 자도 변호인의 조력을 받을 권리의 주체가 될 수 있다.

126 변호인과의 접견교통권에 관한 설명 중 가장 옳지 않은 것은? (다툼이 있으면 판례에 의함)

① 변호인과의 접견교통권은 체포 또는 구속된 피의자나 피고인 뿐만 아니라 임의동행된 피의자나 피내사자에게도 인정된다.
② 신체구속을 당한 사람이 그 변호인을 자신의 범죄행위에 공범으로 가담시키려고 하였다는 사정만으로 신체구속을 당한 사람과 그 변호인의 접견교통권을 금지하는 것은 정당화될 수 없다.
③ 체포 후 구속영장이 청구되어 구치소에 수감 중인 피의자를 검사가 검사실로 불러 피의자신문을 하는 과정에서, 피의자 가족의 의뢰를 받아 '변호인이 되려는' 변호사가 검사에게 접견신청을 하였음에도 검사가 별다른 조치를 취하지 아니한 것은 실질적으로 접견신청을 불허한 것과 동일하여 '변호인이 되려는' 변호사의 헌법상 보장된 접견교통권을 침해한다.
④ 변호인과의 자유로운 접견은 어떠한 명분으로도 제한될 수 있는 성질의 것이 아니므로, 미결수용자의 변호인 접견권은 국가안전보장, 질서유지 또는 공공복리를 위해 필요한 경우라도 법률로써 제한될 수 없다.

127 변호인의 조력을 받을 권리에 관한 설명 중 가장 적절하지 않은 것은? (다툼이 있으면 판례에 의함)

① 변호인의 조력을 받을 권리는 불구속 피의자·피고인 모두에게 포괄적으로 인정되는 권리이므로 신체 구속상태에 있지 아니한 자도 변호인의 조력을 받을 권리의 주체가 될 수 있다.
② 변호인이 되려는 의사를 표시한 자가 객관적으로 변호인이 될 가능성이 있다고 인정되는데도, 형사소송법 제34조에서 정한 '변호인 또는 변호인이 되려는 자'가 아니라고 보아 신체구속을 당한 피고인 또는 피의자와 접견하지 못하도록 제한하여서는 아니 된다.
③ 구치소장이 형의 집행 및 수용자의 처우에 관한 법률 및 그 시행규칙의 규정에 따라 변호인 접견실에 영상녹화, 음성수신, 확대기능 등이 없는 CCTV를 설치하여 미결수용자와 변호인 간의 접견을 관찰하였다 하더라도 이를 통해 대화내용을 알게 되는 것이 불가능하였다면 변호인의 조력을 받을 권리를 침해한 것이라고 할 수 없다.
④ 교도관이 변호인 접견이 종료된 뒤 변호인과 미결수용자가 지켜 보는 가운데 미결수용자와 변호인 간에 주고받는 서류를 확인하여 그 제목을 소송관계처리부에 기재하여 등재한 행위는 이를 통해 내용에 대한 검열이 이루어질 수 없었다 하더라도 침해의 최소성 요건을 갖추지 못하였으므로 변호인의 조력을 받을 권리를 침해한다.

128 수사절차상 보증금납입조건부 피의자석방제도에 대한 설명으로 옳지 않은 것은? (다툼이 있으면 판례에 의함)

① 법원은 피의자의 청구 또는 직권에 의하여 보증금납입조건부 석방을 명할 수 있다.
② 보증금납입조건부 석방결정을 하는 경우에 주거의 제한 등 적당한 조건을 부가할 수 있다.
③ 체포된 피의자에 대하여 보증금납입을 조건으로 한 석방은 허용되지 않는다.
④ 법원은 보증금납입조건부로 석방된 자가 동일한 범죄사실에 관하여 형의 선고를 받고 그 판결이 확정된 후, 집행하기 위한 소환을 받고 정당한 이유 없이 출석하지 아니한 때에는 직권 또는 검사의 청구에 의하여 결정으로 보증금의 전부 또는 일부를 몰수하여야 한다.

129 구속적부심사제도에 대한 설명으로 가장 적절하지 않은 것은?

① 구속적부심사의 청구를 받은 법원은 청구서가 접수된 때부터 48시간 이내에 구속된 피의자를 심문하고 수사관계서류와 증거물을 조사하여 그 청구가 이유 없다고 인정한 때에는 결정으로 이를 기각하고, 이유 있다고 인정한 때에는 결정으로 구속된 피의자의 석방을 명하여야 한다.
② 보증금의 납입을 조건으로 하여 결정으로 석방된 피의자가 출석요구를 받고 정당한 이유 없이 출석하지 아니한 때에는 동일한 범죄사실에 관하여 재차 구속할 수 있다.
③ 구속영장을 발부한 법관은 구속적부심사의 심문·조사·결정에 관여하지 못하는데, 이는 구속영장을 발부한 법관 외에는 심문·조사·결정을 할 판사가 없는 경우에도 마찬가지이다.
④ 법원은 보증금의 납입을 조건으로 하여 결정으로 석방된 자가 동일한 범죄사실에 관하여 형의 선고를 받고 그 판결이 확정된 후, 집행하기 위한 소환을 받고 정당한 이유없이 출석하지 아니하거나 도망한 때에는 직권 또는 검사의 청구에 의하여 결정으로 보증금의 전부 또는 일부를 몰수하여야 한다.

130 체포·구속적부심사에 관한 설명 중 옳지 않은 것은? (다툼이 있으면 판례에 의함)

① 체포영장에 의해 체포된 피의자뿐만 아니라 체포영장에 의하지 아니하고 긴급체포된 피의자도 체포적부심사의 청구권자에 해당한다.
② 구속적부심사를 청구한 피의자에 대하여 검사가 공소를 제기한 경우에도 법원이 적부심사를 행하여 청구의 이유 유무에 따라 청구기각결정이나 석방결정을 하여야 한다.
③ 구속된 피의자로부터 구속적부심사의 청구를 받은 법원이 보증금납입조건부 피의자석방 결정을 내린 경우 보증금이 납입된 후에야 피의자를 석방할 수 있다.
④ 법원이 구속된 피의자에 대하여 피의자의 출석을 보증할 만한 보증금납입을 조건으로 석방결정을 한 때에는 형사소송법 제402조에 따른 항고를 할 수 없다.

131 체포·구속적부심사에 관한 설명 중 가장 적절한 것은? (다툼이 있으면 판례에 의함)

① 체포의 적부심사는 구속의 적부심사와 달리 국선변호인에 관한 규정이 준용되지 않으므로 체포된 피의자가 심신장애의 의심이 있는 경우에도 법원은 원칙적으로 국선변호인을 선정하지 않고 심사를 진행할 수 있다.

② 법원 또는 합의부원, 검사, 변호인, 청구인이 구속된 피의자를 심문하고 그에 대한 피의자의 진술 등을 기재한 구속적부심문조서는 특히 신용할 만한 정황에 의하여 작성된 문서라고 할 것이므로 특별한 사정이 없는 한, 피고인이 증거로 함에 부동의 하더라도 형사소송법 제315조 제3호에 의하여 당연히 그 증거능력이 인정된다.

③ 형사소송법 제214조의2 제4항의 규정에 의한 체포·구속적부심사결정에 의하여 석방된 피의자는 법원의 출석요구를 받고 정당한 이유 없이 출석하지 아니하거나 주거의 제한 기타 법원이 정한 조건을 위반한 경우를 제외하고는 동일한 범죄사실에 관하여 재차 체포 또는 구속하지 못한다.

④ 법원은 체포된 피의자에 대하여 피의자의 출석을 보증할 만한 보증금의 납입을 조건으로 하여 결정으로 석방을 명할 수 있다.

132 재체포·재구속에 대한 설명으로 옳은 것은?

① 보증금 납입을 조건으로 석방된 피의자가 주거의 제한이나 그 밖에 법원이 정한 조건을 위반한 때에는 동일한 범죄사실로 재차 체포하거나 구속할 수 있다.

② 체포 또는 구속 적부심사결정에 의하여 석방된 피의자가 도망하거나 범죄의 증거를 인멸할 염려가 있다고 믿을 만한 충분한 이유가 있는 때에는 동일한 범죄사실로 재차 체포하거나 구속할 수 있다.

③ 보증금 납입을 조건으로 석방된 피의자가 피해자, 당해 사건의 재판에 필요한 사실을 알고 있다고 인정되는 자 또는 그 친족의 생명·신체·재산에 해를 가하거나 가할 염려가 있다고 믿을 만한 충분한 이유가 있는 때에는 동일한 범죄사실로 재차 체포하거나 구속할 수 있다.

④ 검사 또는 사법경찰관에 의하여 영장에 의해 체포되었다가 석방된 자는 다른 중요한 증거를 발견한 경우를 제외하고는 동일한 범죄사실로 재차 체포하지 못한다.

133 수사의 적법·위법성 판단에 관한 설명 중 옳지 않은 것은? (다툼이 있으면 판례에 의함)

① 수사기관이 범죄를 수사하면서 불특정 다수의 출입이 가능한 장소에 통상적인 방법으로 출입하여 아무런 물리력이나 강제력을 행사하지 않고 통상적인 방법으로 위법행위를 확인하는 것은 특별한 사정이 없는 한 임의수사의 한 방법으로서 허용된다.
② 임의제출물을 압수한 경우 압수물이 실제로 임의제출된 것인지에 관하여 다툼이 있을 때에는 검사가 그 임의성의 의문점을 없애는 증명을 해야 한다.
③ 검사 또는 사법경찰관은 형사소송법 제217조 제1항 또는 제216조 제1항 제2호에 따라 압수한 물건을 계속 압수할 필요가 있는 경우 지체 없이 압수·수색영장을 청구하여야 하고, 이 경우 압수·수색영장의 청구는 압수한 때부터 48시간 이내에 하여야 한다.
④ 사법경찰관이 현행범인을 체포하는 경우에는 반드시 피의사실의 요지, 체포의 이유와 변호인을 선임할 수 있음을 말하고 변명할 기회를 주어야 하며, 이와 같은 고지는 원칙적으로 체포를 위한 실력행사에 들어가기 전에 미리 하여야 하는데, 이는 긴급체포의 경우에도 마찬가지이다.

134 압수·수색에 관한 다음 설명 중 옳지 않은 것은? (다툼이 있으면 판례에 의함)

① 검사는 범죄수사에 필요한 때에는 지방법원판사에게 청구하여 발부받은 영장에 의하여 압수, 수색 또는 검증을 할 수 있다. 사법경찰관이 범죄수사에 필요한 때에는 검사에게 신청하여 검사의 청구로 지방법원판사가 발부한 영장에 의하여 압수, 수색 또는 검증을 할 수 있다.
② 형사소송법 제215조에서 '범죄수사에 필요한 때'라 함은 단지 수사를 위해 필요할 뿐만 아니라 강제처분으로서 압수를 행하지 않으면 수사의 목적을 달성할 수 없는 경우를 말하고, 그 필요성이 인정되는 경우에도 무제한적으로 허용되는 것은 아니다.
③ 폐수무단방류 혐의가 인정된다는 이유로 검사가 피의자들의 공장부지, 건물, 기계류 일체 및 폐수운반차량 7대에 대하여 한 압수처분은 비례성의 원칙에 위배되어 위법하다.
④ 전자정보에 대한 수사기관의 압수·수색은 사생활의 비밀과 자유, 정보에 대한 자기결정권, 재산권 등을 침해할 우려가 크므로 포괄적으로 이루어져서는 안 되고, 비례의 원칙에 따라 수사의 목적상 필요한 최소한의 범위 내에서 이루어져야 한다.

135 형사소송법에 의할 때 수사기관의 압수·수색에 관한 다음 설명 중 옳지 않은 것은?

① 압수·수색영장은 검사의 지휘에 의하여 사법경찰관리가 집행한다.

② 압수·수색영장은 처분을 받는 자에게 반드시 제시하여야 하고, 처분을 받는 자가 피의자인 경우에는 그 사본을 교부하여야 한다. 다만, 처분을 받는 자가 현장에 없는 등 영장의 제시나 그 사본의 교부가 현실적으로 불가능한 경우 또는 처분을 받는 자가 영장의 제시나 사본의 교부를 거부한 때에는 예외로 한다.

③ 피의자 또는 변호인은 압수·수색영장의 집행에 참여할 수 있다. 압수·수색영장을 집행함에는 미리 집행의 일시와 장소를 피의자 또는 변호인에게 통지하여야 한다. 단, 피의자 또는 변호인이 참여하지 아니한다는 의사를 명시하고 또한 급속을 요하는 때에는 예외로 한다.

④ 수색한 경우에 증거물 또는 몰취할 물건이 없는 때에는 그 취지의 증명서를 교부하여야 한다. 압수한 경우에는 목록을 작성하여 소유자, 소지자, 보관자 기타 이에 준할 자에게 교부하여야 한다.

136 압수·수색절차와 증거능력에 관한 설명 중 옳은 것은? (다툼이 있으면 판례에 의함)

① 피해자가 피의자의 소유·관리에 속하는 정보저장매체를 임의제출한 경우 제출한 피해자가 전자정보에 대한 압수·수색 절차에 참여하고 상세목록을 교부받았다면 절차적 권리에 관한 실질적 내용이 보장된 것이므로 그 압수·수색 절차는 적법하고, 이를 통해 취득한 전자정보는 증거능력이 인정된다.

② 피의자가 유치장에 입감되어 있는 상태에서 사법경찰관이 사무실에서 사전 영장에 따라 적법하게 압수한 휴대전화를 탐색하다가 영장에 기재된 혐의사실과 관련된 전자정보를 발견하고 이를 복제하여 출력한 다음 수사기록에 편철한 경우 영장에 의하여 전자정보를 취득하였다고 하더라도 피의자에게 참여권이 보장되지 아니하여 위법한 압수·수색에 해당한다.

③ 검사가 아동인 피해자의 진술내용에 대하여 대검찰청 과학수사부 소속 진술분석관에게 분석을 의뢰하여 진술분석관이 피해자를 면담하고 그 내용을 녹화한 영상녹화물은, 수사과정 외에서 작성된 것이라고 볼 수 없으므로 형사소송법 제313조 제1항에 따라 증거능력을 인정할 수 없으나, 수사기관이 작성한 피고인이 아닌 자의 진술을 기재한 조서로 볼 수 있으므로 형사소송법 제312조에 의하여 증거능력을 인정할 수 있다.

④ 압수·수색영장의 '압수할 물건'에 클라우드에 저장된 전자정보가 기재되어 있지 않더라도 적법하게 압수한 휴대전화에 클라우드계정이 로그인되어 있었다면 클라우드에 저장된 전자정보를 내려받아 압수하는 것은 적법하다.

137 아래 [사안의 전제]를 참고할 때, 전자정보 압수·수색에 관한 [문제 사례]에서 사법경찰관 P의 조치 중 적법하지 않은 것은 모두 몇 개인가? (다툼이 있으면 판례에 의함)

[사안의 전제] ※ 전제 외 특별한 사정은 고려하지 않음
사법경찰관 P는 피의자 甲의 기부금품의 모집 및 사용에 관한 법률 위반 혐의를 수사하던 중 '압수할 물건'을 '정보처리장치(컴퓨터, 노트북, 태블릿 등) 및 정보저장매체(USB, 외장하드 등)에 저장되어 있는 본건 범죄사실에 해당하는 회계, 회의 관련 전자정보'로 하는 압수·수색영장을 발부받아 甲의 참여권을 보장한 상태에서 사무실에 대한 압수·수색에 착수하였다.

[문제 사례]
P는 책상 위에서 甲의 노트북을 발견하고 ㉠ 전자정보를 탐색하고자 전원을 눌렀으나 노트북이 켜지지 않고 이미징도 되지 않아 봉인하여 반출하였고, 甲이 소지하고 있던 ㉡ 휴대전화도 압수하면서 甲이 휴대전화의 잠금을 해제해 주지 않아 봉인하여 반출하였다. 甲은 압수·수색 중 변호인을 선임하였다는 사실과 이후 자신은 압수·수색 과정에는 불참하겠다는 의사를 밝혔고, ㉢ P는 甲과 변호인에 대한 별도 통지 없이 피의자 측의 참여가 없는 상태에서 디지털포렌식 과정을 거쳐 전자정보를 탐색하던 중 ㉣ 여고생들에 대한 불법 촬영 동영상 30개와 사진 등을 발견하고 출력한 뒤 보충 조사를 통해 범행 사실을 인지하고 압수·수색영장을 발부받아 증거물로 압수하였다.

① 1개
② 2개
③ 3개
④ 4개

138 전자정보에 대한 압수·수색영장의 집행에 대한 설명으로 옳지 않은 것은? (다툼이 있으면 판례에 의함)

① 수사기관이 전자정보가 담긴 저장매체의 하드카피나 이미징을 수사기관 사무실로 옮겨 여기에 담긴 전자정보를 탐색하여 혐의사실과 관련된 정보를 선별하여 출력하거나 다른 저장매체에 저장하는 등으로 압수를 완료한 경우 혐의사실과 관련 없는 전자정보를 삭제·폐기하여야 한다.
② 수사기관이 압수·수색영장을 제시하고 집행에 착수하여 압수·수색을 실시하고 그 집행을 종료한 경우 발부받은 압수·수색영장의 유효기간이 남아 있다면 이를 제시하고 다시 압수·수색을 할 수 있다.
③ 압수·수색영장에 기재된 '압수할 물건'에 '정보처리장치(컴퓨터, 노트북, 태블릿) 및 정보저장매체(USB, 외장하드)에 저장되어 있는 전자정보'가 기재되어 있을 뿐 휴대전화에 저장된 전자정보가 포함되어 있지 않다면, 특별한 사정이 없는 한 그 영장으로 휴대전화에 저장된 전자정보를 압수할 수는 없다고 보아야 한다.
④ 수사기관이 전자정보에 대한 압수·수색이 종료되기 전에 유관정보를 적법하게 탐색하는 과정에서 무관정보를 우연히 발견한 경우 더 이상의 추가 탐색을 중단하고 법원으로부터 별도의 범죄혐의에 대한 압수·수색영장을 발부받은 경우에 한하여 그러한 정보에 대하여도 적법하게 압수·수색을 할 수 있다.

139 압수·수색에 관한 다음 설명 중 옳지 않은 것은? (다툼이 있으면 판례에 의함)

① 압수·수색영장에는 피고인(피의자)의 성명, 죄명, 압수할 물건, 수색할 장소, 신체, 물건, 발부연월일, 유효기간 등을 기재하고 재판장 또는 수명법관(지방법원판사)이 서명·날인하여야 한다.

② 압수, 수색할 물건이 전기통신에 관한 것인 경우에는 압수·수색영장에 작성기간을 기재하여야 한다.

③ 압수·수색영장에서 압수할 물건을 '압수장소에 보관 중인 물건'이라고 기재하고 있는 것을 '압수장소에 현존하는 물건'으로 해석할 수 없다.

④ 경찰이 乙이 소유·소지하는 물건을 압수하기 위해 영장을 신청하였고, 판사도 '乙이 소유·소지하는 물건의 압수를 허가한다'라는 취지의 영장을 발부하였더라도 경찰이 현장에서 다른 사람으로부터 범행의 진범이 甲이라는 이야기를 들었다면 사태의 긴급성에 비추어 甲 소유의 물건을 압수할 수 있다고 보아야 한다.

140 압수·수색에 관한 다음 설명 중 옳지 않은 것은? (다툼이 있으면 판례에 의함)

① 헌법 제12조의 영장주의와 형사소송법 제199조 제1항 단서의 강제처분 법정주의는 수사기관의 증거수집뿐만 아니라 강제처분을 통하여 획득한 증거의 사용까지 아우르는 형사절차의 기본원칙이다.

② 영장 발부의 사유로 된 범죄혐의사실과 관련된 증거가 아니라면 적법한 압수·수색이 아니므로 영장 발부의 사유로 된 범죄혐의사실과 무관한 별개의 증거를 압수하였을 경우 이는 원칙적으로 유죄 인정의 증거로 사용할 수 없다.

③ 수사기관은 영장 발부의 사유로 된 범죄혐의사실과 관계가 없는 증거를 압수할 수 없고, 별도의 영장을 발부받지 아니하고서는 압수물 또는 압수한 정보를 그 압수의 근거가 된 압수·수색영장 혐의사실과 관계가 없는 범죄의 유죄 증거로 사용할 수 없다.

④ 수사기관이 영장 발부의 사유로 된 범죄혐의사실과 무관한 별개의 증거를 압수하였을 경우 이는 원칙적으로 유죄 인정의 증거로 사용할 수 없지만, 그 별개의 증거를 피압수자 등에게 환부하고 후에 이를 임의제출받아 다시 압수한 경우라면 그 제출에 임의성이 있다는 점이 증명되지 않더라도 그 증거능력을 인정할 수 있다.

141 압수·수색에서 관련성에 대한 설명으로 옳지 않은 것은? (다툼이 있으면 판례에 의함)

① 수사기관은 영장 발부의 사유로 된 범죄 혐의사실과 관계가 없는 증거를 압수할 수 없고, 별도의 영장을 발부받지 아니하고서는 압수물 또는 압수한 정보를 그 압수의 근거가 된 압수·수색영장 혐의사실과 관계가 없는 범죄의 유죄 증거로 사용할 수 없다.

② 증거 수집단계의 관련성과 증거 사용을 위한 관련성은 구분되므로 수사기관이 영장 집행 당시까지 알거나 알 수 있었던 사정에 비추어 관련성을 인정할 수 있는 물건 등을 압수하였다면 그 후 관련성을 부정하는 사정이 밝혀졌다고 하더라도 이미 이루어진 압수처분이 곧바로 위법하게 된다고 할 수는 없다.

③ 객관적 관련성은 압수·수색영장에 기재된 혐의사실의 내용과 수사의 대상, 수사 경위 등을 종합하여 구체적 개별적 연관 관계가 있는 경우에 인정되는데, 단순히 혐의사실과 동종 또는 유사 범행인 경우에도 관련성이 인정될 수 있다.

④ 인적 관련성은 영장에 기재된 대상자의 공동정범이나 교사범 등 공범이나 간접정범은 물론 필요적 공범 등에 대한 피고사건에 대해서도 인정될 수 있다.

142 정보저장매체 압수·수색에 관한 다음 설명 중 옳지 않은 것은? (다툼이 있으면 판례에 의함)

① 전자정보 저장매체 자체를 외부로 반출하거나 하드카피·이미징 등의 형태로 복제본을 만들어 외부에서 그 저장매체나 복제본에 대하여 압수·수색이 허용되는 예외적인 경우에도 혐의사실과 관련된 전자정보 이외에 이와 무관한 전자정보를 탐색·복제·출력하는 것은 원칙적으로 위법한 압수·수색에 해당한다.

② 전자정보를 적법하게 탐색하는 과정에서 별도의 범죄혐의와 관련된 전자정보를 우연히 발견한 경우라면, 수사기관으로서는 더 이상의 추가 탐색을 중단하고 법원으로부터 별도의 범죄혐의에 대한 압수·수색영장을 발부받은 경우에 한하여 그러한 정보에 대하여도 적법하게 압수·수색을 할 수 있다.

③ ②의 경우 별도의 압수·수색 절차는 최초의 압수·수색 절차와 구별되는 별개의 절차이고, 별도 범죄혐의와 관련된 전자정보는 최초의 압수·수색영장에 의한 압수·수색의 대상이 아니어서 피압수자는 최초의 압수·수색 이전부터 해당 전자정보를 관리하고 있던 자라 할 것이므로, 특별한 사정이 없는 한 그 피압수자에게 참여권을 보장하고 압수한 전자정보 목록을 교부하는 등 피압수자의 이익을 보호하기 위한 적절한 조치가 이루어져야 한다.

④ 전자정보에 대한 압수·수색 과정에서 이루어진 저장매체 압수·이미징·탐색·복제 및 출력행위 등 수사기관의 처분에 대한 준항고가 제기된 경우 준항고법원은 그 구분된 개별 처분의 위법이나 취소 여부를 판단하여야 하고, 압수·수색 과정 전체를 하나의 절차로 파악하여 그 과정에서 나타난 위법이 압수·수색 절차 전체를 위법하게 할 정도로 중대한지 여부를 판단해서는 아니 된다.

143 전자정보에 대한 압수·수색에 관한 다음 설명 중 가장 옳지 않은 것은? (다툼이 있으면 판례에 의함)

① 전자정보에 대한 압수·수색은 사생활의 비밀과 자유, 정보에 대한 자기결정권, 재산권 등을 침해할 우려가 크므로 포괄적으로 이루어져서는 아니되고 비례의 원칙에 따라 필요한 최소한의 범위 내에서 이루어져야 한다.

② 전자정보가 담긴 저장매체 또는 복제본을 수사기관 사무실 등으로 옮겨 이를 복제·탐색·출력하는 경우에도, 그와 같은 일련의 과정에서 형사소송법 제219조, 제121조에서 규정하는 피압수·수색 당사자나 그 변호인에게 참여의 기회를 보장하고 혐의사실과 무관한 전자정보의 임의적인 복제 등을 막기 위한 적절한 조치를 취하는 등 영장주의 원칙과 적법절차를 준수하여야 한다.

③ 전자정보에 대한 압수·수색이 종료되기 전에 혐의사실과 관련된 전자정보를 적법하게 탐색하는 과정에서 별도의 범죄혐의와 관련된 전자정보를 우연히 발견한 경우라면, 수사기관은 더 이상의 추가 탐색을 중단하고 법원에서 별도의 범죄혐의에 대한 압수·수색영장을 발부받은 경우에 한하여 그러한 정보에 대하여도 적법하게 압수·수색을 할 수 있다.

④ 준항고인이 전체 압수·수색 과정을 단계적·개별적으로 구분하여 각 단계의 개별 처분의 취소를 구한 경우 특별한 사정이 없는 한 준항고법원으로서는 그 구분된 개별 처분의 위법이나 취소 여부를 판단하여야 한다.

144 전자정보의 압수·수색에 대한 설명으로 옳지 않은 것은? (다툼이 있으면 판례에 의함)

① 압수·수색영장에 기재된 '압수할 물건'에 휴대전화에 저장된 전자정보가 포함되어 있지 않다면 특별한 사정이 없는 한 그 영장으로 휴대전화에 저장된 전자정보를 압수할 수는 없다.

② 임의제출된 정보저장매체에서 압수의 대상이 되는 전자정보의 범위를 넘어서는 전자정보에 대해 수사기관이 영장 없이 압수·수색하여 취득한 증거는 사후에 피고인이 이를 증거로 함에 동의하였다고 하여 그 위법성이 치유되지 않는다.

③ 피의자가 휴대전화를 임의제출하면서 원격지에 저장되어 있는 전자정보를 수사기관에 제출한다는 의사로 클라우드에 접속하기 위한 아이디와 비밀번호를 임의로 제공하였더라도 그 클라우드에 저장된 전자정보를 임의제출하는 것으로 볼 수는 없다.

④ 수사기관이 甲을 피의자로 하여 발부받은 압수·수색영장에 기하여 인터넷서비스업체인 A주식회사를 상대로 A주식회사의 본사 서버에 저장되어 있는 甲의 전자정보인 SNS 대화내용 등에 대하여 압수·수색을 실시한 경우 수사기관은 압수·수색 과정에서 甲에게 참여권을 보장하여야 한다.

145 대물적 강제처분에 관한 설명 중 옳지 않은 것은? (다툼이 있는 경우 판례에 의함)

① 압수·수색영장은 현장에서 피압수자가 여러 명일 경우에는 그들 모두에게 개별적으로 영장을 제시해야 하는 것이 원칙이고, 수사기관이 압수·수색에 착수하면서 그 장소의 관리책임자에게 영장을 제시하였더라도, 물건을 소지하고 있는 다른 사람으로부터 이를 압수하고자 하는 때에는 그 사람에게 따로 영장을 제시해야 한다.

② 수사기관이 압수·수색영장을 집행함에 있어 처분의 상대방에게 팩스로 영장 사본을 송신한 사실이 있으나 영장 원본을 제시하지 않았다면 이는 위법하다.

③ '형사소송법' 제219조, 제121조가 규정한 압수·수색영장의 집행에 있어서 변호인의 참여권은 피압수자의 보호를 위하여 변호인에게 주어진 대리권이다.

④ 법원이 압수·수색영장의 집행에 관하여 범죄 혐의사실과 관련 있는 전자정보의 탐색·복제·출력이 완료된 때에는 지체 없이 영장 기재 범죄 혐의사실과 관련이 없는 나머지 전자정보에 대해 삭제·폐기·반환하지 아니한 채 그대로 보관하고 있다면 사후에 법원으로부터 압수·수색영장이 발부되었다고 하여 그 위법성이 치유된다고 볼 수 없다.

146 전자정보의 압수·수색에 대한 설명으로 가장 적절하지 않은 것은? (다툼이 있으면 판례에 의함)

① 수사기관이 인터넷서비스이용자인 피의자를 상대로 피의자의 컴퓨터 등 정보처리장치 내에 저장되어 있는 이메일 등 전자 정보를 압수·수색하는 것은 전자정보의 소유자 내지 소지자를 상대로 해당 전자정보를 압수·수색하는 대물적 강제처분으로 형사소송법의 해석상 허용된다.

② 형사소송법 제216조 제3항에 따라 압수·수색영장을 청구하였다가 영장을 발부받지 못한 때에는 수사기관은 압수한 물건을 즉시 반환하여야 하고, 즉시 반환하지 아니한 압수물은 유죄의 증거로 사용할 수 없으며, 헌법과 형사소송법이 선언한 영장주의의 중요성에 비추어 볼 때 피고인이나 변호인이 이를 증거로 함에 동의하였다고 하더라도 달리 볼 것은 아니다.

③ 수사기관이 피의자 甲의 공직선거법위반 범행을 영장 범죄사실로 하여 발부받은 압수·수색영장의 집행 과정에서 乙, 丙 사이의 대화가 녹음된 녹음파일을 압수하여 乙, 丙의 공직선거법위반혐의사실을 발견한 경우 별도의 압수·수색영장을 발부받지 않고 압수한 乙, 丙 사이의 대화가 녹음된 녹음파일은 위법수집 증거로서 증거능력이 없다.

④ 수사기관이 정보저장매체에 기억된 정보 중에서 키워드 또는 확장자 검색 등을 통해 범죄 혐의사실과 관련 있는 정보를 선별한 다음 정보저장매체와 동일하게 비트열 방식으로 복제하여 생성한파일('이미지 파일')을 제출받아 압수하였다면, 그 이후 수사기관 사무실에서 위와 같이 압수된 이미지 파일을 탐색·복제·출력하는 모든 과정에서도 피의자 등에게 참여의 기회를 보장하여야 한다.

147 전자정보의 압수·수색에 관한 설명 중 가장 적절한 것은? (다툼이 있으면 판례에 의함)

① 수사기관이 키워드 또는 확장자 검색 등을 통해 범죄 혐의사실과 관련 있는 정보를 선별한 다음 정보저장매체와 동일하게 비트열 방식으로 복제하여 생성한 파일을 제출받아 압수하였다면 아직 압수의 목적물에 대한 압수·수색 절차는 종료된 것이 아니므로, 수사관서에서 압수된 이미지 파일을 탐색·복제·출력하는 과정에 피의자 등에게 참여 기회를 보장하여야 한다.

② 저장매체 자체를 직접 또는 하드카피나 이미징 등 형태로 수사기관 사무실 등 외부로 반출하여 해당 파일을 압수·수색할 수 있도록 영장에 기재되어 있지 않더라도 집행현장의 사정상 선별적 방식에 의한 집행이 불가능하거나 현저히 곤란한 부득이한 사정이 있는 때에는 저장매체 자체를 수사관서로 반출할 수 있다.

③ 압수물 목록은 피압수자 등이 압수처분에 대한 준항고를 하는 등 권리행사절차를 밟는 가장 기초적인 자료가 되므로 압수된 정보의 상세목록에는 정보의 파일 명세가 특정되어 있어야 하고 수사기관은 이를 서면으로 교부하여야 하며, 전자파일 형태로 복사해 주거나 이메일을 전송하는 등의 방식으로는 교부할 수 없다.

④ 증거로 제출된 전자문서 파일의 원본 동일성은 증거능력의 요건에 해당하므로 검사가 그 존재에 대하여 구체적으로 주장·증명해야 한다.

148 임의제출물의 압수에 관한 다음 설명 중 옳지 않은 것은? (다툼이 있으면 판례에 의함)

① 정보저장매체와 그 안에 저장된 전자정보는 개념적으로나 기능적으로나 별도의 독자적 가치와 효용을 지닌 것으로 상호 구별될 뿐만 아니라 임의제출된 전자정보의 압수가 적법한 것은 어디까지나 제출자의 자유로운 제출 의사에 근거한 것이다.

② 범죄혐의사실과 관련된 전자정보와 그렇지 않은 전자정보가 혼재되어 있는 정보저장매체나 복제본을 수사기관에 임의제출하는 경우 제출자는 제출 및 압수의 대상이 되는 전자정보를 개별적으로 지정하거나 그 범위를 한정할 수 있으므로 정보저장 매체를 임의제출받는 수사기관은 제출자로부터 임의제출의 대상이 되는 전자정보의 범위를 확인함으로써 압수의 범위를 명확히 특정하여야 한다.

③ 정보저장매체 내 전자정보가 가지는 중요성에 비추어 볼 때 정보저장매체를 임의제출하는 사람이 거기에 담긴 전자정보를 지정하거나 제출 범위를 한정하는 취지로 한 의사표시는 엄격하게 해석하여야 하고, 확인되지 않은 제출자의 의사를 수사기관이 함부로 추단하는 것은 허용될 수 없다.

④ 수사기관이 제출자의 의사를 쉽게 확인할 수 있음에도 이를 확인하지 않은 채 특정 범죄혐의사실과 관련된 전자정보와 그렇지 않은 전자정보가 혼재된 정보저장매체를 임의제출받은 경우 그 정보저장매체에 저장된 전자정보 전부가 임의제출되어 압수된 것으로 취급하는 것이 수사의 필요성의 관점에서 합리적이다.

149 압수·수색에 관한 다음 설명 중 옳지 않은 것은? (다툼이 있으면 판례에 의함)

① 임의제출에 따른 압수의 경우에도 압수물에 대한 수사기관의 점유 취득이 제출자의 의사에 따라 이루어진다는 점에서만 차이가 있을 뿐 범죄혐의를 전제로 한 수사 목적이나 압수의 효력은 영장에 의한 압수의 경우와 동일하므로 헌법상 기본권에 관한 수사기관의 부당한 침해로부터 신속하게 권리를 구제받을 수 있도록 수사기관은 영장에 의한 압수와 마찬가지로 객관적·구체적인 압수목록을 신속하게 작성·교부할 의무를 부담한다.

② 임의제출의 주체가 소유자 아닌 소지자·보관자이고 그 제출행위로 소유자의 사생활의 비밀 기타 인격적 법익이 현저히 침해될 우려가 있는 경우에는 임의제출에 따른 압수·수색의 필요성과 함께 임의제출에 동의하지 않은 소유자의 법익에 대한 특별한 배려도 필요한 바, 피의자 개인이 소유·관리하는 정보저장매체에는 그의 사생활의 비밀과 자유, 정보에 대한 자기결정권 등 인격적 법익에 관한 모든 것이 저장되어 있어 제한 없이 압수·수색이 허용될 경우 피의자의 인격적 법익이 현저히 침해될 우려가 있기 때문이다.

③ 임의제출자인 제3자가 제출의 동기가 된 범죄혐의 사실과 구체적·개별적 연관관계가 인정되는 범위를 넘는 전자정보까지 일괄하여 임의제출한다는 의사를 밝힌 경우 그 정보저장매체 내 전자정보 전반에 관한 처분권이 그 제3자에게 있거나 그에 관한 피의자의 동의 의사를 추단할 수 있는 등의 특별한 사정이 없더라도 그 임의제출을 통해 수사기관이 영장 없이 적법하게 압수할 수 있는 전자정보의 범위가 범죄혐의사실과 관련된 전자정보에 한정되는 것은 아니다.

④ 피해자 등 제3자가 피의자의 소유·관리에 속하는 정보저장매체를 영장에 의하지 않고 임의제출한 경우에는 실질적 피압수자인 피의자가 수사기관으로 하여금 그 전자정보 전부를 무제한 탐색하는 데 동의한 것으로 보기 어려울 뿐만 아니라 피의자 스스로 임의제출한 경우 피의자의 참여권 등이 보장되어야 하는 것과 견주어 보더라도 특별한 사정이 없는 한 형사소송법 제219조, 제121조, 제129조에 따라 피의자에게 참여권을 보장하고 압수한 전자정보 목록을 교부하는 등 피의자의 절차적 권리를 보장하기 위한 적절한 조치가 이루어져야 한다.

150 피의자가 소유·관리하는 정보저장매체를 피의자 아닌 피해자가 수사기관에 임의제출하였다. 이에 관한 다음 설명 중 옳지 않은 것은? 이 피해자는 성폭력처벌법 제14조 제1항에 규정된 카메라등이용촬영죄의 피해자라고 간주한다. (다툼이 있으면 판례에 의함)

① 피의자가 소유·관리하는 정보저장매체를 피의자 아닌 피해자 등 제3자가 임의제출하는 경우에는 그 임의제출 및 그에 따른 수사기관의 압수가 적법하더라도 임의제출의 동기가 된 범죄혐의사실과 구체적·개별적 연관관계가 있는 전자정보에 한하여 압수의 대상이 되는 것으로 더욱 제한적으로 해석하여야 한다.

② 임의제출자인 제3자가 제출의 동기가 된 범죄혐의사실과 구체적·개별적 연관관계가 인정되는 범위를 넘는 전자정보까지 일괄하여 임의제출한다는 의사를 밝힌 경우 그 정보저장매체 내 전자정보 전반에 관한 처분권이 그 제3자에게 있다는 등의 특별한 사정이 없더라도 임의제출자가 밝힌 의사에 따라 그 전자정보 전부가 압수의 대상이 된다.

③ 스마트폰을 이용한 불법촬영 범죄와 같이 범죄의 속성상 해당 범행의 상습성이 의심되거나 성적 기호 내지 경향성의 발현에 따른 일련의 범행의 일환으로 이루어진 것으로 의심되고, 범행의 직접증거가 스마트폰 안에 이미지 파일이나 동영상 파일의 형태로 남아 있을 개연성이 있는 경우에는 그 안에 저장되어 있는 같은 유형의 전자정보에서 그와 관련한 유력한 간접증거나 정황증거가 발견될 가능성이 높다는 점에서 이러한 간접증거나 정황증거는 범죄혐의사실과 구체적·개별적 연관관계를 인정할 수 있다.

④ 범죄의 대상이 된 피해자의 인격권을 현저히 침해하는 성격의 전자정보를 담고 있는 불법촬영물은 범죄 행위로 인해 생성된 것으로서 몰수의 대상이기도 하므로 임의제출된 휴대전화에서 해당 전자정보를 신속히 압수·수색하여 불법촬영물의 유통 가능성을 적시에 차단함으로 써 피해자를 보호할 필요성이 크다.

151 압수·수색에 관한 다음 설명 중 옳지 않은 것은? (다툼이 있으면 판례에 의함)

① 수사기관이 인터넷서비스이용자인 피의자를 상대로 피의자의 컴퓨터 등 정보처리장치 내에 저장되어 있는 이메일 등 전자정보를 압수·수색하는 것은 전자정보의 소유자 내지 소지자를 상대로 해당 전자정보를 압수·수색하는 대물적 강제처분으로 형사소송법의 해석상 허용된다.

② 압수·수색할 전자정보가 압수·수색영장에 기재된 수색장소에 있는 컴퓨터 등 정보처리장치 내에 있지 아니하고 제3자가 관리하는 원격지의 서버 등 저장매체에 저장되어 있는 경우에도, 수사기관이 피의자의 이메일 계정에 대한 접근권한에 갈음하여 발부받은 영장에 따라 영장 기재 수색장소에 있는 컴퓨터 등 정보처리장치를 이용하여 적법하게 취득한 피의자의 이메일 계정 아이디와 비밀번호를 입력하는 등 피의자가 접근하는 통상적인 방법에 따라 그 원격지의 저장매체에 접속하고 그곳에 저장되어 있는 피의자의 이메일 관련 전자정보를 수색장소의 정보처리장치로 내려받거나 그 화면에 현출시키는 것 역시 허용된다.

③ 수사기관이 원격지의 저장매체에 접속하여 그 저장된 전자정보를 수색장소의 정보처리장치로 내려받거나 그 화면에 현출시킨다 하더라도, 이는 인터넷서비스제공자가 허용한 피의자의 전자정보에 대한 접근 및 처분권한과 일반적 접속 절차에 기초한 것으로서, 특별한 사정이 없는 한 인터넷서비스제공자의 의사에 반하는 것이라고 단정할 수 없다.

④ 피의자의 이메일 계정에 대한 접근권한에 갈음하여 발부받은 압수·수색영장에 따라 원격지의 저장매체에 적법하게 접속하여 내려받거나 현출된 전자정보를 대상으로 하여 범죄혐의사실과 관련된 부분에 대하여 압수·수색하는 것은 사회통념상 타당하다고 인정되는 대물적 강제처분 행위로서 허용되지만, 만약 원격지의 저장매체가 국외에 있는 경우라면 압수·수색의 효력을 아무런 근거 없이 확장하는 것이고, 우리나라 사법관할권이 미치지 않는 영역에 대하여 '국내' 압수·수색영장을 집행하는 것이므로 이는 허용되지 아니한다.

152 압수·수색에 관한 다음 설명 중 옳지 않은 것은? (다툼이 있으면 판례에 의함)

① 임의제출에 따른 압수의 경우에도 압수물에 대한 수사기관의 점유 취득이 제출자의 의사에 따라 이루어진다는 점에서만 차이가 있을 뿐 범죄혐의를 전제로 한 수사 목적이나 압수의 효력은 영장에 의한 압수의 경우와 동일하므로 헌법상 기본권에 관한 수사기관의 부당한 침해로부터 신속하게 권리를 구제받을 수 있도록 수사기관은 영장에 의한 압수와 마찬가지로 객관적·구체적인 압수목록을 신속하게 작성·교부할 의무를 부담한다.

② 수사기관이 유관정보를 선별하여 압수한 후에도 무관정보를 삭제·폐기·반환하지 아니한 채 그대로 보관하고 있다면 무관정보 부분에 대하여는 압수의 대상이 되는 전자정보의 범위를 넘어서는 전자정보를 영장 없이 압수·수색하여 취득한 것이어서 위법하고, 사후에 법원으로부터 압수·수색영장이 발부되었다거나 피고인이나 변호인이 이를 증거로 함에 동의하였다고 하여 그 위법성이 치유된다고 볼 수 없다.

③ 사법경찰관이 피압수자에게 압수·수색영장을 제시하면서 표지에 해당하는 첫 페이지와 혐의사실이 기재된 부분을 보여주었다면, 비록 영장의 내용 중 압수·수색·검증할 물건과 장소, 압수·수색·검증을 필요로 하는 사유, 압수 대상 및 방법의 제한 등 필요적 기재 사항 및 그와 일체를 이루는 부분을 확인하지 못하게 하였더라도 적법한 압수·수색영장의 제시라고 보아야 한다.

④ 수사기관이 이메일에 대한 압수·수색영장을 집행할 당시 피압수자인 네이버 주식회사에 팩스로 영장 사본을 송신했을 뿐 그 원본을 제시하지 않았고, 압수조서와 압수물 목록을 작성하여 피압수·수색 당사자에게 교부하였다고 볼 수 없는 경우 이러한 방법으로 압수된 이메일은 위법수집증거로 원칙적으로 유죄의 증거로 삼을 수 없다.

153 압수에 관한 다음 설명 중 옳지 않은 것은? (다툼이 있으면 판례에 의함)

① 법원은 압수·수색영장의 집행에 관하여 범죄 혐의사실과 관련 있는 전자정보의 탐색·복제·출력이 완료된 때에는 지체 없이 영장 기재 범죄 혐의사실과 관련이 없는 나머지 전자정보에 대해 삭제·폐기 또는 피압수자 등에게 반환할 것을 정할 수 있다.

② ① 지문의 경우 수사기관이 범죄 혐의사실과 관련 있는 정보를 선별하여 압수한 후에도 그와 관련이 없는 나머지 정보를 삭제·폐기·반환하지 아니한 채 그대로 보관하고 있다면 범죄 혐의사실과 관련이 없는 부분에 대하여는 압수의 대상이 되는 전자정보의 범위를 넘어서는 전자정보를 영장 없이 압수·수색하여 취득한 것이어서 위법하고, 사후에 법원으로부터 압수·수색영장이 발부되었다거나 피고인이나 변호인이 이를 증거로 함에 동의하였다고 하여 그 위법성이 치유된다고 볼 수 없다.

③ 피의자가 휴대전화를 임의제출하면서 휴대전화에 저장된 전자정보가 아닌 클라우드 등 제3자가 관리하는 원격지에 저장되어 있는 전자정보를 수사기관에 제출한다는 의사로 수사기관에게 클라우드 등에 접속하기 위한 아이디와 비밀번호를 임의로 제공하였다면 위 클라우드 등에 저장된 전자정보를 임의제출하는 것으로 볼 수 있다.

④ 수사기관이 압수·수색영장에 적힌 '수색할 장소'에 있는 컴퓨터 등 정보처리장치에 저장된 전자정보 외에 원격지 서버에 저장된 전자정보를 압수·수색하기 위하여 반드시 압수·수색영장에 적힌 '압수할 물건'에 별도로 원격지 서버 저장 전자정보가 특정되어 있어야 하는 것은 아니다.

154 압수·수색에 관한 다음 설명 중 옳지 않은 것은? (다툼이 있으면 판례에 의함)

① 피의자가 소유·관리하는 정보저장매체를 피의자 아닌 피해자 등 제3자가 임의제출하는 경우에는 그 임의제출 및 그에 따른 수사기관의 압수가 적법하더라도 임의제출의 동기가 된 범죄혐의사실과 구체적·개별적 연관관계가 있는 전자정보에 한하여 압수의 대상이 되는 것으로 더욱 제한적으로 해석하여야 한다.

② 임의제출의 주체가 소유자 아닌 소지자·보관자이고 그 제출행위로 소유자의 사생활의 비밀 기타 인격적 법익이 현저히 침해될 우려가 있는 경우에는 임의제출에 따른 압수·수색의 필요성과 함께 임의제출에 동의하지 않은 소유자의 법익에 대한 특별한 배려도 필요한 바, 피의자 개인이 소유·관리하는 정보저장매체에는 그의 사생활의 비밀과 자유, 정보에 대한 자기결정권 등 인격적 법익에 관한 모든 것이 저장되어 있어 제한 없이 압수·수색이 허용될 경우 피의자의 인격적 법익이 현저히 침해될 우려가 있기 때문이다.

③ 임의제출자인 제3자가 제출의 동기가 된 범죄혐의 사실과 구체적·개별적 연관관계가 인정되는 범위를 넘는 전자정보까지 일괄하여 임의제출한다는 의사를 밝힌 경우 그 정보저장매체 내 전자정보 전반에 관한 처분권이 그 제3자에게 있거나 그에 관한 피의자의 동의 의사를 추단할 수 있는 등의 특별한 사정이 없더라도 그 임의제출을 통해 수사기관이 영장 없이 적법하게 압수할 수 있는 전자정보의 범위가 범죄혐의사실과 관련된 전자정보에 한정되는 것은 아니다.

④ 피해자 등 제3자가 피의자의 소유·관리에 속하는 정보저장매체를 영장에 의하지 않고 임의제출한 경우에는 실질적 피압수자인 피의자가 수사기관으로 하여금 그 전자정보 전부를 무제한 탐색하는 데 동의한 것으로 보기 어려울 뿐만 아니라 피의자 스스로 임의제출한 경우 피의자의 참여권 등이 보장되어야 하는 것과 견주어 보더라도 특별한 사정이 없는 한 형사소송법 제219조, 제121조, 제129조에 따라 피의자에게 참여권을 보장하고 압수한 전자정보 목록을 교부하는 등 피의자의 절차적 권리를 보장하기 위한 적절한 조치가 이루어져야 한다.

155 저장매체의 임의제출에 관한 설명 중 가장 적절하지 않은 것은? (다툼이 있으면 판례에 의함)

① 임의로 제출된 물건을 압수하는 경우 그 제출에 임의성이 있다는 점에 관하여는 검사가 합리적 의심을 배제할 수 있을 정도로 증명하여야 하고, 임의로 제출된 것이라고 볼 수 없는 경우에는 증거능력을 인정할 수 없다.
② 임의제출된 정보저장매체에서 압수의 대상이 되는 전자정보의 범위를 넘어서는 전자정보에 대해 수사기관이 영장 없이 압수·수색하여 취득한 증거는 위법수집증거에 해당하지만, 피고인이나 변호인이 이를 증거로 함에 동의하였다면 그 위법성이 치유된다.
③ 제3자가 피의자의 소유·관리에 속하는 정보저장매체를 영장에 의하지 않고 임의제출하는 경우 특별한 사정이 없는 한 피의자에게 참여권을 보장하고 압수한 전자정보 목록을 교부하는 등 피의자의 절차적 권리를 보장하기 위한 적절한 조치가 이루어져야 한다.
④ 현행범 체포현장이나 범죄현장에서도 소지자 등이 임의로 제출하는 저장매체는 형사소송법 제218조에 의하여 영장 없이 압수하는 것이 허용된다.

156 압수·수색에 대한 설명으로 옳은 것은? (다툼이 있으면 판례에 의함)

① 증거물을 압수하였을 때에는 압수조서 및 압수목록을 작성하여야 하지만, 수색한 결과 증거물이 없는 경우에는 그 취지의 증명서를 교부할 필요는 없다.
② 수사기관이 압수·수색영장을 제시하고 압수·수색을 실시하여 그 집행을 종료하였다 하더라도 영장의 유효기간이 남아 있다면 아직 그 영장의 효력이 상실되지 않았으므로 동일한 장소에 대하여 다시 압수·수색할 수 있다.
③ 수사기관이 압수·수색영장 집행과정에서 영장발부의 사유인 범죄혐의 사실과 무관한 별개의 증거를 압수하였다가 피압수자에게 환부하고 후에 이를 다시 임의제출받아 압수한 경우 검사가 위 압수물 제출의 임의성을 합리적인 의심을 배제할 수 있을 정도로 증명하여 임의성이 인정된다면 이를 유죄 인정의 증거로 사용할 수 있다.
④ 압수·수색할 전자정보가 영장에 기재된 수색장소에 있는 정보처리장치에 있지 않고 그 정보처리장치와 정보통신망으로 연결되어 제3자가 관리하고 있는 원격지의 저장매체에 저장되어 있는 경우 수사기관이 압수·수색영장에 기재되어 있는 압수할 물건을 적법한 절차와 집행방법에 따라 수색장소의 정보처리장치를 이용하여 원격지의 저장매체에 접속하였다 하더라도 이와 같은 압수·수색은 형사소송법에 위반된다.

157 임의제출물의 압수에 관한 다음 설명 중 옳지 않은 것은? (다툼이 있으면 판례에 의함)

① 수사기관이 제출자의 의사를 쉽게 확인할 수 있음에도 이를 확인하지 않은 채 특정 범죄혐의사실과 관련된 전자정보와 그렇지 않은 전자정보가 혼재된 정보저장매체를 임의제출받은 경우 그 정보저장매체에 저장된 전자정보 전부가 임의제출되어 압수된 것으로 취급할 수는 없다.

② 임의제출자의 의사에 따른 전자정보 압수의 대상과 범위가 명확하지 않거나 이를 알 수 없는 경우에는 임의제출에 따른 압수의 동기가 된 범죄혐의사실과 관련되고 이를 증명할 수 있는 최소한의 가치가 있는 전자정보에 한하여 압수의 대상이 된다.

③ 범죄혐의사실과 관련된 전자정보에는 범죄혐의사실 그 자체 또는 그와 기본적 사실관계가 동일한 범행과 직접 관련되어 있는 것은 물론 범행 동기와 경위, 범행 수단과 방법, 범행 시간과 장소 등을 증명하기 위한 간접증거나 정황증거 등으로 사용될 수 있는 것도 포함될 수 있다. 다만 그 관련성은 임의제출에 따른 압수의 동기가 된 범죄혐의사실의 내용과 수사의 대상, 수사의 경위, 임의제출의 과정 등을 종합하여 구체적·개별적 연관관계가 있는 경우에만 인정되고, 범죄혐의사실과 단순히 동종 또는 유사 범행이라는 사유만으로 관련성이 있다고 할 것은 아니다.

④ 스마트폰을 이용한 불법촬영 범죄와 같이 범죄의 속성상 해당 범행의 상습성이 의심되거나 성적 기호 내지 경향성의 발현에 따른 일련의 범행의 일환으로 이루어진 것으로 의심되고, 범행의 직접증거가 스마트폰 안에 이미지 파일이나 동영상 파일의 형태로 남아 있을 개연성이 있는 경우라도 임의제출에 따른 압수의 동기가 된 범죄혐의사실이 아닌 다른 범죄혐의사실에 대한 같은 유형의 전자정보는 원칙적으로 압수의 대상이 아니다.

158 압수·수색에 관한 다음 설명 중 옳지 않은 것은? (다툼이 있으면 판례에 의함)

① 유류물 압수는 수사기관이 소유권이나 관리처분권이 처음부터 존재하지 않거나 존재하였지만 적법하게 포기된 물건 또는 그와 같은 외관을 가진 물건 등의 점유를 수사상 필요에 따라 취득하는 수사방법을 말한다.

② 유류물 압수·수색에 대해서는 원칙적으로 영장에 의한 압수·수색·검증에 관하여 적용되는 형사소송법 제215조 제1항이나 임의제출물 압수에 관하여 적용되는 형사소송법 제219조에 의하여 준용되는 제106조 제1항·제3항·제4항에 따른 관련성의 제한이 적용된다고 보기 어렵다.

③ 유류물 압수에 있어서는 정보저장매체의 현실적 지배·관리 혹은 이에 담겨있는 전자정보 전반에 관한 전속적인 관리처분권을 인정하기 어려우므로 특별한 사정이 없는 한 영장에 의한 압수나 임의제출물 압수와 같이 수사기관의 압수 당시 참여권 행사의 주체가 되는 피압수자가 존재한다고 평가할 수는 없다.

④ 범죄수사를 위해 정보저장매체의 압수가 필요하고 정보저장매체를 소지하던 사람이 그에 관한 권리를 포기하였거나 포기한 것으로 인식할 수 있는 경우에는 이를 임의제출물로 취급하여야 하지 유류물로 취급할 수는 없으므로 그 압수·수색 과정에서 피압수자나 변호인에게 참여의 기회를 보장하고 압수된 전자정보의 파일 명세가 특정된 압수목록을 작성·교부하여야 하며 범죄혐의사실과 무관한 전자정보의 임의적인 복제 등을 막기 위한 적절한 조치를 취하는 등 영장주의 원칙과 적법절차를 준수하여야 한다.

159 유류물 및 임의제출물 압수에 관한 설명으로 가장 적절하지 않은 것은? (다툼이 있으면 판례에 의함)

① 임의제출에 있어 피의자가 일부 범행을 부인하는 등 제출의 임의성을 엄격히 심사해야 하는 상황에서 경찰관이 임의제출의 의미, 절차와 효과에 대하여 고지하였음을 인정할 자료가 없고 피의자가 임의제출할 경우 나중에 번의하더라도 되돌려받지 못한다는 사정을 인식하고 있었다고 단정하기 어렵다면, 현행범 체포 시 임의제출 형식으로 압수한 휴대전화 및 그에 저장된 전자정보의 증거능력은 인정되지 않는다.

② 임의제출물 압수의 경우에도 압수 직후 현장에서 압수목록을 바로 작성하여 교부하는 것이 원칙이지만, 예외적으로 압수물의 수량·종류·특성 기타의 사정상 압수 직후 현장에서 압수목록을 작성·교부하지 않을 수 있다는 취지가 영장에 명시되어 있고, 이와 같은 특수한 사정이 실제로 존재하는 경우에는 압수영장을 집행한 후 일정한 기간이 경과하고서 압수목록을 작성·교부할 수도 있다.

③ 임의제출된 증거물을 압수한 경우 압수 경위 등을 구체적으로 기재한 압수조서를 작성하여야 하지만, 피의자신문조서 등에 압수의 취지를 기재하여 압수조서를 갈음하더라도 위법하지 않다.

④ 피의자가 SSD 카드 등이 든 신발주머니를 거주지 바깥으로 투척하였고 경찰관들이 이 신발주머니를 수거한 후 SSD 카드의 소유자가 맞는지 질문하자 소유권을 부인하여 경찰관들이 SSD 카드를 유류물로 압수한 경우에도 압수의 대상이나 범위는 해당 사건과 관계가 있다고 인정할 수 있는 것에 한정된다.

160 수사기관의 압수·수색·검증에 관한 다음 설명 중 옳지 않은 것은?

① 검사 또는 사법경찰관은 압수·수색 또는 검증영장을 청구하거나 신청할 때에는 압수·수색 또는 검증의 범위를 범죄 혐의의 소명에 필요한 최소한으로 정해야 하고, 수색 또는 검증할 장소·신체·물건 및 압수할 물건 등을 구체적으로 특정해야 한다.

② 검사 또는 사법경찰관은 영장을 제시할 때에는 처분을 받는 자에게 법관이 발부한 영장에 따른 압수·수색 또는 검증이라는 사실과 영장에 기재된 범죄사실 및 수색 또는 검증할 장소·신체·물건, 압수할 물건 등을 명확히 알려야 하고, 처분받는자 모두에게 해당 영장의 사본을 교부해야 한다.

③ 검사 또는 사법경찰관은 피의자에게 영장을 제시하거나 영장의 사본을 교부할 때에는 사건관계인의 개인정보가 피의자의 방어권 보장을 위해 필요한 정도를 넘어 불필요하게 노출되지 않도록 유의해야 한다.

④ 검사 또는 사법경찰관은 증거물 또는 몰수할 물건을 압수했을 때에는 압수의 일시·장소, 압수 경위 등을 적은 압수조서와 압수물건의 품종·수량 등을 적은 압수목록을 작성해야 한다. 다만, 피의자신문조서, 진술조서, 검증조서에 압수의 취지를 적은 경우에는 그렇지 않다.

161 압수·수색에 대한 설명으로 가장 적절하지 않은 것은? (다툼이 있으면 판례에 의함)

① 형사소송법 제216조(영장에 의하지 아니한 강제처분)의 규정에 의하면 범행 중 또는 범행 직후의 범죄 장소에서 긴급을 요하여 법원판사의 영장을 받을 수 없는 때에는 영장 없이 압수할 수 있으며, 이 경우에는 사후 48시간 이내에 영장을 받아야 한다.
② 형사소송법 제200조의3(긴급체포)에 따라 체포된 자가 소유하는 물건에 대하여 긴급히 압수할 필요가 있는 경우에 사법경찰관은 체포한 때부터 24시간 이내에 한하여 영장 없이 압수할 수 있다.
③ 수사기관이 압수·수색영장을 집행하면서 팩스로 영장 사본을 송신하기만 하고 영장 원본을 제시하거나 압수조서와 압수물목록을 작성하여 피압수·수색 당사자에게 교부하지도 않은 채 피고인의 이메일을 압수했다면 그 압수·수색은 위법하다.
④ 영장 발부의 사유로 된 범죄 혐의사실과 무관한 별개의 증거를 압수하였을 경우 이는 원칙적으로 유죄 인정의 증거로 사용할 수 없으나, 압수·수색의 목적이 된 범죄나 이와 관련된 범죄의 경우에는 그 압수·수색의 결과를 유죄의 증거로 사용할 수 있다.

162 압수·수색에 관한 다음 설명 중 옳지 않은 것은? (다툼이 있으면 판례에 의함)

① 압수·수색영장은 현장에서 피압수자가 여러 명일 경우에는 그들 모두에게 개별적으로 영장을 제시해야 하는 것이 원칙이므로, 수사기관이 압수·수색에 착수하면서 그 장소의 관리책임자에게 영장을 제시하였다고 하더라도, 물건을 소지하고 있는 다른 사람으로부터 이를 압수하고자 하는 때에는 그 사람에게 따로 영장을 제시하여야 한다.
② 사법경찰관이 피압수자에게 압수·수색영장을 제시하면서 표지에 해당하는 첫 페이지와 피압수자의 혐의사실이 기재된 부분만을 보여주고, 영장의 내용 중 압수·수색·검증할 물건, 압수·수색·검증할 장소, 압수·수색·검증을 필요로 하는 사유, 압수 대상 및 방법의 제한 등 필요적 기재 사항 및 그와 일체를 이루는 부분을 확인하지 못하게 한 것은 적법한 압수·수색영장의 제시라고 볼 수 없다.
③ 수사기관의 압수·수색절차 과정에서 처분을 받는 자가 미성년자라면 그가 비록 의사능력이 있더라도 그 미성년자의 친권자에게 영장을 제시하면 족하고 또한 그 미성년자나 변호인에 갈음하여 압수·수색영장 집행에 있어 그 친권자에게 참여의 기회를 보장해 주면 족하다.
④ 수사기관이 이메일에 대한 압수·수색영장을 집행할 당시 피압수자인 네이버 주식회사에 팩스로 영장 사본을 송신했을 뿐 그 원본을 제시하지 않았고, 압수조서와 압수물 목록을 작성하여 피압수·수색 당사자에게 교부하였다고 볼 수 없는 경우 이러한 방법으로 압수된 이메일은 위법수집증거로 원칙적으로 유죄의 증거로 삼을 수 없다.

163 압수·수색에 관한 다음 설명 중 옳지 않은 것은? (다툼이 있으면 판례에 의함)

① 타인의 주거, 간수자 있는 가옥, 건조물, 항공기 또는 선박·차량 안에서 압수·수색영장을 집행할 때에는 주거주, 간수자 또는 이에 준하는 사람을 참여하게 하여야 하고, 이들을 참여하게 하지 못할 때에는 이웃 사람 또는 지방공공단체의 직원을 참여하게 하여야 한다.

② 형사소송법 제123조 제2항·제3항, 제219조에서 정한 바에 따라 압수·수색영장의 집행에 참여하는 주거주 등 또는 이웃 등은 최소한 압수·수색절차의 의미를 이해할 수 있는 정도의 능력(이하 '참여능력'이라고 한다)을 갖추고 있어야 한다.

③ 형사소송법 제123조 제2항에서 정한 주거지 등에 대한 압수·수색영장의 집행이 주거주 등이나 이웃 등의 참여 없이 이루어진 경우 특별한 사정이 없는 한 그러한 압수·수색영장의 집행은 위법하고, 나아가 주거주 등 또는 이웃 등이 참여하였다고 하더라도 그 참여자에게 참여능력이 없거나 부족한 경우에는 주거주 등이나 이웃 등의 참여 없이 이루어진 것과 마찬가지로 그러한 압수·수색영장의 집행도 위법하지만, 급속을 요하는 경우라면 압수·수색영장의 집행이 주거주 등이나 이웃 등의 참여 없이 이루어졌다고 하더라도 위법하다고 할 수 없다.

④ 형사소송법 제123조 제2항·제3항, 제219조에 따라 압수·수색절차에 참여한 참여자와 관련하여 해당 절차의 적법요건이 갖추어졌는지는 수사기관이 인식하였거나 인식할 수 있었던 사정 등을 포함하여 압수·수색 당시를 기준으로 외형적으로 인식 가능한 사실상의 상태를 살펴 판단하여야 한다. 압수·수색 당시 수사기관이 인식할 수 없었던 참여자의 내부적·주관적 사정이나 참여자의 객관적 능력에 관한 법률적·사후적인 판단은 고려대상이 아니다.

164 압수·수색에 관한 다음 설명 중 옳지 않은 것은 모두 몇 개인가? (다툼이 있으면 판례에 의함)

㉠ 수사기관의 압수·수색절차 과정에서 처분을 받는 자가 미성년자인 경우 의사능력이 있는 한 미성년자에게 영장이 반드시 제시되어야 하고 그 친권자에 대한 영장제시로 이를 갈음할 수 없다. 또한 의사능력이 있는 미성년자나 그 변호인에게 압수·수색영장 집행 절차에 참여할 기회가 보장되어야 하고, 그 친권자에게 참여의 기회가 보장되었다는 이유만으로 압수·수색이 적법하게 되는 것은 아니다.

㉡ 형사소송법 제123조 제2항에서 정한 주거지 등에 대한 압수·수색영장의 집행이 주거주 등이나 이웃 등의 참여 없이 이루어진 경우 특별한 사정이 없는 한 그러한 압수·수색영장의 집행은 위법하고, 나아가 주거주 등 또는 이웃 등이 참여하였다고 하더라도 그 참여자에게 참여능력이 없거나 부족한 경우에는 주거주 등이나 이웃 등의 참여 없이 이루어진 것과 마찬가지로 그러한 압수·수색영장의 집행도 위법하다.

㉢ 피의자가 주거주 등인 주거지 등에서 압수·수색영장을 집행하는 경우 피의자에게 참여능력이 없다면 그 피의자만 참여하는 것으로는 부족하고 수사기관은 형사소송법 제123조 제3항에 따라 참여능력이 있는 이웃 등을 함께 참여시켜야 한다.

㉣ 형사소송법 제123조 제2항·제3항, 제219조에 따라 압수·수색절차에 참여한 참여자와 관련하여 해당 절차의 적법요건이 갖추어졌는지는 압수·수색 당시를 기준으로 외형적으로 인식 가능한 사실상의 상태 및 참여자의 내부적·주관적 사정이나 참여자의 객관적 능력에 관한 법률적·사후적인 판단도 고려하여 판단하여야 한다.

㉤ 압수·수색영장의 집행기관인 사법경찰관리의 엄격한 감시·감독 하에 제3자의 집행 조력이 정당화될 수 있는 예외적인 경우가 아니더라도 압수·수색의 목적을 달성하기 위하여 필요한 경우라면 압수·수색 현장에 형사소송법상 참여권자나 참여할 수 있도록 규정된 사람 이외의 사람도 참여시킬 수 있다.

① 1개
② 2개
③ 3개
④ 4개

165 압수·수색 시 참여권 보장에 관한 설명으로 가장 적절하지 않은 것은? (다툼이 있으면 판례에 의함)

① 형사소송법 제123조 제2항 및 제3항에 따라 주거주 등 또는 이웃 등이 참여하였다고 하더라도 그 참여자에게 최소한 압수·수색절차의 의미를 이해할 수 있는 정도의 능력이 없거나 부족한 경우에는, 주거주 등이나 이웃 등의 참여 없이 이루어진 것과 마찬가지로 위법하다.
② 피해자 등 제3자가 피의자의 소유·관리에 속하는 정보저장매체를 임의제출한 경우에는 특별한 사정이 없는 한 피의자에게 참여권을 보장하고 압수한 전자정보 목록을 교부하는 등 피의자의 절차적 권리를 보장하기 위한 적절한 조치가 이루어져야 한다.
③ 증거은닉범이 본범으로부터 "수사가 끝날 때까지 숨겨 놓으라."라는 취지로 지시를 받고 본범의 정보저장매체를 소지·보관하던 중 수사기관으로부터 증거은닉혐의 피의자로 입건되자 본범의 정보저장매체를 임의제출한 경우 증거은닉범 외 본범에게도 참여권이 인정된다.
④ 과거 정보저장매체의 이용 내지 개별 전자정보의 생성·이용 등에 관여한 사실이 있다거나 그 과정에서 생성된 전자정보에 의해 식별되는 정보주체에 해당한다는 사정만으로 참여권 보장의 대상이 된다고 보기는 어렵다.

166 정보저장매체의 압수·수색에 관한 설명으로 가장 적절한 것은? (다툼이 있으면 판례에 의함)

① 수사기관은 특정 범죄혐의와 관련하여 정보저장매체에 저장된 전자정보를 압수하는 경우 정보저장매체 자체를 임의제출받은 경우라면 영장에 의한 압수·수색의 경우와 다르게 임의제출의 효력에 의하여 정보저장매체 자체나 그 전체내용의 복제본을 수사기관에 반출하는 방식으로 압수·수색을 할 수 있음이 원칙이다.
② 수사기관이 전자정보를 담은 매체를 피의자로부터 임의제출받아 압수하면서 거기에 담긴 정보 중 무엇을 제출하는지 명확히 확인하지 않은 경우 임의제출의 동기가 된 범죄혐의사실과 관련되고 이를 증명할 수 있는 분명한 가치가 있는 정보만으로 압수의 대상이 한정되므로, 범죄사실의 정황증거로 사용될 수 있는 정보는 그에 포함될 수 없다.
③ 피의자가 소유·관리하는 정보저장매체를 피해자가 임의제출하는 경우 피해자가 범죄혐의사실과 연관관계가 인정되는 범위를 넘는 전자정보까지 일괄하여 임의제출한다는 의사를 밝혔더라도 특별한 사정이 없는 한, 그 임의제출을 통해 수사기관이 영장 없이 적법하게 압수할 수 있는 전자정보의 범위는 범죄혐의사실과 관련된 전자정보에 한정된다.
④ 증거은닉범이 본범으로부터 증거은닉을 교사받아 소지·보관하고 있던 본범 소유·관리의 정보저장매체를 피의자의 지위에서 수사기관에 임의제출하였고, 본범이 그 매체 내 전자정보의 탐색·복제·출력 시 사생활의 비밀과 자유를 침해받지 않을 실질적인 이익을 갖는다고 평가될 수 있는 경우 그러한 실질적 이익을 갖는 본범에게 참여권이 보장되어야 한다.

167 긴급체포 후 형사소송법 제217조 제1항에 따른 영장 없는 압수·수색이 체포현장이 아닌 곳에서 야간에 이루어지는 경우에 관한 설명으로 옳고 그름의 표시(○, ×)가 바르게 된 것은? (단, 긴급체포 및 영장 없는 압수·수색이 적법하기 위한 기타 요건은 충족된 것을 전제로 함)

> ⊙ 형사소송법 제125조는 압수·수색영장에 야간집행을 할 수 있는 기재가 없으면 그 영장을 집행하기 위하여 일출 전, 일몰 후에는 타인의 주거에 들어가지 못한다고 규정한다.
> ⓒ 판례는 피고인에 대한 긴급체포 사유, 압수·수색의 시각과 경위, 사후 영장의 발부 내역 등에 비추어 보더라도 압수·수색영장의 야간집행을 제한하는 명문의 규정이 존재하는 이상 이러한 경우의 압수가 적법할 수는 없다는 입장이다.
> ⓒ 형사소송법은 제216조의 규정에 의해 영장 없이 압수·수색을 하는 경우에 급속을 요하는 때에는 압수·수색영장의 야간집행 제한에 관한 규정이 적용되지 않는다는 특례규정을 두고 있다.
> ⓔ 형사소송법 제217조 제1항에 따라 압수한 물건을 계속 압수할 필요가 있는 경우에는 지체 없이 압수·수색영장을 청구해야 하며, 그 영장의 청구는 압수한 때가 아닌 긴급체포한 때로부터 48시간 이내에 하여야 한다.

① ⊙ ○ ⓒ ○ ⓒ ○ ⓔ ×   ② ⊙ ○ ⓒ × ⓒ ○ ⓔ ○
③ ⊙ ○ ⓒ × ⓒ ○ ⓔ ×   ④ ⊙ × ⓒ × ⓒ × ⓔ ○

168 〈보기〉의 설명에 대하여 옳고(○) 그름(×)을 바르게 표시한 것은? (다툼이 있으면 판례에 의함)

> ⊙ 피해자 등 제3자가 '피의자의 소유·관리에 속하는 정보저장매체'를 영장에 의하지 않고 임의제출한 경우에는 실질적 피압수자인 피의자에게도 참여권을 보장하는 등 피의자의 절차적 권리를 보장하기 위한 적절한 조치가 이루어져야 한다.
> ⓒ 피압수자가 수사기관에 압수·수색영장의 집행에 참여하지 않는다는 의사를 명시하였다면 그 변호인에게는 압수·수색영장의 집행에 참여할 기회를 별도로 보장할 필요는 없다.
> ⓒ 압수·수색영장은 처분을 받는 자에게 반드시 제시하여야 하고 처분을 받는 자가 피의자가 아니라 제3자인 경우에도 그 사본을 교부하여야 한다.
> ⓔ 임의제출물을 압수한 경우 압수물이 형사소송법 제218조에 따라 실제로 임의제출된 것인지에 관하여 다툼이 있을 때에는 임의제출의 임의성을 의심할 만한 합리적이고 구체적인 사실을 피고인이 증명할 것이 아니라 검사가 그 임의성의 의문점을 없애는 증명을 해야 한다.
> ⓜ 범행 중 또는 범행 직후의 범죄장소에서 긴급을 요하여 법원 판사의 영장을 받을 수 없는 때에는 영장 없이 압수·수색 또는 검증을 할 수 있으나 사후에 지체 없이 영장을 받아야 하고, 이 중 어느 하나라도 갖추지 못한 경우에 그러한 압수·수색 또는 검증은 위법하나 사후에 법원으로부터 영장을 발부받았다면 그 위법성은 치유된다.

① ⊙ × ⓒ ○ ⓒ × ⓔ ○ ⓜ ○   ② ⊙ ○ ⓒ × ⓒ ○ ⓔ ○ ⓜ ×
③ ⊙ ○ ⓒ × ⓒ × ⓔ ○ ⓜ ×   ④ ⊙ × ⓒ ○ ⓒ × ⓔ × ⓜ ○

169 압수와 수색에 대한 설명으로 옳지 않은 것은? (다툼이 있으면 판례에 의함)

① 압수의 대상은 압수·수색영장의 범죄사실 자체와 직접적으로 연관된 물건에 한정되지 않으므로 압수·수색영장의 범죄사실과 기본적 사실관계가 동일한 범행 또는 동종·유사의 범행과 관련된다고 의심할 만한 상당한 이유가 있는 범위 내에서는 압수를 실시할 수 있다.

② 압수·수색영장의 집행에 있어서 여관, 음식점 기타 야간에 공중이 출입할 수 있는 장소는 공개한 시간 내에 한하여 야간집행의 제한을 받지 않는다.

③ 전자정보에 대한 압수·수색이 종료되기 전에 혐의사실과 관련된 전자정보를 적법하게 탐색하는 과정에서 별도의 범죄혐의와 관련된 전자정보를 우연히 발견한 경우라면 수사기관은 더 이상의 추가 탐색을 중단하고 법원에서 별도의 범죄혐의에 대한 압수·수색영장을 발부받은 경우에 한하여 그 정보에 대하여 적법하게 압수·수색을 할 수 있다.

④ 검사 또는 사법경찰관은 현행범 체포현장이나 범죄장소에서 소지자 등이 임의로 제출하는 물건을 영장 없이 압수할 수 있다. 다만, 이 경우에 검사나 사법경찰관은 사후에 영장을 받아야 한다.

170 압수·수색·검증에 관한 다음 설명 중 옳지 않은 것은? (다툼이 있으면 판례에 의함)

① 사법경찰관은 성매매알선 행위를 범죄사실로 하여 피고인을 현행범인으로 체포하였고 단속 경찰관들이 그 체포현장인 성매매업소를 수색하여 체포의 원인이 되는 성매매알선 혐의사실과 관련하여 사진 촬영을 하였는바, 이는 형사소송법 제216조 제1항 제2호에 의하여 예외적으로 영장에 의하지 아니한 강제처분을 할 수 있는 경우에 해당한다.

② 주취운전이라는 범죄행위로 당해 음주운전자를 구속·체포하지 아니한 경우에도 필요하다면 그 차량열쇠는 범행 중 또는 범행 직후의 범죄장소에서의 압수로서 형사소송법 제216조 제3항에 의하여 영장 없이 이를 압수할 수 있다.

③ 형사소송법 제216조 제3항은 '범행 중 또는 범행직후의 범죄장소에서 긴급을 요하여 법원판사의 영장을 받을 수 없는 때에는 영장 없이 압수·수색 또는 검증을 할 수 있으나, 사후에 지체 없이 영장을 받아야 한다'라고 규정하고 있는 바, 형사소송법 제216조 제3항의 요건 중 어느 하나라도 갖추지 못한 경우에 그러한 압수·수색 또는 검증은 위법하지만, 이에 대하여 사후에 법원으로부터 영장을 발부받았다고 한다면 그 위법성은 치유된다.

④ 사법경찰관사무취급이 행한 검증이 사건발생 후 범행장소에서 긴급을 요하여 판사의 영장 없이 시행된 것이라면 이는 형사소송법 제216조 제3항에 의한 검증이라 할 것임에도 불구하고 기록상 사후영장을 받은 흔적이 없다면 이러한 검증조서는 유죄의 증거로 할 수 없다.

171 대물적 강제수사에 대한 설명으로 옳지 않은 것은? (다툼이 있으면 판례에 의함)

① 검사는 증거에 사용할 압수물에 대하여 가환부 청구가 있는 경우 이를 거부할 수 있는 특별한 사정이 없는 한 가환부에 응하여야 한다.

② 피고인 이외 제3자의 소유에 속하는 압수물에 대하여 몰수를 선고한 판결이 있는 경우 그 판결의 효력은 유죄판결을 받은 피고인에 대하여 미치는 것뿐만 아니라 제3자의 소유권에도 영향을 미친다.

③ 압수물 목록 교부 취지에 비추어 볼 때, 압수된 정보의 상세목록에는 정보의 파일 명세가 특정되어 있어야 하고, 수사기관은 이를 출력한 서면을 교부하거나 전자파일 형태로 복사해 주거나 이메일을 전송하는 등의 방식으로도 할 수 있다.

④ 세관공무원이 마약류 수사에 관한 마약류 불법거래 방지에 관한 특례법 제4조 제1항에 따른 조치의 일환으로 검사의 요청에 따라 특정한 수출입물품을 개봉하여 검사하고 그 내용물의 점유를 취득한 행위는 통상의 수출입물품에 대한 적정한 통관 등을 목적으로 조사를 하는 경우와는 달리 사전 또는 사후에 영장을 받아야 한다.

172 압수·수색에 대한 설명으로 가장 적절한 것은? (다툼이 있으면 판례에 의함)

① 사법경찰관은 긴급체포된 자가 소유·소지 또는 보관하는 물건에 대하여 긴급히 압수할 필요가 있는 경우에는 체포한 때부터 48시간 이내에 한하여 영장 없이 압수·수색 또는 검증을 할 수 있다.

② 범행직후의 범죄장소에서 수사상 필요가 있는 때에는 긴급한 경우가 아니더라도 수사기관은 영장 없이 압수·수색 또는 검증을 할 수 있으나, 사후에 지체 없이 영장을 받아야 한다.

③ 경찰관이 현행범인 체포 당시 피의자로부터 임의제출방식으로 압수한 휴대전화기에 대하여 작성한 압수조서 중 압수경위란에 피의자의 범행을 목격한 사람의 진술이 기재된 경우 이는 형사소송법 제312조 제5항에서 정한 '피고인이 아닌 자가 수사과정에서 작성한 진술서'에 준하는 것으로 볼 수 있지만, 휴대전화기에 대한 임의제출절차가 적법하지 않다면 위 압수조서에 기재된 피의자의 범행을 목격한 사람의 진술 역시 피의자가 증거로 함에 동의하더라도 유죄를 인정하기 위한 증거로 사용할 수 없다.

④ 형사소송법 제218조를 위반하여 소유자, 소지자 또는 보관자가 아닌 자로부터 제출받은 물건을 영장없이 압수한 경우 그 '압수물' 및 '압수물을 찍은 사진'은 이를 유죄 인정의 증거로 사용할 수 없는 것이고, 헌법과 형사소송법이 선언한 영장주의의 중요성에 비추어 볼 때 피고인이나 변호인이 이를 증거로 함에 동의하였다고 하더라도 달리 볼 것은 아니다.

173 압수에 대한 설명으로 옳지 않은 것은? (다툼이 있으면 판례에 의함)

① 영장 발부의 사유로 된 범죄 혐의사실과 무관한 별개의 증거를 영장 없이 압수한 후에 수사기관이 그 증거를 피압수자 등에게 환부하고 후에 임의제출받아 다시 압수한 경우 그 제출의 임의성에 관하여 검사가 합리적 의심을 배제할 수 있을 정도로 증명하지 못한다면 증거능력을 인정할 수 없다.

② 부패의 염려가 있거나 보관하기 어려운 압수물이라 하더라도 법령상 생산·제조·소지·소유 또는 유통이 금지되어 있고, 권한 있는 자의 동의를 받지 못하는 한 이를 폐기할 수 없고, 만약 그러한 요건이 갖추어지지 않았음에도 폐기하였다면 이는 위법하다.

③ 범인으로부터 압수한 물품에 대하여 몰수의 선고가 없어 그 압수가 해제된 것으로 간주되더라도 공범자에 대한 범죄수사를 위하여 그 물품의 압수가 필요하다거나 공범자에 대한 재판에서 그 물품이 몰수될 가능성이 있다면 검사는 그 물품을 다시 압수할 수 있다.

④ 피압수자 등 환부를 받을 자가 압수 후 수사기관에 대하여 형사소송법상의 환부청구권을 포기한다는 의사표시를 하면 수사기관의 필요적 환부의무가 면제된다.

174 압수·수색에 대한 설명으로 가장 적절하지 않은 것은? (다툼이 있으면 판례에 의함)

① 설령 피압수자가 수사기관에 압수·수색영장의 집행에 참여하지 않는다는 의사를 명시하였다고 하더라도, 특별한 사정이 없는 한 그 변호인에게는 미리 집행의 일시와 장소를 통지하는 등으로 압수·수색영장의 집행에 참여할 기회를 별도로 보장하여야 한다.

② 압수·수색영장을 집행하는 수사기관은 원칙적으로 피압수자로 하여금 법관이 발부한 영장에 의한 압수·수색이라는 사실을 확인함과 동시에 형사소송법이 압수·수색영장에 필요적으로 기재하도록 정한 사항이나 그와 일체를 이루는 사항을 충분히 알 수 있도록 압수·수색영장을 제시하여야 한다.

③ 저장매체에 대한 압수·수색 과정에서 압수의 목적을 달성하기에 현저히 곤란한 예외적인 사정이 인정되어 전자정보가 담긴 저장매체 등을 수사기관 사무실 등으로 옮겨 복제·탐색·출력하는 경우에도 피압수자나 변호인에게 참여 기회를 보장하여야 하는데, 이는 수사기관이 저장매체 등에서 혐의사실과 관련된 전자정보만을 복제·출력하는 경우에도 마찬가지이다.

④ 검사나 사법경찰관에게는 현행범 체포현장에서 소지자 등이 임의로 제출하는 물건을 형사소송법 제218조에 의하여 영장 없이 압수하는 것이 허용되는데, 이후 검사나 사법경찰관이 압수한 물건을 계속 압수할 필요가 있는 경우에는 지체 없이 영장을 청구하여야 한다.

175 압수에 대한 설명으로 가장 적절하지 않은 것은? (다툼이 있으면 판례에 의함)

① 경찰관이 진료 목적으로 이미 채혈되어 있던 피고인의 혈액 중 일부를 주취운전 여부에 대한 감정을 목적으로 간호사로부터 임의로 제출받아 이를 압수한 경우 간호사가 혈액의 소지자 겸 보관자인 병원 또는 담당의사를 대리하여 혈액을 경찰관에게 임의로 제출할 수 있는 권한이 없었다고 볼 특별한 사정이 없는 이상, 이를 위법하다고 볼 수 없다.
② 피해자의 신고를 받고 현장에 출동한 경찰서 과학수사팀 소속 경찰관이 피해자가 범인과 함께 술을 마신 테이블 위에 놓여 있던 맥주컵에서 지문 6점, 물컵에서 지문 8점, 맥주병에서 지문 2점을 각각 현장에서 직접 채취한 후, 지문채취 대상물을 적법한 절차에 의하지 않고 압수하였더라도 채취된 지문은 위법수집증거라고 할 수 없다.
③ 현행범 체포현장이나 범죄장소에서도 소지자 등이 임의로 제출하는 물건은 영장 없이 압수할 수 있다. 이 경우 검사나 사법경찰관은 사후에 영장을 받아야 한다.
④ 소유자, 소지자 또는 보관자가 아닌 자로부터 제출받은 물건을 영장없이 압수한 경우 그 압수물 및 압수물을 찍은 사진은 유죄 인정의 증거로 사용할 수 없다.

176 압수·수색에 관한 설명 중 가장 적절하지 않은 것은? (다툼이 있으면 판례에 의함)

① 검사가 공소제기 후 형사소송법 제215조에 따라 수소법원 이외의 지방법원판사에게 청구하여 발부받은 영장에 의하여 압수·수색을 하였다면, 그와 같이 수집된 증거는 기본적 인권 보장을 위해 마련된 적법한 절차에 따르지 않은 것으로서 원칙적으로 유죄의 증거로 삼을 수 없다.
② 수사기관이 압수·수색에 착수하면서 그 장소의 관리책임자에게 영장을 제시하였더라도, 물건을 소지하고 있는 다른 사람으로부터 이를 압수하고자 하는 때에는 그 사람에게 따로 영장을 제시 하여야 한다.
③ 법관의 서명날인란에 서명만 있고 날인이 없는 압수·수색영장이라 하더라도 야간집행을 허가하는 판사의 수기와 날인, 영장 앞면과 별지 사이에 판사의 간인이 있어 법관의 진정한 의사에 따라 발부되었다는 점이 외관상 분명한 경우라면 그 영장은 적법하게 발부된 것으로 볼 수 있다.
④ 검사, 사법경찰관은 피의자 기타인의 유류한 물건이나 소유자, 소지자 또는 보관자가 임의로 제출한 물건을 영장없이 압수할 수 있다.

177 임의제출물의 압수에 대한 설명으로 옳지 않은 것은? (다툼이 있으면 판례에 의함)

① 검사가 교도관으로부터 그가 보관하고 있던 재소자의 인격적 법익에 대한 침해와 무관한 비망록을 뇌물수수 등의 증거자료로 임의제출받은 경우 그 압수절차가 재소자의 승낙없이 행해졌더라도 위법하지 않다.

② 수사기관이 압수·수색 영장의 집행과정에서 영장발부의 사유인 범죄 혐의사실과 무관한 별개의 증거를 압수하였다가 피압수자 등에게 환부하고 후에 이를 다시 임의제출받아 압수한 경우 검사가 그 압수물 제출의 임의성을 합리적 의심을 배제할 수 있을 정도로 증명하면 이를 유죄 인정의 증거로 사용할 수 있다.

③ 甲이 골프채로 A를 상해한 사건에서, 사법경찰관이 甲 소유의 골프채를 甲의 집 앞마당에서 발견했음에도 그 소지자 또는 보관자가 아닌 피해자 A로부터 임의로 제출받는 형식으로 위 골프채를 압수하였다면 이는 위법한 압수이다.

④ 사법경찰관이 절도죄의 피의자 A를 현행범으로 체포하면서 A로부터 절도를 위하여 소지하고 있던 드라이버를 임의제출받은 경우 사법경찰관은 형사소송법 제216조 제1항 제2호 및 같은 법 제217조 제2항에 따라서 사후에 압수영장을 발부받아야 한다.

178 압수·수색에 관한 설명으로 옳지 않은 것은? (다툼이 있으면 판례에 의함)

① 수사기관이 재항고인의 휴대전화 등을 압수할 당시 재항고인에게 압수·수색영장을 제시하였는데 재항고인이 영장의 구체적인 확인을 요구하였으나 수사기관이 영장의 범죄사실 기재 부분을 보여주지 않았고, 그 후 재항고인의 변호인이 재항고인에 대한 조사에 참여하면서 영장을 확인하였을지라도 형사소송법 제219조, 제118조에 따른 적법한 압수·수색영장의 제시라고 볼 수 없다.

② 현행범 체포현장이나 범죄현장에서도 소지자 등이 임의로 제출하는 물건을 형사소송법 제218조에 의하여 영장 없이 압수하는 것이 허용되고, 이 경우 검사나 사법경찰관은 별도로 사후에 영장을 받을 필요가 없다.

③ 영장 발부의 사유로 된 범죄 혐의사실과 무관한 별개의 증거를 압수하였을 경우 이는 원칙적으로 유죄 인정의 증거로 사용할 수 없으나, 압수·수색의 목적이 된 범죄나 이와 관련된 범죄의 경우에는 그 압수·수색의 결과를 유죄의 증거로 사용할 수 있다.

④ 압수·수색영장의 범죄 혐의사실과 관계있는 범죄라는 것은 압수·수색영장에 기재한 혐의사실과 객관적 관련성이 있고 압수·수색영장 대상자와 피의자 사이에 인적 관련성이 있는 범죄를 의미한다. 여기서 혐의사실과의 객관적 관련성은 혐의사실과 단순히 동종 또는 유사 범행이라는 사유만으로도 족하다.

179 강제처분에 대한 설명으로 옳지 않은 것은? (다툼이 있으면 판례에 의함)

① 수사기관이 압수·수색에 착수하면서 그 장소의 관리책임자에게 영장을 제시하였더라도 물건을 소지하고 있는 다른 사람으로부터 이를 압수하고자 하는 때에는 그 사람에게도 따로 영장을 제시하여야 한다.
② 우편물 통관검사절차에서 이루어지는 우편물의 개봉, 시료채취, 성분분석 등의 검사는 수출입물품에 대한 적정한 통관 등을 목적으로 한 행정조사의 성격을 가지는 것으로서 수사기관의 강제처분이라고 할 수 없으므로 압수·수색영장 없이 우편물의 개봉, 시료채취, 성분분석 등 검사가 진행되었다 하더라도 특별한 사정이 없는 한 위법하다고 볼 수 없다.
③ 피처분자가 현장에 없거나 현장에서 그를 발견할 수 없는 경우 등 영장 제시가 현실적으로 불가능한 경우에는 영장을 제시하지 아니한 채 압수·수색을 하더라도 위법하다고 볼 수 없다.
④ 여자의 신체에 대하여 수색할 때에는 의사와 성년 여자를 참여하게 하여야 한다.

180 압수·수색에 관한 설명 중 옳지 않은 것은? (다툼이 있으면 판례에 의함)

① 수사기관이 피의자의 동의 없이 피의자의 소변을 채취하는 것은 법원으로부터 감정처분허가장을 받아 '감정에 필요한 처분'으로 할 수 있지만, 압수·수색영장을 받아 집행할 수도 있다.
② 검사 또는 사법경찰관은 체포현장에서 영장 없이 압수한 물건을 계속 압수할 필요가 있는 경우에는 지체 없이 압수·수색영장을 청구하여야 하는데, 이 경우 압수·수색영장의 청구는 압수한 때부터 48시간 이내에 하여야 한다.
③ 소유자, 소지자 또는 보관자 아닌 자로부터 임의로 제출받은 물건을 영장 없이 압수한 경우 그 압수물 및 압수물을 찍은 사진은 이를 유죄의 증거로 사용할 수 없다.
④ 범행 중 또는 범행직후의 범죄장소에서 긴급을 요하여 법원판사의 영장을 받을 수 없는 때에는 영장 없이 압수, 수색 또는 검증을 할 수 있고, 이 경우에는 사후에 지체 없이 영장을 받아야 한다.

181 압수·수색에 관한 설명으로 옳지 않은 것만을 〈보기〉에서 고른 것은? (다툼이 있으면 판례에 의함)

> ㉠ 수사기관이 甲회사에 팩스로 영장 사본을 송신하였더라도 압수·수색영장 집행 시에 그 영장의 원본을 제시하여야 한다.
> ㉡ 수사기관이 해당 장소의 관리책임자에게 영장을 제시하였다면, 물건을 소지하고 있는 다른 사람으로부터 이를 압수하고자 하는 때에는 따로 그 사람에게 영장을 제시할 필요가 없다.
> ㉢ 영장 발부의 사유로 된 범죄 혐의사실과 무관한 별개의 압수물은 원칙적으로 유죄 인정의 증거로 사용할 수 없지만, 압수·수색의 목적이 된 범죄나 이와 관련된 범죄의 경우에는 그 압수·수색의 결과를 유죄의 증거로 사용할 수 있다.
> ㉣ 영장 제시가 현실적으로 불가능한 경우에는 영장을 제시하지 아니한 채 압수·수색을 하더라도 위법은 아니다.
> ㉤ 사법경찰관이 속칭 '전화사기' 피의자를 주거지에서 긴급체포하면서 그 주거지에 보관하던 타인의 주민등록증, 운전면허증이 든 지갑 등을 영장 없이 압수한 것은 위법하다.

① ㉠, ㉢
② ㉡, ㉢
③ ㉡, ㉣
④ ㉡, ㉤

182 미성년자인 甲은 술에 취한 상태에서 승용차를 운전하던 중 교통사고를 야기하고 그 직후 의식불명인 상태로 병원응급실로 후송되었다. 이 경우 甲의 혈액 압수에 관한 설명으로 가장 적절하지 않은 것은? (다툼이 있으면 판례에 의함)

① 수사기관이 범죄 증거를 수집할 목적으로 甲의 동의 없이 甲의 혈액을 취득·보관하는 행위는 법원으로부터 감정처분허가장을 받아 감정에 필요한 처분으로도 할 수 있지만, 압수의 방법으로도 할 수 있고, 압수의 방법에 의하는 경우 혈액의 취득을 위하여 甲의 신체로부터 혈액을 채취하는 행위는 압수영장의 집행에 있어 필요한 처분에 해당한다.
② 의식불명인 甲에 대하여 영장을 발부받을 시간적 여유가 없는 상황에서 甲에게서 술냄새가 강하게 나는 등 준현행범인의 요건이 갖추어져 있고 교통사고 발생 시각으로부터 범행 직후라고 볼 수 있는 시간 내라면 사법경찰관은 의료인으로 하여금 의학적인 방법에 따라 필요최소한의 한도 내에서 甲의 혈액을 채취하게 한 후 그 혈액을 영장 없이 압수할 수 있다.
③ 甲의 법정대리인인 부모가 병원응급실에 있는 경우 사법경찰관은 부모의 동의를 받아 의료인으로 하여금 의료용 기구로 의학적인 방법에 따라 필요최소한의 한도 내에서 甲의 혈액을 채취하게 한 후 그 혈액을 영장 없이 압수할 수 있다.
④ 간호사가 병원이나 담당의사를 대리하여 甲의 혈액을 사법경찰관에게 임의로 제출할 수 있는 권한이 없다고 볼 특별한 사정이 없는 이상, 사법경찰관은 간호사가 진료 목적으로 채혈해 둔 甲의 혈액 중 일부를 주취운전 여부에 대한 감정의 목적으로 임의로 제출받아 압수할 수 있다.

183 영장 없는 압수·수색·검증에 관한 설명 중 옳지 않은 것은? (다툼이 있으면 판례에 의함)

① 체포영장이 발부된 피의자를 체포하기 위하여 경찰관이 타인의 주거 등을 수색하는 경우에는 그 피의자가 그 장소에 소재할 개연성 이외에도 별도로 사전에 수색영장을 발부받기 어려운 긴급한 사정이 있는 경우에만 제한적으로 이루어져야 한다.
② 음주운전 중 교통사고를 야기하고 의식불명 상태에 빠져 병원응급실에 후송된 피의자의 신체 내지 의복류에 주취로 인한 냄새가 강하게 나고, 교통사고 발생 시각으로부터 사회통념상 범행 직후라고 볼 수 있는 시간 내라면 경찰관은 의료진에게 요청하여 피의자의 혈액을 채취하도록 하여 압수할 수 있다.
③ 경찰관이 음주운전과 관련한 도로교통법위반죄의 수사를 목적으로 미성년자인 피의자의 혈액을 채취해야 할 경우 피의자에게 의사능력이 있다면 피의자 본인의 동의를 받아서 하면 되고, 별도로 법정대리인의 동의를 받을 필요는 없다.
④ 경찰관이 2020.10.5. 20:00 도로에서 마약류 거래를 하고 있는 피의자를 긴급체포한 뒤 같은 날 20:24경 영장 없이 체포현장에서 약 2km 떨어진 피의자의 주거지에 대한 수색을 실시해서 작은 방 서랍장 등에서 메스암페타민 약 10g을 압수한 것은 위법하다.

184 수사기관이 피의자의 동의 없이 피의자의 혈액 또는 소변을 채취하는 방법으로 가장 옳은 것은? (다툼이 있으면 판례에 의함)

① 반드시 법원으로부터 감정처분허가장을 받아 형사소송법 제221조의4 제1항, 제173조 제1항에 의한 '감정에 필요한 처분'으로 하여야 한다.
② 반드시 형사소송법 제219조, 제106조 제1항에 정한 압수의 방법으로 하여야 한다.
③ 법원으로부터 감정처분허가장을 받아 형사소송법 제221조의4 제1항, 제173조 제1항에 의한 '감정에 필요한 처분'으로도 할 수 있지만, 형사소송법 제219조, 제106조 제1항에 정한 압수의 방법으로도 할 수 있다.
④ 법원으로부터 감정처분허가장을 받아 형사소송법 제221조의4 제1항, 제173조 제1항에 의한 '감정에 필요한 처분'으로도 할 수 있지만, 형사소송법 제219조, 제140조에 정한 검증의 방법으로도 할 수 있다.

185 형사소송법 제417조의 준항고에 관한 다음 설명 중 옳지 않은 것은? (다툼이 있으면 판례에 의함)

① '지방법원판사가 한 압수영장발부의 재판' 또는 '검사가 압수·수색영장의 청구 등 강제처분을 위한 조치를 취하지 아니한 것'에 대하여는 모두 형사소송법 제417조 소정의 준항고로써 불복할 수 없다.

② 형사소송법 제417조의 준항고에 관하여 같은 법 제419조는 같은 법 제409조의 보통항고의 효력에 관한 규정을 준용하고 있으므로 형사소송법 제417조의 준항고는 항고의 실익이 있는 한 제기기간에 아무런 제한이 없다.

③ 수사기관의 압수물에 관한 처분의 취소를 구하는 준항고는 항고소송의 일종이므로 통상의 항고소송과 마찬가지로 그 이익이 있어야 하고, 준항고 절차의 계속 중 이로써 달성하려는 목적이 이미 이루어졌거나 시일의 경과 또는 그 밖의 사정으로 인하여 그 이익이 상실된 경우에는 준항고의 이익이 없어 부적법하다.

④ 전자정보에 대한 압수·수색 과정에서 이루어진 현장에서의 저장매체 압수·이미징(imaging)·탐색·복제 및 출력행위 등 수사기관의 처분은 하나의 영장에 의한 압수·수색 과정에서 이루어지는 것이고, 이 경우 준항고인이 전체 압수·수색 과정을 단계적·개별적으로 구분하여 각 단계의 개별 처분의 취소를 구하고 있다면 준항고법원으로서는 그 취지에 따라 그 구분된 개별 처분의 위법이나 취소 여부를 판단하여야 한다.

186 압수물의 처리에 관한 설명 중 가장 옳지 않은 것은? (다툼이 있으면 판례에 의함)

① 압수한 장물은 피해자에게 환부할 이유가 명백한 때에는 피고사건의 종결 전이라도 결정으로 피해자에게 환부할 수 있다.

② 형사소송법의 압수장물의 환부에 관한 규정은 이해관계인이 민사소송절차에 의하여 그 권리를 주장함에 영향을 미치지 아니한다.

③ 사법경찰관은 압수물을 환부 또는 가환부하려면 검사의 지휘를 받아야 한다.

④ 법령상 생산·제조·소지·소유 또는 유통이 금지된 압수물로서 부패의 염려가 있거나 보관하기 어려운 압수물은 소유자 등 권한 있는 자의 동의를 받아 폐기하여야 한다.

187 압수물의 처리에 대한 설명으로 가장 적절하지 않은 것은? (다툼이 있으면 판례에 의함)

① 검사는 증거에 사용할 압수물에 대하여 가환부의 청구가 있는 경우 거부할 수 있는 특별한 사정이 없는 한 이에 응하여야 한다.
② 외국산 물품을 관세장물의 혐의가 있다고 보아 압수하였다 하더라도 그것이 언제, 누구에 의하여 관세포탈된 물건인지 알 수 없어 기소중지 처분을 한 경우에는 그 압수물은 관세장물이라고 단정할수 없으므로 이를 국고에 귀속시킬 수 없으나, 압수는 계속할 필요가 있다.
③ 압수를 계속할 필요가 없다고 인정되는 압수물은 피고사건 종결 전이라도 결정으로 환부하여야 하고, 증거에 공할 압수물은 소유자, 소지자, 보관자 또는 제출인의 청구에 의하여 가환부할 수 있다.
④ 법령상 생산·제조가 금지된 압수물로서 부패의 염려가 있거나 보관하기 어려운 압수물도 소유자 등 권한 있는 자의 동의를 받아 폐기할 수 있다.

188 압수물처리에 대한 설명으로 가장 적절하지 않은 것은? (다툼이 있으면 판례에 의함)

① 몰수하여야 할 압수물로서 멸실, 파손, 부패 또는 현저한 가치감소의 염려가 있거나 보관하기 어려운 압수물은 매각하여 대가를 보관할 수 있다.
② 검사는 사본을 확보한 경우 등 압수를 계속할 필요가 없다고 인정되는 압수물 및 증거에 사용할 압수물에 대하여는 공소제기 전이라도 소유자, 소지자, 보관자 또는 제출인의 청구가 있는 때에는 환부 또는 가환부하여야 한다.
③ 소유자 등의 환부·가환부 청구에 대해 검사가 이를 거부하는 경우 신청인은 해당 검사의 소속 검찰청에 대응한 법원에 압수물의 환부 또는 가환부 결정을 청구할 수 있다.
④ 피압수자 등 환부를 받을 자가 압수 후 그 소유권을 포기하는 등에 의하여 실체법상의 권리를 상실하더라도 압수물을 환부하여야 할 수사기관의 의무에 어떠한 영향을 미칠 수 없으나, 만약 그가 수사기관에 대하여 형사소송법상의 환부청구권을 포기한다는 의사표시를 하였다면 수사기관의 필요적 환부의무는 면제될 수 있다.

189 통신비밀보호법에 관한 다음 설명 중 옳지 않은 것은 모두 몇 개인가? (다툼이 있으면 판례에 의함)

> ㉠ 대화에 원래부터 참여하지 않는 제3자가 일반 공중이 알 수 있도록 공개되지 아니한 타인간의 발언을 녹음하거나 전자장치 또는 기계적 수단을 이용하여 청취하는 것은 특별한 사정이 없는 한 통신비밀보호법 제3조 제1항에 위반된다.
> ㉡ 제3자의 경우 전화통화 당사자 일방의 동의를 받고 그 통화 내용을 녹음하였다면 비록 그 상대방의 동의가 없었더라도 통신비밀보호법 제3조 제1항 위반이 되지 아니한다.
> ㉢ 피고인이 범행 후 피해자에게 전화를 걸어오자 피해자가 증거를 수집하려고 그 전화내용을 녹음한 경우 이는 통신비밀보호법 제3조 제1항에 위반되는 불법감청으로 그 녹음테이프는 증거능력이 없다.
> ㉣ 사인이 피고인 아닌 사람과의 대화내용을 대화 상대방 몰래 녹음하였다고 하더라도 그 녹음테이프가 위법하게 수집된 증거로서 증거능력이 없다고 할 수 없으며, 사인이 피고인 아닌 사람과의 대화내용을 상대방 몰래 비디오로 촬영·녹음한 경우에도 위와 마찬가지로 취급하여야 한다.
> ㉤ 3인 간의 대화에서 그 중 한 사람이 그 대화를 녹음 또는 청취하는 경우에 다른 두 사람의 발언은 그 녹음자 또는 청취자에 대한 관계에서 통신비밀보호법 제3조 제1항에서 정한 '타인 간의 대화'라고 할 수 없으므로, 이러한 녹음 또는 청취하는 행위 및 그 내용을 공개하거나 누설하는 행위가 동법 제16조 제1항에 해당한다고 볼 수 없다.

① 1개
② 2개
③ 3개
④ 4개

190 '통신비밀보호법'의 강제처분에 관한 설명 중 옳지 않은 것은? (다툼이 있는 경우 판례에 의함)

① 인터넷 통신망을 통한 송·수신은 전기통신에 해당하므로 인터넷 통신망을 통하여 흐른 전기신호 형태의 패킷(packet)을 중간에 확보하여 그 내용을 지득하는 이른바 '패킷 감청'도 '통신비밀보호법'의 요건을 갖추는 경우 다른 특별한 사정이 없는 한 허용된다.
② '전기통신의 감청'은 전기통신이 이루어지고 있는 상황에서 실시간으로 전기통신의 내용을 지득·채록하는 경우와 통신의 송·수신을 직접적으로 방해하는 경우를 의미하는 것이지, 이미 수신이 완료된 전기통신에 관하여 남아 있는 기록이나 내용을 열어보는 등의 행위는 포함하지 않는다.
③ 통신사실확인자료 제공요청의 목적이 된 범죄와 관련된 범죄란 통신사실 확인자료제공요청허가서에 기재한 혐의사실과 객관적 관련성이 있고 자료제공 요청대상자와 피의자 사이에 인적 관련성이 있는 범죄를 의미한다.
④ 위 ③에서의 객관적 관련성은 통신사실 확인자료제공요청 허가서에 기재된 혐의사실 자체 또는 그와 기본적 사실관계가 동일한 범행과 직접 관련되어 있어야 하므로, 범행 동기와 경위, 범행 수단 및 방법, 범행 시간과 장소 등을 증명하기 위한 간접증거나 정황증거 등으로 사용될 수 있는 경우에는 인정될 수 없다.

191 통신비밀보호법상의 통신제한조치에 관한 설명으로 옳은 것을 모두 고른 것은? (다툼이 있으면 판례에 의함)

> ㉠ 전기통신의 감청은 '감청'의 개념 규정에 비추어 전기통신이 이루어지고 있는 상황에서 실시간으로 전기통신의 내용을 지득·채록하는 경우와 전기통신의 송·수신을 직접적으로 방해하는 경우를 의미하는 것이므로, 이미 수신이 완료된 전기통신에 관하여 남아있는 기록이나 내용을 열어보는 등의 행위는 포함하지 않는다.
> ㉡ 범죄수사를 위한 통신제한조치의 기간은 1개월을 초과하지 못하고, 그 기간 중 통신제한조치의 목적이 달성되었을 경우에는 즉시 종료하여야 한다.
> ㉢ 사법경찰관은 통신비밀보호법 제8조에 따른 긴급통신제한 조치를 한 경우에 집행에 착수한 때부터 36시간 이내에 법원의 허가를 받지 못한 경우에는 해당 조치를 즉시 중지하고 해당 조치로 취득한 자료를 폐기하여야 한다.
> ㉣ 사법경찰관은 통신제한조치를 집행한 사건에 관하여 검사가 공소를 제기하거나 제기하지 아니하는 처분(기소중지 또는 참고인중지 결정은 포함한다)의 통보를 받은 때에는 그 통보를 받은 날부터 30일 이내에 감청의 대상이 된 전기통신의 가입자에게 통신제한조치를 집행한 사실과 집행기관 및 그 기간 등을 서면으로 통지하여야 한다.
> ㉤ 통신비밀보호법 제3조 제1항을 위반한 불법감청에 의하여 녹음된 전화통화의 내용은 통신비밀보호법 제4조에 의하여 원칙적으로 증거능력이 없으나, 피고인이나 변호인이 이를 증거로 함에 동의하였다면 증거능력이 인정된다.

① ㉠, ㉢
② ㉡, ㉤
③ ㉠, ㉡, ㉤
④ ㉠, ㉢, ㉣

192 「통신비밀보호법」상 감청에 관한 설명으로 가장 적절하지 않은 것은? (다툼이 있으면 판례에 의함)

① 「통신비밀보호법」제3조 제1항 본문에 의하면 누구든지 이 법과 형사소송법 또는 「군사법원법」의 규정에 의하지 않고는 공개되지 않은 타인 간의 대화를 녹음하거나 청취하지 못하는데, 거실에 설치된 영상정보 처리기기를 이용해 자동녹음된 피해자들 대화의 녹음물을 재생하여 듣는 행위는 '청취'에 포함된다.
② 통화를 마친 후 전화가 끊기지 않은 상태에서 휴대전화를 통하여 들은 '악' 하는 소리와 '우당탕' 소리는 공개되지 않은 타인 간의 대화에 해당하지 않는다.
③ 단속 경찰관이 손님으로 가장하고 성매매업소에 들어가 여종업원 몰래 여종업원과 나눈 대화를 녹음하였더라도 이는 「통신비밀보호법」제3조 제1항이 금지하는 공개되지 아니한 타인 간의 대화를 녹음한 경우에 해당하지 않는다.
④ 사법경찰관은 「통신비밀보호법」에 따른 패킷감청을 집행하여 그 전기통신을 보관하고자 하는 때에는 집행 종료일로부터 14일 이내 보관등이 필요한 전기통신을 선별하여 검사에게 보관등의 승인을 신청하고, 이때 검사가 사법경찰관의 신청을 기각한 경우에는 그 날부터 7일 이내에 취득한 전기통신을 폐기하여야 한다.

193 통신비밀보호법상 감청 등에 관한 다음 설명 중 옳지 않은 것은? (다툼이 있으면 판례에 의함)

① 통신비밀보호법 제14조 제1항에서 '공개되지 않았다'는 것은 반드시 비밀과 동일한 의미는 아니고 일반공중에게 공개되지 않았다는 의미이다.

② 인터넷개인방송의 방송자가 비밀번호를 설정하는 등 그 수신 범위를 한정하는 비공개 조치를 취하지 않고 방송을 송출하는 경우 누구든지 시청하는 것을 포괄적으로 허용하는 의사라고 볼 수 있으므로 그 시청자는 인터넷개인방송의 당사자인 수신인에 해당하고, 이러한 시청자가 방송 내용을 지득·채록하는 것은 통신비밀보호법에서 정한 감청에 해당하지 않는다.

③ 피해아동의 부모가 피해아동의 가방에 녹음기를 넣어 수업시간 중 교실에서 피해아동의 담임교사인 피고인이 한 발언을 녹음한 녹음파일, 녹취록 등은 통신비밀보호법 제14조 제1항을 위반하여 공개되지 아니한 타인 간의 대화를 녹음한 것에 해당하지 않으므로 증거능력이 부정되지 않는다.

④ 통신비밀보호법 제3조 제1항은 "누구든지 이 법과 형사소송법 또는 군사법원법의 규정에 의하지 아니하고는 우편물의 검열·전기통신의 감청 또는 공개되지 않은 타인간의 대화를 녹음 또는 청취하지 못한다."고 규정하고 있는바, 여기서 '청취'는 타인간의 대화가 이루어지고 있는 상황에서 실시간으로 그 대화의 내용을 엿듣는 행위를 의미하고, 대화가 이미 종료된 상태에서 그 대화의 녹음물을 재생하여 듣는 행위는 '청취'에 포함되지 않는다.

194 통신비밀보호법이 규정하는 통신제한조치에 대한 설명으로 옳은 것은? (다툼이 있으면 판례에 의함)

① 통신비밀보호법에서 보호하는 타인 간의 '대화'에는 원칙적으로 현장에 있는 당사자들이 말을 주고받는 육성과 의사소통 과정에서 사물에서 발생하는 음향이 포함된다.

② 통신비밀보호법이 규정하는 감청에는 실시간으로 전기통신의 내용을 지득·채록하는 행위, 통신의 송·수신을 직접적으로 방해하는 행위, 이미 수신이 완료된 전기통신에 관하여 남아 있는 기록이나 내용을 열어보는 행위 등이 포함된다.

③ 통신의 당사자 일방이 수사기관에 제출할 의도로 상대방의 동의 없이 전자장치나 기계장치를 사용하여 통신의 음향·문언·부호·영상을 청취하는 것은 통신비밀보호법이 정한 감청에 해당하지 아니한다.

④ 사법경찰관은 인터넷 회선을 통하여 송신 수신하는 전기통신을 대상으로 통신제한조치를 집행한 후 그 전기통신의 보관 등을 하고자 하는 때에는 집행종료일부터 14일 이내에 보관 등이 필요한 전기통신을 선별하여 검사에게 보관 등의 승인을 청구하고, 검사는 청구가 이유 있다고 인정하는 경우에는 보관 등을 승인하여야 한다.

195 녹음증거 및 「통신비밀보호법」에 관한 설명 중 옳지 않은 것은? (다툼이 있으면 판례에 의함)

① 「통신비밀보호법」상 통신사실확인자료 제공요청의 목적이 된 범죄와 관련된 범죄란 통신사실확인자료 제공요청허가서에 기재된 혐의사실과 객관적 관련성이 있고 자료제공 요청 대상자와 피의자 사이에 인적 관련성이 있는 범죄를 의미한다.

② '우당탕' 소리는 사람의 목소리가 아니라 사물에서 발생하는 음향이고 '악' 소리도 사람의 목소리이기는 하나 그것만으로 상대방에게 의사를 전달하는 말이라고 보기는 어려워 특별한 사정이 없는 한 「통신비밀보호법」에서 말하는 타인 간의 '대화'에 해당한다고 볼 수 없다.

③ 甲, 乙이 A와의 통화 내용을 녹음하기로 합의한 후 甲이 스피커폰으로 A와 통화하고 乙이 옆에서 이를 녹음한 경우 전화통화의 당사자는 甲과 A이고, 乙은 제3자에 해당하므로 乙이 전화통화 당사자 일방인 甲의 동의를 받고 통화 내용을 녹음하였다고 하더라도 상대방인 A의 동의가 없었던 이상 그 녹음파일은 증거로 사용할 수 없고, 이는 A가 녹음파일 및 이를 채록한 녹취록에 대하여 증거동의를 하였다 하더라도 마찬가지이다.

④ 수사기관이 피고인의 마약류관리에관한법률위반(향정)죄의 추가적인 증거를 확보할 목적으로 필로폰 투약혐의로 구속수감 중인 공소외인에게 그의 압수된 휴대전화를 제공하여 그로 하여금 피고인과 통화하고 피고인의 이 사건 공소사실 범행에 관한 통화 내용을 녹음하게 한 경우 그 녹음파일은 '타인 간의 대화'라고 할 수 없으므로 증거능력이 있다.

196 「통신비밀보호법」상 통신제한조치에 대한 설명으로 가장 적절한 것은? (다툼이 있으면 판례에 의함)

① 전기통신의 감청은 전기통신이 이루어지고 있는 상황에서 실시간으로 전기통신의 내용을 지득·채록하는 경우와 통신의 송·수신을 직접적으로 방해하는 경우뿐만 아니라 이미 수신이 완료된 전기통신에 관하여 남아 있는 기록이나 내용을 열어보는 등의 행위도 포함한다.

② 사법경찰관이 「통신비밀보호법」 제8조에 따른 긴급통신제한조치를 할 경우에는 미리 검사의 지휘를 받아야 한다. 다만, 특히 급속을 요하여 미리 지휘를 받을 수 없는 사유가 있는 경우에는 긴급통신제한조치의 집행착수 후 지체없이 검사의 승인을 얻어야 한다.

③ 형법상 절도죄, 강도죄, 공갈죄, 횡령죄는 「통신비밀보호법」상 범죄수사를 위한 통신제한조치가 가능한 범죄이다.

④ 불법감청에 의하여 녹음된 전화통화의 내용은 「통신비밀보호법」에 의하여 증거능력이 없으나 피고인이나 변호인이 이를 증거로 함에 동의한 때에는 예외적으로 증거능력이 인정된다.

197 통신제한조치에 관한 설명 중 가장 적절하지 않은 것은? (다툼이 있으면 판례에 의함)

① 무전기와 같은 무선전화기를 이용한 통화는 통신비밀보호법상 '타인간의 대화'에 포함되므로 '전기통신'에는 해당하지 않는다.
② 이미 수신이 완료된 전기통신에 관하여 남아 있는 기록이나 내용을 열어보는 등의 행위는 전기통신의 감청에 해당하지 않는다.
③ 피고인이 범행 후 피해자에게 전화를 걸어오자 피해자가 증거를 수집하려고 그 전화내용을 녹음한 경우 그것이 피고인 모르게 녹음된 것이라 하여 이를 위법하게 수집된 증거라고 할 수 없다.
④ 제3자가 당사자 일방의 동의를 받고 통화내용을 녹음한 경우 통화 상대방의 동의가 없었다면 통신비밀보호법위반에 해당한다.

198 증거보전에 관한 설명 중 가장 적절한 것은? (다툼이 있으면 판례에 의함)

① 검사가 증거보전을 청구할 때에는 구술로 그 사유를 소명하여야 한다.
② 수사상 증거보전절차는 제1심판결 선고 전까지 청구할 수 있다.
③ 증거보전절차에서 증인신문의 일시와 장소를 피의자 및 변호인에게 미리 통지하지 아니하여 증인신문에 참여할 수 있는 기회를 주지 아니하였고, 변호인이 후에 이에 대하여 이의신청한 경우 그 증인신문조서는 증거능력이 없다.
④ 증거보전을 청구할 수 있는 처분은 피의자신문, 증인신문, 감정, 검증과 압수·수색이다.

199 증거보전 및 제1회 공판기일 전 증인신문에 관한 설명 중 옳지 않은 것은? (다툼이 있는 경우 판례에 의함)

① 공동피고인과 피고인이 뇌물을 주고받은 사이로 필요적 공범관계에 있다고 하더라도 검사는 수사단계에서 피고인에 대한 증거를 미리 보전하기 위하여 필요한 경우에는 판사에게 공동피고인을 증인으로 신문할 것을 청구할 수 있다.
② 검사가 제1회 공판기일 전 증인신문청구를 하려면 증인의 진술로서 증명할 대상인 피의사실이 존재하여야 하나, 이때의 피의사실은 수사기관이 어떤 자에 대하여 내심으로 혐의를 품고 있는 정도의 상태만으로는 존재한다고 할 수 없다.
③ 참고인이 수사단계에서의 진술을 공판단계에서 번복할 염려가 있으며 그의 진술이 범죄의 증명에 없어서는 아니 될 것으로 인정될 경우 검사는 제1회 공판기일 전의 증인신문을 청구할 수 있다.
④ 성폭력범죄의 피해자나 그 법정대리인 또는 사법경찰관은 피해자가 공판기일에 출석하여 증언하는 것에 현저히 곤란한 사정이 있을 때에는 그 사유를 소명하여 영상녹화물 또는 그 밖의 다른 증거에 대하여 해당 성폭력범죄를 수사하는 검사에게 증거보전의 청구를 할 것을 요청할 수 있다.

200 증거보전절차에 관한 설명으로 옳지 않은 것은? (다툼이 있으면 판례에 의함)

① 검사는 제1회 공판기일 전이라도 판사에게 증인신문뿐만 아니라 압수·수색·검증·감정을 내용으로 하는 증거보전을 청구할 수 있다.
② 증거보전은 제1심 제1회 공판기일 전에 한하여 허용되는 것이므로 재심청구사건에서는 증거보전절차는 허용되지 않는다.
③ 피고인뿐만 아니라 피의자도 미리 증거를 보전하지 아니하면 그 증거를 사용하기 곤란한 사정이 있는 때에는 제1회 공판기일 전이라도 판사에게 압수·수색·검증·증인신문 또는 감정을 청구할 수 있다.
④ 공동피고인과 피고인이 뇌물을 주고받은 사이로 필요적 공범관계인 경우에는 검사는 수사단계에서 피고인에 대한 증거를 미리 보전하기 위해 필요한 경우라도 판사에게 공동피고인을 증인으로 신문할 것을 청구할 수 없다.

201 형사소송법상 증거보전(제184조)과 증인신문(제221조의2)에 관한 다음 설명 중 가장 틀린 것은? (다툼이 있으면 판례에 의함)

① 증거보전(제184조)은 제1회 공판기일 전에 한하여 할 수 있는데, 제1회 공판기일 전인 이상 공소제기 전·후는 불문한다.
② 증거보전절차(제184조)에서 피의자의 신문을 청구할 수는 없으나, 공범자인 공동피고인에 대한 증인신문은 가능하다.
③ 증거보전(제184조)은 제1심 제1회 공판기일 전에 허용되는 것이나, 재심청구사건에서도 실체적 진실발견을 위하여 증거보전청구가 예외적으로 허용된다.
④ 증거보전(제184조) 청구를 기각하는 결정에 대하여는 항고할 수 있으나, 증인신문(제221조의2) 청구를 기각하는 결정에 대하여는 불복할 수 없다.

202 수사의 종결에 관한 설명 중 가장 적절하지 않은 것은? (다툼이 있으면 판례에 의함)

① 검사가 고소 또는 고발에 의하여 범죄를 수사할 때에는 고소 또는 고발을 수리한 날로부터 3월 이내에 수사를 완료하여 공소제기 여부를 결정하여야 한다.

② 검사가 불기소처분을 한 후에도 공소시효가 완성되기 전이면 언제라도 공소를 제기할 수 있으나, 세무공무원 등의 고발이 있어야 공소를 제기할 수 있는 조세범처벌법 위반죄에 관하여 종전 세무공무원 등의 고발에 대한 불기소처분이 있었던 경우는 세무공무원 등의 새로운 고발이 있어야 공소를 제기할 수 있다.

③ 고소인 또는 고발인이 고소·고발장을 제출한 후 출석요구나 자료제출 등 혐의 확인을 위한 수사기관의 요청에 불응하거나 소재불명이 되는 등 고소·고발사실에 대한 수사를 개시·진행할 자료가 없는 경우는 불기소처분 중 각하 사유에 해당한다.

④ 친고죄 및 공무원의 고발이 있어야 논할 수 있는 죄의 경우에 고소 또는 고발이 없거나 그 고소 또는 고발이 무효 또는 취소된 경우는 불기소처분중 공소권 없음 사유에 해당한다.

203 사법경찰관의 수사의 종결 등에 관한 다음 설명 중 옳지 않은 것은 모두 몇 개인가?

> ㉠ 범죄의 혐의가 있다고 인정되는 경우에는 지체 없이 검사에게 사건을 송치하고, 관계 서류와 증거물을 검사에게 송부하여야 한다.
> ㉡ 검사에게 사건을 송치하지 않는 경우에는 그 이유를 명시한 서면과 함께 관계 서류와 증거물을 지체 없이 검사에게 송부하여야 한다. 이 경우 검사는 송부받은 날부터 90일 이내에 사법경찰관에게 반환하여야 한다.
> ㉢ 사법경찰관은 사건 불송치 이유를 명시한 서면과 함께 관계 서류와 증거물을 검사에게 송부한 날부터 7일 이내에 서면으로 고소인·고발인·피해자 또는 그 법정대리인에게 사건을 검사에게 송치하지 아니하는 취지와 그 이유를 통지하여야 한다.
> ㉣ 사건 불송치 통지를 받은 사람(고발인을 제외한다)은 해당 사법경찰관의 소속 관서의 장에게 이의를 신청할 수 있다. 이 경우 사법경찰관은 지체 없이 검사에게 사건을 송치하고 관계 서류와 증거물을 송부하여야 하며, 처리결과와 그 이유를 신청인에게 통지하여야 한다.

① 0개 ② 1개
③ 2개 ④ 3개

204 사법경찰관의 수사종결 처분에 관한 설명으로 가장 적절하지 않은 것은?

① 사법경찰관은 범죄수사 후 범죄 혐의가 있다고 인정되면 지체 없이 검사에게 사건을 송치하고, 검사는 송치사건의 공소제기 여부 결정에 관하여 필요한 경우 사법경찰관에게 보완수사를 요구할 수 있다.
② 사법경찰관은 사건불송치의 경우에 사건기록을 송부한 날부터 7일 이내에 서면으로 고소인·고발인·피해자 또는 그 법정대리인에게 사건불송치 취지와 그 이유를 통지해야 하고, 고소인·피해자 또는 그 법정대리인은 해당 사법경찰관 소속 관서장에게 수사결과 통지를 받은 날로부터 30일 이내에 이의를 신청할 수 있다.
③ 사법경찰관이 수사중지 결정을 한 경우 7일 이내에 사건기록을 검사에게 송부해야 하며, 검사는 사건기록을 송부받은 날부터 30일 내에 형사소송법 제197조의3에 따라 시정조치 요구를 할 수 있다.
④ 20만 원 이하의 벌금 또는 구류나 과료에 처할 범죄사건으로서 즉결심판절차에 의해 처리될 경미사건은 관할 경찰서장이 관할 법원에 즉결심판을 청구하여 수사절차를 종결한다.

205 재수사 요청절차 등에 관한 다음 설명 중 옳지 않은 것은?

① 검사는 사법경찰관에게 재수사를 요청하려는 경우에는 사법경찰관으로부터 관계 서류와 증거물을 송부받은 날부터 90일 이내에 해야 한다.
② 검사는 불송치 결정에 영향을 줄 수 있는 명백히 새로운 증거 또는 사실이 발견된 경우나 증거 등의 허위, 위조 또는 변조를 인정할 만한 상당한 정황이 있는 경우에는 90일이 지난 후에도 재수사를 요청할 수 있다.
③ 사법경찰관은 재수사의 요청이 접수된 날부터 30일 이내에 재수사를 마쳐야 한다.
④ 사법경찰관은 재수사 중인 사건에 대해 고소인 등의 이의신청이 있는 경우에는 재수사를 중단해야 하며, 해당 사건을 지체 없이 검사에게 송치하고 관계 서류와 증거물을 송부해야 한다.

206 형사소송법과 「검사와 사법경찰관의 상호협력과 일반적 수사준칙에 관한 규정」에 따른 수사의 종결에 관한 설명으로 가장 적절하지 않은 것은?

① 사법경찰관(특별사법경찰관은 제외한다)이 고발사건을 수사하였으나 해당 사건의 공소시효가 완성되었다고 판단하여 불송치 결정을 하는 경우에는 그 이유를 명시한 서면과 함께 관계 서류와 증거물을 지체 없이 검사에게 송부하여야 한다.
② 사법경찰관이 고발사건에 대해 불송치 결정을 하는 경우 사법경찰관은 사건을 검사에게 송치하지 아니하는 취지와 그 이유를 서면으로 고발인에게 통지해야 하지만, 이러한 통지를 받은 고발인은 해당 사법경찰관의 소속 관서의 장에게 이의를 신청할 수 없다.
③ 검사가 송치받은 사건에 대해 보완수사가 필요하다고 인정하여 사법경찰관에게 보완수사를 요구하는 경우 1인이 범한 수죄 중에서 수사기록에 명백히 현출되어 있지 않은 사건은 보완수사 요구의 대상인 관련사건에 포함되지 않는다.
④ 사법경찰관이 사건을 송치하지 아니한 것이 위법 또는 부당하다는 이유로 검사가 사법경찰관에게 재수사를 요청하여 재수사 중인 사건에 대해 해당 사건의 고소인이 이의신청을 한 경우 사법경찰관은 재수사의 계속 진행 여부를 결정할 수 있다.

207 검사는 사법경찰관이 '기존의 불송치 결정 유지' 재수사 결과를 통보한 사건에 대해서 다시 재수사를 요청하거나 송치 요구를 할 수 없다. 다만 검사는 사법경찰관이 사건을 송치하지 않은 위법 또는 부당이 시정되지 않아 사건을 송치받아 수사할 필요가 있는 '일정한 경우'에는 형사소송법 제197조의3에 따라 사건송치를 요구할 수 있다. 다음 중 이와 같은 '일정한 경우'에 해당하지 않는 것은?

① 관련 법령 또는 법리에 위반된 경우
② 고소인 등이 검사에게 권리구제를 신청한 경우
③ 공소시효 또는 형사소추의 요건을 판단하는 데 오류가 있는 경우
④ 송부받은 관계 서류 및 증거물과 재수사 결과만으로도 범죄의 혐의가 명백히 인정되는 경우

208 재정신청에 관한 다음 설명 중 가장 옳지 않은 것은? (다툼이 있으면 판례에 의함)

① 검사가 공소시효 만료일 30일 전까지 공소를 제기하지 아니하는 경우에는 검사의 불기소처분에 대한 항고를 거치지 않고도 재정신청을 할 수 있다.
② 법원이 재정신청서를 송부받은 날부터 10일 이내에 피의자에게 그 사실을 통지하지 않았는데 재정신청이 이유 있다고 보아 공소제기결정을 하였고 그에 따라 공소가 제기되어 본안사건의 절차가 개시되었다면, 피고인은 본안사건에서 그와 같은 잘못을 다툴 수 있다.
③ 재정신청은 그에 대한 결정이 있을 때까지 취소할 수 있으나, 이를 취소한 자는 다시 재정신청을 할 수 없다.
④ 재정신청에 따른 공소제기의 결정에 대하여는 형사소송법 제415조의 재항고가 허용되지 않으며, 그러한 재항고가 제기된 경우에 원심법원은 결정으로 이를 기각하여야 한다.

209 불기소처분에 대한 불복에 관한 설명 중 가장 적절하지 않은 것은? (다툼이 있으면 판례에 의함)

① 검사의 불기소처분에 불복하는 고소인이나 고발인은 그 검사가 속한 지방검찰청 또는 지청을 거쳐 서면으로 관할 고등검찰청 검사장에게 항고할 수 있다.
② 고소권자로서 고소를 한 자는 검사로부터 공소를 제기하지 아니한다는 통지를 받은 때에는 그 검사 소속의 지방검찰청 소재지를 관할하는 고등법원에 그 당부에 관한 재정을 신청할 수 있으나, 검찰항고전치주의가 적용되어 반드시 검찰항고를 먼저 거쳐야 한다.
③ 재정신청은 법원의 결정이 있을 때까지 취소할 수 있으나 취소한 자는 다시 재정신청을 할 수 없다.
④ 대통령에게 제출한 청원서를 대통령비서실로부터 이관받은 검사가 진정사건으로 내사 후 내사종결 처리한 경우 위 내사종결 처리는 고소 또는 고발사건에 대한 불기소처분이라고 볼 수 없어 재정신청의 대상이 되지 아니한다.

210 재정신청에 관한 다음 설명 중 가장 옳지 않은 것은? (다툼이 있으면 판례에 의함)

① 검사는 법원의 결정에 따라 공소를 제기한 때에도 공소취소를 할 수 있다.
② 재정신청은 대리인에 의하여 할 수 있으며, 공동신청권자 중 1인의 신청은 그 전원을 위하여 효력을 발생한다.
③ 재정신청 사건의 심리는 특별한 사정이 없는 한 공개하지 아니하고, 재정신청인에 대한 비용부담결정에 대하여는 즉시항고를 할 수 있다.
④ 법원이 재정신청서에 재정신청을 이유있게 하는 사유가 기재되어 있지 않음에도 이를 간과한 채 공소제기결정을 한 관계로 그에 따른 공소가 제기되어 본안사건의 절차가 개시된 후에는 다른 특별한 사정이 없는 한 이제 그 본안사건에서 위와 같은 잘못을 다툴 수 없다.

211 공소제기 후의 수사 등에 관한 다음 설명 중 옳지 않은 것은? (다툼이 있으면 판례에 의함)

① 검사 작성의 피고인에 대한 진술조서가 공소제기 후에 작성된 것이라는 이유만으로는 곧 그 증거능력이 없다고 할 수 없다.

② 공판준비 또는 공판기일에서 이미 증언을 마친 증인을 검사가 소환한 후 피고인에게 유리한 그 증언 내용을 추궁하여 이를 일방적으로 번복시키는 방식으로 작성한 진술조서 또는 그 증인을 상대로 위증의 혐의를 조사한 내용을 담은 피의자신문조서는 피고인이 증거로 할 수 있음에 동의하지 아니하는 한 그 증거능력이 없으나, 그 후 원진술자인 종전 증인이 다시 법정에 출석하여 증언을 하였다면 그 증언 자체는 유죄의 증거로 할 수 있다.

③ 제1심에서 피고인에 대하여 무죄판결이 선고되어 검사가 항소한 후 수사기관이 항소심 공판기일에 증인으로 신청하여 신문할 수 있는 사람을 특별한 사정 없이 미리 수사기관에 소환하여 작성한 진술조서는 피고인이 증거로 할 수 있음에 동의하지 않는 한 증거능력이 없다.

④ 검사가 공판기일에 증인으로 신청하여 신문할 사람을 특별한 사정 없이 미리 수사기관에 소환하여 면담하는 절차를 거친 후 증인이 법정에서 피고인에게 불리한 내용의 진술을 한 경우 그 증언은 피고인이 증거로 할 수 있음에 동의하지 않는 한 증거능력이 없다.

212 공소가 제기된 이후 당해 피고인에 대한 수사와 관련된 설명으로 옳은 것은? (다툼이 있으면 판례에 의함)

① 불구속으로 기소된 피고인이 도망하거나 증거인멸의 염려가 있는 경우 검사는 지방법원판사에게 구속영장을 청구하여 발부받아 피고인을 구속할 수 있다.

② 검사 작성의 피고인에 대한 진술조서가 공소제기 후에 작성된 것이라는 이유만으로 곧 그 증거능력이 없다고 할 수는 없다.

③ 수사기관은 수소법원 이외의 지방법원판사로부터 압수·수색 영장을 청구하여 발부받아 피고사건에 관하여 압수·수색을 할 수 있다.

④ 피고인에 대한 수소법원의 구속영장을 집행하는 경우 필요한 때에도 수사기관은 그 집행현장에서 영장 없이는 압수·수색·검증을 할 수 없다.

213 공소제기 후의 수사에 대한 설명으로 가장 적절한 것은? (다툼이 있으면 판례에 의함)

① 검사가 공소제기 후 형사소송법 제215조에 따라 수소법원 이외의 지방법원판사에게 청구하여 발부받은 영장에 의하여 압수·수색을 하였다면 원칙적으로 유죄의 증거로 삼을 수 있다.

② 형사소송법 제215조는 검사가 압수·수색영장을 청구할 수 있는 시기를 공소제기 전으로 명시적으로 한정하고 있다.

③ 제1심에서 피고인에 대하여 무죄판결이 선고되어 검사가 항소한 후 수사기관이 항소심 공판기일에 증인으로 신청하여 신문할 수 있는 사람을 특별한 사정없이 미리 수사기관에 소환하여 작성한 진술조서는 피고인이 증거로 할 수 있음에 동의하지 않는 한 증거능력이 없지만, 참고인이 나중에 법정에 증인으로 출석하여 진술조서의 성립의 진정을 인정하고 피고인 측에 반대신문의 기회가 부여된 경우에는 그 진술조서를 증거로 할 수 있다.

④ 검사 작성의 피고인에 대한 진술조서가 공소제기 후에 작성된 것이라는 이유만으로는 곧 그 증거능력이 없다고 할 수 없다.

제4편 | 형사소송법 증거

001 증거재판주의에 관한 다음 설명 중 옳지 않은 것은? (다툼이 있으면 판례에 의함)

① 범죄사실의 인정은 증거능력이 있고 적법한 증거조사를 거친 증거에 의한 증명(이른바 엄격한 증명)에 의하여야 한다.
② 형사재판에 있어서 유죄의 인정은 법원에 증거로 제출되어 적법한 증거조사를 거친 증거능력이 있는 증거에 의하여야 할 것이다.
③ 검사가 증거로 제출하였거나 공판정에서 적법한 증거조사를 한 흔적을 찾아 볼 수 없는 서류들은 증거능력이 없는 것이어서 이를 사실인정의 자료로 삼을 수는 없다 할 것이다.
④ 구성요건에 해당하는 사실은 엄격한 증명에 의하여 이를 인정하여야 하지만, 증거능력이 없는 증거라도 구성요건 사실을 추인하게 하는 간접사실이나 구성요건 사실을 입증하는 직접증거의 증명력을 보강하는 보조사실의 인정자료로서는 허용된다.

002 증거에 관한 다음 설명 중 옳지 않은 것은? (다툼이 있으면 판례에 의함)

① 범죄사실의 인정은 증거능력이 있고 적법한 증거조사를 거친 증거에 의한 증명(이른바 엄격한 증명)에 의하여야 한다.
② 검사가 지적하는 증거들은 유죄의 자료로 제출한 증거들로서 그 진정성립이 인정되지 아니하고 이를 증거로 함에 상대방의 동의가 없었기는 하나, 그러한 증거라고 하더라도 유죄사실을 인정하는 증거로 사용하는 것이 아닌 이상 공소사실과 양립할 수 없는 사실을 인정하는 자료로 쓸 수 있다.
③ 유죄의 자료로 쓸 수 있는 서류는 그 진정성립이 인정되거나 피고인과 검사가 증거로 함에 동의해야만 하게 되어 있으며, 이 동의는 법원이 직권으로 증거조사를 할 때에는 양 당사자의 동의가 필요함은 물론이라 하겠으나 당해 서류를 제출한 당사자는 그것을 증거로 함에 동의하고 있음은 명백한 것이므로 상대방의 동의만 얻으면 충분하다.
④ 피고인이나 변호인이 피고인의 무죄에 관한 자료로 제출한 서증 가운데 도리어 유죄임을 뒷받침하는 내용이 있는 경우 법원은 상대방의 원용(동의)이 없어도 당해 서류를 유죄인정의 증거로 쓸 수 있다.

003 형사소송법 제307조 제2항은 "범죄사실의 인정은 합리적인 의심이 없는 정도의 증명에 이르러야 한다."라고 규정하고 있다. 이 규정의 의미와 내용와 가장 거리가 먼 것은? (다툼이 있으면 판례에 의함)

① 법관은 검사가 제출하여 공판절차에서 적법하게 채택·조사한 증거만으로 유죄를 인정하여야 한다.
② 법관이 합리적인 의심을 할 여지가 없을 만큼 확신을 가지는 정도의 증명력을 가진 엄격한 증거에 의하여 공소사실을 증명할 책임은 검사에게 있다.
③ 검사가 법관으로 하여금 합리적인 의심을 할 여지가 없을 만큼의 확신을 가지게 하는 정도로 증명하지 못한 경우에는 설령 피고인의 주장이나 변명이 모순되거나 석연치 않은 면이 있는 등 유죄의 의심이 가는 사정이 있다고 하더라도 피고인의 이익으로 판단하여야 한다.
④ 성범죄 사건을 심리할 때에는 사건이 발생한 맥락에서 성차별 문제를 이해하고 양성평등을 실현할 수 있도록 성인지적 관점을 유지하여야 하므로 개별적·구체적 사건에서 성범죄 피해자가 처하여 있는 특별한 사정을 충분히 고려하지 않은 채 피해자 진술의 증명력을 가볍게 배척하는 것은 정의와 형평의 이념에 입각하여 논리와 경험의 법칙에 따른 증거판단이라고 볼 수 없다.

004 증명에 관한 설명으로 옳은 것만을 〈보기〉에서 모두 고른 것은? (다툼이 있으면 판례에 의함)

> ⊙ 형사소송법 제314조에서 참고인의 진술 또는 작성이 '특히 신빙할 수 있는 상태하에서 행하여졌음'에 대한 증명은 단지 그러할 개연성이 있다는 정도로 족하다.
> ⓒ 공동정범에 있어서 공모관계를 인정하기 위해서는 엄격한 증명이 요구된다.
> ⓒ 「특정범죄 가중처벌 등에 관한 법률」 위반죄(보복범죄의 가중처벌 등)에 있어서 행위자에게 보복의 목적이 있었다는 점에 대해서는 엄격한 증명이 요구된다.
> ② 형법 제6조 단서에서 규정하고 있는 행위지 법률에 의하여 범죄를 구성하는지 여부는 자유로운 증명으로 족하다.

① ㉠, ㉡
② ㉠, ㉢
③ ㉡, ㉢
④ ㉠, ㉢, ㉣

005 엄격한 증명과 자유로운 증명에 대한 설명으로 가장 적절하지 않은 것은? (다툼이 있으면 판례에 의함)

① 범죄구성요건에 해당하는 사실을 증명하기 위한 근거가 되는 과학적인 연구결과는 엄격한 증명을 요한다.

② 증거조사를 거치지 아니하였고 피고인이 이를 증거로 사용함에 동의를 한 바도 없기 때문에 증거능력이 인정되지 않는 증거라도 구성요건 사실을 추인하게 하는 간접사실의 인정자료로는 허용된다.

③ 의사에게 의료행위로 인한 업무상과실치사상죄를 인정하기 위해서는 의료행위 과정에서 공소사실에 기재된 업무상과실의 존재는 물론 그러한 업무상과실로 인하여 환자에게 상해·사망 등 결과가 발생한 점에 대하여도 엄격한 증거에 따라 합리적 의심의 여지가 없을 정도로 증명이 이루어져야 한다.

④ 공모관계를 인정하기 위해서는 엄격한 증명이 요구되지만, 피고인이 범죄의 주관적 요소인 공모관계를 부인하는 경우에는 사물의 성질상 이와 상당한 관련성이 있는 간접사실 또는 정황사실을 증명하는 방법으로 이를 증명할 수밖에 없다.

006 증명에 관한 다음 설명으로 옳지 않은 것은? (다툼이 있으면 판례에 의함)

① 의사에게 의료행위로 인한 업무상과실치사상죄를 인정하기 위해서는 의료행위 과정에서 공소사실에 기재된 업무상과실의 존재는 물론 그러한 업무상과실로 인하여 환자에게 상해·사망 등 결과가 발생한 점에 대하여도 엄격한 증거에 따라 합리적 의심의 여지가 없을 정도로 증명이 이루어져야 한다.

② 개별적인 소수에 대한 발언을 불특정 또는 다수인에게 전파될 가능성을 이유로 공연성을 인정하기 위해서는 막연히 전파될 가능성이 있다는 것만으로 부족하고 고도의 가능성 내지 개연성이 필요하며, 이에 대한 검사의 엄격한 증명을 요한다.

③ 횡령죄는 타인의 재물을 보관하는 자가 그 재물을 횡령하는 것을 처벌하는 범죄이므로 피고인을 유죄로 인정하기 위해서는 횡령의 대상이 된 재물이 타인의 소유라는 점이 입증되어야 할 것이고, 형사재판에서의 유죄의 인정은 법관으로 하여금 합리적인 의심을 할 여지가 없을 정도의 확신을 가지게 하는 엄격한 증거에 의하여야 한다.

④ 뇌물수수죄에서 공무원의 직무에 관하여 수수하였다는 범의를 인정하기 위해서는 엄격한 증명이 요구되므로 간접사실에 비추어 수수하는 금품이 공무원의 직무에 대한 대가로서의 성질을 가진다는 사정을 피고인이 미필적으로라도 인식하면서 묵인한 채 이를 수수한 것으로 볼 수 있는 정도만으로는 뇌물수수의 범의를 인정할 수 없다.

007 증명에 관한 다음 설명 중 가장 옳지 않은 것은? (다툼이 있으면 판례에 의함)

① 형사재판에서 엄격한 증명이 요구되는 대상에는 검사가 공소장에 기재한 구체적 범죄사실 모두가 포함되고, 특히 공소사실에 특정된 범죄의 일시는 범죄의 성격상 특수한 사정이 있는 경우가 아닌 한 엄격한 증명을 통하여 인정되어야 한다.
② 목적과 용도를 정하여 위탁한 금전을 수탁자가 임의로 소비하면 횡령죄를 구성할 수 있으나, 이 경우 피해자가 목적과 용도를 정하여 금전을 위탁한 사실 및 그 목적과 용도가 무엇인지는 엄격한 증명의 대상이다.
③ 형사소송법 제312조 제4항에서 '특히 신빙할 수 있는 상태'는 증거능력의 요건에 해당하므로 검사가 그 존재에 대하여 구체적으로 주장·증명하여야 하며 그러한 증명은 엄격한 증명을 요한다.
④ 친고죄에 있어서의 고소는 고소권 있는 자가 수사기관에 대하여 범죄사실을 신고하고 범인의 처벌을 구하는 의사표시로서 서면뿐만 아니라 구술로도 할 수 있는 것이고, 친고죄에서 적법한 고소가 있었는지 여부는 자유로운 증명의 대상이 된다.

008 다음 중 엄격한 증명의 대상이 되는 것은 모두 몇 개인가? (다툼이 있으면 판례에 의함)

> ㉠ 친고죄에 있어 '고소의 유무'의 판단
> ㉡ 반의사불벌죄에서 '처벌을 희망하지 않는다는 의사표시 또는 처벌희망 의사표시 철회의 유무나 그 효력 여부에 관한 사실' 판단
> ㉢ 출입국사범 사건에서 '지방출입국·외국인관서의 장의 적법한 고발이 있었는지 여부'의 판단
> ㉣ 피고인의 '검찰 진술의 임의성의 유무'의 판단
> ㉤ 형사소송법 제312조 제4항 또는 제313조 단서의 '특히 신빙할 수 있는 상태'의 판단
> ㉥ 형법 제6조 단서의 '행위지의 법률에 의하여 범죄를 구성하는지 여부'의 판단

① 0개
② 1개
③ 2개
④ 3개

009 증명의 대상과 방법에 관한 설명 중 가장 적절하지 않은 것은? (다툼이 있으면 판례에 의함)

① 물가안정법 제26조, 제7조 위반(매점매석)죄는 초과주관적 위법요소인 폭리 목적을 범죄성립요건으로 하는 목적범이므로 폭리 목적은 고의와 별도로 요구됨은 물론 엄격한 증명의 대상이 된다.

② 출입국사범 사건에서 지방출입국·외국인관서의 장의 적법한 고발이 있었는지 여부가 문제되는 경우에 법원은 증거조사의 방법이나 증거능력의 제한을 받지 아니하고 제반 사정을 종합하여 적당하다고 인정되는 방법에 의하여 자유로운 증명으로 그 고발 유무를 판단하면 된다.

③ 공동정범에 있어 공모관계를 인정하기 위해서는 엄격한 증명이 요구되지만, 피고인이 범죄의 주관적 요소인 공모관계를 부인하는 경우에는 사물의 성질상 이와 상당한 관련성이 있는 간접사실 또는 정황사실을 증명하는 방법으로 이를 증명할 수밖에 없다.

④ 형법 제6조 단서에 따라 '행위지의 법률에 의하여 범죄를 구성하는가 여부'는 법원의 직권조사사항이므로 증명의 대상이 될 수 없다.

010 증거재판주의에 대한 설명으로 가장 적절하지 않은 것은? (다툼이 있으면 판례에 의함)

① 구성요건에 해당하는 사실은 엄격한 증명에 의하여 이를 인정하여야 하지만, 증거능력이 없는 증거는 구성요건 사실을 추인하게 하는 간접사실이나 구성요건 사실을 입증하는 직접증거의 증명력을 보강하는 보조사실의 인정자료로는 사용할 수 있다.

② 법원은 범죄의 구성요건이나 법률상 규정된 형의 가중·감면의 사유가 되는 경우를 제외하고는 법률이 규정한 증거로서의 자격이나 증거조사방식에 구애됨이 없이 상당한 방법으로 조사하여 양형의 조건이 되는 사항을 인정할 수 있다.

③ 공연히 사실을 적시하여 사람의 명예를 훼손한 행위가 형법 제310조의 규정에 따라서 위법성이 조각되어 처벌대상이 되지 않기 위하여는 그것이 진실한 사실로서 오로지 공공의 이익에 관한 때에 해당된다는 점을 행위자가 증명하여야 하나, 그 증명은 유죄의 인정에 있어 요구되는 것과 같이 법관으로 하여금 의심할 여지가 없을 정도의 확신을 가지게 하는 증명력을 가진 엄격한 증거에 의하여야 하는 것은 아니다.

④ 탄핵증거는 범죄사실을 인정하는 증거가 아니므로 엄격한 증거조사를 거쳐야 할 필요가 없지만, 법정에서 이에 대한 탄핵증거로서의 증거조사는 필요하다.

011 증명에 대한 다음 설명 중 옳지 않은 것은? (다툼이 있으면 판례에 의함)

① 검사는 체포영장의 유효기간을 연장할 필요가 있다고 인정하는 때에는 그 사유를 증명하여 다시 체포영장을 청구하여야 하지만, 그 증명은 자유로운 증명으로 족하다.
② 탄핵증거는 범죄사실을 인정하는 증거가 아니므로 엄격한 증거조사를 거쳐야 할 필요가 없다.
③ 친고죄에서 적법한 고소가 있었는지 여부는 자유로운 증명의 대상이 된다.
④ 심신장애의 유무 및 정도의 판단은 법률적 판단으로서 반드시 전문감정인의 의견에 기속되어야 하는 것은 아니고, 정신질환의 종류와 정도, 범행의 동기, 경위, 수단과 태양, 범행 전후의 피고인의 행동, 반성의 정도 등 여러 사정을 종합하여 법원이 독자적으로 판단할 수 있다.

012 증명의 방법 등에 관한 설명으로 가장 적절하지 않은 것은? (다툼이 있으면 판례에 의함)

① 어떤 소송절차가 진행된 내용이 공판조서에 기재되지 않았다고 하여 당연히 그 소송절차가 당해 공판기일에 행하여지지 않은 것으로 추정되는 것은 아니고 공판조서에 기재되지 않은 소송절차의 존재가 공판조서에 기재된 다른 내용이나 공판조서 이외의 자료로 증명될 수 있고, 이는 엄격한 증명의 대상이 된다.
② 친고죄에서의 고소 유무에 대한 사실은 자유로운 증명의 대상이 된다.
③ 몰수·추징의 대상이 되는지 여부나 추징액의 인정은 범죄구성요건사실에 관한 것이 아니어서 엄격한 증명은 필요 없지만 역시 증거에 의하여 인정되어야 한다.
④ 양형의 조건에 관하여 규정한 형법 제51조의 사항은 널리 형의 양정에 관한 법원의 재량사항에 속한다고 해석되므로 법원은 범죄의 구성요건이나 법률상 규정된 형의 가중·감면의 사유가 되는 경우를 제외하고는 법률이 규정한 증거로서의 자격이나 증거조사방식에 구애됨이 없이 상당한 방법으로 조사하여 양형의 조건이 되는 사항을 인정할 수 있다.

013 거증책임에 관한 설명으로 옳지 않은 것은? (다툼이 있으면 판례에 의함)

① 공소사실이 진실한 것이라는 확신을 가지게 하는 증명력 있는 증거가 없다면, 설령 피고인에게 유죄의 의심이 가더라도 피고인의 이익으로 판단하여야 한다.
② 진술의 임의성에 다툼이 있을 때에는 검사가 그 임의성의 의문점을 해소하는 입증을 하여야 한다.
③ 명예훼손죄에 있어 진실한 사실로서 공공의 이익에 관한 때에 해당된다는 점은 피고인이 입증하여야 한다.
④ 허위사실 적시에 의한 명예훼손죄에서 허위 여부에 관한 입증책임은 검사에게 있고, 허위사실 여부를 판단함에 있어서 적시된 사실의 내용 전체의 취지를 살펴보아 중요한 부분이 객관적 사실과 합치되더라도 다소 과장된 표현이 있다면 허위의 사실이라 볼 수 있다.

014 증거재판주의에 대한 설명으로 가장 적절하지 않은 것은? (다툼이 있으면 판례에 의함)

① 살인죄와 같이 법정형이 무거운 범죄의 경우에도 직접증거 없이 간접증거만으로도 유죄를 인정할 수 있는데, 이 경우 주요사실의 전제가 되는 간접사실의 인정은 합리적 의심을 허용하지 않을 정도의 증명이 있어야 하지만, 그 하나하나의 간접사실이 상호 모순, 저촉이 없어야 할 필요는 없다.
② 형사재판에 있어서 유죄로 인정하기 위한 심증형성의 정도는 합리적인 의심을 할 여지가 없을 정도여야 하지만, 이는 모든 가능한 의심을 배제할 정도에 이를 것까지 요구하는 것은 아니다.
③ 구성요건에 해당하는 사실은 엄격한 증명에 의하여 이를 인정하여야 하고, 증거능력이 없는 증거는 구성요건 사실을 추인하게 하는 간접사실이나 구성요건 사실을 입증하는 직접증거의 증명력을 보강하는 보조사실의 인정자료로도 사용할 수 없다.
④ 공소사실의 내용 자체로 전후 연속되거나 견련되어 있는 여러 범죄사실에 대하여 그 중 일부는 무죄로 판단하면서도 나머지는 유죄로 인정하려면, 그와 같이 무죄로 본 근거가 되는 사정들이 나머지 부분의 유죄 인정에 방해가 되지 않는다는 점이 합리적으로 설명될 수 있어야 한다.

015 형사소송법 제308조에 규정된 자유심증주의에 관한 설명 중 가장 옳지 않은 것은? (다툼이 있으면 판례에 의함)

① 상고심으로부터 사건을 환송받은 법원은 환송 후의 심리과정에서 새로운 증거가 제시되어 기속적 판단의 기초가 된 증거 관계에 변동이 생기지 않는 한 그 사건을 재판함에 있어서 상고법원이 파기이유로 한 사실상 및 법률상의 판단에 기속된다.
② 형사재판에 있어서 관련된 다른 형사사건의 확정판결에서 인정된 사실은 특별한 사정이 없는 한 유력한 증거자료가 되기 때문에 당해 형사재판에서 제출된 다른 증거 내용에 비추어 관련 형사사건 확정판결의 사실판단을 그대로 채택하기 어렵다고 인정될 경우라도 이를 배척할 수 없다.
③ 심신장애의 유무는 법원이 형벌제도의 목적 등에 비추어 판단하여야 할 법률문제로서 그 판단에 전문감정인의 정신감정 결과가 중요한 참고자료가 되기는 하나, 법원이 반드시 그 의견에 구속되는 것은 아니다.
④ 항소법원이 제1심에서 채용된 증거의 신빙성에 의문이 있는 경우 이미 증거조사를 거친 동일한 증거라도 그 증거의 신빙성에 대하여 더 심리하여 본 후 그 채부를 판단하여야 한다.

016 증명력에 관한 설명 중 옳지 않은 것은? (다툼이 있으면 판례에 의함)

① 동일한 사항에 관하여 두 개의 서로 다른 내용이 기재된 공판조서가 병존하는 경우에 그 중 어느 쪽을 진실한 것으로 볼 것인지는 법관의 자유로운 심증에 따를 수밖에 없다.
② 증거의 증명력을 법관의 자유판단에 의하도록 하는 것은 그것이 실체적 진실발견에 적합하기 때문이지 법관의 자의적인 판단을 인용한다는 것은 아니다.
③ 형사재판에 있어 심증형성은 간접증거에 의할 수도 있으며, 간접증거는 이를 개별적·고립적으로 평가하고, 치밀하고 모순 없는 논증을 거쳐야 한다.
④ 증명력이 있는 것으로 인정되는 증거를 합리적인 근거가 없는 의심을 일으켜 이를 배척하는 것은 자유심증주의의 한계를 벗어나는 것으로 허용되지 않는다.

017 자유심증주의에 대한 설명으로 가장 적절하지 않은 것은? (다툼이 있으면 판례에 의함)

① 조서의 내용에 대한 증명력은 전체적으로 고찰되어야 하므로 진술조서의 기재 중 일부분을 믿고 다른 부분을 믿지 아니한다면 곧바로 부당하다고 평가되어야 한다.
② 검찰에서의 피고인의 자백이 법정진술과 다르다거나 피고인에게 지나치게 불리한 내용이라는 사유만으로는 그 자백의 신빙성이 의심스럽다고 할 수는 없다.
③ 유전자검사 결과 주사기에서 마약성분과 함께 피고인의 혈흔이 확인됨으로써 피고인이 필로폰을 투약한 사정이 적극적으로 증명되는 경우 반증의 여지가 있는 소변 및 모발검사에서 마약 성분이 검출되지 않았다는 소극적 사정에 관한 증거만으로 이를 쉽사리 뒤집을 수 없다.
④ 동일한 사실관계에 관하여 이미 확정된 형사판결이 인정한 사실은 유력한 증거자료가 되므로 그 형사재판의 사실판단을 채용하기 어렵다고 인정되는 특별한 사정이 없는 한 이와 배치되는 사실은 인정할 수 없다.

018 증거와 증명에 대한 설명으로 가장 적절한 것은? (다툼이 있으면 판례에 의함)

① 형사소송법 제312조 제4항에서 '특히 신빙할 수 있는 상태'는 증거능력의 요건에 해당하므로 검사가 그 존재에 대하여 구체적으로 주장·증명하여야 하고, 엄격한 증명을 요한다.
② 강간죄에서 공소사실을 인정할 증거로 사실상 피해자의 진술이 유일하고 피고인의 진술은 경험칙상 합리성이 없고 그 자체로 모순되어 믿을 수 없는 경우 이러한 사정은 법관의 자유판단의 대상이 되지 않는다.
③ 피해자가 제1심 및 항소심에서의 재판절차 진행 중 수회에 걸쳐 탄원서 등 피해자의 의견을 기재한 서류를 제출한 경우 이 탄원서 등은 형사소송법 제313조 제1항에 규정된 요건을 구비했는지 여부를 불문하고 증거능력이 부정된다.
④ 몰수는 부가형이자 형벌이므로 몰수의 대상 여부는 엄격한 증명의 대상이나, 추징은 형벌이 아니므로 추징의 대상, 추징액의 인정은 자유로운 증명의 대상이다.

019 범인식별 절차에 관한 다음 설명 중 옳지 않은 것은? (다툼이 있으면 판례에 의함)

① 용의자 한 사람을 단독으로 목격자와 대질시키거나 용의자의 사진 한 장만을 목격자에게 제시하여 범인 여부를 확인하게 하는 방식에 의한 범인식별 절차에서의 목격자의 진술은, 부가적인 사정이 없는 한 그 신빙성이 낮다고 보아야 한다.

② 피해자가 범행 전에 용의자를 한번도 본 일이 없고 피해자의 진술 외에는 그 용의자를 범인으로 의심할 만한 객관적인 사정이 존재하지 않는 상태에서 수사기관이 잘못된 단서에 의하여 범인으로 지목하고 신병을 확보한 용의자를 일대일로 대면하고 그가 범인임을 확인하였을 뿐이라면, 그 피해자의 진술에 높은 정도의 신빙성을 부여하기는 곤란하다.

③ 범죄 발생 직후 그 현장이나 부근에서 범인식별 절차를 실시하는 경우에도 목격자의 흥분, 당황 등에 의하여 부정확한 식별과 오류의 가능성이 있기 때문에 이 경우에도 원칙적으로 용의자와 목격자의 일대일 대면은 허용되지 아니한다.

④ 목격자 진술의 신빙성을 높게 평가할 수 있게 하려면, 범인의 인상착의 등에 관한 목격자의 진술 내지 묘사를 사전에 상세히 기록화한 다음, 용의자를 포함하여 그와 인상착의가 비슷한 여러 사람을 동시에 목격자와 대면시켜 범인을 지목하도록 하여야 하고, 용의자와 목격자 및 비교대상자들이 상호 사전에 접촉하지 못하도록 하여야 하며, 사후에 증거가치를 평가할 수 있도록 대질 과정과 결과를 문자와 사진 등으로 서면화하는 등의 조치를 취하여야 한다.

020 자백배제법칙에 대한 설명으로 가장 적절한 것은? (다툼이 있으면 판례에 의함)

① 피고인이나 그 변호인이 검사 작성의 당해 피고인에 대한 피의자신문조서의 임의성을 인정하는 진술을 하였다가 이를 번복하는 경우에는 검사가 아니라 피고인이 그 임의성의 의문점을 없애는 증명을 하여야 한다.

② 임의성이 의심되는 자백은 피고인이 증거동의를 하더라도 유죄의 증거로는 사용할 수 없으나, 탄핵증거로는 사용할 수 있다.

③ 진술거부권을 고지하지 아니하고 받은 자백도 진술의 임의성이 인정되는 경우에는 증거능력이 인정된다.

④ 일정한 증거가 발견되면 피의자가 자백하겠다고 한 약속이 검사의 강요나 위계에 의하여 이루어졌다던가 또는 불기소나 경한 죄의 소추 등 이익과 교환 조건으로 된 것으로 인정되지 않는다면 위와 같은 자백의 약속하에 된 자백이라 하여 곧 임의성이 없는 자백이라고 단정할 수 없다.

021 자백배제법칙에 대한 설명으로 가장 적절하지 않은 것은? (다툼이 있으면 판례에 의함)

① 일정한 증거가 발견되면 피의자가 자백하겠다고 한 약속이 검사의 강요나 위계에 의하여 이루어졌다던가 또는 불기소나 경한 죄의 소추 등 이익과 교환 조건으로 된 것으로 인정되지 않는다면 위와 같은 자백의 약속 하에 된 자백이라 하여 곧 임의성이 없는 자백이라고 단정할 수 없다.
② 피고인이 수사기관에서 가혹행위 등으로 인하여 임의성 없는 자백을 하고, 그 후 법정에서도 임의성 없는 심리상태가 계속되어 동일한 내용의 자백을 하였다면 법정에서의 자백도 임의성 없는 자백이라고 보아야 한다.
③ 진술의 임의성에 다툼이 있을 때에는 검사가 그 임의성의 의문점을 없애는 증명을 하여야 하며, 검사가 이를 증명하지 못하면 그 진술증거의 증거능력은 부정된다.
④ 검찰에서의 피고인의 자백이 임의성이 있어 그 증거능력이 부여된다면 자백의 진실성과 신빙성까지도 당연히 인정된다.

022 자백배제법칙에 관한 설명으로 옳지 않은 것은? (다툼이 있으면 판례에 의함)

① 검찰주사가 피의사실을 자백하면 피의사실은 가볍게 처리하고 보호감호의 청구를 하지 않겠다는 각서를 작성하여 주면서 자백을 유도한 경우 그 자백은 기망에 의한 것으로 증거능력이 인정되지 않는다.
② 피고인이 수사기관에서 가혹행위 등으로 인하여 임의성 없는 자백을 하고 법정에서도 같은 심리 상태가 계속되어 동일한 내용의 자백을 하였다면 법정에서의 자백도 임의성 없는 자백이라고 보아야 한다.
③ 임의성이 없다고 의심하게 된 사유와 피고인의 자백 사이에 인과관계가 존재하지 않는 것이 명백하여 그 자백의 임의성 있는 것임이 인정되는 때에는 그 자백은 증거능력이 인정된다.
④ 수사기관이 피의자를 신문함에 있어서 피의자에게 미리 진술거부권을 고지하지 않았더라도 진술의 임의성이 인정되는 경우에는 그 증거능력이 인정된다.

023 자백배제법칙에 대한 설명으로 옳지 않은 것은? (다툼이 있으면 판례에 의함)

① 일정한 증거가 발견되면 피의자가 자백하겠다고 한 약속은 그 자체를 검사의 강요나 위계에 의하여 이루어졌다든가 또는 불기소나 경한 죄의 소추 등 이익과 교환조건으로 된 것으로 인정되므로 위와 같은 자백의 약속하에 된 자백은 곧 임의성 없는 자백에 해당한다.
② 피의자신문에 참여한 검찰주사가 피의사실을 자백하면 피의사실을 가볍게 처리하고 보호감호를 청구하지 않겠다고 각서를 작성해 주면서 자백을 유도하는 경우 위 자백은 기망에 의하여 임의로 진술한 것이 아니라고 의심할 만한 이유가 있는 때에 해당한다.
③ 특정범죄 가중처벌 등에 관한 법률을 적용하지 않고 형법상 단순수뢰죄의 가벼운 형으로 처벌되게 하여 준다고 약속하고 자백을 유도하여 조서를 허위작성한 것이라면, 위 자백은 그 임의성에 의심이 가고 따라서 진실성이 없다는 취지에서 이를 배척할 수 있다.
④ 자백의 임의성에 다툼이 있을 때에는 그 임의성을 의심할 만한 합리적이고 구체적인 사실을 피고인이 입증할 것이 아니고 검사가 그 임의성의 의문점을 해소하는 입증을 하여야 한다.

024 위법수집증거에 관한 다음 설명 중 가장 옳지 않은 것은? (다툼이 있으면 판례에 의함)

① 수사기관이 영장주의 원칙과 적법절차를 준수하지 않은 위법한 압수·수색 과정을 통하여 취득한 증거는 위법수집증거에 해당하고, 사후에 법원으로부터 영장이 발부되었다고 하여 위법성이 치유되는 것도 아니다.
② 수사기관에 의한 진술거부권 고지 대상이 되는 피의자 지위는 수사기관이 조사대상자에 대한 범죄혐의를 인정하여 수사를 개시하는 행위를 한 때 인정되는 것으로 보아야 한다. 따라서 이러한 피의자 지위에 있지 아니한 자에 대하여는 진술거부권이 고지되지 아니하였더라도 진술의 증거능력을 부정할 것은 아니다.
③ 제1심에서 피고인에 대하여 무죄판결이 선고되어 검사가 항소한 후 수사기관이 항소심 공판기일에 증인으로 신청하여 신문할 수 있는 사람을 특별한 사정 없이 미리 수사 기관에 소환하여 작성한 진술조서는 피고인이 증거로 할 수 있음에 동의하지 않는 한 증거능력이 없으나, 위 참고인이 나중에 법정에 증인으로 출석하여 위 진술조서의 성립의 진정을 인정하고 피고인 측에 반대신문의 기회가 부여된다면 위 진술조서의 증거능력을 인정할 수 있다.
④ 범행 현장에서 지문채취 대상물에 대한 지문채취가 먼저 이루어진 이상 수사기관이 그 이후에 지문채취 대상물을 적법한 절차에 의하지 아니한 채 압수하였다고 하더라도 위와 같이 채취된 지문을 위법수집증거라고 할 수 없다.

025 위법수집증거에 관한 설명 중 옳은 것(○)과 옳지 않은 것(×)을 올바르게 조합한 것은? (다툼이 있는 경우 판례에 의함)

> ㉠ 수사기관의 절차 위반행위가 적법절차의 실질적인 내용을 침해하는 경우에 해당하지 않고, 오히려 증거능력을 배제하는 것이 헌법과 형사소송법이 형사소송에 관한 절차 조항을 마련하여 적법절차의 원칙과 실체적 진실 규명의 조화를 도모하고 이를 통하여 형사사법정의를 실현하려 한 취지에 반하는 결과를 초래하는 것으로 평가되는 예외적인 경우라면, 법원은 그 증거를 유죄 인정의 증거로 사용할 수 있다.
> ㉡ 수사기관이 피의자신문 시 피의자에게 미리 진술거부권을 고지하지 않았다고 하더라도 진술의 임의성이 인정되는 경우라면 증거능력이 인정된다.
> ㉢ 수사기관이 범죄 혐의사실과 관련 있는 정보를 선별하여 압수한 후에도 그와 관련이 없는 나머지 정보를 삭제·폐기·반환하지 아니한 채 그대로 보관하고 있다면, 범죄 혐의사실과 관련이 없는 부분에 대하여는 압수의 대상이 되는 전자정보의 범위를 넘어서는 전자정보를 영장 없이 압수·수색하여 취득한 것이어서 위법하고, 사후에 법원으로부터 압수·수색영장이 발부되었다거나 피고인이나 변호인이 이를 증거로 함에 동의하였다고 하여 그 위법성이 치유된다고 볼 수 없다.
> ㉣ 위법한 강제연행 상태에서 호흡측정 방법에 의한 음주측정을 한 다음 강제연행 상태로부터 시간적·장소적으로 단절되었다고 볼 수도 없고 피의자의 심적 상태 또한 강제연행 상태로부터 완전히 벗어났다고 볼 수 없는 상황에서 피의자가 스스로 혈액채취 방법에 의한 측정을 다시 할 것을 요구하여 혈액채취가 이루어졌다고 하더라도, 그 사이에 위법한 체포 상태에 의한 영향이 완전히 배제되고 피의자의 의사결정의 자유가 확실하게 보장되었다고 볼 만한 다른 사정이 개입되지 않은 이상, 불법체포와 증거수집 사이의 인과관계가 단절된 것으로 볼 수는 없다.

① ㉠ ○ ㉡ × ㉢ × ㉣ ○
② ㉠ × ㉡ ○ ㉢ × ㉣ ×
③ ㉠ ○ ㉡ × ㉢ ○ ㉣ ×
④ ㉠ ○ ㉡ × ㉢ ○ ㉣ ○

026 위법수집증거배제법칙에 대한 설명으로 가장 적절하지 않은 것은? (다툼이 있으면 판례에 의함)

① 피의자가 변호인의 참여를 원한다는 의사를 명백하게 표시하였음에도 수사기관이 정당한 사유 없이 변호인을 참여하게 하지 아니한 채 피의자를 신문하여 작성한 피의자신문조서는 적법한 절차에 따르지 아니하고 수집한 증거에 해당하므로 이를 증거로 할 수 없다.

② 제1심 법정에서의 피고인의 자백이, 진술거부권을 고지받지 않은 상태에서 이루어진 수사기관에서의 최초 자백 이후 몇 시간 뒤 바로 수사기관의 진술거부권 고지가 이루어졌고 그 후 신문시마다 진술거부권 고지가 모두 적법하게 이루어졌을 뿐만 아니라 40여 일이 지난 후에 변호인의 충분한 조력을 받으면서 공개된 법정에서 임의로 이루어진 것인 경우 피고인의 그 법정자백은 예외적으로 유죄 인정의 증거로 사용할 수 있다.

③ 수사기관이 위법하게 수집한 1차적 증거가 수사개시의 단서가 되었거나 사실상 유일한 증거 내지 핵심증거이고 위법의 정도 역시 상당할 뿐더러 피고인이 수사기관에서 1차적 증거를 제시받거나 1차적 증거의 내용을 전제로 신문받은 바가 있다면, 특별한 사정이 없는 이상 피고인의 법정진술도 1차적 증거를 직접 제시받고 한 것과 다름 없거나 적어도 1차적 증거의 존재를 전제로 한 것으로 볼 수 있으므로 이는 절차 위반행위와의 인과관계의 희석 또는 단절을 인정하기 어려운 정황에 속한다.

④ 검사가 형사사법공조절차를 거치지 아니한 채 과테말라공화국에 머무르는 우리나라 사람을 직접 만나 그를 참고인으로 조사하여 작성한 진술조서는 국제법상 마땅히 보장되어야 하는 외국의 영토주권을 침해하고 국제형사사법공조절차를 위반한 위법수집증거로서 그 증거능력이 부정되어야 한다.

027 위법수집증거배제법칙에 관한 설명으로 가장 적절하지 않은 것은? (다툼이 있으면 판례에 의함)

① 경찰이 피고인 아닌 甲, 乙을 사실상 강제연행하여 불법체포한 상태에서 甲, 乙 간의 성매매행위나 피고인들의 유흥업소 영업행위를 처벌하기 위하여 甲, 乙에게서 자술서를 받고 甲, 乙에 대한 진술조서를 작성한 경우 위 각 자술서와 진술조서는 헌법과 형사소송법이 규정한 체포·구속에 관한 영장주의 원칙에 위배하여 수집된 것으로서 피고인들에 대한 유죄 인정의 증거로 삼을 수 없다.

② 판사가 증거보전절차로 증인신문을 할 때 피고인과 변호인에게 참여 기회를 주지 않은 경우에도 피고인과 변호인이 증인신문조서를 증거로 할 수 있음에 동의하여 별다른 이의없이 적법하게 증거조사를 거친 경우에는 증인신문조서에 증거능력이 부여된다.

③ 수사기관이 임의제출받은 정보저장매체가 그 기능과 속성상 임의제출에 따른 적법한 압수의 대상이 되는 전자정보와 그렇지 않은 전자정보가 혼재될 여지가 거의 없어 사실상 대부분 압수의 대상이 되는 전자정보만이 저장되어 있는 경우에는 소지·보관자의 임의제출에 따른 통상의 압수절차 외에 피압수자에게 참여의 기회를 보장하지 않고 전자정보 압수목록을 작성·교부하지 않았다는 점만으로 곧바로 증거능력을 부정할 것은 아니다.

④ 범행 중 또는 범행 직후의 범죄 장소에서 긴급을 요하여 법원 판사의 영장을 받을 수 없는 때에는 영장 없이 압수·수색 또는 검증을 할 수 있지만 사후에 지체 없이 영장을 받아야 한다는 형사소송법 제216조 제3항의 요건 중 어느 하나라도 갖추지 못한 압수·수색 또는 검증은 위법하지만, 그에 대하여 사후에 법원으로부터 영장을 발부받는다면 선의의 예외이론에 따라 그 위법성은 치유된다.

028 위법수집증거배제법칙에 관한 설명 중 옳지 않은 것은? (다툼이 있으면 판례에 의함)

① 형사소송법에서 정한 절차와 방식에 따른 증인신문절차를 거치지 아니한 채 증인에 대하여 선서 없이 법관이 임의의 방법으로 청취한 진술과 그 진술의 형식적 변형에 불과한 증거(녹음파일 등)는 적법한 증거조사 절차를 거치지 않은 증거로서 증거능력이 없다.

② 수사기관이 피의자의 범의를 명백하게 하기 위하여 A를 참고인으로 조사하는 과정에서 진술거부권을 고지하지 않고 진술조서를 작성하였는데, 추후 계속된 수사를 통하여 A가 피의자와 공범관계에 있을 가능성이 인정되었다면 A에 대한 위 조사 당시 A는 이미 피의자의 지위에 있었다고 볼 수 있으므로 A에 대한 위 진술조서는 증거능력이 없다.

③ 적법한 공개금지사유가 없음에도 불구하고 공개금지결정에 따라 비공개로 진행된 증인신문절차에 의하여 이루어진 증인의 증언은 변호인의 반대신문권이 보장되었다고 하더라도 증거능력이 없다.

④ 형사소송법의 규정을 위반하여 소유자, 소지자 또는 보관자가 아닌 피해자로부터 제출받은 물건을 영장 없이 압수한 경우 그 압수물을 유죄 인정의 증거로 사용할 수 없다.

029 증거능력에 대한 설명으로 옳지 않은 것은? (다툼이 있으면 판례에 의함)

① 공개금지사유가 없음에도 불구하고 재판의 심리에 관한 공개를 금지하기로 결정한 경우 그 절차에 의하여 이루어진 증인의 증언은 증거능력이 없지만 변호인의 반대신문권이 보장되었다면 증거능력이 있다.

② 수사기관이 피의자신문에 있어서 피의자에게 진술거부권을 고지하지 않은 경우 그 피의자 진술은 임의성이 인정되더라도 증거능력이 부인된다.

③ 형사소송법 제217조 제2항과 제3항에 위반하여 압수·수색영장을 발부받지 않았을 뿐만 아니라 확보한 압수물을 즉시 반환하지도 않은 경우 피고인이 위 압수물을 증거로 함에 동의하더라도 증거능력이 부인된다.

④ 대화에 참가하지 않은 제3자가 몰래 타인 간의 전화통화를 녹음한 경우 비록 대화 당사자 중 일방의 동의를 얻었다고 하더라도 그 상대방의 동의가 없었다면 통화녹음의 증거능력은 인정되지 않는다.

030 증거능력에 관한 설명 중 옳은 것은? (다툼이 있는 경우 판례에 의함)

① 수사 단계에서 자신의 구금 사실을 자국 영사관에 통보할 수 있음을 알게 되었음에도 수사기관에 영사기관 통보를 요구하지 않아 수사기관이 외국인을 체포하거나 구속하면서 지체 없이 영사통보권 등이 있음을 고지하지 않은 경우, 피의자가 영사통보권 등을 고지받았더라도 영사의 조력을 구하였으리라고 보기 어렵다면 이는 절차 위반의 내용과 정도가 중대하거나 절차 조항이 보호하고자 하는 외국인 피의자의 권리나 법익을 본질적으로 침해하였다고 볼 수 없다.

② 수사기관이 범죄를 수사하면서 현재 범행이 행하여지고 있거나 행하여진 직후이고 증거보전의 필요성 및 긴급성이 있으며 일반적으로 허용되는 상당한 방법으로 촬영하였더라도 동촬영이 영장 없이 이루어진 때에는 이는 위법하다.

③ 수사기관이 적법하게 압수·수색영장의 집행을 종료했지만 동일한 장소 또는 목적물에 대하여 다시 압수·수색할 필요가 있는 경우, 앞서 발부받은 압수·수색영장의 유효기간이 남아있으면 수사기관은 이를 제시하고 다시 압수·수색을 할 수 있다.

④ 실질적 반대신문권의 기회가 부여되지 아니한 채 이루어진 증인의 법정진술은 위법한 증거로서 증거능력을 인정하기 어렵고, 피고인이 명시적으로 책문권 포기를 하더라도 그 하자는 치유되지 않는다.

031 위법수집증거배제법칙에 관한 설명 중 가장 옳은 것은? (다툼이 있으면 판례에 의함)

① 범행 현장에서 지문채취 대상물에 대한 지문채취가 먼저 이루어지고, 수사기관이 그 이후에 지문채취 대상물을 적법한 절차에 의하지 아니한 채 압수하였다면 위와 같이 채취된 지문은 위법하게 압수한 지문채취 대상물로부터 획득한 2차적 증거에 해당하여 위법수집증거이다.

② 위법한 강제연행 상태에서 호흡측정방법에 의한 음주측정을 한 다음, 강제연행 상태로부터 시간적 장소적으로 단절되었다고 볼 수 없는 상황에서 피의자가 호흡측정결과를 탄핵하기 위하여 스스로 혈액채취방법에 의한 측정을 할 것을 요구하여 혈액 채취가 이루어진 경우 그러한 혈액채취에 의한 측정 결과는 유죄 인정의 증거로 쓸 수 있다.

③ 수출입물품 통관검사절차에서는 압수·수색영장 없이 우편물의 개봉이나 시료채취 등을 할 수 있지만, 마약류 불법거래 방지를 위한 조치로서 수사기관의 요청으로 특정한 수출입물품을 개봉하여 그 내용물의 점유를 취득하면서 사전이나 사후에 영장을 발부받지 않았다면 이는 위법한 증거수집에 해당한다.

④ 甲이 적법하게 긴급체포되어 조사를 받고 구속영장이 청구되지 아니하여 석방된 후 검사가 석방통지를 법원에 하지 아니하였다면 긴급체포에 의한 유치 중에 작성된 甲에 대한 피의자신문조서는 증거능력이 부정된다.

032 위법수집증거배제법칙에 관한 설명으로 가장 적절한 것은? (다툼이 있으면 판례에 의함)

① 검사가 공소외 甲을 구속기소한 후 다시 소환하여 피고인 등 공범과의 활동에 관한 신문을 하면서 피의자신문조서가 아닌 일반적인 진술조서의 형식으로 조서를 작성한 경우 이 진술조서의 내용이 피의자신문조서와 실질적으로 같고 진술의 임의성이 인정되는 경우라도 甲에게 미리 진술거부권을 고지하지 않은 때에는 그 진술은 위법수집증거에 해당하므로 피고인에 대한 유죄의 증거로 사용할 수 없다.

② 법관의 서명날인란에 서명만 있고 날인이 없는 영장은 형사소송법이 정한 요건을 갖추지 못하여 적법하게 발부되었다고 볼 수 없으므로 비록 판사의 의사에 기초하여 진정하게 영장이 발부되었다는 점이 외관상 분명하고 의도적으로 적법절차의 실질적인 내용을 침해한다거나 영장주의를 회피할 의도를 가지고 이 영장에 따른 압수·수색을 하였다고 보기 어렵다 하더라도 이 영장에 따라 압수한 파일 출력물과 이에 기초하여 획득한 2차적 증거인 피의자신문조서도 유죄 인정의 증거로 사용할 수 없다.

③ 유흥주점 업주인 피고인이 성매매업을 하면서 금품을 수수하였다고 하여 기소된 사안에서, 경찰이 피고인 아닌 甲, 乙을 사실상 강제연행하여 불법체포한 상태에서 받은 자술서 및 진술조서가 위법수사로 얻은 진술증거에 해당하더라도 이를 피고인에 대한 유죄 인정의 증거로 삼을 수 있다.

④ 피고인이 발송한 이메일에 대한 압수·수색영장을 집행하면서 수사기관이 甲 회사에 팩스로 영장 사본을 송신하였다면, 비록 영장 원본을 제시하거나 압수조서와 압수물 목록을 작성하여 피압수·수색 당사자에게 교부하지 않았더라도 이 같은 방법으로 압수된 피고인의 이메일은 위법수집증거의 증거능력을 인정할 수 있는 예외적인 경우에 해당하므로 증거능력이 부정되지 않는다.

033 위법수집증거배제법칙에 대한 설명으로 옳지 않은 것은? (다툼이 있으면 판례에 의함)

① 사인이 위법하게 수집한 증거에 대해서는 효과적인 형사소추 및 형사소송에서의 진실발견이라는 공익과 개인의 인격적 이익 등의 보호이익을 비교형량하여 그 허용 여부를 결정하여야 한다.

② '악'과 같은 대화가 아닌 사람의 목소리를 녹음하거나 청취하는 행위가 개인의 사생활의 비밀과 자유 또는 인격권을 중대하게 침해하여 사회통념상 허용되는 한도를 벗어난 것이 아니라면 위와 같은 목소리를 들었다는 진술을 형사절차에서 증거로 사용할 수 있다.

③ 압수·수색영장의 집행과정에서 별건 범죄혐의와 관련된 증거를 우연히 발견하여 압수한 경우에는 별건 범죄혐의에 대해 별도의 압수·수색영장을 발부받지 않았다 하더라도 위법한 압수·수색에 해당하지 않는다.

④ 위법수집증거배제법칙에 대한 예외를 인정하기 위해서는 예외적인 경우에 해당한다고 볼 만한 구체적이고 특별한 사정이 존재한다는 점을 검사가 증명하여야 한다.

034 위법수집증거배제법칙에 대한 설명으로 옳지 않은 것은? (다툼이 있으면 판례에 의함)

① 사법경찰관이 형사소송법 제215조 제2항을 위반하여 영장 없이 물건을 압수한 직후에 피압수자로부터 그 압수물에 대한 임의제출동의서를 받은 경우 그 압수물은 물론 임의제출동의서도 특별한 사정이 없는 한 증거능력이 인정되지 않는다.
② 전자정보가 담긴 저장매체에 대한 압수·수색 과정에서 범위를 정하여 출력·복제하는 방법이 불가능하거나 압수의 목적을 달성하기에 현저히 곤란한 예외적인 사정이 인정되어 그 전자정보의 복제본을 수사기관 사무실 등으로 옮겨 복제·탐색·출력하는 경우 그 과정에 피압수자나 변호인이 참여할 기회가 보장되어야 한다.
③ 범죄의 피해자인 검사가 그 사건의 수사에 관여하거나 압수·수색영장의 집행에 참여한 검사가 다시 수사에 관여하였다면 그 자체로서 수사는 위법하고, 그에 따른 참고인이나 피의자의 진술은 임의성이 인정되지 않는다.
④ 수사기관이 구속수감된 자에게 압수된 그의 휴대전화를 제공하여 피고인과 통화하게 하고, 피고인의 범행에 관한 통화 내용을 녹음하게 한 행위는 불법감청에 해당하므로 이를 근거로 작성된 녹취록 첨부 수사보고서는 피고인의 범행에 대해 증거능력이 없다.

035 위법수집증거배제법칙에 관한 설명 중 옳지 않은 것은? (다툼이 있으면 판례에 의함)

① 헌법 제109조, 법원조직법 제57조 제1항에서 정한 재판의 공개금지사유가 없음에도 공개금지결정에 따라 비공개로 진행된 증인신문절차에서 증인의 증언은 증거능력이 없고, 변호인의 반대신문권이 보장되었더라도 달리 볼 수 없다.
② 수사기관이 피의자신문시 피의자에게 미리 진술거부권을 고지하지 않았다고 하더라도 진술의 임의성이 인정되는 경우라면 증거능력이 인정된다.
③ 검찰관이 형사사법공조절차를 거치지 아니한 채 외국으로 현지출장을 나가 참고인진술조서를 작성한 경우 조사 대상자가 우리나라 국민이고 조사에 스스로 응함으로써 조사의 방식이나 절차에 강제력이나 위력은 물론 어떠한 비자발적 요소도 개입될 여지가 없었고 피고인과 해당 국가 사이에 국제법상 관할의 원인이 될 만한 아무런 연관성이 없다면 위 참고인진술조서는 위법수집증거라고 할 수 없다.
④ 피해자 등 제3자가 피의자의 소유·관리에 속하는 정보저장매체를 영장에 의하지 않고 임의제출한 경우에는 특별한 사정이 없는 한 피의자에게도 참여권을 보장하고 압수한 전자정보 목록을 교부하는 등 피의자의 절차적 권리를 보장하기 위한 적절한 조치가 이루어져야 한다.

036 위법수집증거에 대한 설명으로 가장 적절하지 않은 것은? (다툼이 있으면 판례에 의함)

① 수사기관이 甲으로부터 피고인의 범행에 대한 진술을 듣고 추가적인 증거를 확보할 목적으로 구속수감되어 있던 甲에게 그의 압수된 휴대전화를 제공하여 피고인과 통화하고 위 범행에 관한 통화 내용을 녹음하게 한 행위는 불법감청에 해당하므로 그 녹음 자체는 물론 이를 근거로 작성된 녹취록 첨부 수사보고는 피고인의 증거동의에 상관없이 그 증거능력이 없다.

② 검사 작성의 피의자신문조서가 검사에 의하여 피의자에 대한 변호인의 접견이 부당하게 제한되고 있는 동안에 작성된 경우 그 피의자신문조서는 증거능력이 없다.

③ 수사기관으로부터 통신제한조치의 집행을 위탁받은 통신기관 등이 집행에 필요한 설비가 없는 때에는 일단 수사기관의 위탁을 받은 이상 그 통신기관이 수사기관에 설비제공을 요청하지 않고 통신제한조치허가서에 기재된 사항을 준수하지 아니한 채 통신제한조치를 집행하였다고 하더라도 이를 통하여 취득한 전기통신의 내용 등을 유죄의 증거로 사용할 수 있다.

④ 피고인이 범행 후 피해자에게 전화를 걸어오자 피해자가 증거를 수집하려고 그 전화내용을 녹음한 경우 그 녹음테이프가 피고인 모르게 녹음된 것이라 하여 이를 위법하게 수집된 증거라고 할 수 없다.

037 전문증거와 전문법칙에 관한 다음 설명 중 옳지 않은 것은? (다툼이 있으면 판례에 의함)

① 재전문진술이나 재전문진술을 기재한 조서라도 전문법칙의 예외규정인 형사소송법 제316조 규정에 따라서 그 증거능력이 인정될 수 있다.

② 타인의 진술을 내용으로 하는 진술이 전문증거인지 여부는 요증사실과의 관계에서 정하여지는바, 원진술의 '내용인 사실'이 요증사실인 경우에는 전문증거이나 원진술의 '존재 자체'가 요증사실인 경우에는 본래증거이지 전문증거가 아니다.

③ 어떤 진술이 기재된 서류가 그 내용의 진실성이 범죄사실에 대한 직접증거로 사용될 때는 전문증거가 된다고 하더라도 그와 같은 진술을 하였다는 것 자체 또는 그 진술의 진실성과 관계없는 간접사실에 대한 정황증거로 사용될 때는 반드시 전문증거가 되는 것은 아니다.

④ 정보저장매체에 기억된 문자정보의 내용의 진실성이 아닌 그와 같은 내용의 문자정보의 존재 그 자체가 직접 증거로 되는 경우에는 전문법칙이 적용되지 아니한다.

038 전문증거와 전문법칙에 관한 다음 설명 중 옳지 않은 것은? (다툼이 있으면 판례에 의함)

① 피해자 A 등이 제1심 법정에서 "피고인이 88체육관 부지를 공시지가로 매입하게 해 주고 KBS와의 시설이주 협의도 2개월 내로 완료하겠다고 말하였다."고 진술한 경우 A 등의 진술은 피고인의 사기죄 또는 변호사법 위반죄의 공소사실에 있어 전문증거에 해당한다.

② A가 "피고인으로부터 '건축허가 담당 공무원이 외국연수를 가므로 사례비를 주어야 한다'는 말과 '건축허가 담당 공무원이 4,000만원을 요구하는데 사례비로 2,000만원을 주어야 한다'는 말을 들었다"는 취지로 진술한 경우 A의 진술들은 피고인의 알선수재죄의 공소사실에 있어 본래증거에 해당한다.

③ '정보통신망을 통하여 공포심이나 불안감을 유발하는 글을 반복적으로 상대방에게 도달하게 하는 행위를 하였다'라는 공소사실에 대하여 휴대전화기에 저장된 문자정보가 그 증거가 되는 경우와 같이, 그 문자정보가 범행의 직접적인 수단이 될 뿐 경험자의 진술에 갈음하는 대체물에 해당하지 않는 경우에는 전문법칙이 적용될 여지가 없다.

④ 부정수표단속법 위반의 공소사실을 증명하기 위하여 제출되는 수표는 그 서류의 존재 또는 상태 자체가 증거가 되는 것이어서 증거물인 서면에 해당하고 어떠한 사실을 직접 경험한 사람의 진술에 갈음하는 대체물이 아니므로 이에 대하여는 전문법칙이 적용될 여지가 없다.

039 전문법칙과 그 예외 등에 관한 설명으로 옳은 것은 모두 몇 개인가? (다툼이 있으면 판례에 의함)

> ㉠ 형사소송법 제312조 제3항에서 '그 내용을 인정할 때'라 함은 피의자신문조서의 기재 내용이 진술 내용대로 기재되어 있다는 것을 의미한다.
> ㉡ 피의자의 진술을 기재한 서류 내지 문서가 수사기관의 수사과정에서 작성된 것이라면 그 서류나 문서의 형식과 관계없이 피의자신문조서와 달리 볼 이유가 없으므로, 수사기관이 작성한 압수조서에 기재된 피의자였던 피고인의 자백 진술 부분은 피고인 또는 변호인이 내용을 부인하는 이상 증거능력이 없다.
> ㉢ 형사소송법 제312조 제5항의 적용대상인 '수사과정에서 작성한 진술서'란 수사가 시작된 이후에 수사기관의 관여 아래 작성된 것이거나, 개시된 수사와 관련하여 수사과정에 제출할 목적으로 작성한 것으로, 작성 시기와 경위 등 여러 사정에 비추어 그 실질이 이에 해당하는 이상 명칭이나 작성된 장소 여부를 불문한다.
> ㉣ 형사소송법은 재전문진술이나 재전문진술을 기재한 조서에 대하여는 달리 그 증거능력을 인정하는 규정을 두고 있지 아니하고 있으므로 피고인이 증거로 하는 데 동의하지 아니하는 한 형사소송법 제310조의2의 규정에 의하여 이를 증거로 할 수 없다.
> ㉤ 피고인이 수표를 발행하였으나 예금부족 또는 거래정지처분으로 지급되지 아니하게 하였다는 부정수표단속법위반의 공소사실을 증명하기 위하여 제출되는 수표는 어떠한 사실을 직접 경험한 사람의 진술에 갈음하는 대체물이므로 이에 대하여는 형사소송법 제310조의2에서 정한 전문법칙이 적용된다.

① 1개 ② 2개
③ 3개 ④ 4개

040 전문증거에 관한 설명 중 옳지 않은 것은? (다툼이 있는 경우 판례에 의함)

① "甲이 A를 강제추행하는 것을 목격했다"라는 乙의 말을 들은 丙이 乙의 진술내용을 증언하는 경우, 甲의 강제추행 사건에 대하여는 전문증거이지만, 乙의 명예훼손 사건에 대하여는 본래증거가 된다.
② 증거보전절차에서 작성한 조서는 법관의 직권신문으로 인하여 강한 신용성이 인정되므로, 증거보전절차에서 피고인이 당사자로서 참여하여 증인을 반대신문한 경우에도 피고인의 진술부분에 대하여 '형사소송법' 제311조에 의하여 증거능력이 인정된다.
③ '형사소송법'은 전문진술에 대하여 제316조에서 실질상 단순한 전문의 형태를 취하는 경우에 한하여 예외적으로 그 증거능력을 인정하는 규정을 두고 있을 뿐, 재전문진술이나 재전문진술을 기재한 조서에 대하여는 달리 그 증거능력을 인정하는 규정을 두고 있지 아니하고 있으므로, 피고인이 증거로 하는 데 동의하지 아니하는 한 '형사소송법' 제310조의2의 규정에 의하여 이를 증거로 할 수 없다.
④ 공범자가 당해 피고인과 별개의 공판절차에서 피고인으로서 공동범행에 관하여 한 진술이 기재된 공판조서가 당해 피고인의 공판에서 증거로 제출된 경우, 이는 특히 신용할 만한 정황에 의하여 작성된 문서이므로 '형사소송법' 제315조 제3호에 의하여 증거능력이 인정된다.

041 전문증거에 관한 설명 중 옳은 것을 모두 고른 것은? (다툼이 있는 경우 판례에 의함)

> ㉠ 검사가 참고인인 피해자와의 전화통화 내용을 기재한 수사보고서는 수사기관이 작성한 서류이지만 '형사소송법' 제313조 제1항 본문에 정한 '피고인 아닌 자의 진술을 기재한 서류'인 전문증거에 해당한다.
> ㉡ 법원이 어떠한 내용의 진술을 하였다는 사실 자체에 대한 정황증거로 사용될 것이라는 이유로 진술의 증거능력을 인정한 다음 그 사실을 다시 진술 내용이나 그 진실성을 증명하는 간접사실로 사용하는 경우, 그 진술은 전문증거에 해당한다.
> ㉢ 조세범칙조사를 담당하는 세무공무원이 피고인이 된 혐의자 또는 참고인에 대하여 신문한 내용을 기재한 조서는 '형사소송법' 제313조에서 정한 '피고인 또는 피고인이 아닌 자가 작성한 진술서나 그 진술을 기재한 서류'에 해당한다.
> ㉣ 피고인이 공소사실을 부인하고 있더라도 검사가 작성한 피의자신문조서 중 공소사실을 인정하는 취지의 진술 부분은 '형사소송법' 제312조 제1항에 따른 내용의 인정이 있는 것으로 볼 수 있다.
> ㉤ 피고인과 대향범 관계에 있는 다른 피고인에 대하여 검사가 작성한 피의자신문조서는 피고인에 대하여 검사가 작성한 '피고인이 아닌 자의 진술을 기재한 조서'로서 의미를 가지므로 '형사소송법' 제312조 제4항에서 정하는 요건을 갖추면 이를 증거로 쓸 수 있다.

① ㉠, ㉢
② ㉠, ㉡, ㉢
③ ㉠, ㉣, ㉤
④ ㉡, ㉢, ㉤

042 전문증거에 대한 설명으로 옳지 않은 것은? (다툼이 있으면 판례에 의함)

① 甲이 수표를 발행하였으나 예금부족으로 지급되지 아니하게 하였다는 부정수표단속법위반의 공소사실을 증명하기 위하여 제출되는 수표는 증거물인 서면에 해당한다.
② 상해의 공소사실에서 피해자 A의 상해 부위를 촬영한 사진은 비진술증거로서 전문법칙이 적용되지 아니한다.
③ 감금된 피해자 A가 甲으로부터 풀려나는 당일 남동생 B에게 도움을 요청하면서 甲이 협박한 말을 포함하여 공갈 등 甲으로부터 피해를 입은 내용을 문자메시지로 보낸 경우 이 문자메시지의 내용을 촬영한 사진은 A의 진술서로 볼 수 없다.
④ 협박의 공소사실에 대하여 휴대전화기에 저장된 협박 문자정보가 그 증거가 되는 경우 그 문자정보에는 전문법칙이 적용되지 아니한다.

043 증거능력에 관한 설명으로 가장 적절한 것은? (다툼이 있으면 판례에 의함)

① 폭력행위 등 처벌에 관한 법률 위반(야간·공동상해)죄에서 공소외인의 상해부위를 촬영한 사진은 전문법칙이 적용된다.
② 검사 또는 사법경찰관이 피고인이 아닌 자를 조사하는 과정에서 형사소송법 제221조 제1항에 따라 제작한 영상녹화물은 특별한 사정이 있더라도 공소사실을 직접 증명할 수 있는 독립적인 증거로 사용할 수 없다.
③ 정보저장매체에 기억된 문자정보의 내용의 진실성이 아닌 그와 같은 내용의 문자정보의 존재 자체는 전문법칙이 적용된다.
④ 피고인과 피해자(녹음테이프의 작성자) 사이의 대화내용에 관한 녹취서가 증거로 제출되어 녹음테이프의 녹음 내용과의 동일성 여부를 법원이 검증한 경우 검증조서의 기재 중 피고인이 그에 대한 증거동의를 하지 않는 피고인의 진술내용을 증거로 사용하기 위해서는 형사소송법 제313조 제1항 단서가 충족되고, 인위적 개작 없이 원본의 내용 그대로 복사된 사본임이 입증되어야 한다.

044 전문증거의 증거능력에 대한 설명으로 옳지 않은 것은? (다툼이 있으면 판례에 의함)

① 형사소송법 제312조 제4항에서 '적법한 절차와 방식에 따라 작성'한다는 것은 형사소송법이 피고인 아닌 사람의 진술에 대한 조서 작성 과정에서 지켜야 한다고 정한 여러 절차를 준수하고 조서의 작성 방식에도 어긋나지 않아야 한다는 것을 의미한다.

② 형사소송법 제313조에 따르면 피고인이 작성한 진술서는 공판준비나 공판기일에서의 피고인의 진술에 의하여 그 성립의 진정함이 증명된 때에만 증거로 할 수 있고, 피고인이 그 성립의 진정을 부인한 경우에는 증거로 할 수 있는 방법은 없다.

③ 형사소송법 제314조의 '외국거주'는 진술을 하여야 할 사람이 외국에 있다는 사정만으로는 부족하고, 가능하고 상당한 수단을 다하더라도 그 사람을 법정에 출석하게 할 수 없는 사정이 있어야 예외적으로 그 요건이 충족될 수 있다.

④ 형사소송법 제316조 제2항에서 '그 진술이 특히 신빙할 수 있는 상태하에서 행하여졌음'이란 진술 내용에 허위가 개입할 여지가 거의 없고, 진술 내용의 신빙성이나 임의성을 담보할 구체적이고 외부적인 정황이 있는 경우를 의미한다.

045 전문증거에 대한 설명으로 옳지 않은 것은? (다툼이 있으면 판례에 의함)

① 검사가 작성한 피의자신문조서는 적법한 절차와 방식에 따라 작성된 것으로서 공판준비, 공판기일에 그 피의자였던 피고인 또는 변호인이 그 내용을 인정할 때에 한정하여 증거로 할 수 있다.

② 형사소송법 제312조 제3항에 규정된 '적법한 절차와 방식'이라 함은 피의자에 대한 조서 작성 과정에서 지켜야 할 진술거부권의 고지 등 형사소송법이 정한 제반 절차를 준수하고 조서의 작성 방식에도 어긋남이 없어야 한다는 것을 의미한다.

③ 법정에 출석한 증인이 형사소송법 제148조, 제149조 등에서 정한 바에 따라 정당하게 증언거부권을 행사하여 증언을 거부한 경우도 형사소송법 제314조의 '그 밖에 이에 준하는 사유로 인하여 진술할 수 없는 때'에 해당한다.

④ 피고인의 진술을 그 내용으로 하는 전문진술이 기재된 조서는 형사소송법 제312조 내지 제314조의 규정에 의하여 각 그 증거능력이 인정될 수 있는 경우에 해당하여야 함은 물론, 나아가 형사소송법 제316조 제1항의 규정에 따라 피고인의 진술이 특히 신빙할 수 있는 상태하에서 행하여진 때에는 이를 증거로 할 수 있다.

046 전문증거에 관한 설명으로 옳지 않은 것은? (다툼이 있으면 판례에 의함)

① 전문진술을 증거로 하는 경우에는 전문진술자가 원진술자로부터 진술을 들을 당시 원진술자가 증언능력에 준하는 능력을 갖춘 상태에 있어야 한다.
② 소재불명한 참고인의 진술조서나 진술서에 대하여 증거능력을 인정하는 경우 참고인의 진술 또는 작성이 '특히 신빙할 수 있는 상태하에서 행하여졌음에 대한 증명'은 그러할 개연성이 있다는 정도에 이르러야 한다.
③ 피의자의 진술을 녹취한 서류가 수사기관의 조사과정에서 작성된 것이라면 그것이 진술조서 또는 진술서라는 형식을 취하였다 하더라도 수사기관이 작성한 피의자신문조서로 볼 수 있다.
④ 영업에 참고하기 위하여 성매매 상대방의 아이디와 전화번호 및 성매매방법 등을 메모지에 적어 두었다가 직접 메모리카드에 입력하거나 업주가 고용한 여직원이 그 내용을 입력한 경우 위 메모리카드의 내용은 영업상 필요로 작성한 통상문서로서 당연히 증거능력 있는 문서에 해당한다.

047 전문증거의 증거능력에 대한 설명으로 옳은 것은? (다툼이 있으면 판례에 의함)

① 진술이 기재된 서류가 그 진술을 하였다는 사실 자체에 대한 정황증거로 사용될 것이라는 이유로 그 서류의 증거능력이 인정된 다음 그 사실을 다시 진술 내용의 진실성을 증명하는 간접사실로 사용하면 그 서류는 전문증거에 해당한다.
② 검사가 작성한 피고인 아닌 자에 대한 진술조서에 관하여 피고인이 공판정 진술과 배치되는 부분은 부동의한다고 진술하였다면, 진술조서 중 부동의한 부분을 제외한 나머지 부분에 대해서는 피고인이 그 조서를 증거로 함에 동의한다는 취지로 해석하여야 한다.
③ 검사의 조사를 받은 참고인이 법정에서 증언을 거부하여 피고인이 반대신문을 하지 못한 경우라도 그 증언거부권 행사가 정당하다면 형사소송법 제314조의 '그 밖에 이에 준하는 사유로 인하여 진술할 수 없는 때'에 해당하므로 특별한 사정이 없는 한 참고인에 대한 검사 작성 조서는 증거능력이 인정된다.
④ 참고인의 진술을 내용으로 하는 조사자의 증언은 그 참고인이 법정에 출석하여 조사 당시의 진술을 부인하는 취지로 증언하였더라도 그 진술이 '특히 신빙할 수 있는 상태하에서 행하여졌음'이 증명되면 증거능력이 인정된다.

048 전문증거와 전문법칙에 관한 다음 설명 중 옳지 않은 것은? (다툼이 있으면 판례에 의함)

① 피고인이나 피고인 아닌 자의 진술을 기재한 당해 사건의 공판조서는 형사소송법 제311조 전문의 규정에 의하여 당연히 증거능력이 있다.
② 다른 피고사건의 공판조서도 형사소송법 제311조의 문서로서 당연히 증거능력이 있다.
③ 녹음된 진술자의 상태 등을 확인하기 위하여 법원이 녹음테이프에 대한 검증을 실시한 경우, 그 검증조서는 당연히 증거능력이 인정된다.
④ 증거보전절차(형사소송법 제184조)나 증인신문절차(형사소송법 제221조의2)에서 작성된 조서는 당연히 증거능력이 인정된다.

049 전문증거에 대한 설명으로 가장 적절하지 않은 것은? (다툼이 있으면 판례에 의함)

① 공판준비 또는 공판기일에 피고인이나 피고인 아닌 자의 진술을 기재한 조서와 법원 또는 법관의 검증의 결과를 기재한 조서는 당해 사건에서 당연히 증거로 할 수 있다.
② 2022.1.1.부터 시행된 형사소송법 제312조 제1항에서 '그 내용을 인정할 때'라 함은 검사 작성 피의자신문조서의 기재 내용이 실제 사실과 부합한다는 의미가 아니라 피의자의 진술 내용대로 기재되어 있다는 것을 의미한다.
③ 전문증거라도 공판준비 또는 공판기일에서의 피고인 또는 피고인이 아닌 자의 진술의 증명력을 다투기 위한 증거로는 사용할 수 있다.
④ 체포·구속인접견부는 형사소송법 제315조에 규정된 당연히 증거능력이 있는 서류로 볼 수 없다.

050 전문법칙에 대한 설명으로 가장 적절한 것은? (다툼이 있으면 판례에 의함)

① 검사가 피고인이 된 피의자의 진술을 기재한 조서는 적법한 절차와 방식에 따라 작성된 것으로서 피고인이 진술한 내용과 동일하게 기재되어 있음이 공판준비 또는 공판기일에서의 피고인의 진술에 의하여 인정되고, 그 조서에 기재된 진술이 특히 신빙할 수 있는 상태에서 행하여졌음이 증명된 때에 한하여 증거로 할 수 있다.
② 피고인이 공소사실을 부인하는 경우 검사가 작성한 피의자신문조서 중 공소사실을 인정하는 취지의 진술 부분은 그 내용을 인정하지 않았다고 보아야 한다(피의자신문조서는 증거능력이 부정된다).
③ 당해 피고인과 공범관계가 있는 다른 피의자에 대한 사법경찰관 작성의 피의자신문조서는 그 피의자의 법정진술에 의하여 그 성립의 진정이 인정된다면 당해 피고인이 공판기일에서 그 조서의 내용을 부인하더라도 증거능력이 인정된다.
④ 어떤 진술이 기재된 서류가 그 진술의 진실성과 관계없는 간접사실에 대한 정황증거로 사용되더라도 그 진술이 결국 요증사실을 간접적으로나마 뒷받침하므로 예외 없이 전문법칙이 적용된다.

051 검사 작성 피의자신문조서의 증거능력에 관한 다음 설명 중 옳지 않은 것은? (다툼이 있으면 판례에 의함)

① 형사소송법 제312조 제1항에서 '그 내용을 인정할 때'라 함은 피의자신문조서의 기재 내용이 진술 내용대로 기재되어 있다는 의미가 아니고 그와 같이 진술한 내용이 실제 사실과 부합한다는 것을 의미한다.
② 피고인이 공소사실을 부인하는 경우 검사가 작성한 피의자신문조서 중 공소사실을 인정하는 취지의 진술 부분은 그 내용을 인정하지 않았다고 보아야 한다.
③ 형사소송법 제312조 제1항에서 정한 '검사가 작성한 피의자신문조서'란 당해 피고인에 대한 피의자신문조서만이 아니라 당해 피고인과 공범관계에 있는 다른 피고인이나 피의자에 대하여 검사가 작성한 피의자신문조서도 포함되지만, 여기서 말하는 '공범'이란 형법 총칙의 공범만을 의미할 뿐 각자의 구성요건을 실현하고 별도의 형벌 규정에 따라 처벌되는 강학상 필요적 공범 또는 대향범까지 의미하는 것은 아니다.
④ 피고인이 자신과 공범관계에 있는 다른 피고인이나 피의자에 대하여 검사가 작성한 피의자신문조서의 내용을 부인하는 경우에는 형사소송법 제312조 제1항에 따라 유죄의 증거로 쓸 수 없다.

052 형사소송법 제312조 제3항에 대한 설명으로 옳지 않은 것은? (다툼이 있으면 판례에 의함)

① 사법경찰관이 작성한 피고인의 공범에 대한 피의자신문조서의 경우에 사망 등의 사유로 인하여 법정에서 진술할 수 없는 때에는 예외적으로 증거능력을 인정하는 규정인 형사소송법 제314조가 적용된다.
② 형사소송법 제312조 제3항의 '그 내용을 인정할 때'라 함은 피의자신문조서의 기재내용이 진술 내용대로 기재되어 있다는 의미가 아니고 그와 같이 진술한 내용이 실제 사실과 부합한다는 것을 의미한다.
③ 피고인과 공범관계에 있는 공동피고인에 대하여 수사과정에서 사법경찰관이 작성한 피의자신문조서는 그 공동피고인에 의하여 성립의 진정이 인정되더라도 해당 피고인이 공판기일에 그 조서의 내용을 부인하면 증거능력이 없다.
④ 사법경찰관이 작성한 양벌규정 위반 행위자의 피의자신문조서가 적법한 절차와 방식에 따라 작성된 것이지만, 공판기일에 양벌규정에 의해 기소된 사업주가 그 내용을 증거로 함에 동의하지 않고 그 내용을 부인하였다면 증거로 할 수 없다.

053 진술조서에 관한 다음 설명 중 옳지 않은 것은? (다툼이 있으면 판례에 의함)

① 수사기관이 작성한 수사보고서는 전문증거로서 형사소송법 제311조·제312조·제315조·제316조의 적용대상이 아님이 분명하므로 형사소송법 제313조의 서류에 해당하여야만 증거능력이 인정될 수 있는바, 형사소송법 제313조가 적용되기 위해서는 그 서류에 진술자의 서명 또는 날인이 있어야 한다.

② 외국에 거주하는 참고인과의 전화 대화내용을 문답형식으로 기재한 검찰주사보 작성의 수사보고서에는 검찰주사보의 기명날인만 되어 있을 뿐 원진술자의 서명 또는 기명날인이 없으므로 증거능력이 없다.

③ 진술자와 피고인의 관계, 범죄의 종류, 진술자 보호의 필요성 등 여러 사정으로 볼 때 상당한 이유가 있는 경우에는 수사기관이 진술자의 성명을 가명으로 기재하여 조서를 작성하였다고 해서 그 이유만으로 그 조서가 '적법한 절차와 방식'에 따라 작성되지 않았다고 할 것은 아니다.

④ 비록 영상녹화의 절차를 규정한 형사소송규칙 제134조의3 제2항·제3항에 위반하여 작성한 영상녹화물이라도 특별한 사정이 없는 한 피고인 아닌 자의 진술을 기재한 조서의 실질적 진정성립을 증명하기 위하여 사용할 수 있다.

054 수사기관이 작성한 조서의 증거가치와 관련한 대법원 판례의 내용 중에서 밑줄 친 부분이 옳지 않은 것은 모두 몇 개인가?

> ⊙ 수사기관이 작성한 진술조서는 수사기관이 피조사자에 대하여 상당한 시간에 걸쳐 이루어진 문답 과정을 그대로 옮긴 '녹취록'과는 달리 수사기관의 관점에서 조사결과를 요약·정리하여 기재한 것에 불과할 뿐만 아니라 ⓒ 진술의 신빙성 유무를 판단할 때 가장 중요한 요소 중 하나인 진술경위는 물론 피조사자의 진술 당시 모습·표정·태도, 진술의 뉘앙스, 지적능력·판단능력 등과 같은 피조사자의 상태 등을 정확히 반영할 수 없는 본질적 한계가 있다. ⓒ 따라서 피고인이 수사과정에서 공소사실을 부인하였다면 그 내용이 기재된 피의자신문조서 등에 관하여 증거동의를 한 경우라도 그 조서는 증거능력 자체가 부인된다. ② 특히 지적능력·판단능력 등과 같이 본질적으로 수사기관이 작성한 진술조서에 나타나기 어려운 피고인의 상태에 대해서는 공판중심주의 및 실질적 직접심리주의 원칙에 따라 검사가 제출한 객관적인 증거에 대하여 적법한 증거조사를 거친 후 이를 인정하여야 할 것이지 공소사실을 부인하는 취지의 피고인의 진술이 기재된 피의자신문조서 중 일부를 근거로 이를 인정하여서는 아니 된다.

① 0개 ② 1개
③ 2개 ④ 3개

055 전문증거의 증거능력에 관한 다음 설명 중 가장 옳지 않은 것은? (다툼이 있으면 판례에 의함)

① 보험사기 사건에서 건강보험심사평가원이 수사기관의 의뢰에 따라 그 보내온 자료를 토대로 입원진료의 적정성에 대한 의견을 제시하는 내용의 '건강보험심사평가원의 입원진료 적정성 여부 등 검토의뢰에 대한 회신'은 형사소송법 제315조 제3호의 '기타 특히 신용할 만한 정황에 의하여 작성된 문서'에 해당하지 않는다.
② 정보통신망을 통하여 공포심이나 불안감을 유발하는 글을 반복적으로 상대방에게 도달하게 하는 행위를 하였다는 공소사실에 대하여, 휴대전화기에 저장된 문자정보는 형사소송법 제310조의2의 전문법칙이 적용되지 않는다.
③ 체포·구속인접견부는 유치된 피의자가 죄증을 인멸하거나 도주를 기도하는 등 유치장의 안전과 질서를 위태롭게 하는 것을 방지하기 위한 목적으로 작성되는 서류일 뿐이어서 형사소송법 제315조 제2, 3호에 따라 당연히 증거능력이 인정되는 서류로 볼 수는 없다.
④ 양벌규정에 따라 처벌되는 행위자와 행위자가 아닌 법인 또는 개인 사이는 공범 관계라고 볼 수 없으므로 법인 또는 개인이 피고인인 사건에서 사법경찰관 작성의 행위자에 대한 피의자신문조서에는 피고인이 아닌 자의 진술을 기재한 조서에 관한 형사소송법 제312조 제4항이 적용된다.

056 진술서 등에 관한 다음 설명 중 옳지 않은 것은?

① 형사소송법 제311조와 제312조 규정 이외에 피고인 또는 피고인이 아닌 자가 작성한 진술서나 그 진술을 기재한 서류로서 그 작성자 또는 진술자의 자필이거나 그 서명 또는 날인이 있는 것은 공판준비나 공판기일에서의 그 작성자 또는 진술자의 진술에 의하여 그 성립의 진정함이 증명된 때에는 증거로 할 수 있다.
② ①에 규정된 진술서나 그 진술을 기재한 서류에는 피고인 또는 피고인 아닌 자가 작성하였거나 진술한 내용이 포함된 문자·사진·영상 등의 정보로서 컴퓨터용디스크 그 밖에 이와 비슷한 정보저장매체에 저장된 것을 포함한다.
③ ①에도 불구하고 진술서의 작성자가 공판준비나 공판기일에서 그 성립의 진정을 부인하는 경우에는 과학적 분석결과에 기초한 디지털포렌식 자료, 감정 등 객관적 방법으로 성립의 진정함이 증명되는 때에는 증거로 할 수 있다. 다만, 피고인 아닌 자가 작성한 진술서는 피고인 또는 변호인이 공판준비 또는 공판기일에 그 기재 내용에 관하여 작성자를 신문할 수 있었을 것을 요한다.
④ 피고인의 진술을 기재한 서류는 공판준비 또는 공판기일에서의 피고인의 진술에 의하여 그 성립의 진정함이 증명되고 그 진술이 특히 신빙할 수 있는 상태하에서 행하여 진 때에 한하여 피고인의 공판준비 또는 공판기일에서의 진술에 불구하고 증거로 할 수 있다.

057 전문증거에 관한 설명 중 가장 적절하지 않은 것은? (다툼이 있으면 판례에 의함)

① 조서 말미에 피고인의 서명만이 있고, 그 날인(무인 포함)이나 간인이 없는 검사 작성의 피고인에 대한 피의자신문조서는 피고인이 법정에서 그 피의자신문조서의 임의성을 인정하였다고 하여도 증거능력이 없다.

② 사법경찰리 작성의 피해자에 대한 진술조서가 피해자의 화상으로 인한 서명불능이라는 이유로 입회하고 있던 동생에게 대신 읽어 주고 그 동생으로 하여금 서명·날인하게 한 서류인 경우 그 진술 조서는 형식적 요건을 결여한 서류로서 증거로 사용할 수 없다.

③ 정보통신망을 통하여 공포심이나 불안감을 유발하는 글을 반복적으로 상대방에게 도달하게 하는 행위를 하였다는 공소사실에 대하여 휴대전화기에 저장된 피고인이 보낸 문자정보는 피고인의 진술을 갈음하는 대체물로 형사소송법 제310조의2가 적용되는 전문증거에 해당한다.

④ 재전문진술이나 재전문진술을 기재한 조서는 형사소송법상 그 증거능력을 인정하는 규정을 두고 있지 아니하므로 피고인이 증거로 하는 데 동의하지 아니하는 한 형사소송법 제310조의2의 규정에 의하여 이를 증거로 할 수 없다.

058 전문증거의 증거능력에 대한 설명으로 가장 적절하지 않은 것은? (다툼이 있으면 판례에 의함)

① 甲이 진술 당시 술에 취하여 횡설수설하였다는 것을 확인하기 위하여 제출된 甲의 진술이 녹음된 녹음테이프는 전문증거에 해당한다.

② 보험사기 사건에서 건강보험심사평가원이 수사기관의 의뢰에 따라 그 보내온 자료를 토대로 입원진료의 적정성에 대한 의견을 제시하는 내용의 '건강보험심사평가원의 입원진료 적정성 여부 등 검토의뢰에 대한 회신'은 형사소송법 제315조 제3호의 '기타 특히 신용할 만한 정황에 의하여 작성된 문서'에 해당하지 않는다.

③ 정보통신망을 통하여 공포심이나 불안감을 유발하는 글을 반복적으로 상대방에게 도달하게 하는 행위를 하였다는 공소사실에 대하여 휴대전화기에 저장된 문자정보가 그 증거가 되는 경우와 같이, 그 문자정보가 범행의 직접적인 수단이 될 뿐 경험자의 진술에 갈음하는 대체물에 해당하지 않는 경우에는 전문법칙이 적용될 여지가 없다.

④ 성폭력 피해아동이 어머니에게 진술한 내용을 어머니가 상담원에게 전한 후 상담원이 그 내용을 검사 면전에서 진술하여 작성된 진술조서는 이른바 '재전문진술을 기재한 조서'로서 피고인이 동의하지 않는 한 증거능력이 인정되지 않는다.

059 진술조서의 증거능력에 대한 설명으로 가장 적절하지 않은 것은? (다툼이 있으면 판례에 의함)

① 진술조서의 증거능력이 인정되려면 '적법한 절차와 방식에 따라 작성된 것'이어야 한다는 법리는 피고인이 아닌 자가 수사과정에서 작성한 진술서의 증거능력에 관하여도 적용된다.

② 수사기관이 작성한 피고인 아닌 자의 진술을 기재한 조서에 대한 실질적 진정성립을 증명할 수 있는 수단으로서 형사소송법 제312조 제4항에 규정된 '영상녹화물'이라 함은 형사소송법 및 형사소송규칙에 규정된 방식과 절차에 따라 제작되어 조사·신청된 영상녹화물을 의미한다.

③ 수사기관이 작성한 피고인이 아닌 자의 진술을 기재한 조서에 대하여 실질적 진정성립을 증명하기 위해 영상녹화물의 조사를 신청하려면 영상녹화를 시작하기 전에 피고인 아닌 자의 동의를 받고 그에 관해서 피고인 아닌 자가 기명날인 또는 서명한 영상녹화 동의서를 첨부하여야 하고, 조사가 개시된 시점부터 조사가 종료되어 참고인이 조서에 기명날인 또는 서명을 마치는 시점까지 조사 전 과정이 영상녹화되어야 하므로 이를 위반한 영상녹화물에 의하여는 특별한 사정이 없는 한 피고인 아닌 자의 진술을 기재한 조서의 실질적 진정성립을 증명할 수 없다.

④ 수사기관의 피의자신문 시에 동석한 신뢰관계인이 피의자를 대신하여 진술한 부분이 조서에 기재되어 있다면 피의자였던 피고인 또는 변호인이 공판준비 또는 공판기일에 그 내용을 인정할 때에 한하여 증거로 할 수 있다.

060 전문증거에 관한 다음 설명 중 가장 옳은 것은? (다툼이 있으면 판례에 의함)

① 피고인과 공범관계가 있는 다른 피의자에 대하여 사법경찰관이 작성한 피의자신문조서는 그 피의자의 법정진술에 의하여 성립의 진정이 인정되는 등 형사소송법 제312조 제4항의 요건을 갖춘 경우라면 해당 피고인이 공판기일에서 그 조서의 내용을 부인하여도 이를 유죄인정의 증거로 사용할 수 있다.

② 수사기관에서 진술한 참고인이 법정에서 증언을 거부하여 피고인이 반대신문을 하지 못한 경우에는 증인이 정당하게 증언거부권을 행사한 것이 아니라면 형사소송법 제314조의 '그 밖에 이에 준하는 사유로 인하여 진술할 수 없는 때'에 해당한다고 보아야 한다.

③ 수사기관이 참고인을 조사하는 과정에서 참고인의 동의를 받아 작성한 영상녹화물은 다른 법률에서 달리 규정하고 있는 등의 특별한 사정이 없는 한 공소사실을 직접 증명할 수 있는 독립적인 증거로 사용될 수 있다.

④ 형사소송법은 전문진술에 대하여 제316조에서 실질상 단순한 전문의 형태를 취하는 경우에 한하여 예외적으로 그 증거능력을 인정하는 규정을 두고 있을 뿐 재전문진술이나 재전문진술을 기재한 조서에 대하여는 달리 그 증거능력을 인정하는 규정을 두고 있지 아니하므로 피고인이 증거로 하는 데 동의하지 아니하는 한 형사소송법 제310조의2의 규정에 의하여 이를 증거로 할 수 없다.

061 사법경찰관 작성 피의자신문조서의 증거능력에 대한 설명 중 가장 적절하지 않은 것은? (다툼이 있으면 판례에 의함)

① 사법경찰관이 작성한 피의자신문조서는 적법한 절차와 방식에 따라 작성된 것으로서 공판준비 또는 공판기일에 그 피의자였던 피고인 또는 변호인이 그 내용을 인정할 때에 한하여 증거로 할 수 있다.

② 피고인이 제1심 제4회 공판기일부터 공소사실을 일관되게 부인하여 경찰 작성 피의자신문조서의 진술 내용을 인정하지 않는 경우 제1심 제4회 공판기일에 피고인이 그 서증의 내용을 인정한 것으로 공판조서에 기재된 것은 착오 기재 등으로 보아 피의자신문조서의 증거능력을 부정하여야 한다.

③ 사법경찰관이 피의자에게 진술거부권을 행사할 수 있음을 알려주고 그 행사 여부를 질문하였다면, 비록 형사소송법 제244조의3 제2항에 규정한 방식에 위반하여 진술거부권 행사 여부에 대한 피의자의 답변이 자필로 기재되어 있지 않더라도 사법경찰관 작성의 피의자신문조서는 특별한 사정이 없는 한 그 증거능력을 인정할 수 있다.

④ 당해 피고인과 공범관계에 있는 공동피고인에 대하여 사법경찰관 작성한 피의자신문조서는 그 공동피고인의 법정진술에 의하여 성립의 진정이 인정되더라도 당해 피고인이 공판기일에서 그 조서의 내용을 부인하면 증거능력이 부정된다.

062 전문증거에 대한 설명으로 옳은 것만을 모두 고르면? (다툼이 있으면 판례에 의함)

> ㉠ 사법경찰관이 피의자를 신문하기 전에 피의자에게 진술거부권을 행사할 수 있음을 알려 주고 그 행사 여부를 질문하였다면 비록 진술거부권 행사 여부에 대한 피의자의 답변이 자필로 기재되어 있지 아니하더라도 사법경찰관 작성의 피의자신문조서는 특별한 사정이 없는 한 형사소송법 제312조 제3항에서 정한 '적법한 절차와 방식'에 따라 작성된 조서라 할 수 있다.
> ㉡ 어떤 진술이 기재된 서류가 그 내용의 진실성이 범죄 사실에 대한 직접증거로 사용함에 있어서는 전문증거가 된다고 하더라도 그와 같은 진술을 하였다는 것 자체 또는 그 진술의 진실성과 관계없는 간접사실에 대한 정황증거로 사용함에 있어서는 반드시 전문증거가 되는 것은 아니다.
> ㉢ 재전문진술이나 재전문진술을 기재한 조서는 증거능력이 인정되지 않으며, 나아가 설령 피고인이 증거로 하는 데 동의한 경우라 하더라도 증거로 할 수 없다.
> ㉣ 사법경찰관사무취급이 작성한 실황조사서가 사고발생 직후 사고장소에서 긴급을 요하여 판사의 영장없이 시행된 것으로서 형사소송법 제216조 제3항에 의한 검증에 따라 작성된 것이라면 사후영장을 받지 않는 한 유죄의 증거로 삼을 수 없다.

① ㉠, ㉡　　　　　　　　　　　　② ㉡, ㉢
③ ㉡, ㉣　　　　　　　　　　　　④ ㉢, ㉣

063 진술서 등에 관한 다음 설명 중 옳지 않은 것은? (다툼이 있으면 판례에 의함)

① 피고인이 피고인의 진술을 기재한 서류를 증거로 할 수 있음에 동의하지 않은 이상 그 서류에 기재된 피고인의 진술 내용을 증거로 사용하려면 형사소송법 제313조 제1항 단서에 따라 공판준비 또는 공판기일에서 작성자의 진술에 의하여 그 서류에 기재된 피고인의 진술 내용이 피고인이 진술한 대로 기재된 것임이 증명되고 나아가 진술이 특히 신빙할 수 있는 상태하에서 행하여진 것임이 인정되어야 한다.

② 피해자 A가 남동생 B에게 도움을 요청하면서 피고인이 협박한 말을 포함하여 공갈 등 피해를 입은 내용이 들어 있는 문자메시지의 내용을 촬영한 사진은 피해자의 진술서에 준하는 것으로 취급함이 상당하다.

③ 경찰관이 입당원서 작성자의 주거지·근무지를 방문하여 입당원서 작성 경위 등을 질문한 후 진술서 작성을 요구하여 이를 제출받은 경우 그 진술서는 수사과정에서 작성한 진술서가 아니므로 이에 대하여는 형사소송법 제312조 제5항이 아니라 제313조 제1항이 적용된다.

④ 조세범칙조사를 담당하는 세무공무원이 피고인이 된 혐의자 또는 참고인에 대하여 심문한 내용을 기재한 조서는 검사·사법경찰관 등 수사기관이 작성한 조서와 동일하게 볼 수 없으므로 형사소송법 제312조에 따라 증거능력의 존부를 판단할 수는 없고, 피고인 또는 피고인이 아닌 자가 작성한 진술서나 그 진술을 기재한 서류에 해당하므로 형사소송법 제313조에 따라 공판준비 또는 공판기일에서 작성자·진술자의 진술에 따라 성립의 진정함이 증명되고 나아가 그 진술이 특히 신빙할 수 있는 상태 아래에서 행하여 진 때에 한하여 증거능력이 인정된다.

064 전문증거에 관한 설명 중 가장 적절하지 않은 것은? (다툼이 있으면 판례에 의함)

① 녹음파일에 담긴 진술 내용의 진실성이 증명의 대상이 되는 때에는 전문법칙이 적용된다고 할 것이나, 녹음파일에 담긴 진술 내용의 진실성이 아닌 그와 같은 진술이 존재하는 것 자체가 증명의 대상이 되는 경우에는 전문법칙이 적용되지 아니한다.

② "피해자로부터 '피고인이 자신을 추행했다.'는 취지의 말을 들었다."는 A의 진술을 "피고인이 자신을 추행했다."는 피해자의 진술내용의 진실성을 증명하는 간접사실로 사용하는 경우에는 전문증거에 해당하지 않는다.

③ 전문증거라도 당사자가 동의한 경우에는 전문법칙이 적용되지 않으며, 증인의 신용성을 탄핵하기 위한 탄핵증거로 제출된 경우에도 전문법칙이 적용되지 않는다.

④ A에 대한 사기죄로 공소제기된 甲의 공판에서 甲이 자신의 처에게 보낸 "내가 A를 속여 투자금을 받았는데 그 돈을 송금한다."라는 내용의 문자 메시지가 증거로 제출되었다면 이 메시지는 전문증거에 해당한다.

065 전문법칙의 예외에 대한 설명으로 가장 적절하지 않은 것은? (다툼이 있으면 판례에 의함)

① 피해자가 화상으로 인하여 서명할 수 없다는 이유로 입회하고 있던 동생에게 대신 읽어주고 그 동생으로 하여금 서명·날인하게 한 서류는 형사소송법 제313조 제1항 소정의 형식적 요건을 결여한 서류로서 증거로 사용할 수 없다.

② 수사기관에서 진술한 참고인이 법정에서 증언을 거부하여 피고인이 반대신문을 하지 못한 경우에는 정당하게 증언거부권을 행사한 것이 아니라도 피고인이 증인의 증언거부 상황을 초래하였다는 등의 특별한 사정이 없는 한 형사소송법 제314조의 '그 밖에 이에 준하는 사유로 인하여 진술할 수 없는 때'에 해당하지 아니한다.

③ 피고인이 증거서류의 진정성립을 묻는 검사의 질문에 대하여 진술거부권을 행사하여 진술을 거부한 경우는 형사소송법 제314조의 '그 밖에 이에 준하는 사유로 인하여 진술할 수 없는 때'에 해당하지 아니한다.

④ 원진술자인 만 4세의 피해자가 공판정에서 진술을 하였더라도 증인신문 당시 일정한 사항에 관하여 기억이 나지 않는다는 취지로 진술하여 그 진술의 일부가 재현 불가능하게 된 경우는 형사소송법 제314조의 '그 밖에 이에 준하는 사유로 인하여 진술할 수 없는 때'에 해당하지 아니한다.

066 사법경찰관이 작성한 조서의 증거능력에 관한 설명으로 가장 적절한 것은? (다툼이 있으면 판례에 의함)

① 사법경찰관이 작성한 피의자신문조서의 증거능력에 관한 형사소송법 제312조 제3항은 당해 사건에서 작성한 피의자신문조서뿐만 아니라 별개 사건에서 작성한 피의자신문조서에 대해서도 적용되므로 피의자였던 피고인이 별개 사건에서 작성된 피의자신문조서의 내용을 부인하는 이상 그 조서는 당해 사건에 대한 유죄의 증거로 할 수 없다.

② 형사소송법 제312조 제3항은 사법경찰관이 작성한 당해 피고인 甲에 대한 피의자신문조서를 유죄의 증거로 하는 경우에만 적용되고 甲과 공범관계에 있는 다른 피의자 乙에 대한 피의자신문조서에는 적용되지 않으므로 乙에 대한 사법경찰관 작성의 피의자신문조서는 甲이 공판기일에서 그 조서의 내용을 부인하더라도 乙의 법정진술에 의하여 그 성립의 진정이 인정되면 증거로 할 수 있다.

③ 사법경찰관이 피의자 아닌 자의 진술을 기재한 조서를 작성함에 있어서 진술자의 성명을 가명으로 기재하였다면 그 이유만으로도 그 조서는 적법한 절차와 방식에 따라 작성되었다고 할 수 없고, 공판기일에 원진술자가 출석하여 자신의 진술을 기재한 조서임을 확인함과 아울러 그 조서의 실질적 진정성립을 인정하고 나아가 그에 대한 반대신문이 이루어졌다고 하더라도 그 증거능력이 인정되지 않는다.

④ 사법경찰관이 피의자를 조사하는 경우와는 달리 피의자가 아닌 자를 조사하는 경우에는 조사과정의 진행경과를 확인하기 위하여 필요한 사항을 조서에 기록하거나 별도의 서면에 기록한 후 수사기록에 편철할 것을 요하지 않으므로 사법경찰관이 그 조사과정을 기록하지 아니하였더라도 다른 특별한 사정이 없는 한 피의자 아닌 자가 조사과정에서 작성한 진술서는 증거로 할 수 있다.

067 전문법칙에 대한 설명으로 가장 적절하지 않은 것은? (다툼이 있으면 판례에 의함)

① 압수된 디지털 저장매체로부터 출력한 문건을 진술증거로 사용하는 경우 그 기재 내용의 진실성에 관하여는 전문법칙이 적용되므로 형사소송법 제313조 제1항에 따라 그 작성자 또는 진술자의 진술에 의하여 그 성립의 진정함이 증명된 때에는 이를 증거로 사용할 수 있다.
② 검사 또는 사법경찰관이 검증의 결과를 기재한 조서는 적법한 절차와 방식에 따라 작성된 것으로서 공판준비 또는 공판기일에서의 작성자의 진술에 따라 그 성립의 진정함이 증명된 때에는 증거로 할 수 있다.
③ 대화 내용을 녹음한 파일 등 전자매체는 성질상 작성자나 진술자의 서명 또는 날인이 없을 뿐만 아니라 녹음자의 의도나 특정한 기술에 의하여 내용이 편집·조작될 위험성이 있음을 고려하여, 대화 내용을 녹음한 원본이거나 원본으로부터 복사한 사본일 경우에는 복사 과정에서 편집되는 등의 인위적 개작 없이 원본의 내용 그대로 복사된 사본임이 입증되어야 한다.
④ 피고인 또는 피고인 아닌 사람이 컴퓨터용디스크에 입력하여 기억된 문자정보 또는 그 출력물을 증거로 사용하는 경우 컴퓨터용디스크 자체를 물증으로 취급하여야 하므로 그 기재내용의 진실성에 관하여는 전문법칙이 적용되지 않는다.

068 전문증거의 증거능력에 관한 설명으로 옳지 않은 것은? (다툼이 있으면 판례에 의함)

① 피고인이 공판조서의 열람 또는 등사를 청구하였음에도 법원이 불응하여 피고인의 열람 또는 등사청구권이 침해된 경우에는 공판조서를 유죄의 증거로 할 수 없을 뿐만 아니라 공판조서에 기재된 당해 피고인이나 증인의 진술도 증거로 할 수 없다.
② 증인이 형사소송법에서 정한 바에 따라 정당하게 증언거부권을 행사하여 증언을 거부한 경우는 형사소송법 제314조의 "그 밖에 이에 준하는 사유로 인하여 진술할 수 없는 때"에 해당하지 아니 한다.
③ 미국 범죄수사대(CID)의 수사관들이 작성한 수사보고서는 피고인이 그 내용을 부인하면 그 증거능력이 부정된다.
④ 공판준비 또는 공판기일에서 이미 증언을 마친 증인을 검사가 소환한 후 피고인에게 유리한 그 증언 내용을 추궁하여 이를 일방적으로 번복시키는 방식으로 작성한 진술조서는 피고인이 증거로 할 수 있음에 동의하더라도 그 증거능력이 없다.

069 전문증거의 증거능력에 관한 설명으로 옳지 않은 것은? (다툼이 있으면 판례에 의함)

① 형사소송법 제312조 제3항에 의하면 검사 이외의 수사기관이 작성한 피의자신문조서는 그 피의자였던 피고인 또는 변호인이 그 내용을 인정할 때에 한하여 증거로 할 수 있다.

② 피의자의 진술을 기재한 서류 내지 문서가 수사기관의 수사과정에서 작성된 것이라면 그 서류나 문서의 형식과 관계없이 피의자신문조서와 달리 볼 이유가 없으므로 수사기관이 작성한 압수조서에 기재된 피의자였던 피고인의 자백 진술 부분은 피고인 또는 변호인이 내용을 부인하는 이상 증거능력이 없다.

③ 수사기관에 제출된 변호인의견서 즉, 변호인이 피의사건의 실체나 절차에 관하여 자신의 의견 등을 기재한 서면에 피의자가 당해 사건 수사기관에 한 진술이 인용되어 있는 경우가 있다.

④ 피고인이 피의자였을 때 수사기관에 한 진술이 기재된 조서나 수사과정에서 작성된 진술서 등의 증거능력을 인정할 수 없더라도 수사기관에 제출된 변호인의견서에 기재된 같은 취지의 피의자 진술 부분을 유죄의 증거로 사용할 수 없는 것은 아니다.

070 진술서 등에 관한 다음 설명 중 옳지 않은 것은? (다툼이 있으면 판례에 의함)

① 경찰관이 입당원서 작성자의 주거지·근무지를 방문하여 입당원서 작성 경위 등을 질문한 후 진술서 작성을 요구하여 이를 제출받은 경우 그 진술서는 수사과정에서 작성한 진술서이므로 형사소송법 제312조 제5항이 적용된다.

② 피해자 A가 남동생 B에게 도움을 요청하면서 피고인이 협박한 말을 포함하여 공갈 등 피해를 입은 내용이 들어 있는 문자메시지의 내용을 촬영한 사진은 피해자의 진술서에 준하는 것으로 취급함이 상당하다.

③ 형사조정조서 중 '피의자의 주장'란에 피고인의 진술을 기재한 부분은 비록 수사기관이 아닌 자에 의하여 작성되었다고 하더라도 수사가 시작된 이후 수사기관의 관여나 영향 아래 작성된 경우로서 실질적으로 고찰할 때 수사과정 외에서 작성된 것이라고 볼 수 없으므로 형사소송법 제313조 제1항에 따라 증거능력을 인정할 수 없다. 이는 수사기관이 작성한 피의자신문조서나 피고인이 아닌 자의 진술을 기재한 조서가 아니고, 피고인 또는 피고인이 아닌 자가 작성한 진술서라 보기도 어려우므로 형사소송법 제312조에 의하여 증거능력을 인정할 수도 없다.

④ 성폭력처벌법 제33조 제4항·제1항에 따라 검사로부터 피해자 진술의 신빙성 여부에 대한 분석을 의뢰받은 대검찰청 과학수사부 법과학분석과 소속 진술분석관이 창원지방검찰청 여성·아동조사실에서 피해자를 면담하면서 그 과정을 영상녹화하여 제작한 CD 등은 형사소송법 제313조 제1항에 의하여 그 증거능력 유무를 판단하여야 한다.

071 형사소송법 제314조에 의한 증거능력의 인정요건에 대한 설명으로 가장 적절하지 않은 것은? (다툼이 있으면 판례에 의함)

① 형사소송법 제314조에서 말하는 '외국거주'라고 함은 진술을 요할 자가 외국에 있다는 것만으로는 부족하고, 가능하고 상당한 수단을 다하더라도 그 진술을 요할 자를 법정에 출석하게 할 수 없는 사정이 있어야 예외적으로 그 적용이 있다.

② 진술을 요할 자가 일정한 주거를 가지고 있더라도 법원의 소환에 계속 불응하고 구인하여도 구인장이 집행되지 아니하는 등 법정에서의 신문이 불가능한 상태의 경우에는 형사소송법 제314조 소정의 '진술할 수 없는 때'에 해당한다.

③ 증인의 주소지가 아닌 곳으로 소환장을 보내 송달불능이 되자 그 곳을 중심으로 한 소재탐지 끝에 소재불능회보를 받은 경우에는 형사소송법 제314조에서 말하는 원진술자가 공판정에서 진술할 수 없는 때라고 할 수 없다.

④ 수사기관에서 진술한 참고인이 법정에서 증언을 거부하여 피고인이 반대신문을 하지 못한 경우 정당하게 증언거부권을 행사한 것이 아니라면 피고인이 증인의 증언거부 상황을 초래하였다는 등의 특별한 사정이 있더라도 형사소송법 제314조의 '그 밖에 이에 준하는 사유로 인하여 진술할 수 없는 때'에 해당하지 않는다.

072 甲의 상황이 형사소송법 제314조의 '사망·질병·외국거주·소재불명 그 밖에 이에 준하는 사유로 인하여 진술할 수 없는 때'에 해당한다고 볼 수 있는 것은? (다툼이 있으면 판례에 의함)

① 공판기일에 진술을 요하는 甲이 질병을 앓고 있으나 임상 신문이나 출장신문은 가능한 경우
② 공판기일에 진술을 요하는 甲이 외국에 거주하고 있으나 증언 자체를 거부하는 의사가 분명하지 않고, 거주하는 외국의 주소와 연락처가 파악되며, 대한민국과 그 외국 간에 국제형사사법공조조약이 체결되어 있어 甲을 증인으로 소환할 수 있는 경우
③ 수사기관에서 진술한 피해자인 유아 甲이 공판정에서 진술을 하였으나 증인신문 당시 일정한 사항에 관하여 '기억이 나지 않는다'라는 취지로 진술하여 그 진술의 일부가 재현 불가능하게 된 경우
④ 수사기관에서 참고인으로 진술한 甲이 법정에서 증언을 거부하여 피고인이 반대신문을 하지 못하였고, 피고인이 그러한 甲의 증언거부 상황을 초래하지 않은 경우

073 형사소송법 제314조의 증거능력 인정요건에 관한 설명 중 가장 적절하지 않은 것은? (다툼이 있으면 판례에 의함)

① 형사소송법 제314조의 특신상태의 증명은 참고인의 진술 또는 조서의 작성이 특히 신빙할 수 있는 상태하에서 행하여졌음에 대한 개연성 있는 정도의 증명으로 족하고, 법관으로 하여금 반드시 합리적인 의심의 여지를 배제할 정도에 이르러야 하는 것은 아니다.
② 형사소송법 제314조의 '특신상태'와 관련된 법리는 마찬가지로 원진술자의 소재불명 등을 전제로 하고 있는 형사소송법 제316조 제2항의 '특신상태'에 관한 해석에도 그대로 적용된다.
③ 형사소송법 제314조에서 말하는 '원진술자가 진술을 할 수 없는 때'에는 사망, 질병 등 명시적으로 열거된 사유 외에도, 원진술자가 공판정에서 진술을 한 경우라도 증인신문 당시 일정한 사항에 관하여 기억이 나지 않는다는 취지로 진술하여 그 진술의 일부가 재현 불가능하게 된 경우도 포함한다.
④ 수사기관에서 진술한 참고인이 법정에서 증언을 거부하여 피고인이 반대신문을 하지 못한 경우에는 정당하게 증언거부권을 행사한 것이 아니라도 피고인이 증인의 증언거부 상황을 초래하였다는 등의 특별한 사정이 없는 한 형사소송법 제314조의 '그 밖에 이에 준하는 사유로 인하여 진술할 수 없는 때'에 해당하지 않는다고 보아야 한다.

074 형사소송법 제314조에 규정된 '진술을 요하는 자가 사망·질병·외국거주·소재불명 그 밖에 이에 준하는 사유로 인하여 진술할 수 없는 때'에 해당하는 경우만을 보기에서 고른 것은? (다툼이 있으면 판례에 의함)

㉠ 증인으로 소환당할 당시부터 노인성 치매로 인한 기억력 장애, 분별력 상실 등으로 인하여 진술할 수 없는 상태에 있고 그 전 진술 내용의 신용성이나 임의성을 담보할 만한 구체적인 정황이 있는 경우
㉡ 수사기관에서 진술한 참고인이 법정에서 증언을 거부하여 피고인이 반대신문을 하지 못한 경우에 정당하게 증언거부권을 행사한 것이 아니고 피고인이 증인의 증언거부상황을 초래하였다는 특별한 사정이 없는 경우
㉢ 일본에 거주하는 사람을 증인으로 채택하여 환문코자 하였으나 외무부로부터 현재 일본 측에서 형사사건에 대하여는 양국 형법체계상의 상이함을 이유로 송달에 응하지 않고 있어 그 송달이 불가능하다는 취지의 회신을 받은 경우
㉣ 피해자가 증인으로 소환받고도 특별한 사정 없이 출산을 앞두고 있다는 사유로 출석하지 아니한 경우
㉤ 법원의 소환에 계속 불응하고 구인하여도 구인장이 집행되지 아니하는 등 법정에서의 신문이 불가능한 상태인 경우

① ㉠, ㉡, ㉢　　② ㉠, ㉡, ㉣
③ ㉠, ㉢, ㉤　　④ ㉡, ㉣, ㉤

075 특신상태에 관한 설명으로 가장 적절하지 않은 것은? (다툼이 있으면 판례에 의함)

① 형사소송법 제313조 제1항 및 제316조 제1항의 특신상태는 증거능력의 요건에 해당하므로 검사가 그 존재에 대하여 구체적으로 주장·입증해야 한다.
② 형사소송법 제314조 및 제316조 제1항의 특신상태 증명은 단지 그러할 개연성이 있다는 정도로는 부족하고 합리적인 의심의 여지를 배제할 정도에 이르러야 한다.
③ 형사소송법 제314조의 특신상태와 관련된 법리는 원진술자의 소재불명 등을 전제로 하고 있는 동법 제316조 제2항의 특신상태에 관한 해석에는 그대로 적용되지 않는다.
④ 형사소송법 제312조 제4항 및 제314조의 특신상태는 그 진술의 내용이나 조서 또는 서류의 작성에 허위 개입의 여지가 거의 없고 그 진술 내용의 신빙성이나 임의성을 담보할 구체적이고 외부적인 정황이 증명된 때에 한하여 예외적으로 증거능력을 인정하고자 하는 취지이다.

076 형사소송법 제315조에 의하여 당연히 증거능력 있는 서류에 해당하는 것만을 〈보기〉에서 있는 대로 고른 것은? (다툼이 있으면 판례에 의함)

㉠ 육군과학수사연구소 실험분석관이 작성한 감정서
㉡ 다른 피고인에 대한 형사사건의 공판조서 중 일부인 증인신문조서
㉢ 일본 세관서 통괄심리관이 작성한 필로폰에 대한 범칙물건감정서등본과 분석회답서등본
㉣ 성매매업소에서 영업에 참고하기 위하여 성매매상대방에 관한 정보를 입력하여 작성한 메모리카드의 내용
㉤ 보험사기 사건에서 건강보험심사평가원이 수사기관의 의뢰에 따라 그 보내 온 자료를 토대로 입원진료의 적정성에 대한 의견을 제시하는 내용의 '건강보험심사평가원의 입원진료 적정성 여부 등 검토의뢰에 대한 회신'

① ㉠, ㉡
② ㉠, ㉢, ㉣
③ ㉡, ㉢, ㉣
④ ㉡, ㉣, ㉤

077 형사소송법 제315조의 '당연히 증거능력이 있는 서류'에 대한 설명으로 옳지 않은 것은? (다툼이 있으면 판례에 의함)

① 변호사가 피고인에 대한 법률자문 과정에 작성하여 피고인에게 전송한 전자문서를 출력한 법률의견서는 '업무상 필요로 작성한 통상문서'에 해당하지 않는다.
② '기타 특히 신용할 만한 정황에 의하여 작성된 문서'는 굳이 반대신문의 기회 부여 여부가 문제되지 않을 정도로 고도의 신용성의 정황적 보장이 있는 문서를 의미한다.
③ 다른 피고인에 대한 형사사건의 공판조서 중 일부인 증인신문조서는 '기타 특히 신용할 만한 정황에 의하여 작성된 문서'에 해당한다.
④ 특별한 자격이 없이 범칙물자에 대한 시가감정업무에 4~5년 종사해 온 세관공무원이 세관에 비치된 기준과 수입신고서에 기재된 가격을 참작하여 작성한 감정서는 '공무원의 직무상 증명할 수 있는 사항에 관하여 작성한 문서'에 해당하지 않는다.

078 형사소송법 제315조에 규정된 당연히 증거능력 있는 서류에 해당하는 것(○)과 해당하지 않는 것(×)을 바르게 연결한 것은? (다툼이 있으면 판례에 의함)

> ㉠ 보험사기 사건에서 건강보험심사평가원이 수사기관의 의뢰에 따라 그 수사기관이 보내온 자료를 토대로 작성한 입원진료의 적정성에 대한 의견을 제시하는 내용의 '입원진료 적정성 여부 등 검토의뢰에 대한 회신'
> ㉡ 대한민국 주중국 대사관 영사가 공무수행과정에서 작성하였지만 공적인 증명보다는 상급자에 대한 보고를 목적으로 작성한 사실확인서(공인(公印) 부분은 제외)
> ㉢ 검찰에서 피고인이 소지·탐독을 인정한 유인물에 대하여, 사법경찰관이 그 내용을 분석하고 이를 기계적으로 복사하여 그 말미에 그대로 첨부하여 작성한 수사보고서
> ㉣ 성매매업소에서 성매매 여성들이 영업에 참고하기 위하여 성매매 상대방의 아이디, 전화번호 등에 관한 정보를 입력하여 작성한 메모리카드의 내용

① ㉠ ○ ㉡ × ㉢ ○ ㉣ ×
② ㉠ × ㉡ × ㉢ ○ ㉣ ×
③ ㉠ ○ ㉡ ○ ㉢ × ㉣ ○
④ ㉠ × ㉡ × ㉢ ○ ㉣ ○

079 전문법칙에 관한 설명 중 옳지 않은 것은? (다툼이 있으면 판례에 의함)

① "甲이 乙을 살해하는 것을 목격했다"라는 丙의 말을 들은 丁이 丙의 진술내용을 증언하는 경우 甲의 살인 사건에 대하여는 전문증거이지만, 丙의 명예훼손 사건에 대하여는 전문증거가 아니다.

② 정보통신망을 통하여 공포심이나 불안감을 유발하는 글을 반복적으로 상대방에게 도달하게 하는 행위를 하였다는 공소사실에 대하여 휴대전화기에 저장된 문자정보가 그 증거가 되는 경우 그 문자 정보는 범행의 직접적인 수단이고 경험자의 진술에 갈음하는 대체물에 해당하지 않으므로 전문법칙이 적용되지 않는다.

③ A가 특정범죄가중처벌등에관한법률위반(알선수재)죄로 기소된 피고인으로부터 건축허가를 받으려면 담당공무원에게 사례비를 주어야 한다는 말을 들었다는 취지의 법정진술을 한 경우 원진술의 존재 자체가 알선수재죄에서의 요증사실이므로 A의 진술은 전문증거가 아니라 본래증거에 해당한다.

④ 보험사기 사건에서 건강보험심사평가원이 수사기관의 의뢰에 따라 그 보내온 자료를 토대로 입원진료의 적정성에 대한 의견을 제시하는 내용의 '건강보험심사평가원의 입원진료 적정성 여부 등 검토의뢰에 대한 회신'은 형사소송법 제315조 제3호의 '기타 특히 신용할 만한 정황에 의하여 작성된 문서'에 해당한다.

080 전문진술에 관한 설명 중 가장 적절하지 않은 것은? (다툼이 있으면 판례에 의함)

① 피고인을 피의자로 조사하였던 자는 공판기일에서 피고인의 진술을 그 내용으로 하는 진술을 할 수 있고 피고인의 원진술이 특히 신빙할 수 있는 상태하에서 행하여졌음이 증명된 경우에는 증거능력이 있다.

② 피고인 아닌 자의 공판기일에서의 진술이 피고인의 진술을 그 내용으로 하는 것인 때에는 형사소송법 제316조 제1항이 적용되므로, 피고인 아닌 자의 공판기일에서의 진술이 공동피고인의 진술을 그 내용으로 하는 것인 때에도 공동피고인 역시 피고인의 지위인 이상 형사소송법 제316조 제1항이 적용된다.

③ 형사소송법 제316조 제2항의 피고인 아닌 자에는 공소제기 전에 피고인 아닌 타인을 조사하였던 자도 포함되지만, 원진술자가 법정에 출석하여 수사기관에서의 진술을 부인하는 이상 원진술자의 진술을 내용으로 하는 조사자의 증언은 증거능력이 없다.

④ 전문의 진술을 증거로 함에 있어서는 전문진술자가 원진술자로부터 진술을 들을 당시 원진술자가 증언능력에 준하는 능력을 갖춘 상태에 있어야 한다.

081 전문증거의 증거능력에 관한 설명 중 옳지 않은 것은? (다툼이 있으면 판례에 의함)

① 보험사기 사건에서 건강보험심사평가원이 수사기관의 의뢰에 따라 그 보내온 자료를 토대로 입원진료의 적정성에 대한 의견을 제시하는 내용의 '건강보험심사평가원의 입원진료 적정성 여부 등 검토의뢰에 대한 회신'은 형사소송법 제315조 제3호의 '기타 특히 신용할 만한 정황에 의하여 작성된 문서'에 해당한다.
② 성폭력 피해아동이 어머니에게 진술한 내용을 어머니가 상담원에게 전한 후, 상담원이 그 내용을 검사 면전에서 진술하여 작성된 진술조서는 이른바 '재전문진술을 기재한 조서'로서 피고인이 동의하지 않는 한 증거능력이 인정되지 아니한다.
③ A가 특정범죄가중처벌등에관한법률위반(알선수재)죄로 기소된 피고인으로부터 건축허가를 받으려면 담당공무원에게 사례비를 주어야 한다는 말을 들었다는 취지의 법정진술을 한 경우 원진술의 존재 자체가 알선수재죄에서의 요증사실이므로 A의 진술은 전문증거가 아니라 본래증거에 해당한다.
④ 수사기관이 참고인을 조사하는 과정에서 촬영한 영상녹화물은 다른 법률에서 달리 규정하고 있는 등의 특별한 사정이 없는 한 공소사실을 직접 증명할 수 있는 독립적인 증거로 사용할 수 없다.

082 증거동의에 관한 다음 설명 중 옳지 않은 것은? (다툼이 있으면 판례에 의함)

① 피고인의 출정없이 증거조사를 할 수 있는 경우 피고인이 출정하지 아니한 때에는 피고인의 대리인 또는 변호인이 출정한 때를 제외하고는 피고인이 증거로 함에 동의한 것으로 간주한다.
② 피고인이 증거로 함에 동의하지 아니한다고 명시적인 의사표시를 한 경우에도 변호인은 서류나 물건에 대하여 증거로 함에 동의할 수 있다.
③ 증거동의의 효력은 공판절차의 갱신이 있는 경우에도 유지된다.
④ 간이공판절차의 결정이 있는 사건에서 전문증거에 대하여 검사, 피고인 또는 변호인이 증거로 함에 이의가 있는 때에는 증거동의가 있는 것으로 간주되지 아니한다.

083 증거동의에 관한 다음 설명 중 옳지 않은 것은? (다툼이 있으면 판례에 의함)

① 변호인은 피고인의 명시한 의사에 반하지 않는 한 피고인을 대리하여 증거로 함에 동의할 수 있다.
② 증거동의의 효력은 당해 심급에만 미치므로 공판절차의 갱신이 있거나 심급을 달리하면 그 효력이 상실된다.
③ 서류의 기재내용이 가분적인 경우에는 서류의 일부에 대한 증거동의도 가능하다.
④ 필요적 변호사건에서 피고인과 변호인이 무단퇴정하여 수소법원이 피고인이나 변호인이 출석하지 않은 상태에서 증거조사를 하는 경우 피고인의 진의와 관계없이 증거로 함에 동의가 있는 것으로 간주한다.

084 증거동의에 관한 다음 설명 중 옳지 않은 것은? (다툼이 있으면 판례에 의함)

① 경찰의 검증조서 가운데 범행부분은 부동의하고 현장상황 부분에 대해서만 동의하는 것도 가능하고, 그 효력은 동의한 부분에 한하여 발생한다.
② 재전문진술을 기재한 조서도 동의의 대상이 된다.
③ 검사가 제시한 모든 증거에 대하여 동의한다는 포괄적 방식은 효력이 없다.
④ 증거신청 시 그 입증취지를 명시하여 개별적으로 하지 않았음에도 증거동의를 거쳐 법원이 증거로 채택하는 결정을 하였다면 그 결정이 취소되지 않는 이상 단순히 입증취지를 명시하여 개별적으로 신청하지 않았다는 이유만을 내세워 그 증거에 대한 조사가 위법하다고 할 수 없다.

085 증거동의에 관한 설명 중 옳은 것은? (다툼이 있으면 판례에 의함)

① 검사가 신청한 증거들에 관한 변호인의 증거동의에 대하여 피고인이 즉시 이의하지 아니하면 그 증거들의 증거능력이 인정되고, 그 이후 피고인이 증거조사 완료 전에 변호인의 위 동의를 취소하거나 철회한다고 하더라도 일단 부여된 증거능력은 그대로 유지된다.
② 제1심에서 무죄판결이 선고되어 검사가 항소한 후 수사기관이 항소심 공판기일에 증인으로 신청하여 신문할 수 있는 사람을 특별한 사정 없이 미리 수사기관에 소환하여 작성한 진술조서는 증거능력이 없고, 피고인이 증거로 할 수 있음에 동의한 경우에도 마찬가지이다.
③ 검사가 제출한 증거 중 고발장에 대하여 피고인 및 변호인이 부동의 의견을 밝히고, 같은 고발장이 첨부된 검찰주사보 작성의 수사보고에 대하여는 증거동의를 하여 증거조사가 이루어진 경우 수사보고에 대한 증거동의의 효력은 첨부된 고발장에도 당연히 미치므로 위 고발장을 유죄의 증거로 삼을 수 있다.
④ 피고인이 출석한 공판기일에서 증거로 함에 부동의한다는 의견이 진술된 경우 그 후 피고인이 출석하지 아니한 공판기일에 변호인만이 출석하여 종전 의견을 번복하여 증거로 함에 동의하였다 하더라도 변호인의 증거동의는 특별한 사정이 없는 한 효력이 없다.

086 증거동의에 관한 다음 설명 중 옳지 않은 것은? (다툼이 있으면 판례에 의함)

① 검사가 제시한 모든 증거에 대하여 피고인이 증거로 함에 동의한다는 방식으로 증거동의를 하여도 효력이 있다.
② 간이공판절차에서는 검사, 피고인 또는 변호인이 증거로 함에 이의가 없는 한 전문증거에 대하여 동의가 있는 것으로 간주한다.
③ 필요적 변호사건에서 피고인과 변호인이 재판거부의 의사를 표시하고 재판장의 허가 없이 퇴정한 경우 형사소송법 제318조 제2항에 따라 증거동의가 간주된다.
④ 진술에 임의성이 인정되지 않아 증거능력이 없는 증거라고 할지라도 당사자가 동의하고 법원이 진정한 것으로 인정한 경우에는 증거능력이 있다.

087 증거동의에 관한 다음 설명 중 옳은 것은? (다툼이 있으면 판례에 의함)

① 검사가 유죄의 자료로 제출한 증거들이 그 진정성립이 인정되지 아니하고 이를 증거로 함에 상대방의 동의가 없더라도 이는 유죄사실을 인정하는 증거로 사용하는 것이 아닌 이상 공소사실과 양립할 수 없는 사실을 인정하는 자료로 쓸 수 있다.

② 제1심에서 피고인에 대하여 무죄판결이 선고되어 검사가 항소한 후 수사기관이 항소심 공판기일에 증인으로 신청하여 신문할 수 있는 사람을 특별한 사정 없이 미리 수사기관에 소환하여 작성한 진술조서는 적법한 절차에 따르지 아니하고 수집한 증거로서 피고인이 증거로 할 수 있음에 동의하더라도 증거능력이 없다.

③ 피고인이 신청한 증인의 증언이 피고인 아닌 타인의 진술을 그 내용으로 하는 전문진술인 경우 피고인이 그 증인의 증언에 대하여 별 의견이 없다고 진술하였더라도 이를 피고인이 증거로 함에 동의한 것으로 볼 수 없다.

④ 약식명령에 불복하여 정식재판을 청구한 피고인이 정식재판절차에서 2회 불출정하여 법원이 피고인의 출정 없이 증거조사를 하는 경우에는 피고인의 증거동의가 간주되며, 피고인은 증거조사가 완료되기 전까지 철회 또는 취소할 수 없다.

088 증거동의에 관한 다음 설명 중 옳지 않은 것은? (다툼이 있으면 판례에 의함)

① 증거동의는 검사가 제시한 모든 증거에 대하여 피고인이 증거로 함에 동의한다는 방식으로 하여도 효력이 있다.

② 변호인은 피고인의 명시한 의사에 반하여 증거로 함에 동의할 수 있다.

③ 간이공판절차에서는 검사, 피고인 또는 변호인이 증거로 함에 이의가 없는 한 전문증거에 대하여 동의가 있는 것으로 간주한다.

④ 제1심 공판절차에서 피고인이 공시송달의 방법에 의한 공판기일 소환을 2회 이상 받고도 출석하지 아니하여 「소송촉진 등에 관한 특례법」 제23조 본문에 따라 피고인의 출정 없이 증거조사를 하는 때에는 형사소송법 제318조 제2항에 따른 증거동의가 간주된다.

089 증거동의에 관한 다음 설명 중 옳지 않은 것은? (다툼이 있으면 판례에 의함)

① 전문법칙에 의해 증거능력이 없는 증거라고 할지라도 피고인이 증거로 할 수 있음을 동의한 서류 또는 물건은 법원이 진정한 것으로 인정한 때에는 증거로 할 수 있다.
② 약식명령에 불복하여 정식재판을 청구한 피고인이 제1심에서 증거동의 간주 후 증거조사가 완료 되었다고 하더라도, 항소심에 출석하여 그 증거동의를 철회 또는 취소한다는 의사표시를 하는 경우 그 증거능력이 상실된다.
③ 변호인은 피고인의 명시적 의사에 반하지 않는 한 서류나 물건에 대하여 증거로 함에 동의할 수 있다.
④ 개개의 증거에 대하여 개별적인 증거조사 방식을 거치지 아니하고 검사가 제시한 모든 증거에 대하여 피고인이 증거로 함에 동의한다는 방식으로 이루어진 증거동의도 효력이 인정된다.

090 증거동의에 관한 다음 설명 중 옳지 않은 것은? (다툼이 있으면 판례에 의함)

① 피고인이 출석한 공판기일에서 증거로 함에 부동의한 경우에는 그 후 피고인이 출석하지 아니한 공판기일에 변호인만 출석하여 종전 의견을 번복하여 증거로 함에 동의하였더라도 효력이 없다.
② 개개의 증거에 대하여 개별적으로 증거동의를 받지 아니하고 검사가 제시한 모든 증거에 대하여 피고인이 증거로 함에 동의한다는 방식으로 증거동의가 이루어진 것일지라도 증거동의로서의 효력을 부정할 이유가 되지 못한다.
③ 형사소송법 제184조에 의한 증거보전절차에서 증인신문을 하는 경우 피의자에게 증인신문에 참여할 수 있는 기회를 주지 아니하고 작성된 증인신문조서는 피의자였던 피고인이 법정에서 그 증인신문조서를 증거로 할 수 있음에 동의하여 별다른 이의 없이 적법하게 증거조사를 거친 경우라 하더라도 증거능력이 부여되지 않는다.
④ 증거동의의 의사표시는 증거조사가 완료되기 전까지 철회할 수 있으나, 일단 증거조사가 완료된 뒤에는 철회가 인정되지 아니하므로 제1심에서 한 증거동의를 제2심에서 철회할 수 없다.

091 증거동의에 관한 다음 설명 중 옳지 않은 것은? (다툼이 있으면 판례에 의함)

① 피고인이나 변호인이 무죄에 관한 자료로 제출한 서증 가운데 도리어 유죄임을 뒷받침하는 내용이 있다 하여도 법원은 상대방의 동의가 없는 한 그 서류의 진정성립 여부 등을 조사하고 아울러 그 서류에 대한 피고인이나 변호인의 의견과 변명의 기회를 준 다음이 아니면 그 서증을 유죄인정의 증거로 쓸 수 없다.
② 증거동의에 대한 변호인의 대리권은 독립대리권이므로 변호인은 피고인의 명시한 의사에 반하여 서류나 물건에 대하여 증거로 함에 동의할 수 있다.
③ 긴급체포시 압수한 물건에 관하여 형사소송법 제217조 제2항·제3항의 규정에 의한 압수·수색영장을 발부받지 않고도 즉시 반환하지 않은 경우 피고인 또는 변호인이 이에 대하여 증거동의하였다 하더라도 증거능력이 인정되지는 않는다.
④ 개개의 증거에 대하여 개별적인 증거조사 방식을 거치지 아니하고 검사가 제시한 모든 증거에 대하여 피고인이 증거로 함에 동의한다는 방식으로 이루어진 것이라 하여도 증거동의로서의 효력을 부정할 이유가 되지 못한다.

092 증거동의에 관한 설명으로 옳은 것만을 〈보기〉에서 고른 것은? (다툼이 있으면 판례에 의함)

㉠ 검사와 피고인이 증거로 할 수 있음에 동의한 서류라고 하더라도 법원이 진정한 것으로 인정한 때에 증거로 할 수 있다.
㉡ 개개의 증거에 대하여 개별적인 증거조사방식을 거치지 아니하고 검사가 제시한 모든 증거에 대하여 피고인이 증거로 함에 동의한다는 방식으로 이루어진 증거동의는 효력이 없다.
㉢ 피고인이 공시송달의 방법에 의한 공판기일의 소환을 2회 이상 받고도 출석하지 아니하여 법원이 피고인의 출정 없이 증거조사를 하는 경우 형사소송법 제318조 제2항에 따른 피고인의 증거동의가 있는 것으로 간주된다.
㉣ 구속수감되어 있던 사람에게 그의 압수된 휴대전화를 제공하여 피고인과 통화하고 범행에 관한 통화 내용을 녹음한 것은 그 자체는 불법감청으로 증거능력이 없으나, 이를 근거로 작성된 녹취록 첨부 수사보고는 피고인이 증거로 사용함에 동의한다면 예외적으로 증거능력이 있다.
㉤ 피고인이 출석한 공판기일에서 증거로 함에 부동의한다는 의견이 진술된 경우 그 후 피고인이 출석하지 아니한 공판기일에 변호인만이 출석하여 종전 의견을 번복하여 증거로 함에 동의하였다 하더라도 이는 특별한 사정이 없는 한 효력이 없다.

① ㉠, ㉡, ㉢
② ㉠, ㉢, ㉣
③ ㉠, ㉢, ㉤
④ ㉡, ㉢, ㉤

093 증거동의에 관한 다음 설명 중 옳지 않은 것은? (다툼이 있으면 판례에 의함)

① 피고인이 공소사실을 부인하고 있는 상황에서 검사가 신청한 증인의 법정진술이 전문증거로서 증거능력이 없는 경우 피고인 또는 변호인에게 의견을 묻는 등의 적절한 방법으로 그러한 사정에 대하여 고지가 이루어지지 않은 채 증인신문이 진행되었다면, 피고인이 그 증거조사 결과에 대하여 별 의견이 없다고 진술하였더라도 증인의 법정증언을 증거로 삼는 데에 동의한 것으로 볼 수 없다.
② 피고인이 출석한 공판기일에서 증거로 함에 부동의한다는 의견이 진술된 경우에는 그 후 피고인이 출석하지 아니한 공판기일에 변호인만이 출석하여 증거로 함에 동의하였더라도 이는 특별한 사정이 없는 한 효력이 없다.
③ 증거동의의 의사표시는 증거조사가 완료되기 전까지 취소 또는 철회할 수 있으나, 일단 증거조사가 완료된 뒤에는 취소 또는 철회가 인정되지 아니하므로 이를 취소 또는 철회하더라도 이미 취득한 증거능력은 상실되지 않는다.
④ 피고인의 변호인이 증거 부동의 의견을 밝힌 고발장을 첨부문서로 포함하고 있는 검찰주사보 작성의 수사보고가 수사기관이 첨부한 자료를 통하여 얻은 인식·판단·추론이거나 자료의 단순한 요약에 불과하더라도 피고인이 증거에 동의하여 증거조사가 행하여졌다면 그 수사보고에 대한 증거동의의 효력은 첨부된 고발장에도 당연히 미친다고 볼 것이므로 이를 유죄의 증거로 삼을 수 있다.

094 증거동의에 관한 다음 설명 중 옳지 않은 것은? (다툼이 있으면 판례에 의함)

① 형사소송법 제318조 제1항 증거동의는 전문증거금지의 원칙에 대한 예외로서 반대신문권을 포기하겠다는 피고인의 의사표시에 의하여 서류 또는 물건의 증거능력을 부여하려는 규정이다.
② 약식명령에 불복하여 정식재판을 청구한 피고인이 정식재판절차의 제1심에서 2회 불출정하여 형사소송법 제318조 제2항에 따라 피고인의 증거동의로 간주된 후 제1심 법원이 증거조사를 완료하였더라도 피고인이 항소심에 출석하여 공소사실을 부인하면서 제1심에서 간주된 증거동의를 철회 또는 취소한다는 의사표시를 하면 해당 증거의 증거능력은 상실된다.
③ 피고인이 출석한 공판기일에서 증거로 함에 부동의한다는 의견이 진술된 경우에는 그 후 피고인이 출석하지 아니한 공판기일에 변호인만이 출석하여 종전 의견을 번복하여 증거로 함에 동의하였다 하더라도 이는 특별한 사정이 없는 한 효력이 없다고 보아야 한다.
④ 필요적 변호사건이라 하여도 피고인이 재판거부의 의사를 표시하고 재판장의 허가 없이 퇴정하고 변호인마저 이에 동조하여 퇴정해 버림으로써 피고인과 변호인들이 출석하지 않은 상태에서 증거조사를 할 수밖에 없는 경우 형사소송법 제318조 제2항의 규정상 피고인의 진의와는 관계없이 증거동의가 있는 것으로 간주한다.

095 증거동의에 관한 다음 설명 중 옳지 않은 것은? (다툼이 있으면 판례에 의함)

① 피고인이 출석한 공판기일에서 증거로 함에 부동의한다는 의견을 진술한 후 피고인이 출석하지 아니한 공판기일에 변호인만이 출석하여 종전 의견을 번복하여 증거로 함에 동의하였다면 그 변호인의 증거동의는 원칙적으로 효력이 있다.

② 수사기관이 甲으로부터 피고인의 폭력행위 등 처벌에 관한 법률 위반(단체 등의 구성·활동) 범행에 대한 진술을 듣고 추가적인 정보를 확보할 목적으로 구속수감되어 있던 甲에게 그의 압수된 휴대전화를 제공하여 피고인과 통화하고 위 범행에 관한 통화내용을 녹음하게 한 경우 그 녹음 자체는 물론 이를 근거로 작성된 녹취록 첨부 수사보고는 설령 피고인의 증거동의가 있는 경우에도 이를 유죄의 증거로 사용할 수 없다.

③ 필요적 변호사건에서 피고인과 변호인이 재판거부의 의사를 표시하고 재판장의 허가 없이 퇴정한 경우에는 증거동의가 있는 것으로 간주된다.

④ 피고인이 제1심 법정에서 경찰의 검증조서 가운데 범행 부분만 부동의하고 현장상황 부분에 대해서는 모두 증거로 함에 동의하였다면, 해당 검증조서 가운데 현장상황 부분만을 증거로 채용한 판결에 잘못이 없다.

096 증거동의에 관한 다음 설명 중 옳은 것은 모두 몇 개인가? (다툼이 있으면 판례에 의함)

㉠ 소유자, 소지자 또는 보관자가 아닌 자로부터 제출받은 물건을 영장없이 압수한 경우 그 압수물 및 압수물을 찍은 사진은 유죄의 증거로 사용할 수 없고, 피고인이나 변호인이 이를 증거로 함에 동의하였다고 하더라도 달리 볼 것은 아니다.

㉡ 긴급체포현장에서 영장없이 압수한 물건에 대하여 압수·수색영장을 청구하여 이를 발부받지 아니하고도 즉시 반환하지 아니한 경우 그 압수물은 유죄의 증거로 사용할 수 없고, 피고인이나 변호인이 이를 증거로 함에 동의하였다고 하더라도 달리 볼 것은 아니다.

㉢ 수사기관이 법원으로부터 영장 또는 감정처분허가장을 발부받지 아니한 채 피의자의 동의 없이 피의자의 신체로부터 혈액을 채취하고 사후적으로도 지체 없이 그에 대한 영장을 발부받지도 아니한 채 피의자의 혈액 중 알코올농도에 관한 감정이 이루어졌다면, 그 감정결과보고서는 영장주의 원칙을 위반하여 수집한 증거로서 피고인이나 변호인의 증거동의가 있다고 하더라도 유죄의 증거로 사용할 수 없다.

㉣ 수사기관이 마약사범 수사에 협조해 온 공소외인으로부터 피고인의 필로폰 판매 범행에 대한 진술을 들은 다음, 추가증거를 확보할 목적으로 필로폰투약 혐의로 구속수감되어 있는 공소외인에게 압수된 그의 휴대전화기를 제공하여 그로 하여금 피고인과 통화하고 범행에 관한 통화 내용을 몰래 녹음하게 한 행위는 불법감청에 해당하고, 그 녹취내용은 피고인의 증거동의에 상관없이 증거능력이 없다.

① 1개 ② 2개
③ 3개 ④ 4개

097 증거동의에 관한 다음 설명 중 옳지 않은 것은 모두 몇 개인가? (다툼이 있으면 판례에 의함)

> ㉠ 피고인이 변호인과 함께 출석한 공판기일의 공판조서에 검사가 제출한 증거에 대하여 동의한다는 기재가 되어 있더라도 이를 피고인이 증거동의한 것으로 보아서는 안 된다.
> ㉡ 피고인과의 대화내용을 피해자가 녹음한 보이스펜 자체에 대해서는 피고인이 증거동의하였으나, 그 녹음내용을 재녹음한 녹음테이프의 녹취록의 기재가 위 각 녹음된 내용과 모두 일치하는 것으로 확인하였을 뿐 녹음테이프를 증거로 함에 동의하지 않았더라도, 그 진술이 특히 신빙할 수 있는 상태하에서 행하여진 것으로 인정된다면 녹취록은 증거능력이 있다.
> ㉢ 증거동의는 구두변론 종결시까지 철회할 수 있다.
> ㉣ 변호인이 검사가 공판기일에 제출한 증거 중 뇌물공여자가 작성한 고발장에 대하여는 증거 부동의 의견을 밝히고, 같은 고발장을 첨부문서로 포함하고 있는 검찰주사보 작성의 수사보고에 대하여는 증거에 동의하여 증거조사가 행하여진 경우 수사보고에 대한 증거동의의 효력은 첨부된 고발장에도 당연히 미친다.
> ㉤ 증거동의는 명시적으로 하여야 하므로 피고인이 신청한 증인의 전문진술에 대하여 피고인이 별 의견이 없다고 진술한 것만으로는 그 증언을 증거로 함에 동의한 것으로 볼 수 없다.

① 1개 ② 2개
③ 3개 ④ 4개

098 탄핵증거에 대한 설명으로 가장 적절하지 않은 것은? (다툼이 있으면 판례에 의함)

① 탄핵증거의 제출에 있어서도 상대방에게 이에 대한 공격방어의 수단을 강구할 기회를 사전에 부여하여야 한다.
② 탄핵증거에 대해서는 유죄증거에 관한 소송법상의 엄격한 증거능력을 요하지 아니한다.
③ 검사가 유죄의 자료로 제출한 사법경찰관 작성의 피고인에 대한 피의자신문조서는 피고인이 그 내용을 부인하는 이상 증거능력이 없고, 그것이 임의로 작성된 것이라도 피고인의 법정에서의 진술을 탄핵하기 위한 반대증거로도 사용할 수 없다.
④ 탄핵증거는 진술의 증명력을 감쇄하기 위하여 인정되는 것이고 범죄사실 또는 그 간접사실의 인정의 증거로서는 허용되지 않는다.

099 탄핵증거에 대한 설명으로 가장 적절하지 않은 것은? (다툼이 있으면 판례에 의함)

① 탄핵증거는 범죄사실을 인정하는 증거가 아니어서 엄격한 증거능력을 요하지 아니한다.
② 법정에서 증거로 제출된 바가 없어 전혀 증거조사가 이루어지지 아니한 채 수사기록에만 편철되어 있는 증거를 피고인의 진술을 탄핵하는 증거로 사용할 수는 없다.
③ 검사가 유죄의 자료로 제출한 사법경찰리 작성의 피고인에 대한 피의자신문조서는 피고인이 그 내용을 부인하는 이상 증거능력이 없지만, 그것이 임의로 작성된 것이 아니라고 하더라도 피고인의 법정에서의 진술을 탄핵하기 위한 반대증거로는 사용할 수 있다.
④ 비록 증거목록에 기재되지 않았고 증거결정이 있지 아니하였다 하더라도 공판과정에서 그 입증취지가 구체적으로 명시되고 제시까지 된 이상, 그 제시된 증거에 대하여 탄핵증거로서의 증거조사는 이루어졌다고 보아야 할 것이다.

100 탄핵증거에 대한 설명으로 가장 적절하지 않은 것은? (다툼이 있으면 판례에 의함)

① 공소사실에 부합하는 증거인 피해자의 진술을 탄핵하는 증거로 삼은 변호인 제출의 신용카드 사용내역승인서 사본이 비록 공판과정에서 그 입증취지가 구체적으로 명시되고 제시까지 되었더라도 증거목록에 기재되지 않았고 증거결정이 있지 아니하였다면 탄핵증거로서의 증거조사가 이루어졌다고 볼 수 없다.
② 원심이 법정에서 증거로 제출된 바가 없어 전혀 증거조사가 이루어지지 아니한 채 수사기록에만 편철되어 있는 서류를 탄핵증거로 사용하였다면, 이러한 원심의 조치에는 탄핵증거의 조사방법에 관한 법리오해의 위법이 있다.
③ 검사가 증거로 신청한 체포·구속인접견부 사본이 피고인의 부인진술을 탄핵한다는 것이라면 결국 검사에게 입증책임이 있는 공소사실 자체를 입증하기 위한 것에 불과하므로 그 사본을 탄핵증거로 볼 수 없다.
④ 검사가 유죄의 자료로 제출한 사법경찰리 작성의 피고인에 대한 피의자신문조서를 피고인이 그 내용을 부인하는 이상 증거능력은 없지만, 그것이 임의로 작성된 것이 아니라고 의심할 만한 사정이 없는 한 피고인의 법정에서의 진술을 탄핵하기 위한 반대증거로 사용할 수 있다.

101 탄핵증거에 대한 설명 중 가장 적절한 것은? (다툼이 있으면 판례에 의함)

① 사법경찰리 작성의 피고인에 대한 피의자신문조서와 피고인이 작성한 자술서들은 모두 검사가 유죄의 자료로 제출한 증거들로서 피고인이 각 그 내용을 부인하는 이상 증거능력이 없으므로 그것이 임의로 작성된 것이 아니라고 의심할 만한 사정이 없더라도 피고인의 법정에서의 진술을 탄핵하기 위한 반대증거로도 사용할 수 없다.
② 탄핵증거의 제출에 있어서도 상대방에게 이에 대한 공격·방어의 수단을 강구할 기회를 사전에 부여하여야 할 것이지만, 증명력을 다투고자 하는 증거의 어느 부분에 의하여 진술의 어느 부분을 다투려고 한다는 것을 사전에 상대방에게 알려야 할 필요는 없다.
③ 탄핵증거는 진술의 증명력을 감쇄하기 위하여 인정되는 것이지만, 범죄사실 또는 간접사실의 인정의 증거로도 허용된다.
④ 검사가 탄핵증거로 신청한 체포·구속인접견부 사본은 피고인의 부인진술을 탄핵한다는 것이므로 결국 검사에게 입증책임이 있는 공소사실 자체를 입증하기 위한 것에 불과하므로 형사소송법 제318조의2 제1항 소정의 피고인의 진술의 증명력을 다투기 위한 탄핵증거로 볼 수 없다.

102 탄핵증거에 관한 설명으로 옳지 않은 것은? (다툼이 있으면 판례에 의함)

① 피고인의 진술을 내용으로 하는 영상녹화물은 공판준비 또는 공판기일에서 피고인진술의 증명력을 다투기 위하여 증거로 할 수 있다.
② 탄핵증거는 범죄사실을 인정하는 증거가 아니므로 엄격한 증거조사를 거쳐야 할 필요가 없지만 법정에서 이에 대한 탄핵증거로서의 증거조사는 필요하다.
③ 증거목록에 기재되지 않았고 증거결정이 있지 아니하였다 하더라도 공판과정에서 그 입증취지가 구체적으로 명시되고 제시까지 된 이상 각 서증들에 대하여 탄핵증거로서의 증거조사는 이루어 졌다고 볼 수 있다.
④ 탄핵증거는 진술의 증명력을 감쇄하기 위하여 인정되는 것이고 범죄사실 또는 그 간접사실을 인정하는 증거로서는 허용되지 않는다.

103 자백보강법칙에 대한 설명으로 가장 적절하지 않은 것은? (다툼이 있으면 판례에 의함)

① 형사소송법 제310조에서 말하는 피고인의 자백에는 공범인 공동피고인의 진술은 포함되지 않으며, 이러한 공동피고인의 진술에 대하여는 피고인의 반대신문권이 보장되어 있어 독립한 증거능력이 있다.

② 피고인의 습벽을 범죄구성요건으로 하며 포괄일죄인 상습범에 있어서는 이를 구성하는 각 행위에 관하여 개별적으로 보강증거를 요구하고 있는 것이 아니라 포괄적으로 보강증거를 요구한다.

③ 피고인이 범행을 자인하는 것을 들었다는 피고인 아닌 자의 진술내용은 형사소송법 제310조에서 말하는 피고인의 자백에는 포함되지 아니한다.

④ 직접증거가 아닌 간접증거나 정황증거도 보강증거가 될 수 있고, 자백과 보강증거가 서로 어울려서 전체로서 범죄사실을 인정할 수 있으면 유죄의 증거로 충분하다.

104 자백에 관한 설명 중 옳은 것(○)과 옳지 않은 것(×)을 올바르게 조합한 것은? (다툼이 있는 경우 판례에 의함)

㉠ 피고인이 범행을 자인하는 것을 들었다는 피고인 아닌 자의 진술은 피고인의 자백에 포함되지 아니하므로, 피고인의 자백에 대한 보강증거가 될 수 없다.
㉡ 전과에 관한 사실은 보강증거 없이 피고인의 자백만으로도 인정할 수 있으며, 그 전과가 누범가중의 사유가 되는 경우에도 마찬가지이다.
㉢ 전문증거는 전문법칙의 예외에 해당하는지 여부와 무관하게 보강증거가 될 수 있다.
㉣ 자백에 대한 보강증거는 자백이 가공적인 것이 아닌 진실한 것임을 인정할 수 있는 정도로 충분하지만, 자백과 보강증거만으로도 유죄를 인정할 수 있으므로 간접증거나 정황증거는 보강증거가 될 수 없다.
㉤ 자백에 대한 보강증거는 실체적 경합범의 경우 각 범죄사실에 관하여 있어야 한다.

① ㉠ × ㉡ ○ ㉢ × ㉣ × ㉤ ○   ② ㉠ × ㉡ ○ ㉢ × ㉣ ○ ㉤ ×
③ ㉠ ○ ㉡ × ㉢ × ㉣ ○ ㉤ ○   ④ ㉠ ○ ㉡ × ㉢ ○ ㉣ ○ ㉤ ×

105 자백보강법칙에 대한 설명으로 가장 적절하지 않은 것은? (다툼이 있으면 판례에 의함)

① 직접증거가 아닌 간접증거나 정황증거도 자백에 대한 보강증거가 될 수 있고, 자백과 보강증거가 서로 어울려서 전체로서 범죄사실을 인정할 수 있으면 유죄의 증거로 충분하다.
② 통상의 형사공판절차는 물론 간이공판절차나 약식명령절차, 즉결심판에는 자백보강법칙이 적용되나, 소년보호사건에는 자백보강법칙이 적용되지 않으므로 자백만으로도 유죄인정이 가능하다.
③ 자백에 대한 보강증거는 범죄사실의 전부 또는 중요 부분을 인정할 수 있는 정도가 되지 않더라도 피고인의 자백이 가공적인 것이 아닌 진실한 것임을 인정할 수 있는 정도만 되면 충분하다.
④ 공범인 공동피고인의 진술은 다른 공동피고인에 대한 범죄사실을 인정하는 증거로 할 수 있고, 공범인 공동피고인들의 각 진술은 상호간에 서로 보강증거가 될 수 있다.

106 자백의 보강증거에 관한 설명 중 가장 적절하지 않은 것은? (다툼이 있으면 판례에 의함)

① 공동피고인의 자백은 원칙적으로 피고인의 자백에 대한 보강증거가 될 수 있으나 피고인들 간에 이해관계가 상반되는 경우에는 그 진실성을 담보할 수 없으므로 공동피고인의 자백이 피고인의 자백에 대한 보강증거가 될 수 없다.
② 뇌물공여의 상대방이 뇌물을 수수한 사실을 부인하면서도 그 일시경에 뇌물공여자를 만났던 사실 및 공무에 관한 청탁을 받기도 한 사실 자체는 시인하였다면, 이는 뇌물을 공여하였다는 뇌물공여자의 자백에 대한 보강증거가 될 수 있다.
③ 피고인의 자백을 내용으로 하는 피고인 아닌 자의 진술은 피고인의 자백에 대한 보강증거가 될 수 없다.
④ 전과에 관한 사실은 엄격한 의미에서의 범죄사실과는 구별되는 것으로서 피고인의 자백만으로서도 이를 인정할 수 있다.

107 자백보강법칙에 관한 다음 설명 중 가장 옳은 것은? (다툼이 있으면 판례에 의함)

① 자백에 대한 보강증거는 피고인의 자백이 가공적인 것이 아닌 진실한 것임을 인정할 수 있는 정도로는 부족하고 범죄사실의 전부 또는 중요부분을 인정할 수 있는 정도가 되어야 한다.
② 형사소송법 제310조 소정의 피고인의 자백에 공범인 공동피고인의 진술은 포함되지 아니하므로 공범인 공동피고인의 진술은 다른 공동피고인에 대한 범죄사실을 인정하는 증거로 할 수 있는 것일 뿐만 아니라 공범인 공동피고인들의 각 진술은 상호간에 서로 보강증거가 될 수 있다.
③ 피고인이 범행을 자인하는 것을 들었다는 피고인 아닌 자의 진술내용은 형사소송법 제310조의 피고인의 자백에는 포함되지 아니하므로 피고인의 자백의 보강증거로 될 수 있다.
④ 자백에 대한 보강증거는 자백과 보강증거가 서로 어울려서 전체로서 범죄사실을 인정할 수 있으면 유죄의 증거로 충분하나 직접증거가 아닌 간접증거나 정황증거는 자백에 대한 보강증거가 될 수 없다.

108 자백보강법칙에 관한 설명으로 옳은 것은 모두 몇 개인가? (다툼이 있으면 판례에 의함)

> ㉠ 자백에 대한 보강증거는 범죄사실의 전부 또는 중요 부분을 인정할 수 있는 정도가 되어야 한다.
> ㉡ 피고인의 습벽을 범죄구성요건으로 하며 포괄일죄인 상습범에 있어서는 이를 구성하는 각 행위에 관하여 개별적으로 보강증거를 요하는 것이 아니라 포괄적으로 보강증거를 요한다고 보아야 한다.
> ㉢ 피고인 甲이 乙로부터 필로폰을 매수하면서 그 대금을 乙이 지정하는 은행계좌로 송금한 사실에 대한 압수·수색·검증영장집행보고는 甲의 필로폰 매수 행위와 실체적 경합범 관계에 있는 필로폰 투약행위에 대한 보강증거가 될 수 있다.
> ㉣ 즉결심판이나 소년보호사건에서는 피고인의 자백만을 증거로 범죄사실을 인정할 수 있다.
> ㉤ 범행에 사용된 노루발못뽑이와 손괴된 쇠창살의 모습이 촬영되어 수사보고서에 첨부된 현장사진은 형법 제331조 제1항(야간손괴침입절도)의 죄에 관한 피고인의 자백에 대한 보강증거로 인정될 수 있다.

① 1개 ② 2개
③ 3개 ④ 4개

109 보강증거에 대한 설명으로 옳지 않은 것은? (다툼이 있으면 판례에 의함)

① 휴대전화기의 카메라를 이용하여 성명불상 여성 피해자의 치마 속을 몰래 촬영하다가 현행범으로 체포된 피고인이 공소사실에 대해 자백한 바, 현행범체포 당시 임의제출 방식으로 압수된 피고인 소유 휴대전화기에 대한 압수조서의 '압수 경위'란에 기재된 피고인의 범행을 직접 목격한 사법경찰관의 진술내용은 피고인의 자백을 보강하는 증거가 된다.
② '자동차 점거로 甲이 처벌받은 것은 학교측의 제보 때문이라 하여 피고인이 그 보복으로 학교총장실을 침입점거했다'는 피고인의 자백에 대해, '피고인과 공소외 甲이 자동차 영업소를 점거했다가 甲이 처벌받았다'는 검사 제출의 증거내용은 보강증거가 될 수 없다.
③ 피고인이 甲과 합동하여 피해자 乙의 재물을 절취하려다가 미수에 그쳤다는 내용의 공소사실을 자백한 경우 피고인을 현행범으로 체포한 피해자 乙의 수사기관에서의 진술과 현장 사진이 첨부된 수사보고서는 피고인 자백에 대한 보강증거가 된다.
④ 자동차등록증에 차량의 소유자가 피고인으로 등록·기재된 것이 피고인이 그 차량을 운전하였다는 사실의 자백 부분에 대한 보강증거는 될 수 있지만 피고인의 무면허운전이라는 전체 범죄사실의 보강증거가 될 수는 없다.

110 다음 중 괄호 안 범죄의 자백에 대한 보강증거가 될 수 없는 것은? (다툼이 있으면 판례에 의함)

① "노루발못뽑이로 컨테이너 박스 출입문의 시정장치를 부수고 들어가 재물을 절취하려고 하였고, 甲은 망을 보았다"는 자백에 대한 '노루발못뽑이로 컨테이너 박스 출입문의 시정장치를 부수는 피고인을 현행범으로 체포하였다'는 피해자의 진술과 범행에 사용된 '노루발못뽑이와 손괴된 쇠창살 사진'이 첨부된 수사보고서 (특수절도미수죄)
② "내가 거주하던 다세대주택의 여러 세대에서 7건의 절도행위를 하였다"는 자백에 대한 '각 절취품의 압수조서 및 압수물 사진'의 존재. 다만, 이 중 4건은 범행장소인 구체적 호수가 특정되지 않았지만 위 4건에 관한 피고인의 진술이 매우 사실적·구체적·합리적이고 그 진술의 신빙성을 의심할 만한 사유도 없었음 (절도죄)
③ "현대자동차 점거로 甲이 처벌받은 것은 학교측의 제보 때문이라 하여 그 보복으로 학교총장실을 침입·점거했다"는 자백에 대한 '피고인과 甲이 현대자동차 춘천영업소를 점거했다가 甲이 처벌받았다'는 취지의 증거 (주거침입죄)
④ "1984.4. 중순경 甲으로부터 금반지 1개를 편취한 후 이를 1984.4.20경 명금당의 乙에게 11만원에 매도하였다"는 자백에 대한 '1984.4.20.경 피고인으로부터 금반지 1개를 11만원에 매입하였다'는 검사 작성 乙에 대한 진술조서 (사기죄)

111 다음 중 ( ) 안 범죄의 자백에 대한 보강증거가 될 수 없는 것은? (다툼이 있으면 판례에 의함)

① "부동산을 매수하면서 부족한 매수자금을 마련하기 위해 횡령 범행을 저질렀다"는 자백에 대한 '부동산등기부등본, 수사보고(압수·수색·검증영장 집행 결과 보고), 횡령 및 반환 일시 거래내역, 수사보고(계좌 영장집행 결과 보고), 계좌거래내역, 사실확인서'의 현존 (업무상횡령죄)

② 뇌물수수 자백에 대한 '(뇌물의 주요 사용처에 관하여) 친구인 甲과 함께 양평 소재의 토지 및 잠실 1단지 상가 구입자금으로 사용하였다'는 피고인의 진술과 일치하는 내용의 甲 작성 진술서 (특가법위반죄)

③ "甲에게 잔여 공사를 하도급받아 시공할 수 있도록 편의를 제공한 데에 대한 사례금 명목으로 300만원을 교부하였다"는 자백에 대한 '甲은 자격도 없는 피고인으로 하여금 그 잔여 공사를 하도급받도록 알선하고 그 하도급계약을 승인받을 수 있도록 하였으며 또한 그 공사대금도 하도급업자인 피고인측에게 직접 지불하는 등 각종의 편의를 보아주었다'는 사실 (증뢰죄)

④ "봉고화물차 1대를 절취한 후 甲과 합동하여 충주시 불상길가에 지나는 성명불상인이 들고 가는 손가방 1개를 낚아채어 절취하였다"는 자백에 대한 '(봉고화물차 소유자) 乙은 성남시 태평동 자기집 앞에 세워 둔 봉고화물차 1대를 도난당하였다'는 내용의 사법경찰관사무취급 작성 乙에 대한 진술조서 (충주시에서의 손가방에 대한 절도죄)

112 다음 중 도로교통법 위반죄 또는 마약법 위반죄의 자백에 대한 보강증거가 될 수 없는 것은? (다툼이 있으면 판례에 의함)

① "면허없이 내 차량을 운전하였다"는 자백에 대한 '차량이 피고인의 소유로 등록되어 있다'는 내용의 자동차등록증

② "1994.6. 중순, 7. 중순, 10. 중순, 11.20.에 각 메스암페타민 0.03g을 투약하였다"는 자백에 대한 '피고인이 검거된 1995.1.18.에 채취한 소변에서 메스암페타민 양성반응이 나왔다'는 내용의 감정회보의뢰서와 '피고인으로부터 검거 당시 압수된 메스암페타민 7.94g'의 현존

③ "2010.2.18. 02:00경 필로폰 약 0.03g을 커피에 타 마신 후 스타렉스 차량을 1㎞ 가량 운전하였다"라는 자백에 대한 '2010.2.18. 01:35경 스타렉스 차량을 타고 온 피고인으로부터 필로폰 0.06g을 건네받은 후 피고인이 차량을 운전해 갔다'는 甲의 진술과 '2010.2.20. 피고인으로부터 채취한 소변에서 필로폰 양성 반응이 나왔다'는 감정의뢰회보

④ "면허 없이 절취한 오토바이를 타고 경북 화원읍 소재 영남맨션 앞길까지 약 2km를 운전하였다"는 자백에 대한 '(오토바이를 절취당한) 甲으로부터 오토바이가 영남맨션 앞길에 옮겨져 세워 있다는 신고를 받고 그곳에 출동한 경찰관이 잠복근무하다가 피고인이 오토바이의 시동을 걸려는 것을 보고 그를 즉시 체포하면서 그로부터 오토바이를 압수하였다'는 내용의 압수조서

113 다음 중 마약법위반죄의 자백에 대한 보강증거가 될 수 없는 것은? (다툼이 있으면 판례에 의함)

① "대마 1주를 집으로 가지고 와서 약 0.5g을 놋쇠 담배파이프에 넣고 흡연하였다. 남은 대마는 보관하고 있었다"는 자백에 대한 '피고인의 주거지에서 압수된 대마 잎 약 14.32g 및 놋쇠 담배파이프'의 현존

② "필로폰 약 0.03g을 투약하였다"라는 자백에 대한 '피고인이 甲으로부터 필로폰을 매수하면서 그 대금을 甲이 지정하는 은행계좌로 송금한 사실'에 대한 압수수색검증영장 집행보고 및 필로폰 시가보고

③ "甲으로부터 메스암페타민을 매수하여 그 중 일부를 투약하였다"라는 자백에 대한 "투약 전날 피고인으로부터 돈 100만원을 받고 메스암페타민이 든 주사기 2개를 건네주었다"라는 甲에 대한 경찰 작성 피의자신문조서

④ "히로뽕 6g을 소지하고, 그 중 약 0.85g를 甲에게 금 50만원에 판매하였다(피고인 등은 소지하던 히로뽕 중에서 0.15g을 투약하였음)"라는 자백에 대한 '피고인으로부터 지갑 속에 든 히로뽕 3.6g, 10만원권 자기앞수표 44매, 캡슐 속에 든 히로뽕 1.2g 등을 임의제출 받았다'는 내용의 압수조서

114 자백과 보강증거에 관한 설명 중 옳지 않은 것을 모두 고른 것은? (다툼이 있으면 판례에 의함)

㉠ 피고인이 다세대주택의 여러 세대에서 7건의 절도행위를 한 것으로 기소되었는데 그중 4건은 범행 장소인 구체적 호수가 특정되지 않은 사안에서, 위 4건에 관한 피고인 자백의 진실성이 인정되는 경우라면 피고인의 집에서 압수한 위 4건의 각 피해품에 대한 압수조서와 압수물 사진은 위 자백에 대한 보강증거가 된다.

㉡ 피고인이 범행을 자인하는 것을 들었다는 피고인 아닌 자의 진술은 피고인의 자백에 포함되지 아니하므로 피고인 자백의 보강증거가 될 수 있다.

㉢ 2021.10.19. 채취한 소변에 대한 검사결과 메스암페타민 성분이 검출된 경우 위 소변검사결과는 2021.10.17. 메스암페타민을 투약하였다는 자백에 대한 보강증거가 될 수는 있지만, 각 투약행위에 대한 자백의 보강증거는 별개의 것이어야 하므로 같은 달 13. 메스암페타민을 투약하였다는 자백에 대한 보강증거는 될 수 없다.

㉣ 공소장에 기재된 대마 흡연일자로부터 한 달 후 피고인의 주거지에서 압수된 대마 잎은 비록 피고인의 자백이 구체적이고 그 진실성이 인정된다고 하더라도 피고인의 자백에 대한 보강증거가 될 수 없다.

① ㉠
② ㉠, ㉢
③ ㉡, ㉢
④ ㉡, ㉢, ㉣

115 증거에 대한 설명으로 옳지 않은 것은? (다툼이 있으면 판례에 의함)

① 피고인의 증거동의의 의사표시가 검사가 제시한 모든 증거에 대하여 증거로 함에 동의한다는 방식으로 이루어진 것이라도 증거동의의 효력이 인정된다.

② 피고인이 범행을 자인하는 것을 들었다는 피고인 아닌 자의 진술내용은 피고인의 자백에 포함되지 않으므로 피고인의 자백의 보강증거가 될 수 있다.

③ 수사기관에서 진술한 참고인이 법정에서 증언을 거부하여 피고인이 반대신문을 하지 못한 경우 정당하게 증언거부권을 행사한 것이 아니라도 피고인이 증인의 증언거부 상황을 초래하였다는 등의 특별한 사정이 없는 한 형사소송법 제314조의 '그 밖에 이에 준하는 사유로 인하여 진술할 수없는 때'에 해당하지 않으므로 수사기관에서 그 증인의 진술을 기재한 서류는 증거능력이 없다.

④ 실체적 경합범은 실질적으로 수죄이기 때문에 각 범죄사실에 관한 자백에 대하여는 각각 보강증거가 있어야 한다.

116 자백에 관한 설명으로 옳지 않은 것은? (다툼이 있으면 판례에 의함)

① 피고인이 수사기관에서 가혹행위 등으로 인하여 임의성 없는 자백을 하고 그 후 법정에서도 임의성 없는 심리상태가 계속되어 동일한 내용의 자백을 하였다면 법정에서 한 자백도 임의성 없는 자백이 되어 증거능력이 부정된다.

② 피고인이 검사로부터 공소장을 변경하여 벌금형이 선고되도록 하여 주겠다는 약속을 받고 한 자백은 객관적 합리성과 신빙성이 없으므로 증거능력이 배제된다.

③ 자백에 임의성이 있어 그 증거능력이 부여되는 경우에 그 자백의 진실성과 신빙성까지 당연히 인정되는 것은 아니다.

④ 피고인이 범행을 자인하는 것을 들었다는 피고인 아닌 자의 진술은 피고인의 자백에 대한 보강증거가 될 수 있다.

117 공판조서의 증명력에 대한 설명 중 옳은 것만을 모두 고르면? (다툼이 있으면 판례에 의함)

㉠ 공판조서의 기재가 명백한 오기인 경우를 제외하고는 공판기일의 소송절차로서 공판조서에 기재된 것은 조서만으로 증명하여야 하고, 그 증명력은 공판조서 이외의 자료에 의한 반증이 허용되지 않는다.
㉡ 공판기일에 검사가 제출한 증거에 관하여 동의 또는 진정성립 여부 등에 관한 피고인의 의견이 증거목록에 기재된 경우에 그 증거목록의 기재는 공판조서의 일부로서 명백한 오기가 아닌 이상 절대적인 증명력을 가진다.
㉢ 피고인이 변호인과 함께 출석한 공판기일의 공판조서에 검사가 제출한 증거에 대하여 동의한다는 기재가 되어 있다면 이는 피고인이 증거동의를 한 것으로 보아야 하고 그 기재는 절대적인 증명력을 가진다.
㉣ 원심 제4회 공판기일에 피고인과 변호인에게 변경된 공소장에 대한 진술의 기회와 증거 제출의 기회가 부여되었고, 피고인의 변호인의 최종변론과 피고인의 최후진술이 있은 후 변론이 종결된 것으로 공판조서에 기재되어 있음을 알 수 있고 그 기재가 명백한 오기라고 볼 만한 자료가 없으므로 공판조서의 기재 내용을 다투는 상고이유는 받아들이지 않는다.

① ㉠, ㉣
② ㉡, ㉢
③ ㉡, ㉢, ㉣
④ ㉠, ㉡, ㉢, ㉣

118 공판조서에 관한 설명 중 옳지 않은 것은? (다툼이 있으면 판례에 의함)

① 공판기일의 소송절차로서 공판조서에 기재된 것은 그 조서만으로 증명하고, 명백한 오기인 경우를 제외하고는 다른 자료에 의한 반증이 허용되지 않는다.
② 검사가 제출한 증거에 대하여 동의 또는 진정성립 여부 등에 관한 피고인의 의견이 증거목록에 기재된 경우 그 증거목록의 기재도 공판조서의 일부로서 명백한 오기가 아닌 이상 절대적인 증명력을 가진다.
③ 공판기일의 소송절차에 관하여는 수소법원의 재판장이 아니라 참여한 법원사무관 등이 공판조서를 작성한다.
④ 피고인이 공판조서에 대해 열람 또는 등사를 청구하였는데 법원이 불응하여 피고인의 열람 또는 등사청구권이 침해된 경우 그 공판조서를 유죄의 증거로 할 수 없으나 그 공판조서에 기재된 증인의 진술은 다른 절차적 위법이 없는 이상 증거로 할 수 있다.

119 공판조서에 관한 다음 설명 중 옳지 않은 것은? (다툼이 있으면 판례에 의함)

① 공판조서의 기재가 명백한 오기인 경우를 제외하고는 공판기일의 소송절차로서 공판조서에 기재된 것은 조서만으로써 증명하여야 하고, 그 증명력은 공판조서 이외의 자료에 의한 반증이 허용되지 않는 절대적인 것이다.

② 검사 제출의 증거서류에 대하여 공판기일에 공판정에서 증거조사가 실시된 것으로 증거목록에 기재된 경우에는 그 증거목록의 기재는 공판조서의 일부로서 명백한 오기가 아닌 이상 절대적인 증명력을 가지게 된다.

③ 공판조서의 기재가 명백한 오기인 경우에는 공판조서는 그 올바른 내용에 따라 증명력을 가진다.

④ 어떤 소송절차가 진행된 내용이 공판조서에 기재되지 않았다면 그 소송절차가 당해 공판기일에 행하여지지 않은 것으로 추정된다.

120 증거에 대한 설명으로 옳지 않은 것은? (다툼이 있으면 판례에 의함)

① 수표를 발행한 후 예금부족 등으로 지급되지 아니하게 하였다는 부정수표단속법위반 공소사실을 증명하기 위하여 제출되는 수표는 그 서류의 존재 또는 상태 자체가 증거가 되는 것이어서 증거물인 서면에 해당한다.

② 수사기관이 피의자 甲의 공직선거법위반 범행을 혐의사실로 하여 발부받은 압수·수색영장의 집행 과정에서 甲에 대한 혐의사실과 무관한 제3자들 사이의 대화가 녹음된 녹음파일을 압수하였다면 별도의 압수·수색영장을 발부받지 않고 압수한 위 녹음파일은 증거능력이 없다.

③ 이른바 보험사기 사건에서 건강보험심사평가원이 수사기관의 의뢰에 따라 그 보내온 자료를 토대로 입원진료의 적정성에 대한 의견을 제시하는 내용의 '건강보험심사평가원의 입원진료 적정성 여부 등 검토의뢰에 대한 회신'은 형사소송법 제315조 제3호에서 규정한 '기타 특히 신용할 만한 정황에 의하여 작성된 문서'에 해당하지 않는다.

④ 증인이 법정에서 "피해자로부터 '피고인이 추행했다'는 취지의 말을 들었다."라고 진술하였고 증인의 진술을 피해자의 진술에 부합한다고 보아 피해자의 진술 내용의 진실성을 증명하는 간접사실로 사용하였다면 위 증인의 진술은 전문증거에 해당하지 않는다.

121 증거능력에 관한 설명 중 옳지 않은 것은? (다툼이 있으면 판례에 의함)

① 호텔 투숙객 甲이 마약을 투약하였다는 신고를 받고 출동한 경찰관이 임의동행을 거부하는 甲을 강제로 경찰서로 데리고 가서 채뇨요구를 하자 이에 甲이 응하여 소변검사가 이루어진 경우 그 결과물인 소변검사시인서는 증거능력이 없다.
② 교도관이 보관하고 있던 피고인의 비망록을 피고인의 승낙 없이 수사기관에 임의제출한 경우 그 비망록은 증거능력이 없다.
③ 검사가 甲을 긴급체포하여 조사 중, 甲의 친구인 변호사 A가 甲의 변호인이 되기 위하여 검사에게 접견신청을 하였으나, 검사가 변호인선임신고서의 제출을 요구하면서 변호인 접견을 못하게 한 상태에서 검사가 작성한 甲에 대한 피의자신문조서는 甲에 대한 유죄의 증거로 사용할 수 없다.
④ 피고인의 뇌물수수 범행에 대한 추가적인 증거를 확보할 목적으로, 수사기관이 구속수감되어 있던 A에게 휴대전화를 제공하여 피고인과 통화하게 하고 그 통화내용을 녹음하게 한 경우 이를 근거로 작성된 녹취록은 피고인이 증거로 함에 동의하더라도 증거능력이 없다.

122 증명에 관한 설명으로 옳지 않은 것은? (다툼이 있으면 판례에 의함)

① 공연히 사실을 적시하여 사람의 명예를 훼손한 행위가 형법 제310조의 규정에 따라 위법성이 조각되기 위해서는 행위자가 진실한 사실로서 오로지 공공의 이익에 관한 때임을 법관으로 하여금 의심할 여지가 없을 정도의 확신을 가지게 하는 증명력을 가진 엄격한 증거에 의하여 증명하여야 하는 것은 아니다.
② 상해진단서가 주로 통증이 있다는 피해자의 주관적인 호소 등에 의존하여 의학적인 가능성만으로 발급된 때에도 법원은 다른 사정의 고려 없이 상해진단서만으로 상해죄의 증명력을 판단해야 한다.
③ 혈액채취에 의한 검사결과를 믿지 못할 특별한 사정이 없는 한 혈액검사에 의한 음주측정치가 호흡측정기에 의한 음주측정치보다 측정 당시의 혈중알코올농도에 더 근접한 음주측정치라고 봄이 경험칙에 부합한다.
④ 몰수·추징의 대상이 되는지 여부는 범죄구성요건 사실에 관한 것이 아니어서 엄격한 증명은 필요 없다.

123 증명력에 관한 설명 중 가장 옳은 것은? (다툼이 있으면 판례에 의함)

① 피고인이 공판정에서 진정성립을 인정한 검사 작성의 피의자신문조서에 기재된 자신의 진술의 임의성을 다투는 경우 법원은 자유로운 심증으로 임의성 유무를 판정할 수 있다.
② 증거능력이 없는 증거라도 구성요건 사실을 추인하게 하는 간접사실이나 직접증거의 증명력을 보강하는 보조사실의 인정자료로는 사용할 수 있다.
③ 공연히 사실을 적시하여 사람의 명예를 훼손한 행위에 대하여 그것이 진실한 사실로서 오로지 공공의 이익에 관한 때에 해당된다는 점은 행위자가 엄격한 증거에 의하여 합리적 의심의 여지가 없을 정도로 증명하여야 한다.
④ 피고인의 자필로 작성된 진술서의 경우에 증거능력 인정요건인 '특히 신빙할 수 있는 상태'는 엄격한 증명의 대상이다.

124 증거에 관한 설명으로 옳지 않은 것만을 〈보기〉에서 있는 대로 고른 것은? (다툼이 있으면 판례에 의함)

㉠ 몰수·추징의 대상 여부, 추징액은 엄격한 증명의 대상이다.
㉡ 증거의 취사와 이를 근거로 한 사실인정은 그것이 경험칙에 위배된다는 등의 특단의 사정이 없는 한 사실심 법원의 전권에 속한다.
㉢ 사법경찰관(조사자)이 공소제기 전에 피고인 아닌 타인(원진술자)을 조사한 후 원진술자가 법정에 출석하여 수사기관에서 한 진술을 부인하는 취지로 증언하였더라도 그 진술이 특히 신빙할 수 있는 상태하에서 행하여진 때에는 원진술자의 진술을 내용으로 하는 조사자의 증언을 증거로 할 수 있다.
㉣ 형사재판에서 이와 관련된 다른 형사사건의 확정판결에서 인정된 사실은 특별한 사정이 없는 한 유력한 증거자료가 되나 당해 형사재판에서 제출된 다른 증거내용에 비추어 관련 형사사건의 확정판결에서의 사실판단을 그대로 채택하기 어렵다고 인정될 경우에는 이를 배척할 수 있다.

① ㉠, ㉡
② ㉠, ㉢
③ ㉡, ㉣
④ ㉠, ㉢, ㉣

125 증거에 대한 설명 중 옳은 것만을 모두 고르면? (다툼이 있으면 판례에 의함)

㉠ 탄핵증거의 제출에 있어서는 증명력을 다투고자 하는 증거의 어느 부분에 의하여 진술의 어느 부분을 다투려고 한다는 것을 사전에 상대방에게 알려야 한다.
㉡ 수사기관이 구속수감된 甲으로부터 피고인의 범행에 대한 진술을 들은 다음 추가적인 증거를 확보할 목적으로 甲에게 그의 압수된 휴대전화를 제공하여, 이와 같은 사정을 모르는 피고인과 통화하게 하고 그 범행에 관한 통화내용을 녹음하게 한 경우 그 녹취록은 피고인이 증거로 함에 동의하면 증거능력이 있다.
㉢ 피고인이 도로교통법위반(음주운전)으로 기소된 사안에서, 피고인이 음주측정을 위해 경찰서에 동행할 것을 요구받고 자발적인 의사로 경찰차에 탑승하였고, 경찰서로 이동 중 하차를 요구하였으나 그 직후 수사과정에 관한 설명을 듣고 빨리 가자고 요구하였다면, 피고인에 대한 임의동행은 적법하고 그 후 이루어진 음주측정 결과는 증거능력이 있다.
㉣ 제1심법원에서 이미 증거능력이 있었던 증거는 항소심에서도 증거능력이 그대로 유지되어 심판의 기초가 될 수 있고 다시 증거조사를 할 필요가 없다.

① ㉠, ㉡
② ㉠, ㉢
③ ㉠, ㉢, ㉣
④ ㉡, ㉢, ㉣

126 자백에 관한 다음 설명 중 가장 옳지 않은 것은? (다툼이 있으면 판례에 의함)

① 피고인의 자백이 고문, 폭행, 협박, 신체구속의 부당한 장기화 또는 기망 기타의 방법으로 임의로 진술한 것이 아니라고 의심할 만한 이유가 있는 때에는 이를 유죄의 증거로 하지 못하고, 피고인의 자백이 그 피고인에게 불이익한 유일의 증거인 때에는 이를 유죄의 증거로 하지 못한다.
② 피고인이 피의자신문조서에 기재된 피고인의 진술 및 공판 기일에서의 피고인의 진술의 임의성을 다투면서 그것이 허위자백이라고 다투는 경우 법원은 구체적인 사건에 따라 피고인의 학력, 경력, 직업, 사회적 지위, 지능 정도, 진술의 내용, 피의자신문조서의 경우 그 조서의 형식 등 제반 사정을 참작하여 자유로운 심증으로 위 진술이 임의로 된 것인지의 여부를 판단하면 된다.
③ 피고인이 범행을 자인하는 것을 들었다는 피고인 아닌 자의 진술내용은 형사소송법 제310조(불이익한 자백의 증거능력)의 피고인의 자백에는 포함되지 아니하나 이는 피고인의 자백의 보강증거로 될 수 있다.
④ 기록상 진술증거의 임의성에 관하여 의심할 만한 사정이 나타나 있는 경우에는 법원은 직권으로 그 임의성 여부에 관하여 조사를 하여야 하고, 임의성이 인정되지 아니하여 증거능력이 없는 진술증거는 피고인이 증거로 함에 동의하더라도 증거로 삼을 수 없으며, 피고인의 법정에서의 진술을 탄핵하기 위한 탄핵증거로도 사용할 수 없다.

127 증명에 관한 설명으로 가장 적절한 것은? (다툼이 있으면 판례에 의함)

① 증거능력이 없는 증거는 유죄의 직접적인 증거로 삼을 수 없으나, 구성요건 사실을 추인하게 하는 간접사실이나 구성요건 사실을 입증하는 직접증거의 증명력을 보강하는 보조사실의 인정자료로는 사용할 수 있다.

② 형법 제307조 제2항 허위사실 적시 명예훼손죄에서 허위사실의 인식과 달리 허위사실 자체는 엄격한 증명의 대상이 된다.

③ 합리적 의심이란 요증사실과 양립할 수 없는 사실의 개연성에 대한 합리성 있는 의문을 의미하는 것으로서 관념적인 의심이나 추상적인 가능성에 기초한 의심도 포함된다.

④ 예비군법 제15조 제9항 제1호에서 정한 정당한 사유가 없다는 사실은 범죄구성요건이므로 검사가 증명하여야 하지만, 양심적 예비군훈련거부를 주장하는 피고인은 자신의 예비군훈련 거부가 그에 따라 행동하지 않고서는 인격적 존재가치가 파멸되고 말 것이라는 절박하고 구체적인 양심에 따른 것이며 그 양심이 깊고 확고하며 진실한 것이라는 사실의 존재를 수긍할 만한 소명자료를 제시하고, 검사는 제시된 자료의 신빙성을 탄핵하는 방법으로 진정한 양심의 부존재를 증명할 수 있다.

128 영상녹화물, 녹음테이프 또는 사진의 증거능력에 대한 설명으로 가장 적절하지 않은 것은? (다툼이 있으면 판례에 의함)

① 사인(私人)이 피고인 아닌 사람과의 대화내용을 녹음한 녹음테이프에 대해 법원이 그 진술 당시 진술자의 상태 등을 확인하기 위하여 작성한 검증조서는 법원의 검증 결과를 기재한 조서로서 형사소송법 제311조에 의하여 증거로 할 수 있다.

② 사인(私人)이 피고인 아닌 사람과의 대화내용을 녹음한 녹음테이프는 피고인의 증거동의가 없는 이상 그 증거능력을 부여하기 위해서는, 첫째 녹음테이프가 원본이거나 인위적 개작없이 원본 내용 그대로 복사된 사본일 것, 둘째 형사소송법 제313조 제1항에 따라 공판준비나 공판기일에서 원진술자의 진술에 의하여 녹음테이프에 녹음된 각자의 진술내용이 자신이 진술한대로 녹음된 것이라는 점이 인정되어야 한다.

③ 검증조서에 첨부된 사진은 검증조서와 일체를 이루는 것이므로 사법경찰관 작성의 검증조서 중 피고인 진술 기재부분 및 범행재연의 사진 부분에 대하여 원진술자이며 행위자인 피고인이 그 진술 및 범행재연의 진정함을 인정하지 않는다고 하더라도 검증조서 전체의 증거능력이 인정된다.

④ 피고인 또는 피고인이 아닌 자의 진술을 내용으로 하는 영상녹화물은 공판준비 또는 공판기일에서 피고인 또는 피고인이 아닌 자가 진술함에 있어서 기억이 명백하지 아니한 사항에 관하여 기억을 환기시켜야 할 필요가 있다고 인정되는 때에 한하여 피고인 또는 피고인이 아닌 자에게 재생하여 시청하게 할 수 있다.

129 증거에 관한 설명으로 가장 적절하지 않은 것은? (다툼이 있으면 판례에 의함)

① 공연히 사실을 적시하여 사람의 명예를 훼손한 행위가 형법 제310조의 규정에 따라서 위법성이 조각되기 위하여는 그것이 진실한 사실로서 오로지 공공의 이익에 관한 때에 해당된다는 점을 행위자가 증명하여야 하나, 그 증명은 엄격한 증거에 의할 것을 요하지 아니하므로 전문증거의 증거능력에 관한 형사소송법 제310조의2는 적용될 여지가 없다.

② 정보통신망을 통하여 공포심이나 불안감을 유발하는 글을 반복적으로 상대방에게 도달하게 하는 행위를 하였다는 공소사실에 대하여 휴대전화기에 저장된 문자정보가 그 증거가 되는 경우 그 문자정보는 범행의 직접적인 수단이고 경험자의 진술에 갈음하는 대체물에 해당하지 않으므로 형사소송법 제310조의2에서 정한 전문법칙이 적용되지 않는다.

③ 영장 발부의 사유로 된 범죄 혐의사실과 무관한 별개의 증거를 압수하였을 경우 이는 원칙적으로 유죄의 증거로 사용할 수 없으나, 수사기관이 그 증거를 피압수자에게 환부한 후에 임의제출받아 다시 압수하였다면 최초의 절차 위반행위와 최종적인 증거수집 사이의 인과관계가 단절되었다고 평가할 수 있고, 제출에 임의성이 있다는 점을 검사가 합리적 의심을 배제할 수 있을 정도로 증명한 경우에는 증거능력을 인정할 수 있다.

④ 피고인의 수사기관에서나 제1심 법정에서의 자백이 항소심에서의 법정진술과 다른 경우 그 자백의 증명력 내지 신빙성이 의심스럽다고 할 것이고, 같은 사람의 검찰에서의 진술과 법정에서의 증언이 다를 경우 검찰에서의 진술을 믿고서 범죄사실을 인정하는 것은 자유심증주의의 한계를 벗어나는 것이다.

130 증거능력과 증명에 관한 설명 중 옳지 않은 것은? (다툼이 있으면 판례에 의함)

① 피고인 甲이 사업주(실질적 경영귀속주체)인 사업체의 종업원 乙이 법규위반행위를 하여 甲이 양벌규정에 의하여 기소되고 사법경찰관이 작성한 乙에 대한 피의자신문조서가 증거로 제출되었으나 甲이 이를 내용부인 취지로 부동의하였고 재판 진행 중 乙이 지병으로 사망한 경우 위 피의자신문조서는 형사소송법 제314조에 의해 증거능력이 인정될 수 있다.

② 제1심에서 피고인에 대하여 무죄판결이 선고되어 검사가 항소한 후 수사기관이 항소심 공판기일에 증인으로 신청하여 신문할 수 있는 사람을 특별한 사정 없이 미리 수사기관에 소환하여 작성한 진술조서는 피고인이 증거로 할 수 있음에 동의하지 않는 한 증거능력이 없다.

③ 피고인 아닌 자의 공판기일에서의 진술이 피고인 아닌 타인의 진술을 그 내용으로 하는 경우 형사소송법 제316조 제2항이 요구하는 특히 신빙할 수 있는 상태하에서 행하여졌음에 대한 증명은 단지 그러한 개연성이 있다는 정도로는 부족하고 합리적인 의심의 여지를 배제하는 정도에 이르러야 한다.

④ 목적과 용도를 정하여 위탁한 금전을 수탁자가 임의로 소비하면 횡령죄를 구성할 수 있으며 피해자 등이 목적과 용도를 정하여 금전을 위탁한 사실 및 그 목적과 용도가 무엇인지는 엄격한 증명의 대상이 된다.

131 증거에 대한 설명으로 옳지 않은 것은? (다툼이 있으면 판례에 의함)

① 유류물의 경우 영장 없이 압수하였더라도 영장주의를 위반한 잘못이 있다 할 수 없고, 압수 후 압수조서의 작성 및 압수 목록의 작성·교부 절차가 제대로 이행되지 아니한 잘못이 있다 하더라도 그것이 적법절차의 실질적인 내용을 침해하는 경우에 해당하는 것은 아니다.

② 제1심에서 피고인에 대하여 무죄판결이 선고되어 검사가 항소한 후 수사기관이 항소심 공판기일에 증인으로 신청하여 신문할 수 있는 사람을 특별한 사정 없이 미리 수사기관에 소환하여 작성한 진술조서나 피의자신문조서는 피고인이 증거로 삼는 데 동의하지 않는 한 증거능력이 없지만, 참고인 등이 나중에 법정에 증인으로 출석하여 위 진술조서 등의 진정성립을 인정하고 피고인 측에 반대신문의 기회까지 충분히 부여되었다면 하자가 치유되었다고 할 것이므로 위 진술조서 등의 증거능력을 인정할 수 있다.

③ 피고인의 사용인이 위반행위를 하여 피고인이 양벌규정에 따라 기소된 경우 사용인에 대하여 사법경찰관이 작성한 피의자신문조서에 대하여는 그 사용인이 사망하여 진술할 수 없더라도 형사소송법 제314조가 적용되지 않는다.

④ 압수조서의 '압수경위'란에 피고인이 범행을 저지르는 현장을 목격한 사법경찰관 및 사법경찰리의 진술이 담겨 있고, 그 하단에 피고인의 범행을 직접 목격하면서 위 압수조서를 작성한 사법경찰관 및 사법경찰리의 각 기명날인이 들어가 있다면, 위 압수조서 중 '압수경위'란에 기재된 내용은 형사소송법 제312조 제5항에서 정한 '피고인이 아닌 자가 수사과정에서 작성한 진술서'에 준하는 것으로 볼 수 있다.

132 다음 설명 중 가장 옳지 않은 것은? (다툼이 있으면 판례에 의함)

① 압수물인 디지털 저장매체로부터 출력한 문건을 증거로 사용하기 위해서는 디지털 저장매체 원본에 저장된 내용과 출력한 문건의 동일성이 인정되어야 하고, 이를 위해서는 디지털 저장매체 원본이 압수시부터 문건 출력시까지 변경되지 않았음이 담보되어야 한다.

② 수사기관이 법원으로부터 영장 또는 감정처분허가장을 발부받지 아니한 채 피의자의 동의 없이 피의자의 신체로부터 혈액을 채취하고 사후적으로도 지체 없이 영장을 발부 받지 아니한 채 알콜농도에 관한 감정이 이루어졌다면, 이러한 감정결과보고서 등은 영장주의를 위반한 위법수집증거에 해당하고, 피고인이나 변호인의 증거동의가 있다고 하더라도 유죄의 증거로 사용할 수 없다.

③ 피고인이 범행 후 피해자에게 전화를 걸어오자 피해자가 증거를 수집하려고 그 전화내용을 녹음한 경우 그 녹음테이프가 피고인 모르게 녹음되었다 하더라도 이를 위법하게 수집된 증거라고 할 수 없다.

④ 수사기관이 범죄 피해자를 참고인으로 조사하는 과정에서 형사소송법 제221조 제1항에 따라 그 참고인의 진술을 녹화한 영상녹화물은 피고인의 공소사실을 직접 증명할 수 있는 별개의 독립적인 증거로 사용될 수 있다.

133 증거 등에 관한 다음 설명 중 가장 옳지 않은 것은? (다툼이 있으면 판례에 의함)

① 피고인이 수표를 발행하였으나 예금부족 또는 거래정지처분으로 지급되지 아니하게 하였다는 부정수표단속법위반의 공소사실을 증명하기 위하여 제출되는 수표는 그 서류의 존재 또는 상태 자체가 증거가 되는 것이어서 증거물인 서면에 해당하므로 그 증거능력은 증거물의 예에 의하여 판단하여야 하고, 이에 대하여는 형사소송법 제310조의2에서 정한 전문법칙이 적용될 여지가 없다.
② 법원이 직권으로 증거조사를 할 때에는 양 당사자의 동의가 필요함은 물론이라 하겠으나 당해 서류를 제출한 당사자는 그것을 증거로 함에 동의하고 있음은 명백한 것이므로 상대방의 동의만 얻으면 충분하다.
③ 경찰이 피고인의 집에서 20m 떨어진 곳에서 피고인을 체포한 후 피고인의 집안을 수색하여 칼과 합의서를 압수하고도 적법한 시간 내에 압수수색영장을 청구하여 발부받지 않은 경우에, 위 칼과 합의서는 위법하게 압수된 것으로서 증거능력이 없고 이를 기초로 한 2차 증거인 '임의제출동의서', '압수조서 및 목록', '압수품 사진' 역시 증거능력이 없다.
④ 피고인 甲, 乙의 간통 범행을 고소한 甲의 남편 丙이 甲의 주거에 침입하여 수집한 후 수사기관에 제출한 혈흔이 묻은 휴지들 및 침대시트를 목적물로 하여 이루어진 감정의뢰회보는 甲의 주거의 자유나 사생활의 비밀을 침해하여 얻은 것이므로 증거능력이 없다.

134 증거능력에 대한 설명으로 가장 적절하지 않은 것은? (다툼이 있으면 판례에 의함)

① 수사기관이 영장없이 범죄 수사를 목적으로 금융회사로부터 획득한 금융실명거래 및 비밀보장에 관한 법률 제4조 제1항의 '거래정보등'은 원칙적으로 형사소송법 제308조의2에서 정하는 '적법한 절차에 따르지 아니하고 수집한 증거'에 해당하여 유죄의 증거로 삼을 수 없다.
② 영장 발부의 사유로 된 범죄사실과 별개의 증거를 압수하였을 경우 이는 원칙적으로 유죄 인정의 증거로 사용할 수 없으나, 예외적으로 그 범죄사실과 객관적 인적 관련성이 있는 때에는 사용할 수 있다. 이 때 객관적 관련성은 압수·수색영장에 기재된 혐의사실의 내용과 수사의 대상, 수사 경위 등을 종합하여 혐의사실과 구체적·개별적 연관관계가 있는 경우뿐만 아니라 단순히 동종 또는 유사 범행인 경우도 인정된다.
③ 형사소송법은 전문진술에 대하여 제316조에서 실질상 단순한 전문의 형태를 취하는 경우에 한하여 예외적으로 그 증거능력을 인정하는 규정을 두고 있을 뿐 재전문진술이나 재전문진술을 기재한 조서에 대하여는 달리 그 증거능력을 인정하는 규정을 두고 있지 아니하고 있으므로 피고인이 증거로 하는 데 동의하지 아니하는 한 형사소송법 제310조의2의 규정에 의하여 이를 증거로 할 수 없다.
④ 형사소송법 제218조를 위반하여 소유자, 소지자 또는 보관자가 아닌 자로부터 제출받은 물건을 영장없이 압수한 경우 그 '압수물' 및 '압수물을 찍은 사진'은 피고인이나 변호인이 이를 증거로 함에 동의하였다고 하더라도 유죄 인정의 증거로 사용할 수 없다.

135 수사에 대한 설명으로 가장 적절하지 않은 것은? (다툼이 있으면 판례에 의함)

① 검사 또는 사법경찰관은 정당한 사유가 없으면 피의자신문에 참여한 변호인에게 피의자에 대한 법적인 조언·상담을 보장해야 하며, 법적인 조언·상담을 위한 변호인의 메모를 허용해야 한다.

② 검사 또는 사법경찰관이 피고인이 아닌 자를 조사하는 과정에서 형사소송법 제221조 제1항에 따라 제작한 영상녹화물은 다른 법률에서 달리 규정하고 있는 등의 특별한 사정이 없는 한 공소사실을 직접 증명할 수 있는 독립적인 증거로 사용할 수 없다.

③ 피의자진술의 영상녹화는 조사가 개시된 시점부터 종료까지의 전 과정이 녹화된 것이어야 하며, 조사과정 일부에 대한 선별적 영상녹화는 허용되지 않는다.

④ 수사기관은 피의자가 신체적 또는 정신적 장애로 사물을 변별하거나 의사를 결정·전달할 능력이 미약한 때에는 신뢰관계에 있는 자를 동석하게 하여야 하며, 이 때 신뢰관계인이 동석하지 않은 상태로 행한 진술은 임의성이 인정되더라도 유죄 인정의 증거로 사용할 수 없다.

136 甲은 2023.4.16. 16시 30분에 자신의 주거지에서, 乙이 인터넷 트위터 사이트에 게시한 아동·청소년성착취물 광고를 보고 乙이 운영하는 텔레그램 대화에 참여하여 8만원 상당의 문화상품권 핀번호를 전송하고 아동·청소년성착취물이 저장되어 있는 고액방 텔레그램 접속 링크를 甲소유의 휴대전화로 전송받아 시청하였다. 이에 대한 첩보를 입수한 사법경찰관 P는 이 사건에 대한 수사를 진행하려고 한다. 이 사례에 관한 설명 중 옳지 않은 것은? (다툼이 있는 경우 판례에 의함)

① 甲 소유의 휴대전화로 아동·청소년성착취물을 시청하였으므로, 이는 아동·청소년의 성보호에 관한 법률상 아동·청소년성착취물시청죄에 해당한다.

② 아동·청소년성착취물이 저장되어 있는 고액방 텔레그램 접속 링크를 甲 소유의 휴대전화로 전송받았으므로, 이는 아동·청소년의 성보호에 관한 법률상 아동·청소년성착취물소지죄에 해당한다.

③ P가 신분비공개수사를 진행하고자 할 때에는 사전에 상급 경찰관서 수사부서의 장의 승인을 받아야 하며, 그 수사기간은 3개월을 초과할 수 없다.

④ P가 신분위장수사를 하려는 경우에는 긴급을 요하는 때가 아닌 한 사전에 검사에게 신분위장수사에 대한 허가를 서면으로 신청하여야 한다.

137 甲은 무등록 중고차 매매상사를 운영하면서 피해자들을 기망하여 중고차량을 불법으로 판매해 금원을 편취할 목적으로 무등록 중고차 매매상사 등에서 범죄집단을 조직·활동하고, 乙, 丙, 丁 등은 이 범죄집단에 가입·활동하였다는 내용의 혐의를 받았다. 사법경찰관 P는 이 사건의 수사과정에서 영장을 발부받아 K메신저 회사 본사 데이터센터에 대하여 甲과 乙, 丙, 丁 등과의 메신저 대화내용 등에 대한 압수·수색을 실시하였으며, 검사 S는 甲, 乙, 丙, 丁에 대하여 피의자신문을 한 후 이들을 기소하였다. 이 사례에 관한 설명 중 옳지 않은 것은? (다툼이 있는 경우 판례에 의함)

① 甲이 '형법' 제114조에서 정한 '범죄를 목적으로 하는 집단'을 조직하였다고 보기 위해서는, 그 집단이 '범죄단체'에서 요구되는 '최소한의 통솔체계'를 갖출 필요는 없지만, 범죄의 계획과 실행을 용이하게 할 정도의 조직적 구조를 갖추어야 한다.
② 甲이 사기죄를 목적으로 하는 단체를 조직하였다면 甲에게 범죄단체조직죄를 적용할 수 있고, 그 후 사기죄의 실행행위를 하였는지 여부는 범죄단체조직죄의 성립에 영향이 없다.
③ P가 압수·수색 과정에서 甲의 참여권을 보장하지 않았다면 甲은 준항고를 제기할 수 있다.
④ 乙에 대하여 S가 작성한 피의자신문조서의 내용을 甲이 부인하는 경우에도 '형사소송법' 제312조 제4항의 요건을 갖추었다면 그 피의자신문조서는 甲에 대한 유죄의 증거로 쓸 수 있다.

138 (1) 甲은 A생명보험회사와 타인의 사망을 보험사고로 하는 생명보험계약을 체결함에 있어 제3자가 피보험자인 것처럼 가장하여 그 유효요건이 갖추어지지 못한 보험계약을 체결하였고, 이 과정에 甲의 친구 乙이 장래의 실행행위를 미필적으로나마 예상하고 이를 용이하게 하기 위하여 방조하였다. (2) 甲은 A생명보험회사에 보험금을 청구하였다. (3) 甲은 A생명보험회사로부터 보험금을 수령하였다. 이 사례에 관한 설명 중 옳은 것을 모두 고른 것은? (다툼이 있는 경우 판례에 의함)

> ㉠ 甲이 (1)단계에서 사기범행을 자의로 중지하고 (2)단계로 나아가지 않은 경우에는 중지미수 규정이 적용될 수 있다.
> ㉡ 甲이 (2)단계로 나아가지 않은 경우에 乙은 방조범으로 처벌되지 않는다.
> ㉢ (3)단계 이후 甲과 乙이 함께 기소된 경우, 사법경찰관 작성의 乙에 대한 피의자신문조서는 乙이 내용을 인정하더라도 甲이 증거부동의한다면 甲에 대한 유죄의 증거로 사용될 수 없다.
> ㉣ (3)단계 이후 甲, 乙에 대한 공판이 별개로 진행된 경우, 甲에 대한 공판조서는 乙에 대한 공판에서 '형사소송법' 제315조 제3호에서 말하는 '기타 특히 신용할 만한 정황에 의하여 작성된 문서'에 해당하여 당연히 증거능력이 인정된다.

① ㉠, ㉡
② ㉠, ㉢
③ ㉡, ㉢
④ ㉡, ㉢, ㉣

139 (1) 甲은 친구인 乙과 함께 평소 알고 지내던 A(20세)와 B(21세)를 만나 사전의 모의에 따라 강간할 목적으로 심야에 인가에서 멀리 떨어져 있어 쉽게 도망할 수 없는 야산으로 A, B를 유인한 다음 곧바로 암묵적인 합의에 따라 각자 마음에 드는 A, B들을 데리고 100m 이내의 거리에 있는 곳으로 흩어져 동시 또는 순차적으로 甲은 A를, 乙은 B를 각각 강간하였다. (2) 甲은 밤길을 가던 중 앞에 걸어가는 C(19세)를 발견하고 추행하려는 의사로 모자로 얼굴을 가린 채 100m 가량 뒤따라가다가 약 1m 간격으로 접근하여 팔을 높이 들어 벌렸다. 팔이 닿지 않았으나 그 순간 C는 인기척을 느껴 뒤돌아보면서 '왜 이러세요?'라고 소리치자 甲은 오던 길로 되돌아갔다. (3) 집에 돌아가던 중 영업 중인 X상가로 들어가는 D(17세)를 발견한 甲은 D를 따라 들어가 승강기 앞에서 D의 엉덩이를 만졌는데, 이 장면은 X상가 관리인이 설치한 CCTV에 촬영되었다. 이 사례에 관한 설명 중 옳은 것을 모두 고른 것은? (다툼이 있는 경우 판례에 의함)

> ㉠ (1)에서 甲과 乙의 행위는 성폭력범죄의 처벌 등에 관한 특례법상 합동강간에 해당한다.
> ㉡ (2)에서 양팔을 들어 껴안으려는 甲의 행위는 강제추행죄의 실행의 착수로 볼 수 없다.
> ㉢ (3)에서 甲의 행위는 건조물침입에 해당하지 않는다.
> ㉣ 사법경찰관이 (3)을 수사하면서 D의 진술을 영상녹화할 때는, 조사의 개시부터 종료까지의 전 과정 및 객관적 정황을 영상녹화하여야 한다.
> ㉤ (3)에서 CCTV로 촬영한 영상녹화물은 비진술증거로서 진정성이 증명되면 증거능력이 있다.

① ㉠, ㉡
② ㉡, ㉤
③ ㉠, ㉢, ㉣
④ ㉠, ㉢, ㉣, ㉤

140 甲은 혈중알코올농도 0.22%의 상태로 자동차를 운전하던 중 A가 운전하는 자동차를 뒤에서 들이받아 A에게 큰 상처를 입히고 A의 자동차가 크게 부서졌다. 甲도 중상을 입고 쓰러져서 119구급차에 의해 곧바로 병원 응급실로 후송되었으며 사법경찰관 P가 사고현장에 출동하였다. A가 식물인간 상태에서 의식을 회복하지 못하자, A의 배우자인 B가 A의 성년후견인으로 선임되었다. 이 사례에 관한 설명 중 옳지 않은 것은? (다툼이 있는 경우 판례에 의함)

① 甲의 업무상과실치상죄와 이를 내용으로 하는 교통사고처리 특례법 위반죄는 특정범죄 가중처벌 등에 관한 법률 위반(위험운전치상)죄에 흡수된다.
② 甲의 도로교통법 위반(음주운전)죄와 특정범죄 가중처벌 등에 관한 법률 위반(위험운전치상)죄는 실체적 경합 관계이다.
③ 甲이 후송된 병원 응급실은 압수·수색영장 없는 채혈에 관하여 '형사소송법' 제216조 제3항에서 말하는 범죄장소로 볼 수 있다.
④ 甲이 저지른 도로교통법 위반(업무상과실손괴)죄에 대하여 B는 A의 성년후견인으로서 제1심판결 선고 전까지 처벌불원의 의사표시를 할 수 있다.

141 甲은 스마트폰 채팅앱을 통하여 알게 된 A(20세)로부터 은밀한 신체 부위가 드러난 사진을 전송받은 사실이 있고, A의 개인정보와 A의 지인에 대한 인적사항을 알게 되었다. 甲은 이를 기회로 "시키는 대로 하지 않으면 기존에 전송받았던 신체 사진과 개인정보 등을 유포하겠다"라고 A를 협박하여, 이에 겁을 먹은 A가 직접 자신의 가슴과 성기를 만지는 동영상을 촬영하도록 한 다음, 이 동영상 파일을 전송받았다. 이에 관한 설명 중 옳지 않은 것은? (다툼이 있는 경우 판례에 의함)

① 甲은 강제추행죄의 간접정범이 된다.
② 甲이 전송받은 동영상 파일은 '형법' 제48조 제1항에 따라 몰수할 수 있다.
③ 만약 甲의 요구가 부당한 억압이라고 A가 인식하지 못한 경우에도 甲은 강제추행죄의 간접정범이 된다.
④ 만약 甲이 전송받은 동영상 파일을 그 정을 아는 자신의 동생 乙(12세)에게 전송하여 乙이 이를 다운로드 하여 보관하던 중이라면, 乙이 보관하던 동영상 파일은 몰수의 대상이 되지 아니한다.

142
(1) 甲은 여러 사람 앞에서 자신을 욕하고 때린 친구 A에게 분개하여 그를 죽이기로 결심하였다. 甲은 인터넷에서 만난 乙에게 2천만원을 줄 테니 A를 죽여 달라고 부탁했고 乙은 이를 승낙하고 甲에게 착수금 1천만원을 받았다. 乙은 범행도구인 칼을 사는 등 준비를 하였으나, 돈 때문에 사람을 죽일 수는 없다는 생각에 범행을 포기하고 돈을 甲에게 돌려주었다.
(2) 그러자 甲은 자신이 직접 A의 집에 불을 질러 그를 죽이기로 결심하고, A가 사는 주택의 창문을 열고 옷에 불을 붙여 방안으로 던져 넣었다. 옷은 모두 타버렸으나 집에 불은 붙지 않았고, A는 옷이 타면서 발생한 연기에 놀라 집에서 빠져나왔다.
(3) 사법경찰관 P는 (1)에 대해 乙을 수사하면서 "甲이 이미 체포되었고 범행 일체를 자백하였다"라고 乙에게 말하였다. 이에 乙이 자포자기하여 자신의 행위에 대하여 모두 말하였고 그 내용은 피의자신문조서에 기재되었으나, 사실 甲은 묵비권을 행사하고 있었다.

이에 관한 설명 중 옳지 않은 것은? (다툼이 있는 경우 판례에 의함)

① (1)에서 甲과 乙은 모두 '형법' 제31조 제2항에 따라 살인예비죄에 준하여 처벌된다.
② (1)에서 乙의 죄책에 대하여 중지미수는 인정되지 않는다.
③ (2)에서 甲이 옷에 불을 붙였을 때 현주건조물방화죄의 실행의 착수가 인정된다.
④ (2)에서 甲은 현주건조물방화치사죄의 미수범으로 처벌된다.

143 甲은 2023.4.20. 오후 10시경 ○○시의 2차로에서 승용차를 운전하다가 일가족이 탄 승합차를 들이받아 6명을 다치게 하고 1명을 숨지게 한 혐의로 기소되었다. 甲은 제한속도인 시속 50km를 훌쩍 넘긴 시속 170km로 달렸으며, 혈중알코올농도는 0.169%였다. 경찰관 P는 사고현장에 급히 출동하여 실황조사서를 작성하였으며, 甲은 P에게 자신이 차량을 운전했다고 밝히며 음주동기, 마신 술의 종류 및 음주량, 출발지점과 목적지점 등에 관하여 구체적으로 진술하였을 뿐만 아니라 호흡측정방법에 따른 음주측정에 순순히 응하였다. P는 공판정에서 甲의 차량 블랙박스영상을 보고 "신호도 준수하고, 진로 변경 시 방향지시등도 켜는 것이 보입니다. 빠르게 진행했던 것만 빼면 음주로 인한 비정상적인 운행을 했다고 보기는 어렵습니다"라고 진술하였으며, 증거로 채택된 P 작성의 수사보고서에도 '피의자는 술냄새가 거의 나지 않았으며 경찰관의 질문에 바르게 선 채 정확히 답변하였고, 음주측정시 비틀거리지 않고 똑바로 서 있는 등 의식이 뚜렷하였다'라고 기재되어 있다. 이에 관한 설명 중 옳지 않은 것은? (다툼이 있는 경우 판례에 의함)

① 음주로 인한 특정범죄 가중처벌 등에 관한 법률 위반(위험운전치사상)죄는 도로교통법 위반(음주운전)죄의 경우와는 달리 형식적으로 혈중알코올농도의 법정 최저기준치를 초과하였는지 여부와는 상관없이 운전자가 '음주의 영향으로 실제 정상적인 운전이 곤란한 상태'에 있어야만 한다.

② 특정범죄 가중처벌 등에 관한 법률 위반(위험운전치사상)죄가 성립하는 때에는 도로교통법상 음주운전죄는 특정범죄 가중처벌 등에 관한 법률 위반(위험운전치사상)죄에 흡수되어 별죄를 구성하지 않는다.

③ 교통사고로 인하여 업무상과실치상죄 또는 중과실치상죄를 범한 운전자에 대하여 피해자의 명시한 의사에 반하여 공소를 제기할 수 있는 '교통사고처리 특례법' 제3조 제2항 단서 각호의 사유는 같은 법 제3조 제1항 위반죄의 구성요건 요소가 아니라 그 공소제기의 조건에 관한 사유이다.

④ P가 작성한 실황조사서는 사후영장을 받지 않는 한 유죄의 증거로 사용할 수 없다.

144 甲은 새로 구입한 선박의 운항허가를 받는 데 도움을 얻기 위해서 담당 공무원 A의 죽마고우라고 알려진 乙을 찾아갔다. 알고 보니 乙은 자신의 초등학교 후배였고, 甲은 "믿고 부탁할 테니 A에게 2,000만 원을 뇌물로 전달해 달라"라고 하면서 乙에게 이 돈을 주었다. 乙은 돈을 받은 다음 날 500만 원은 자신의 통장에 넣고, A를 만나 나머지 1,500만 원을 건네면서 甲의 말을 전하였다. 그런데 예상과 달리 운항허가가 나오지 않자, A는 향후 문제가 될 것을 우려하여 1,500만 원을 甲에게 모두 반환하였다. 이에 관한 설명 중 옳지 않은 것은? (다툼이 있는 경우 판례에 의함)

① 乙에게는 2,000만 원에 대한 제3자뇌물취득죄가 성립한다.
② 만약 乙이 자신의 통장에 넣은 500만 원을 개인 유흥비로 사용하였다고 하더라도 횡령죄는 성립하지 않는다.
③ 만약 乙이 통장에 넣어 둔 500만 원을 운항허가와 관련된 필요비용으로 지출하였다고 하더라도 이는 뇌물수수의 부수적 비용에 불과하여 乙로부터 추징할 수 있다.
④ 만약 甲이 먼저 뇌물공여죄로 기소되어 유죄판결이 확정될 경우, A의 뇌물수수죄에 대한 공소시효는 甲이 기소된 때로부터 유죄판결이 확정된 때까지 정지된다.

145 운전면허가 취소된 甲은 술에 취하여 혈중알코올농도 0.10% 상태에서 승용차를 운전하여 가던 중 불법 좌회전을 하다가, 甲의 차량 후방 50m에서 따라오던 차량이 중앙선을 넘어 甲의 차량 좌측으로 돌진하여 이와 충돌하였다. 이 충돌로 후행차량 운전자 A가 약 4주간의 치료를 요하는 상해를 입게 되었다. 甲은 A를 구호하는 등의 조치를 취하지 않고 그대로 도주하였다. 담당 사법경찰관 P는 수사과정에서 검사로부터 '목격자들로부터 사고 경위에 대해 구체적인 진술을 청취하여 甲의 도주 여부에 대해 보완수사할 것'을 요청받고, 보완수사 결과 통보서의 '이행 결과(불이행시 사유 기재)'란에 목격자들로부터 진술을 청취하지 않았음에도 진술을 듣고 그 진술 내용을 적은 것처럼 기재하여 검사에게 통보하였다. 다음 설명 중 옳지 않은 것을 모두 고른 것은? (다툼이 있는 경우 판례에 의함)

> ㉠ 甲에게는 도로교통법 위반(음주운전)죄와 도로교통법 위반(무면허운전)죄가 성립하고, 두 죄는 상상적 경합관계에 있다.
> ㉡ 甲에게는 특정범죄 가중처벌 등에 관한 법률 위반(도주치상)죄와 도로교통법 위반(사고 후 미조치)죄가 성립하고, 후자의 죄는 전자의 죄에 법조경합으로 흡수된다.
> ㉢ 보완수사 요청을 받은 P에게는 검사에 의하여 지목된 목격자들에 대한 보완수사 방식 등에 대해 재량을 가지고 있으므로 허위공문서작성 및 동행사죄는 성립하지 아니한다.
> ㉣ P가 검사의 보완수사 요청에 따라 목격자 W에 대해 참고인조사를 하는 과정에서 적법한 절차에 따라 영상녹화물을 촬영한 경우, 이 영상녹화물은 다른 법률에서 달리 규정하고 있는 등의 특별한 사정이 없는 한 공소사실을 직접 증명할 수 있는 독립적인 증거로 사용할 수 없다.

① ㉠, ㉡
② ㉠, ㉢
③ ㉡, ㉢
④ ㉡, ㉣

146 甲은 직장상사 A가 자신을 징계하려는 사실을 알고 배신감이 들어 A를 살해하기로 마음을 먹고 乙에게 독극물을 구해줄 것을 부탁하였다. 이에 따라 乙은 甲에게 독극물을 구해주었고, 甲은 A에게 이 독극물이 든 음료수를 건네주었다. A는 이를 받아 바로 마셨지만 음료수에 든 독극물은 치사량에 현저히 미달하여 응급실에서 치료를 받았을 뿐 생명에는 지장이 없었다. A의 처 W는 A가 살해당할 뻔한 장면을 목격한 사실을 이웃 B에게 말하였고, B는 W로부터 자신이 들은 사실을 사법경찰관 P에게 진술하여 이는 조서에 기재되었다. 한편 甲은 우연히 길에서 만난 C녀를 강간하기로 마음먹고 C를 따라가 붙잡고 강간하였다. 다음 설명 중 옳지 않은 것은? (다툼이 있는 경우 판례에 의함)

① 甲이 독극물이 든 음료수를 A에게 건네줄 당시 甲이 인식한 사정을 놓고 일반인이 객관적으로 판단하여 보았을 때 살인의 결과가 발생할 위험성이 있었다면 살인죄의 불능미수가 성립한다.

② 乙이 甲에게 독극물을 전해준 행위에 대해서는 甲의 살인미수행위에 대한 방조범이 성립한다.

③ 甲이 강간행위 도중에 현장에 있던 C의 핸드백을 취득하고 강간을 계속한 경우, 재물탈취를 위한 새로운 폭행·협박이 없더라면 강간죄와 절도죄가 성립한다.

④ B가 W로부터 들은 사실을 진술한 내용이 기재된 사법경찰관 P 작성 진술조서에 대하여 甲이 증거동의한 경우, 해당 진술조서는 증거능력이 인정된다.

147 사법경찰관 P는 제보에 따라 甲이 운영하는 성매매업소를 단속하였는데, 영업시간에 손님으로 가장하여 성매매가 가능한지 여부를 문의하였고, 그 과정에서 甲과 나눈 대화를 녹음하였다. P는 甲의 안내에 따라 내실로 들어갔고, 여종업원이 위 내실에 들어와 P의 바지를 벗기고 침대 위로 올라오려고 하자 단속 사실을 밝히고 자신에 대한 성매매알선을 피의사실로 하여 甲을 현행범인으로 체포하였다. P는 甲을 현행범인으로 체포하면서 위 업소 내부를 수색하여 발견한 비닐포장된 콘돔 7개를 업소시설과 함께 사진 촬영하였다. 한편, P는 현행범인 체포 과정에서 甲으로부터 위 업소에서 사용하던 장부를 임의제출받았는데, 이는 업소에 고용된 여성들이 성매매를 업으로 하면서 영업에 참고하기 위하여 성매매 상대방의 아이디와 전화번호 및 성매매방법 등을 그때그때 메모지에 적어두었던 것을 정리한 것이었고, P는 이를 甲에 대한 성매매알선 사건의 증거로 제출하였다. 이에 관한 설명 중 옳은 것은? (다툼이 있으면 판례에 의함)

① 甲이 P가 자신과의 대화를 녹음한다는 사실을 인식하지 못하였다면 이는 공개되지 아니한 타인 간의 대화를 녹음한 경우에 해당하고 영장 없이 이루어졌기 때문에 위법하다.
② 불특정 다수가 출입할 수 있는 위 업소에 영업시간 중 손님처럼 가장하여 들어간 경우에도 P는 처음부터 범죄수사를 목적으로 위 업소에 들어간 것이므로 증거보전을 위한 경우라도 사전에 영장을 발부받아 녹음 또는 압수·수색절차를 진행하였거나 사후에 이에 대한 영장을 발부받았어야 한다.
③ 콘돔 등의 증거물에 대한 점유를 취득하는 압수 등 강제처분이 있었던 것은 아니지만, 위 업소를 수색하고 발견된 콘돔을 촬영한 것도 영장이 없는 한 위법하기 때문에 위 사진은 위법수집증거로서 증거능력이 없다.
④ 위 장부는 형사소송법 제315조 제2호의 영업상 필요로 작성한 통상문서로서 당연히 증거능력 있는 문서에 해당한다.

148 甲은 A의 비트코인을 법률상 원인 없이 자신의 계좌로 이체받은 후 이를 자신의 다른 계좌로 이체하여 소비하였다. 이를 인지한 검사는 적법하게 수사를 개시하면서 甲의 휴대전화에 대하여 압수·수색영장을 청구하였다. 이에 관한 설명 중 옳은 것은? (다툼이 있으면 판례에 의함)

① 비트코인은 블록체인 등 암호화된 분산원장에 의하여 부여된 경제적인 가치가 디지털로 표상된 정보로서 재산상 이익에 해당한다.
② A가 착오로 甲의 계좌에 비트코인을 이체한 경우 비트코인은 현금과 같이 취급되므로 甲은 신의칙상 A에 대한 보관자의 지위에 있게 되어 이를 사용·처분한 경우 횡령죄가 성립한다.
③ 알 수 없는 경위로 甲의 계좌에 A의 비트코인이 이체된 경우 甲은 신임관계에 기초하여 A의 사무를 맡아 처리하는 자에 해당하므로 甲이 임의로 비트코인을 사용·처분한 경우 배임죄가 성립한다.
④ 검사가 범죄를 인지하였음에도 불구하고 범죄인지서를 작성하지 않은 상태에서 피의자신문을 한 경우 원칙적으로 위법한 수사에 해당하며, 그 수사과정에서 작성된 피의자신문조서는 증거능력이 없다.

149 甲은 백화점에서 A의 지갑을 절취하기 위해 A와 부딪치며 양복 상의 주머니에 손을 넣는 순간 발각되어 도주하다가 곧바로 뒤쫓아 온 보안요원 X에게 붙잡혔다. 甲은 X로부터 그 경위를 확인받던 중 체포된 상태를 벗어나기 위해 X의 얼굴을 주먹으로 수차례 때려 전치 4주의 상해를 입히고 도주하였다. 사건이 발생한 지 1시간이 지난 후 X의 신고를 받고 출동한 사법경찰관 P가 인근 버스 정류장에 서있던 甲에게 임의동행을 요청하자, 甲은 영장의 제시를 요구하면서 동행을 거부하였다. 그럼에도 P가 甲을 순찰차에 강제로 태워 파출소로 연행하려 하자 甲은 이를 벗어날 목적으로 P의 복부를 발로 차 전치 2주의 상해를 입혔다. 이에 관한 설명 중 옳지 않은 것은? (다툼이 있으면 판례에 의함)

① 甲이 일단 X에게 체포되었으나 아직 신병 확보가 확실하지 않은 단계에서 체포 상태를 면하기 위해 X의 얼굴을 주먹으로 수차례 때려 상해를 가한 것이므로 甲은 강도상해죄의 죄책을 진다.
② 만약 甲이 X에게 항거가 곤란할 정도의 폭행을 가하였으나 상해에는 이르지 않았다면, 甲은 준강도미수죄의 죄책을 진다.
③ P의 甲에 대한 체포는 적법한 현행범인의 체포라고 볼 수 없다.
④ 甲이 제1회 공판기일에서 공소사실에 대하여 검사가 신문을 할 때 공소사실이 모두 사실과 다름없다고 진술한 경우 이후 변호인이 신문을 할 때에는 범의나 공소사실을 부인하더라도 그 공소사실은 간이공판절차에 의하여 심판할 수 있다.

150 다음 사례에 관한 설명 중 옳은 것(○)과 옳지 않은 것(×)을 올바르게 조합한 것은? (다툼이 있으면 판례에 의함)

(가) 甲과 乙은 사기도박을 공모하고, 甲은 2024.1.1.경 모텔방에서 서로 안면이 없던 A, B, C를 유인하여 함께 속칭 '섯다' 도박을 하였는데, 甲은 사기도박을 숨기기 위해 얼마간 정상적인 도박을 하다가 乙이 가져온 형광물질로 특수표시를 한 화투로 바꾼 다음 乙이 모니터 화면을 보고 알려주는 A, B, C의 화투패를 듣고 도박을 하여 그들로부터 총 500만 원의 도금을 교부받았다.

(나) 丙은 2024.1.2.경 모텔방에서 A, B, C와 함께 속칭 '섯다' 도박을 하다가 "돈을 주지 않으면 도박죄로 신고하고 끝까지 처벌받게 하겠다."라며 도박을 수단으로 A, B, C를 협박하여 그들로부터 500만 원을 송금받았다.

㉠ (가)에서 사기도박을 숨기기 위해 얼마간 정상적인 도박을 한 부분도 사기죄의 실행행위에 포함된다.
㉡ (가)에서 1개의 기망행위가 있었으므로 포괄하여 A, B, C에 대한 하나의 사기죄가 성립한다.
㉢ (나)에서 丙은 공갈죄만 성립한다.
㉣ (가)에서 도박의 습벽이 있는 丁이 甲과 乙의 사기도박 범행을 방조한 때에는 상습도박방조의 죄에 해당한다.

① ㉠ ○ ㉡ × ㉢ × ㉣ × ② ㉠ ○ ㉡ × ㉢ ○ ㉣ ○
③ ㉠ ○ ㉡ ○ ㉢ × ㉣ × ④ ㉠ ○ ㉡ ○ ㉢ ○ ㉣ ○

151 甲은 친구 乙과 丙에게 연락해 "은행에서 돈을 출금해 나오는 사람의 가방을 날치기 하자."고 제안했다. 이에 乙과 丙은 은행 문 밖에서 범행대상을 물색하고, 甲은 날치기를 끝낸 乙과 丙을 태우고 도망치기 위해 은행 앞 차도에 승용차를 세워 두고 대기하기로 했다. 며칠 후 A가 은행에서 현금 1천만 원을 출금하여 가방에 담아 나오는 것을 본 乙과 丙은 A의 뒤를 따라가기 시작했다. 甲은 차를 몰고 그 뒤를 따라가던 중 갑자기 처벌이 두려워져 핸들을 꺾어 혼자 말없이 도주해 버렸다. A가 좁은 골목길로 들어서자 乙은 입구에서 망을 보았고, 丙은 A가 손에 든 가방을 그대로 낚아채어 달아났다. 검사는 甲, 乙, 丙을 위 범죄혐의로 기소하였고, 법원은 이들을 병합심리하고 있다. 이에 관한 설명 중 옳지 않은 것은? (다툼이 있으면 판례에 의함)

① 甲은 혼자 도주하였을 뿐 乙과 丙에게 이탈의 의사표시를 한 바 없고, 乙과 丙은 그대로 범죄행위로 나아갔으므로 甲이 공모관계에서 이탈하였다고 보기 어렵다.
② 만약 乙이 실행행위 전에 甲과 丙에게 이탈의 의사표시를 명확히 밝히고 혼자 도주하였다면, 그 이후 벌어진 날치기에 관하여 공동정범으로서 죄책을 지지 않는다.
③ 甲은 현장에서 날치기 실행행위를 직접 분담하지 않았지만, 乙과 丙의 행위를 자기의사의 수단으로 하여 범행을 하였다고 평가할 수 있으므로 특수절도죄의 공동정범에 해당한다.
④ 소송절차가 분리된 공범인 공동피고인 乙이 丙에 대한 재판의 증인으로 출석해 증언거부권을 고지받았음에도 불구하고 증언거부권을 행사하지 아니한 채 자신을 방어하기 위해 허위진술을 하였더라도 위증죄로 처벌받지 않는다.

152 다음 사례에 관한 설명으로 옳지 않은 것만을 모두 고른 것은? (다툼이 있으면 판례에 의함)

甲은 2024.5.1. A에게 甲의 소유인 X토지를 1억 원에 매도하고 같은 날 계약금 1천만 원을, 2024.5.10. 중도금 3천만 원을 각각 A로부터 수령하였다. 그런데 甲의 친구인 乙은 丙이 X토지를 탐낸다는 것을 알고 2024.5.11. 甲을 부추겨 甲으로 하여금 웃돈을 받고 X토지를 丙에게 팔 것을 마음먹게 하였다. 그에 따라 甲은 2024.5.12. 丙에게 X토지를 1억 5천만 원에 매도하고 같은 날 丙으로부터 대금 전액을 교부받고 나서 곧바로 丙 앞으로 그 소유권이전등기를 마쳐주었다. A는 잔금 지급일인 2024.5.15. 甲이 X토지의 소유권을 丙에게 넘겨버린 사실을 명확하게 알게 되었는데, 특별한 사정이 없음에도 피해 신고를 미루어오던 중 2024.12.1.에 이르러서야 경찰에 甲을 배임죄로 고소하였다.

㉠ 甲이 丙에게 X토지를 매도하고 그 소유권이전등기를 마쳐준 행위는 A와의 신임관계를 저버리는 것으로서 배임죄의 구성요건에 해당한다.
㉡ X토지는 甲이 배임행위로 인하여 영득한 것이므로 丙이 甲의 배임행위를 알면서도 그 소유권이전등기를 넘겨받은 경우라면 丙에게 장물취득죄가 성립한다.
㉢ 甲과 乙이 각각 배임죄와 배임교사죄로 함께 기소되어 공범관계에 있는 공동피고인이 된 경우 甲에 대하여 사법경찰관이 작성한 피의자신문조서는 甲의 법정진술에 의하여 성립의 진정이 인정되는 등 형사소송법 제312조 제4항의 요건을 갖춘 경우라도 乙이 공판기일에서 그 조서의 내용을 부인하면 이를 乙에 대한 유죄 인정의 증거로 사용할 수 없다.
㉣ 만약 甲과 A가 2000년 이후로 따로 살고 있는 4촌 형제 관계라면 甲에 대한 A의 위 고소는 부적법하다.

① ㉡
② ㉠, ㉢
③ ㉡, ㉣
④ ㉢, ㉣

153 다음 사례에서 甲, 乙, 丙의 죄책에 대한 설명으로 옳은 것은? (다툼이 있으면 판례에 의함)

> ㉠ 甲은 이혼소송 중인 남편이 찾아와 가위로 폭행하고 변태적인 성행위를 강요하는데 격분하여 칼로 남편의 복부를 찔러 사망에 이르게 하였다.
> ㉡ 乙은 A에게 복수하기 위해 A의 방 유리창에 돌을 던져 유리창이 깨졌는데 마침 A가 방에서 연탄가스에 중독되어 사경을 헤매고 있었고, 깨진 유리창으로 산소가 유입되어 A는 생명을 구할 수 있었다.
> ㉢ 丙과 B는 서로 밧줄로 연결된 채 암벽 등반을 하던 중 추락하였으나 丙이 암벽에 설치된 고정핀을 손으로 붙잡아 계곡으로 떨어지지는 않았다. 그러나 점점 힘이 빠지고 있어 둘 다 추락사할 수 있는 상황이었다. 丙은 B와 연결된 밧줄을 끊어버리면 B는 추락사할 수 있으나 자신은 암벽을 올라가서 살 수 있으리라 생각하고 B와 연결된 밧줄을 끊어버렸다.

① 甲의 행위는 정당방위에는 해당하지 않으나 과잉방위에 해당한다.
② 乙의 손괴행위는 행위반가치가 존재하지 않지만 결과반가치는 여전히 존재하는 경우로서 위법성이 조각되지 않는다.
③ B가 추락하여 사망하였다 하더라도 丙의 행위는 현재의 위난을 피하기 위한 행위로서 긴급피난이 성립한다.
④ B는 밧줄을 끊으려는 丙의 행위에 대해 정당방위가 가능하다.

police.Hackers.com

해커스경찰
police.Hackers.com

2025 해커스경찰
갓대환 형사법
진도별 문제풀이 1000제
2차 시험 대비

정답 | 형사법

진도별 문제풀이 정답

제1편 형법 총론

1	2	3	4	5	6	7	8	9	10
③	④ ㉠㉡㉢	③	②	④	④	④	④	③	④
11	12	13	14	15	16	17	18	19	20
②	②	④	③	④	④	②	①	④	④
21	22	23	24	25	26	27	28	29	30
③	④	②	②	①	④	④	①	④	③
31	32	33	34	35	36	37	38	39	40
④	②	③	④	④	②	③	①	④	④
41	42	43	44	45	46	47	48	49	50
③	②	④	④	④	③	④	③	②	②

51	52	53	54	55	56	57	58	59	60
④	③	①	②	③	④	②	③	④	②
61	62	63	64	65	66	67	68	69	70
②	③	④	④	②	②	③ ㉡㉣㉤㉧	①	④	④
71	72	73	74	75	76	77	78	79	80
②	④	③ ㉢㉣	①	①	④	①	②	④	①
81	82	83	84	85	86	87	88	89	90
②	③	③	②	②	②	④	② ㉢	②	④
91	92	93	94	95	96	97	98	99	100
③	③	③	④	③	④	③	③	③	④

101	102	103	104	105	106	107	108	109	110
①	④	①	① ㉠㉢	①	③	④	①	①	②
111	112	113	114	115	116	117	118	119	120
②	④	①	④	③	④	③	③	③	③
121	122	123	124	125	126	127	128	129	130
②	④	④	④	②	②	③	④	①	④
131	132	133	134	135	136	137	138	139	140
④	④	②	④ ㉡㉢㉣	③	③	④	②	③	①
141	142	143	144	145	146	147	148	149	150
①	②	①	②	③	③	①	④	④	④

151	152	153	154	155	156	157	158	159	160
②	③	③	④	③	③	③	④	④	②
161	162	163	164	165	166	167	168	169	170
③	④	③	④	③	③	④	③	②	③
171	172	173	174	175	176	177	178	179	180
③	④	②	③	④	④	②	③	①	③
181	182	183	184	185	186	187	188	189	190
④	④	③	④	④	①	③	②	②	④
191	192	193	194	195	196	197	198	199	200
③	④	② ㉠㉣㉤	④	③	④	④	①	②	②

201	202	203	204	205	206	207	208	209	210
④	④	②	④	①	③	①	④	②	①
211	212	213	214	215	216	217	218	219	220
③	④	①	④	② ㉠㉢	③	④	②	④	③
221	222	223	224	225	226	227	228	229	230
①	④	③	② ㉠㉣	③	④	③	④	② ㉢	④
231	232	233	234	235	236	237	238	239	240
②	②	④	②	④	③	④	①	①	④
241	242	243	244	245	246	247	248	249	250
④	③	③	④ ㉠㉡㉢㉣	④	①	②	④	④	④

251	252	253	254	255	256	257	258	259	260
④	②	③	④ ㉠㉡㉢㉣	③	②	③	②	③	④
261	262	263	264	265	266	267	268	269	270
④	①	③	④	②	③	①	④	③	③
271	272	273	274	275	276	277	278	279	280
③	③	③	④	③	②	①	①	③	④
281	282	283	284	285	286	287	288	289	290
②	②	①	③	①	③	②	④	①	②
291	292	293	294	295	296	297	298	299	300
②	④	①	④	②	②	④	①	②	③

301	302	303	304	305	306	307	308	309	310
①	②	④	③	④	①	④	④	②	③

311	312	313	314	315	316	317	318	319	320
③	③	②	④	②	④	④	③	②	②

321	322	323	324	325	326	327	328	329	330
③	④	③	④	③	②	③	①	④ ㉠㉡㉢	②

331	332	333	334	335	336	337	338	339	340
③	③ ㉠㉡	④	①	①	②	②	④	①	②

341	342	343	344	345	346	347	348	349	350
②	②	④	②	②	④	①	②	③	②

351	352	353	354	355	356	357	358	359	360
④	③ ㉠㉣	④ ㉠㉡㉢㉯	②	③ ㉠㉡㉤	②	④	①	①	③ ㉠㉡

361	362	363	364	365	366	367	368	369	370
③ ㉢㉣㉦	②	④	②	③	③	②	③ ㉠㉡㉯	②	①

371
④

제2편 형법 각론

1	2	3	4	5	6	7	8	9	10
③	①	④	③	③	④	④	①	②	③
11	12	13	14	15	16	17	18	19	20
②	③	④	④	③	④	④	① ㉠	①	④
21	22	23	24	25	26	27	28	29	30
④	②	④	④	② ㉢	③	③	②	④	②
31	32	33	34	35	36	37	38	39	40
①	②	②	③	④	②	③	①	③	②
41	42	43	44	45	46	47	48	49	50
②	④	②	③	③	②	①	②	④	②

51	52	53	54	55	56	57	58	59	60
②	③	③	②	③	②	④	③	③	②
61	62	63	64	65	66	67	68	69	70
③	③	①	② ㉠㉡	③ ㉠㉡㉢	③	④	②	③	④
71	72	73	74	75	76	77	78	79	80
② ㉠	②	①	③	③	③	④	③	④	④
81	82	83	84	85	86	87	88	89	90
①	③	①	② ㉠㉢	①	③ ㉡㉢	④	④	①	④
91	92	93	94	95	96	97	98	99	100
①	④	④	②	①	④	③	④	② ㉥	②

101	102	103	104	105	106	107	108	109	110
②	④	①	④	④	④	③	④	④	②
111	112	113	114	115	116	117	118	119	120
②	③	④	①	③	③	④	③	③	③
121	122	123	124	125	126	127	128	129	130
②	③	④	④	②	④	①	③	④	④
131	132	133	134	135	136	137	138	139	140
③	③	③	④	②	①	②	①	②	②
141	142	143	144	145	146	147	148	149	150
②	④	④	④	②	③	④	④	③	④

151	152	153	154	155	156	157	158	159	160
② ㉡㉢	②	②	④	④	②	③	④	②	④
161	162	163	164	165	166	167	168	169	170
④	④	④	③ ㉠㉡㉢	④	②	②	④	①	②
171	172	173	174	175	176	177	178	179	180
②	④	②	③	③	③	③	③	①	③
181	182	183	184	185	186	187	188	189	190
①	①	①	④	② ㉠㉣	④ ㉠㉡㉣㉤	②	④	②	③
191	192	193	194	195	196	197	198	199	200
④	②	③	④	③	①	③	③	①	④

201	202	203	204	205	206	207	208	209	210
③	③	④	④	③	①	②	②	④	③
211	212	213	214	215	216	217	218	219	220
④	②	③	④	①	③	②	①	③	④
221	222	223	224	225	226	227	228	229	230
①	③	④	①	④	③	②	④	①	②
231	232	233	234	235	236	237	238	239	240
④	②	② ㄷㅁ	①	①	①	④	②	③	①
241	242	243	244	245	246	247	248	249	250
②	②	④	④	③	②	③	③	③	④

251	252	253	254	255	256	257	258	259	260
④	③	④	④	②	②	③	④	④	③
261	262	263	264	265	266	267	268	269	270
④	③	②	③	④	①	④	①	④	①
271	272	273	274	275	276	277	278	279	280
① ㄱ	②	②	④	③	③ ㄱㄴㄹ	③	③	①	②
281	282	283	284	285	286	287	288	289	290
①	①	③	①	④	②	④	③	①	④
291	292	293	294	295	296	297	298	299	300
③	②	④	②	③	①	③	②	③	④

301	302	303	304	305	306	307	308	309	310
④	③	②	④	②	④	③	④	①	②

311	312	313	314	315	316	317	318	319	320
③	②	④	①	④	④	④	③	①	①

321	322	323	324	325	326	327	328	329	330
④	④	④	①	④	③	③ ⓒⓒ	②	③	③

331	332	333	334	335	336	337	338	339	340
②	④	①	③	④	③	② ⓒⓒ	①	②	②

341	342	343	344	345	346	347	348	349	350
③	②	①	②	②	④	②	②	④	①

351	352	353
②	①	④

제3편 형사소송법 수사

1	2	3	4	5	6	7	8	9	10
③	④	①	④ ㄱㄴㄷㄹ	①	①	③	④	③	①
11	12	13	14	15	16	17	18	19	20
④	④	①	④	③	④	④	②	③	③
21	22	23	24	25	26	27	28	29	30
④	②	④	①	②	④	②	②	②	③
31	32	33	34	35	36	37	38	39	40
③	②	④	①	③	③	④	③	④	②
41	42	43	44	45	46	47	48	49	50
④	②	③	②	④	④	④	②	③	④

51	52	53	54	55	56	57	58	59	60
②	②	④	④	④	①	③	②	③	③
61	62	63	64	65	66	67	68	69	70
②	④	①	②	④	③	④	④	③	③
71	72	73	74	75	76	77	78	79	80
③	④	②	②	③	②	①	②	④	②
81	82	83	84	85	86	87	88	89	90
④	②	②	③	③	③	②	③	③	④
91	92	93	94	95	96	97	98	99	100
②	④	③	①	③	④	③	③	④	②

101	102	103	104	105	106	107	108	109	110
①	③	③	④	②	②	①	②	④	②
111	112	113	114	115	116	117	118	119	120
④	④	④	④	④	④	②	①	①	④
121	122	123	124	125	126	127	128	129	130
④	③	③	①	③	④	④	①	③	④
131	132	133	134	135	136	137	138	139	140
②	①	③	①	③	②	③ ⓒⓒⓔ	②	④	④
141	142	143	144	145	146	147	148	149	150
③	④	④	③	③	④	④	④	③	②

151	152	153	154	155	156	157	158	159	160
④	③	④	③	②	③	④	④	④	②
161	162	163	164	165	166	167	168	169	170
①	③	③	② ⓔⓜ	③	③	②	③	④	③
171	172	173	174	175	176	177	178	179	180
②	④	④	④	③	③	④	④	④	②
181	182	183	184	185	186	187	188	189	190
④	③	④	③	④	④	②	④	② ⓒⓒ	④
191	192	193	194	195	196	197	198	199	200
① ⓖⓒ	①	③	③	④	②	①	③	③	④

201	202	203	204	205	206	207	208	209	210
③	②	①	②	③	④	②	②	②	①
211	212	213							
④	②	④							

제4편 형사소송법 증거

1	2	3	4	5	6	7	8	9	10
④	④	④	③	②	④	③	② ㅂ	④	①
11	12	13	14	15	16	17	18	19	20
①	①	④	①	②	③	①	③	③	④
21	22	23	24	25	26	27	28	29	30
④	④	①	③	④	④	④	②	①	①
31	32	33	34	35	36	37	38	39	40
③	①	③	③	②	③	①	①	③ ㄴㄷㄹ	②
41	42	43	44	45	46	47	48	49	50
②	③	④	②	③	②	①	②	②	②

51	52	53	54	55	56	57	58	59	60
③	①	④	② ㄷ	④	④	③	①	④	④
61	62	63	64	65	66	67	68	69	70
③	③	③	②	④	①	④	④	④	④
71	72	73	74	75	76	77	78	79	80
④	③	①	③	③	③	④	④	④	②
81	82	83	84	85	86	87	88	89	90
①	②	②	③	④	④	①	②	②	③
91	92	93	94	95	96	97	98	99	100
②	③	④	②	①	④	④ ㄱㄷㄹㅁ	③	③	①

101	102	103	104	105	106	107	108	109	110
④	①	②	①	②	①	②	②, ㄹㅁ	④	③
111	112	113	114	115	116	117	118	119	120
④	②	②	④	②	④	④	④	④	④
121	122	123	124	125	126	127	128	129	130
②	②	①	②	③	③	④	③	④	①
131	132	133	134	135	136	137	138	139	140
②	④	④	②	④	②	④	④	④	④
141	142	143	144	145	146	147	148	149	150
④	④	②	④	③	③	④	①	④	①

151	152	153
④	①	④

2025 최신개정판

해커스경찰
갓대환
형사법
2차 시험 대비
진도별 문제풀이 1000제

개정 4판 1쇄 발행 2025년 6월 20일

지은이	김대환 편저
펴낸곳	해커스패스
펴낸이	해커스경찰 출판팀
주소	서울특별시 강남구 강남대로 428 해커스경찰
고객센터	1588-4055
교재 관련 문의	gosi@hackerspass.com
	해커스경찰 사이트(police.Hackers.com) 교재 Q&A 게시판
	카카오톡 플러스 친구 [해커스경찰]
학원 강의 및 동영상강의	police.Hackers.com
ISBN	979-11-7404-186-9 (13360)
Serial Number	04-01-01

저작권자 ⓒ 2025, 김대환
이 책의 모든 내용, 이미지, 디자인, 편집 형태는 저작권법에 의해 보호받고 있습니다.
서면에 의한 저자와 출판사의 허락 없이 내용의 일부 혹은 전부를 인용, 발췌하거나 복제, 배포할 수 없습니다.

경찰공무원 1위,
해커스경찰(police.Hackers.com)

해커스 경찰

· 정확한 성적 분석으로 약점 극복이 가능한 **경찰 합격예측 온라인 모의고사**(교재 내 응시권 및 해설강의 수강권 수록)
· 해커스 스타강사의 **경찰 형사법 무료 특강**
· **해커스경찰 학원 및 인강**(교재 내 인강 할인쿠폰 수록)

한경비즈니스 선정 2024 한국품질만족도 교육(온·오프라인 경찰학원) 부문 1위